Dietmar Urmes

Handbuch der geographischen Namen

DIETMAR URMES

Handbuch der geographischen Namen

fourierverlag

Copyright © Fourier Verlag GmbH, Wiesbaden 2003
Lektorat: Rainer Zöller, Augsburg
Covergestaltung: Thomas Jarzina, Köln
Bildnachweis: AKG, Berlin
Gesamtherstellung: GGP Media, Pößneck
Printed in Germany

ISBN 3-932412-32-X

VORWORT

Normalerweise verschwenden wir an Siedlungs- und Flurnamen kaum einen Gedanken, wir nehmen sie im wahrsten Sinn des Wortes als gegeben hin – oft ohne zu ahnen, wie spannend ihre Entstehungsgeschichte ist und welch abenteuerliche Mythen, heitere Anekdoten und haarsträubende Flunkereien sich um sie ranken.

Selbst die ältesten Ortsnamen haben bisweilen eine erstaunliche Beziehung zu unserer modernen Sprache – das legendäre *Troja* z.B. war nach einem gewissen König *Tros* benannt, dessen indogermanischer Name mit unserem Adjektiv *treu* verwandt ist –, was dazu beitragen mag, die innere Distanz zu antiken Stätten und historischen Begebenheiten schwinden zu lassen. Darüber hinaus kann das Verstehen einer Siedlungsbezeichnung dazu beitragen, sich die Lage des betreffenden Ortes ein für allemal einzuprägen, denn wer begriffen hat, dass *Genua* auf dem lateinischen Wort *genu* für „Knie" basiert (beide Wörter stammen übrigens von einem gemeinsamen indogermanischen Vorfahren ab), wird nie wieder vergessen, dass der Mittelmeerhafen exakt dort zu finden ist, wo der italienische Stiefel in einem scharfen Knick von der ligurischen Küste nach Südosten abbiegt.

Namen sind also nicht immer, wie Goethe seinen Faust sagen lässt, „Schall und Rauch"; im Gegenteil, häufig trifft eher der altrömische Spruch *nomen est omen* zu, der besagt, dass die Benennung zugleich ein Vorzeichen ist; wer wollte das etwa im Fall der Stadt *Tschernobyl* bezweifeln, deren Name – „schwarze Geschichte" – wie eine Vorhersage der entsetzlichen Atomkatastrophe von 1986 anmutet. Zumindest haben Ortsbezeichnungen fast immer einen realen physischen und historischen Bezug (vgl. *Anatolien, Asien, Nippon* und *Österreich* – von den Bewohnern benachbarter Gebiete jeweils als „Land im Osten" betitelt), nicht selten spiegeln sie sogar die Stimmung der Siedlungsgründer, die ihren Heimatort mit offensichtlichem Stolz und Wohlgefallen betrachteten (s. *Freudenstadt* im Schwarzwald) oder ihrer Zukunft selbstbewusst und optimistisch entgegensahen, wie die ersten Kolonisten von *Buenaventura*, die ihre Niederlassung an der kolumbianischen Küste „gute Zukunft" nannten.

Nicht immer entsprangen topographische Bezeichnungen einer klaren Intention; fast ebenso häufig kamen sie durch einen Zufall oder ein

Missverständnis zustande. So hatten die portugiesischen Seefahrer die Angewohnheit, neu entdeckte Landstriche der Einfachheit halber nach dem Kalender zu benennen (s. *Rio de Janeiro,* „Januarfluss", oder *Natal,* „Weihnachten"), während spanische Eroberer die mittelamerikanischen Indios mit Fragen bestürmten und deren verwirrte Erwiderungen als vermeintliche Eingeborenennamen in ihren Karten verzeichneten; beispielsweise klang *Ci-u-than,* „wir verstehen dich nicht", für sie wie *Yucatán.*

Geographische Namen erleiden zuweilen ein unberechenbares Schicksal. Im Laufe der Jahrhunderte kann sich ihre äußere Form so wandeln, dass der ursprüngliche Sinn verloren geht und phantasiebegabte Menschen sich zu den abenteuerlichsten Deutungen hinreißen lassen; auf diese Weise wurde z.B. das *Söderland,* also das „Südland" (gemeint ist das Land südlich von Westfalen) zum heutigen *Sauerland.* Manche Orte beraubte man gar vorsätzlich ihres vertrauten Namens: Der Mittelmeerhafen *Marseille,* von griechischen Kolonisten *Massilia* (wohl aus ligur. *mas,* „Frühling") getauft, hieß nach der Französischen Revolution zur Bestrafung für die königstreue Haltung seiner Bewohner eine ganze Weile *Ville-sans-Nom,* „Stadt ohne Namen" – obschon ja selbst das ein Name war! Leichter nachzuvollziehen ist da schon die Veränderung oder Umkehrung eines unbequemen bzw. abfällig klingenden Namens; so kann man es den Walisern kaum verübeln, dass sie das unhandliche *Llanfairpwllgwyngyllgogerychwyrndrobwllllandysiliogogogoch* durch ein „schlichtes" *Llanfairpwllgwyngyll* ersetzten, und auch Heinrich der Seefahrer war sicherlich gut beraten, das gefürchtete „Kap der Stürme" an der Südspitze Afrikas in „Kap der Guten Hoffnung" umzumünzen, auf dass seine abgekämpften und von Skorbut geplagten Indienfahrer nicht auf halber Strecke der Mut verließ.

Den wenigsten von uns wird bewusst sein, dass Ortsnamen eine große Anzahl von gebräuchlichen Fachbegriffen hervorgebracht haben (vgl. *Latène,* die nach dem schweizerischen Ort *La Tène* am Neuenburger See benannte Zeit der Keltenzüge, oder die Bezeichnung jenes zweiteiligen Badeanzugs, der just zur Zeit der amerikanischen Atombombenversuche auf dem *Bikiniatoll* in Mode kam). Ähnliches gilt für bewährte Handelsgüter, etwa den *Manilahanf* (nach der philippinischen Hauptstadt), und nicht zuletzt für manche Leckerei, wie die *Quiche Lorraine,* also den „Lothringer Speckkuchen", oder die *Pasta alla Milanese* („Nudeln nach Mailänder Art"), zusätzlich gewürzt mit *Parmigiano,* dem geriebenen „Käse aus Parma" (besser bekannt als *Parmesan*).

Da es sich beim vorliegenden Buch also keinesfalls um ein reines Nachschlagewerk handelt (obschon ein umfangreiches Register sowie ein Anhang mit antiken und landesüblichen Namensformen die Nutzung als solches ermöglichen), ist vor allem der etymologische Laie eingeladen zum unterhaltsamen Stöbern und Entdecken überraschender kulturgeschichtlicher Zusammenhänge hinter der Fassade geläufiger geographischer Namen und Begriffe auf allen Kontinenten unserer Erde.

Kirchhellen, im März 2003   Dietmar Urmes

INHALT

Erster Teil

PRÄGUNG DER NAMEN

I. STANDARDBENENNUNGEN

II. IDENTIFIKATION UND BRANDMARKUNG

Zweiter Teil

BEWERTUNG VON NAMEN

I. WILLKÜR UND IRRTUM

II. VERGLEICH UND BEDEUTSAMKEIT

ANHANG

Erster Teil

PRÄGUNG DER NAMEN

I.

STANDARDBENENNUNGEN

1. Wasser des Lebens

Wenn wir heute die Aufgabe bekämen, unserem Heimatraum oder
Wohnort einen neuen Namen zu geben, würden wir wahrscheinlich
zuallererst an hervorstechende wirtschaftliche Standortfaktoren denken
oder nach Verbindungen zu bedeutenden Persönlichkeiten des öffentlichen Lebens suchen und schließlich in Geschichtsbüchern und Archi-
ven nach geeigneten Assoziationen forschen.

Als der noch nicht sesshafte Mensch daranging, seine Umwelt zu
benennen, genügte ihm ein einfaches Raster an Flurbezeichnungen, in
denen sich sein Kampf ums Überleben, sein Streben nach Sicherheit
und die Notwendigkeit der Orientierung in seinem gewählten Lebensraum widerspiegelten; er konnte die Leben spendende Quelle und den
fischreichen See bezeichnen, wohl auch den schützenden Wald und das

vertraute Sumpfversteck, den wegweisenden Wasserlauf und die markante Hügelkette ebenso wie die Küste oder den Gebirgszug am Horizont, die sein Gesichtsfeld und seinen Aktionsradius begrenzten; vielleicht kannte er sogar den Pass, der die Möglichkeit eröffnete, die Welt hinter der fernen Gebirgsbarriere zu erkunden. Auf jeden Fall hatte er im komplexen Benennungsprozess sozusagen die Hausnamen erfunden.

Mit ziemlicher Sicherheit wird ein F l u s s zunächst nur das gewesen sein, was sein Name aussagt, nämlich ein fließendes Gewässer ohne individuelle Eigenart. Man ging *zum Fluss* oder *zum Wasser*, um zu trinken, zu fischen oder zu waschen, wie die ältesten Wassernamen in allen Teilen der Erde belegen. Da die meisten Flussbezeichnungen offensichtlich einen gemeinsamen indogermanischen Ursprung haben, was bei der nomadischen Lebensweise der vorgeschichtlichen Menschen nicht sonderlich verwundert, weisen sie noch heute eine gewisse Ähnlichkeit miteinander auf. Unser „Vater" *Rhein* und die französische *Rhône* tragen den gleichen Namen wie die russische Wolga, die in der Antike *Rha* hieß – an deren Ufern der *Rhabarber* wuchs, diese für zivilisierte Griechen so fremdländisch anmutende Nutzpflanze der *Barbaren*. In alter Zeit wurden auch Gebirge nach ihren Gewässern benannt, etwa die *Rhön*, deren höchste Erhebung folglich Wasserkuppe heißt. Der gemeinsame Ursprung all dieser stereotypen Flussnamen ist die indogermanische Wurzel *ri, re,* „fließen", die auch im gleichbedeutenden griechischen Verb ῥεῖν *(rhein)* enthalten ist, von dem Begriffe stammen wie *Diarrhö,* „der Durchfluss" (also der Durchfall) und *Rheuma,* „das Strömen, Wogen" (womit die Mediziner der Antike Gelenk-, Muskel- oder Sehnenschmerzen beschrieben, die sie auf ein „Fließen" von Körpersäften zurückführten), oder die Maxime des griechischen Philosophen Heraklit, πάντα ῥεῖ *(pánta rheî)*, „alles fließt". Sogar *Rom* könnte – abweichend von der Romulus-und-Remus-Legende – aus der gleichen Wurzel stammen, denn der Tiber, an dem die „Ewige Stadt" liegt, hieß bei den alten Etruskern *Ruma*. Neben dem serbokroatischen *Rijeka* gehört natürlich auch der Name *Rhin* zur gleichen Wortfamilie; er bezeichnet nicht nur ein brandenburgisches Flüsschen, das unterhalb des Gülper Sees in die Havel mündet, sondern auch einen Nebenfluss der Loire, und ist ganz offensichtlich mit dem *Renos*, einem Zufluss des Po, verwandt.

Mit ein wenig Phantasie erkennt man gar die Ähnlichkeit der vorstehenden Namen mit der *Rur* (in den Niederlanden *Roer* geschrieben), die bei *Roermond* in der Provinz Limburg in die Maas mündet; es gibt keinen hörbaren Unterschied zu unserer *Ruhr*, dem rechten Nebenfluss des Rheins, und tatsächlich hießen beide Flüsse im 8. und 9. Jahrhundert übereinstimmend *Rura*; selbst die Infektionskrankheit des Darms, die *Ruhr*, entspricht mit dem für sie typischen *Aufruhr* im Gedärm und den flüssigen Durchfällen in etwa der oben erwähnten *Diarrhö* (vgl. auch unser Verb *rühren*).

Die absolut gleiche Bedeutung liegt dem Namen der *Drau* zu Grunde, die über eine weite Strecke die Grenze zwischen Kroatien und Ungarn bildet, bevor sie sich mit der Donau vereint; bei den slowenischen und kroatischen Südslawen (serbokroat. *Jugoslawen*) heißt sie *Drava*. Schon die Römer, die unter Kaiser Augustus das Land an der *Drau* ihrem Imperium einverleibten, kannten den Fluss unter dem Namen *Dravus*, eine Bezeichnung, in der sich die schlichte altindische Aussage *dravati*, „er läuft, er fließt", widerspiegelt. Zwei nahe Verwandte, zumindest sprachlich, sind die hessische *Eder* und – mit slawisiertem *Od*-Anlaut – die ostdeutsche *Oder*, die beide aus dem alteuropäischen *Adrana*, „Bach, Fluss", hervorgegangen sind. Noch heute gibt es übrigens ein Flüsschen namens *Adranos* in Sizilien. Sollte Ihnen ein Zusammenhang mit unserer *Ader* dämmern und Sie auf den zweiten Blick einen Fluss gar mit *Wasserader* und *Lebensader* assoziieren, liegen Sie durchaus richtig! *Ader*, im Althochdeutschen *adara*, bezeichnete früher nicht nur Blutbahnen, sondern auch Nerven, Sehnen und Eingeweide – urverwandt mit dem griechischen ἦτρον *(êtron)*, „Unterleib".

Auf den ersten Blick scheint eine Verwandtschaft zwischen dem diebischen Vogel und dem Fluss *Elster* zu bestehen; dessen mittelalterliche Namen, *Elstra* und *Alestra*, beweisen jedoch, dass sie von einer weiteren indogermanischen Wurzel, *el-*, *al-* oder *ol-* (mit german. *str*-Endung), abgeleitet sind, wiederum in der Bedeutung „strömen". Ein rechter Nebenfluss der Saale, die *Weiße Elster*, entspringt im *Elstergebirge* – vgl. den unter *Rhön* dargestellten Zusammenhang! –, während eine *Schwarze Elster* oberhalb von Wittenberg und weiter nördlich, in der Nähe des Hamburger Stadtteils Altona, wenig überraschend eine *Alster* in die *Elbe* mündet, deren Name auf den gleichen Ursprung zurückgeht (vgl. auch *Elberfeld* an der Wupper und das ostpreußische *Elbing* oberhalb der Mündung des gleichnamigen Flusses in das Frische Haff, aber auch die niedersächsische *Aller*, das sauerländische *Altena* an der Lenne und die links zur Donau fließende *Altmühl*, ein Name, dessen Deutung auf den ersten Blick so verführerisch simpel erscheint).

Wie verblüffend alte Flussnamen sich in ihrer stereotypen Bedeutung und selbst ihrer Aussprache gleichen, obwohl sie weit voneinander entfernt auftreten, belegen die folgenden indogermanischen Beispiele. Der russische *Don* (im Altertum *Tanais*, von iran.-sarmat. *danu*, „Fluss") und sein kleiner Bruder, der *Donez* (russ. für „kleiner Don"), fließen – wie die westlichen Nachbarströme *Dnjepr* und *Dnjestr* (im Altertum *Danapris* bzw. *Danastrus*) – ins Schwarze Meer, ebenso wie sein Hauptzufluss, die *Donau*, die manchem rastlosen Steppenvolk schon früh den Weg nach Westen wies. Ihr uralter Name blieb über 2840 km Länge bei allen Wanderern und späteren Anrainern mehr oder weniger der gleiche; die Römer kannten sie als *Danubius*, während die Russen sie noch heute *Дунá (Dunáj)* nennen, die Rumänen *Dunarea*, die Bulgaren und Serben *Dunav*, die Ungarn *Duna* und die Slowaken *Dunaj*. Am interessantesten aber ist, dass der Name der *Donau* sich gleichsam bis nach Britannien fortsetzt, wo es einen *Don* in der Grafschaft Yorkshire gibt (samt der dazugehörigen Stadt *Doncaster*, d. h. „Lager am Don") sowie einen weiteren *Don* in Lancashire. Selbst die Schotten besitzen einen *Don*; ehrlicherweise muss man aber gestehen, dass dieser, im Unterschied zu den beiden englischen Flüssen, nichts mit der keltischen Wurzel *don*, „Fluss", zu tun hat; er ist nach der britischen Göttin *Deuona* benannt, ebenso wie sein sprachlicher Zwillingsbruder *Dee*, mit dem er bei der schottischen Hafenstadt *Aberdeen* zusammentrifft, bevor sie gemeinsam in die Nordsee münden.

Am häufigsten trifft man in Großbritannien auf das keltische „Fluss"-Wort *avon* (vgl. Shakespeares Geburtsort *Stratford-upon-Avon*; die Familienähnlichkeit mit walis. *afon* und schott.-irisch *abhainn* (Ausspr. etwa *'owin*) ist unverkennbar. Selbst so gewaltige Ströme Südasiens wie der *Indus* und der *Ganges* (der allerdings noch 103 andere Namen hat) lassen sich aus dem Altindischen schlicht und ergreifend mit „Fluss" übersetzen.

Eine noch größere Gruppe von Flüssen trägt einen Namen, der nichts anderes als W a s s e r bedeutet und damit dessen wichtigste Funktion für das Überleben des Menschen zum Ausdruck bringt. Dass „Wasser" im Lateinischen *aqua* heißt, ist wohl nicht nur den *Aquarianern* bewusst, die ihre Zierfische bekanntlich in *Aquarien* halten, oder den Ästheten, in deren Kollektion sich möglicherweise ein meerwasserfarbener *Aquamarin* findet, mit Sicherheit aber das eine oder andere *Aquarell*. Urlauber trinken in Italien *acqua minerale*, in Spanien *agua mineral* und in Skandinavien einen gehaltvolleren *Aquavit* – eigentlich latein. *aqua vitae*, „Wasser des Lebens", das ihnen als eben solches – natürlich nur rein sprachlich! – auch in Frankreich und Schottland vorgesetzt wird, wenn sie ein *Eau-de-vie*, d.h. einen Cognac, bzw. einen *Whisky* (gäl. *uisge-beatha*) bestellt haben. In krassem Gegensatz zur Wirkung steht auch die verharmlosende russische Behauptung, dass man ja lediglich einen *Wodka*, also ein „Wässerchen" zu sich nehme. Solche „Wasser"-Wörter der verschiedensten Sprachen sind in der einen oder anderen Variante in vielen Flussnamen enthalten, bisweilen sogar mit noch größerem Bedeutungsumfang, etwa im Fall der *Wolga*, die im Altslawischen *vlaga*, „die Feuchte", hieß (vgl. unsere *Wolke* und *welk*), oder des schottischen *Ness* (der dem gleichnamigen *Loch* und dem zugehörigen Meeresungeheuer *Nessie* zu ewigem Ruhm verholfen hat), dessen Name – wie unser fast gleich klingendes Wort *Nässe* – die vorkeltische Wurzel *ned-*, „fluten, benetzen", enthält.

Im europäischen Sprachraum wimmelt es nur so von Flussnamen, die aus dem lateinischen *aqua* entstanden sind; so bedeutet die englische Endung *-ey*, die mit dem französischen *eau* verwandt ist, immer „Wasser" (z.B. beim *Mersey*, an dessen Ufer Manchester liegt, und beim *Waveney*, der die Grenze zwischen den Grafschaften Norfolk und Suffolk markiert). Der grundlegenden indogermanischen Wurzel *akwa* am nächsten kommen wohl die Namen der *Oka*, eines Nebenflusses der Wolga, und der *Oker*, die durch Braunschweig fließt; den gemeinsamen *aqua*-Ahnen können aber auch die folgenden Flussnamen nicht leugnen:

Aar von der altgerman. Variante *aha*, „Wasser"; sie vereinigt sich unterhalb von Limburg mit der Lahn;

Ahr mit Bad *Neuenahr-Ahrweiler*; das Eifelflüsschen fließt links zum Rhein;

Aare schweizerischer Rheinzufluss, über dessen Ufer sich die Habsburg erhebt;

Aragón Nebenfluss des Ebro; nach ihm ist die historische spanische Landschaft *Aragonien* benannt;

Arno Hauptfluss der Toskana; er mündet bei Pisa ins Ligurische Meer;

Ayr schottischer Fluss, der sich in den Firth of Clyde ergießt;

Eure linker Nebenfluss der Seine in Nordwestfrankreich;

Oare Fluss in der englischen Grafschaft Somerset.

Weniger leicht durchschaubar, aber doch nachvollziehbar, gehören auch diese Namen zur *aha*-Gruppe:

Werra	ursprünglich *Werr-aha*, von mittelhochd. *werre*, „Aufruhr, Verwirrung" (hier liegt ein Rhotazismus vor, in diesem Fall ein Austausch der Buchstaben *r* und *s*, daher hat der Name die gleiche Bedeutung wie *Weser*);
Fulda	zunächst *Fuld-aha*, mit altsächs. *folda*, „Land, Erde"; der „Landfluss" entspringt auf der Wasserkuppe der Rhön und mündet, gemeinsam mit der Werra, bei Münden in die Weser;
Lahn	keltoligur. *Lagan-aha*, von *lag*, „Bergeinschnitt"; sie fließt zwischen zwei Gebirgen, nämlich dem Westerwald und dem Taunus, zum Rhein;
Lagan	nordirischer Fluss, an dessen Mündung Belfast liegt; sein Name hat die gleiche Bedeutung wie *Lahn*.

Die Kelten kannten für „Wasser" vor allem das Wort *uisce* – das außer dem „Lebenswasser" *Whisky* auch unserer *Wiese* zu Grunde liegt; es basiert auf der indogermanischen Wurzel *(w)is*, „Sumpfwasser", die noch in vielen europäischen Flussnamen (und schließlich auch im Wort „Wasser" selbst) nachklingt:

Usk	brit.-röm. *Isca*, Fluss im südwalisischen County Gwent;
Esk	in Großbritannien häufig vertretener Gewässername;
Exe	südenglischer Fluss samt den zugehörigen Städten *Exeter* (röm. *Isca Dumnoniorum*) und *Exmouth*;
Axe	Name mehrerer Flüsse in Westengland; entsprechende Ortsnamen sind *Axbridge*, *Axminster* und *Axmouth*;
Aisne	ursprüngl. *Axona*, Fluss in Nordfrankreich; die *Aisne* entspringt im Argonnerwald und fließt oberhalb von Compiègne in die *Oise*;
Oise	röm. *Isara*, rechter Nebenfluss der Seine;
Ouse	in Großbritannien gleich dreimal vertretener Flussname;
Isar	aus *Isara*, sie fließt durch München nördlich zur Donau;
Iser	rechter Nebenfluss der oberen Elbe in Böhmen, die wenig überraschend im *Isergebirge* entspringt;
Isère	bei den alten Römern *Isara*; ihre Quelle liegt in den französischen Westalpen; sie mündet bei Valence in die Rhône (vgl. *Isar*);

Ijssel	Mündungsarm des Rheins, der fast zehn Prozent seines Wassers in das *Ijsselmeer* führt;
Issel	niederl. *Oude Ijssel*; sie entspringt bei Borken;
Vezère	namensgleich mit unserer *Weser*; Nebenfluss der Dordogne in Frankreich;
Weser	german. *Wesera*, bei Tacitus *Visurgis*; von indogerm. *wis*, „Sumpfwasser", und ahd. *aha*, „Wasser"; s. auch *Werra*;
Weichsel	polnisch *Wisła*; Zentralfluss Polens, an dem auch die Hauptstadt Warschau liegt; ein Quellfluss der Weichsel heißt übrigens *Dunajec* und ist ein Namensvetter des *Donez* (s. dort).

Auch die keltische Wurzel *colauno-* lässt auf das Vorhandensein von Wasser schließen, wovon die Flüsse *Clun* in Wales und *Colne* in Essex zeugen. (Am *Colne* liegt die alte Stadt *Colchester*, früher *Colneceaster*, „Lager am *Colne*".) Auffallend ist auch die Ähnlichkeit mit dem Namen des französischen Klosters *Cluny* an der Grosne, einem Nebenfluss der Saône im ursprünglich ebenfalls keltisch besiedelten Gallien.

Bri(g)-, ein weiteres „Wasser"-Wort der Kelten, begegnet uns in *Brie* (kelt. *Brigia*), einer östlich von Paris gelegenen und Käseliebhabern wohl bekannten französischen Landschaft zwischen den Flüssen Seine und Marne, aber auch in den beiden im Schwarzwald entspringenden Donauquellen, *Brigach* und *Breg*.

Schließlich enthält auch die keltische Wurzel *dov-* oder *duv-* die gleiche Bedeutung, etwa im Namen des englischen Hafens *Dover*; die Römer nannten ihr Nachschublager, das sie unmittelbar gegenüber der Festlandküste errichteten, *Dubrae* und *Dubros* – Namen, aus denen im 4. Jahrhundert die Mehrzahlform *Dubris*, „an den Gewässern", entstand, womit also nicht das Meer, sondern die hier mündenden Flüsschen gemeint waren; einer von ihnen heißt bis auf den heutigen Tag *Dour*. Eine deutsche Entsprechung ist übrigens der Fluss *Tauber* in Baden-Württemberg, den die Römer *Dubra* nannten – von der keltischen „Wasser/Sumpf"-Variante *dub*, die sich auch im Städtenamen *Dublin* und im Namen des französischen Flusses *Doubs*, offenbart.

Unscheinbare „Wasser"-Namen waren natürlich nicht auf Europa beschränkt, sie finden sich auf allen Kontinenten, wo auch immer Menschen einen Fluss zur Mitte ihres Lebensraumes machten. So nannten die Tupi-Indianer den riesigen Mündungstrichter des Amazonas ebenfalls schlicht „Wasser", in ihrer Sprache *pará*. Später adoptierten die Portugiesen diesen Namen für das gesamte, von dichtem

Regenwald überzogene Schwemmland des Stromes; *Pará* ist heute ein brasilianischer Staat, dessen Hauptstadt Belém Hauptzugangshafen für die Amazonasschifffahrt ist.

Auch stehende Gewässer wurden zunächst ohne Hervorhebung besonderer Charakteristika benannt und hießen unterschiedslos S e e. Im indogermanischen Sprachbereich erkennt man oft das Wort *Lache* wieder (z.B. im Fall des niederländ. Rheinmündungsarms *Lek*), das im Französischen zu *lac*, im Englischen zu *lake*, im Italienischen zu *lago* (vgl. *Lagune*) und im Keltischen zu *loch* oder *lough* (vgl. unser *Loch*) mutierte; alle Varianten sind aus lateinisch *lacus*, „See", entstanden. Ein Paradebeispiel ist der *Laacher See*, dessen Name eigentlich eine unnötige Wortwiederholung darstellt! Obendrein handelt es sich bei ihm um einen vulkanischen Kratersee, also ein *Maar*, was seinerseits wiederum „Meer" oder „See" bedeutet.

Mit zunehmender Mobilität und wachsender Kenntnis ihres Lebensraumes begannen die Menschen, Flüsse nach ihren augenfälligsten E i g e n s c h a f t e n zu unterscheiden und ihre unverwechselbare Individualität zu betonen, ja die bedeutendsten unter ihnen sogar als Leben spendende und daher weibliche Gottheiten zu verehren.

Oft genug mussten die Menschen sich allerdings eingestehen, dass sie an einem schlammigen, träge dahinfließenden, stinkenden Gewässer wohnten, für dessen modrige Konsistenz nicht nur mitgeführte Bodensedimente, sondern in zunehmendem Maße die Anwohner selbst verantwortlich waren. Die durch Lothringen und Belgien fließende *Maas*, franz. *Meuse*, verrät ihre Sumpfigkeit, sobald man erkennt, dass ihr Name mit unserem „Moos" identisch ist, ein Wort, das noch offenkundiger in der *Mosel* wiederkehrt. Tatsächlich benutzten die Römer für die beiden Flüsse den gleichen Namen; die *Maas* hieß bei ihnen *Mosa*, während sie den westlichen Nachbarfluss verkleinernd *Mosella*, also „kleine Maas", nannten. Ruhrgebietsbewohner werden eine entsprechende Namensauslegung im Fall von *Emscher* und *Lippe* nachvollziehen können; die Erstere, die zwischen Dortmund und Oberhausen so manche industrielle Einleitung zu verkraften hat, macht ihrer alteuropäischen Bezeichnung *Ambiscara*, „Schmutzwasser", noch heute alle Ehre; die Letztere – bei Tacitus *Lupia*, „Schlamm", genannt – hat ihr Aussehen ebenfalls wenig verändert. Weitere „Faulgewässer" sind der *Main* (indogerman. *moinos*, „Sumpf"), die *Schlei* in Schleswig (von mittelhochd. *slim*, „Schleim"; vgl. engl. *slime* und unser Wort *Schlamm*), die österreichische *Enns* und der Neckarnebenfluss *Enz* (beide von kelt. *ens*, „sumpfiges Wasser"). Viele Namen späterer Siedlungen beziehen sich auf ein morastiges Gewässer, etwa im Fall der thüringischen *Gera*, die ursprünglich *Erpf* hieß (aus althochd. *erph*, „dunkelfarbig, bräunlich"), an deren seichtem Übergang sich die Stadt *Erfurt* entwickelte. Britische und irische Moore samt dazugehöriger Torfgewinnung sind geradezu sprichwörtlich geworden. So entstand die englische Stadt *Blackpool* (engl. *black*, „schwarz", und *pool*, „Teich"; vgl. *Swimmingpool*) um einen trüben Tümpel herum, dessen seichter Abfluss bezeichnenderweise noch heute als Hauptkloake des Ortes dient. *Dublin* (für die Einheimischen *Duibh Linn*) bedeutet „schwarzer Tümpel", ein Hinweis auf das an dieser Stelle besonders dunkle Wasser des Liffey, an dem die Hauptstadt der Republik Irland liegt. Einen *Douglas*, „Schwarzbach", von kelt. *du(ibh)*, „schwarz", und *gla(i)s*, „Bach", gibt es gleich mehrfach in Irland, aber auch in Schottland und auf der Isle of Man – jeweils inklusive gleichnamigem Ort und Clan; die englische Entsprechung, *Blackwater*, ist im ganzen Königreich anzutreffen, in Südengland gar als Pendant zu seinem klareren Nebenfluss, dem *Whitewater*. Ähnlich kontrastierten die Portugiesen in Brasilien den „Weißwasser"-Fluss *Rio Branco* mit seinem gewaltigen Hauptfluss *Rio Negro*, der im Mittel- und Unterlauf bis zu 30 km breit ist und große Sumpfgebiete bildet, bevor er seine schlammigen Fluten unterhalb von Manáus in den Amazonas ergießt. (Den gleichen Namen, wenn auch in lateinischer Version, trägt übrigens der westafrikanische *Niger*; vgl. *Neger*, „der Schwarze".) Auch der asiatische Kontinent kennt dunkle Gewässer; so wird der Türkeiurlauber wahrscheinlich schon auf die nicht gerade seltenen Flussnamen *Karaçay* und *Karasu* (aus türk. *kara*, „schwarz", und *çay*, „Bach", bzw. *su*, „Wasser") gestoßen sein. Eine alte turkmenische Bezeichnung trägt der *Karakul* (türk. *Karagöl*) – ein unergründlich tiefer „schwarzer See" im nördlichen Pamir, dessen Name Assoziationen an eine Schafrasse weckt, deren Lämmer das wertvolle schwarz-krause Persianerfell liefern (s. auch *Karadeniz*).

Wenn die Flussanlieger die Qualität ihres Gewässers auch nüchtern einzuschätzen vermochten und bisweilen einen Fluss durchaus auch einmal „den Langsamen" nannten (wie im Fall des englischen *Tove*, von altengl. *tof*, „träge"), so neigten sie doch in den meisten Fällen dazu, mit den Vorzügen „ihres Flusses" zu prahlen, indem sie seine außergewöhnliche Lebhaftigkeit und Stärke, seine unvergleichliche Anmut und Klarheit, seine überwältigenden Ausmaße und seine Bedeutung für ihr Leben hervorhoben.

Strömung und Lebhaftigkeit

Amazonas könnte sowohl „Wasserwolkenlärm" (indian. *amaçunu*)
als auch „Bootzerstörer" (indian. *amassona*) bedeuten; welcher
Interpretation man auch zuneigt, der Eingeborenenname betont
das Risiko einer Kanufahrt auf diesem mit 6518 km Länge
zweitgrößten und wasserreichsten Strom der Welt. Für heutige
Schiffe bietet der *Amazonas* allerdings kein Hindernis mehr; er
ist so riesig und so tief, dass mehr als zwei Drittel seines Laufes
selbst für Ozeanriesen befahrbar sind. Transatlantikschiffe legen
regelmäßig in der nahezu 1600 km stromaufwärts gelegenen
Dschungelstadt Manáus an, und selbst Schiffe von 3000 Tonnen
können Iquitos in Peru erreichen – 3700 km von der Flussmündung entfernt! Über 200 Nebenflüsse (siebzehn davon länger als
der Rhein) zählt er allein in Brasilien; wie viele es insgesamt
sind, weiß niemand genau anzugeben.

Calder, „schneller Fluss, turbulentes Wasser", ist der Name diverser
Flüsse in Großbritannien (von kelt. *caled*, „heftig", und *dwfr*,
„Wasser"; vgl. *Dover* und *Tauber*).

Eger, „die Eilige" (urverwandt mit altind. *ajiráh*, „flink"), war den
Kelten als *Agira* vertraut; der nordwestböhmische Fluss vereint
sich bei Theresienstadt mit der Elbe (vgl. unser Adjektiv *agil* in
der gleichen Bedeutung).

Ems, „die Emsige", ist der Name des deutschen Tieflandflusses, der
seine Anfangsgeschwindigkeit im Teutoburger Wald bekommt
und dann nach Norden in den Dollart, eine Bucht der Nordsee,
fließt; die Römer kannten die *Ems* als *Amisia* und *Amisis*.

Gogra, „die Gurgelnde", verdankt ihren Namen der altind. Wurzel
ghaghara, „sprudeln" (vgl. *gären* und *Geysir*, „heiße Quelle");
der in Westnepal entspringende Fluss stürzt die Hänge des
Himalaja herab und durcheilt brodelnd die nordindische Ebene,
bevor er bei Patna in den Ganges mündet; wegen seines Wasser-
reichtums gehen von ihm zahlreiche Bewässerungskanäle ab.

Gumista, „silberner Fluss", ist der anschauliche abchasische Name
für einen stürmischen, weiß schäumenden Kaukasusfluss in der
Republik Georgien.

Jordan, genauer *Jardén*, „der Hinabstürzende" (von hebr. *yarod*,
„hinabsteigen") nennen die Israelis den längsten und wasserreichsten Fluss ihres eigenen Landes, aber auch Jordaniens (wo
er *Sheriat el-Kebir* heißt). Da er nördlich des Sees Genezareth in

einer Höhe von etwa 1000 m an den Hängen des Hermon entspringt und nur 100 km weiter südlich im Toten Meer – mit -400 m die tiefste Stelle der Erdoberfläche – mündet, besitzt er ein ungewöhnlich starkes Gefälle. Außerdem wird seine Wassermenge durch den Zustrom des jordanischen Yarmuk fast verdoppelt, sodass der *Jordan* seinen Namen wirklich verdient hat. (Der Name könnte auch von indogerman. *yor*, „Jahr", und *dan*, „Fluss", herzuleiten sein; dann wäre der *Jordan* ein Fluss, der das ganze Jahr hindurch Wasser führt.)

Niagara bedeutet in der Indianersprache „donnerndes Wasser"; am *Niagara River* liegen die berühmten *Niagara Fälle* – teils im US-Staat New York, teils auf kanadischer Seite, wo die Indianer die Fälle übrigens *ontario* nannten, „Felsen, die am Wasser stehen"; diese Bezeichnung wurde später auf die ganze Provinz ausgedehnt.

Rhondda, „der Tosende", heißt ein Fluss in Wales (von walis. *rhoddni*, „toben, lärmen"); die Waliser selbst nennen ihn *Afon Rhondda Fawr*, „der große Fluss Rhondda".

Rhymney, „der Bohrende" (von walis. *rhwmpni*, „der Bohrer") ist ein schnell fließender Fluss im walisischen Bergland.

Ribble, „der Reißende", lautet der Name eines Flusses in der englischen Grafschaft Lancashire (von altengl. *ripel*, „Fetzen", und *rip*, „abschälen, abreißen"; vgl. *Rips*, „gerippter Stoff", sowie *Riffel* und *Riffelung*, „Kräuselung").

Sambesi, „donnernder Rauch", nennen die Afrikaner den größten Strom Südafrikas, der in der Mitte des 19. Jahrhunderts von David Livingstone entdeckt und bis zu seiner Einmündung in den Indischen Ozean befahren wurde. Vor allem die tosenden Victoriafälle nahe der Stadt Livingstone (heute Maramba) rechtfertigen seinen Namen. Durch den Kariba- und den Cabora-Bassa-Staudamm ist der *Sambesi* inzwischen weitgehend gebändigt. Dem Fluss verdankt das ehemalige Nordrhodesien seinen modernen Namen: *Sambia*.

Saskatchewan bedeutet im Indianischen so viel wie „schnell laufend". Der zentralkanadische Fluss entspringt in den Rocky Mountains, durchströmt die drei Prärieprovinzen (Alberta, Saskatchewan, Manitoba) und ergießt sich nach fast 2000 Kilometern in den Cedar Lake.

Spree, der Name des lebhaften Flusses, der im Lausitzer Bergland in Sachsen entspringt und in Berlin mündet, ist als „der Spritzige" zu verstehen (von indogerman. *spreu*, „sprühen, verstreuen", über das mittelhochd. Verb *sprœjen*, „spritzen, stieben").

Staubbach heißt ein Gebirgsfluss in der Zentralschweiz. Er stürzt in einem der höchsten Wasserfälle Europas fast 300 Meter tief hinab, sodass sein Wasser in feiner Gischt „zerstäubt", bevor es den Grund erreicht; daher der Name „Staub-Bach".

Stör, „bewegtes Wasser" (von mittelhochd. *stœren*, „stören, in Verwirrung bringen"; vgl. engl. *to stir*, „bewegen, umrühren", und dt. *Sturm*) – so charakterisierten die Anwohner einen munteren holsteinischen Fluss, der bei Glückstadt in den Unterlauf der Elbe mündet.

Stour, kelt. *stur-*, „stark" (vgl. *Stier* und *stur*), lautet der Name etlicher englischer Flüsse mit ungewöhnlich heftiger Strömung.

Swale, „der Schwirrende" (von altengl. *swalwe*, „eilend, wirbelnd"), ein Fluss in der englischen Grafschaft Yorkshire, verdient in der Tat die Assoziation mit einer flinken *Schwalbe*.

Tanger, „der Kräftige, Frische" (von mittelniederd. *tanger*, „frisch, beißend"; vgl. unsere *Zange*), ist der passende Name für einen Fluss in Sachsen-Anhalt, der bei *Tangermünde* auf die Elbe trifft.

Tees, der Name eines nordenglischen Flusses (von kelt. *tes*, „Hitze"), bedeutet im übertragenen Sinne also „der Kochende" und bezieht sich nicht nur auf seine starke Strömung, sondern auch auf eine beachtliche Anzahl brodelnder Stromschnellen.

Test, „der Schnelle, der Rasende" (im 9. Jahrhundert als *Terstan* erwähnt; Variante der kelt. Wurzel *trest*, „stark, rennend"), heißt ein Fluss im englischen Hampshire, der wegen seiner schnellen Strömung bekannt ist; eine ähnliche Bedeutung verbirgt sich übrigens hinter dem keltischen Namen *Tristan*, den wir aus Wagners Oper *Tristan und Isolde* kennen.

Tigris, altpers. *tighri-*, „Pfeil", assyr. *Diglat*, davon abgeleitet griech. *τίγρις (tígris)*, „Tiger", ist der uns geläufige Name des wasserreichsten Flusses in Vorderasien, der im Taurusgebirge unter dem türkischen Pseudonym *Dicle* (Ausspr. etwa *Didschle*) entspringt. Es war wohl die reißende Schnelligkeit in seinem Oberlauf, die ihm den Vergleich mit einem Raubtier eintrug. Gemeinsam mit dem Euphrat umschließt der *Tiger* im Irak, wo er *Didschla* heißt, das alte *Mesopotamien*, also das „Zwischenstromland", und ergießt sich – schließlich mit seinem Zwillingsstrom vereint – als Shatt al-Arab in den Persischen Golf.

Tiss-Issat, „rauchendes Wasser", ist der anschauliche amharische Name für die grandiosen Wasserfälle des Blauen Nils, der im Äthiopischen Hochland, nur wenige Kilometer nach seinem Austritt aus dem Tanasee, über eine 400 m breite Basaltkante durch eine ständig in der Luft schwebende Dunstwolke in die Tiefe stürzt.

Vilnia, „die Welle", heißt der litauische Fluss, der zur Namensgeberin der Landeshauptstadt *Vilnius* wurde.

Wupper, „hüpfendes Wasser", nennen wir den Rheinnebenfluss, der als *Wipper* entspringt (s. *Wipperfürth*), *Wuppertal* durchfließt und in der Nähe von Leverkusen mündet. Vom 10. bis 13. Jahrhundert hieß der Fluss *Wippere* und *Wippera*, was von german. *wip-*, „sich schwingend bewegen", abzuleiten ist (vgl. niederrh. *wuppen* und *wuppern* für „hüpfen", aber auch *Wippe*, *Wipfel* und *vibrieren*); übrigens gibt es noch drei Flüsse mit dem viel sagenden Namen *Wipper:* je einen Nebenfluss der Saale und der Unstrut sowie einen pommerschen Fluss zur Ostsee.

Yare ist die heutige Bezeichnung des ostenglischen Flusses, dessen ursprünglich keltischer Name *Gerne* von der indogermanischen Wurzel *gar-* oder *ger-*, „plätschern, plappern, brodeln", abzuleiten ist (vgl. *Garn* im Sinn von „Erzählung", ferner *gären* und *gar*). Die *Yare* mündet bei *Great Yarmouth* in die Nordsee.

Pracht und Färbung

Akçay, „weißer Bach", heißen übereinstimmend ein rauschendes Gebirgsflüsschen und eine türkische Kleinstadt, beide am Golf von Edremit gelegen (s. auch *Akdeniz*).

Amur, genauer *har mörön*, „schwarzer Fluss", nennen die Mongolen (und auch wir) den Grenzstrom zwischen Ostsibirien und der Mandschurei.

Argens ist mit „Silberfluss" zu übersetzen; der römische Name des französischen Flusses, der nahe der Stadt Fréjus ins Mittelmeer mündet, war *Argenteus* (von latein. *argenteus*, „silbern"; s. *Argentinien*).

Bahr el-Abiad, „weißer Fluss", lautet die landesübliche Bezeichnung des sedimentreichen Weißen Nils, eines 800 km langen Teilstücks des größten afrikanischen Flusses zwischen dem Sumpfgebiet des Sudd und Khartoum, der Hauptstadt des Sudan.

Bahr el-Asraq, „blauer Fluss", ist der arabische Name des schnell fließenden Blauen Nils; als äußerst wasserreicher Hochlandfluss

Äthiopiens steuert er etwa zwei Drittel des Nilwassers bei. Der Blaue und der Weiße Nil vereinigen sich bei Khartoum zum eigentlichen Nil, der die 2700 Kilometer lange Durststrecke der östlichen Sahara – ohne jede weitere Frischwasserzufuhr – scheinbar unbeschadet bis zum Mittelmeer bewältigt.

Belaja, russ. БЕЛАЯ *(Bjélaja)*, „die Weiße", heißt mancher russische Fluss; die bedeutendste *Belaja* entspringt im Südural und fließt links zur Kama (vgl. auch *Belarus*, „Weißrussland").

Blau ist der Name eines kleinen Gewässers, das bei Ulm auf die Donau trifft; die *Blau* ist also die eigentlich „Blaue" – und nicht die Donau! Ihren Namen verdankt sie ihrer spektakulären Quelle im Karst der Schwäbischen Alb, dem 40 m breiten und 20 m tiefen *Blautopf*, der jede Sekunde etwa 1000 Liter tiefblauen Wassers ausschüttet. In der Nähe der Quelle liegt die Stadt *Blaubeuren* mit der berühmten Klosterkirche.

Bojana, „die Gefärbte" (von *bòja*, „Farbe"), hat im Serbokroatischen die gleiche Bedeutung wie der spanische Flussname *Colorado*. Die *Bojana* ist ein Mündungsarm des Drin und markiert kurz vor der Mündung in die Adria die Grenze zwischen Montenegro und Albanien.

Colorado lautet die dritte Stammform des spanischen Verbs *colorar*, „einfärben" (vgl. engl. *colour*) und gleichfalls der Name des längsten nordamerikanischen Flusses westlich der Rocky Mountains. Mit seiner starken Strömung hat er sich in einer Reihe von Schluchten und Cañons – vor allem im majestätischen *Grand Canyon* – tief in den Buntsandstein der Landschaft eingeschnitten, und das herausgewaschene Material färbt noch heute das Flusswasser rötlich. *Colorado* heißt mit der gleichen Begründung auch einer der Hauptflüsse von Texas; er entspringt im *Llano Estacado* und fließt südöstlich durch Texas in den Golf von Mexiko.

Gladbeck im Ruhrgebiet betont, wie *Gladbach*, seine Lage an einem „glänzenden Bach" (von althochd. *glat*, „glatt, glänzend"; vgl. *Glatze* und *Glas*, aber auch angelsächs. *glæd*, „glänzend, fröhlich", das in engl. *glad*, „froh", überlebt hat).

Göksu bedeutet nicht ohne Grund „himmelblaues Gewässer" (von türk. *gökçe*, „blau", und *su*, „Wasser"). Im Mittelalter hieß dieser klare Gebirgsfluss, der im Taurus Anatoliens entspringt, *Saleph*, woran die an seiner Mündung ins Mittelmeer gelegene Stadt *Silifke* noch heute erinnert. Im *Göksu* ertrank Kaiser Barbarossa im Jahr 1190 – auf dem Weg zum Heiligen Land. Damit war für die Ritter aus dem Abendland der dritte Kreuzzug vorzeitig beendet. Im armenischen Hochland gibt es übrigens einen See namens *Goktscha*, was im Turkmenischen ebenfalls „blaues Wasser" bedeutet.

Green River, der Hauptnebenfluss des Colorado in den amerikanischen Bundesstaaten Wyoming und Utah, ist ein „grüner Fluss"; in seinem Oberlauf fließt er durch das *Dinosaur National Monument*, einen für seine unberührte Natur bekannten Cañon.

Huang He, der „gelbe Fluss" (alte Schreibung *Huangho*), ist der zweitgrößte Strom Chinas; für die typische Gelbfärbung sind die großen Mengen von Lössschlamm verantwortlich, die der Fluss bei seinem Lauf durch die Wüste aufgenommen und als äußerst fruchtbaren Boden in der weiten Ebene zwischen Beijing und Nanjing angeschwemmt hat. Wegen der starken Ablagerungen im Flussbett hat der *Huang He* häufig seine Uferdämme durchbrochen und verheerende Überschwemmungen verursacht, wonach er selten in sein früheres Bett zurückgekehrt ist; daher wird er traditionell auch der „Kummer Chinas" genannt; auf der anderen Seite haben die Laufveränderungen für eine segensreiche Streuung des fruchtbaren Löss über die gesamte Ebene gesorgt.

Jangtsekiang bedeutet „hellbrauner Fluss"; er entspringt im Hochland von Tibet und ist mit 5800 km Länge der bedeutendste Fluss Asiens und einer der größten der Erde. (Daher nennen die Chinesen ihn meist nur *Jiang*, „Strom", oder *Dajiang*, „riesiger Strom".) Im Mündungsdelta teilt er sich auf in seichte Gezeitenarme mit flachen, dicht besiedelten Aufschüttungsinseln. Gewaltige Mengen von Sinkstoffen färben den *Jangtsekiang* einschließlich der Küstengewässer hellbraun. Wie der *Huang He*, „der gelbe Fluss", tritt er häufig über seine Ufer; die letzte große Überschwemmung vor etwa einem Jahrhundert forderte fast 100 000 Tote (s. auch *Yangzi Jiang*).

Kızılırmak, der „rote Fluss", wie ihn die Türken nennen, ist der längste Fluss Inneranatoliens, der auf dem *Kızıl Dağı*, dem „roten Berg", entspringt und bei Bafra mit großem Delta ins Schwarze Meer mündet. Den Menschen der Antike war er als *Halys* bekannt.

Kuku Nur, auch *Koko Nor*, ist die mongolische Bezeichnung für „blauer See"; es handelt sich um einen tiefen und daher blau erscheinenden Hochgebirgssee in Nordwestchina, mit 5500 km^2 Fläche das größte Gewässer der Volksrepublik. (Die einheimische Bezeichnung *Qinghai Hu* ist eine wörtliche Übersetzung des mongolischen Namens.)

Lac Blanc, „weißer See", heißt ein klarer Karsee im Südteil der französischen Vogesen.

Lough Rea, kelt. *Locha Riach*, im County Galway wirkt auf die Iren wohl deshalb wie ein „grauer See", weil Wasserflächen in der Regel die Farbe des Himmels spiegeln – und der ist in Irland eher selten blau.

Medway, ein Fluss in Südengland, könnte mit seinem Namen „Met-Wasserweg" auf seine Färbung, aber auch auf die Trinkbarkeit seines Wassers anspielen, denn *Met* (engl. *mead*) war der süße Honigwein der Götter.

Minnesota, „wolkenfarbiges Wasser", ist die Sioux-Bezeichnung für einen Nebenfluss des Mississippi im gleichnamigen Bundesstaat der USA.

Nahr es-Zarka, der „blaue Fluss" (im Altertum *Jabbok* genannt), fließt bei der jordanischen Stadt Damiya in den Jordan.

Neath, „der Schimmernde" (von der kelt. Wurzel *nido-*, „hell, scheinend"), heißt ein Fluss in Wales, der bei Swansea in den Bristolkanal mündet. Die Römer benannten ein Lager, das sie hier errichteten, entsprechend *Nidum*; heute heißt die daraus hervorgegangene Stadt ebenfalls *Neath*. Als ein weiterer „Leuchtender" mit gleicher etymologischer Herkunft entpuppt sich der *Nidd*; er entspringt in den südlichen Pennines und trifft nördlich von York auf den Fluss Ouse.

Peffery ist ein Fluss in Schottland, den die piktischen Ureinwohner ebenfalls als einen „Leuchtenden" klassifizierten, denn in ihrer Sprache hatte die Wurzel *pevr-* den Sinn „strahlend, schön".

Red River, der „rote Fluss", ist der südlichste der großen Nebenflüsse des Mississippi; ein zweiter „roter Fluss", der *Red River of the North*, findet sich im US-Bundesstaat Norddakota. Beide zeugen von der rötlichen Bodenfärbung der Landschaften, die sie durchfließen.

Río Bermejo ist die argentinische Variante eines „roten Flusses" (von span. *bermejo*, „rötlich"), der seine sedimentreichen Fluten bei Corrientes mit dem Río Paraguay vereint.

Río Tinto bedeutet im Spanischen „gefärbter Fluss" (vgl. *Tinte*). Er entspringt in der spanischen Sierra Morena und mündet in die

Bucht von Cádiz. Sein Name erklärt sich durch ein großes Kupfererzgebiet an seinem Oberlauf, das im Tagebau ausgebeutet wird (zentraler Bergbauort ist *Minas de Ríotinto*); das durch erzhaltigen Schlamm verunreinigte Flusswasser lässt nur wenig tierisches Leben zu.

Ruß, „der Rote", heißt der Hauptmündungsarm der Memel, die bei Heydekrug im heutigen Litauen in das Kurische Haff fließt (vgl. *Russland*, „Land der Roten"; s. auch *Russen*).

Safid-Rud, „Weißfluss", hat man den einzigen im iranischen Hochland entspringenden Fluss genannt, der die nördlichen Randgebirge durchbricht und ins Kaspische Meer mündet. Sein Tal ist seit alters ein wichtiger Verkehrsweg.

Song Ka, „roter Fluss", lautet der Name eines Stroms in Südchina und Nordvietnam (dort *Song Koi* mit gleicher Bedeutung); er fließt nach mehr als 1100 km mit großem, fruchtbaren und daher dicht besiedelten *Delta* in den Golf von Tonking. Einer seiner Hauptnebenflüsse ist der *Song Da*, d. h. „schwarzer Fluss".

Sungari, „Milchfluss", nennen die Chinesen einen Nebenfluss des Amur, da mitgeführter heller Löss sein Wasser trübt. Trotz der sieben Monate anhaltenden Vereisung ist der *Sungari* der verkehrsreichste Fluss der Mandschurei.

Vaal, ein „bleicher", in den südafrikanischen Drakensbergen entspringender und westlich von Kimberley in den Oranje mündender Fluss, bekam von den Buren seinen Namen in Erinnerung an die *Waal*, den Hauptarm des Rheindeltas im fernen niederländischen Mutterland – von althochd. *falo*, „bleich, fahl", verwandt mit latein. *pallidus*, „blass", griech. πολιός *(poliós)*, „grau", und engl. *pale*, „bleich" (s. auch *Veluwe*).

White River, „weißer Fluss", heißen in den USA sowohl ein Mississippi- als auch ein Missouri-Nebenfluss.

Yellowstone River, d. h. „Gelbstein-Fluss", ist der englische Name eines rechten Missouri-Nebenflusses, der den rund 40 km langen und bis über 1000 m tiefen *Yellowstone Canyon* im *Yellowstone Nationalpark* der Vereinigten Staaten durchfließt; zuvor hatten bereits die Franzosen ihn *Roche Jaune* genannt, was allerdings auch nur eine Übersetzung der uralten indianischen Bezeichnung *nissi-a-dazi*, „Fluss der gelben Steine", war. Die Bedeutung seines Namens entspricht im Übrigen der des Colorado Rivers, dessen Fluten ebenfalls große Mengen von Buntsandstein-Sedimenten mitführen (s. dort).

Yeşilırmak, „grüner Fluss", heißt ein nordanatolisches Gewässer, das bei der Hafenstadt Samsun ins Schwarze Meer mündet (von türk. *yeşil*, „grün", und *ırmak*, „Fluss").

Bedeutung und Ausmaß

Altin-Kol, von türk. *altın göl*, „goldener See", ist ein Name, den der südsibirische See im Nordosten des Altaigebirges mit rund 70 Frischwasserzuflüssen wegen seines ungewöhnlichen Fischreichtums redlich verdient; einziger Abfluss ist die in den Ob mündende Bija.

Amudarja nennen die Usbeken eigentlich jeden „langen Fluss"; in besonderem Maße trifft diese Bezeichnung auf jenen Strom zu, der Afghanistan und Tadschikistan, Turkmenistan und Usbekistan voneinander trennt, bevor er nach 2400 km in den Aralsee mündet.

Bayou ist die französische Umformung des indianischen Wortes *bayuk*, „kleiner Bach"; der Name dient in den US-Staaten am Golf von Mexiko, vor allem im Delta des Mississippi, zur Kennzeichnung eines trägen oder gar stehenden Wasserlaufs in sumpfigem Gelände.

Clyde, von der kelt. Wurzel *clouta-*, bedeutet „der Reinigende"; die Römer nannten den schottischen Fluss *Clota* – ein Wort, das mit latein. *cloaca*, „Abwasserkanal" (vgl. *Kloake*), verwandt ist.

Connecticut ergab sich als europäische Imitation der alten indianischen Bezeichnung *Quonaktakat* im Sinn von „langer Fluss"; er entspringt nahe der kanadischen Grenze im Nordosten der USA und mündet bei New London in den Atlantik. Wäre der etymologische Ursprung seines Namens nicht bekannt, könnte man in ihm die beiden englischen Verben *to connect*, „verbinden", und *to cut*, „schneiden", vermuten – eine zwar falsche, aber dennoch hilfreiche Assoziation, denn der Fluss verbindet den Bundesstaat *Connecticut* mit Massachusetts, bildet aber die Staatsgrenze zwischen New Hampshire und Vermont.

Euphrat, arab. *Al-Furat*, türk. *Fırat*, der Name des größten Stroms in Vorderasien, erklärt sich aus asiatisch *puratu*, „sehr breit"; er entspringt mit den Quellflüssen *Karasu*, „Schwarzwasser", und *Murat-Suyu*, „Murat-Fluss", im Hochland von Ostanatolien in der Türkei, durchquert das syrisch-irakische Tafelland in südöstlicher Richtung und ergießt sich nach seiner Vereinigung mit dem Tigris als Shatt al-Arab in den Persischen Golf. Eine andere

Erklärung seines Namens bietet das altpersische Wort *peretu*, „Brücke", sodass *Euphrat* auch als „der Wohlbebrückte" ausgelegt werden könnte. Historisch gesehen gehört der *Euphrat* zu den wichtigsten Strömen der Welt; schon im Schöpfungsbericht ist er als einer der vier Paradiesflüsse genannt, und zwischen ihm und dem Tigris, seinem östlichen Parallelfluss, entwickelten sich die alten Hochkulturen Assyrien, Babylonien und Sumer; jahrhundertelang markierte er die Ostgrenze der römischen Einfluss-Sphäre, und zur byzantinischen Zeit blühten zahllose Städte und Kulturzentren an seinen Ufern. Die alten Ägypter verglichen ihn mit ihrer eigenen Lebensader, dem Nil, spotteten jedoch, dass der *Euphrat* in die „falsche Richtung" – also nach Süden – strebe.

Guadalquivir, entstanden aus arabisch *Wadi al-Kabir*, „großes Flusstal", hat sich als Bezeichnung für den südlichsten der großen Flüsse Spaniens eingebürgert, der bei Cádiz in den Atlantik mündet (vgl. *Guadalajara*, *Guadalupe* und *Guadiana*). *Wadi* ist der geographische Fachausdruck für ein Trockenflussbett in der Wüste (s. *Wadi-el-Araba*).

Iguaçú, genauer *Iguaçú Guaraní*, „großes Wasser" heißt ein südbrasilianischer Fluss, der seinem Namen alle Ehre macht, denn wenige Kilometer vor seiner Mündung in den Rio Paraná stürzen seine Wassermassen in breiter Front in einen tiefen Cañon und bilden so die berühmten *Iguaçú*-Wasserfälle.

Jenissej, ewenk. *Joanessi*, bedeutet so viel wie „großer Fluss", und tatsächlich wird er von keinem anderen russischen Fluss an Wasserreichtum übertroffen. Er durchquert ganz Sibirien von der mongolischen Grenze bis in polare Breiten, wobei er von Osten her, also vom Mittelsibirischen Bergland, etliche Nebenflüsse aufnimmt, wie die Tunguska und die Angara. Nach über 4100 km unbeirrtem Lauf in nördlicher Richtung mündet er in mehreren breiten Armen im Jenissej-Busen der Karasee.

Koksoak, „großer Strom", ist der Eskimoname für den Hauptfluss der ostkanadischen Halbinsel Labrador.

Miami dürfte jedem als subtropisches Badeparadies an der Südostküste Floridas bekannt sein. *Miami* ist indianisch und bedeutet „großes Wasser", womit wahrscheinlich weder die Lage der Stadt an der Biscayne Bay des Atlantik noch an der Mündung des *Miami Rivers* gemeint ist, sondern wohl eher die riesige Wasserfläche des Okeechobee-Sees im Süden der Halbinsel, denn zwischen ihm und Floridas „Goldküste" lagen einst die Stammesgebiete der Seminole-Indianer.

Michigan leitet sich von indian. *mici gama*, „großes Wasser", her. Der *Lake Michigan* ist einer der Großen Seen Nordamerikas; er wird gespeist durch zahlreiche kleinere Wasserläufe und fließt zum Huronsee ab.

Nebraska, „flacher, breiter Fluss", war die alte Bezeichnung der Sioux-Indianer für einen im Felsengebirge entspringenden und in den Missouri mündenden Fluss. Heute assoziieren wir *Nebraska* nur noch mit dem entsprechenden US-amerikanischen Bundesstaat, während der Strom selbst von französischen Fallenstellern und deutschen Siedlern – ohne die Bedeutung seines ursprünglichen Namens zu verändern – in *Platte River* umgetauft wurde.

Ohio, „schöner Fluss" (auch „großer Fluss"), nannten die Irokesen den nordamerikanischen Fluss, der West Virginia und Kentucky im Süden von den Staaten *Ohio*, Indiana und Illinois im Norden trennt; entsprechend bezeichneten ihn französische Siedler als *La Belle Rivière*.

Paraguá, „großes Wasser", ist der indianische Name eines der Quellflüsse des Orinoco im Bergland von Guyana, dessen Mündung 1498 von Kolumbus entdeckt wurde (vgl. die Flussnamen *Pará*, *Paraná* und *Paraguay*, alle von indian. *para*, „Wasser").

Paraguay, „Strom, der das Meer bildet", heißt in der Sprache der Guaraní-Indianer ein Fluss mitten in Südamerika, der sich an der argentinischen Grenze bei *Corrientes* (span. „Ströme") mit dem *Río Paraná* vereint. Die Eingeborenen setzten den von weiten Sumpflandschaften umgebenen Wasserlauf mit einem Meer gleich.

Paraná, „der Strömende", nannten die Ureinwohner jenen gigantischen südamerikanischen Fluss, der von den Quellen des *Rio Grande* und des *Parnaíba* gespeist wird und es – einschließlich seines Mündungstrichters, des so genannten *Río de la Plata* – auf eine Länge von 4700 km bringt.

Saar, der Name des bekannten französisch-deutschen Flusses, gibt trotz seiner Verwandtschaft mit latein. *serum*, „Molke", keinerlei Hinweis auf die Färbung des Wassers, sondern unterstreicht lediglich den Größenunterschied zum Rhein. *Saar* geht zurück auf die indogerm. Wurzel *ser-*, „spärlich fließen", und hat damit in etwa die Bedeutung von „Rinnsal".

Stikine, der „große Fluss", erschließt bei seinem westlichen Lauf zur Pazifikküste Süd-Alaskas fast ganz British Columbia. Wie treffend die Indianer ihn bezeichnet hatten, erwies sich Ende des 19. Jahrhunderts, als der Fluss während des Goldrausches am Klondike zum wichtigsten und verlässlichsten Anreiseweg für die Glücksritter aus aller Welt wurde.

Taihu, „großer See", ist der Name eines südchinesischen 3000 km^2 großen, aber seichten Binnensees, aus dem sich über 70 flachhügelige Inseln erheben; er bildet mit zahlreichen natürlichen und künstlichen Wasserläufen, darunter dem Kaiserkanal, einen Teil des Flussgeflechts im Jangtsekiang-Delta.

Walla Walla, „viel Wasser" oder auch „kleiner, schneller Strom", nannten die Indianer im Südosten des US-Bundesstaates Washington einen Gebirgsfluss, der wegen seiner hohen Strömungsgeschwindigkeit zur Energiegewinnung genutzt wird. An seinem Ufer liegt die aus einer alten Pelzhandelsstation entstandene Stadt gleichen Namens.

Yangzi Jiang ist die einheimische Namensvariante des mit 6300 km Länge größten Flusses Chinas, der bei uns als *Jangtsekiang* bekannt ist. Ganz offiziell heißt er allerdings *Chang Jiang*, „langer Fluss". Die Chinesen nennen nur die letzten 600 km seines Laufs *Yangzi* (nach dem Königreich *Yang*, das im 10. Jahrhundert v.Chr. in dieser Region blühte); der Oberlauf des Flusses heißt *Jinsha*, „goldener Sand".

Yukon lautet das indianische Wort für „langer Fluss", und tatsächlich ist der *Yukon*, der Nordwestkanada und Alaska durchläuft und in einem Delta ins Beringmeer mündet, mit etwa 2600 km Länge fast doppelt so groß wie der Rhein. Das *Yukon*-Gebiet ist reich an Bodenschätzen und Naturschönheiten, aber sehr dünn besiedelt und Teil der letzten großen Wildnis von Nordamerika.

Zaïre ist abgeleitet von kongolesisch *n'zadi*, „großes Wasser". Im 15. Jahrhundert verwendeten die Portugiesen den Bantunamen zunächst nur für den Unterlauf des Kongo, seit 1971 – dem Jahr der Unabhängigkeit von Belgien – heißt der Fluss in ganzer Länge *Zaïre* (s. *Kongo*).

Flüsse wurden seit jeher wegen ihrer Bedeutung für das Leben und die Fruchtbarkeit des Landes als G o t t h e i t e n verehrt. In Ägypten war der *Nil* Gott und heiliger Strom, ebenso wie seit Urgedenken der reinigende *Ganges* in Indien (der „Strom der Götter und der Tränen" dürfte wohl gerade deshalb so verseucht sein); beiden Flüssen übergab man die sterblichen Überreste seiner Angehörigen: dem *Nil* auf einer Totenbarke den unversehrten, oft einbalsamierten Leichnam (da man an ein Weiterleben des Körpers glaubte), dem *Ganges* als Quell des Lebens die Asche der Toten (auf dass die Seele irgendwann in einem neuen Körper wiederkehren konnte). Im *Ganges* treiben aber auch die unverbrannten Leichen mitteloser Inder und die Kadaver heiliger Kühe.

Im alten Griechenland weihten die Jungen beim Eintritt in das Mannesalter und die Mädchen beim Eintritt in den Ehestand ihre abgeschnittenen Haare einem Flussgott, z.B. dem *Acheloos*, der als Hüter des Süßwassers und Vater der Nymphen verehrt wurde (ein westgriechischer Fluss – dessen Mündung gegenüber die Insel Ithaka, der Heimat des homerischen Helden Odysseus, liegt – trägt noch heute seinen Namen); in der griechischen Sage hatten selbst die Unterweltsgötter ihren heiligen Fluss, die *Styx*, bei der sie ihre unverbrüchlichen Eide schworen. Die Römer riefen vor allem den als Gott aufgefassten *Tiber* im Gebet mit seinem Kultnamen *Tiberinus* an.

Viele Völker sahen in den großen Flüssen die Verkörperung von Zeugungskraft und Lebensquell, ihren alles beherrschenden Urvater und ihre fruchtbare *Magna Mater*, ihre „Große Mutter", die in den geheimnisvollen Tiefen des Wasser anwesend waren und deren Gunst man sich mit Opfern und Gebeten erhalten musste. Bis in unsere Zeit haben Ausdrücke wie *Vater Rhein* und *Mütterchen Wolga* überlebt.

Auch das Weltmeer – in vorklassischer Zeit der sagenhafte, die Erde umfließende Weltstrom – war die Personifizierung eines Gottes, des *Okeanos*, Sohn des Uranos (des Himmels) und der Gaia (der Erde), Vater von 3000 Söhnen in der Gestalt von Flüssen, Bächen und Quellen, bei Homer sogar Vater aller Götter und Ursprung aller Dinge; mit seinem Namen bezeichnen wir noch immer unsere *Ozeane*, und auch die in ihnen herrschenden Götter, der griechische *Poseidon* und seine römische Entsprechung, *Neptun*, sind uns ein Begriff.

Götternamen

Boyne heißt ein Fluss in Irland, nach der keltischen Göttin *Boann*, deren Name „weiße Kuh" bedeutet – eine Bezeichnung, die typisch war für die alte irische Hirtengesellschaft und für Besitztum und Gedeihen stand. Die Farbe Weiß sollte wohl die Schönheit und Reinheit der Flussgöttin hervorheben. Als *Boann* einst die Heiligkeit eines Brunnens verletzte, indem sie aus dieser geweihten Quelle der Inspiration trank, erhoben sich die wütenden Wasser, verfolgten sie und bildeten den reißenden Fluss *Boyne*, dessen Name auf ewig die Erinnerung an diese Freveltat wach halten soll.

Brahmaputra bedeutet „Sohn des Brahma", also „Gottessohn". Der *Brahmaputra* ist einer der Hauptströme Südasiens; er entspringt in 6000 m Höhe an den nördlichen Abhängen des Himalaja, den er in östlicher Richtung umfließt, durchquert die ostindische Landschaft Assam und mündet in Bangladesch zusammen mit dem Ganges in den Golf von Bengalen. *Brahma* ist im hinduistischen Volksglauben die Personifizierung des Absoluten, der Weltseele – eine männliche Gottheit, die als Schöpfer und Lenker der Welt gilt und mit Schiwa und Wischnu eine Einheit bildet; nach ihm heißen die hinduistischen Priester noch heute *Brahmanen*.

Brent, nach der keltischen Flussgöttin *Brent*, „die Mächtige", ist ein englischer Fluss benannt, der einen gleichnamigen Ort nordwestlich von London durchfließt. (Die in Nordengland ansässigen *Brigantes* bezogen sich mit ihrer Stammesbezeichnung ebenfalls auf diese heidnische Gottheit.)

Dee, „Göttin", heißen in Großbritannien gleich vier Flüsse, z.B. der schottische *Dee*, an dem *Aberdeen* liegt, oder der walisische *Dee* mit der Stadt Chester, die von römischen Legionären als *Castra Devana*, „Lager am Dee", gegründet wurde; der Name geht auf kelt. *deva*, „Göttin", zurück (vgl. latein. *dea* in der gleichen Bedeutung; s. auch *Seine*).

Don, die Bezeichnung eines schottischen Flusses, ist nicht – wie bei den beiden anderen britischen *Dons* und ihrem russischen Namensvetter – mit „Fluss" zu übersetzen, sondern geht auf die britisch-keltische Göttin *Deuona* zurück; es handelt sich hier also um einen sprachlichen Blutsverwandten der *Devana* (s. *Dee*).

Isis – mit diesem alten Götternamen überrascht die Themse bei Oxford. Der ägyptische Isiskult war im ganzen Römischen Reich verbreitet, also auch in Britannien. Die Göttin *Isis* als Muttergottheit, die den Horusknaben stillt, wurde später von den Heidenchristen gleichgesetzt mit Maria, der „Mutter Gottes" (vgl. auch die Benennung eines Flusses im Amazonastiefland von Peru durch spanische Eroberer als *Río Madre de Dios*, „Mutter-Gottes-Fluss"; s. dort).

Krischna, ein Flusslauf Indiens, der von den Westghats quer durch den Subkontinent zum Golf von Bengalen fließt, trägt den heiligen Namen der achten irdischen Erscheinungsform des Gottes Wischnu, den man in der Quelle dieses Flusses verehrt.

Seine, der moderne Name des französischen Flusses, basiert auf der kelt.-röm. Benennung *Dea Sequana*, „Göttin Sequana". Wie zahlreiche andere Völker sahen auch die Kelten in Quellen und Flüssen eine Verkörperung der Erdmutter; daher tragen einige Wasserläufe in ihrem Siedlungsgebiet „göttliche" Namen wie *Diva*, *Deva* oder *Devana* (s. *Dee* und *Don*).

Thames lautet der englische Name der *Themse*. Die Römer nannten den Fluss *Tamesis* oder *Tamesa*, nach der keltischen Erdgöttin *Temair*, „die Dunkle". Ihr Name geht auf das uralte indogermanische Adjektiv *tamisra*, „finster", zurück, wovon sich latein. *tenebrae*, „die Schatten", sowie ir. *teimheal*, „Trübheit", und russ. темнота *(timnatá)*, „die Dunkelheit", herleiten. Die gleiche Bedeutung wie *Themse* haben die anderen britischen Flussnamen *Thame*, *Tame*, *Team*, *Tamar*, *Tavy*, *Teviot*, *Taff* und *Taf*.

Mutter- und Vaterflüsse

Benuë, „Mutter der Gewässer", nannten die Eingeborenen Westafrikas einen breiten und wasserreichen Nebenfluss des Niger. Er ist der wirtschaftlich wichtigste Strom in Nigeria, sodass die Wahl des Namens verständlich ist.

Marne, der Name eines Flusses in Nordostfrankreich, leitet sich von kelt. *matra*, „Mutter", her (vgl. *Materie*, *Matrize*, *Matrone* etc.).

Mekong, thailänd. *Mae Nam Khong*, „Mutter der Flüsse" (tib. *Dzachu*, chin. *Lancang Jiang*), heißt der riesige Strom Hinterindiens, der im östlichen Hochland von Tibet entspringt und – nachdem er streckenweise die Grenze zwischen Laos und Myanmar (früher Birma) sowie zwischen Laos und Thailand bildet – quer durch Kambodscha und das südliche Vietnam fließt, bevor er mit breitem Delta ins Südchinesische Meer mündet (vgl. den ebenfalls thailändischen Fluss *Menam*, „Mutter-Gewässer").

Menderes ist der türkische Name des Flusses, den wir als *Mäander* kennen; von den alten Griechen wurde er Μαίανδρος *(Maiandros)* genannt – ein Name, in dem „Mutter" und „Vater" enthalten sind, denn er ist abgeleitet von griech. μαῖα *(maîa)*, „Mütterchen, Amme", und ἀνήρ *(anér)*, Gen. ἀνδρός *(andrós)*, „Mann". Laut Homer war er der personifizierte Flussgott

Xanthos, „der Gelbe", von griech. ξανϑός *(xanthós)*, „gelb, blond" (vgl. *Xanthippe*, wörtl. „blondes Pferd").

Mississippi bedeutet in der Sprache der Chippewa-Indianer „Vater der Gewässer", und auch die Amerikaner unserer Zeit nennen ihn liebevoll *Old Man River*. Seinen Namen trägt er wahrlich zu Recht, wird er doch von über 250 Nebenflüssen gespeist, unter anderem vom fast gleich langen Missouri sowie von den Flüssen Red River, Arkansas und Ohio. Als Einheit betrachtet bilden *Mississippi* und Missouri mit 6051 km das drittlängste Flusssystem der Erde; der *Mississippi* allein misst von seiner Quelle nahe der kanadischen Grenze bis zu seiner Deltamündung am Golf von Mexiko 3779 km und ist damit in seiner Länge vergleichbar mit der Wolga, dem längsten Strom Europas.

Shannon, „der Alte", ist ein weiterer *Old Man River* (von ir. *sean*, „alt"; vgl. den ir. Vornamen *Sean*). Entsprechend bezeichnete Ptolemäus den Fluss im 2. nachchristlichen Jahrhundert als *Senos* (von latein. *senex*, *senis*, „alt", „Greis"; vgl. *Senioren* und *senil*). Man nimmt an, dass sich den Anwohnern im fließenden Wasser ein Gott offenbarte. Der *Shannon* ist Irlands größter Fluss, er entspringt nördlich von Leitrim im County Cavan und fließt südlich durch Limerick zur Atlantikküste.

Mächtigkeit und Heiligkeit

Aire heißt ein englischer Fluss in North Yorkshire, der südwärts in die Ouse mündet; sein früherer Name *Yr* könnte von einer alten keltischen Wurzel stammen, die verwandt ist mit griech. ἱερός *(hierós)*, „heilig, kräftig" (vgl. *Hieroglyphen*, „heilige Zeichen", und *Hierarchie*, „heilige Herrschaft").

Allen Water, „Mächtiger, Heiliger", ist der Name eines schottischen Flusses; er entspricht dem der Flüsse *Aln* in England, *Alun* in Wales und *Ellen* in Cumbria und stammt von der kelt. Wurzel *alaun*, „heilig, mächtig" (vgl. unser Heilmittel *Alaun*).

Irawadi, von altind. *iravati*, „die Erquickende", heißt der bedeutendste Strom in Myanmar, dem früheren Birma.

Kennet benannten die keltischen Bewohner Britanniens einen Fluss im heutigen Wiltshire, wobei es sich um eine Weiterentwicklung der keltischen Wurzel *cunetio*, „nobel, heilig", handelt.

Kent ist ein englischer Flussname, der das Gleiche bedeutet wie *Kennet*, jedoch nichts mit dem Namen der Grafschaft *Kent* zu tun hat (s. dort).

2. Begrenzung des Horizonts

Ähnlich den Flussnamen haben auch einige seit Menschengedenken übliche Reliefbezeichnungen überlebt, von denen die ältesten lediglich „Berg" oder „Gebirge", „Pass" oder „Einschnitt", „Ebene" oder „Fläche" bedeuten, während die anspruchsvolleren bereits nach Höhe und Größe oder nach Form und Farbe unterscheiden.

Ohne dass es uns recht bewusst ist, sind uns die Worte für B e r g e und Gebirge in vielen Sprachen geläufig. *Anti*, „Berge" (im Gegensatz zur *Pampa*, dem „flachen Land") – so nannten und nennen die Indianer das gebirgige Rückgrat Südamerikas, das wir als die *Anden* kennen und das in der spanischen Übersetzung der Eroberer zu *Cordillera*, „Gebirgskette", wurde (vgl. *Kordel*), in unnötiger Übertreibung sogar zu *Las Cordilleras de los Andes*. Später dehnten die Mexikaner den Begriff *Kordillere* auf die Fortsetzung der *Anden* in Mittelamerika, ja sogar auf die gesamte Gebirgskette des nordamerikanischen Kontinents aus, deren englische Variante, die *Rocky Mountains*, also das „Felsengebirge", uns geläufiger ist. Die Vorstellung einer Kette von Bergen – wie auf einer Kordel aufgereiht – liegt auch dem *Ural* (ostjak. *ural*, „Gürtel") zu Grunde, diesem bekanntesten russischen Gebirge, das auf 2000 km Länge Europa von Asien trennt und bis Ende des 17. Jahrhunderts *Kamen* hieß, von russisch камень *(kámin)*, „Stein, Fels".

Scandia nannten bereits die Römer die riesige europäische Halbinsel zwischen Nordsee und Bottnischem Meerbusen, woraus wir den Namen *Skandinavien*, „aufsteigendes Land", abgeleitet haben (von latein. *scando*, „ansteigen"; vgl. *skandieren*) – eine maßlose Untertreibung, wenn man bedenkt, dass *Skandinavien* vom größten europäischen Gebirgsmassiv durchzogen wird, das sich immerhin über 1700 km in nord-südlicher Richtung erstreckt und bis zu 2463 m hoch ist.

In Südosteuropa diktierte eine 600 km lange westöstlich verlaufende Gebirgsbarriere den immer wieder nach Europa einfallenden Turkvölkern die Stoßrichtung; bei ihnen war sie schlicht als *Balkan*, „Gebirge", bekannt, während sie von den Bulgaren, die über Jahrhunderte zum Osmanischen Reich gehörten, *stara planina*, „altes Gebirge", genannt wird. In Nordeuropa trägt der bewaldete Gebirgskamm, dem die finnisch-russische Grenze folgt, den Namen *Maanselkä*, „Landrücken".

Eine einzelne aus der Landschaft aufragende Erhebung kennen wir als *Berg* oder *Staufen*; mehrere Bergkegel im Süden und Südwesten unseres Landes tragen diesen Namen, z. B. der *Hohenstaufen* in der Schwäbischen Alb, auf dem die Stammburg der *Staufer*-Kaiser lag. (Der gräfliche Name *Stauffenberg* stellt also eine unnötige Wortverdopplung dar.) Bei den Schotten heißt der Berg *Ben*; der bekannteste ist wohl der *Ben Nevis*, der „Berg des boshaften Flusses" (mit 1343 m ist er höher als jede andere Erhebung der Britischen Inseln), und auch der englische *Mount*, der französische *Mont* und der italienisch-spanisch-portugiesische *Monte* (alle stammen von latein. *mons, montis*, „Berg", ab) sind uns geläufig, ebenso wie die entsprechenden Bezeichnungen *mountains*, *montagne*, *montagna*, *montaña* und *montanha* für „Gebirge". Weniger bekannt dürfte das arabische Wort *Djebel*, „Berg", sein (bisweilen auch *Jabal* oder *Jebel* geschrieben), das uns später noch in vielen Zusammensetzungen begegnen wird. Wer aber hätte gedacht, dass ausgerechnet ein Fluss „Berg" genannt wird, wie im Fall des *Kongo* (kongoles. *kong*, „Berg"); trotzdem trägt er seinen Namen mit gewissem Recht, da er im gesamten Oberlauf ein Gebirgsfluss ist. Eine ganz ähnliche Bedeutung hat der Name der gebirgigen westgriechischen Insel *Korfu*, von griech. κορυφή *(koryphé)*, „Gipfel" (vgl. *Koryphäe*), die heute – wie im alten Griechenland – wieder *Kerkyra* genannt wird.

Berggipfel tragen in vielen Sprachen Europas einen überraschend ähnlich klingenden Namen; die Italiener nennen sie *Picco*, die Spanier und Portugiesen *Pico* (z. B. der *Pico de Peñalara*, „die Felsenspitze", der *Pico de Teide* auf Teneriffa oder die Pyramidengipfel der *Picos de Europa* im Kantabrischen Gebirge), in den Rätischen Alpen heißen sie *Piz* (z. B. *Piz Bernina* und *Piz Linard*), in der Auvergne *Puy* (etwa die vulkanische Gebirgskette *Chaîne des Puys* mit dem *Puy de Dôme* als höchstem Gipfel, der 1648 Berühmtheit erlangte, als ihn Florin Périer mit einem Barometer bestieg und das Sinken des Luftdrucks mit zunehmender Höhe nachweisen konnte), im katalanischen Dialekt Mallorcas werden sie *Puig* genannt (z. B. die Klosterberge *Puig de Maria* und *Puig de Randa*), während die russische Version *Pik* lautet und wohl dem englischen *Peak* nachempfunden ist (s. *Pik Kommunismus* und *Pik Lenin* im tadschikischen Pamirgebirge).

Die spitze oder steile Kontur reichte häufig zur Benennung eines Berges aus, bisweilen gab man aber auch die Anzahl der Gipfel an oder – wenn sie nicht klar zu gruppieren waren – man verglich den Gebirgszug mit den Zähnen einer Säge (span. *sierra*, portug. *serra*, „Säge").

Spitzen und Kämme

Chattanooga bedeutet in der Sprache der Indianer „spitzer Berg",
ein Name, der in diesem Fall auf eine amerikanische Stadt in
Tennessee abgefärbt hat; sie liegt auf altem Indianergebiet und
ist – umgeben von steilen Bergen – der Mittelpunkt einer Landschaft mit vielen Naturschönheiten und historischen Plätzen.
Chattanooga wurde 1816 von John Ross, einem Cherokee-
Häuptling, als Handelsposten gegründet und entwickelte sich mit
Beginn des Eisenbahnzeitalters rasch zu einem der Haupt-
verkehrsknotenpunkte des Südens. (Musikliebhabern wird bei
diesen Worten längst der alte *Chattanooga choo-choo* einge-
fallen sein!) Als 1835 die weiße Besiedlung einsetzte, wurde der
Stamm der Cherokee nach Oklahoma zwangsumgesiedelt; auf
dem Treck nach Westen, dem *Trail of Tears* („Zug der Tränen"),
kam etwa ein Viertel von ihnen durch Hunger und Krankheit
ums Leben.

Dent Blanche, „weißer Zahn", ist die französische Bezeichnung
eines 4357 m hohen vergletscherten Gipfels der Walliser Alpen
(vgl. *Dentist*).

Eggegebirge bedeutet „spitzes Gebirge"; der Name der nordsüdlich
verlaufenden bewaldeten Höhenzüge in Ostwestfalen leitet sich
von der indogermanischen Wurzel *ak*, „spitz", her, womit auch
die uralte *Egge* des Bauern als „spitzes Arbeitsgerät" ihren Sinn
erhält (vgl. *Ecke*, aber auch *akut*, „heftig, spitz", sowie *Akrobat*,
eigentlich „auf den Zehenspitzen Gehender", und *Akropolis*,
„Stadt auf der Bergspitze").

Kang-chen-dzönga, „Schnee-groß-Schatzkammern-fünf", nennen
die Tibeter dieses fünfgipfelige, mit 8598 Metern zwar nur dritthöchste, aber gewaltigste Bergmassiv der Erde an der Grenze
von Sikkim zu Nepal; die Erstbesteigung gelang 1955.

Lomond, genauer *Ben Lomond*, ist der 973 m hohe „Berg der
Schlote" in den schottischen Highlands (von gäl. *beinn*, „Berg",
und *lomond*, „Schornstein, Kamin").

Montacute, eine Stadt im englischen Somerset, wurde von ihren
normannischen Gründern *Mont aigu*, „spitzer Berg", genannt –
nach dem *Montaigu* in der Nähe von Caen, der im 12.
Jahrhundert mit lateinischem Namen *Mons acutus* hieß.

Montserrat, „gesägter Berg", wird ein wuchtiger, 1241 m hoher
Felsklotz aus Kalkkonglomeraten im Katalonischen Randgebirge

der Iberischen Halbinsel genannt, der mit seinen bizarren Pfeilerbündeln, Türmen, Kuppeln und Kegeln seinem Namen alle Ehre macht. Die Spanier bezeichnen den Berg auch gern als *Montsagrat*, „heiliger Berg" (von span. *sagrado*, „ehrwürdig, heilig"), denn seit dem 9. Jahrhundert steht auf ihm ein Benediktinerkloster mit der Patronin Kataloniens, der Schwarzen Madonna; für viele Pilger ist dieser Berg identisch mit dem *Montsalvatsch* der Gralssage.

Nanga Parbat ist der Name eines 8125 m hohen Gneismassivs im westlichen Himalaja (von hind. *nanga*, „nackt", und *parvat*, „Berg"), das an seiner Südflanke über 4500 m steil zum Rupal-Tal abfällt.

Plynlimon, keltisch *Pumlumon*, von *pum*, „fünf", und *llumon*, „Schlote, Leuchtturm", heißt im Westen Großbritanniens ein Berg mit fünf deutlich trennbaren Gipfeln, auf denen früher Leuchtfeuer den Seeleuten an der walisischen Küste den Weg wiesen (s. *Lomond*).

Zu allen Zeiten hat der Mensch sein Erstaunen angesichts der überwältigenden Größe eines Gebirges zum Ausdruck gebracht, das seine persönliche Welt mit Eis und Schnee begrenzte, ihn aber auch vor feindlichen Überfällen schützte; auf den wolkenverhangenen Gipfeln vermutete er die Wohnung der Götter, und dort kündigte sich jede Änderung des Wettergeschehens an. Die düster bewaldeten oder schroffen Fronten mancher Berge machten ihm Angst, ebenso wie die Höhlen, Spalten und Krater, die offenbar mit der Unterwelt in Verbindung standen. Dennoch fühlte er sich in seinen heimatlichen Bergen geborgen, in deren Silhouette er vertraute Wesen zu erkennen glaubte, und das im Tageslicht wechselnde Farbenspiel der Hänge regte ihn nicht selten zu sentimentalen Benennungen an.

„*Große" Berge*

Ararat, der biblische Berg, der gern mit der Arche Noah assoziiert wird, heißt in türkischer Übersetzung *Büyük Dağı*, „großer Berg"; die Bewohner in seinem Schatten nennen ihn aber auch *Ağrı Dağı*, „Berg des Schmerzes", weil er in den letzten Jahrhunderten wiederholt Feuer und Flammen spuckte und die unter ihm liegenden Dörfer mit Lava und Geröll überschüttete. Der über 5000 m hohe und mit ewigem Schnee bedeckte zweigipfelige *Ararat* erhebt sich abrupt aus der ostanatolischen

Hochebene, nahe der Grenze zu Armenien und dem Iran. Im 9. bis 7. Jahrhundert v.Chr. war hier ein Staatswesen entstanden, das die Assyrer *Urartu*, das „Reich von Ararat", nannten. Übrigens hat man Noahs Arche, die laut Altem Testament während der Sintflut auf dem *Ararat* gestrandet sein soll, trotz etlicher Expeditionen und sensationeller Berichte über angebliche Schiffsspuren und Holzsplitter noch immer nicht gefunden.

Citlaltépetl, „Berg des Sterns", heißt in der Sprache der Azteken ein auch als *Orizaba* bekannter Vulkankegel in Ostmexiko, an der Grenze zwischen den Staaten Veracruz und Puebla. Da der *Citlaltépetl* – die höchste Erhebung Mexikos und die dritthöchste in Nordamerika – mit einer Höhe von 5610 m über dem Meeresspiegel tatsächlich nach den Sternen zu greifen scheint, ist der aztekische Name durchaus berechtigt.

Denali, „der Hohe", wurde 1896 zu Ehren des amerikanischen Präsidenten William McKinley in Mount McKinley umbenannt. Da der in der Alaska Range gelegene Berg mit 6194 m der höchste Gipfel in Nordamerika ist, favorisieren die Indianer im südlichen Zentralalaska jedoch noch immer den traditionellen Namen *Denali* für diesen Bergriesen.

Kao-ling ist der Name eines Berges in China, der „hoher Hügel" bedeutet; hier wurde schon früh die Porzellanerde gewonnen, die noch heute nach ihrem Abbauort als *Kaolin* bezeichnet wird. Marco Polo hatte die Kunde von dem weichen, weißen Rohstoff nach Europa gebracht, wo man sich fieberhaft an Imitationen versuchte, indem man die Kalkschalen von Venusmuscheln zerrieb, um daraus das begehrte, hauchdünne Geschirr zu brennen; wenn auch diesen irrigen Bemühungen kein Erfolg beschert war, so ist uns doch die damalige Bezeichnung *Porzellan* geblieben, denn für Marco Polo und seine italienischen Landsleute war die Venusmuschel ein weibliches Sexualsymbol und damit „Schweinekram", was sie mit dem Wort *porcella*, „kleine Sau", zum Ausdruck brachten (vgl. franz. *porc*, „Schwein", und engl. *pork*, „Schweinefleisch").

Osaka im Süden der japanischen Hauptinsel Honshu liegt zwar unmittelbar an der Küste, trägt jedoch den typischen Inlandsnamen „hoher Hügel" (von japan. *okii*, „groß", und *saká*, „Hügel, Abhang"); die Hafenstadt entstand an der Stelle, wo das Delta eines Flusses sich zwischen zwei steilen Bergrücken ins Meer vorschiebt.

Tai Shan, der „hohe Berg", ist zwar nur 1545 m hoch, den Chinesen in ihrer östlichen Provinz Shandong aber seit Tausenden von Jahren heilig. An seinen Hängen befinden sich viele Schreine und Tempel, die wie eh und je das Ziel buddhistischer und daoistischer Pilger sind.

Uludağ, „großer Berg", so haben die Türken den griechischen Namen *Olymp* leidlich angemessen in ihre Sprache übertragen; in der Nähe des Marmarameers, bei Bursa, erhebt sich der *Uludağ* bis zu einer Höhe von 2543 m.

Nicht selten umschreibt die Farbe Weiß die Schneebedeckung eines Gebirges, bisweilen steht sie aber auch für die blendende Helligkeit von Kalkfelsen; so bezog sich der alte Name *Albion* für Britannien auf die weiße Kreideküste der Insel (von latein. *albus*, „weiß"). Bei manchen Namen sind beide Deutungen möglich, wie im Fall unserer Bergbezeichnungen *Alb*, *Alp* und *Alpen*.

„Weiße" Berge

Akdağ, der 3051 m hohe „weiße Berg", erhebt sich im lykischen Teil des Taurusgebirges in der Türkei; seine Gipfel bilden ein Kar, in dem das ganze Jahr über der Schnee liegen bleibt (althochd. *kar*, „Gefäß", sesselähnliche Hohlform in den Steilhängen vergletscherter Gebirge).

Albaner Berge, „weiße Berge", heißt ein Ringgebirge aus vulkanischen Aschen und Tuffen (von italien. *tùfo*, „poröser Stein") mit Höhlen und Kratern in der Provinz Rom; einer seiner Gipfel, der *Monte Cavo* („hohler Berg"), hieß in römischer Zeit *Mons Albanus*, von lateinisch *albus*, „weiß" (vgl. *Album* und *Albino*).

Alm, eine Neuform zu *Alb*, bezeichnet eine Gebirgsweide; die vorindogerman. Wurzel *alb*, „hoch", „Berg" hat sich schon früh mit dem lateinischen Wort *albus* in der Bedeutung „weiß" verbunden, sodass hoch gelegene Orte keltischer und römischer Gründung mit den Namen *Alba* und *Albi* nicht verwundern; *Alba* war übrigens auch die keltisch-römische Bezeichnung für die schottischen Highlands (vgl. auch *Albanien*, *Albany* und *Allgäu*, das eigentlich „Alpgäu" heißen müsste).

Alpen, latein. *Alpes*, ebenfalls von latein. *albus*, „weiß", ist ein Name, der angesichts der zahlreichen Gletscher, aber auch mancher Kalkketten, etwa im Karwendel- und Wettersteingebirge, angemessen erscheint; die höchste Erhebung der Alpen ist der *Montblanc*, dessen französischer Name ja nichts anderes als „weißer Berg" bedeutet.

Blanca Peak, von span. *blanca*, „weiß", und engl. *peak*, „Gipfel", ist die Bezeichnung eines 4364 m hohen Berges in der *Sangre de Cristo* („Blut Christi") genannten Kette der *Rocky Mountains* im amerikanischen Bundesstaat Colorado.

Changbai Shan, „langes, weißes Gebirge", heißt über eine weite Strecke die natürliche Grenze zwischen China und Nordkorea.

Chimborazo, „Schneeberg", nennen die Indios den trotz seiner tropischen Lage ganzjährig schneebedeckten, 6267 m hohen Andengipfel in Zentralecuador. Der inaktive Vulkan, höchster Punkt des Landes, wurde 1802 von dem deutschen Naturforscher Alexander von Humboldt erkundet, aber erst 1880 von einem englischen Bergsteiger bezwungen.

Hermon, „Schneeberg", ist der Name eines 2814 m hohen Berges im südlichen Antilibanon; die Araber nennen ihn wegen seines verschneiten Gipfels auch „Berg des Greises". Bei den Phöniziern hieß er – mit gleicher Bedeutung – *Sirjon*, bei den Amoritern *Senir* (worin die indogerman. Wurzel *sanah*, „alt, greisenhaft", enthalten ist, die in unseren Wörtern *senil*, *Senat*, *Senior*, *Señor* etc. nachklingt).

Illimani, „Schneeberg", wird ein Andengipfel südlich der bolivianischen Hauptstadt La Paz genannt; die Schneegrenze des 6882 m hohen Berges liegt bei etwa 4500 m, und Gletscher treten an seiner Nordseite ab 5000 m Höhe auf, sodass er seinen Namen in der Tat verdient hat.

Kenia ist eine Verballhornung der einheimischen Namen *Kijinja* (in der Sprache des Kambavolkes) und *Kiri Nyaga* (in der Sprache der Kikuyus) durch deutsche Forscher; beide bedeuten so viel wie „weißer Berg". Der *Mount Kenia*, der zweithöchste Berg Afrikas, ist ein alter erloschener Vulkan; als „allgegenwärtiger Vater" des kenianischen Volkes besitzt er schlohweißes Haar, denn seine beiden Hauptgipfel sind mit ewigem Schnee bedeckt, und etliche bis zu 1400 m lange Gletscher hängen wie riesige Strähnen zu Tal. Die Berichte von den „Schneebergen" am Äquator wurden übrigens jahrelang von europäischen Wissenschaftlern belächelt und als Unmöglichkeit abgetan!

Libanon, arab. und hebr. *Jabal Loubnân*, bedeutet „weißes Gebirge". (Die semitische Sprachwurzel für „weiß" kommt noch heute in arabischen Wörtern wie *labban*, „Joghurt", und *labné*,

„Quark", vor.) Die Bergkette, nach der auch der Staat im Nahen Osten benannt ist, und sein östliches Parallelgebirge, der *Antilibanon*, sind eine erdgeschichtlich junge Aufwölbung von strahlend weißen Jurakalken und Kreideschichten. Als würde seine Herkunft nicht für die Namengebung reichen, sind seine zwischen 2000 und 3000 m hohen Gipfel von einer dicken Schneehaube bedeckt.

Mauna Kea ist ein 4205 m hoher inaktiver Vulkan auf Hawaii. (Würde man seine Höhe vom Meeresboden bis zum Gipfel messen, wäre er mit 9754 m der höchste Berg der Welt!) Die Polynesier gaben ihm den Namen „weißer Berg", da seine Hänge im Winter mit Schnee bedeckt sind. (Ausgerechnet sein etwas kleinerer Bruder heißt *Mauna Loa*, „großer Berg".)

Montblanc, franz. *Mont Blanc*, italien. *Monte Bianco*, „weißer Berg", heißt der höchste Gipfel Europas. Das Bergmassiv liegt in den westlichen Alpen, auf der Grenze zwischen Frankreich und Italien. Von seiner Spitze bis hinunter auf eine Höhe von etwa 2440 m trägt er eine mehr als 23 m dicke Eiskappe, und auch die tieferen Hänge sind zum Teil stark vergletschert. Die Erstbesteigung des 4807 m hohen *Montblanc* gelang 1786.

Monte Albán, „weißer Berg", nannten die spanischen Eroberer ein religiöses Zentrum der Zapoteken auf einer künstlich eingeebneten Hochfläche in Mexiko, das wahrscheinlich schon im 1. Jahrtausend v. Chr. gegründet wurde und seinen Höhepunkt zur Blütezeit der Maya im 3. und 4. Jahrhundert n. Chr. erlebte. Seit 1931 dauern die Ausgrabungen der aus dem Kalkgestein des Berges geschaffenen Stufenpyramiden und Paläste an.

Sefid Kuh, „weißes Gebirge", so heißen mit persischem Namen gleich zwei schneegekrönte Gebirgsketten in Afghanistan: eine im westlichen Hindukusch (3400 m), die andere im afghanisch-pakistanischen Grenzgebiet (4700 m).

Sierra Nevada bedeutet wörtlich übersetzt „schneebedeckte Säge" (von span. *nevar*, „schneien"); die gezackte Bergkette im Süden Spaniens ist bis zu 3500 m hoch und zählt damit zu den höchsten Gebirgen Europas.

Snöhetta, auch *Snehätta*, heißt im Norwegischen „Schneehut" und bezeichnet die mit 2286 m höchste Kuppe des Dovrefjell in Südnorwegen.

Snowdon, „Schneehügel", ist der Name der höchsten Erhebung von England und Wales (1085 m), zusammengesetzt aus engl. *snow*,

„Schnee", und *don*, „Hügel" (altengl. *dùn*, modern *down*; vgl. *Düne*). *Snowdonia*, das Gebiet um den *Snowdon*, ist heute ein walisischer Nationalpark.

Teneriffa, ursprünglich *Tenerife*, „schneebedeckter Berg", war in der Sprache der Ureinwohner nicht die Bezeichnung für die bekannte Insel, sondern für ihren markanten Vulkankegel, den die Spanier heute *Pico de Teide* nennen; er ist mit 3718 m die höchste Erhebung der Kanarischen Inseln.

Bis zur Baumgrenze sind Berge in der Regel dicht bewaldet (vgl. unser Wort *Jura*, von kelt. *iuris*, „Bergwald"), wobei vor allem Nadelwälder einen Hang geradezu schwarz erscheinen lassen können. Häufig stehen diese düsteren Wälder praktisch stellvertretend für den Gebirgszug, den sie bedecken, wie es etwa bei unserem Schwarzwald der Fall ist.

„Schwarze" Berge

Black Hills, „schwarze Hügel", nennt man jene dunkel bewaldeten Berge, die sich über die Great Plains der USA im Südwesten von South Dakota und im Nordosten von Wyoming bis zu einer Höhe von 2207 m erheben. Goldfunde lockten ab 1874 viele Abenteurer an, heute besuchen hauptsächlich Touristen die „schwarzen Hügel".

Black Mountains, „schwarze Berge", heißt der höchste Gebirgszug der Allegheny Mountains, die zu den Appalachen gehören; sie liegen im Westen des US-Bundesstaates North Carolina und sind mit dunklen, immergrünen Gewächsen überzogenen.

Djebel es-Soda, „dunkler Berg", ist der arabische Name eines schwarzen, fast unbewohnten Basaltberglands in der tripolitanischen Wüste Libyens, das in der Antike als *Mons Ater*, als „finsteres (d.h. unheilvolles) Gebirge" bekannt war.

Kara Dağ, ausgesprochen *Kará-dá*, „schwarzer Berg", ist ein häufiger türkischer Bergname in Kleinasien und auf dem Balkan.

Karakorum, engl. auch *Karakoram*, bedeutet im Türkischen „schwarze Hierarchie" – ein Name, den die Chinesen als *Karakorum Shan* übernommen haben; dieses Hochgebirge Innerasiens zwischen dem eigentlichen Himalaja und dem Kunlun bildet die Hauptwasserscheide zwischen dem Indus und dem abflusslosen Tarimbecken. Von den 14 Achttausendern der Welt erheben sich allein vier im *Karakorum* (z.B. der *K2*, der zweithöchste Berg der Welt), und etliche Gipfel sind zumindest

Siebentausender. Das Gebirge darf nicht mit der Stadt *Karakorum* (auch *Qara Qorum*) verwechselt werden, deren Name zwar die gleiche Bedeutung hat, die aber in der Mongolei lag und zwischen 1218 und 1259 Dschingis Khan und seinen Nachfolgern als Hauptstadt diente.

Massif des Maures, „maurisches Gebirge", ist ein recht irreführender Name für ein etwa 60 km langes Felsmassiv an der Côte d'Azur, der nur bedingt mit den Mauren zu tun hat (die an der französischen Küste ausschließlich *sarrasins*, „Sarazenen", genannt wurden), denn er kommt von provenzalisch *maure*, „dunkel, unheimlich", womit die dunkelgraue Färbung des Gesteins gemeint ist. Den gleichen Ursprung hat allerdings die Bezeichnung für die *Mauren* (von lateinisch *maurus*, „dunkelhäutig"; vgl. *Mauretanien* und *Mohr*).

Montenegro, der Name einer jugoslawischen Teilrepublik, ist die italienische Übersetzung des serbokroatischen *Crna Gora*, „schwarzes Gebirge". Das bis an die Adriaküste vorspringende und mit schwarzgrünen Fichten bedeckte Dinarische Gebirge könnte man den montenegrinischen „Schwarzwald" nennen.

Morvan, sozusagen die keltische Version von *Montenegro*, werden die nördlichen, aus düsterem Granit bestehenden Ausläufer des französischen Zentralmassivs östlich von Nevers genannt.

Schwarzwald heißt bekanntermaßen das südöstliche Randgebirge des Oberrheintals, das für seine dunklen Fichtenbestände berühmt ist, die ab einer Höhe von 1000 m anzutreffen sind. Die Römer nannten den Schwarzwald noch im 4. Jahrhundert *Marciana Silva*, „Grenzwald", von german. *marka*, „Grenze" (wohl zum Gebiet der östlich des römischen Limes siedelnden Markomannen, also den „Mark- oder Grenzleuten", die zu den germanischen *Sueben* gehörten).

Sierra Morena ist der spanische Name für ein „schwarzbraunes Gebirge" am Südrand der innerspanischen Hochfläche, das von dunklen, immergrünen Büschen beherrscht wird.

Wenn Bewohnern südlicher Länder ihre Berge insgesamt grün vorkommen, mag das wegen der dort üblichen, üppigen Laubbewaldung wenig verwundern; auch die dunstige Blaufärbung hintereinander gestaffelter Gebirgszüge ist leicht zu akzeptieren. Ein wenig zum Nachdenken regen uns da schon eher die roten oder bunten, goldenen oder silbernen Berge an, die uns auf der ganzen Welt begegnen.

„*Farbige*" *Berge*

Ala Dağ, „bunter Berg", heißt so mancher Gipfel in der Türkei, z. B. der kilikische *Ala Dağ*, das höchste Gebirgsmassiv im mittleren Taurus.

Blue Mountains, „blaue Berge", nennen die Australier einen hohen, zerklüfteten Sandsteingebirgszug westlich von Sydney, mit atemberaubenden, von Flüssen gefrästen Cañons und zahlreichen Wasserfällen. Dies war der Grund, weshalb erst 1813 eine Durchquerung gelang und die Kolonisation des Hinterlandes beginnen konnte. Das Rätsel, warum die bis zu 1100 m hohen Berge aus der Ferne betrachtet eine überraschend blaue Färbung haben, erklärt sich durch den Bewuchs mit dichten Eukalyptuswäldern, aus denen bei warmem Wetter in bläulichen Schwaden duftendes Eukalyptusöl verdunstet. *Blue Mountains* heißt übrigens auch ein Gebirge auf Jamaika.

Cairngorms ist der Name eines schottischen Granitmassivs, das eigentlich nach einem Einzelberg, dem *Cairn Gorm* („blauer Fels") benannt ist; der für die scheinbare Blaufärbung verantwortliche Wasserdampf ist im schottischen Klima ja nicht gerade selten.

Côte d'Or heißt übersetzt „goldener Berghang"; diesem Prädikat wird sich der Besucher der Gebirgsregion westlich der Saône anschließen, wenn die reifen Burgunderreben ihre herbstliche Pracht offenbaren. Einen weiteren französischen *Mont d'Or* gibt es im Juragebirge, nahe der französisch-schweizerischen Grenze.

Djebel el-Akhdar bedeutet im Arabischen „grünes Gebirge" und bezeichnet ein Bergland im nördlichsten Küstenvorsprung der Cyrenaika in Libyen. Es besteht aus verkarsteten Kalken, trägt jedoch in seinen höchsten Teilen noch Reste eines Aleppokiefern- und Zypressenwaldes, dessen Grün auf dem hellen Felsgestein besonders gut zur Geltung kommt.

Great Smoky Mountains, „große Dunstberge", heißt ein Teil der Appalachen. Der nordamerikanische Gebirgszug ist benannt nach dem grauen Rauch, der über dieser Region zu liegen pflegt.

Green Mountains, „grüne Berge", ist die Bezeichnung einer Gebirgskette in den dicht mit Kiefern, Buchen, Birken und Ahorn bewaldeten Appalachen; der Hauptteil des Gebirges liegt im US-Bundesstaat *Vermont*, dessen französischer Name ja ebenfalls mit „grüner Berg" zu übersetzen ist.

Kızıl Dağı, „roter Berg", wird jener Gipfel in Anatolien genannt, auf
dem der „rote Fluss", der *Kızılırmak*, entspringt; Berg und Fluss
sind durch eisenoxidhaltigen Boden rot gefärbt.

Leitrim, irisch *Liatroim*, „grauer Bergrücken", ist der viel sagende
Name eines Countys in Nordwestirland, der aber auch in ande-
ren Gegenden Irlands üblich ist für die häufigen, mit basaltischer
Lava durchsetzten flachen Erhebungen, die im feuchten irischen
Klima ganz besonders grau erscheinen.

Punta Argentera, „silberne Spitze", nennt man den erhabensten
Gipfel der italienischen Meeralpen, der sich 3297 m hoch in der
Cima d'Argentera erhebt, was ebenfalls „silberne Bergkuppe"
bedeutet (vgl. auch *Argentinien*, „Silberland").

Rothaargebirge ist als „rote Anhöhe" zu deuten; der Name hat also
nichts mit Haaren zu tun, sondern kommt von mittelniederd.
hare, „Anhöhe". Die rötliche Farbe des Bodens verweist auf
Eisenerze, die früher am Südwesthang dieses waldreichen
Gebirgszugs im östlichen Sauerland abgebaut wurden. Da das
Rothaargebirge sehr niederschlagsreich ist, entspringen auf ihm
etliche Flüsse, wie Sieg, Lahn und Eder im Süden, Lenne, Ruhr
und Diemel im Norden. Die größte Erhebung ist mit 841 m der
Kahle Asten.

Seit ewigen Zeiten haben die Konturen von Gipfeln die Phantasie des
Betrachters herausgefordert, und man glaubte, in ihnen menschliche
und tierische Gliedmaßen, aber auch mancherlei Gegenstände erkennen
zu können, was zu einer individuellen Benennung einzelner Gebirgs-
teile führte.

Phantasieanregende Silhouetten

Cephale, von griech. κεφαλή *(kephalé)*, „Kopf", heißt an der Nordküste Siziliens ein Bergkegel, zu dessen Füßen das kleine, von
den Griechen gegründete *Cefalù* liegt, eines der schönsten Städtchen Siziliens.

Da Cich Anann, „die Brustwarzen der Anu", ist der Name zweier
Hügelkuppen in der Grafschaft Kerry; er bezieht sich auf die
Erdgöttin *Anu*, „die Beständige", in der die irischen Kelten ihre
mythologische Mutter sahen.

Grand Teton, „große Brust", nannten die französischen Entdecker
eine Bergkette im US-Bundesstaat Wyoming, was wegen ihrer
verblüffenden Silhouette sehr wohl nachvollziehbar ist.

Ixtaccíhuatl bedeutet in der Sprache der Azteken „weiße Frau", wobei es sich um einen schneebedeckten inaktiven Vulkan in Zentralmexiko, nahe dem *Popocatépetl*[1], handelt. Seine drei gewölbten Gipfel erinnern an eine zurückgelehnte weibliche Figur; deshalb heißt er im Volksmund auch „schlummernde Frau".

Katzenbuckel ist die treffende Bezeichnung der höchsten Erhebung des Odenwalds (626 m).

Kynoskephalai, „Hundsköpfe", von griech. *κυνικός (kynikós)*, „bissig, hündisch" (vgl. *zynisch*), und *κεφαλή (kephalé)*, „Kopf"; diesen Namen trägt seit alten Zeiten ein Bergzug in Ostgriechenland – Schauplatz vieler Schlachten der Geschichte.

Mont Pelé, im Französischen etwa „Kahlkopf", heißt ein tätiger Vulkan (1397 m) auf Martinique.

Nid de la Poule, „Hennennest", nennen die Franzosen einen kleinen Krater in der Quellkuppe des *Puy de Dôme*, des höchsten Bergs in der Auvergne.

Pão d'Açúcar ist der portugiesische Name für den „Zuckerhut", das Wahrzeichen von *Rio de Janeiro*, ein 395 m hoher, aus Gneis bestehender Felskegel an der Einfahrt zur Guanabara-Bucht an der Ostküste Brasiliens.

Pico da Bandeira, „Fahnenberg", ist der Name der höchsten Erhebung des Brasilianischen Berglands (2890 m).

Sugar Loaf, „Zuckerhut", nennen die Waliser einen konisch zulaufenden Hügel in den heimatlichen Black Mountains (vgl. den *Pão d'Açúcar*, den „Zuckerhut" in Brasilien).

Trotz unberechenbarer Gefahren und körperlicher Anstrengungen hat sich der Mensch letztlich zu keiner Zeit von der Suche nach einem Weg über die Gebirgsmauern abbringen lassen; unsere Bezeichnung *Pass* bedeutet „Überquerung" und kommt vom lateinischen Wort *passus*, „Schritt" (franz. *pas*, italien. *passo*, span. *paso*; vgl. *El Paso*, die texanische Stadt am Grenzübergang nach Mexiko, sowie unsere Fremdwörter *Passage* und *Passat*). Einen Engpass dagegen nannten die Römer eine *porta* (vgl. unsere *Porta Westfalica*, das Durchbruchstal der Weser durch den Nordrand des Weserberglands, sowie die Trierer *Porta Nigra* oder das englische Wort *port* für eine Hafenstadt, die ja

---

[1] Der schwer auszusprechende indianische Name des mexikanischen Vulkans *Popocatépetl* bedeutet „qualmender Berg", von *popokani*, „rauchen", und *tepetl*, „Berg".

häufig als „Tor zur Welt" bezeichnet wird), während die Griechen das Wort πύλη *(pýle)*, „Tor", benutzten (vgl. die berühmten *Thermopylen*, an denen das griechische Heer 480 v.Chr. eine vernichtende Schlappe erlitt, ebenso die *Pylonen* genannten Pfeilertore altägyptischer Tempel und Paläste, aber auch den Schließmuskel am Magenausgang, der mit griechischem Namen *Pylorus*, „Pförtner", heißt). Vielleicht ist dem Leser auch die Fachbezeichnung *Ghats* ein Begriff für die westliche und östliche Begrenzung des indischen Hochlands von Dekkan (vom Hindi-Wort *ghat*, „Ufertreppe" oder „Bergpass"); aber damit sind wir eigentlich schon bei einer weiteren Relieform.

Die H ü g e l l ä n d e r und Bergländer dieser Erde haben so unterschiedliche Namen, dass gar nicht erst der Versuch unternommen werden soll, sie möglichst vollständig zu behandeln. Einige Beispiele mögen genügen; so nennt der Engländer das sanfthügelige Land *Downs*, ein leicht missverständliches Wort, das nicht von engl. *down*, „unten, nach unten", abzuleiten ist, sondern mit unserer *Düne* und der niederländischen *duin* (in der Bedeutung „vom Wind Aufgeschüttetes") verwandt ist, die – wie das altisländ. Verb *dyja*, „schütteln" – sich von einer indogerman. Wurzel *dheu-*, „stieben", herleiten lassen. Nichts anderes bedeutet unser *Allgäu*, das Voralpengebiet zwischen Lech und Bodensee, (von althochd. und mittelhochd. *alpigoi*, *albegowe*, *albigau*, „Bergland, Almgegend"; im 9. Jahrhundert trug es den Namen *Albgau*). Auch die historische Landschaft *Bourgogne* in Ostfrankreich ist ein „Bergland", das seinen Namen aber nicht den geographischen Gegebenheiten vor Ort verdankt, sondern den *Burgundern*; dieses skandinavische Volk hatte vor seinem Aufbruch nach Süden die Inseln und die Südküste der Ostsee besiedelt, vor allem die Insel *Bornholm*, die im Mittelalter noch *Burgundholm*, „Berglandinsel", hieß (obschon sie sich nur gut 160 m aus dem Meer erhebt). Bisweilen heißen sogar ganze Staaten bescheiden „Bergland", wie die Kaukasusrepublik *Dagestan*, von türk. *dağ*, „Berg", oder die Republik *Haiti*, von karib. *ahiti*, „bergig". (Der alte Name der Kolonialzeit, *Hispaniola* oder *Española*, also „Kleinspanien", ist heute ebenfalls wieder gebräuchlich.) Auch *Massachusetts*, einer der Neuenglandstaaten, war in der Sprache der Algonkin-Indianer schlicht ein „großes Hügelland", es wurde nach der Gründung der USA aber bald das intellektuelle Zentrum der Union, berühmt für seine Harvard University und die Kulturstadt Boston. In Portugal ist das Hügelland – der stufenförmige Übergang des Berglandes zur Ebene – bekannt als *Beira*, „Fußfläche" (portug. *beira*,

„Rand, Ufer"; die span. Entsprechung wäre das leichter durchschaubare *ribera*, das Erinnerungen an die italienische *Riviera* weckt); genau genommen gibt es drei *Beiras* in Portugal: die *Beira Alta*, also die „hohe Randstufe", die *Beira Baixa*, die „niedrige Randstufe", und die *Beira Litoral*, den „Küstenrand" (auch *Beiramar*, „Küste des Meeres"). In Italien nennt man das Gebirgsvorland *Piemont*, „Fuß des Berges" – ein Landschaftsname, der uns vom Hügelland zwischen Westalpen und Poebene vertraut ist.

Allgemeine Bezeichnungen für E b e n e n sind oft gute Bekannte, ohne dass uns ihre Bedeutung bewusst ist; wer hätte noch nicht von den *Llanos* gehört, den flachen Hochgrassteppen der lateinamerikanischen Tropen und Subtropen, besonders im Flussgebiet des Orinoco und in Ostbolivien; *llano* bedeutet im Spanischen „Ebene" (s. die Halbwüste *Llano Estacado* im Süden der Vereinigten Staaten) und ist eine Weiterentwicklung des lateinischen Adjektivs *planus*, „eben" (vgl. *planieren*, *Plane* und *Plains* für die Ebenen westlich des Mississippi). Ebenfalls in Südamerika anzutreffende Grassteppen, die *Pampas* in Argentinien und Peru, tragen indessen eine indianische Bezeichnung, die jedoch den gleichen Sinn hat, nämlich „ebene Oberfläche". Von den Franzosen haben wir das Wort *Plateau* für „Hochebene" übernommen, das im Grunde „Brett, Platte" bedeutet. Im Serbokroatischen wird eine Ebene *Polje* genannt (eigentlich „Feld"), obwohl wir damit meist ein von steilen Hängen umgebenes flaches Becken in Karstlandschaften meinen (s. auch *Polen*). Das ebenfalls geläufige Wort *Savanne* für die tropische Baum-Gras-Steppe ist eine Interpretation des indianischen *sabana*, „weite Ebene". *Vegas* – „Ebenen" – bezeichnen in Spanien vor allem Bewässerungsflächen (s. auch *Las Vegas* in den USA). Neben diesen allgemeinen Begriffen findet sich eine große Anzahl von Ortsnamen, die „Ebene" („Plateau", „Tisch", „Feld") heißen oder auf eine Ebene Bezug nehmen.

Flachlandgebiete

Alanya bedeutet „Stadt in der Ebene" (türk. *alan*). Der lebhafte Touristenort an der türkischen Riviera breitet sich in einer schmalen Küstenebene am Fuß einer felsigen Halbinsel aus. Der römische Kaiser Marcus Antonius schenkte die damals *Korakesion* genannte Stadt seiner Geliebten Kleopatra.

Albacete im Südosten der spanischen Hochfläche La Mancha (s. dort) trägt einen Städtenamen, der auf die maurische Bezeichnung *al basita*, „die Ebene", zurückgeht (aus arab. *al*, „die", und *basata*, „sich erstrecken").

Alföld, „Tiefebene" (von ungar. *al*, „unter-", und *föld*, „Erde, Land"; vgl. dt. *Feld*) ist der treffende Name der Niederungarischen Tiefebene, denn sie wird von ausgedehnten und tischebenen, mit Löss- und Flugsand bedeckten Flächen beherrscht, die nur wenig höher liegen als die breiten, feuchten und oft überschwemmten Flussauen der Donau und der Theiß. Auf lössfreien Sandflächen entstand durch frühe Abholzung und Beweidung mit großen Rinder- und Pferdeherden die weite Trockensteppe der Puszta, z.B. um *Debrecen* in Ostungarn (s. *Puszta*).

Champagne heißt ein Kreideplateau im östlichen Pariser Becken, das durch seinen Weinbau und die *Champagner*-Produktion weltberühmt geworden ist. Schon im 6. Jahrhundert ist die *Champagne* als Grafschaft *ducatus Campaniae* bezeugt, von latein. *campus*, „Feld" (vgl. engl. *camping* sowie unsere Wörter *kampieren* und *Champignon*). Einen identischen Namen tragen die südwestitalienische Landschaft *Campania* im flachen Hinterland Neapels und die fruchtbare makedonische Tiefebene *Kampania*.

Dormagen, das keltische *Dur(n)omagus* – von kelt. *magus*, „Ebene, Feld" – bestätigte einem Gutsherrn namens *Turnus* das Eigentum an einem „flachen Stück Land"; die niederrheinische Stadt entstand an der Stelle eines römischen Kastells am Niedergermanischen Limes.

Flandern ist ein „flaches Marschland" an der niederländischen, belgischen und nordfranzösischen Küste; der ursprüngliche Name *Fladmari*, „flacher Sumpf, Niederung" (vgl. engl. *flat*), bezeichnete zunächst nur die Marsch um Brügge, später die ganze grenzüberschreitende Küstenzone. *Flandern*, dessen Städte während der Zeit der Kreuzzüge durch intensiven Handel mit dem Orient zu Wohlstand gelangt waren, musste lange um seine Freiheit kämpfen; zwar vernichtete 1302 ein zu Fuß kämpfendes Volksheer der flämischen Zünfte das französische Ritterheer und errang damit die Selbstständigkeit *Flanderns*, in den darauf folgenden Jahrhunderten war es jedoch immer wieder unter französischer, spanischer, österreichischer und niederländischer Besatzung, bevor es 1830 Belgien angegliedert wurde. Noch heute gibt es in *Flandern* eine starke Unabhängigkeitsbewegung, die sich auch in dem Sprachenstreit mit den französisch sprechenden Wallonen im höher gelegenen Teil Belgiens manifestiert.

Great Plains heißen im Englischen die steppenhaften „großen Ebenen" Kanadas und der Vereinigten Staaten, die sich auf der Ostseite der Rocky Mountains langsam zum zentralen Tiefland hin senken. Die *Plains* waren vor Ankunft der Weißen traditionelles Indianerland.

Kampania ist eine große, fruchtbare Tiefebene im griechischen Makedonien, westlich von Saloniki (s. *Champagne*).

Kampanien, italien. *Campania*, heißt die vor allem um Neapel recht flache Landschaft im westlichen Süditalien (von latein. *campus*, „Feld", auch „Schlachtfeld"; s. *Champagne* und *Kampania*).

Kisalföld, „kleine Tiefebene", wird das nordwestliche Grenzland Ungarns zu Österreich genannt (von ungar. *kis*, „klein", und *alföld*, „Tiefland"; s. *Alföld*).

Meseta bedeutet so viel wie „tischebene Fläche" (von span. *mesa*, „Tisch"; vgl. unsere *Mensa*, den „Mittagstisch" der Studenten). Mit *Meseta* bezeichnet der Spanier die abgeholzte Hochfläche Kastiliens, auf der hauptsächlich Schafzucht und der Anbau anspruchsloser Getreidesorten zu finden sind; im Südteil, der *La Mancha* („Schandfleck"), erlebte Cervantes' Don Quixotte seine „Abenteuer".

Niederlande, „tief gelegenes Land" (entsprechend engl. *The Low Countries*, franz. *Les Pays-Bas*), heißt unser Nachbarstaat nicht ohne Grund, denn etwa 50 Prozent des Landes liegen – durchzogen von Wasserwegen und geschützt von Dünen und Deichen – unter dem Meeresspiegel; trotzdem siedelten schon in vorgeschichtlicher Zeit die Küstenbewohner auf künstlich aufgeschütteten Hügeln, und seit tausend Jahren haben sie dem Meer Land abgewonnen. 1932 wurde die *Zuidersee* – d.h. die „Südsee" im Gegensatz zur „Nordsee" und „Ostsee" – durch einen Deich abgesperrt; das so geschaffene Binnengewässer, in dem einzelne Polder trockengelegt werden, ist das heutige Ijsselmeer. Nach der Reformation provozierte die zentralistische Herrschaft Spaniens über die *Niederlande* eine Revolte der einheimischen Bevölkerung unter dem Adeligen Wilhelm von Oranien, und im Westfälischen Frieden (1648) erwirkten zumindest die nördlichen, protestantischen *Niederlande* ihre Unabhängigkeit. Viele kalvinistische Flüchtlinge, und mit ihnen neue wirtschaftliche Impulse, kamen nach Norden, hauptsäch-

lich nach Amsterdam, das Antwerpen als großes Wirtschaftszentrum ablöste, sodass die Küstenprovinz *Holland* bald für die
ganzen Niederlande stand, was ja eigentlich auch heute noch der
Fall ist.

Pjöngjang, die Hauptstadt Nordkoreas (von korean. *pjöng*, „flach",
und *jang*, „Land"), liegt in einer Flussebene am Taedonggang.

Plano ist ein texanisches Landwirtschaftszentrum in der Schwarz-
erdeprärie nahe *Dallas*. Den Namen (von span. *plano*, „eben,
flach") gab man der Stadt 1850 in der irrigen Annahme, *plano*
sei die Entsprechung von engl. *plain*, „Ebene" – es wird im
Spanischen aber nur als Adjektiv gebraucht; richtig wäre das
Hauptwort *llano* gewesen.

Polen, poln. *Polska*, führt seinen Namen auf das Wort *pole*, „Feld,
Fläche, Ebene", zurück (vgl. serbokroat. *polje*). Tatsächlich
besteht die Republik *Polen* zum überwiegenden Teil aus einer
riesigen Tiefebene. Nur im äußersten Süden hat *Polen* mit den
Karpaten und der Hohen Tatra eine natürliche Gebirgsgrenze zur
Slowakei.

Taiyuan, „große Ebene", benannten die Chinesen die in der Ming-
zeit gegründete Hauptstadt der Provinz Shanxi. Der Name bezieht sich auf die fruchtbare Beckenlandschaft am Fluss Fenhe.

Teheran, die iranische Hauptstadt, liegt im flachen Vorland des
Elburs-Gebirges, was ihr Name – „eben, niedrig" – verdeutlicht.

Westfalen, von althochd. *falaho*, „Flachlandbewohner", nannte man
früher die Bevölkerung der norddeutschen Tiefebene westlich
der Weser, im Gegensatz zu den *Ostfalen* jenseits des Flusses.

Wyoming bedeutet in der Sprache der Algonkin-Indianer „am Ende
der Ebene". Der US-Bundesstaat mit dem Beinamen Cowboy
State liegt in der Tat genau am abrupten Übergang der landwirtschaftlich genutzten Plains zu den Rocky Mountains.

3. Klima und Vegetation

Seit Urzeiten haben die klimatischen Charakteristika und die vorherr-
schende Pflanzenwelt bei der Namengebung einer Landschaft oder
eines Siedlungsortes Pate gestanden. Vor allem die W ä l d e r waren
es, die einem Stammesverband Schutz und Nahrung boten und so sein
Überleben sicherten. Selten wurde der Wald als bedrohlich empfunden

(erst der neuzeitliche Mensch hat ihn als „wilde Hölle" interpretiert, die es zu bekämpfen und möglichst auszurotten galt); sein geheimnisvolles Rauschen und Raunen (vgl. *Runen*) waren allenfalls Beweis für die Anwesenheit von Göttern und Geistern. Letztlich haben heilige Bäume und der alte heidnische Brauch, den Teufel durch immergrüne Gewächse abzuschrecken, in christlicher Tarnung als Weihnachtsbäume und Adventskränze überlebt.

Kenner der niederländischen Wiesen- und Weidenlandschaft dürften überrascht sein zu erfahren, dass unser Nachbarstaat einst dicht bewaldet war, denn *Holland* – eigentlich *holtland* – bedeutet nichts anderes als „Holzland", von dem allerdings nur noch ein kleiner Rest westlich von Harlem erhalten ist. Der Name *Holland* wird zwar volkstümlich mit den Niederlanden gleichgesetzt, in Wirklichkeit bezeichnet er aber nur zwei Küstenprovinzen des Landes; im Übrigen ist *Holland* auch der Name eines Teils der englischen Grafschaft Lincoln, mit typisch holländischen Windmühlen und ebenfalls fast rein landwirtschaftlicher Bevölkerung. Eine ähnliche Bedeutung hat der Name des historischen französischen Alpengebiets *Savoyen*, das die keltischen Einwohner *Sapaudia*, „Waldland", nannten. Aber auch manche Ansiedlung erhielt den Namen „Wald", wie die belgische Stadt *Forêt* in der Provinz Lüttich oder ihre deutschen Entsprechungen *Forst* im Bezirk Cottbus und der Gelsenkirchener Stadtteil *Horst* (von althochd. *hurst*, „Gestrüpp, Buschwald"). Auf das Gleiche kommt die Übersetzung der Städtenamen *Šibenik* (von serbokroat. *šibice*, dem dort wachsenden „Gestrüpp") und *Dubrovnik* hinaus (slaw. *dubrava*, „Hain" – eine starke Untertreibung angesichts der dichten Bewaldung der dalmatinischen Küste; vgl. serbokroat. *dub*, „Eiche"). Auch die alte portugiesische Stadt *Silves* (aus latein. *silva* und portug. *selva*, „Wald"; vgl. *Sylvia*, „Waldmädchen") trägt ihren Namen zu Recht, denn schon zur Zeit der maurischen Besatzung erzielte sie hohe Einnahmen durch Handel mit Holz aus der nahen Serra de Monchique, und noch heute liegt sie inmitten riesiger Korkeichenwälder. Im Fall des Ortes *Algaida* (arab. *al-gaida*, „der Wald") im Hinterland von Palma de Mallorca sucht man die Bäume dagegen vergeblich, sie mussten schon vor langer Zeit den weitläufigen Oliven- und Mandelkulturen weichen. Statt eines üppigen Waldbestandes findet man im gesamten Mittelmeerbereich die *Macchia* (kors. *Maquis*, „Buschwald"), eine dichte Strauchvegetation, deren Bezeichnung von latein. *macula*, „Fleck", stammt, da die dunklen, kleinblättrigen Pflanzen sich wie Flecken von ihrer Umgebung abheben (vgl. *Makel*).

Im germanischen Sprachbereich tragen Mittelgebirgslandschaften häufig Namen, die auf die althochdeutschen Wörter *hart* und *hard* in der Bedeutung „Bergwald" bzw. das mittelniederdeutsche Substantiv *hare*, „Anhöhe", zurückgehen, in Norwegen etwa das *Hordaland* und die Stadt *Hardanger*, in Deutschland der *Harz* sowie Waldgebiete namens *Haardt* nördlich von Bochum und am Ostrand des Pfälzer Waldes, die *Hardt* in der Schwäbischen Alb und die *Hardthöhe* bei Bonn – die als ehemaliger Sitz des Verteidigungsministeriums in Erinnerung ist – sowie die *Haar* (besser bekannt als der *Haarstrang*) zwischen Ruhr und Möhne und das sauerländische *Rothaargebirge* (s. dort). Die zahlreichen heimischen Ortsnamen mit der althochdeutschen Endung *-loh* verweisen stets auf „Buschwald", den es an dieser Stelle gab oder gibt, so im Fall von *Marxloh* („Wald des Markus"), *Iserlohn* („Eisenwald"), *Hohenlohe* („hohes Gehölz"), ebenfalls bei den niederländischen bzw. belgischen Städten *Venlo* („Sumpfwald"), *Beverloo* („Biberwald") und dem berühmten *Waterloo* („Wasserwald").

Manche Orte, etwa *Finsterwalde* in Brandenburg, verweisen mit ihrem Namen auf eine besonders dichte oder gar unheimliche Bewaldung; so liegt die walisische Stadt *Blackwood*, „Schwarzwald", in einem düsteren Tal des Flusses Sirhowy, während der undurchdringliche Dschungel im regenreichen brasilianischen Hochland als *Mato Grosso*, „dichter Wald", bekannt ist (von portug. *mato*, „Busch, Gestrüpp", und *grosso*, „dick, dicht"), in dem viele der Amazonasnebenflüsse ihren Ursprung haben. Im Slawischen bedeutet *šumen* „dichter Wald", und *Šumen* ist auch der Name einer ostbulgarischen Stadt in einst waldreicher Umgebung. Die Tschechen nennen den Böhmerwald, in dem die Moldauquelle liegt, *Šumava*, von tschech. *šumět*, „rauschen". Er ist für sie also ein Gebirge, wo „Wälder im Winde leise raunen" (vgl. die geheimnisvollen germanischen *Runen*, d.h. die in Buchenstäbe eingeritzten heiligen Zeichen, aus denen sich später unser Begriff Buchstabe entwickelte).

Wo der Wald zurücktritt, öffnen sich weite G r a s l ä n d e r oder Heidegebiete. Häufig sind uns zwar die landschaftlichen Ausdrücke vertraut, nicht aber deren definierte Bedeutungen. So verbirgt sich hinter dem keltischen Namen der südwestfranzösischen Küstenregion *Landes* nichts anderes als der Begriff „Heide"; hier im Hinterland des Golfs von Biskaya verödete die einst dicht besiedelte Landschaft durch rücksichtslose Rodung, und sie bedeckte sich im Laufe der Jahrhunderte mit Heiden und Sümpfen; heute ist sie nach kontinuierlicher

Aufforstung mit Seekiefern und Korkeichen allerdings wieder eine der waldreichsten Gegenden Frankreichs. Wer von der *Puszta*, der weltberühmten ungarischen Grassteppe spricht, denkt automatisch an melancholische Zigeunerweisen und glutäugige Schönheiten, an malerische Ziehbrunnen und feurigen Gulasch (*gulyás* hieß zunächst nur der Rinderhirt und nicht die Rindfleischsuppe!), dabei bezeichnet der Ungar mit dem Wort *puszta* ganz prosaisch jedes nackte Ödland, und genau darum handelt es sich auch bei der viel besungenen *Puszta:* um ein riesiges, tischebenes und trockenes Flugsandgebiet, das wegen rigoroser Abholzung und Zerstörung durch zu große Rinder- und Pferdeherden heute nicht einmal mehr für die Weidewirtschaft taugt. (Interessanterweise bedeutet das ungarische Wort *pusztulás* „Vernichtung".) Ursprünglich war die *Puszta* kultiviertes Ackerland, doch nach der Zerstörung der Dörfer durch die Türken entwickelte sich die verbrannte Erde zu einer Art Niemandsland – baumlos, mit dürftigem Gras und höchstens noch für die Viehzucht geeignet. Der allgemeine Begriff *Steppe* kommt übrigens aus dem Russischen, wo степь *(stjep)* „flaches, dürres Land" bedeutet und eine Pflanzenformation aus Gräsern, Kräutern und Sträuchern umschreibt; das Wort ist wohl verwandt mit степень *(stjépin)*, „Stufe, Grad" (vgl. engl. *step*), und tatsächlich bildet die *Steppe* eine niederschlagsarme Vegetationsstufe zwischen Waldland und Wüste, die sich in allen Kontinenten findet (etwa die *Prärie* im Mittleren Westen Nordamerikas und die *Pampas* in Südamerika). Einen ähnlichen Bedeutungsinhalt trägt die arabische Bezeichnung *Sahel*, die als „Küste" zu übersetzen ist, womit der Landschaftsgürtel am Südrand des „Sandmeeres" der Sahara gemeint ist, also die Übergangszone zwischen der Wüste und den Savannengebieten des Sudan, deren Name für uns untrennbar mit Hungerkatastrophen und bitterer Armut verbunden ist. *Sahel* heißen im Übrigen auch der Nordrand der Sahara – d.h. die klimatisch begünstigte Mittelmeerküste – und die ostafrikanische Küste, wo man *Suaheli* spricht, also die Sprache der *Sahel*.

Auch F e u c h t g e b i e t e verstecken sich gern hinter bekannten Flurnamen. So hat das lateinische Wort *pratum*, „Wiese", bei der Benennung vieler Landschaften Pate gestanden, z.B. – ein wenig zu Unrecht – bei der doch recht trockenen nordamerikanischen *Prärie* (franz. *la prairie*, italien. *prato*; vgl. den Wiener *Prater* sowie den *Prado*-Park und das gleichnamige Nationalmuseum in Madrid), aber auch im Fall des *Prätigau* („Wiesengau") im Kanton Graubünden und des italienischen *Pratomagno* („große Wiese"), einem Seitenkamm des

Apennin mit Hochweiden und Wäldern südöstlich von Florenz. Feuchtes Wiesen- und Weideland finden wir vor allem in den *Marschen* der Küstenniederungen (*Marsch* geht auf latein. *mare*, „Meer", zurück und ist mit unseren Wörtern *Maar* und *Moor* verwandt), aber auch in den angeschwemmten, saftigen *Auen* der Flüsse. (*Au* ist gleichzusetzen mit *Aa* und von indogerman. *akwa* und latein. *aqua*, „Wasser", herzuleiten.) Im Binnenland wären die *(Hoch-)Moore* und die *Sümpfe* zu nennen, mit denen wir nasse, grasbewachsene und schlammige Orte meinen; das Wort *Sumpf* hat übrigens die gleiche Herkunft und Bedeutung wie der *Schwamm* – der als *swambs* im Mittelalter einen „Pilz" bezeichnete (vgl. *Schwammpilz* und engl. *swamp*, „Sumpf, schwammiges Gelände"; man bedenke, dass das engl. *-w-* in *swamp* einem *-u-* entspricht, während das *-p* durch das deutsche *-pf* zu ersetzen ist: *Schwamm – swamp – suamp – suampf – Sumpf*). Hier die „Entlarvung" einiger wohl bekannter Gebiete als Feuchtlandschaften:

Auen, Marschen und Sümpfe

Ålandinseln, „Aulandinseln", nennen die Schweden eine finnische Inselgruppe am Ausgang des Bottnischen Meerbusens. (Die Finnen selbst kennen sie unter dem Namen *Ahvenanmaa*.)

Balaton ist zwar die Bezeichnung eines großen flachen Sees in Westungarn (deshalb auch *Plattensee*), der Name entstand aber wohl aus dem Slawischen und bedeutet „Sumpfwasser", von russ. болото *(balóta)*, „Morast" (s. *Fertő-tó*).

Dithmarschen entstand als ein „Volksweideland", von althochd. *diot*, „Volk" (vgl. *deutsch*), und *Marsch*, „fruchtbare Niederung". Das Feuchtgebiet zwischen den Flüssen Eider und Elbe an der Westküste Schleswig-Holsteins darf sich mit Recht „Volksmarsch" nennen, denn *Dithmarschen* war zwischen dem 13. und 16. Jahrhundert eine Bauernrepublik, die mithilfe eines Volksheeres ihre Selbstständigkeit verteidigen konnte, bis sie 1559 der dänischen Krone unterlag.

Dümmer ist die Bezeichnung eines flachen, von Mooren umgebenen Sees in Niedersachsen, der von der Hunte durchflossen wird. *Dümmer* bedeutet wörtlich „dumpfes Meer", was man wohl im Sinne von „sumpfiges Meer" auffassen muss.

Fertő-tó, „Sumpf-See" (gebildet aus ungar. *fertő*, „Sumpf, Pfuhl", und *tó*, „See, Teich") nennen die Ungarn den Neusiedlersee, durch den die österreichisch-ungarische Grenze verläuft (s. auch *Balaton*).

Hohes Venn – von althochd. *fenni*, „Sumpf" (franz. *Hautes Fagnes*) – heißt ein niederschlagsreicher Bergrücken im höchsten Teil der Ardennen. An seinem Rand liegen auf belgischer Seite so bekannte Orte wie Spa, Eupen und Malmedy, auf deutscher Seite Monschau (vgl. *Maria Veen* in Westfalen; s. *Venusberg*).

Kamtschatka besagt so viel wie „Schilfland" – von russ. КАМЫШ *(kamýsch)*, „Schilf". Die ostsibirische Halbinsel nördlich von Japan verdankt ihren Namen eigentlich ihrem Hauptfluss, der *Kamtschatka*, die sich in vielen Sumpfniederungen verzweigt; nach ihr ist auch das dort ansässige altsibirische Fischervolk der *Kamtschadalen* benannt.

Lausitz bedeutet „Sumpfland" (von altsorb. *lug*, „Sumpf"). Das Land um die Görlitzer Neiße und die obere Spree, in dem sich der slawische Stamm der *Lusizer*, also der „Sumpfleute", niederließ, besteht vor allem im Spreewald aus breiten, häufig überschwemmten Niederungen eiszeitlicher Urstromtäler. Die slawische Bevölkerung dieser Sumpfregion, die *Sorben*, nennen ihre stellenweise nur mit Booten befahrbare Heimat *Luzica*.

Oderbruch ist als „Sumpfland an der Oder" zu deuten (von althochd. *bruoh*, „Moorboden, Sumpf"; vgl. engl. *brook*, „Bach", sowie den Gladbecker Stadtteil *Brauck* in ehemaligem Sumpfland).

Okefenokee, „zitternde Erde", war die treffende Bezeichnung der Indianer für ihr sumpfiges Wohngebiet im US-Staat Georgia, nahe der Grenze zu Florida, wo sie sich auf kaum begehbaren und schwankenden schwimmenden Inseln vor Feinden sicher fühlen konnten (bis die Weißen kamen und sie vertrieben).

Öland, „Auland", liegt südlich der *Ålandinseln* unmittelbar vor der schwedischen Küste. Die Ostseeinsel ist über die sechs Kilometer lange Kalmarsund-Brücke mit dem Festland verbunden.

Oland, die flache nordfriesische Insel südöstlich von Föhr, ist quasi die kleine deutsche Schwester der schwedischen Insel *Öland*, denn ihr Name bedeutet ebenfalls „Auland".

Rhinluch, „Flussdurchbruch" – von der indogerman. Wurzel *ri, re*, „fließen" (vgl. *Rhein*) und mittelhochd. *luche*, „Bresche, Loch" (vgl. *Lücke*) – heißen die von ausgedehnten Flachmooren bedeckten Niederungen im Eberswalder und Berliner Urstromtal, die sich beide im unteren *Rhinluch* vereinigen. Die natürliche Vegetation besteht aus Schilfsümpfen mit Weidengebüschen und Erlenbrüchen. Nach erfolglosen Kultivierungsversuchen ist das

Rhinluch noch immer ein wichtiger Rückstauraum der *Havel* bei Elbehochwassern.

Sudd, arab. für „Hindernis", ist der Name eines ausgedehnten Überflutungsgebietes mit dichtem Papyrus-, Gras- und Schilfbewuchs im Südsudan, wo sich der Weiße Nil großflächig verspielt und seinem Lauf viel Wasser abgezweigt wird, das er auf seinem Weg nach Norden durch die Wüstengebiete der Sahara eigentlich bitter nötig hätte.

Swamps, „Sümpfe", nennen die Amerikaner die morastigen Waldgebiete an der atlantischen Flachküste der südöstlichen Vereinigten Staaten.

Taiga, „mooriger Wald", ist die russische Bezeichnung für das riesige Wald- und Sumpfgebiet Sibiriens, das hauptsächlich von Fichten und Lärchen bestanden ist. (Letztlich geht der Name aber wohl auf das turktatarische Wort *taigha*, „Felsengebirge" – verwandt mit türk. *dağ*, „Berg" – und mongol. *tajga*, „Bergwald", zurück.)

Vlotho, im 12. Jahrhundert am Weserufer bei Minden entstanden, hieß zunächst *Vlotowe*, „flache Au" (von mittelniederd. *vlot*, „flach" – vgl. engl. *flat* –, und *ouwe*, „Feuchtwiese"; s. *Veluwe*).

Vogesen, franz. *Vosges*, nennen wir heute das französische Mittelgebirge am Westrand der Oberrheinischen Tiefebene, das unsere Vorfahren als *Wasgenwald*, *Wasgau* und *Wasichen* kannten. All diese Namen bedeuten „Sumpfwald, Wasserwald" (von kelt. *ves-*, *vis*, „Wasser, Sumpf", vgl. *Wiese*) und entsprechen damit in etwa dem alten englischen *Wasentune*, das uns als *Washington* geläufig ist (s. dort).

Ein Drittel der Erde besteht aus Wüsten. Die Bezeichnung dieser extremen T r o c k e n g e b i e t e basiert auf dem althochdeutschen Wort *wuosti*, „unbebaut, öde", das wiederum verwandt ist mit dem lateinischen *vastus*, „leer, weit" (davon engl. *vast* in der gleichen Bedeutung). In der biblischen Schöpfungsgeschichte wird dieser Zustand mit dem hebräischen Wort *Tohuwabohu* wiedergegeben. Die größten Wüsten der Welt brauchen keinen differenzierenden Namen, etwa die *Gobi*, mongolisch für „Wüste" (wenn wir von der *Wüste Gobi* sprechen, sagen wir also zweimal dasselbe!) oder die *Sahara* (s. dort), deren arabischer Name *Es-Sahrâ* ebenfalls „die Wüste" bedeutet, und deren Bewohner sich *Beduinen* (arab. *Badawin*), „Sandbewohner", nennen. Auch *Arabien* heißt nichts anderes als „Wüstenland" (arab. *arab*,

„dürr"; vgl. die *Wadi-el-Araba* oder einfach *Wadi Araba* – „Wüstental"
– genannte Senke vom Toten Meer bis zum Golf von Akaba). Andere
Trockengebiete betonen lediglich den einen oder anderen Aspekt einer
Wüste, wie die folgenden Namen belegen.

Niederschlagsmangel und Dürre

Arizona, einer der Gebirgsstaaten der USA, trägt einen Namen, der
    sich einer eindeutigen Klärung entzieht; entweder ist er aus dem
    Spanischen abzuleiten und bedeutet „Trockenzone" – was dem
    geographischen Befund am nächsten kommt (vgl. *aride Zone*) –
    oder aus dem indianischen Wort *Arizonac*, „Ort der kleinen
    Quelle", was ja ähnlich zu interpretieren wäre; er könnte auch
    auf das aztekische Adjektiv *arizuma*, „silberhaltig", zurückgehen
    (obschon *Arizona* nur Kupfervorkommen hat). Trotz seiner
    klimatischen Nachteile hat sich *Arizona* zu einem Staat mit viel-
    fältiger Wirtschaftstätigkeit (besonders Baumwollanbau und
    Tourismus) und nach 1990 sogar zu einem wichtigen Produ-
    zenten von Hightech-Produkten, vor allem in der *Phoenix-*
    Region, entwickelt.

Horeb, „Dürre", ist der hebräische Name für den Berg der Gesetz-
    gebung im Süden der wüstenhaften ägyptischen Halbinsel Sinai.

La Mancha bezeichnen die Spanier eine trockene Hochfläche im
    Südosten ihres Landes; sie werden den Namen zweifellos als
    „der Makel" (span. *la mancha*) interpretieren, in Wahrheit
    stammt die Benennung aber aus der Zeit der Mauren, für die das
    niederschlagsarme Gebiet *al manscha*, „das dürre Land", war (s.
    Meseta und *Albacete*).

Rub al Khali, die Große Arabische Wüste im Südosten der Ara-
    bischen Halbinsel, heißt bei ihren Bewohnern nicht ohne Grund
    „leeres Viertel"; sie ist die größte zusammenhängende Sand-
    fläche der Erde und wird von mächtigen, bis zu 300 m hohen
    Dünen durchzogen.

Sertão, „Wildnis", nennen die Brasilianer die tropischen Dürre-
    gebiete im nordöstlichen Bergland ihres Landes, mit Trocken-
    wald, Dorngehölzen und Sukkulentenwäldern der Caatinga, ein
    Gebiet, das allenfalls extensive Viehwirtschaft zulässt (vgl. engl.
    desert, „Wüste, verlassenes Land", sowie unsere Fremdwörter
    Desertifikation und *Deserteur*).

Sonora, „die Hallende", „die Tönende", heißt mit spanischem
    Namen eine bis auf einige Steppensträucher fast vegetationslose

und extrem trockene Beckenlandschaft im US-Bundesstaat Arizona, wo der sprichwörtliche „Rufer in der Wüste" höchstens sein eigenes Echo zu hören bekommt.

Tademaït bedeutet in der Sprache der Tuareg „nackt wie die Handfläche"; die Araber dagegen nennen das *Tademaït* „Garten des Satans". Diese wenig einladenden Namen beschreiben ein tischebenes, 400 mal 250 km großes Geröllplateau inmitten der sandigen Sahara; die einst runden Kiesel sind vom Wind flach geschliffen und liegen in fast gleichem Abstand fest auf dem Untergrund und glänzen – mit Wüstenlack bedeckt (eine Folge chemischer Vorgänge) – bräunlich schwarz; den Sand dazwischen hat der Wind weggeweht.

Bodenmaterial und Farbe

Großer Erg, von arab. *'irq*, „Ader", heißt ein Sanddünengebiet in der nördlichen Sahara; der Begriff *Erg* bezeichnet generell ein Wüstengebiet mit lang gezogenen Sanddünen, die wie Adern auf der Oberfläche aufliegen.

Hammada al-Homra, „die rote Unfruchtbare", ist die Bezeichnung einer mit Gesteinsschutt bedeckten Wüstenebene im Westen Libyens (vgl. die maurische Festung bei Granada, die wegen der Farbe ihres Turms *Alhambra*, „die Rote", genannt wurde; s. auch *Hamada* und *Al-Hammad*).

Kara-kum, „schwarzer Sand", ist die türkische Bezeichnung gleich zweier Wüsten Asiens: einer Sandwüste nordöstlich des Aralsees, vor allem aber eines riesenhaften Wüstengebietes mit bis zu 30 m hohen Dünen im Südwesten Turkmenistans; diese gefürchtete „schwarze Sandwüste" – mit 350 000 km^2 etwa so groß wie die Bundesrepublik Deutschland – wird nicht nur als Kamel- und Schafweide genutzt (vgl. *Karakul*-Schafe), sondern ist heute weitgehend mit riesigen Baumwollfeldern bedeckt, die „dank" der verantwortungslosen Abzweigung von Bewässerungswasser aus dem Amudarja die Existenz des gesamten Aralsees gefährden.

Kısıl-kum, „roter Sand", nennen die Usbeken und Kasachen mit türkischem Namen die östliche Fortsetzung der Wüste *Kara-kum* zwischen den Flüssen Amudarja und Syrdarja. Der Wüstenteil zwischen dem Stausee des Syrdarja und dem Nuratau, ein bedeutendes Baumwollanbaugebiet mit künstlicher Bewässerung, wird als „südliche Hungersteppe" bezeichnet.

Nefud, von arab. *an nafud*, „hohe Sandrücken", dient als zusammenfassende Bezeichnung für die Sand- und Dünenwüsten im Inneren der Arabischen Halbinsel.

Registan, „Land der Kieselsteine" (von pers. *rig*, „Stein, Kieselstein"), lautet der iranische Name für eine afghanische Wüste mit großen Dünenfeldern und geringer nomadischer Bevölkerung. (Die Endung *-stan* steht für „Land".)

Schamo, d.h. „Sandmeer", ist die chinesische Umschreibung der zentralasiatischen abflusslosen Beckenlandschaft, die wir unter ihrer mongolischen Bezeichnung *Gobi*, „Wüste", kennen. Nur der südöstliche Teil ist völlig wasserlos; etwa zwei Drittel der Wüste haben dagegen eine dünne Grasdecke und Dorngebüsch und werden von Hirtennomaden durchstreift. Wasser gibt es aus Brunnen und gelegentlichen flachen Seen. Uralte Karawanenrouten durchqueren die *Gobi*, auf denen schon Marco Polo 1275 nach China reiste. In moderner Zeit gab es eine Reihe von Expeditionen in die *Gobi*, einschließlich der des schwedischen Forschers Sven Hedin und des Amerikaners Roy Chapman Andrews, der zu Beginn des 20. Jahrhunderts die ersten fossilen Dinosaurier-Eier im Wüstensand der *Schamo* entdeckte.

Serir benutzen die Araber ganz allgemein als Begriff für eine „Kieswüste". Die bekannteste *Serir* finden wir im nordöstlichen Teil der Sahara, auf einer mit Kies und Geröll bedeckten Wüstentafel in Libyen und Ägypten; in den Beckenregionen dagegen erstrecken sich weite Sandwüsten, deren Dünenfelder in Richtung der vorherrschenden Passatwinde angeordnet sind. Siedlungszentren sind die an Grund- und Tiefenwasser gebundenen Oasen.

Unfruchtbarkeit und Eintönigkeit

Extremadura, „die äußerst Harte", wird eine karge spanische Trockenlandschaft zwischen Altkastilien und Andalusien genannt, die von Eichenwäldern geprägt wird. Der Anbau von Getreide und Hülsenfrüchten kann die Bevölkerung kaum ernähren; die traditionelle Armut der *Extremadura* dürfte mit ein Grund dafür sein, dass die meisten spanischen Abenteurer und Eroberer aus dieser Region stammten (z.B. Hernán Cortés, geb. in Medellin, und Francisco Pizarro, geb. in Trujillo). Ein portugiesisches *Extremadura* gibt es übrigens ebenfalls, und zwar in der Küstenregion nördlich von Lissabon.

Hamada, „die Unfruchtbare", heißt bei den Arabern ein mit groben und kantigen Steinen bedecktes Gebiet der Sahara, das dadurch entstanden ist, dass der Wind lockeres Gestein wegtrug und eine Felstrümmerlandschaft zurückließ. In Syrien entspricht der *Hamada* die *Al-Hammad*; auch sie bedeutet natürlich „die Unfruchtbare".

Sahara, arab. *Es-Sahrâ*, wird zwar allgemein mit „Wüste" übersetzt, das Adjektiv *sahrâ* beschreibt jedoch eigentlich eine gelbe bis rote Farbtönung, die – auf die Bodenoberfläche bezogen – auch „unfruchtbares Land" bedeutet. Die *Sahara* im Norden Afrikas ist die größte Wüstenregion auf unserem Globus, in der 95 Prozent der Sonnenstrahlen die Erdoberfläche erreichen, da es hier, im Gegensatz zu Mitteleuropa, kaum Wolken, weniger Dunst und keine Luftverschmutzung gibt. Es ist kaum bekannt, dass die *Sahara* in vorgeschichtlichen Zeiten, als sie noch ein wesentlich feuchteres Klima hatte, relativ dicht besiedelt war; Felsbilder belegen, dass der Mensch der Jungsteinzeit in allen Gebieten der Wüste noch Elefanten, Flusspferde, Büffel, Giraffen, Strauße und anderes Großwild gejagt hat. Um dem Vordringen der Wüste nach Norden Einhalt zu gebieten, hat Algerien beschlossen, zwischen 100 und 400 km von der Küste entfernt eine „grüne Mauer", d.h. einen 1000 km langen grünen Waldgürtel von der marokkanischen bis zur tunesischen Grenze anzulegen. Die Beduinen der Wüste bewerten ihren Lebensraum jedoch wesentlich positiver, denn sie sagen: „Die Sahara ist der Garten Allahs. Er hat alles überflüssige Leben daraus entfernt, damit man in Frieden darin wandeln kann."

Yell ist eine der Shetlandinseln zwischen Mainland und Unst; der Name leitet sich von altnorweg. *geldr*, „unfruchtbar", her (vgl. engl. *gelding*, „Wallach, Kastrat").

B e d r o h u n g   u n d   V e r k e h r s f e i n d l i c h k e i t
Death Valley, „Tal des Todes", nennt man eine der Grabensenken des Großen Beckens im US-Staat Kalifornien – mit -86 m die tiefste Depression Amerikas und zweifellos die heißeste Region der Vereinigten Staaten. Die Sommertemperaturen liegen nicht selten bei über 50 °C im Schatten (bisheriger Rekord 56,7 °C) und fallen eigentlich nie unter 21 °C. Das *Death Valley* zählt mit nur 50 mm Niederschlag pro Jahr zu den trockensten Gebieten der Erde; tierisches Leben beschränkt sich auf einige Reptilien

und Ratten. Vegetationslose Salzpfannen und oft stundenlang andauernde Sandstürme machen einen Fußmarsch durch die Wüste zu einem lebensgefährlichen Abenteuer; so erhielt das *Death Valley* 1849 seinen Namen von den wenigen Überlebenden einer ursprünglich 30 Mann zählenden Gruppe von Glücksrittern, die ausgerechnet das „Tal des Todes" als Abkürzung zu den kalifornischen Goldfeldern wählten.

Llano Estacado, „abgesteckte Ebene" (von span. *llano*, „Ebene", und *estacar*, „abstecken") heißt ein etwa 90 000 km² großes Hochplateau in den Great Plains der US-Staaten Texas und New Mexico mit halbwüstenhaftem Charakter, das nur zu extensiver Viehhaltung taugt. Seit Menschengedenken sind Pfade und Wasserstellen sicherheitshalber mit Pfählen gekennzeichnet.

Takla Makan bedeutet „ohne Wiederkehr"; diese anschauliche chinesische Benennung einer innerasiatischen Sandwüste im Tarimbecken Westchinas mit extremem Trockenklima spricht für sich (s. *Death Valley*).

Der Begriff *Klima* – von griech. *κλίμα (klíma)*, „Himmelsgegend, Zone" – erklärt sich durch die Neigung der Erdachse um 23½ Grad, die in einzelnen Landgürteln eine unterschiedlich schräg einfallende Sonnenstrahlung zur Folge hat: Je steiler die Sonnenstrahlen auf die Erdoberfläche treffen (also am Äquator), umso intensiver können sie ihre Wärmewirkung entwickeln; je flacher sie dagegen den Globus erreichen, umso niedriger werden die T e m p e r a t u r e n auf der Oberfläche ausfallen, denn diese Strahlen haben – vergleichbar mit den lang gezogenen Schatten bei tief einfallendem Licht – eine wesentlich größere Fläche zu erwärmen; zudem geht bei ihrem deutlich längeren Weg durch die Atmosphäre bereits ein Großteil der Energie verloren, wie die Kältegrade in den Polargebieten beweisen.

Wegen dieser Schrägstellung der Erdachse gibt es in Äquatornähe eine besonders warme Zone innerhalb der Wendekreise, zwischen denen die Sonne in ihrem Senkrechtstand scheinbar hin- und herwandert: die *Tropen*. Die Bezeichnung ist vom griechischen Wort *τροπή (tropé)* abgeleitet und bedeutet „Umkehr, Wendepunkt", womit natürlich die *τροπή ἥλιου (tropé héliou)*, „die Sonnenwende", gemeint ist. Am heißesten sind die Randgebiete der Tropen, die unter den Wendekreisen gelegenen *Subtropen*, da hier die Luft extrem trocken ist und die Sonnenstrahlen wegen der fehlenden Wolkenschicht ihre volle Kraft entwickeln können. Möchte man im Atlas schnell die großen Wüstengebiete der Erde auffinden, ist man gut beraten, den Wendekreisen als Leitlinien zu folgen. Die Probe aufs Exempel ist schnell gemacht, wenn man etwa die Sahara und die Wüstenhalbinsel Arabien, die südafrikanischen Trockengebiete Namib und Kalahari, die ariden Gebiete Mexikos, die südamerikanische Küstenwüste Atacama oder die australischen Sandwüsten aufsucht.

Die von der Sonne wenig bedachten und daher kalten *Polarzonen* werden auf der Nordhalbkugel auch *Arktis*, auf der Südhalbkugel *Antarktis*, also „Gegenarktis", genannt. Die Bezeichnung geht auf das griechische Wort ἄρκτος *(árktos)*, „Bär", zurück, denn der im *Kleinen Bären* strahlende Polarstern diente schon den alten griechischen Seefahrern als Navigationshilfe.

Warme und kalte Regionen

Afrika leitet sich von latein. *apricus*, „sonnig", und *apricum*, „das Sonnenlicht", her (vgl. *Aprikose*). Nach der Blitzeroberung und -islamisierung ganz Nordafrikas durch die Araber im Jahre 647 – also lediglich 15 Jahre nach Mohammeds Tod – bekam der von ihnen beherrschte Teil des Kontinents den Namen *Ifrikiya*. Der Begriff „Schwarzer Erdteil" bürgerte sich ein, nachdem der britische Journalist Sir Henry Morton Stanley im Jahr 1878 einen Bericht über seine Afrikareise unter dem Titel *Through the Dark Continent* („Durch den dunklen Kontinent") veröffentlicht hatte. Mit dieser Formulierung wird er sicherlich nicht nur die dunkelhäutigen Menschen südlich der Sahara gemeint haben, sondern auch die Faszination des Unbekannten und Undurchschaubaren.

Caldy Island, eine Insel vor der südwalisischen Küste, trägt einen Namen, der eine unnötige Wortwiederholung (Pleonasmus) enthält, denn er bedeutet „Kaltinsel-Insel", von altnorweg. *kald*, „kalt", und *ey*, „Insel". In der Tat fegen ständig kühle Südwestwinde und kalte Winterstürme aus Richtung der Keltischen See ungehindert über die Insel hinweg. Im 12. Jahrhundert war die Insel als *Caldea* bekannt.

California heißt wörtlich übersetzt „heißer Ofen", von latein. *calidus*, „heiß", und *fornax*, „Backofen", und wüstenhaft heiß sind große Teile dieses amerikanischen Bundesstaates an der Pazifikküste allemal. Die Amerikaner gaben ihm den Beinamen *Golden State*, nicht nur wegen seines beständig sonnigen Klimas, sondern sicherlich auch wegen des Goldfiebers während der Pionierzeit; darauf dürfte sich auch der griechische Wahlspruch des Staates beziehen: *Heureka*, „Ich hab's gefunden".[1]

Chaleur Bay, „Bucht der Wärme" (von latein. *calidus*, „warm"; s. *California*), ist ein Meereseinschnitt im Sankt-Lorenz-Golf in Südostkanada, der die Provinzen Quebec und New Brunswick, d.h. „Neubraunschweig", voneinander trennt; die fjordähnliche *Chaleur Bay* ist eigentlich ein ertrunkenes Tal des Restigouche River. Die Bucht wurde 1534 durch den französischen Forscher Jacques Cartier entdeckt, der sie nach der ungewöhnlich großen *chaleur*, also „Wärme", benannte, die er in diesem Gebiet eigentlich nicht erwartet hatte.

Hibernia und *Ivernia* nannte Cäsar die irische Insel, da ihn die keltischen Bezeichnungen *Ériu* und *Iveron* offensichtlich an die lateinischen Wörter *hibernus*, „winterlich", sowie *hiberna*, „Winterlager", erinnerten – eine Assoziation, die angesichts der klimatisch verwöhnten Römer überaus verständlich ist. Übrigens hat ein irischer Beamter aus Dublin – William Th. Mulvany –, den es nach der großen Hungersnot in seinem Land um 1850 in die deutsche Stadt Herne verschlug, die wirtschaftlichen Möglichkeiten des Ruhrbergbaus erkannt. Daher trugen bald einige der neu gegründeten Zechen, die er mit englischen Bergleuten betrieb, irische Namen wie *Hibernia* und *Erin* (der poetische Name Irlands) oder auch *Shamrock*, „Kleeblatt" (das Wahrzeichen der Grünen Insel); in einigen Städten des Reviers gibt es sogar noch eine Mulvany-Straße.

Island bedeutet im Altnorwegischen „Eisland"; die angelsächsische Version *Iceland* ist also eine wörtliche Übersetzung (und nicht mit engl. *island*, „die Insel", zu verwechseln). Die große Insel zwischen Norwegen und Grönland wurde im 9. Jahrhundert zunächst von irisch-schottischen Mönchen besiedelt, dann, ab Mitte des 9. Jahrhunderts, von Wikingern, die in der Mehrzahl aus Norwegen, aber auch aus skandinavischen Niederlassungen auf den Britischen Inseln stammten. Sie vermischten sich mit den ansässigen Kelten und nahmen um 1000 die christliche

---

[1] Angeblicher freudiger Ausruf des griechischen Mathematikers Archimedes bei der Entdeckung der Gesetzmäßigkeiten des Auftriebs von Körpern in Flüssigkeiten; aus griech. εὑρίσκειν *(heurískein)*, „finden". (Noch berühmter ist seine Warnung an einen römischen Soldaten, kurz bevor dieser ihn mit dem Schwert erschlug: *Noli turbare circulos meos*, „Störe meine Kreise nicht", womit mathematische Figuren gemeint waren, die Archimedes auf den Boden gezeichnet hatte.)

Religion an. 1262 erkannten die Isländer den norwegischen
König als Staatsoberhaupt an, und ab 1380 gehörten sie der aus
Norwegen und Dänemark gebildeten Union an. Als die beiden
Staaten 1814 wieder getrennt wurden, blieb die Insel als unabhängiges Königreich in Personalunion mit Dänemark verbunden.
Erst 1944 wurde die Union von den Isländern per Volks-
entscheid aufgekündigt. Trotz der langen politischen Einheit mit
Dänemark ist die isländische Sprache praktisch altnorwegisch
geblieben – mit Besonderheiten der Schrift und der Aussprache,
die im Norwegischen längst verschwunden sind, wie die Zeichen
ð oder Ð und þ oder Þ, die dem englischen stimmhaften bzw.
stimmlosen *th* entsprechen, sowie die Doppellaute *æ* oder *Æ*,
deren Aussprache dem deutschen *ai* gleicht. Noch heute dürfen
Eltern ihren Kindern nur altisländische Namen geben. Damit
verbunden ist auch die lange norwegische Tradition, Familiennamen vom Vornamen des Vaters abzuleiten und dabei das
Geschlecht des Kindes anzugeben. (So erhält z.B. der Sohn
eines *Jón Sigurdsson* den Hausnamen *Jónsson*, während seine
Tochter *Jónsdottir* heißt.) Am bekanntesten ist Island für seine
heißen vulkanischen Springquellen, die *Geysire* – aus der indogerman. Wurzel *gheu-*, „brodeln", die sich auch bei uns in
Wörtern wie *gären* und *gießen* findet.

Issyk-kul bedeutet „heißer See". Wenn der Name des abflusslosen
Hochgebirgssees im östlichen Kirgisistan auch stark übertrieben
ist, so steht doch fest, dass er durch seine geschützte Beckenlage
selbst im strengsten Winter nicht zufriert.

Kischinew, die Hauptstadt von Moldawien, leitet ihren Namen von
türk. *kiş*, „Winter", her; von 1555 bis 1812 gehörte sie zum
osmanischen Herrschaftsbereich.

Kuro Shio, „blaues Salz" (japan. *kurói*, „schwarzblau", und *shió*,
„Salz"), so umschreibt man in Japan eine aus tropischen
Gewässern stammende warme und salzreiche, auffallend blau
erscheinende Meeresströmung des Pazifik auf der Ostseite der
Inselkette. Natürlich gibt es auch eine kalte Strömung (mit dem
mysteriösen Namen *Oya Shio*, „Elternsalz"), die vor der sibirischen Küste entsteht und nordöstlich von Japan auf den
warmen *Kuro Shio* stößt.

Shetlands, amtlich *Zetland*, heißt eine britische Inselgruppe weit vor
der Nordküste Schottlands, die im 8. und 9. Jahrhundert von
Norwegern besiedelt wurde. Diese nannten sie *Hetland*, „Heiß-

land", da sie hier ein ungewöhnlich mildes ozeanisches Klima antrafen, was darauf zurückzuführen ist, dass die Inseln vom warmen Golfstrom umflossen werden. Die *Shetlands* gehörten lange zu Norwegen, bis sie 1472 an Schottland fielen. Ihre Einwohner sind daher meist skandinavischer Abkunft, und sie pflegen noch heute ihre alten norwegischen Sagen, Lieder und Sitten. Andere Bewohner der Inseln sind weltberühmt geworden: die *Shetlandponys*.

Sömmerda, „sommerlich warme Gegend" (von althochd. *sumar*, „Sommer", und dem Suffix *-idi*, „Ort"), ist der Name einer thüringischen Stadt an der Unstrut mit offenbar überdurchschnittlich gutem Mikroklima.

Spitzbergen, eine Inselgruppe im Nordpolarmeer, die mit der Bäreninsel als *Svalbard* („kalte Küste") einen Teil Norwegens bildet, besitzt einen Namen, der für sich selbst spricht. Er tauchte zwar schon im 12. Jahrhundert auf, die Inseln gerieten jedoch bald in Vergessenheit, bis sie um 1600 von W. Barents neu entdeckt wurden. Im 17. Jahrhundert lockte der Reichtum an Walen und Robben die Holländer und Engländer in die Gewässer um *Spitzbergen*, und im 19. Jahrhundert kamen die Norweger hinzu, die 1925 den Archipel in Besitz nahmen.

Tierra caliente, „heißes Land" – von span. *tierra*, „Land" (vgl. latein. *terra*, davon abgeleitet *Terrarium* und *Terrasse*), und *caliente*, „heiß" (s. auch *California*) – lautet die spanische Bezeichnung für die unterste der vier klimatischen Höhenstufen in den tropischen Gebirgsländern Mittel- und Südamerikas, in der immergrüner Regenwald vorherrscht, der an der Obergrenze (etwa bei 700-1000 m) allerdings in eine Dornsavanne übergeht. Typische Anbaufrüchte dieser feuchtheißen Landschaft mit Temperaturen von 31 bis 24 °C sind Reis und Mais, Kakao und Bananen, Zuckerrohr und Baumwolle.

Tierra fría bedeutet „kaltes Land" (von span. *frío*, „kalt, kühl"; vgl. unser Adjektiv *frigide* und engl. *refrigerator*, „Kühlschrank"). In diesem Höhenstreifen oberhalb der *Tierra templada* (bis etwa 4000 m) ist das Klima mit unserem europäischen Frühlings- oder Herbstwetter vergleichbar (18-10 °C). Daher gibt es neben Mischwald hauptsächlich Kartoffeläcker und Getreidefelder sowie europäische Gemüse- und Obstarten.

Tierra helada heißt „gefrorenes Land" – von span. *helado*, „Frost", und *helar*, „vereisen". Spanienurlauber kennen selbstverständlich *helado* als „Speiseeis" und *heladería* als „Eisdiele". (Die italien. Versionen wären übrigens *gelato* bzw. *gelateria*; vgl. *Gelatine* und *Gelee*.) In der *Tierra helada* (oberhalb 4000 m) findet man nur noch die baumlose Hochgebirgsvegetation des Páramo (Grasflurfläche) und der Puna (versteppte Hochebene), die nach oben von kahlen Felshängen abgelöst wird.

Tierra templada, „gemäßigtes Land" (von span. *templado*, „gemäßigt, lauwarm"; vgl. unser Wort *temperiert*), nennen die Lateinamerikaner die der *Tierra caliente* folgende, mittlere Gebirgsregion (zwischen 1000 und 2000 m) mit Berg- und Nebelwäldern. Auf dieser Klimastufe gedeihen Maniok, Mais und Zitrusfrüchte, aber auch Kaffee und Tabak. Die Temperaturen gehen auf angenehme 24 bis 18 °C zurück.

Alle W i n d e entstehen durch die unterschiedliche Erwärmung von Luftmassen, und sie sind eigentlich nichts anderes als eine Ausgleichsbewegung von einem Gebiet höheren Drucks zu einem Tiefdruckgebiet. Man bezeichnet sie grundsätzlich nach der Richtung, aus der sie wehen, und zusammen mit den noch zu behandelnden Himmelsrichtungen (daher der Begriff *Windrose* auf dem Kompass) sind sie ebenfalls Grundlage für die Benennung mancher Region dieser Erde. Unser Begriff *Wind* entstammt dem gleichbedeutenden lateinischen Wort *ventus* (vgl. *Ventil* und *Ventilator*; der *Windhund* hat im Übrigen nichts mit *Wind* zu tun, sondern mit der slawischen Völkerbezeichnung *Wenden*, er ist also eigentlich ein „wendischer Hund").

Das Windgeschehen reicht von den *Kalmen*, d. h. der „Windstille" (vgl. engl. *calm*, „still, ruhig"), über die steife *Brise* (wohl von span. *brioso*, „kräftig, eifrig") oder eine gelegentliche *Bö* (von niederl. *bui*, „Laune, Schauer") bis zum *Sturm* – ein Wort, das mit *stören* verwandt zu sein scheint und folglich „Unruhe, Tumult" bedeutet; immerhin handelt es sich beim Sturm um ein tosendes Unwetter mit mindestens Windstärke 9 (etwa 75 km/h), das nur noch vom *Orkan* übertroffen wird (s. *Hurrikan*). Von Winden wechselnder Heftigkeit sind solche zu unterscheiden, die konstant aus bestimmten Richtungen wehen, aber auch jahreszeitlich bedingte Winde sowie die verheerenden tropischen *Wirbelstürme* (von althochd. *wirbil*, „Drehung"; vgl. *Haarwirbel*, *Wirbelsäule* etc.), die sowohl über dem Land als auch über warmen Meeresgebieten entstehen können, und schließlich die *Fallwinde* in Gebirgsregionen, die zu plötzlichen unnatürlichen Temperaturanstiegen und -stürzen führen.

Wirbelwinde

Hurrikans bilden sich im Bereich der Karibik, der Westindischen
Inseln und des Golfs von Mexiko. Der Begriff ist eine Verballhornung des Wortes *huracán*, mit dem die karibischen Indianer
einen einbeinigen Windgott bezeichneten, dessen Name „aus
allen vier Himmelsrichtungen kommender Wirbelwind" bedeutet. Das aus dem Niederländischen übernommene Wort *Orkan*
(Windstärke 12 mit mindestens 120 km/h) stammt übrigens –
über französisch *ouragan* – ebenfalls von *huracán*, also *Hurrikan*, ab.

Taifune heißen die Wirbelstürme im Westpazifik, besonders in den
Gewässern Chinas und Japans, die meist von Juli bis November
auftreten und mit hoher Windstärke und ungeheuren Regen-
mengen schwere Schäden anrichten können. Das Wort *Taifun* ist
entweder die westliche Anlehnung an das chinesische *tai-feng*
(gesprochen *tai-fung*), wobei *tai* „allzu (groß)" und *feng* „Wind"
bedeutet, oder – was wahrscheinlicher ist – aus chinesisch *T'ai
feng*, „Wind aus Taiwan". Ein berühmter *Taifun* in der japanischen Geschichte war der „Götterwind" genannte *Kamikaze*
(von japan. *kámi*, „Gottheit", und *kazé*, „Wind"), dem die Inselbewohner im 13. Jahrhundert gleich zweimal die Vernichtung
einer Invasionsflotte des Mongolenfürsten Kublai Khan verdankten (vgl. das Schicksal der spanischen Armada, die 1588
nördlich von Schottland ebenfalls durch einen starken Sturm
vernichtet wurde). Im Zweiten Weltkrieg übernahm man den
Begriff *Kamikaze* als landläufige Bezeichnung für die Selbst-
mordpiloten, die sich mit ihren Maschinen und einer Bomben-
ladung auf amerikanische Schiffe stürzten und so Japan vor einer
Einnahme durch die US-Marine retten sollten; es hat im Verlauf
des Pazifikkriegs nie einen Mangel an Freiwilligen gegeben,
wohl aber letztlich einen Mangel an Flugzeugen. Eine dritte
etymologische Erklärung der Bezeichnung *Taifun* basiert auf
dem griechischen Wort τυφών *(typhón)*, das sowohl der Name
eines mythischen, schlangenleibigen Ungeheuers als auch eine
gebräuchliche Bezeichnung für einen schlauchartigen „Wirbelwind" war. Mit zahlreichen weiteren Anleihen aus dem Griechischen soll der Begriff im Mittelalter als *Túfan* ins Arabische und
im 11. Jahrhundert über muslimische Siedler nach Indien gelangt
sein. Hier hat angeblich die englische Kolonialmacht das Wort

übernommen (zunächst als *touffon* und *tufan* für einen typisch indischen Wirbelsturm), während es heute als *typhoon*, also in angepasster englischer Schreibung, schlechthin jeden Zyklon in südostasiatischen Gewässern bezeichnet. (Die Australier nennen die entsprechenden Wirbelwinde umgangssprachlich *Willy-willies.*)

Tornados, „die Unwetter" (von span. *tronar*, „donnern, wettern", mit *r*-Metathese aus latein. *tonare*, „tönen, tosen", und *tonitrus*, „Donner", jedoch angelehnt an span. *tornar*, „drechseln", und engl. *to turn*, „drehen") treten nur über dem Land auf und sind typisch für den Süden der USA. Im Gegensatz zu den Taifunen haben diese zerstörerischen Wirbelstürme lediglich einen Durchmesser von wenigen hundert Metern.

Zyklone sind wandernde Tiefdruckgebiete, insbesondere die im Golf von Bengalen auftretenden Wirbelwinde. Die Bezeichnung entstand im 19. Jahrhundert aus dem englischen Wort *cyclone*, von griech. κύκλος *(kýklos)*, „Kreis, Ring" (vgl. *Zyklop*, *Zyklus* und die im östlichen Mittelmeer verstreuten *Zykladen*).

Fallwinde

Bora nennen die Italiener einen trockenkalten, heftigen Nordostwind, der aus den Bergen Istriens über die Adria weht. Er trägt einen Namen, der mit italien. *bòrea*, „Norden", und unserem Fremdwort *boreal*, „nördlich", verwandt ist.

Chinook, auch der Name eines Indianerstammes in den US-Bundesstaaten Oregon und Washington, ist die Bezeichnung eines föhnartigen Fallwindes an der Ostseite der Rocky Mountains; das indianische Wort bedeutet „Wind, der wärmt".

Föhn heißt bekanntlich ein warmer und austrocknender Wind, der – aus Oberitalien kommend – oft mit großer Heftigkeit nördlich der Alpen talwärts weht und dessen Bezeichnung aus dem lateinischen Wort *favonius*, „lauer Wind" und „Frühlingswind", entstanden ist (vgl. latein. *fovere*, „wärmen"). In der Schweiz heißt der *Föhn* auch *Sunderwind*, „Südwind". Der von ihm bewirkte rasante Temperaturanstieg hat besonders im Winter starke Auswirkungen auf das vegetative Nervensystem bei Mensch und Tier, denn er ist eine ähnliche „Warmluftdusche" wie jener *Föhn*, mit dem wir unsere Haare trocknen. Der *Bora* (s.o.) weht in umgekehrter Richtung, d.h. kalte Fallwinde von der Alpennordseite dringen über das Gebirge weit nach Italien vor.

Maestrale nennen die Italiener einen kalten Nordwestwind, den man mit dem *Mistral* in Frankreich vergleichen kann und der mit diesem sprachlich verwandt ist.

Mistral, von latein. *magistralis (ventus)*, „herrschender (Wind)", so bezeichnet man einen trocken-kalten, oft stürmisch einsetzenden nordwestlichen Fallwind in Südfrankreich – insbesondere im Rhônetal, in der Provence und an der französischen Mittelmeerküste –, der *en maître* weht, also „stark, herrisch" (zu franz. *maître*, „Herr, Meister", provenzal. *maistral*; vgl. auch *Magister* und *Magistrat*; alle Begriffe stammen letztlich von latein. *magis*, „mehr", ab; das Gegenteil wäre *minus*, „weniger"; vgl. *Minister*, eigentlich der „Diener" eines Fürsten).

Tages- und Jahreszeitenwinde

Africus war der Name der Römer für den aus Südwest, d.h. aus Nordafrika übers Mittelmeer wehenden Wind, den die alten Hellenen *Λίψ (Líps)* nannten; im heutigen Griechenland wird er *Λίβας (Lívas)*, „Wind aus Libyen", genannt (s. *Scirocco*).

Breva, „die Kurze", heißt im Italienischen ein Tagwind am Comer See. (Der Nachtwind wird als *Tivano* bezeichnet.)

Buran, von БУРАН *(burán)*, „Schneegestöber", ist ein heftiger sibirischer Schneesturm aus Nordost, der dem *Blizzard* in Nordamerika entspricht.

Chamsin bedeutet im Arabischen „fünfzig", und tatsächlich tritt dieser trockene, glutheiße Wüstenwind in Ägypten besonders in den 50 Tagen auf, die der Frühjahrs-Tagundnachtgleiche folgen; er ist reich an Wüstenstaub und wirkt äußerst erschlaffend.

Etesien, „Jahreszeitenwinde", von griech. *ἐτήσιος (etésios)*, „jährlich", nennt man die besonders in der Ägäis und im östlichen Mittelmeer auftretenden Sommerwinde aus Nord bis Nordwest, die durch das kräftige Druckgefälle vom Azorenhoch zum asiatischen Monsuntief entstehen. Nach diesem Wind wird das Klima des sommertrockenen subtropischen Mittelmeergebiets, das nur im Winter nennenswerte Niederschläge erhält, als *Etesienklima* bezeichnet (s. *Monsun*).

Harmattan ist ein heißer, trockener Staubsturm aus der Sahara, den die Bewohner des Wüstenrandes, vor allem in Ghana, „glühender Regen" nennen (von arab. *harr*, „heiß", und *matar*, Regen").

Monsun, „Jahrszeitenwind", von arab. *mausim*, „Jahreszeit", heißt in Asien – besonders in Indien – ein halbjährlich wechselnder

Wind, der wegen der unterschiedlich schnellen Erwärmung von Wasser und Land im Sommer ein äußerst niederschlagsreicher Seewind und im Winter ein trockener Landwind ist. Der indische *Monsun* ist damit (trotz des gleichbedeutenden Namens) in etwa das Gegenteil der griechischen *Etesien* (s. dort).

Norther, „der Nördliche", ist ein gefürchteter frostiger Nordwind auf dem Gebiet der USA, der – durch keine Gebirgsbarriere gehindert – von Kanada bis zum subtropischen Golf von Mexiko wehen kann, wo er bisweilen selbst im Sommer die Obst- und Zitruskulturen durch einen plötzlichen Kaltlufteinfall bedroht.

Pampero nennen die Argentinier einen kalten antarktischen Südwind in der weiten Grassteppe der *Pampa* (s. dort).

Passat ist aus dem Wort *passata*, „Passage", entstanden. Es war der genuesische Seefahrer Kolumbus, dem wir diese italienische Bezeichnung für einen Wind verdanken, der seine Schiffe immerhin viermal sicher in mittelamerikanische Gewässer trieb. Der *Passat* ist ein gleichmäßig aus Nordost (auf der Südhalbkugel aus Südost) wehender tropischer Wind, der in den stabilen subtropischen Hochdruckzonen beider Hemisphären entsteht und in Richtung des äußerst niedrigen Luftdrucks am Äquator bläst. Wegen seiner großen Verlässlichkeit nannten ihn die englischen Kapitäne zur Zeit der Segelschiffe *trade wind*, „Handelswind".

Purga, russ. ПУРГА *(purgá)*, „Schneesturm", ist ein kalter, niederschlagsreicher Wind in Nordrussland und Sibirien.

Samum bedeutet im Arabischen „Giftwind" – ein treffender Name für diesen heißen Wüstenwind in Nordafrika und Arabien. (In der nördlichen Sahara ist er auch als *Gibli*, „Südwind", bekannt, südlich der Sahara als *Harmattan*.) Der meist im Frühjahr und Sommer aufkommende Sturmwind führt Staub und feinen Sand bis zu 3000 Metern Höhe mit, durch den die Sonne nur noch als kupferrote Scheibe erkennbar ist. Er schwillt auf und ab, hält aber meist nur etwa 20 Minuten an. Die Israelis nennen den trockenen Glutwind *Scharaff*.

Scirocco, aus arab. *sharqi*, „Ostwind", ist das italienische Wort für einen warmen, oft stürmischen Wind in den Mittelmeerländern, das uns sogar im kühlen Mitteleuropa geläufig ist. Der *Scirocco* weht auf der Vorderseite von wandernden Tiefdruckgebieten. Nach Überqueren des Mittelmeers ist er in Italien, Dalmatien und auf dem Balkan feuchtheiß, auf der Nordseite von Gebirgen föhnigwarm und in Spanien, Nordafrika und Vorderasien heißtrocken. Von der Sahara her führt er Sand und Staub mit sich, der sich bisweilen selbst hierzulande als gelbliche Ablagerung auf Autos findet. Seine nervenaufpeitschende und den ganzen Organismus belastende Wirkung wird in Italien von der Rechtsprechung berücksichtigt.

Suchowej, von russisch CYXO *(suchój)*, „trocken", ist der berechtigte Name eines heißen Windes in Südrussland. Zur generellen Bezeichnung der Luftbewegung benutzen die Russen übrigens ein deutsches Wort, nämlich *Wetter*, russisch BETEP *(wjétir)*, wahrscheinlich, weil in den Weiten Russlands ständig Winde das Wetter beherrschen; das Wort *Sturm* – ШТУРМ *(schturm)* – wurde ebenfalls aus dem Deutschen übernommen.

Tramontana bedeutet in etwa „über das Gebirge (wehend)". Der italienische Windname geht zurück auf das lateinische *trans*, „jenseits", und *montana*, „die Gebirgsgegend" (vgl. engl. *mountains*). In Italien ist der *Tramontana* ein kräftiger frischer Nordwind mit guten Sichtverhältnissen und meist sonnigem Wetter, also das kalte Gegenstück zum warmen *Föhn* in Deutschland.

Zephir, von griech. ζέφυρος *(zéphyros)*, „Westwind", zu ζόφος *(zóphos)*, „Finsternis, Abend, Westen". Den *Zephir* kennt man seit der Antike als lindes Lüftchen aus dem Westen.

A u f   W i n d e   b e z o g e n e   O r t s n a m e n

Äolische Inseln, in der Landessprache *Isole d'Eole*, „Inseln des Windes", nennt der Italiener die Inseln nördlich von Sizilien. In der Antike galten sie als die Heimat des *Äolus*, des griechischen Windgottes (vgl. *Äolsharfe*, „Windharfe"). Der Archipel, zu dem die bekannten Inseln Stromboli, Vulcano und Lipari gehören, trägt die offizielle Bezeichnung *Liparische Inseln*.

Anamur, ein südtürkisches Hafenstädtchen am gleichnamigen Kap, liegt an der Stelle des antiken *Anemourion*, nach dem es benannt ist. Sein Name, von griech. ἄνεμος *(ánemos)*, „Wind", ist mit unserer *Anemone*, dem „Windröschen", verwandt (vgl. auch latein. *animus*, „Geist, Sinn", und *anima*, „Seele").

Baku, die Hauptstadt Aserbaidschans, ist wegen ihrer Lage am westlichen Ufer des Kaspischen Meers beständigen Winden ausgesetzt. Der Name basiert auf dem altpersischen Wort *badkuba*, „windwärts".

Barlavento, „der Wind schwätzt" (vgl. *parlieren*, „reden, sprechen") – mit diesem Ausdruck charakterisieren die Portugiesen den östlichen Abschnitt der zahlreichen Algarvebuchten, die so stark von den häufigen Westwinden attackiert werden, dass Bäume und Sträucher sich unter ihrem Druck gekrümmt haben. Die Westseite der Buchten, die im Windschatten der hohen Steilküsten liegen, heißt *Sotavento*, „der Wind macht Pause".

Foros, der bekannte russische Kurort am Südzipfel der Krim, verdankt seinen Namen dem alten griechischen Wort *φορός (phorós)*, „günstig", womit die frischen Schwarzmeerbrisen gemeint sein dürften. Das russische Wort für „(Wind-)Stoß", *порыв (parýw)*, ist aus dem altgriechischen Stadtnamen *Foros* hervorgegangen.

Inseln über dem Winde bezeichnet man den Nordflügel der Kleinen Antillen, die die Karibik nach Osten begrenzen. Da die Inseln in der Mehrzahl hoch aufragen, sind sie dem kräftigen und niederschlagsreichen Nordostpassat ausgeliefert, und in der Regel werden sie die ersten Opfer der zerstörerischen Wut tropischer Wirbelstürme, die sich über dem Atlantik zusammenbrauen.

Inseln unter dem Winde heißt der Südflügel der Kleinen Antillen vor der Küste Venezuelas. Die flachen Inseln, unter ihnen Aruba, Curaçao und Bonaire, scheinen sich in der Tat vor den Unbilden der Witterung zu ducken, sodass sie relativ wenig Regen abbekommen.

Kansas, „Volk des Südwinds", war die Eigenbezeichnung eines Sioux-Stammes in den nordamerikanischen Great Plains. Nach ihnen benannten die weißen Siedler zunächst den *Kansas River*, der bei *Kansas City* in den Missouri mündet, später den US-Staat, der den geographischen Mittelpunkt der 48 zusammenhängenden Bundesstaaten bildet (Alaska und Hawaii also nicht mitgerechnet). Übrigens hat der Name *Arkansas* die gleiche Bedeutung, er ist lediglich eine französische Umbildung des Sioux-Wortes und wird daher noch immer ohne End-*s* ausgesprochen.

Mont Ventoux ist die französische Variante des provenzalischen Namens *Mont Ventour*, den man mit „Windberg" übersetzen kann. Das Massiv – ein langer Kalkfelskamm und geologisch eine Fortsetzung der Pyrenäen – liegt im Nordwesten der Provence. Da es eindrucksvoll isoliert aus der Umgebung aufragt, ist vor allem sein rigoros abgeholzter und daher völlig kahler Gipfelbereich den heftigen Winden und häufigen Stürmen schutzlos ausgesetzt.

Nouakchott, „windiger Ort", heißt bezeichnenderweise eine mau-
retanische Küstenstadt, die von den Seebrisen des Atlantiks
profitiert. Sie wurde zwar erst 1958 als Retortenstadt für die vor
der Dürre der Sahara fliehenden Nomaden gegründet, ist heute
jedoch die am schnellsten wachsende Stadt Afrikas.

Windhoek, „windige Ecke", ist der niederländische Name der
Hauptstadt von Namibia, die in angenehm luftiger Höhenlage
von fast 1700 Metern etwa in der Mitte des Landes liegt. Sie war
als *Windhuk* Hauptstadt des einstigen Schutzgebietes „Deutsch-
Südwestafrika", in dem noch immer ein Drittel der Bevölkerung
unsere Sprache spricht und viele Straßennamen an die alte Heimat der weißen Kolonialherren im Lande der Hottentotten erinnern. Auf *Windhuks* Stadtwappen prangte übrigens die Devise
Friedrichs I. von Preußen – *suum cuique*, „Jedem das Seine"
(nach einem Ausspruch des römischen Redners Cicero) –, lange
bevor die Nationalsozialisten sie als schmiedeeisernes Motto
über den Toren einiger Konzentrationslager missbrauchten.

4. Raumbezug der Siedlungsorte

Die großräumige Aufteilung unserer Erde in Wasser- und Landmassen,
die relative Lage von Regionen auf dem Festland und die generellen
Raumvorteile von Siedlungsorten haben eine Reihe von Standard-
benennungen geschaffen, die in der einen oder anderen Form auf der
ganzen Erde anzutreffen sind.

Die Namen der K o n t i n e n t e (von latein. *continere*, „zusam-
menhängen"; vgl. *Kontinuität*) sind nicht immer eindeutig herzuleiten,
sodass man die freie Auswahl unter den verschiedensten Erklärungs-
versuchen hat. Sogar die Anzahl der *Kontinente* schwankt erheblich. Im
Altertum und im Mittelalter war das Wissen über unsere Welt
beschränkt auf Europa, Asien und Afrika, von Letzterem kannte man
sogar nur einen kleinen Teil. Selbst als Kolumbus die Neue Welt entdeckt hatte, ließ die Kenntnis von Australien noch auf sich warten.
Lange hat man gestritten, ob Nord- und Südamerika nicht als Einzel-
erdteile zu zählen seien und man den riesigen antarktischen Kontinent
nicht einbeziehen müsse, sodass man auf insgesamt sieben zusammenhängende Landmassen käme. Auf der anderen Seite ist es Definitions-
sache, ob Europa ein eigener Kontinent ist oder nicht doch nur ein zer-

klüftetes Vorgebirge Asiens. Für die Anhänger der olympischen Idee ist die Sache jedenfalls geklärt, denn die fünf ineinander verschlungenen farbigen Olympiaringe sollen die friedliche Eintracht aller bewohnten Kontinente symbolisieren.

Auch die Vorstellung von der Größe und der Bedeutung der Erdteile hat sich im Laufe der Geschichte verschoben. Die Erweiterung der bekannten Welt durch die Reisen eines Marco Polo oder eines Kolumbus, aber auch durch die wagemutigen Vorstöße portugiesischer Seefahrer entlang der gesamten afrikanischen Küste, waren ein schwerer Schlag für das Selbstwertgefühl des alten Europa.

Es ist nicht geklärt, ob die Erdteile *Europa*, *Asien* und *Afrika* nach Gestalten der Mythologie benannt wurden oder umgekehrt. Fest steht, dass die drei Kontinente schon in der Antike personifiziert wurden und ihr Schicksal miteinander verknüpft war. Wie im europäischen Kreta wurde auch in *Asien* der Stier als heiliges Tier verehrt, und in einen solchen hatte sich Zeus verwandelt, als er die schöne Prinzessin *Europa* entführte und vergewaltigte – die Tochter des phönizischen Königs Agenor, der in der Sprache seines Volkes übrigens *Kanaan* hieß. Prinz Kadmos, einen Bruder der *Europa*, verschlug es auf der Suche nach seiner entführten Schwester aufs griechische Festland, wo er sich immerhin die Zeit nahm, den ungebildeten Bewohnern das Lesen und Schreiben beizubringen und die mykenische Kultur zu begründen (auch die Einführung des Alphabets gilt als sein Verdienst). Wegen seiner unermüdlichen Nachforschungen soll man zunächst Griechenland und bald der ganzen Landmasse dahinter den Namen seiner Schwester gegeben haben: *Europa*. Das Ende der Geschichte eines weiteren Bruders, den die Griechen als *Phönix*, „den Roten", bezeichneten, ist schnell erzählt. Er kehrte nach vergeblicher Suche in die Küstenebene des heutigen Libanon zurück, dessen Bewohner sich ihm zu Ehren *Phönizier* nannten; ein dritter Bruder, *Kilix*, der ebenfalls nach der verlorenen Schwester fahndete, kam auf seinen Erkundungsfahrten an die Südküste Kleinasiens und soll dort den *Kilikiern* ihren Namen gegeben haben; aber auch er fand das Mädchen *Europa* nicht wieder.

Die etymologischen Erklärungsversuche ergeben einen völlig anderen Befund als die Mythologie. Für Sprachwissenschaftler leitet sich der Name *Europa* aus dem nordsemitischen Wort *ereb* her, das für die Bewohner Vorderasiens „Dunkel" und „Abend" im Sinne von „Westen" bedeutete. Von ihnen aus betrachtet war *Europa* in der Tat der „dunkle Erdteil" jenseits von Griechenland, also das „Abendland", über dem die Sonne unterging.

Ein ganz ähnlich klingendes griechisches Wort, ἔρεβος *(érebos)*, hat ebenfalls die Bedeutung „dunkel", sowie „Reich der Toten". Auf der anderen Seite war *Európ̄e*, d.h. „die Breitgesichtige", auch der Beiname einer uralten Erd- und Mondgöttin, von εὐρύς *(eurýs)*, „breit", und ὄψις *(ópsis)*, „das Gesicht" (vgl. *Optik*).

Bei den griechischen Seefahrern dagegen bezeichnete der Begriff *Europa* von alters her eine der drei großen Fahrtrichtungen, nämlich „nördlich der Mittelmeerküste". Die beiden anderen Kursangaben waren *Asien* („nach Osten") und *Libyen* („nach Süden"; s. dort).

Die Bezeichnung *Afrika*, die zunächst nur das Gebiet nördlich der Sahara umfasste, lässt eine ganze Reihe von Deutungen zu. Manche Forscher glauben, in ihr Namen zu erkennen wie den des *Epher*, eines Enkels Abrahams, oder des *Ophir* aus der Familie des Noah-Sohnes *Sem* (dessen Nachkommen folglich *Semiten* genannt werden). Andere führen den Namen zurück auf das sagenhafte Land *Ophir*, aus dem König Salomon mit seinen Schiffen Gold und Edelsteine, Pfauen und Affen bezogen haben soll, von dem man aber – wenn es überhaupt je existiert hat – nicht einmal weiß, ob es in Ostafrika, Südarabien oder Indien lag. Einigen Namensforschern kommt es sehr gelegen, dass das hebräische Wort *afar*, „Staub, trockene Erde", eine passende Assoziation mit dem Kontinent *Afrika* bietet. Die Römer wiederum behaupteten, nach ihrem Sieg über Karthago dort (d.h. auf dem Gebiet des heutigen Tunesien) ein semitisches Volk angetroffen zu haben, dessen Namen sie als *Afarika* oder *Awrighas* identifizierten und auf ihre neue Provinz an der südlichen Mittelmeerküste übertrugen. Vielleicht lag ihnen bei der Benennung aber auch ein Wort ihrer eigenen Sprache, nämlich *apricus*, „sonnig", auf der Zunge.

Die Griechen, denen die Nordostküste *Afrikas* näher lag, hatten für diesen Teil des Kontinents die umfassende Bezeichnung *Libye*, nach dem Volk der *Libu* in Cyrene, dem ersten Stamm, den sie dort kennen lernten. Die Araber, die im Jahr 647 (also nur 15 Jahre nach dem Tod Mohammeds) in einem Siegessturm ganz Nordafrika eroberten, nannten ihren neuen Besitz *Ifrikiya*, in dem noch heute islamisches Recht gilt und das nach wie vor von hellhäutigen Arabern bevölkert ist.

Dass es auch ein schwarzes Afrika gab, war schon im griechischen Altertum bekannt, als man für einen dunkelhäutigen Bewohner des Kontinents das Synonym αἰθίοψ *(aithíops)* – „verbranntes Gesicht" – benutzte, von griech. αἴθομαι *(aithomai)*, „brennen", und ὄψις *(ópsis)*, „Gesicht"; die Verwandtschaft mit dem modernen Ländernamen *Äthiopien* liegt auf der Hand. Die Kenntnis vom „Schwarzen Erdteil" war danach lange verschüttet und setzte sich in Europa erst allgemein durch, als Henry M. Stanley im Jahr 1878 über eine Reise in das Gebiet südlich der Sahara berichtete.

Es wird allgemein angenommen, dass der Name *Asien* aus dem assyrischen Wort *açu* entstanden ist, das man mit „Osten" oder „Aufgang der Sonne" übersetzen könnte. (Damit ist es bedeutungsgleich mit den Bezeichnungen *Orient* und *Levante*; s. auch *Nippon*.) Die alten Griechen versuchten dagegen, den Namen wiederum aus ihrer Mythologie zu erklären: Nach Herodot war *Asia* die Tochter des Prometheus, nach Hesiod war sie eine Tochter des Okeanos und der Tethys. Es gilt jedoch als ziemlich sicher, dass die älteren Erdteilnamen auf die mythischen Gestalten wie *Asia* und *Europa* abgefärbt haben.

Die restlichen beiden Kontinente haben keinen sagenumwobenen Hintergrund, denn sie sind erst in der Neuzeit entdeckt und benannt worden. Der Name *Amerika* birgt eine Ungerechtigkeit, denn eigentlich hätte die Ehre der Benennung der Neuen Welt ihrem Entdecker Kolumbus zugestanden, stattdessen wurde sie einem anderen italienischen Seefahrer, *Amerigo Vespucci* (in lateinischer Form: *Americus Vesputius*) zuteil, dessen Forschungsreisen ihn vor allem an die Nordostküste Südamerikas geführt hatten. Den neuen Namen – zunächst nur auf Westindien und den Küstensaum des heutigen Venezuela bezogen – benutzte zum ersten Mal Vespuccis Reisebegleiter Martin Waldseemüller in einem Expeditionsbericht von 1507 *('Cosmographiae Introductio ... Insuper quattuor Americi Vesputii navigationes')*. Dreißig Jahre später bezeichnete der flämische Geograph Gerardus Mercator in seiner neuen Weltkarte die gesamte westliche Hemisphäre als *Amerika*.

Während Amerika eine Zufallsentdeckung auf dem Weg nach Indien war, gab es schon im Mittelalter die Vermutung, dass ein „großes unbekanntes Südland" oder, wie man es wissenschaftlich formulierte, eine *terra australis incognita* existieren müsse (latein. *australis*, „südlich", von *auster*[1], „Südwind"), gewissermaßen als Gegengewicht für die großen Kontinentalmassen Europas und Asiens. Tatsächlich war die *terra australis* auf frühen europäischen Landkarten als riesige runde Insel – fast an der korrekten Stelle! – eingezeichnet, lange bevor sie im 17. Jahrhundert der holländische Seefahrer *Abel Tasman* sichtete, der das Land „Neuholland" taufte. (Die südöstlich vorgelagerte Insel trägt

---

[1] Unsere *Auster* hat damit nichts zu tun; ihr Name ist – wie das Wort *Estrich* – von griech. ὀστέον *(ostéon)*, „Knochen, Bein", und ὄστρακον *(óstrakon)*, „harte Schale, Scherbe", abgeleitet (vgl. *Ostrazismus*, „Scherbengericht", für die im alten Athen übliche Abstimmung durch Tonscherben über zu verbannende Bürger).

noch heute seinen Namen: *Tasmanien*.) Die eigentliche Entdeckung verdankt *Australien* dem englischen Kapitän James Cook, der 1770 an der wenig einladenden Küste landete und mit der mühseligen Erforschung des Kontinents begann, dessen Bewohner von den Briten als „die bedauernswertesten Menschen auf Erden" betrachtet wurden, da der Wüstencharakter des Landes bestenfalls die Gründung einer Strafkolonie zulasse. Diese Empfehlung Kapitän Cooks kam der englischen Krone umso gelegener, als nach der Unabhängigkeitserklärung der Vereinigten Staaten die ehemaligen nordamerikanischen Kolonien als Verbannungsort ausfielen, während zu Hause in England die Gefängnisse aus allen Nähten platzten, zumal der Beginn der Industriellen Revolution in Großbritannien viele Menschen entwurzelt hatte und die Kriminalitätsrate rasant in die Höhe trieb. Nicht wenige Häftlinge waren von puritanisch eingestellten Gerichten allerdings für geringste Vergehen verurteilt worden, und so wundert es nicht, dass etwa zwanzig Prozent der Ausgewiesenen Prostituierte waren und gut ein Drittel aus rebellischen Iren bestand.

Neben den wirklichen Kontinenten gibt es eine Reihe von Regionen, deren Namen ebenfalls die Bedeutung „zusammenhängende Landmasse" haben, wie etwa *Alaska*, das aus *aljeska*, einer russischen Umbildung des aleutischen Eskimowortes *alakshak*, „großes Festland" (wörtlich übersetzt: „Land, das keine Insel ist") entstand – bei einer Fläche von 1,53 Mio. km^2 weiß Gott keine Übertreibung!

Auch die im Nordwesten Griechenlands liegende Gebirgslandschaft *Epirus* (griech. *Epeiros*) trägt die Bezeichnung „Festland, Kontinent", die auf Kolonisten von den vorgelagerten Inseln Korfu und Leukas zurückgeht; *Epirus* wurde später römische Provinz, ihr nördlicher Teil verselbstständigte sich um 300 n.Chr. als *Epirus nova* („Neu-Epirus") und heißt heute Albanien.

Es ist folgerichtig, dass die Japaner *Honshu* „das Hauptland" nennen (japan. *hón-*, „Haupt-", und *shu*, „Provinz"), denn immerhin wohnen auf dieser größten Insel Nippons 80 Prozent des japanischen Volkes, und neben der Hauptstadt Tokio finden sich hier fast alle bekannten japanischen Städte. Die anderen drei großen Landesteile sind übrigens die südlich anschließenden Inseln *Shikoku* („Vierlande") und *Kyushu* („neun Provinzen") sowie das nördlich von *Honshu* gelegene kalte *Hokkaido* („Nordmeer-Straße"), dessen Hauptort Sapporo zu olympischen Ehren gelangte.

Auch der US-Staat *Maine* verkündet mit seinem Namen, den ursprünglich die englischen Seefahrer und Forschungsreisenden benutzten, dass er nicht etwa auf den vorgelagerten Inseln, sondern auf dem *mainland*, also dem „Festland", liegt. Es wäre aber auch möglich, dass der nordöstlichste Staat der USA von französischen Fallenstellern und Händlern nach der ehemaligen französischen Provinz *Maine-et-Loire* benannt wurde.

Ausgerechnet das riesige *Kanada* – dessen lateinischer Wappenspruch stolz verkündet: *A mari usque ad mare*, „Von Meer zu Meer" – trägt einen Namen, der in der Sprache der Indianer „Dorf" bedeutet. Der französische Seefahrer und Entdecker Jacques Cartier kehrte 1536 in sein Heimatland zurück, um von der Unterwerfung aller *kanadas*, also aller Indianerdörfer im St.-Lorenz-Stromgebiet, zu berichten. Frankreich dankte ihm seine Leistungen im nördlichen Amerika schlecht. Nicht nur, dass man ihm den Posten des Gouverneurs von „Neufrankreich" (Nordostkanada) vorenthielt, die königliche Verwaltung verweigerte ihm gar die Erstattung der Kosten für seine letzte Reise. 1557 erlag er arm und vergessen der Pest. Gut zweihundert Jahre später, als die USA mit französischer Unterstützung die Unabhängigkeit von Großbritannien erlangten, hielt *Kanada* – das sich seit 1763 vollständig in britischem Besitz befand – dem fernen Mutterland die Treue. Es gehört noch heute zum britischen Commonwealth of Nations und untersteht der britischen Krone, die durch einen Generalgouverneur vertreten wird.

Die fünf großen Weltinseln sind – mit Ausnahme von Europa und Asien – durch drei große O z e a n e voneinander getrennt: durch den Stillen, den Atlantischen und den Indischen Ozean. Früher ging man von den sprichwörtlichen „Sieben Weltmeeren" aus, da man den Pazifik und den Atlantik jeweils in eine nördliche und eine südliche Hälfte unterteilte und das Nord- und Südpolarmeer hinzurechnete. Außer den Ozeanen gibt es kleinere *Nebenmeere*, z. B. die durch eine Inselkette oder eine Halbinsel vom Ozean abgetrennten *Randmeere* (etwa die Nordsee, die Irische See und das Japanische Meer) und die *Mittelmeere*. Diese *mediterranen*, also „mittelländischen" Meere heißen so, weil sie entweder zwischen Kontinenten liegen und kaum Verbindung mit dem Weltmeer haben (wie unser Europäisches Mittelmeer, das die Römer als *Mare Internum*, „inneres Meer", für den Mittelpunkt der Welt hielten, und die Karibik als Amerikanisches Mittelmeer sowie das Australasiatische Mittelmeer) oder in einen Kontinent eingebettet, aber von verschiedenen Ländern umgeben sind (u. a. die Ostsee, die Hudsonbai und der Persische Golf).

Schon im alten Griechenland hieß das sagenumwobene, die Erde umfließende Weltmeer *ὠκεανός (okeanós)*, benannt nach dem Spross des Himmelgottes Uranos und der Erdgöttin Gaia; dieser *Okeanós* selbst galt als Vater von 3000 Söhnen und Töchtern (d. h. Flüssen, Bächen und Quellen) und wurde bei Homer gar der Vater aller Götter und Ursprung aller Dinge genannt, was angesichts unserer Kenntnis vom ewigen Wasserkreislauf der Erde durchaus nachvollziehbar ist.

Der *Atlantische Ozean*, 1650 zum ersten Mal so genannt, war in der römischen Welt als *Mare Atlanticum* oder *Mare Externum*, „äußeres Meer", bekannt, auf das man sich tunlichst nicht hinauswagte, da man die Erde noch für eine Scheibe hielt und somit befürchten musste, dass man mit seinem Schiff vom Erdrand hinunterfiel. (Ohne dass es uns bewusst wird, sprechen wir noch heute bisweilen vom „Ende der Welt".) Folglich war der *Atlantik* mit allerlei Sagen und Mythen verbunden, die trotzdem einen realen Hintergrund haben könnten. Der enorme Meeresspiegelanstieg nach der letzen Eiszeit, aber auch die rege Vulkantätigkeit am Boden des *Atlantik* lassen die antiken Berichte über eine versunkene Insel namens *Atlantis* – wie Platon schrieb, „außerhalb der Meerenge" (von Gibraltar?) – realistischer erscheinen, und es ist nicht ausgeschlossen, dass todesmutige Seefahrer tatsächlich ein sagenhaftes Thule im Nordostatlantik erreicht haben, das mit Island identisch sein könnte.

Pazifischer Ozean heißt zwar übersetzt „friedlicher Ozean" (daher auch sein deutscher Name *Stiller Ozean*), von latein. *pax, pacis*, „Frieden" (vgl. *Pazifismus* und engl. *peace*), er hat sich jedoch als der aggressivste und unberechenbarste erwiesen, sowohl für die Schifffahrt als auch für die Völker, die an seinen Küsten leben und immer wieder von Taifunen, Vulkanausbrüchen und Erdbeben heimgesucht werden. Die Benennung des *Pazifiks* kam auf Grund einer Fehleinschätzung des portugiesischen Forschers Magellan zu Stande, der den Ozean auf seiner Weltumsegelung 1520/21 von seiner besten Seite kennen lernte, d. h. ausnahmsweise einmal ohne Sturm und Unwetter. Entdeckt wurde der *Pazifik* aber schon 1513 von dem Spanier Vasco de Balboa. Als der Konquistador im Gebiet des heutigen Panamakanals die mittelameri-kanische Landbrücke in südlicher Richtung durchquert hatte – er wusste von Eingeborenen, dass das Land hier sehr schmal ist –, konnte er von einem Berg aus zwei Weltmeere sehen: im Norden die Karibik und im Süden das legendäre *Mar del Sur*, das „Südmeer". Er stieg bis zur Brust in die Brandung, tauchte seinen Degen in die Wellen und ergriff im Namen Spaniens Besitz von der „Südsee" und allen ihren Gestaden.

Hätte er geahnt, dass sich der *Pazifik* auch weit nach Norden erstreckte, wäre der Stolz über seine Entdeckung mit Recht grenzenlos gewesen.

Der *Indische Ozean* (in Anlehnung an Atlantik und Pazifik auch *Indik* genannt) ist der kleinste der drei Ozeane. Er liegt zwischen Afrika und Australien und wird im Norden vom indischen Subkontinent begrenzt. Seinen Namen erhielt er vom portugiesischen Seefahrer Bartolomëu Diaz, der auf der Suche eines Seewegs nach Indien 1487/88 als erster Europäer die Südspitze Afrikas umrundete. Es sollten jedoch noch zehn Jahre vergehen, bis es seinem Landsmann Vasco da Gama gelang, Calicut in Vorderindien zu erreichen und dort als Vizekönig die Vorherrschaft Portugals im Indischen Ozean zu erzwingen.

Schon immer haben I n s e l n die Phantasie des Menschen beflügelt. Sie werden gleichgesetzt mit weißem Sandstrand und schattigen Palmen, romantischen Sonnenuntergängen und sorgenfreien Bewohnern: „glückliche Inseln" und „Liebesinseln" – „Trauminseln" halt. Dabei sind sie längst keine unschuldigen Paradiese mehr, denn ihre Schönheiten werden rücksichtslos vermarktet zu Gunsten aller, die „reif für die Insel" sind.

Für die großen Seefahrer und Forscher wie Magellan, Bougainville und Cook sind sie nie ein „letztes Paradies" gewesen: Ihnen reichten Gerüchte und Vermutungen, um über den Rand des Horizonts hinauszusegeln und im Dienst der Kirche oder der Krone ein neues Goldland zu entdecken oder endlich auf die sagenhaften Gewürzinseln zu treffen; ein Utopia und Atlantis haben sie niemals gesucht oder gefunden.

Unser Wort *Insel* stammt von lateinisch *insula* ab und ist über italien. *isola* eng verwandt mit unserem Substantiv *Isolation*. Die Griechen bezeichneten ein meerumspültes Eiland als νῆσος *(nêsos)*, „die Schwimmende" (vgl. *Peloponnes*, „Insel des Pelops"); ähnliche Umschreibungen finden sich in Namen wie dem der Inselrepublik *Vanuatu* („das Land, das sich aus dem Meer erhebt") oder der *Bahamas*; ursprünglich hatte Kolumbus das höchstens 10 Meter tiefe und daher hellblaue bis türkisfarbene Wasser vor der Südostküste Floridas *baja mar*, „seichtes Meer", genannt; später übertrugen die Spanier diese Bezeichnung auf die flache Inselkette selbst, die auf einem riesigen, vom Meeresboden aufragenden Kalkplateau ruht.

Viele Ortsbezeichnungen der Welt verweisen naturgemäß auf eine Insellage, etwa die japanische Endung *-shimá*, wie in *Hiroshima* (d. h. „breite Insel", eigentlich *hiró-shimá-jo*, „Burg auf einer breiten Insel"). Die 1945 durch den ersten Atombombenabwurf der USA zerstörte Stadt liegt auf einem weiten Schwemmlandfächer mehrerer Flussmündungen an der Inlandsee. Eine Doppelinsel zwischen Korea und Südjapan heißt „Hafeninsel", auf Japanisch *Tsushima* – ein Wort, dessen erster Teil in *Tsunami* enthalten ist (von *tsu*, „Hafen", und *namí*, „lange Welle"); *Tsunamis* sind bekanntlich bis zu 30 Meter hohe Wellen, die durch ein Beben am Meeresboden ausgelöst werden und vor allem die Küstenstädte Japans gefährden.

Im Norwegischen lautet „Insel" *øy*, sodass Ortsnamen wie die nördlich des Polarkreises gelegenen Inseln *Magerøy* (die nur mit dürftigem Gras bewachsen ist), *Kvaløy*, „Qual-Insel" (Name zweier unwirtlicher Eilande vor der nordnorwegischen Küste auf der Höhe von Tromsø bzw. Hammerfest), die Lofoteninseln *Andøy*, „Enteninsel", und *Langøy* verständlich werden. Den gleichen Ursprung (und fast die gleiche Aussprache) hat das friesische Suffix *-ey* (s. *Norderney*); das *-oog* in den Namen der anderen ostfriesischen Inseln bedeutet übrigens ebenfalls „Insel" (s. *Langeoog*, *Spiekeroog* und *Wangerooge*). Das verwandte Wort *Eiland* (isländ. *eyjaland*, „Auenland, Inselland") ist in etlichen Sprachen zu finden, z.B. im Englischen als *island* – das *-s-* ist irrtümlich hineingeraten, wahrscheinlich durch altfranz. *isle* (jetzt *île*) –, im Niederländischen als *het eiland*, im Schwedischem als *ö(land)* und im Dänischen als schlichtes *ø*, das sich übrigens auch in *Hiddensee* versteckt; die Insel hieß im 12. Jahrhundert *Hithins-ø*, „Insel des Hedin", als sie noch zu Dänemark gehörte und bevor eine Sturmflut sie von Rügen trennte.

Ganze Inselgruppen im Meer, besonders in der Ägäis, werden als *Archipel* bezeichnet, von griech. ἀρχιπέλαγος *(archipélagos)*, „das Meer beherrschender (Inselverband)" – in Anlehnung an ἄρχειν, „herrschen", und πέλαγος, „Meer" –, während ringförmig angeordnete Koralleninseln der Südsee *Atolle* genannt werden, vielleicht von tamil. *adal*, „dicht beieinander, verbindend", oder aus singhal. *étula*, „darin", was wegen der eingeschlossenen Lagunen Sinn macht (s. *Bikini*).

„Insel"-Namen

Aralsee ist eine unbefriedigende Übersetzung der turkmenischen Bezeichnung *Aral-Denghis*, denn der Name bedeutet wörtlich übersetzt „Inselmeer". In der Tat erheben sich zahlreiche flache Inseln aus dem seichten, abflusslosen Binnenmeer auf der kasachisch-usbekischen Grenze, ja es erscheinen sogar immer neue Inselketten an der Wasseroberfläche, wodurch inzwischen ein kleinerer nördlicher Seeteil vom südlichen *Großen Aralsee* abgeschnürt wird. Der Grund ist menschliche Vermessenheit: Man hat die beiden Hauptzuflüsse, den Syrdarja und den Amudarja, unbedacht zur Bewässerung riesiger Baumwollfelder angezapft, sodass der ehemals viertgrößte See der Welt seit 1960 etwa 70 Prozent seines Volumens eingebüßt hat und der Salzgehalt sich verdreifachte. In der Folge kommt es auf den weiten Flächen des trockengefallenen Seebodens regelmäßig zu verheerenden Salz- und Staubstürmen. Die Fischindustrie musste aufgegeben werden, und das unfruchtbare Küstengebiet wurde unbewohnbar – einschließlich der ehemals großen Hafenstadt Aralsk, die inzwischen fast 50 Kilometer vom See entfernt liegt.

Adana, von türk. *ada*, „Insel", heißt die viertgrößte Stadt der Türkei, sozusagen inmitten einer grünen Insel der Kilikischen Tiefebene, die von den Einwohnern *Çukurova* genannt wird – von türk. *çukur*, „Grube", und *ova*, „Ebene" (s. auch *Adapazarı*).

Algeciras, von arab. *al-djesirat al-hadra*, „die grüne Insel", heißt eine Hafenstadt in der südspanischen Provinz Cádiz. Der Hauptteil des Ortes liegt auf einer Terrasse über dem Hafen. Die strategisch äußerst günstige Lage an einer vom Gibraltarfelsen beherrschten Bucht machte *Algeciras* zu einer wichtigen Bastion der Mauren (s. auch *Algier* und *Gezira*).

Algier, arab. *Al-Djesaïr (beida)*, „die (weißen) Inseln", ist die Hauptstadt des nordafrikanischen Staates *Algerien*. (Den Beinamen *Al-Djesaïr* hatte übrigens auch Mesopotamien, die fruchtbare Schwemmlandinsel zwischen Euphrat und Tigris.) Schon die Phönizier errichteten auf einer der Küsteninseln einen Handelsposten und nannten ihn *Ikosim*. Die Vorsilbe *i* bedeutet „Insel" und *kosim* „Möwe"; den Römern gefiel die Bezeichnung, und sie übernahmen sie als *Icosium*. Die gegenwärtige Stadt wurde um 950 von den Berbern gegründet und nach ihrer Lage *Al-Djesaïr* genannt, eine Form des Namens, die von den Algeriern noch heute gern benutzt wird. Die vier ehemaligen Inseln vor *Algier* (seit 1525 mit dem Festland verbunden) haben in der Geschichte eine bedeutende Rolle gespielt: Nach der Vertreibung der Mauren von der Iberischen Halbinsel waren sie für kurze Zeit spanischer Flottenstützpunkt. 1518 erklärte *AlDjesaïr* sich freiwillig zu einem Teil des Osmanischen Reiches, um die Spanier mithilfe der Türken von der Küste Nordafrikas zu vertreiben. Die Inselbevölkerung hatte allerdings nicht damit gerechnet, dass die Türken nun selbst die Gelegenheit nutzen würden, *Al-Djesaïr* als Piratennest in Besitz zu nehmen. Die Inseln eigneten sich hervorragend für ihre Zwecke, denn starke Befestigungsanlagen machten sie von der Seeseite praktisch uneinnehmbar, und bald genoss die Bevölkerung den zweifelhaften Ruhm, das Zentrum der berüchtigten Berbereiküste zu sein. 300 Jahre lang drangsalierten berberische und türkische Piraten die europäische – und später auch amerikanische – Schifffahrt, bis 1816 die vereinigten Seestreitkräfte Hollands und Großbritanniens die algerische Flotte fast vollständig zerstörten. *Algier* blieb eine Piratenhochburg bis 1830, als die Franzosen, aus Rache für die ständigen Überfälle auf ihre Schiffe, zunächst die Stadt und bald darauf das ganze Land einnahmen, das sie bis zur Unabhängigkeit Algeriens im Jahr 1962 kontrollierten.

Arabien heißt in der Sprache der Bewohner *Djesirat el-Arab*, „arabische Insel", während der türkische und persische Name *Arabistan*, „Araberland", lautet (s. auch *Arabia Felix*).

Cherson ist eine ukrainische Stadt am Ufer des Dnjepr, 18 km von seiner Mündung entfernt. Der griechische Name der Stadt *Χερσόνησος (Chersónesos)* bedeutet „Halbinsel" und erinnert an eine gleichnamige Siedlung auf der Krim an der Stelle des heutigen Sewastopol, die 1783 von Katharina II. als Festung angelegt wurde, um den Zugang Russlands zum Schwarzen Meer zu sichern.

Gezira, aus arab. *al-djesira*, „die Insel", ist der treffende Name der keilförmigen sudanesischen Landschaft zwischen dem Weißen und dem Blauen Nil.

Indonesien lässt sich als „Insel-Indien" übersetzen und ist nicht nur ein Staatsname, sondern auch die Bezeichnung für den gesamten Malaiischen Archipel mit Tausenden von Inseln. Der wissenschaftliche Begriff wurde erst im 19. Jahrhundert aus *indo-* für „indisch" und griech. *νῆσος (nêsos)*, „Insel", geprägt.

Isle of Thanet, „Feuerinsel", heißt die östlichste Halbinsel im englischen Kent, auf der die Städte Ramsgate, Margate und Broadstairs liegen. Die römischen Besatzer nannten sie *Tanatis* oder *Tanatus*, und zur damaligen Zeit war sie tatsächlich noch eine Insel. Im Namen ist die keltische Wurzel *tan-*, „leuchtend" und „Licht", enthalten, sodass man annehmen darf, dass es früher ein Leuchtfeuer auf der Insel gab.

Luleå, „kleine Insel" (mit *å*, „Insel"), ist der Name einer schwedischen Stadt an der Mündung des *Luleälv* in den Bottnischen

Meerbusen (vgl. den ersten Teil des Wortes – aus schwed. *lilla*, „klein" – mit engl. *little*; s. auch *Luxemburg*).

Malediven ist die europäische Version des arabischen Namens *Al-Daulat al-Mahldîbîah*, „Staat der Inseln vor der Malabarküste" (d.h. vor Indiens Südwestküste), von tamil. *malay*, „Berg", pers. *barh*, „Garten", und *dîb*, „Atoll". Der Archipel südwestlich von Indien besteht aus über 2000 weit verstreuten Koralleninseln, von denen etwa 60 reine „Urlaubsinseln" sind. Die Regierung der *Malediven* ist darauf bedacht, Kontakte zwischen der einheimischen Bevölkerung und den Touristen zu vermeiden; mit Ausnahme der Hauptstadt *Male* dürfen Hotelanlagen daher nur auf unbewohnten Inseln errichtet werden.

Manhattan ist ein Indianerwort und bedeutet „Insel der Felsenhügel". Der südöstliche Stadtteil New Yorks ist eine von den Flüssen Hudson, East River und Harlem River gebildete Insel, deren felsiger Untergrund die Voraussetzung für die Errichtung der heutigen Hochhäuser war. Als 1792 die erste Börse eröffnet hatte, entwickelte sich *Manhattan* schnell zum wichtigsten Finanz- und Handelszentrum der USA (s. *New York*).

Melanesien bedeutet „schwarze Inseln" – von griech. μέλας *(mélas)*, „schwarz", und νῆσος *(nêsos)*, „Insel". Der westpazifische Archipel ist nicht nur von recht dunkelhäutigen Menschen bewohnt (verglichen mit ihren polynesischen Nachbarn, etwa den Papua auf Neuguinea), sondern sein Boden besteht zudem aus schwarzer Vulkanasche.

Mikronesien ist ein Archipel „kleiner Inseln", von griech. μικρός *(mikrós)*, „klein", und νῆσος *(nêsos)*, „Insel" (s. *Melanesien* und *Polynesien*). Es handelt sich tatsächlich um eine Vielzahl winziger Inseln, die die Karten der Südsee zwischen Japan, den Philippinen und Indonesien sprenkeln und erst seit 1982 als *Föderierte Staaten von Mikronesien* eine politische Einheit bilden. Die *Mikronesier* besitzen wohl die härteste Währung der Welt: mühlsteingroße Korallenblöcke (mit bis zu 3,70 m Durchmesser), die – zumindest auf der Insel Yap – nie abgewertet wurden. Eine Einzige dieser unhandlichen, *Fe* genannten „Münzen" hat noch immer den Wert eines Kanus (oder einer Frau)!

Okinawa liegt inmitten einer weit geschwungenen südjapanischen Inselreihe, die das Ostchinesische Meer vom Pazifischen Ozean abgrenzt, und genau das bringt ihr Name – von japan. *oki*, „offenes Meer", und *nawa*, „Kette, Kordel" – zum Ausdruck.

Pianosa, „die Flache", ist eine italienische Insel im Tyrrhenischen Meer. Sie ist seit eh und je eine Sträflingskolonie und kann daher nicht von Touristen besucht werden (vgl. *Piano*, von italien. *piano*, „eben, flach, leise").

Polynesien, d.h. „viele Inseln", ist der treffende griechische Name für Tausende von tropischen Inselchen und Atollen im Pazifik. Als der französische Seeoffizier Louis-Antoine de Bougainville 1766 auf einer Weltumsegelung Tahiti erreichte, war er begeistert von den glücklichen, hellbraunen Polynesiern – noch mehr allerdings von den Polynesierinnen und ihrem freizügigen Liebesleben. Er hatte sein Traumreich in der Südsee gefunden, das er, wie später Gauguin, „die Inseln der Seligen" nannte.

Qingdao, früher *Tsingtao*, bedeutet „grüne Insel". Die Hafenstadt der chinesischen Provinz *Shandong* („östliches Gebirge") trägt damit den gleichen Namen wie die spanische Stadt *Algeciras*. 1897 machten die Deutschen *Qingdao* zur Metropole ihres Pachtgebiets und bauten die Stadt in einem Jahrzehnt zu einer blühenden Hafen- und Handelsstadt aus. Eine damals von einem Missionar gegründete Bierbrauerei hat sich als das traditionsreichste Unternehmen der Stadt erwiesen, denn *Qingdao Beer*, nach deutscher Rezeptur und deutschem Reinheitsgebot gebraut, erfreut sich noch heute großer Beliebtheit in ganz China und erlangt sogar in unserem Land zunehmende Bekanntheit.

Skye, die größte Insel der Hebriden, trägt einen Namen, der „Wolkeninsel" bedeutet (von norweg. *sky*, „Wolke", und *øy*, „Insel"). Dass das Wikingerwort *sky* im Englischen zu „Himmel" verallgemeinert wurde, ist angesichts der häufigen Tiefdruckgebiete über den Britischen Inseln durchaus nachvollziehbar.

Sporaden, „die Ausgestreuten", nennen wir zwei Inselgruppen im östlichen und südöstlichen Griechenland, manchmal auch alle in der Ägäis zerstreut liegenden Inseln. Der Name entstammt den griechischen Wörtern σπείρειν *(speirein)*, „zerstreuen", und σπόρος *(spóros)*, „die Saat, das Säen" (vgl. unsere Lehn- und Fremdwörter *Spore, Sperma, Diaspora, Asparagus, Spreu* und *sprühen*, aber auch engl. *to spread*, „ausbreiten", sowie *Spray*).

Stockholm ist wörtlich übersetzt eine „Baumstamm-Insel". Das schwedische Substantiv *holme* bedeutet „Inselchen", aber auch „Schiffsbauplatz", und ist mit unserem Wort *Hallig* verwandt. Die Haupt- und Residenzstadt Schwedens liegt auf Inseln und Halbinseln zwischen Mälarsee und Ostsee. Der alte Kern *Stock-*

holms – *Staden mellan broarna*, „Stadt zwischen den Brücken" – liegt auf den drei Felsinseln *Stadsholmen, Helgeandsholmen* und *Riddarholmen* (s. auch *Bornholm*).

Taiwan enthält die chinesischen Wörter *tai*, „größte", und *wan*, „Bucht". Der Name beschreibt die Insel vor dem chinesischen Festland also als „größte, buchtenreiche Insel". Die Portugiesen entdeckten sie 1590 und nannten sie *Ilha Formosa*, „die wunderschöne Insel". Sie ist in der Osthälfte von einem bis fast 4000 m hohen Gebirge durchzogen, das nach Westen in mehreren Stufen zu einer großen Küstenebene abfällt (weswegen der erste Teil des Inselnamens vielleicht auch von *ping tai*, „Terrasse" abzuleiten ist). Die Geschichte *Taiwans* war recht abwechslungsreich: Nach der Entdeckung durch die Portugiesen war die Insel für einige Jahrzehnte niederländische Kolonie, danach Teil der chinesischen Provinz Fujian. Von 1895 bis 1945 befand sie sich in japanischem Besitz. 1949 flüchtete die von den Kommunisten im Bürgerkrieg geschlagene chinesische Regierung unter Chiang Kai-shek mit 1,5 Mio. Anhängern nach *Taiwan*, das seitdem auch Nationalchina genannt wird.

Wangerooge hat nichts mit der Optik zu tun, sondern bedeutet „Auen-Insel". Die östlichste Ostfriesische Insel ist, wie die anderen Inseln vor der deutschen Nordseeküste, mit dem vorherrschenden Westwind ständig nach Osten gewandert. Der erste Teil des Wortes bezieht sich auf die Zugehörigkeit der Insel zur ostfriesischen Küstenlandschaft *Wangerland*, von altsächs. *wang*, „Feld, Aue". Die Namensendung geht zurück auf das mndd. Wort *och*, „Insel" (nicht auf *oog*, „Auge"; s. auch *Öland*).

Zykladen, griech. *Kykládes*, „die im Kreis Liegenden", ist die Bezeichnung einer Gruppe griechischer Inseln in der südlichen Ägäis, die in mehreren Bögen angeordnet sind und sozusagen Delos als Mittelpunkt „umkreisen" (vgl. *Zyklus* und *Zyklon*).

Die Menschen des Altertums nannten die K ü s t e n des östlichen Mittelmeers und der großen Binnenseen *Pontus*, von griech. πόντος *(póntos)*, „Meer, Meeresküste". So hieß z.B. auch die nordöstliche Schwarzmeerküste Kleinasiens (im Unterschied zum Marmarameer, das man unter dem Namen *Propontis*, „Vor-Meer", kannte). Im westlichen Mittelmeer ist uns die römische Version *Costa* (franz. *côte*, ursprünglich in der Bedeutung „Seite, Rippe", vgl. *Kotelett*) geläufiger, von der wir unser Wort *Küste* abgeleitet haben. Auch der Name *Riviera* wird automatisch und zutreffend mit der italienischen und französischen „Küstenzone" assoziiert – von italien. *riva*, „Ufer", und franz. *rivière*, „Fluss, Ufer", beide von latein. *ripa*, „Flussufer" (vgl. *Revier*, „Gelände an einem Wasserlauf", und *Rivale*, „Nebenbuhler" – ein Begriff, der im 18. Jahrhundert in Anlehnung an latein. *rivus*, „Bach", entstand und zunächst eigentlich jemanden bezeichnete, der an demselben Bach wohnte, ihn also mitbenutzte). Die Klangverwandtschaft mit der *Riaküste* ist offensichtlich (von span. *ría*, „Flussmündung", vgl. *río*, „Fluss"); dieser geographische Begriff wird für Steilküsten verwendet, die durch schlauch- und trichterförmige Flussmündungen gegliedert sind, und in die – durch Landsenkung oder Meeresspiegelanstieg – das Meer eingedrungen ist. Solche *Rias* (z.B. in Nordwestspanien und in Südwestirland) wurden während der Eiszeit nicht von Gletschern ausgehobelt und sind daher im Unterschied zu den skandinavischen Fjorden nur von geringer Tiefe. Ein *Fjord* ist bekanntlich ein schmaler, weit in die steilfelsigen Küsten Norwegens einschneidender Meeresarm (schwed. und norweg. *fjord*, isländ. *fjörður*), den man in Schottland *Firth* und im Osten Schleswig-Holsteins *Förde* nennt. All diese Bezeichnungen sind verwandt mit der indogerman. Wurzel *per-*, „hinüberführen" (vgl. latein. *portus*, „Tor, Hafen", und unsere Wörter *Pforte* und *Furt*). Eine weit geschwungene Meeresbucht trägt die Bezeichnung *Golf*, von griech. *κόλπος (kólpos)*, „Brust"; daher reden wir noch heute von „Meerbusen".

Den Küsten vorgelagert finden sich häufig *Riffe*, die an den Flachküsten als lang gestreckte Sandbänke und an Steilküsten als tückische Klippen die Einfahrt in eine Bucht oder Flussmündung gefährden. Das Wort *Riff* wurde aus dem Niederländischen übernommen, stammt aber, wie engl. *reef*, aus dem Nordischen und bedeutet eigentlich „Rippe". Die lang gestreckte Aufragung des Meeresgrundes wird also mit einem gebogenen Knochen verglichen. (Außer diesem *Küstenriff* kennen wir in den Tropen und Subtropen das von Meeresorganismen gebildete *Korallenriff.*) Die rundbuckeligen Felsenklippen vor der schwedischen Küste heißen *Schären* (schwed. *skär*, dän. *skær*, „Fels, Klippe"), ein Wort, das die Engländer verallgemeinernd als *shore*, „Küste", übernommen haben (vgl. auch die alte Wikingerniederlassung *Cherbourg*, „Schärenburg", an der Küste der Normandie).

Bisweilen wird eine Bucht von einer ausgedehnten Landzunge – einer so genannten *Nehrung* oder einem *Lido*, aus latein. *litus*, „Meeresküste, Strand" – vom offenen Wasser abgeschnürt (altnord. *naru*, altpreuß. *neria*, „eng"; vgl. engl. *narrow* sowie unser Wort *Narbe* und die norwegische Fjordstadt *Narvik*). Dadurch entsteht ein flacher Küstensee, der an unserer Ostsee *Haff* genannt wird und Brackwasser enthält, falls ein Fluss einmündet, wie im Fall des Frischen, Kurischen und Stettiner *Haffs* (von schwed. und dän. *hav*, „Meer, See", altnord. *haf*; vgl. *Hafen*). Der Italiener nennt solche Strandseen – etwa in der Umgebung Venedigs – *Lagunen* (von latein. *lacuna*, „Vertiefung, Weiher", zu *lacus*, „See"; vgl. italien. *lago*, franz. *lac*, engl. *lake*, dt. *Lache*; s. auch das schweizerische *Interlaken*, „zwischen den Seen"), während sie an der Biskaya und der französischen Mittelmeerküste *Étang*, „Teich", und in Spanien *Albufera* heißen (von arab. *al-buhera*, „Küstensee"; s. etwa die *Albuferas* von Alicante und von Valencia oder die *Albufera* auf Mallorca).

Eine besondere Erwähnung verdient die *Mangroveküste*, deren Bezeichnung auf das malaiische Wort *manggi-manggi*, „Wurzelbaum", zurückgeht (vgl. auch engl. *grove*, „Gehölz"). *Mangroven* sind die undurchdringlichen Wälder im Uferschlamm der Gezeitenzonen tropischer Küsten, die durch Ausbildung zahlreicher Stelzwurzeln eine verblüffende Standfestigkeit gewinnen. Sie haben sich den extremen Lebensbedingungen so gut angepasst, dass ihre Wurzeln in der Lage sind, Salz zurückzuhalten und ihre Samen noch auf der Mutterpflanze keimen, bevor die jungen, speerförmigen Triebe sich beim Herabfallen tief in den Schlick bohren; sie sind damit so fest verankert, dass die Gezeitenströmung sie nicht mehr fortreißen kann.

Im Arabischen hat übrigens das bekannte Wort *Sahel* die Bedeutung „Küste". Die *Sahelzone*, die wegen häufiger Hungerkatastrophen eine makabre Berühmtheit erlangt hat, verdankt ihren Namen der wirtschaftlich ungünstigen Wüstenrandlage, sozusagen am südlichen „Ufer" der Sahara. (Analog sprechen wir von der Wüste als „Sandmeer" und vom Kamel als „Wüstenschiff".) Wen wundert's, dass die Küstenbewohner Ostafrikas – ebenso wie ihre Sprache – *Suaheli* heißen!

Meeresnähe und Küstenorte
Antibes, eine französische Stadt östlich von Cannes, hieß im 5. Jahrhundert v. Chr. *Antipolis* – von griech. ἀντί *(anti)*, „gegen", und πόλις *(pólis)*, „Stadt". Sie war von griechischen Phokäern tatsächlich als „Gegenstadt" zur älteren Siedlung *Nikaia Polis* („Stadt des Sieges") auf der gegenüberliegenden Seite einer weit geschwungenen Bucht gegründet worden. Die ursprüngliche Niederlassung hat am Ende jedoch den Sieg davongetragen: Aus ihr wurde die berühmte Stadt *Nizza*.

Aremorika, aus *are*, „am", und *more*, „Meer", nannten die Kelten die Bretagne, die ihre heutige Bezeichnung erhielt, als im 5. Jahrhundert Briten (eigentlich Brittones, „Bretonen") auf der unwirtlichen Halbinsel gegenüber Großbritannien siedelten. Die Küstenzone der felsigen Bretagne heißt noch immer *Armor*, wo Menhire, d.h. „stehende Steine", die Eingänge zur Unterwelt markieren und sie mit ihrem Gewicht verschließen. Das Gegenstück zum *Armor*, also zum „Meerland", ist übrigens das *Argoet*, das „Waldland" im Inneren der Bretagne (s. *Morbihan*).

Bahía Blanca, „weiße Bucht", ist der aufschlussreiche spanische Name einer Stadt im Süden der Provinz Buenos Aires – einer der wichtigsten Ausfuhrhäfen Argentiniens.

Bahía Honda bedeutet im Spanischen „tiefe Bucht". Die Stadt an der Nordwestküste Kubas erhielt ihren Namen wegen eines natürlichen Tiefwasserhafens. Nicht zuletzt deswegen war die Stadt ehemals ein wichtiger US-Flottenstützpunkt.

Baía, „Bucht", so heißt ein brasilianischer Küstenstaat, der seinem Namen allerdings keine Ehre macht, denn seine Buchten sind ausnahmslos verschlammt und bieten kaum Chancen für die Anlage guter Häfen.

Butjadingen, also „außerhalb der Jade" (niederd. *büten*, „außen"), nennen die Ostfriesen das Marschgebiet zwischen Jadebusen und Wesermündung.

Cape Town, „Kapstadt", am Fuß des Tafelberges, ist eine der schönst gelegenen Städte der Welt. Vieles erinnert an die Zeit der Holländisch-Ostindischen Gesellschaft: die Burg als ältestes Gebäude Südafrikas, die Groote Kerk und das Denkmal Jan van Riebecks, der 1652 *Kaapstad* als Handelsstation gründete.

Cleveland bedeutet „Land der Klippen", und ein solches ist das nordöstliche County Englands in der Tat, denn es hat eine felsige Steilküste – ebenso wie die gleichnamige amerikanische Stadt am Südufer des Eriesees.

Côte Bleu, „blaue Küste", heißt ein Teilstück der überdies schon „himmelfarbenen" *Côte d'Azur* mit phantastisch blauem Wasser. Die tief eingeschnittenen, gewundenen und stark verkarsteten Buchten der *Côte Bleu* an der französischen Mittelmeerküste tragen auch den Beinamen *Côte des Calanques* (von provenzal. *calanco*, „steil abfallend"). Die imposante Küstengestalt ist durch die Absenkung des Meeresspiegels während der Eiszeit und der gleichzeitigen Anhebung der Kalkmassive entstanden.

Côte Vermeille, „purpurrotes Gestade", ist der ungewöhnliche Name eines Küstenstreifens der Provence. Das bis an den Strand reichende Gebirge ist aus Eruptivgesteinen aufgebaut, vor allem aus *Porphyr*, dessen rote Farbe die südfranzösische Landschaft prägt und sich prächtig vom Blau des Mittelmeers abhebt. (Das Wort *Porphyr* geht auf das griech. Wort πορφύρα *(porphýra)*, „Purpurschnecke", zurück; davon abgeleitet ist latein. *purpura*, „Purpur", für den bekannten hochroten Farbstoff aus dem Saft der Purpurschnecke.)

Cuxhaven bedeutet „Hafen im Koog" (von niederd. *Koog*, fries. *Kuug*, „ein durch Eindeichung dem Meer abgewonnenes Land"). Die Hafenstadt an der Elbmündung entstand im 16. Jahrhundert aus einer Reihensiedlung am Flussdeich und einer durch Eindeichung gewonnenen Hafenanlage.

Falaise, „Klippe, Felsenküste", heißt jene normannische Stadt, in der Wilhelm der Eroberer geboren wurde. *Falaises* nennt man auch die von der Brandung geformte steile französische Meeresküste, besonders der Normandie und der Picardie.

Genua in Nordwestitalien definiert mit seinem Namen – von latein. *genu*, „Knie, Biegung" – die Lage der Hafenstadt präzise an der Stelle, wo die Rivieraküste fast rechtwinklig nach Südosten in den italienischen Stiefel abknickt; sie liegt also buchstäblich „in der Ecke".

Great Barrier Reef, „das große Barriere-Riff", könnte keinen passenderen Namen haben, denn das berühmte Korallenriff, das sich über fast 2000 km vor der Ostküste Australiens erstreckt, hat lange die Seefahrer von der Erforschung dieses Teils des Kontinents abgeschreckt.

Haikou, von chin. *hai*, „Meer", und *kou*, „Mündung", erleichtert mit diesem Namen den Chinesen (und ab jetzt auch uns) das Auffinden der Stadt auf der Landkarte. *Haikou* – „die Meermündung" – ist Haupthafen der südchinesischen Insel *Hainan* (d. h. „Meer im Süden") und liegt am Ausgang der *Hainanstraße* zum Südchinesischen Meer (s. auch *Nanjing* und *Tainan*).

Haiphong kann man übersetzen mit „Beschützer des Meeres", von vietnam. *hai*, „Wasser, Meer", und *phong*, „Grenze, Wächter". Der Haupthafen Nordvietnams nahe der chinesischen Grenze im Delta des „Roten Flusses" spielt eine wichtige Rolle für den Import und Export des Landes und ist über eine Bahnlinie mit Hanoi verbunden. Die Franzosen gründeten *Haiphong* 1888 als

Gegenstück zum britischen Kolonialhafen Hongkong (s. auch *Haikou*).

Hoek van Holland, niederl. *hoek*, „Ecke", in der Nähe Rotterdams auf einem Landvorsprung Südwesthollands gelegen, ist einer der wichtigsten Fährhäfen der Niederlande.

Honduras, von span. *las honduras*, „die Tiefen", hat Zugang sowohl zur karibischen als auch zur pazifischen Küste. Die mittelamerikanische Republik verdankt ihren Namen dem Tiefland im Nordosten des Landes und ist im wahren Sinn des Wortes eine Bananenrepublik, denn im feuchtwarmen Tropenklima und auf den fruchtbaren vulkanischen Böden der honduranischen Küsten gedeihen diese Früchte bestens.

Jalta hat, obschon die Stadt auf der Krim liegt, keinen russischen Namen, dieser ist vielmehr von griech. γιαλός *(gialós*, Aussprache *jalós)* abzuleiten und bedeutet „Strand". Die Küste soll hier einst griechischen Seefahrern, die Schiffbruch erlitten hatten, Rettung gebracht haben. Im 12. Jahrhundert wird der Schwarzmeerhafen als griechische Kolonie *Jalita* (eigentlich *Chalita*) erwähnt. Im 14. Jahrhundert gab es hier genuesische Siedlungen, die 1475 allerdings von den Türken erobert und zerstört wurden.

Kemer, ein bekannter Ferienort der türkischen Riviera, gibt mit seinem Namen „Gürtel" eine recht exakte Lagebeschreibung an einer weiten Mittelmeerbucht (s. *Kemerowo*).

Lagos, die frühere Hauptstadt Nigerias (heute *Abuja*), wurde benannt nach der bekannten südportugiesischen Stadt. Ihr Name (von portug. *lago*) bedeutet schlicht und einfach „See". Die Stadt liegt an einer Lagune der Beninbucht, größtenteils auf Inseln, die durch Brücken miteinander verbunden sind. *Lagos* entstand im 18. Jahrhundert als berüchtigter Sklavenhandelsplatz der Portugiesen, die das „schwarze Gold" in ihrer Zwillingsstadt an der Algarveküste anlandeten und auf dem dortigen Sklavenmarkt feilboten. Erst als Großbritannien das westafrikanische Gebiet 1861 annektierte, wurde das schmutzige Geschäft unterbunden.

Las Marismas, von span. *mar*, „Meer", heißt das ehemals sumpfige, heute durch Kanal- und Dammbauten dem Getreidebau erschlossene Mündungstiefland des Guadalquivir unterhalb von Sevilla. Der Begriff wird darüber hinaus auch auf andere Niederungen an den spanischen Küsten angewandt.

Margate bedeutet „Seetor", von altengl. *mere*, „See, Meer", und *geat*, „Spalt, Kluft" (vgl. engl. *gate*, „Tor", und *Gatter*). Die englische Stadt liegt bezeichnenderweise an einer Lücke in den weißen Klippen der Grafschaft Kent (s. auch *Ramsgate*).

Morbihan bedeutet im Keltischen „kleines Meer". Der Name ist irreführend, denn er bezeichnet lediglich eine etwa 20 km breite Bucht an der bretonischen Küste, die durch Meeresüberflutung entstanden ist (s. auch *Aremorika*).

Palm Beach, „Palmenstrand", kennen wir als eine Stadt im Südosten Floridas. Der weltberühmte Ort ist trotz seines subtropischen Klimas und der palmengesäumten Strände ein relativ kleiner, luxuriöser Winterurlaubsort geblieben.

Recife, portug. für „Riff", ist der Name der Hauptstadt des brasilianischen Bundesstaates Pernambuco. Von vielen Wasserwegen zerschnitten, liegt die Stadt teils auf dem Festland, teils auf einer Felseninsel und wird daher auch „Venedig Brasiliens" genannt.

Reykjavík bedeutet in der isländischen Sprache „Rauchbucht" (von isländ. *reykja*, „rauchen", althochd. *rouh*, engl. *reek*; vgl. *riechen* und *Geruch*). Auch andere isländische Ortsnamen enthalten die Komponente *reyk-*, z. B. *Reykir*, *Reykholt*, *Reykjahlið*. Im Jahre 874 wies eine dichte Rauchfahne über einem Vulkan dem Norweger Ingólfr Arnarson den Weg in eine geschützte Bucht im Südwesten der Insel, wo er eine so große Siedlungsfläche absteckte, dass noch im Jahre 1850 darauf 420 Bauernhöfe bestehen konnten. Alle Häuser wurden und werden mit heißem Wasser aus den Tiefen der Erde versorgt, das über eine Pipeline von *Reykir* nördlich der Stadt herangeführt wird. In neueren Stadtgebieten bohrt man auch an Ort und Stelle nach heißem Wasser. Folglich ist das 100 000 Einwohner zählende *Reykjavík* – im Gegensatz zu seinem Namen – heute ein Ort ohne Rauch!

Rialto bedeutet „Erhebung", eigentlich *rivo alto*, „hohes (Bach-) Ufer". In Venedig bezeichnete man mit *Rivoalto* ursprünglich die flache Lagune, in deren Mitte sich einige kleine Inseln erhoben, auf denen die Veneter ihre Stadt erbauten. An diesen Ursprung erinnert noch heute die berühmte *Rialtobrücke* in der Mitte des Canal Grande.

Serra do Mar, „Seegebirge", wird eine 800 km lange Randstufe des Brasilianischen Berglands genannt, die an der atlantischen Küste steil abbricht.

Shanghai trägt einen Namen, der „oberhalb des Meers" bedeutet, und tatsächlich lag die Stadt zunächst fast am Pazifik; kontinuierliche Flussablagerungen schufen jedoch zwischen *Shanghai*

und der Küste die weite Ebene *Pudong* („östlich des Flusses Pu"
– Abkürzung für den *Huangpu*, d. h. „gelber Pu", einen 100 km
langen, flussähnlichen Gezeitenarm im Delta des *Yangzi*), sodass
Schiffe die bedeutende Hafenstadt heute erst nach mehreren
Stunden Fahrt stromaufwärts erreichen. *Shanghai* ist eine der
größten Städte Chinas, Haupthandels- und Industriezentrum des
Landes. Nach seiner Gründung im 11. Jahrhundert blieb der Ort
über Jahrhunderte ein kleines Fischernest, dessen Bedeutung
schlagartig stieg, als *Shanghai* 1842 für den internationalen
Handel geöffnet wurde und europäische Staaten in einzelnen
Stadtteilen so genannte Konzessionen erhielten. 1927 eroberten
die vereinigten Armeen der Kommunisten und der Nationalisten
unter Chiang Kai-shek die Stadt, nach einigen Jahren japanischer
Besetzung fiel *Shanghai* dann 1945 wieder zurück an China.

Shanhaiguan, eine Stadt in der chinesischen Provinz Hobei, hat
einen zunächst verwirrenden Namen, der ins Deutsche übersetzt
„Berg-Meer-Tor" lautet. Die Benennung wird jedoch verständlich, wenn man die einzigartige geographische Lage betrachtet:
Die Stadt ist – gleichsam als östliche Endstation der Chinesischen Mauer – eingezwängt zwischen einem steil aufragenden
Gebirge und einem schmalen, ungeschützten Küstenstreifen, der
die Feinde aus der Mandschurei wiederholt zu Invasions-
versuchen einlud.

The Wash, ursprünglich *The Washes*, ist der Name einer flachen
Nordseebucht an der englischen Ostküste. Früher lagen hier zwei
Sandbänke, die bei Flut von der Nordsee überspült wurden (engl.
washed by the sea), bei Niedrigwasser jedoch als Furten
zwischen Lincolnshire am Nordufer und Norfolk am Südufer
benutzt werden konnten.

Bisweilen drücken geographische Namen aber auch das Gegenteil der
Küstennähe aus, besonders dann, wenn die M e e r e s f e r n e als
klimatische Benachteiligung oder beklagenswerte Abgeschiedenheit
empfunden wird. So heißt eine Landschaft in der Zentralkordillere
Südkolumbiens *Tierradentro*, „Land, das im Innern liegt", von span.
tierra, „Land" (aus latein. *terra*, „Erde"; vgl. unsere *Terrasse*), und
dentro, „innen". Vielleicht war es gerade die Unzugänglichkeit dieser
Region, die die indianischen Vorfahren der Kolumbianer dazu veran-
lasste, hier ihre unterirdischen Grabkammern mit Urnenbestattung und
Grabtempeln anzulegen.

Ganz ähnlich könnte man *Iberien* (von den Basken *herribera* genannt) mit „Innerspanien" übersetzen, wahrscheinlich ist der Name der südwesteuropäischen Halbinsel jedoch abgeleitet von den baskischen Wörtern *herri*, „Land", und *bero*, „warm" (falls nicht von *Ebro*, aus kelt. *aber*, „Fluss"). Wie zutreffend diese Bezeichnung ist, wird jeder bestätigen, der – verwöhnt durch das gemäßigte Klima der Biskaya, d.h. der „Baskenküste" – je die *Iberische Halbinsel* in südlicher Richtung durchquert hat.

Siedlungsnamen haben in der Regel einen engen Bezug zur Topographie einer Landschaft. In der Benennung eines Ortes wurde vor allem die r e l a t i v e L a g e z u F l ü s s e n und deren Abschnitten, zu Strominseln und Zusammenflüssen, zu Furten und Brücken, aber auch zu S'e e n und M e e r e n g e n hervorgehoben, denn sie bestimmte die Qualität und Entwicklungsmöglichkeiten einer Ansiedlung.

Viele große Kulturkreise verdanken Aufstieg dem fruchtbaren Schwemmland zwischen zwei Strömen. Wissenschaftler gehen davon aus, dass unsere westliche Kultur in *Mesopotamien* entstand – d.h. „mitten zwischen den Flüssen" Euphrat und Tigris, von griech. μέσος *(mésos)*, „inmitten", und ποταμός *(potamós)*, „Strom". In Südasien waren es die verzweigten Systeme von Indus und Ganges, an denen sich eine Hochkultur entwickelte, wie die in der leicht zu bewässernden Stromoasenlandschaft *Punjab*[1], „Fünfstromland", in Pakistan und Nordindien sowie auf den hochwertigen Böden des dicht besiedelten Hindustan zwischen den Flüssen Ganges und Ghaghara. Im fernen Osten erblühte die große chinesische Kultur zwischen den Lebensadern Jangtsekiang und Huang He, dessen gelbe Fluten immer wieder über die Ufer traten und die weite chinesische Ebene verschwenderisch mit *Löss* versorgten (von mundartl. *lösch* und *lasch*, „locker"; vgl. *lose*).

Kleinere Siedlungszentren bildeten sich an vielen anderen Orten der Erde, etwa in der Region *Entre Ríos*, „zwischen den Flüssen", im Nordosten Argentiniens, einem hervorragenden Weizenanbaugebiet zwischen Río Paraná und Río Uruguay. Auch die amerikanische Stadt *Des Moines*, deren französischer Name von *de moyen*, „mitten dazwischen", abgeleitet ist, liegt in einem begünstigten, von alten Indianer-

---

[1] Das hindust. Wort *punj*, „fünf", ist auch bei uns bekannt geworden, und zwar durch das von den britischen Kolonialherren übernommene alkoholische Heißgetränk *Punsch*, das aus den fünf Zutaten Tee oder Wasser, Arrak, Zucker, Zitronensaft und Gewürz bereitet wird.

völkern bewirtschafteten Zwischenstromland, das von den hier fast parallel laufenden Flüssen Missouri und Mississippi gebildet wird. Schließlich deutet auch der Ortsname *Bad Zwischenahn* auf eine Lage „zwischen den Wassern" hin (von althochd. *aha*, „Wasser"), womit in diesem Fall die *Jade* und die *Leda* im Ammerland westlich von Oldenburg gemeint sind.

Für die Entwicklung von Kulturen war insbesondere die Niederlassung an einer Flussmündung förderlich, da sie einerseits die Verbindung zum eigenen Hinterland ermöglichte, andererseits den Blick nach außen lenkte auf fremde Kulturen und neue Ideen, auf technische Neuerungen und exotische Erzeugnisse, aber auch auf lukrative Absatzmärkte für die eigenen Waren.

Die Lage am Ursprung eines Flusses hatte ebenfalls ihre Vorteile, vor allem garantierte sie sauberes Quellwasser, Zugang zu den Landschaften an beiden Ufern, aber auch den strategischen Vorteil relativer Abgeschiedenheit.

Bezug zur Quelle eines Flusses

Lippspringe, Stadt und Kurort im nordrhein-westfälischen Kreis Paderborn, hat einen so genannten redenden Namen, der natürlich nichts anderes bedeutet als „Quelle der Lippe", und tatsächlich wurde die Stadt 1445 in unmittelbarer Nähe der Lippequelle gegründet.

Nil, arab. *Bahr An Nil*, ist der Name des längsten Flusses der Erde, (6671 km). Bei den alten Ägyptern hieß er allerdings *A-ur-a*, „der Verborgene", weil man seine Quelle nicht kannte. Sein Ursprung war schwer auszumachen, da er zwei Seen durchfließt (den Viktoria- und den Albertsee), sich im 750 km langen sudanesischen Sumpfgebiet des Sudd verspielt und erst, nachdem sich auf einer Strecke von weiteren 700 Kilometern zahlreiche Nebenflüsse mit ihm vereinigt haben, als einziger, gewaltiger Strom nach Norden fließt. Seine Wassermassen sind so enorm, dass sie – auch ohne weitere Zuflüsse – auf ihrem 2700 km langen Lauf durch die extrem trockene Ostsahara nicht „im Sande verlaufen". Bis zum Bau des modernen Assuanstaudamms bedingte der Fluss durch die Ablagerung des Nilschlammes die Fruchtbarkeit der ägyptischen Stromoase, besonders in seinem bei Kairo beginnenden riesigen Mündungsfächer am Mittelmeer, den man wegen seiner Dreiecksform mit dem griechischen Großbuchstaben *Delta* (Δ) bezeichnet und der als

Modell für alle flachen Aufschüttungsgebiete im Bereich einer mehrarmigen Flussmündung gilt.

Paderborn bedeutet „Quelle der Pader". Der Name des Flusses *Pader*, der bei der westfälischen Kreisstadt im Ostteil der Münsterschen Tieflandsbucht entspringt, leitet sich – wie im Fall des oberitalienischen *Po* (latein. *Padus*) – von keltoligur. *pa(n)*, „Sumpf, Moder", her. Die Wortbestandteile *Born* und *Bronn* sind verwandt mit engl. *bourne*, „Bach, Quellflüsschen", und kehren in Ortsnamen wie *Eastbourne*, *Fishbourne*, *Pangbourne* oder *Sherborne* wieder (s. auch *Brünn*).

Springe an der Haller hieß zunächst *Hallerspring*, was im 18. Jahrhundert zu *Springe*, d.h. „Quelle", verkürzt wurde. Aus diesem niedersächsischen Städtchen stammt übrigens Heinrich Goebel, der Erfinder der Glühbirne (vgl. auch *Lippspringe*).

Tipperary, irisch *Tiobraid Árann*, bedeutet übersetzt „Quelle des Flusses Ara", und genau dort liegt die Stadt: am Fluss *Ara*, im südlichen Zentralirland. Die inmitten der Stadt sprudelnde Quelle ist heute natürlich abgedeckt.

Wombwell, von *womb*, „Mutterleib, Schoß" (vgl. den umgangssprachlichen Ausdruck *Wampe*), und *well*, „Quell" (vgl. *Welle* und *aufwallen*), ist der Name einer Stadt in der englischen Grafschaft Yorkshire. Die aus einer Vertiefung aufsteigende Quelle schenkt sozusagen den beiden Flüssen Dove und Dearne das Leben.

Orte an Mündungen und Zuflüssen

Aberdeen bedeutet im Keltischen „Mündung des Dee" und ist von kelt. *aber*, „Flussmündung, Zusammenfluss", abgeleitet, dem – wie üblich in Schottland und Wales – der Flussname folgt (s. *Aberdare*, *Aberdon*, *Aberforth*, *Aberystwyth*, *Aberaeron*; auch an der bretonischen Küste tragen ertrunkene Flusstäler noch immer den alten keltischen Namen *Aber*; vgl. auch *Ebro*). Im 19. Jahrhundert wurde *Aberdeen* (an der Mündung des Flusses Dee) mit *Aberdon* (an der Mündung des Flusses Don) zu einer Stadt vereinigt. Heute ist die drittgrößte Stadt Schottlands der bedeutendste Fischereihafen des Landes und ein wichtiges Service-Zentrum für die Erdölindustrie in der Nordsee, aber auch ein beliebtes Touristenziel mit schönen Sandstränden.

Belfast ist die britische Version von irisch *Béal Feirste*, „Mündung an der Sandbank" – von kelt. *béal*, „Zugang", und *fearsad*,

„Sandbank". Die im Namen erwähnte Barriere bildete sich, wo der kleine Fluss *Farset* (der also ebenfalls „Sandbank" heißt) am Kopf des *Belfast Lough* in den Lagan einmündet. Die Hauptstadt Nordirlands war in ihren besten Zeiten eines der wichtigsten Zentren für Schiffsreparaturen des Vereinigten Königreichs, aber auch weltbekannt wegen ihrer Leinenindustrie, die hugenottische Flüchtlinge aus Frankreich zu großer Blüte entwickelten. Der wirtschaftliche Niedergang der Stadt wurde begleitet von einer 1969 einsetzenden Eskalation katholisch-protestantischer Unruhen und Gewalttätigkeiten.

Bouches-du-Rhône, „Maul der Rhône", nennen die Franzosen die Region, in der sich der zweitlängste Fluss Frankreichs mit einer weiten Mündung zum Mittelmeer hin öffnet. Hier schlägt das eigentliche Herz der Provence: Arles war einst Residenz Kaiser Konstantins, in Aix-en-Provence regierte der „gute König René" die damals noch selbstständige Provence, hier lebte und malte Cézanne, während die berühmte Camargue mit ihren wilden Pferden, schwarzen Stieren und rotbeinigen Flamingos den sumpfigen Westteil des Deltas bildet.

Bournemouth bedeutet „Mund des Bachlaufs". Die südenglische Stadt an der Mündung des kleinen Flusses *Bourne* in den Ärmelkanal ist ein großer, mondäner Badeort, der erst im 19. Jahrhundert entstand. Der Name aber ist viel älter; er wird bereits in einem mittelalterlichen lateinischen Text erwähnt, in dem von einem *magnus piscis, anglice a whale* („einem großen Fisch, angelsächsisch einem Wal") die Rede ist, der *iuxta litus maris prope la Bournmouth* („an der Meeresküste nahe bei *Bournemouth*") angespült wurde.

Brünn, tschech. *Brno*, verweist zwar eigentlich auf eine „Quelle" (von mittelhochd. *brunne*; vgl. engl. *bourne*, „Bach", und dt. *Brunnen*), die Hauptstadt Südmährens und zweitgrößte Stadt Tschechiens liegt jedoch an den sich hier vereinigenden Flüssen Schwarzawa und Zwittawa (tschech. Svratka und Svitava). *Brünn* war bis zum Ende des Zweiten Weltkriegs hauptsächlich von Deutschen bewohnt, die 1945 gezwungen wurden, ihre Heimatstadt zu verlassen und über die österreichische Grenze auszureisen (s. auch *Paderborn*).

Conflans, verw. mit franz. *confluent*, bedeutet „Zusammenfluss" (vgl. *Koblenz*). Bei der französischen Stadt dieses Namens mündet die in den Ardennen entspringende Oise in die Seine.

Corrientes, „die Zusammenfließenden", ist der Name einer argentinischen Stadt unterhalb der Vereinigung der Flüsse Paraná und Paraguay (s. *Koblenz* und *Conflans*).

Dordogne heißt ein rechter Nebenfluss der Garonne in Südwestfrankreich, der als *Dore* (am *Mt. Dore* in der Auvergne) entspringt, sich nach wenigen Kilometern mit der *Dogne* vereinigt und danach den Doppelnamen *Dordogne* führt.

Eider, der Name eines Flusses in Schleswig-Holstein, lässt sich zurückführen auf altsächs. *Egidor*, was so viel bedeutet wie „Meerestor". Der Flutstrom der Nordsee konnte weit in den langen Mündungstrichter der *Eider* eindringen, bis man diesen mit einem Sperrwerk sicherte, über das heute eine Straße führt.

Genf hieß bei den keltischen Allobrogern *Genava*, „Mund, Mündung". Sie hatten hier, am Ausfluss der Rhône aus dem Genfer See, ihren Hauptort errichtet, aus dem sich nach der Besetzung durch Cäsar eine römische Siedlung entwickelte. Der späteren traditionellen Bischofsherrschaft bereitete der Reformator Calvin ein Ende; er machte die schweizerische Stadt, deren französischer Name *Genève* lautet, zum „protestantischen Rom". Heute ist *Genf* Sitz der verschiedensten Weltorganisationen.

Gent wurde – wie *Genf* – von den Kelten *Genava*, „Einmündung", genannt. Die belgische Stadt liegt am Zusammenfluss der Schelde und der Leie.

Inverness, der Name einer schottischen Stadt am *Ness*, ist ebenfalls keltisch; er setzt sich zusammen aus *inver*, „Flussmündung", und der Wurzel *ned-*, „überfluten" (vgl. *nass* und *benetzen*).

Koblenz, zur Zeit der alten Römer *Confluentes*, „die Zusammenfließenden", liegt in günstiger Verkehrslage beiderseits des Rheins und der Mosel, die hier aufeinander treffen. Im Jahre 9 n.Chr. hatte Drusus hier ein strategisch wichtiges römisches Lager zur Sicherung des Moselübergangs angelegt, das den Namen *castrum ad confluentes*, „Lager am Zusammenfluss", oder kurz *apud confluentes*, „am Zusammenfluss", erhielt, woraus sich im Laufe der Jahrhunderte *Koblenz* entwickelte (vgl. *Koblenz* in der Schweiz, an der Einmündung der Aare in den Hochrhein).

Kuala Lumpur bedeutet „schlammige Einmündung". (Gemeint ist die Vereinigung der Flüsse *Gombak* und *Kelang*.) Trotz des wenig einladenden Namens ist *KL*, wie es umgangssprachlich genannt wird, nicht nur Hauptstadt, sondern auch wichtigstes kulturelles und wirtschaftliches Zentrum Malaysias.

La Goulette, der Name des Außenhafens von Tunis, stellt eine Verstümmelung der arabischen Bezeichnung *Halk el Oued*, „Flussmündung", dar. In Wirklichkeit handelt es sich allerdings um die Mündung eines Kanals, der aus dem See von Tunis ins offene Meer führt; die Landzunge, die den See vom Meer trennt, wurde bereits in der Antike durchstochen.

Münden, eigentlich *Hannoversch Münden*, verdankt seinen Namen der Lage an der gemeinsamen Einmündung der Flüsse Fulda und Werra in die Weser.

Oslo, die Hauptstadt Norwegens am inneren Ende des Oslofjords, enthält in ihrem Namen das norwegische Wort *os*, „Mündung". (Die frühere Bezeichnung *Aslo* lässt indes auch eine Verbindung zu dem germanischen Göttergeschlecht der *Asen* zu.)

Ostia, von latein. *os*, „Mund", und *ora*, „Küste", liegt an der Mündung des Tiber ins Tyrrhenische Meer. Zunächst als ein *castrum* (Militärlager) gegründet, gewann *Ostia* als Flottenstützpunkt der römischen Seemacht und als Versorgungshafen der Hauptstadt schnell an Bedeutung. In ihrer Blütezeit, in der sie 100 000 Einwohner zählte, beherbergte die Stadt 70 Handelsagenturen für den Güterumschlag; vermutlich wurde sie später durch Malaria entvölkert, sodass sie während des Mittelalters den Italienern nur noch als Steinbruch diente.

Quebec, von indian. *kebec*, „wo der Fluss sich verengt", liegt auf einem hohen Felsplateau genau an der Stelle Ostkanadas, wo Ozeanschiffe nach der Fahrt durch die weite St. Lawrence-Trichtermündung stromaufwärts in den eigentlichen, „nur noch" 1200 m breiten Fluss einfahren. *Quebec* ist Mittelpunkt der frankokanadischen Kultur.

Quimper, von breton. *kemper*, „Zusammenfluss", wurde an der Vereinigung der Flüsschen *Steïr* und *Odet* als keltisch-römische *Civitas Aquilonia* angelegt und war ein wichtiger Knotenpunkt antiker Handelswege. Über mehrere Jahrhunderte nannte sich die bretonische Stadt *Kemper-Corentin*, nach dem wundertätigen Eremiten *Kaourentin*, der sich laut Legende von einem Fisch ernährte, dessen Fleisch sich täglich erneuerte. Heute steht auf den Ortsschildern unter dem französischen Namen *Quimper* wieder die alte keltische Ortsbezeichnung *Kemper*.

Roermond lautet in der Übersetzung „Rurmündung". Die niederländische Stadt markiert die Einmündung des Flusses *Roer* (dt. *Rur*) in die Maas (s. auch *Ruhr* und *Ruhrort*).

Rostock hat seinen Namen von polab. *roztoc*, „Ort, wo das Wasser auseinander fließt". Tatsächlich liegt die ostdeutsche Hafen- und Hansestadt an der Flussverbreiterung der unteren Warnow, wo die Trichtermündung in die Ostsee beginnt. *Rostock* entstand – nahe einem slawischen Burgwall – um 1170 aus zwei durch die Warnow getrennten Siedlungen dänischer und deutscher Kauf-leute. Bedeutungsgleich ist der Name der nördlich von Prag an der Moldau gelegenen tschechischen Stadt *Rostok* (in der Lan-desssprache *Roztoky*).

Ruhrort ist ein Stadtteil von Duisburg. Der Namensbestandteil *-ort* bedeutete im Alt- und Mittelhochdeutschen „Spitze, äußerstes Ende" (vgl. bergmännisch *vor Ort* im Sinne von „am Ende einer Abbaustrecke"). Mit *Ruhrort* ist also die Landzunge gemeint, die sich an der Einmündung der *Ruhr* in den Rhein gebildet hat.

Swakopmund, eine Stadt an der südwestafrikanischen Küste Nami-bias, liegt – wie der Name sagt – an der „Mündung des Swakop" in den Atlantik.

Tangermünde in Sachsen-Anhalt ist natürlich an der „Mündung des Tanger" zu finden (s. dort). Der Fluss mündet jedoch nicht in ein Meer, sondern in die Elbe.

Tynemouth enthält, wie viele englische Ortsbezeichnungen, die Endung *-mouth*, „Mund, Mündung"; in diesem Fall liegt die nordenglische Hafenstadt also am Fluss *Tyne*, der hier in die Nordsee fließt (vgl. *Bournemouth, Plymouth, Portsmouth* etc.).

Usedom, ein Städtchen auf der gleichnamigen Insel in Mecklen-burg-Vorpommern, verdankt seinen Namen dem slawischen Wort *uznam*, „Mündung" (in modernem Polnisch *ujście*). Die Stadt liegt unweit der polnischen Grenze vor der Mündung der Peene in die Ostsee (vgl. auch *Peenemünde*).

In einer Zeit, als Adelige ihre Burgen und Schlösser mit Wassergräben umgaben, nutzten die einfachen Bürger für ihre Siedlungen – wo immer sich die Gelegenheit bot – die natürliche Schutzlage von See- und Flussinseln. Solche wasserumflossenen Orte sind leicht an der Namens-endung *-werder* zu erkennen, die stets „Insel" bedeutet (s. *Werder* bei Berlin, *Billwärder* bei Hamburg, *Finkenwerder*, *Kaiserswerth*, *Nonnen-werth*, *Donauwörth* und *Wertheim*; von mittelhochd. *wert*, althochd. *werid*, „Insel"; vgl. niederl. *waard*, „eingedeichtes Land", unseren Fachausdruck *Wurten* für künstlich aufgeworfene Wohnhügel auf den überflutungsgefährdeten Marschen und Halligen der Nordsee sowie

Warze im Sinn von „Erhöhung"). Das Suffix *-werder* ist indogermanischen Ursprungs und mit unserem Verb *wehren* verwandt; die Grundbedeutung ist also „das gegen Wasser geschützte oder schützende Land". Auch die Endung *-au* oder *-aue* deutet bisweilen auf eine See- oder Flussinsellage (z.B. *Mainau*, *Rheinau* oder *Hanau*; vgl. *Eiland*), kennzeichnet aber auch ganz allgemein die Lage in einer feuchten Flussniederung (s. *Adenau* und die *Goldene Aue*, aber auch die alte holländische Feuchtlandschaft *Batavia*, heute *Betuwe*, d.h. „besseres Wasserland", und *Passau* – entstanden aus „Bataver-Aue" –, denn hier am hochwassergefährdeten Zusammenfluss von Donau, Inn und Ilz lag in der Römerzeit eine *Bataver*-Kohorte aus den Niederlanden).

Lage am Flusslauf

Ahrweiler war zunächst ein Herrenhof der Abtei Prüm an der unteren *Ahr*, aus dem sich im 9. Jahrhundert ein *Weiler* entwickelte. Diese Bezeichnung für ein kleines Dorf ist aus althochd. *wilari* und letztlich aus latein. *villa*, „Landhaus", entstanden (daher franz. *ville*, „Stadt", und engl. *village*, „Dorf").

Alentejo, von portug. *alem Tejo*, „jenseits des Tejo", ist der Name einer großen südportugiesischen Landschaft zwischen *Tejo*, Algarve und Atlantik, die immerhin mehr als ein Viertel des portugiesischen Festlandes umfasst.

Amsterdam müsste genau genommen *Amstelredam*, „Damm an der Amstel", heißen. Die nominelle Hauptstadt der Niederlande entstand im 13. Jahrhundert als Fischerdörfchen an einem Damm, der die Flüsse *Amstel* und *Ij* voneinander trennte. 1282 führte eine Springflut zur Entstehung der Zuidersee, sodass *Amsterdam* nach Befestigung der Ufer unmittelbaren Zugang zum Meer erhielt.

Angostura, „die Engstelle", ist gewissermaßen der Zweitname der venezolanischen Stadt *Ciudad Bolívar* südöstlich von Carácas, die 1764 an den „Flussengen", span. *angosturas*, gegründet wurde (vgl. unser Wort *Angst*, das ja auch „Enge" bedeutet).

Białystok in Ostpolen ist nach dem Fluss *Biały* benannt, an dessen Ufer die Stadt entstand. Im Polnischen bedeutet *biały stok* „weißer Fluss".

Bremen entstand im 8. Jahrhundert als Kaufmannssiedlung auf einem Dünenzug am rechten Ufer der Weser, der Name bedeutet in etwa „Rand" (altsächs. *bremo*, „Einfassung"; vgl. *verbrämen* und engl. *brim*, „Rand, Hutkrempe").

Buckingham muss man mit „Land in einer Flussschleife, das den Leuten Buccas gehört" übersetzen (vom altengl. Personennamen *Bucca* sowie der Endung *-ing*, mit der immer „Gefolgsleute" gemeint sind, und dem altengl. *hamm*, „Land in einer Flussbiegung"). Die Stadt in der englischen Grafschaft Buckinghamshire liegt tatsächlich in einer Schleife des Flusses Ouse. (Eine zweite Auslegung des Namens, der im 10. Jahrhundert *Buccingahamme* lautete, wäre „Buchenheim"; s. *Buckingham Palace*.)

Burnham-on-Sea enthält eine unnötige Wiederholung, also einen Pleonasmus, denn der Name bedeutet „Flusslandschaft an einem Bach", von altengl. *burna*, „Quelle, Bach" (vgl. *Brunnen*) und altengl. *hamm*, „Flussland" (s. *Hamm* a. d. Lippe); obendrein ist noch der Zusatz „an der Meeresküste" angehängt. *Burnham-on-Sea* ist ein Badeort bei Bridgewater im englischen Somerset.

Changsha, die Hauptstadt der chinesischen Provinz Hunan, trägt einen Namen, den man mit „lange Sandbank" übersetzen könnte. Damit dürfte die lang gezogene Orangeninsel im Lauf des Xiangjiang gemeint sein, die den Ostteil der Stadt vom Westteil trennt (vgl. *Changchun*, „langer Frühling").

Colchester war die keltisch-römische Benennung für ein „Lager am Colne". Die heutige Stadt in der Grafschaft Essex (ca. 100 km nordöstlich von London) entstand, nachdem römische Seefahrer den kleinen Küstenfluss *Colne* hinaufgesegelt waren und dort eine Zitadelle errichtet hatten, die später von den Sachsenkönigen vergrößert wurde. *Colchester* war die erste römische Hauptstadt Britanniens (damals *Camulodunum*, nach dem kelt. Kriegsgott *Camulos*; vgl. auch König Artus' sagenhafte Festung *Camelot*) und entwickelte sich im Mittelalter zu einem der religiösen und kommerziellen Zentren Ostenglands.

Detroit, angliziert aus franz. *détroit* („die Engstelle"), war zunächst nur der Name eines Flusses, der vom Lake Saint Clair südlich zum Lake Erie fließt und teilweise die Grenze zwischen den Vereinigten Staaten und Kanada bildet. Die nach ihm benannte Stadt an einer Schmalstelle des Flusses ist eng mit dem amerikanischen Automobilbau verbunden. Sie entstand an der Stelle eines französischen Forts, das 1701 von Antoine de La Mothe, Sieur de Cadillac am *Detroit River* errichtet, aber bald von den Briten erobert wurde. 1763 unternahm der Ottawa-Häuptling Pontiac den vergeblichen Versuch, die Briten zu vertreiben und die indianische Autonomie wiederherzustellen. Auch nach der Amerikanischen Revolution blieben Fort und Siedlung zunächst britisch. Erst 1796 wurde *Detroit* den Amerikanern vertraglich zugesprochen.

Dinslaken, eine Stadt nördlich von Duisburg, entwickelte sich nahe einer grundherrlichen Burg im sumpfigen Tal des Rotbachs, der rechts zum Rhein fließt. Von daher wird der Name, der nichts anderes bedeutet als „aufquellende Lache", verständlich (von althochd. *dinsan*, „aufquellen", und althochd. *lahha*, „Pfütze"; vgl. *gedunsen* und *Lache*, engl. *lake*; s. auch *Maria Laach* und *Interlaken*).

Düsseldorf liegt natürlich an der *Düssel* und war bis Mitte des 12. Jahrhunderts wirklich nur ein Fischerdorf. 1288 wurde es von Graf Adolf von Berg mit Stadtrechten beliehen und 1386 sogar Herzogssitz. Der Name des rechtsrheinischen Bachs beruht auf althochd. *doson*, „brausen, rauschen" (vgl. *tosen*).

Enniskillen, irisch *Inis Ceithleann*, bedeutet „Cethlenns Insel" (mit irisch *inis*, „Eiland"). Die nordirische Stadt liegt tatsächlich auf einer Insel im Fluss Erne. *Cethlenn* war übrigens die Frau eines legendären irischen Piraten und Königs von Tory Island.

Eton heißt übersetzt „gut bewässertes Land am Fluss", von altengl. *eg*, „Insel, Flussland", und *tun*, „Farm, Dorf" (vgl. *town*). Die Stadt mit dem berühmten College liegt gegenüber von Windsor in einer Themsebiegung. Der Name könnte sich auch auf die vielen Flussinseln in diesem Gebiet Südenglands beziehen.

Gambia in Westafrika ist nach dem Hauptfluss des kleinen Küstenlandes, das wie ein Finger in das Staatsgebiet des Senegal hineinragt, benannt. Die britischen Kolonialherren und Händler haben den Namen, der in der Eingeborenensprache „das Land ist der Fluss" bedeutet, von den Mandingos übernommen, die in einem schmalen Streifen zu beiden Seiten des Flusses ansässig waren. Das Gebiet des „schlanken" Staates ist an keiner Stelle breiter als 50 km.

Goslar, „Siedlung an der Gose", entwickelte sich von einem unbedeutenden Flussörtchen zur deutschen Kaiser- und Reichsstadt am Nordrand des Harzes in Niedersachsen. *Gose* ist übrigens auch der Name eines obergärigen Bieres, das nach dem Fluss benannt ist.

Guyana im Norden Südamerikas ist ein „Land der vielen Wasser", wie es bei den eingeborenen Indios heißt. Man könnte sagen, dass in *Guyana* der Irrtum des Kolumbus wieder gutgemacht

wurde, der ja geglaubt hatte, in Indien gelandet zu sein: Nach der
Befreiung der Indianersklaven im Jahre 1834 ermutigten die
Briten vor allem Inder zur Einwanderung nach *Guyana*; so sind
heute 34 Prozent der Bevölkerung Hindus, und neben Englisch
wird hauptsächlich Hindi oder Urdu gesprochen. *Guyana*, mit
der Hauptstadt Georgetown, ist seit 1966 unabhängige Republik.

Hampshire, der Name einer südenglischen Grafschaft, ist eine
Verkürzung aus *Hamptonshire* – nach der Stadt *Southampton*,
die ursprünglich nur *Hampton* genannt wurde (von altengl.
hamm, „Land an der Flussbiegung", und *tun*, „Farm, Siedlung";
s. *New Hampshire* in den Vereinigten Staaten).

Hannover verrät dem Namenkundigen, dass es „am hohen Ufer" der
Leine zu finden ist. Die Hauptstadt des Landes Niedersachsen
entstand am rechten Terrassenrand des Flusses, wo zwischen
dem „Hohen Ufer" und dem Lindener Berg eine schmale Talaue
den Flussübergang erleichterte und um das Jahr 1100 der Wik
Honovere entstand.

Hanoi, von vietnam. *ha*, „Fluss", und *noi*, „innen", beschreibt mit
seinem Namen die Lage der Stadt „innerhalb der Flussbiegung",
d.h. am rechten Ufer des *Song Ka*, des „roten Flusses". Die
nordvietnamesische Metropole ist seit dem Ende des Vietnam-
krieges Hauptstadt des gesamten Landes.

Hever, ein Dorf im englischen County Kent, heißt, wie *Hannover*, in
der Übersetzung „hohes Ufer". Im Altenglischen lautete der
Name *æt thæm hean yfre*. *Hever* liegt oberhalb des Flusses Eden.

Indien, sanskr. *sindh*, „Land am Fluss", ist nach dem *Indus* benannt.
In Urdu heißt das Land *hind*, in Hindi *Bharat*. (*Bharat*, „Union",
ist auch der amtliche Name der Republik *Indien*.) Die muslimischen Eroberer bezeichneten den Nordteil *Indiens* als *Hindustan*,
also „Land der Hindus" (s. dort).

Kantabrien heißt im Baskischen eine nordspanische Landschaft „in
der Nähe des Ebro" (von bask. *kant*, „bei", und *abre*, „Ebro");
dieser entspringt als längster Fluss Spaniens im Ostteil des
Kantabrischen Gebirges.

Kemerowo, eine russische Stadt im Kusnezker Kohlenbecken, be-
zieht sich mit ihrem aus dem Türkischen stammenden Namen –
„Gürtel" – auf ihre Lage an einer Flussschlinge des Tom (s.
Kemer).

La Rioja, „Flussland" (span. *río*, „Fluss"), ist die Bezeichnung eines
fruchtbaren spanischen Gebietes im oberen Ebrobecken, aber

auch einer argentinischen Provinz sowie deren Hauptstadt in einer Kulturoase auf dem flachen Schuttkegel des Río Sauce.

Leicester heißt wörtlich übersetzt „befestigtes Lager an einem Gewässer namens Leit" (wohl von kelt. *lat*, „der Fließende, Flutende"; vgl. *Leeds*). Entsprechung des britischen *Leicester* ist in Deutschland *Leihgestern*, ein Ort südlich von Gießen, in dessen entstelltem Namen kaum noch das ursprüngliche *Leit-cester* zu erkennen ist. *Leihgestern* liegt als vorgeschobenes Kastell am römischen Limes (daher die Endung *-cester*, von latein. *castrum*, „befestigtes Lager").

Liverpool (der erste Teil ist nicht mit „Leber" zu übersetzen!) bedeutet „dicht zugewachsener Teich", von mittelengl. *livered*, „geronnen, dick", das allerdings – wie engl. *liver*, „Leber" – auf griech. λιπαρός *(liparós)*, „fett", zurückgeht. Der Name der englischen Stadt bezieht sich wohl auf ein inzwischen zugeschüttetes Gewässer, vielleicht einen Nebenarm des Mersey.

Minneapolis, „Wasserstadt", ist ein indianisch-griechischer Mischname. Das heutige Stadtgebiet am Zusammenfluss von *Minnesota* und *Mississippi* war der Siedlungsraum der Sioux, in deren Sprache *minne* für „Wasser" steht; der zweite Teil des Städtenamens ist das griechische Wort πόλις *(pólis)*, „Stadt". Ein französischer Missionar taufte diese Flussstelle 1680 *Falls of Saint Anthony*, „Wasserfälle des heiligen Antonius". Zu Beginn des 19. Jahrhunderts entstand hier ein Fort, das den Weg der westwärts ziehenden Siedler sichern sollte. *Minneapolis* wurde erst 1855 gegründet, als die amerikanische Regierung das Gebiet westlich des Mississippi zur legalen Besiedlung freigab. Die zahlreichen Wasserfälle in der Nähe der Stadt waren die Voraussetzung für die wohl ein Dutzend Kornmühlen, die *Minneapolis* nicht nur zum größten Mehlproduzenten des US-Bundesstaates *Minnesota* (s. dort), sondern der ganzen Nation machten.

Rotherham, d.h. „Wohnort am Hauptfluss", liegt nahe der Einmündung des Flusses *Don* in den breiteren *Rother*, der für die mittelenglische Industriestadt nordöstlich von Sheffield größere Bedeutung hatte. Das erste Element des Ortsnamens ist die keltische Wurzel *ro-*, „Haupt-, wichtigster", dem ein *-ham* für altengl. „Heimstätte" angehängt ist.

Rotterdam, „Damm an der Rotte", wurde nach einem rechten Deltazufluss der *Nieuwe Maas* benannt, den man schon früh durch einen Deich gesichert hatte. *Rotterdam* ist zweitgrößte Stadt und wichtigster Handelsplatz der Niederlande, im Warenumschlag sogar größter Hafen der Welt. Auch *Edam* in der Nähe des Ijsselmeers entstand hinter einem „Flussdeich" (altniederl. *dam* und *e*, „Fluss"; s. *Amsterdam*).

Semiretschje, russ. für „Siebenstromland", heißt eine trockene Abdachungsebene in Kasachstan, die sich von den Bergketten des nördlichen Tien Shan und dem Dsungarischen Alatau zum Balchasch-, Sasykol- und Alakol-See neigt. Sie ist benannt nach den sieben Hauptflüssen Ili, Karatal, Bien, Aksu, Lepsy, Baskan und Sarkand. Das fast nur Wüstenvegetation tragende „Siebenstromland" wird als Winterweide genutzt.

Sevilla, Metropole Andalusiens und viertgrößte Stadt Spaniens, wurde von ihren phönizischen Gründern *Sephala*, „Niederung", genannt (vgl. auch das *Shefela*-„Tiefland" an der israelischen Küste). Die Stadt verdankt ihre Entstehung der wichtigen Brückenanlage am letzten Übergang über die Niederung des Guadalquivir. Obschon über 70 km von der Küste entfernt, kann ihr Hafen sogar von Ozeanschiffen angelaufen werden. *Sevilla* gilt als die typischste Stadt Andalusiens, ja ganz Spaniens; daher wurde es wohl auch zum Schauplatz für 17 Opern erkoren, von denen nur die bekanntesten – *Carmen*, *Don Giovanni*, *Fidelio* und *Der Barbier von Sevilla* – erwähnt seien.

Sichuan, „vier Ströme", nennen die Chinesen ihre größte Provinz. Gemeint sind der Jangtsekiang und seine drei linken Zuflüsse Minho, To und Kialing.

Sligo, irisch *Sligeach*, heißt „Muschelfluss", von *slige*, „Muschelschale". Der Name bezieht sich auf das steinige Bett des Flusses Garavogue und wurde auf die Stadt, durch die er fließt, übertragen. Das nordwestirische County, in dem Fluss und Domstadt liegen, heißt ebenfalls *Sligo*.

Stade bestätigt mit seinem Namen, dass es sich bei dem Ort am Nordwestrand des Alten Landes trotz der Lage in der Elbmarsch um „festes Land" handelt (vgl. *Gestade*).

Stedingen in der Wesermarsch könnte man einen Namensvetter von *Stade* nennen, denn es heißt ebenfalls „Uferland". Als *Stedinger*, also „Gestadebewohner", bezeichnete man im Mittelalter die freien niedersächsisch-friesischen Bauern in der Marschlandschaft zwischen Weser und Unterlauf der Hunte, die ihre Freiheit lange gegen die Grafen von Oldenburg und die Erzbischöfe von Bremen zu verteidigen wussten.

Strabane, irisch *An Srath Bán*, „Land am weißen Flussufer", heißt ein großer nordirischer Marktort bei Londonderry am Fluss Mourne.

Tennessee, der Name des Flusses und US-Bundesstaates, bedeutet in der Sprache der Cherokee-Indianer etwa „Siedlungen am Fluss". Mit dem Wort *tanasi* bezeichneten die Eingeborenen ihre Dörfer; nach ihnen wurde der Fluss benannt (nicht umgekehrt, wie es eigentlich die Regel ist).

Terre Haute, „hohes Land" – so charakterisierten die französischen Händler ihre Siedlung am Steilufer des *Wabash Rivers*. Die Stadt im Westen des US-Bundesstaates Indiana war der Geburtsort des Schriftstellers Theodore Dreiser und seines Bruders Paul, der die Staatshymne Indianas, *'On the Banks of the Wabash'*, schrieb (s. *Hannover*).

Transjordanien, „Land jenseits des Jordan", hieß nach dem Zusammenbruch des Osmanischen Reiches (1918) das Ostjordanland, das zusammen mit Palästina unter britischer Verwaltung stand. Zwei Jahre nach der Unabhängigkeitserklärung Israels (1948) wurde die Altstadt Jerusalems erobert und mit dem arabischen Teil Palästinas – der so genannten *Westbank*, d. h. dem Land am „Westufer" des Jordan – dem Staat einverleibt, dessen offizielle Bezeichnung seitdem *Jordanien* ist. Im Sechstagekrieg 1967 eroberte die israelische Armee Ostjerusalem und die *Westbank*.

Transkei, „jenseits des Flusses Kei", nannten die weißen Südafrikaner der Kapprovinz das ehemalige Heimatland der Xhosa nördlich des Großen Kei-Flusses. (Dem entspricht das südlich gelegene Gebiet der *Ciskei*, „Land auf dieser Seite des Kei", von latein. *cis*, „diesseits".) Hauptstadt der *Transkei* ist Umtata, der Geburtsort des ehemaligen südafrikanischen Staatspräsidenten Nelson Mandela.

Transvaal, „Land jenseits des Vaal", heißt die nördlichste Provinz der Republik Südafrika, in der auch die Hauptstadt Pretoria liegt. In die durch Kriege entvölkerten Gebiete nördlich des Flusses *Vaal* wanderten im 19. Jahrhundert große Scharen von weißen Afrikanern (Buren) ein, da sie mit der englischen Regierung in der Provinz Natal unzufrieden waren (s. *Vaal* und *Pretoria*).

Volta, „die Wende" (vgl. *voltigieren*) – so bezeichneten die Portugiesen ihre westafrikanische Kolonialbesitzung an den windungsreichen Quellflüssen des *Volta* (der Hauptstrom fließt durch das Gebiet Ghanas); daher hieß das spätere französische

Protektorat zunächst *Obervolta*. Heute kennen wir den seit 1960 unabhängigen Staat als *Burkina Faso* – eigentlich *Burkina Fasso*, „Land der Menschen mit erhobenem Kopf" –, worin der Stolz über das Abschütteln der kolonialen Vergangenheit zum Ausdruck kommt.

Zhenjiang, „Wächter des Stroms", benannten die Chinesen ihre Handelsstadt am unteren Yangzi (Jangtsekiang) nahe seinem Delta und der Kreuzungsstelle mit dem Kaiserkanal.

Bevor es feste B r ü c k e n gab, waren die Menschen auf Untiefen in den Flüssen angewiesen, an denen sie relativ sicher mit ihren Tieren und Lasten das andere Ufer erreichen konnten oder die sie zu bequemeren F u r t e n ausbauen konnten. Viele Orte bewahren in ihrem Namen die Erinnerung an solche Furten: an ihre Form und Größe, an das Material, aus dem sie bestanden, an ihre Eignung für Mensch und Tier, sogar an die Volksstämme, die sie vornehmlich benutzten.

Auch wortgeschichtlich war die *Furt* (urverwandt mit indogerman. *per-*, „hinüberführen"; vgl. latein. *porta*, „Zugang, Pforte", und *portus*, „Hafen"), die häufig durch Bohlen befahrbar gemacht wurde, praktisch der Vorläufer der *Brücke* (von indogerman. *bhreu-*, „Balken", verw. mit unserem *Prügel*, spätmittelhochd. *brügel*), die also ursprünglich aus einem „Knüppeldamm" bestand.

F l u s s ü b e r g ä n g e

Alcántara ist arabisch und bedeutet „die Brücke". Diesen Namen gaben die Mauren einer alten Grenzstadt in der spanischen Provinz Cáceres, die wegen ihrer römischen, ohne Mörtel gefügten Granitbogenbrücke Bedeutung erlangte (vgl. auch die ägyptische Stadt *Al Kantara* am Suezkanal sowie zwei tunesische Städte gleichen Namens an beiden Enden der Brücke zur Insel Djerba; ein Lissabonner Stadtteil heißt ebenfalls *Alcántara*).

Baile Átha Cliath (Aussprache *Blah-klí-e*), „Stadt an der Knüppelfurt", wird die irische Hauptstadt Dublin offiziell genannt, von irisch *baile*, „Stadt" (in Nordirland anglisiert zu *bally*), *áth*, „Furt", und *cliath*, „geflochtene Weidenrute".

Bradford genannte Orte – von denen es in Großbritannien recht viele gibt – besitzen, wie der Name verrät, eine „breite Furt", von altengl. *brad*, „breit", (heute *broad*) und *ford*, „Furt". Am bekanntesten ist wohl die Industriegemeinde westlich von Leeds, dessen Impuls gebende Nähe der kleinen Siedlung am flachen

und unbedeutenden Übergang über die *Bradford Beck* (vgl. dt.
Becke) zu unerwartetem Rang verholfen hat. Bekannt ist auch
das hübsche Städtchen *Bradford-on-Avon*, das schon im 7. Jahrhundert als *æt Bradanforda be Afne* urkundliche Erwähnung
fand.

Bristol entstand als Seehafen am unteren Avon, ein gutes Stück vor
dessen Mündung in den fjordähnlichen Bristolkanal. Das alte
Brycgstow – der Name bedeutete „Ort an der Brücke" – bot
angesichts des starken Tidenhubs an der westenglischen Küste
die letzte Möglichkeit, den Fluss zu überqueren.

Brügge, fläm. *Brugge*, franz. *Bruges* (von niederl. *brug*, „Brücke";
vgl. engl. *bridge*) ist die Hauptstadt der belgischen Provinz
Westflandern. *Brügge*, das wegen seiner vielen Kanäle und über
50 Brücken auch „Venedig des Nordens" genannt wird, war im
Mittelalter Hansestadt und bedeutendster Umschlagplatz Westeuropas. Als Mitte des 15. Jahrhunderts die Versandung des
Meerbusens und des Flusses Zwijn begann, kehrten die Textil-
kaufleute und Bankiers der Stadt zu Gunsten des aufstrebenden
Antwerpen den Rücken. Daher hat *Brügge* seinen mittelalterlichen Charakter bewahren können. Heute ist die Stadt über
einen 10 km langen Kanal mit ihrem Vorhafen *Zeebrugge*
verbunden.

Burford offenbart sich als „Hügelfurt", wenn man den älteren
Namen *Beorgford* liest (von altengl. *beorg*, „Erhebung, Berg"),
der sich auf die hügelige Lage der Stadt am Übergang über den
englischen Fluss Windrush bezieht.

Cowbridge, der Name eines walisischen Marktortes westlich von
Cardiff, bedeutet wirklich, was er aussagt: „Brücke der Kühe" –
einen Bachübergang, den das Vieh benutzte, wenn es zum Markt
getrieben wurde. Die Stadt entstand an der Stelle der alten
römischen Station *Bovium* (von latein. *bos*, *bovis*, „Kuh,
Ochse"). Die Verbindung zum Viehhandel ist also schon sehr alt
(s. *Oxford*).

Delbrück hat offensichtlich mit „Diele" zu tun. Der westfälische Ort
in der Nähe von Paderborn lag ursprünglich wohl an einem
Bachübergang aus einem einfachen Bretterbelag (vgl. *Diele*,
urverw. mit latein. *tellus*, „Erde, Erdboden").

Dordrecht ist – wie *Utrecht* und *Maastricht* – von latein. *traiectus*,
„Furt, Übergang", abgeleitet. Die Lage der alten Stadt im holländischen Rheinmündungsdelta, die noch heute von zahlreichen

Hafenkanälen und Grachten durchzogen ist, lässt einen frühen Gewässerübergang glaubhaft erscheinen.

Drogheda, irisch *Droichead Átha*, ist von alters her als „Brücke an der Furt" bekannt. Der Name der irischen Industriestadt nördlich von Dublin bezieht sich auf den Bau einer Brücke an der Stelle einer früheren Furt des 12. Jahrhunderts über den Fluss Boyne.

Frankfurt bedeutet natürlich „Frankenfurt". An einer günstigen Übergangsstelle über den Main war um einen bronzezeitlichen Siedlungskern Ende des 1. Jahrhunderts eine römische Militärstation namens *Francofurtum ad Moenam* entstanden, während sich ein fränkischer Königshof nördlich der Furt über den Main hielt. Ab 794 ist eine königliche Pfalz *Franconovurt*, „Furt der Franken", belegt, und 876 wird *Frankfurt* als Hauptstadt des ostfränkischen Reiches bezeichnet. Auch heute noch gilt die Mainmetropole als „Deutschlands heimliche Hauptstadt", was sie, zumindest in finanzwirtschaftlicher Hinsicht, ja tatsächlich ist. Die gleichnamige Stadt an der Oder wurde erst im 13. Jahrhundert am Übergang der wichtigen Ostwest-Handelsstraße von *Frankfurt* am Main nach Polen durch fränkische Kaufleute gegründet und nach deren Heimatstadt am Main benannt. Das östliche *Frankfurt* war zunächst wichtiger Stapelplatz für den Oderhandel, vom 14. bis 16. Jahrhundert Hansestadt und seit dem 16. Jahrhundert – wie Frankfurt am Main – eine Buchdruckerstadt.

Fürth in der Nähe von Nürnberg verzichtet in seinem schlichten Ortsnamen auf die Nennung aller möglichen Charakteristika eines Flussübergangs. Die Stadt entstand wohl wegen der in weitem Umkreis bekannten Furt am Zusammenfluss von Rednitz und Pegnitz. Im 16. und 17. Jahrhundert zeichnete *Fürth* sich durch die freizügige Ansiedlung von Hugenotten und niederländischen Protestanten aus.

Herford entwickelte sich aus einer Siedlung an der „Heeresfurt", die im Verlauf einer alten Heerstraße zwischen der Westfälischen Pforte und dem Teutoburger Wald in ostwestlicher Richtung über das Flüsschen Werre führte.

Hungerford, „Hunger-Furt", ist der Name einer englischen Stadt westlich von Newbury, wohl im Sinne von „Furt an unfruchtbarem Gelände". Tatsächlich führte die Furt über den Fluss Kennet auf wenig ertragreiches Land, sodass die Menschen dort oft Hunger litten.

Maastricht ist eine Hafenstadt in der niederländischen Provinz Limburg, zu beiden Seiten der *Maas* gelegen. Ihr Name bedeutet „Furt an der Maas" (von latein. *traiectus*, „Übergang"; s. auch *Dordrecht* und *Utrecht*).

Mostar, von serbokroat. *most*, „Brücke", bedeutet folglich „Siedlung an der Brücke". Die Stadt, die 1452 zum ersten Mal urkundlich erwähnt wird, entwickelte sich im 17. und 18. Jahrhundert zu einer reichen Handelsstadt. Die berühmte Brücke von *Mostar* – *stari most*, die „alte Brücke" über die Neretva – wurde 1566 von einem Schüler des großen osmanischen Architekten Sinan erbaut. Offensichtlich war jedoch die gegenseitige Abneigung der unterschiedlichen Volksgruppen der Stadt so tief, dass die Brücke 1993 der sinnlosen Zerstörungswut des Bürgerkriegs zum Opfer fiel. *Most* heißt auch eine tschechische Erzgebirgsstadt in Nordwestböhmen, die bis ins 19. Jahrhundert eine rein deutsche Stadt war und damals *Brüx* – also ebenfalls „Brücke" – hieß (s. auch *Brügge*).

Mosul im Nordirak, von arab. *wasala*, „verbinden", entstand an einer Brücke über den Tigris.

Ochsenfurt, eine Main-Stadt oberhalb von Würzburg, betont in ihrem Namen, dass sie an einer „für Ochsen begehbaren Furt" gelegen war, die im 13. Jahrhundert durch eine Brücke ergänzt wurde. Überraschenderweise ist Deutschen der Ort *Ochsenfurt* weniger bekannt als die namensgleiche englische Stadt *Oxford* (s. auch *Bosporus*).

Oxford liegt an einer Themse-Furt, die regelmäßig von Ochsen benutzt wurde. Heute ist die englische Stadt *Oxford* natürlich eher bekannt wegen ihrer Universität, einer der ältesten und bekanntesten Hochschulen der Welt (s. *Cowbridge*).

Pontevedra, eine galicische Stadt nördlich von Vigo, hieß zu Zeiten des Römischen Reiches *Pontes Veteres*, „alte Brücken" – wohl über den Río Lérez, an dessen Mündung die Stadt liegt (vgl. *Veteran* und tautolog. *alte Vettel*). Trotz des römischen Namens soll sie griechischen Ursprungs sein. Der *Ponte Vecchio* in Florenz, eine ebenfalls „alte Brücke", stammt dagegen erst aus dem 14. Jahrhundert, sie ist jedoch die älteste Brücke über den Arno.

Prag, tschech. *Praha*, ist benannt nach einer „Schwellen-Furt" (von tschech. *práh*, „Schwelle"). *Libuše*, die sagenhafte Gründerin *Prags* und Gemahlin des ersten tschechischen Fürsten Přemysl, soll von ihrer Burg hoch über der Moldau die Entstehung einer großen Stadt geweissagt haben. Ihr Name werde *Praha* sein, denn hier würden *práhy*, „Schwellen", über die seichten Furten des Flusses gelegt werden. Während der Völkerwanderung hatte der slawische Stamm der Tschechen in der fruchtbaren Elb-Ebene nördlich von Prag angehalten, um das bis dahin germanische Land der dichten Wälder und zahlreichen Seen zu besiedeln und zu kultivieren. (Ironische Tschechen nehmen es Stammvater *Čech* heute übel, dass er nicht weiter südlich, etwa am Mittelmeer, anhielt!) Hier, wo sich Handelswege aus allen Himmelsrichtungen kreuzten, bauten die Slawen in einem Talkessel der Moldau eine Festung und eine Stadt, „deren Ruhm die Sterne berühren wird", wie die sagenhafte Fürstin *Libuše* prophezeit hatte (s. *Baile Átha Cliath*).

Romford bedeutet im Altenglischen „breite Furt" (altengl. *rum*, „breit"; vgl. *Raum* und *geräumig*). Interessant ist, dass der Fluss *Rom*, über den die Furt verläuft, nach dieser benannt wurde, nicht umgekehrt. *Romford* gehört heute zum Stadtgebiet von Großlondon.

Saarbrücken war ursprünglich ein kleiner keltischer Straßenflecken, den die Römer zum Brückenkopf-Kastell *Vicus Saravus*, („Saardorf") ausbauten – geschützt durch eine neu errichtete Steinbrücke, die bis ins 13. Jahrhundert bestand und den Saarübergang der Straße Paris-Worms-Mainz ermöglichte. Die links und rechts des Flusses entstandene Doppelstadt wurde 1549 durch die „Alte Brücke" verbunden.

Simancas ist eine Stadt in der spanischen Provinz Valadolid. Sie hat sich aus der römischen Siedlung *Septimanca* entwickelt (von latein. *septem*, „sieben"). Die Stadt liegt an einer siebenbogigen Römerbrücke über den Fluss Pisuerga.

Stamford, eine Stadt in der englischen Grafschaft Lincolnshire, hat den gleichen Namen wie das nordrhein-westfälische *Steinfurt*. In beiden Fällen war die Furt mit Steinen gesichert.

Thetford heißt „Leute-Furt" (von altengl. *theod*, „Leute, Stamm"; vgl. *diot*, „Volk", *deutsch* und italien. *tedesco*, „Deutscher"). Bei der Stadt im englischen Norfolk handelte es sich also um eine öffentliche Furt, an der viele Menschen den Fluss Little Ouse überquerten.

Tianjin, chinesisch für „Himmelsfurt" (früher *Tientsin*), ist eine Hafenstadt in der Provinz Hobei, 50 km oberhalb der Mündung des *Haihe*, des „Meeresflusses", in das Gelbe Meer.

Twyford bedeutet natürlich „Doppel-Furt", von altengl. *twy*, „zwei".
Die beiden Furten der englischen Stadt östlich von Reading in
Berkshire, überquerten den Fluss Loddon und die Themse.

Utrecht hieß zur Zeit der Römer *Traiectum ad Rhenum*, „Furt am
Rhein". (Die Endsilbe *-trecht* hat – wie im Fall von *Maastricht* –
nichts mit Trichter zu tun!) Aus dem Standort einer römischen
Kohorte an einem Rheindelta-Arm entwickelte sich schon früh
ein Handelsplatz, der durch die Normannen wiederholt verwüstet wurde. Im Mittelalter war *Utrecht* beliebter Sitz der
römisch-deutschen Kaiser und der wichtigste Mittelpunkt des
Rheinmündungsgebiets. Hier schlossen sich 1579 die nördlichen
holländischen Provinzen unter Führung Wilhelms von Oranien
in der *Utrechter Union* zusammen, und hier erklärten sie zwei
Jahre später ihre Unabhängigkeit. Sie trennten sich damit kon-
fessionell von den südlichen, wallonischen Provinzen (heute
Belgien), in denen die katholische Gegenreformation den Sieg
davontrug.

Die Lage an B i n n e n s e e n hatte große wirtschaftliche und ver-
kehrstechnische Vorteile, brachte – vor allem in Gebirgsgegenden –
aber auch manche klimatische Annehmlichkeit mit sich. Besonders
verlockend für Siedler waren natürlich die Seen in den großen
Trockengebieten der Erde. M e e r e n g e n weckten dagegen eher
strategisches Interesse oder aber förderten den Handel und den Kultur-
austausch mit fernen Ländern.

L a g e   a n   M e e r e n g e n   u n d   B i n n e n s e e n
Bosporus (türk. *İstanbul Boğazı*, „Straße von Istanbul", oder *Karadeniz Boğazı*, „Schwarzmeer-Straße") heißt die 32 km lange
Meerenge zwischen Europa und Asien, die an der schmalsten
Stelle noch nicht einmal einen Kilometer breit ist. Der griechische Name – von βοῦς *(boûs)*, „Rind, Kuh, Ochse", und
πόρος *(póros)*, „Durchgang, Weg" (vgl. *Pore* und *porös*) –
bedeutet „Rinderfurt" und ist damit identisch mit dem englischen *Oxford*. Die Bezeichnung geht zurück auf Io, die
mythische Geliebte des Zeus, die durch die Meerenge schwamm,
nachdem sie von der eifersüchtigen Hera in eine junge Kuh
verwandelt worden war. In frühen und mittelalterlichen Zeiten
wurde fast der gesamte Handel zwischen dem Mittelmeer (türk.
Akdeniz, „weißes Meer") und dem Schwarzen Meer (*Karadeniz*)

durch den *Bosporus* geleitet, und noch heute ist er eine wichtige internationale Handelsroute. Sein Wasser fließt übrigens mit drei bis vier Metern pro Stunde von Norden nach Süden, da das Schwarze Meer etwas höher liegt und das wärmere Wasser des Mittelmeers schneller verdunstet.

Calais an der Atlantikküste gegenüber England ist zwar erst seit 1180 nachweisbar, der Name der französischen Hafenstadt dürfte jedoch die Erinnerung an das einst hier ansässige gallische Volk der *Caleter* bewahren (von kelt. *cul*, „Kanal, Wasserweg") – wahrscheinlich ein Hinweis auf die Lage am *Pas de Calais*, also an der „Meerenge von Calais", die den Briten besser unter dem Namen *Strait of Dover*, „Straße von Dover", bekannt ist und sich nach Süden hin zum *English Channel*, dem „Englischen Kanal", oder – wie die Franzosen sagen – zur *La Manche*, also zum „Ärmel(kanal)" weitet.

El-Fayum, auch *El Faijum* und *El Faiyum* geschrieben, ist eine arabische Verballhornung aus kopt. *pa-jom*, „das Seeland", benannt nach dem *Kerun-See* in der Libyschen Wüste links des Nils. *El-Fayum* ist eine große fruchtbare Oasensenke, die bis zu 50 m unter dem Meeresspiegel liegt (s. *Seeland* und *Neuseeland*).

Interlaken hat seinen lateinischen Namen *inter lacus*, „zwischen den Seen", fast unverändert bewahrt. Die schweizerische Gemeinde an der Aare liegt im Kanton Bern zwischen dem Thuner und dem Brienzer See.

Lugano am Nordrand des *Luganer Sees* in der Schweiz entstand als keltischer Siedlungsort *Lacvanno*, d. h. „See-Anwohner".

Río Desaguadero bedeutet im Spanischen „Entwässerungsfluss". Der Name bezeichnet einen Wasserlauf, der aus dem Titicacasee in Bolivien abfließt und in den weiter südlich gelegenen Lago de Poopó einmündet.

Riva del Garda ist ein Kurort am Nordende des Gardasees. Der Name der Stadt ist von italien. *riva*, „Ufer", herzuleiten. Im Straßenknoten von *Riva* treffen die beiden Uferstraßen des Gardasees sowie etliche Talstraßen zusammen (vgl. *Riviera*).

Salt Lake City, übersetzt „Salzseestadt", ist die Metropole des US-Bundesstaates Utah, am Jordan River gelegen, in der Nähe des *Great Salt Lake* (s. dort). Die Stadt ist das internationale Hauptquartier der Kirche Jesu Christi der Heiligen der Letzten Tage, oder kurz, der Mormonen. Ihre unorthodoxe Lebensweise – seit 1843 war bei ihnen die Vielehe zugelassen – führte ständig zu Konflikten mit der amerikanischen Regierung. 1890 wurde die Polygamie auf staatlichen Druck abgeschafft.

Togo, das schmale westafrikanische Land zwischen dem Golf von Guinea und der Sahelwüste, wurde nach seinem wichtigsten Gewässer, dem *Togo-See* benannt; in der Sprache der eingeborenen Ewe und Kabyé bedeutet *to* „Wasser", während *go* einen „Rand" oder das „Ufer" bezeichnet. Unweit des Sees liegt das Dorf *Togoville*, wo 1884 der Vertreter des deutschen Kaiserreichs und König Mlapa II. die deutsche Schutzherrschaft über das Land vertraglich besiegelten.

Wenn Siedlungen auf B e r g e n oder an H ä n g e n gegründet wurden, enthalten die entsprechenden Ortsnamen nicht selten eine Anspielung auf den Wunsch nach Sicherheit – sowohl vor Feinden als auch vor Überschwemmungen und anderen Naturgewalten. Manche lassen die Beschwerlichkeit des Zugangs ahnen, während einige lediglich auf die relative Lage der Bebauung zu den Bergen und Hügeln verweisen. Wieder andere enthüllen den Stolz der Bewohner auf eine unverwechselbare Landmarke, betonen die dominierende Färbung des Gesteins oder Bewuchses und prahlen mit den ungewöhnlichen Ausmaßen eines Hausberges.

Die Lage an Hängen offenbart nicht selten die Ausweitung der ursprünglichen Siedlung vom Talkessel her; die Engländer tragen dieser Art der Stadtentwicklung Rechnung mit ihren Ausdrücken *to go downtown*, „in die Stadt hinuntergehen, ins Stadtzentrum gehen", und *to go uptown*, „zum Stadtrand hinaufgehen, einen Vorort aufsuchen".

Einen besonderen Akzent verlieh die Lage an einem Bergeinschnitt, die zur Kontrolle des Passübergangs taugte und den Einheimischen trotz ihrer Isolation manchen wirtschaftlichen und strategischen Vorteil verschaffte.

Berglage von Orten

Agadir, arab.-berber. *Agadir n'Irir*, heißt „Felsenfestung". Die Stadt an der marokkanischen Atlantikküste entstand aus einem Wehrdorf am Südwestabfall des Hohen Atlas.

Alcúdia, „der Hügel", liegt an der Nordostküste Mallorcas, trotzdem stammt der Name des bekannten Badeortes von den Arabern. Als die Mauren im Jahr 903 in der Bucht von Alcúdia landeten, stießen sie auf die Ruinen der Stadt Pollentia, die bereits 450 von den Wandalen zerstört worden war. Sie verzichteten jedoch auf einen Wiederaufbau der untergegangenen Siedlung und gründeten stattdessen nahebei auf einem meerwärts gelegenen Hügel – arab. *al-kudia* – eine neue Stadt, die sie nach ihrer topographischen Besonderheit benannten und zur Hauptstadt der eroberten Insel machten.

Arequipa verdankt seinen Namen den Indiowörtern *ari*, „Spitze", und *qipa*, „hinter". Die südperuanische Stadt liegt am Fuß des Vulkans El Misti, also „im Schatten des Gipfels".

Azrou bedeutet in der Sprache der Berber „Felsenhang". Die marokkanische Stadt ist ein wichtiger Marktort der berberischen Bevölkerung am Nordabfall des Mittleren Atlas.

Bergen, „die Berge", zeichnet sich durch einen treffenden Namen aus. Die norwegische Hafenstadt am Byfjord steigt tatsächlich an den Hängen der Bucht empor. Sie ist Norwegens kosmopolitischste Stadt. Im Mittelalter gab es hier ständige deutsche Niederlassungen der Hanse, wovon ein ganzes Hafenviertel mit seinen alten, aus Holz erbauten Lagerhäusern noch heute zeugt.

Bergen im Kreis Celle ist zwar von eiszeitlichen Endmoränen umgeben, angesichts des flachwelligen Charakters der Lüneburger Heide scheint der Name jedoch heillos übertrieben. Das niedersächsische Städtchen hat weltweit einen schlechten Ruf, denn es liegt in unmittelbarer Nähe des ehemaligen Konzentrationslagers Bergen-Belsen.

Bergen-op-Zoom, „Bergen am Saum", ist der Name einer alten Stadt in Nordbrabant. Sie liegt nicht etwa im Gebirge, sondern lediglich am Geestrand, an der Grenze des höher gelegenen Kempenlandes zu den Scheldemarschen – eine verzeihliche Übertreibung angesichts fehlender „richtiger" Berge in den Niederlanden.

Beuel bei Bonn hat seinen Namen von dem althochd. Wort *buhil*, „Hügel" (aus indogerman. *bheuk-*, „schwellen"; vgl. *Buckel* und *Bauch*). Es liegt am südlichen Ende der Kölner Bucht auf den rechten Rheinterrassen, 50 Meter über dem Fluss. Der gleiche Namensursprung und eine ebenfalls erhöhte Lage finden sich bei den Orten *Bühl* im Nordschwarzwald, *Katzenbuckel* im Odenwald und *Dinkelsbühl* in Mittelfranken.

Dougga, eine nordtunesische Stadt, hieß bei den Phöniziern *Thugga*, „steiler Fels". Sie entstand aus einer alten punischen Siedlung, die sich unter den Römern im 2. und 3. nachchristlichen Jahrhundert zu einem blühenden Gemeinwesen in einer großartigen Landschaft entwickelt hatte – hoch über dem Tal eines Wadis.

El Kef bedeutet im Arabischen „der Felsen". Die Franzosen benannten die Stadt im nördlichen Tunesien um in *Le Kef*. Sie liegt inmitten von Getreidehochflächen am Nordrand des Tellatlas. *El Kef* trug zur Römerzeit den Namen *Sicca Veneria*, „die Trockene, der Venus Gehörende", war bedeutende Grenzfeste während der Türkenzeit und ist heute Garnisonsstadt an der Grenze zu Algerien.

Furka-Pass, von latein. *furca*, „Gabelung" (vgl. *Furche* und *Forke*, engl. *fork*), ist ein fast 2500 m hoher Alpenübergang in der zentralen Schweiz.

Füssen heißt eine bergumrahmte Stadt am Lech, zwischen Ammergauer und Allgäuer Alpen. So bedeutet ihr Name denn auch „zu den Füßen der Berge".

Galata am Nordufer des Goldenen Horns, gegenüber dem historischen Zentrum der türkischen Großstadt Istanbul, liegt am Fuß des Berges Pera. Der Name des ehemaligen genuesischen Handelsstützpunktes in der byzantinischen Metropole entstand aus dem italien. Wort *calata*, „Hang".

Görlitz an der Lausitzer Neiße, eine deutsche Grenzstadt zu Polen, wurde von den Slawen als *Goreliz* (von *gora*, „Berg") gegründet. Die Stadt liegt in einer Höhenlage von 220 m an der Lausitzer Platte.

La Habra, von span. *la abra*, „die Bucht, die Öffnung", heißt eine kalifornische Stadt im Orange County nahe Los Angeles. Der Ortsname bezieht sich auf einen Pass durch eine nahe gelegene Bergkette.

Lausanne, röm. *Lousonna*, verdankt seinen Namen wahrscheinlich dem spätlateinischen Wort *lausa*, das „Stein-, Schieferplatte" bedeutet und mit griech. λᾶας *(lâas)*, „Stein", verwandt ist (vgl. *Lei*, „Fels, Schiefer", z.B. in *Loreley*; s. dort). Die älteste Siedlung lag auf einem Bergsporn, der von zwei Bächen umflossen wird. Diese Oberstadt diente der Hafensiedlung am See als sicherer Zufluchtsort.

Littleover, ein Distrikt der englischen Stadt Derby, liegt, wie sein Name verrät, an einem „kleinen Abhang", an den südlichen Ausläufern des Penninischen Gebirges (von altengl. *ufer*). Die Vorsilbe *little* wurde hinzugefügt, um *Littleover* vom Nachbardistrikt *Mickleover*, „großes Ufer", zu unterscheiden; die Vorsilbe *mickle*, „groß", stammt vom altengl. *mycel* (vgl. *much*, „viel"; s. *Hannover*).

Malmö, die drittgrößte Stadt Schwedens, offenbart die Herkunft ihres Namens erst, wenn man erfährt, dass sie ursprünglich als *Malmey* oder *Malmhauge*, „Insel der Sandhügel", dokumentiert ist. Von den Hanseaten wurde sie allerdings nach der Gestalt ihres Hafens „Ellenbogen" genannt (s. auch *Manhattan*).

Malaya, der kontinentale Teil der Föderation *Malaysia*, liegt auf einer schmalen Halbinsel Hinterindiens, die in ihrem Südteil besonders gebirgig ist (von tamil. *malay*, „Berg").

Mons, fläm. *Bergen*, heißt die Provinzhauptstadt des belgischen Hennegaus. Sie entwickelte sich um den Burghügel (lat. *mons*, „Berg") mit dem hohen Belfried (Glockenturm) und war bis ins 15. Jahrhundert die Residenz der hennegauischen Grafen.

Montevideo lässt sich mit „ich sehe den Berg" übersetzen. Die Hauptstadt von Uruguay wird vom Monte Cerro überragt (span. *cerro*, „Hügel") – trotz seiner geringen Höhe von 149 Metern eine echte Landmarke an der flachen Küste der Bucht von Río de la Plata. *Montevideo* wurde 1726 vom spanischen Gouverneur von Buenos Aires gegründet, um die Gegend vor der portugiesischen Infiltration aus Brasilien zu schützen. Im späten 19. und frühen 20. Jahrhundert wanderten viele Europäer, besonders Spanier und Italiener, in die Stadt ein.

Nepal, von sanskr. *nepala*, aus *nipat*, „hinabfliegen", und *alaya*, „Haus, Bleibe", ist ein Himalaja-Königreich, dessen Name sich auf die einsamen Dörfchen unterhalb hoher Steilhänge bezieht.

Nürnberg bedeutet „Felsberg". Im Mittelalter hieß die Stadt *Norenberc*, von mittelhochd. *knorre*, „hervorstehender Knochen, Auswuchs", und *knur*, „Fels, Klippe". Die mittelfränkische Stadt entstand nahe einer königlichen Burg auf dem *Nürnberg* – einem Felsvorsprung am rechten Pegnitzufer – im Schnittpunkt mehrerer alter Fernhandelsstraßen. Friedrich Barbarossa baute die Burg zur Kaiserpfalz aus. Burggrafen waren zunächst die Hohenzollern, danach die Markgrafen von Brandenburg, Ansbach und Bayreuth. (Auch *Nürburg* in der Eifel ist 943 als *Nore mons* belegt.)

Oberstdorf findet man selbstverständlich als „oberstes Dorf" im Allgäuer Illertal.

Pickering, „Ort der Hügelbewohner", hat man einen Marktort im englischen County Yorkshire bezeichnet, von altengl. *pic*, „Hügel", (modern *peak*) und dem Suffix *-ing*, das immer „Leute von …" besagt.

Piemont, franz. *piedmont*, „Fuß des Gebirges", heißt die italienische Voralpenlandschaft westlich der Poebene (von italien. *piede*, „Fuß", und *monte*, „Berg"). Das *Piemont* spielte die größte Rolle bei der Einigung Italiens: Es bildete den Kondensationskern, um den herum in der Mitte des 19. Jahrhunderts der neue Staat entstand, und natürlich wurde das *piemontesische* Zentrum Turin zur ersten Hauptstadt erkoren.

Pjatigorsk ist die „Stadt der fünf Berge", von russ. ПЯТЬ *(pjat)*, „fünf", und ГОРА *(gará)*, „Berg". Der Name der russischen Stadt unweit des Schwarzen Meeres bezieht sich auf einen nahe gelegenen Höhenzug mit fünf Gipfeln.

Roquebrune, „brauner Felsen", wurde ein südfranzösischer Ort bei Menton benannt. Die Kleinstadt nahe der italienischen Grenze ist horstartig an einen graubraunen Konglomerathügel gebaut.

Sierra Vista, „Bergblick", taufte die US-Army im Jahr 1877 eine Militärbasis in Süd-Arizona, die sie als Vorposten im Kampf gegen die Apachen an den Hängen der Huachuca Mountains gründete. *Sierra Vista* ist längst zur Stadt avanciert, ihre Wirtschaft dreht sich aber nach wie vor um das Armeefort Huachuca.

Skiathos, eine griechische Sporadeninsel, betont in ihrem Namen die Lage „im Schatten des Berges Athos", von griech. σκιά *(skiá)*, „Schatten". Der Hauptort heißt ebenfalls *Skiathos*.

Staufen im Breisgau ist eine baden-württembergische Stadt im Hochschwarzwald. Sie leitet ihren Namen her von mittelhochd. *stouf*, „Berg" (auch „Trinkbecher"). Die Stadt liegt am Fuß eines kegelförmigen Berges mit der Burg der Herren von *Staufen* (s. auch *Hohenstaufen*).

Staufenberg bei Gießen enthält in seinem Namen eine unnötige Wiederholung, denn das mhd. Wort *stouf* bedeutet ebenfalls „Berg". (Der Ort hat keinen Bezug zum Widerstandskämpfer *Claus Graf Schenk von Stauffenberg,* der nach dem gescheiterten Attentat auf Hitler am 20. Juli 1944 hingerichtet wurde.)

Tibet wurde von seinen Bewohnern ursprünglich nur *Bod* genannt (Aussprache *Bhöt*). Der heutige Name *Tibet* basiert auf dem Eingeborenennamen *Tö-bhöt*, „hohes Bod", und das ist *Tibet* in der Tat, denn das Hochland im südlichen Innerasien ist mit einer mittleren Höhe von 4500 m die höchst gelegene Landmasse der Erde – und zugleich der abgeschlossenste Großraum Asiens, der auf allen Seiten von 7000-8000 m hohen Gebirgsmauern umgeben ist.

Toledo, von kelt. *tol*, „Hügel", in Spanien liegt hoch auf einem zerklüfteten Granitsporn, der vom Tajo umflossen wird.

Trás-os-Montes, „jenseits der Berge", von lat. *trans*, „darüber hinaus", und *mons, montis*, „Berg", nennen die Portugiesen eine entlegene Region im Nordosten ihres Landes (s. *Transsilvania*).

Trient, kelt.-röm. *Tridentum*, ist die „Stadt der drei Zacken". Das norditalienische *Trento* an der Etsch liegt an der historischen Route über den Brenner Pass zwischen Österreich und Italien. Immer wieder haben europäische Mächte versucht, die mächtige Bastion in den Südtiroler Alpen in ihren Besitz zu bringen. So gehörte die „Stadt der drei Gipfel" den Römern und Ostgoten, den Langobarden und Franken, den Deutschen und Franzosen, den Österreichern und schließlich den Italienern.

Tucson (Aussprache etwa *Túh-son*) ist indianisch und bedeutet „Fuß der Berge". Die zweitgrößte Stadt des US-Bundesstaates Arizona liegt, von Bergen umgeben, in einem Wüstental am Santa Cruz River. Wegen ihres angenehmen, sonnigen Klimas hat sie einen hervorragenden Ruf als Touristenzentrum, Kurort und Altersruhesitz (s. *Piemont*).

Yünnan, aus chin. *yün-ling-nan*, heißt übersetzt „südlich des Wolkengebirges". Es handelt sich um die südwestlichste chinesische Provinz mit der Hauptstadt Kunming: ein verkarstetes trockenes Hochland am äußersten östlichen Rand des Himalaja.

Dass Orte und bewohnte Landschaften in T ä l e r n und Flussniederungen liegen, ist keiner besonderen Erwähnung wert. Nur wenn ein Tal oder eine Ebene besondere, unverwechselbare Charakteristika aufweist, vielleicht sogar geschichtliche Relevanz erlangt hat, wird diese Auszeichnung (oder Herabsetzung) im Namen überleben.

T a l l a g e n

Chiávari an der italienischen Riviera di Levante ist in der Tat der „Schlüssel der Täler" (von italien. *chiave*, „Schlüssel"; vgl. *Klavier* und engl. *key*): Vor der Stadt vereinigen sich die Apennin-Flüsse Graveglia, Lavagna und Sturla zum gemeinsamen Mündungsarm der Entella.

Clairvaux in Nordfrankreich führt seinen Namen auf latein. *clara vallis*, „helles Tal", zurück. Hier, im Flusstal der Aube, gründete der Zisterzienser Bernhard von Clairvaux eine der größten Abteien des Abendlands.

Glasgow, der Name der berühmten schottischen Hafenstadt, bedeutet „grüne Senke" (von gäl. *glas*, „grüngrau", und *cau*, „Vertiefung"). Das vegetationsreiche Tal des Clyde muss eine Naturschönheit gewesen sein, lange bevor die Siedlung entstand.

Glendalough, „Tal der zwei Seen", d.h. mit dem *Upper* und *Lower Lake*, heißt ein lieblicher Bergeinschnitt in den irischen Wicklow Mountains. Sein irischer Name ist *Gleann dá Loch*, wobei *dá*, „zwei" bedeutet (vgl. gäl. *gleann*, „Tal"; *Glencheck*, „Karomuster der Talbewohner").

Podolien, aus russ. *по (po)*, „entlang", und *долина (dolina)*, „Tal", ist die historische Bezeichnung eines westukrainischen, von zahlreichen Tälern zerschnittenen fruchtbaren Tafellands am mittleren Dnjestr. Die im Flusstal der Parcha gelegene russische Stadt *Podolsk*, nur wenige Kilometer südlich von Moskau, hat den gleichen Namensursprung (vgl. *Doline* für eine Karstsenke).

Rutherglen, „rotes Tal", nannten die Schotten eine Stadt am Ufer des Clyde südöstlich von Glasgow (von gäl. *ruadh*, „rot", und *gleann*, „Tal"). Der Boden dieser Gegend ist tatsächlich auffallend rötlich gefärbt.

Squaw Valley, „Indianerfrauen-Tal", heißt eine kalifornische Stadt in der Sierra Nevada, die 1960 als Austragungsort der Olympischen Winterspiele bekannt wurde.

Stendal, eine Stadt in der Altmark in Sachsen-Anhalt, verdankt ihren Namen der Lage in einem „steinigen Tal" (von altsächs. *sten*, „Stein", und *dal*, „Tal"). Die gleiche Bedeutung steht hinter *Stanhope* in der englischen Grafschaft Durham, das von einem Nachbarort namens *Stanley*, „Steinlichtung" – also wohl „Waldlichtung mit steinigem Boden" – zu unterscheiden ist.

Viele Siedlungsnamen enthalten einen topographischen Hinweis auf die typische V e g e t a t i o n der Umgebung, also auf die Lage zu einem Wald, einer Wiese oder einem Sumpfgebiet. Oft verrät der Ortsname bereits Besonderheiten der Anlage oder ihre Größe und Siedlungsform. Wald- und Heideorte heißen dann etwa *Heathrow* (also „Heide-Linie", womit wohl eine Reihe von Farmen gemeint war; Heathrow ist heute der Hauptflughafen Londons) oder *Rütli* (schweiz. für „kleine Rodung"; vgl. *-rode*; die als *Rütli* bekannte Waldwiese am Ufer des Urner Sees im Kanton Uri gilt als Gründungsstätte der Schweizerischen Eidgenossenschaft – latein. *Confederatio Helvetica*, daher das Nationalitätenkennzeichen *CH*). Der *Vierwaldstätter See* (auch Luzerner See) in

der Zentralschweiz müsste eigentlich „See der vier Waldkantone"
heißen, da ihn die Urkantone Schwyz, Unterwalden, Luzern und Uri
umgeben. Das wohl auf ewig mit den Gruselgeschichten über Graf
Dracula verknüpfte *Transsilvanien* ist das „Land jenseits des Waldes",
d.h. der bewaldeten Karpaten (die dort wohnenden Rumänen würden
natürlich ungern als „Hinterwäldler" bezeichnet werden); bei den
Deutschen hieß die Landschaft *Siebenbürgen* (s. dort), womit sie
praktisch eine Anleihe bei unserem *Siebengebirge* machten.

Orte in Wiesen und Auen

Brühl bei Köln hat seinen Namen von mittelhochd. *brüel*, „Aue,
Feuchtgebiet". Das Bruchland war wohl eine natürliche Grenze
und hatte damit gleichzeitig die Bedeutung „Mark, Grenzgebiet"
(vgl. althochd. *bruil*, franz. *breuil*, italien. *broglio*, kelt. *brogilus*,
„Buschwerk"; verw. mit *Bruch*, „sumpfige Wiese").

Český Krumlov, dt. *Krumau*, auch *Krummau*, heißt wirklich
„krumme Au", denn die südböhmische Stadt ist in einem engen,
geschwungenen Tal der Moldau gelegen. Die Altstadt *Český
Krumlovs* wird von einer Flussschleife eingerahmt; sie ist mit
ihren 250 historischen Gebäuden ein einziges Museum und steht
auf der UNESCO-Liste der Weltkulturdenkmäler.

Gronau heißt „grüne Au"; der Name offenbart die Lage des westfälischen Ortes in einer Wiesenniederung (s. auch *Troppau*).

Livadija, von griech. λιβάδι *(liwádi)*, „Wiese", ist ein Kurort auf
der Krim, südwestlich von Jalta. Das Städtchen war früher
Privatbesitz der russischen Zarenfamilie. Der Sommerpalast der
Romanows ist umgeben von einem herrlichen Park mit Zypres-
sen und Mammutbäumen, Platanen und Krimkiefern.

Lützen, bekannt durch die Schlacht, in der 1632 Gustav Adolf von
Schweden fiel, entwickelte sich aus der sorbischen Siedlung
Lučno, „Ort mit Wiesen", bei Leipzig.

Nassau heißt „feuchte Aue". In dem Luftkurort an der unteren Lahn
findet sich das Schloss der Freiherrn vom Stein (17. bis 19. Jahrhundert). Der Name der niederländischen Königsfamilie,
Oranien-Nassau, geht zurück auf die deutschen Besitzungen des
Hauses, d.h. die Grafschaft Nassau-Dillenburg.[1]

---

[1] *Nassauer*, im Sinn von Schmarotzer, hat nicht das Geringste mit der Ortsbezeichnung
Nassau zu tun. Wahrscheinlich kommt die landläufige Bezeichnung für einen
Zeitgenossen, der auf Kosten anderer mitisst bzw. mittrinkt, vom jiddischen Verb
nossen, „schenken".

Plauen ist eine sächsische Stadt an der Weißen Elster, die hier tiefe Schluchten gegraben hat, weshalb dieses Gebiet auch die Vogtländische Schweiz genannt wird. Der alte slawische Name *Plawe* bedeutet „Ort der Überschwemmung" und signalisiert den Wasserreichtum der Region.

Prato, „Wiese", heißt eine norditalienische Stadt am Bisenzio, die schon von den Etruskern gegründet wurde. Die Bewohner des Ortes verdienen traditionell ihr Brot in der Textilherstellung. Ein altes Sprichwort behauptet respektlos: „Alle Lumpen kommen nach Prato"; gemeint waren allerdings gebrauchte Bekleidungsstücke, die *Prato* seit dem Mittelalter aus aller Welt ankaufte, sortierte und zu neuen Geweben verarbeitete. Leider zog der florierende Handel auch Ganoven aller Art in die Stadt, sodass die Redensart einen Doppelsinn erhielt (s. auch *Prado*).

Wesel, die Stadt an der Mündung der Lippe in den Niederrhein, ist benannt nach ihrer Lage im „Wiesenland"; im 12. Jahrhundert hieß *Wesel* tatsächlich *Wisela* (von althochd. *wisa*, „Wiese").

Wismar, die „Wiesenmarsch", ist ebenfalls von ahd. *wisa* (altengl. *wisc*, „feucht") herzuleiten. Ein kleiner Wasserlauf mit seiner Marsch ist verantwortlich für den Namen des Ortes. Der Seehandelsplatz an der Ostsee bot beste Voraussetzungen für eine Beteiligung am Handel der Hanse, lockte aber auch Seeräuber an (Klaus Störtebeker soll hier gelebt haben) – ein Hinweis auf wirtschaftliche Blüte und Wohlergehen. 1803 verpfändeten die Schweden, denen *Wismar* nach dem Dreißigjährigen Krieg zufiel, die ruinierte Stadt gegen 1,25 Mio. Taler für einhundert Jahre an Mecklenburg, dem sie 1903 zurückgegeben wurde.

Worms ist eine alte Siedlung der Kelten, die diese *Borbetomagus*, „Wasserwiese", nannten (vom kelt. Wasserwort *borm*). Die Stadt gehörte den Römern (bei denen sie *Augusta Vangionum* hieß, nach den hier ansässigen germanischen *Vangionen*), im 5. Jahrhundert war sie für einige Jahrzehnte politisches Zentrum der Burgunder und sagenumwobene Nibelungenstadt, bis Attila und seine Hunnenhorden sie zerstörten. In fränkischer Zeit wurde sie – in Rückbesinnung auf den uralten keltischen Namen – in *Wormatia* umbenannt, woraus schließlich *Worms* entstand.

Sumpf- und Moorsiedlungen

Aigues-Mortes, eine französische Stadt am sumpfigen Westrand der *Camargue* (nach einem aus Arles stammenden römischen

Senator *Camars*), liegt im Rhônedelta, nur wenige Kilometer vom Mittelmeer entfernt. Ihren anrüchigen Namen als Stadt der „toten Wasser" (latein. *aquae mortuae*) hat sie den Sümpfen und flachen Lagunen der Umgebung zu verdanken.

Arles, eine Rhônestadt am Rande der Camargue in Südfrankreich, hat sich aus der keltisch-griechischen Siedlung *Arelate*, „Stadt im Sumpf", entwickelt. *Arles*, einst Lieblingsstadt der Römer, die sie „das kleine Rom in Gallien" nannten, führt seinen Namen zurück auf die indogerm. Wurzel *ar-*, „Wasser" (vgl. die Gewässer *Ahr* und den nordirischen *Lough Erne*). *Arelate* nannten die Griechen den Ort, als sie hier im 6. Jahrhundert v.Chr. eine Handelsniederlassung von Massalia, d.h. Marseille, gründeten. Bedeutung erlangte die Stadt aber erst durch die Römer, die sie durch einen Kanal mit dem Mittelmeer verbanden. Unter Kaiser Konstantin löste *Arles* im 4. Jahrhundert Trier als Hauptstadt Galliens ab. Hier wurde Friedrich Barbarossa zum König gekrönt, und hier lebte und malte der berühmte Vincent van Gogh.

Brüssel gibt mit seinem Namen einen eindeutigen Hinweis auf die morastige Umgebung der Stadt. *Brüssel*, ursprünglich *Broekzelle*, „Dorf in der Marsch" (vgl. *Bruch*, wie in *Bruchsal*, 966 als *Bruocsella* erwähnt), entwickelte sich aus keltisch-römischen Siedlungen in den feuchten Niederungen des Sennetals. *Brüssel* wurde 1831 Hauptstadt des neu gebildeten Königreichs Belgien.

Cambridge hieß während der Römerzeit *Durolipons* (latein. *pons*, „Brücke", und kelt. *duro*, „Burg"). Der heutige Name stammt von der kelt. Wurzel *cam*, „Sumpf, Wasser", und dem engl. Wort *bridge* für „Brücke", womit ein Teil des alten römischen Namens wieder aufgenommen wird. Übrigens wurde der *River Cam* nach der englischen Stadt benannt und nicht umgekehrt. (Das ist oft der Fall, wenn der Flussname dem ersten Teil des Ortsnamen entspricht.) Der Ort wurde von den Kelten gegründet und von den Römern, Angelsachsen und Normannen erweitert. Er erhielt aber erst durch die im 13. Jahrhundert gegründete Universität wirkliche Bedeutung (vgl. *Cambridge* mit anderen Sumpfnamen wie *Kamen*, *Kempten*, kelt. *Cambodunum*, dem Wolgazufluss *Kama* und der *Camargue* im Rhônedelta).

Cochem bedeutet „Heim im Sumpf". Ein alter, urkundlich erwähnter Name war *Cuc|heme*, dessen erster Bestandteil von kelt. *cec*, „Kot", abgeleitet ist (vgl. „Kacke"). *Cochem* ist ein kleines Kreisstädtchen im Moseltal.

Cork ist die britische Version des irischen *Corcaigh*, das auf *corcach*, „Marsch", zurückgeht. Bis ins 18. Jahrhundert durchzogen sumpfige Bachläufe die Stadt im Südosten Irlands. Heute gibt es im Stadtgebiet nur noch das Flüsschen Lee.

Darmstadt an den Ausläufern des Odenwalds verdankt seinen anstößigen Namen dem Bach *Darm*, der in etwa „Morast, Sumpf" bedeutet. Im Mittelalter war *Darmstadt* Residenz der Grafen von *Katzenelnbogen*, die ihre Besitzungen 1479 an das Großherzogtum Hessen abtreten mussten, dessen Hauptstadt es wurde und bis 1918 blieb. Hier nimmt die Bergstraße ihren Ausgang.

Hull enthält die kelt. Wurzel *hul-*, „sumpfig". Die ostenglische Hafenstadt liegt im Marschland am Zusammenfluss der Flüsse *Humber* und *Hull*; ihr vollständiger Name lautet übrigens *Kingston-upon-Hull*.

Lewis with Harris ist eine der Hauptinseln der Äußeren Hebriden. *Lewis* kommt von gälisch *leoig*, „Marschland, Sumpfland", während *Harris* eigentlich *na-h-earaidh*, „das, was etwas höher liegt", heißt. Die Insel hat den Namen zu Recht, da zumindest ihr Nordteil aus einer Torf- und Mooslandschaft besteht.

Lincoln ist aus *Lindum colonia* zusammengezogen, d.h. aus einem keltischen Bestandteil (*lindo*, „Sumpf"; walis. noch immer *llyn*) und einem lateinischen Wort. Die Stadt im Marschland des Flusses Witham entstand aus einer römischen Legionsfestung und bedeutenden Ansiedlung *(colonia)*, die später die Dänen zu ihrem Hauptsitz machten. Die Bewohner der Umgebung von *Lindum*, also *Lincoln*, hießen *Lindenses*. An diese Bezeichnung wurde noch ein *ey*, „Insel", gehängt, woraus dann *Lindsey*, „Insel der Lindenser", wurde. Der Verwaltungsbezirk in der englischen Grafschaft *Lincolnshire* hatte tatsächlich eine Art Insellage, bis die Sumpfgebiete des Witham trockengelegt wurden.

Loddon ist der Name einer englischen Stadt in Norfolk am River Chet, der früher ebenfalls *Loddon*, „der Sumpfige", hieß, von kelt. *luta*, „Morast". (*Lutetia*, dem röm. Namen der Stadt Paris, liegt das gleiche Wort zu Grunde; s. auch *London*.) Bei einem Bootstrip durch die Norfolk Broads kann man sich von der Angemessenheit dieses Namens überzeugen!

London ist ebenfalls von kelt. *luta*, „Sumpf", abgeleitet und dürfte mit gäl. *lon*, „Morast", verwandt sein. Die alte Keltensiedlung an der Themse wurde unter den Römern als *Londinium* Hauptstadt der Provinz Britannien und der Ausgangspunkt des römischen

Straßennetzes. Tacitus nannte sie schon damals „einen geschäftigen Handelsplatz". Nach der englischen Hauptstadt ist das kanadische *London* in Ontario benannt, das natürlich auch an einer Themse liegt!

Lucca, eine toskanische Stadt nordöstlich von Pisa, ist vorrömischer Entstehung, wie ihr etruskischer Name verrät (von *luk*, „Sumpf"). Bedeutung erlangte der Ort jedoch erst im 8. Jahrhundert, als die *Via Francigena*, die „Frankenstraße", hier vorbeiführte, die Rom mit Pavia, der Hauptstadt des Langobardenreiches, verband. Goten und Langobarden regierten die Region Tuszien von *Lucca* aus, bevor der Regierungssitz um 1000 nach Florenz verlegt wurde.

Mercia, ein altes angelsächsisches Königreich, hat einen Sumpfnamen, der von altengl. *merce*, „Marschland", abgeleitet ist (vgl. den gleichbedeutenden Namen der Stadt *Moers* bei Duisburg).

Paris, kelt.-röm. *Lutetia Parisiorum*, ist nach dem kelt. Volksstamm der *Parisii* benannt, die im 3. Jahrhundert v. Chr. die *Île de la Cité*, eine Insel inmitten der Seine, befestigten. Der erste Bestandteil des Namens stammt wiederum von der kelt. Wurzel *luta*, „Sumpf". Der gesamte Name bedeutete also „Sumpfebene der Parisier". Der Hinweis auf den Sumpf wurde später fallen gelassen. 52 v. Chr. brannten die *Parisii* ihr Inselfort nieder und überließen *Lutetia* den Römern, die die Stadt auf das linke Ufer der Seine ausdehnten, wo sie Bäder und ein Forum bauten; auch legten sie das Grundmuster vieler Straßen von *Paris*. Im römischen Gallien blieb *Lutetia*, das bekannt wurde als *Civitas Parisiorum* oder *Parisia*, eine relativ unbedeutende Stadt, erst die Kapetinger machten *Paris* zu ihrer Hauptstadt.

Rheydt liegt in einer ursprünglich mit dichtem Schilf – also „Ried" – bewachsenen Gegend des Niederrheins (vgl. engl. *reed*, „Schilfrohr", und nordd. *Reetdach*).

Speyer, am linken Ufer des Rheins nahe Karlsruhe gelegen, ist eine keltische Gründung, die auch bei den Römern als *Noviomagus*, „Neumarkt", bekannt blieb. Seit dem 7. Jahrhundert wird sie praktisch unter ihrem modernen Namen als *Spira* erwähnt, von der indogerman. Wurzel *spi-*, „Schmutz" (vgl. *speien*). Bezeichnenderweise liegt die alte Kaiserstadt, in deren Kathedrale verschiedene Herrscher des Heiligen Römischen Reiches begraben sind, an der Einmündung des schlammigen *Speierbachs* in den Rhein.

Todtmoos, ein Ort im südlichen Schwarzwald, wurde wegen seiner Umgebung als „totes Sumpfgebiet" bezeichnet.

Venlo bedeutet „Sumpfwald" (zu althochd. *fenni*, „morastiges Land", und *loh*, „Gehölz"). Die niederländische Stadt liegt in den feuchten Maasniederungen (s. *Iserlohn, Brilon, Marxloh, Beverloo* und *Waterloo*).

Washington, altengl. *Wasentune*, war ursprünglich nur ein „Gehöft am Sumpf" (von *wase*, „Morast, Sumpf", und *tun*, „Farm"; vgl. engl. *town*). *Washington* ist vor allem als Hauptstadt der USA bekannt, der Name stammt jedoch aus England, wo ihn gleich mehrere Städte und Dörfer tragen, z.B. ein Ort westlich von Sunderland, in dessen *Washington Old Hall* die Vorfahren *George Washingtons* lebten.

Waterloo heißt „Wasserwald" (zu althochd. *loh*, „Gebüsch, Gehölz"; s. *Venlo*). Bei der belgischen Stadt *Waterloo* südlich von Brüssel siegten 1815 Wellington und Blücher über Napoleon.

Wiesmoor in Ostfriesland bringt mit beiden Namensbestandteilen die Sumpfigkeit seiner Umgebung zum Ausdruck. Die Stadt ist bekannt wegen ihres Großkraftwerks auf Torfbasis (s. auch *Wismar* und *Wesel*).

In den Trockengebieten der Erde, wo Flüsse und Seen fehlen, waren B r u n n e n und Q u e l l e n die Keimzellen von Ansiedlungen, zumindest mussten sich die benötigten Wassermengen aus dem Gebirge herbeischaffen lassen, wie es die Römer mit ihren *Aquädukten* taten (latein. *aquae ductus*, „Wasserleitung"; vgl. *Dusche*). Solche Überlandleitungen, die Bodensenkungen auf kühnen steinernen Brückenkonstruktionen überquerten, hatten in unterschiedlicher Höhe angebrachte Verteilerstellen mit Anschlüssen für Blei- oder Holzrohre, durch die das Wasser zu den Endverbrauchern geführt wurde, die je nach Rohrdurchmesser Wasserzins zu zahlen hatten. Sank der Wasserpegel, versiegten im Römischen Reich zuerst die Privatanschlüsse, dann die der öffentlichen Bäder und zuletzt die öffentlichen Brunnen. Eine besonders eindrucksvolle Konstruktion ist der im Jahr 19 n.Chr. erbaute dreistöckige Pont du Gard bei Nîmes. Den wohl längsten *Aquädukt* besaß Karthago; er entstand zur Zeit Kaiser Hadrians in der ersten Hälfte des 2. Jahrhunderts und führte vom 140 km entfernten Bergmassiv Zaghouan frisches Quellwasser heran.

Abgelegene *Oasen* – griech. ὄασις *(óasis)*, „fruchtbare Wasserstelle in der Wüste", aus ägypt. *owahe*, „Kessel, Topf" – sind eher auf Tief-

oder *Artesische Brunnen* angewiesen, die überraschenderweise nach der Landschaft *Artois* im Nordwesten Frankreichs benannt sind (nach den dort ansässigen kelt. *Atrebaten*), wo 1126 zum ersten Mal Brunnen dieser Art gebaut wurden. *Artesische Wasser* finden sich nicht selten zwischen zwei wasserundurchlässigen Schichten. Wenn die tiefste Stelle der wasserführenden Schicht angebohrt wird, schießt das unter Druck stehende Wasser an die Oberfläche. Früher wurden z.B. die Brunnen am Trafalgar Square in London durch *Artesisches Wasser* gespeist, das sich 250 m tief in einer Kalkschicht unter dem Londoner Ton gesammelt hatte.

Lage zu Brunnen und Wasserstellen

Beersheba, „Siebenbrunn", von hebr. *be'er*, „Brunnen", und *shéva*, „sieben" (auch „Brunnen des Schwures", von hebr. *sheva*, „Eid"), ist eine alte Stadt am Nordrand der Wüste Negev, südwestlich von Jerusalem. Nach der Bibel hatte Abraham hier eine Niederlassung errichtet und dem König Abimelech seinen Treueid geschworen, den er mit einem Geschenk von sieben Lämmern besiegelte. Seitdem hat dieser Ort in Israel den Doppelnamen *Beersheba*, „Eidbrunnen", und „Siebenbrunn". Die noch immer exzellente Wasserversorgung der heutigen Stadt hat *Beersheba* zum Kultur-, Verwaltungs- und Industriezentrum der gesamten Negev-Wüste gemacht (s. auch *Tabgha*).

Beirut, die Hauptstadt des Libanon, trägt einen hebräischen Namen, der aus *be'rot*, die „Quellen", entstanden ist (Mehrz. von *be'er*; s. *Beersheba*). Bevor die römischen Eroberer dem Land ihre zivilisatorischen Raffinessen (z.B. Aquädukte) angedeihen ließen, waren Quellen die einzige Möglichkeit der Wasserversorgung in dieser Region gewesen.

Chichén Itzá, „am Brunnen der Itzá", gilt als eine der bedeutendsten Ruinenstätten des Neuen Maya-Reiches von Yucatán in Mexiko. Der Name ist abgeleitet vom früher hier ansässigen Stamm der *Itzá* und von den beiden Brunnen, die die Stadt mit Wasser versorgten. Auf sie konzentrierte sich das religiöse und kulturelle Leben der Stadt. Einer davon gilt als der wohl berühmteste Opferbrunnen der Welt; er enthält Votivgaben aus Gold und Jade, aber auch Menschenskelette. Der andere Brunnen diente lediglich der Wasserversorgung der Stadt (s. *Maya*).

Dakhla, „innere Oase", nennen die Ägypter in der Libyschen Wüste eine ihrer Großoasen mit über 20 000 Einwohnern.

En-Gedi, der Name einer israelischen Oase an der Westküste des Toten Meeres, bedeutet im Hebräischen „Böckchen-Quelle". Hier soll sich David vor Saul versteckt haben. Seit dem 7. Jahrhundert v. Chr. hat sich um die Quelle ein Zentrum der Balsamverarbeitung entwickelt. Heute gibt es in der Oase einige Kurhotels für Besucher des Toten Meeres.

Jamaika, karib. *chaymaka*, „die gut Bewässerte", besitzt einen durchaus passenden Namen, denn tropisch bewaldete Hänge, rauschende Bäche (z. B. die *Ocho Rios*, „acht Flüsse") und malerische Wasserfälle bestimmen das Bild der „Insel der Quellen", die Christoph Kolumbus entdeckte und zur spanischen Kolonie machte. Seit 1655 war *Jamaika* in britischem Besitz, und es kamen zunehmend englische Einwanderer auf die Insel. Zucker-, Kakao- und andere Agrar- und Forstindustrien expandierten rasch, und der wachsende Bedarf an Plantagenarbeitern führte zu einem Massenimport von afrikanischen Sklaven (zumal die Ureinwohner während der spanischen Kolonisation durch Krankheit und schlechte Behandlung ausgestorben waren). 1838 gelang es dem britischen Parlament, die Sklaverei abzuschaffen, indem es den Besitzern der fast 310 000 freigelassenen Sklaven eine großzügige finanzielle Entschädigung gewährte.

Palm Springs, „Palmenquellen", heißt eine relativ junge Stadt im US-Bundesstaat Kalifornien. Ursprünglich trug sie den spanischen Namen *Agua Caliente*, „warmes Wasser", was angesichts ihrer Oasenlage inmitten der Wüste plausibel klingt.

Tabgha, eine israelische Stadt am See Genezareth, erhielt ihren Namen von griech. *Heptápegon*, „Siebenquell", aus ἑπτά *(heptá)*, „sieben", und πηγή *(pegé)*, „Quelle, Brunnen" – ein Hinweis auf die überreiche Bodenbewässerung dieses Fleckens Erde am nördlichen Seeufer, kaum 2 km westlich von Kapernaum. Die warmen Quellen sind noch immer nicht versiegt. *Tabgha* gilt als Ort der Brotvermehrung und der Bergpredigt (am Berg der Seligpreisungen). In unmittelbarer Nähe von *Tabgha* erinnert die Primatskirche an die Übertragung des Hirtenamtes auf Petrus.

Timbuktu, in der Sprache der Tuareg-Nomaden *tum buktu*, bedeutet so viel wie „Brunnenwasser", womit die Begründung für die Benennung des Ortes am Südrand der Sahara auf der Hand liegt. In alten arabischen Schriften über das schon früh islamisierte Land Mali wird der Name *Timbuktu* dagegen als „Fluss-Lager" interpretiert; der Lauf des Niger hat sich inzwischen allerdings fast zehn Kilometer von der Stadt zurückgezogen, sodass diese von der vordringenden Wüste verschlungen zu werden droht.

Im Alten Orient, der sich ausschließlich nach Osten orientierte, waren Richtungsangaben wie *rechts* und *links* nicht nur Synonyme für „gut" und „böse" oder „glücklich" und „unglücklich", sondern sie ersetzten in einem Kulturkreis, der sich bewusst vom Westen abwandte, auch die H i m m e l s r i c h t u n g e n. Beim Blick nach Osten war *links* gleichbedeutend mit „Norden" und *rechts* mit „Süden". Farben spielten eine ähnliche, wenn auch in verschiedenen Regionen der Erde oft widersprüchliche Rolle. Zudem waren sie immer nur vom jeweiligen Standpunkt des Betrachters her verständlich. So wurde im alten Russland der „Norden" mit der Farbe *Weiß* (s. *Weißrussland* und *Weißes Meer*), der „Osten" mit *Rot* und der „Süden" mit *Schwarz* (s. *Schwarzes Meer*) gleichgesetzt, während bei den Mongolen Dschingis-Khans fünf Farben die Weltgegenden wiedergaben: Mit *Rot* meinte man den „Süden", mit *Schwarz* den „Norden", mit *Blau* den „Osten", mit *Weiß* den „Westen" (s. *Weiße Horde*) und mit *Violett* die „Mitte". Bei den Indianern Nordamerikas, deren Herkunftsland möglicherweise die Mongolei ist, wurde der „Osten" mit der Farbe *Rot*, der „Westen" mit *Schwarz*, der „Norden" mit *Weiß* und der „Süden" mit *Gelb* assoziiert.

Die in unserer Sprache gebräuchlichen Begriffe beziehen sich auf die vermeintliche Bahn der Sonne am Firmament. *Norden* (altnorweg. *norðr*, engl. *north*) – urverwandt mit griech. *νέρτερος (nérteros)*, „tiefer", und der indogerman. Wurzel *ner-*, „unten" – bezeichnet die untere Krümmung der scheinbaren Sonnenbahn (vgl. „die Sonne geht unter"), das Wort *Süden* hat sich wahrscheinlich (wie althochd. *sund*, altnorweg. *suðr*, niederl. *zuid* und engl. *south*) direkt aus der indogerman. Wurzel *su-* für „Sonne" entwickelt. *Osten* – die german. Wortfamilie ist zahlreich: *austo*, „Osten", *austro*, „ostwärts", altnorweg. *austr*, „nach Osten", vgl. *Österreich* (latein. und engl. *Austria*) und *Austrogoti*, d.h. die *Ostgoten* – entstammt der indogerm. Wurzel *aus-*, die nicht nur im griech. *ἠώς (eós)* und dem gleichbedeutenden latein. *aurora*, „Morgenröte" (aus früherem *ausosa*), sondern auch im dt. *Ostern* wiederkehrt (vgl. engl. *east* und *Easter*). *Westen* geht auf indogerman. *wes-* und german. *westaz* zurück, deren Ähnlichkeit mit griech. *ἑσπέρα (hespéra)*, „Abend, Westen" – *Hesperien* nannten die Griechen das westlich von ihnen gelegene Italien, später auch Spanien – und latein. *vesper*, „Abendstern, Westen" (vgl. unsere *Vesper*, „Abendmahlzeit") auf der Hand liegt (s. *Hesperiden*).

Überlebt haben auch die alten Bezeichnungen *Okzident* für „das Abendland" (latein. *occidere*, „fallen, untergehen"), womit ursprünglich die Gegenden westlich von Rom gemeint waren, und *Orient* für „das Morgenland" (von latein. *oriens*, „aufgehend"; vgl. auch *sich orientieren*). Bei den Römern hieß der „Norden" *septentriones*, „Siebengestirn" – eine Umschreibung des Sternbildes Großer Bär, das schon die Griechen ἄρκτος *(árktos)*, „Bär", nannten (s. *Arktis*). Mit dem Wort *meridies* bezeichneten die Lateiner sowohl den „Süden" als auch den „Mittag" (vgl. *Meridian* für „Längenkreis", eigentlich „Mittagslinie"); für das Adjektiv „südlich" hatten sie ein anderes Wort: *australis*, das bei der Benennung des geheimnisvollen „Südlands" – *Australien* – Pate stand. Den Begriff *Zenit* für den Himmelspunkt direkt über dem Betrachter haben wir übrigens dem Druckfehlerteufel zu verdanken: Ein spanischer Drucker hatte während der Maurenzeit beim Setzen des arabischen Wortes *zemt* statt des Buchstabens *m* versehentlich die Lettern *n* und *i* gegriffen, sodass aus dem korrekten *zemt ar-ra's*, „Pfad über dem Kopf", unser heutiger *Zenit* wurde.

Angabe der Himmelsrichtungen

Algarve, aus arab. *al-gharb*, „der Westen", war die Bezeichnung der Araber (Mauren) für den äußersten Westen des von ihnen beherrschten Gebietes auf der Iberischen Halbinsel. Die Portugiesen nennen ihre südwestlichste Landschaft übrigens *O Algarve*, also nicht *die*, sondern *der Algarve*. Am besten lässt man den Artikel ganz weg, denn in *Algarve* steckt ja bereits der arabische Artikel *al*.

Anatolien, türk. *Anadolu*, stammt aus dem Griechischen und bedeutet „Morgenland", von ἀνατολή *(anatolé)*, „Sonnenaufgang, Osten". Das türkische Kleinasien trägt damit den gleichen Namen wie die *Levante*, der *Orient*, *Asien* und *Nippon* (s. auch *Chorassan* und *Nuristan*).

Apuseni, „das Westliche", heißt ein Gebirge im Nordwesten Rumäniens, von rumän. *apus*, „Westen, Sonnenuntergang".

Arunachal Pradesh, „Land der aufgehenden Sonne", nennen die Inder ihr östlichstes Bundesland, das durch Bhutan und Bangladesh abgeschnürt wird und damit fast ganz vom übrigen Staatsgebiet Indiens isoliert ist (s. *Japan*).

Ascot, eine für ihre Pferderennen berühmte englische Stadt, trägt einen Namen, der schlicht „östlicher Kotten" bedeutet, von engl. *east*, „Osten", und altengl. *cot*, „Kotten" (vgl. engl. *cottage*).

Asiaten, „Sandläufer", nannten die alten Ägypter, die ja bereits sesshafte Ackerbauern waren, spöttisch alle östlich von ihnen lebenden Nomadenstämme auf der Halbinsel Sinai und in Palästina. *Asiaten* waren für sie also eigentlich „die Östlichen", und in dieser Bedeutung haben wir das Wort von ihnen übernommen.

Azteken bezeichneten sich in ihrer eigenen Sprache, dem Nahuatl, bisweilen als *aztecatl*, „Nordmänner", die aus *Aztlán*, „dem Land der weißen Farbe" stammten, womit, wie bei den Russen, der Norden gemeint war (s. auch *Mexiko* und *Normannen*).

Beihai, eine chinesische Hafenstadt am Golf von Tonking, beschreibt mit ihrem Namen ihre Lage „nördlich vom Meer", d.h. nördlich des Südchinesischen Meers.

Beijing (früher *Peking*) heißt wörtlich übersetzt „nördliche Hauptstadt". Marco Polo kannte die Residenz Kublai Khans als *Khanbalik* (oder *Kambaluk*), d.h. als „Kaiserstadt" der Mongolen, das Reich selbst nannte er *Cathay*, auch *Kithai*. Nach ihrem Sieg über die Mongolen änderten die Ming-Kaiser (1368-1644) den Namen der Stadt in *Beiping*, „Nördlicher Frieden", verlegten ihre Hauptstadt jedoch nach Süden in den Ort *Nanjing* (früher *Nanking*), also in die „südliche Hauptstadt". Erst 1421 zogen sie in die nördliche Residenz *Beijing* um.

Chorassan, das „Land des Sonnenaufgangs", ist eine Provinz im Nordosten Irans mit der Hauptstadt Mesched.

Ciutadella, „Städtchen", heißt ein Hauptort Menorcas, der von den phönizischen Gründern *Iamnona* genannt wurde – von phöniz. *iamma*, „Westen" – und genau dort liegt die ehemalige Inselhauptstadt, exakt gegenüber der neuen Hauptstadt Mahón im Osten der Insel *Menorca*. (Diese trägt, im Gegensatz zu *Mallorca*, den Namen „die Kleinere", von span. *menor*, „minder, weniger"; vgl. *minus*, *Minute* und *Menü*.)

Dekkan (altind. *dakchina*, „südlich") ist der Name des Hochlands, das den größten Teil des indischen Subkontinents einnimmt (s. *Uttar Pradesh*).

Dongbei, „Nordosten", nennen die Chinesen in geographischer Nüchternheit den nordöstlichen Teil ihres Landes, den wir unter dem historischen Namen *Mandschurei* kennen (nach dem Volk der *Mandschu*, s. dort).

El-Gharb bedeutet im Arabischen „Westen" und bezeichnet die marokkanische Küstenebene im Mündungsgebiet des Oued Sebou am Atlantik (s. *Algarve* und *Maghreb*).

El-Hasa, von arab. *hasa*, „der Osten", heißt treffend die östliche Provinz Saudi-Arabiens.

Guangdong, „große Fläche im Osten" (chin. *guang*, „riesig", und *dong*, „östlich") – so nennen die Chinesen ihre südöstlichste Provinz mit der Hauptstadt Kanton. Die buchtenreiche Felsenküste bot von alters her Seeräubern Unterschlupf, während die weite Trichtermündung des Perlflusses schon früh europäische Mächte an die Küste zog – seit 1557 etwa die Portugiesen nach Macao und seit 1842 die Briten nach Hongkong.

Hainan, von *hai*, „Meer", und *nan*, „Süden", ist eine tropische Insel vor der Südküste Chinas, vom Festland durch die 28 km breite, seichte *Hainanstraße* getrennt (s. auch *Honan*).

Hebei, früher *Hopei*, liegt, wie der chinesische Name verkündet, „nördlich vom Fluss", d.h. vom Huang He (aus chin. *he*, „Fluss", und *bei*, „nördlich"; vgl. *Beijing*). Die Provinz Chinas umfasst den ganzen Nordteil der Großen Ebene, die vom Schwemmkegel des Huang He, des „gelben Flusses", gebildet wird und fruchtbarsten Lössboden besitzt.

Henan, auch *Honan*, ist das Land „südlich des Flusses", d.h. des Huang He. Im Unterschied zu *Hebei* bildet *Henan* die Südprovinz der Großen Ebene Ostchinas (s. auch den Gegensatz *Beijing* und *Nanjing*, „nördliche Hauptstadt" und „südliche Hauptstadt").

Hokkaido, „Nordmeerstraße", ist der Name der jenseits der Tsugaru-Straße gelegenen Nordinsel Japans mit der Hauptstadt Sapporo. *Hokkaido* hat also eine ähnliche Bedeutung wie *Norwegen*.

Hubei, früher *Hupei*, „nördlich vom See" (gemeint ist der Tungtinghu), heißt eine chinesische Provinz am mittleren Jangtsekiang; die Provinz „südlich des Sees" heißt entsprechend *Hunan*.

Irland, eigentlich *Éire-land*, bedeutet „westliches Land". Der Name geht zurück auf altir. *Ériu* („westlich") oder poet. *Érin*, was von den Griechen mit *Ierne* und *Hierne*, von den Römern mit *Ivernia* wiedergegeben wurde (s. *Hibernia*).[1]

Jabal ash-Sharqi heißen die „östlichen Berge" im Grenzgebiet zwischen Syrien und dem Libanon. Der bei uns Antilibanon genannte Gebirgszug ist vom westlichen Libanongebirge durch das

---

[1] Der Name *Irland* könnte allerdings auch aus der geheimnisvollen baskischen Sprache stammen, in der „Insel" *irla* heißt, denn eine uralte irische Legende behauptet in der Tat, dass die ersten Druiden, die auf diese Insel kamen, von der baskischen Küste stammten.

fruchtbare Bekaa-Tal getrennt. Seine höchste Erhebung ist der Mount Hermon (2814 m), auf dem der Jordan entspringt.

Japan, chin. *ji-pen*, ist für die Chinesen der „Sonnenursprung", da die Sonne im Osten, aus ihrer Sicht also über Japan, aufgeht. Auf Japanisch heißt „Sonnenursprung" *ni-hón*, was in Europa irrtümlich als *Nippon* wiedergegeben wurde. (Der offizielle Name lautet *Dai Nihón*, „großes Sonnenaufgangsland".) Japan ist sozusagen ein Götterland, über dem jeden Tag die Sonnengöttin aufgeht, während sie über dem asiatischen Festland nur untergeht. Marco Polo nannte das sagenhafte Inselreich im Osten, dessen Goldreichtum er überschwänglich schilderte, *Zipangu*, was in der chinesischen Sprache „Reich der aufgehenden Sonne" bedeutet und in der japanischen Flagge symbolisch dargestellt ist.

Jugoslawien ist „Südslawien", von altslaw. *jugo*, „Süden" (vgl. auch österreichisch *Jause*, von slowen. *Juzina*, „Mittagessen").

Kapitol, latein. *mons capitolinus*, ist der Name des kleinsten der sieben Hügel Roms, der einst das älteste Baudenkmal der Römer trug: den Zentraltempel der Göttertrias *Jupiter (Optimus Maximus Capitolinus)*, *Juno* und *Minerva*. Damit war das *Kapitol* nicht nur der Mittelpunkt der Stadt Rom und später des ganzen Römischen Reiches, sondern gar das *caput mundi*, das „Haupt der Welt". Seit dem 5. nachchristlichen Jahrhundert verödete der gesamte Hügel, sodass er fortan als *monte caprino*, „Ziegenberg", verhöhnt wurde. Er gewann erst für die deutschen Kaiser und, nach der Neugründung des röm. Senats (1143) als Sitz der Stadtgemeinde, neue Bedeutung. Nach ihm sind auch die Parlamentsgebäude in den Hauptstädten der US-Staaten benannt.

Kitakyushu, von japan. *kitá*, „Norden", liegt tatsächlich am nördlichsten Punkt der japanischen Insel *Kyushu*.

Lappland leitet sich wahrscheinlich aus finn. *Lappi*, „Nordland", her und ist damit praktisch ein Synonym für Norwegen. Es umfasst grenzüberschreitend die Tundragebiete in Nordnorwegen, Nordschweden, Nordfinnland und auf der russischen Halbinsel Kola. Die Lappen nennen sich selbst *Sameh*, „Sumpfleute", woraus wir *Samen* gemacht haben.

Levante nannte man seit dem 16. Jahrhundert verschiedene, östlich vom abendländischen Betrachter liegende Randgebiete des Mittelmeeres, z.B. die Küste Palästinas. Der fast in Vergessenheit geratene italienische Begriff bedeutet „Osten, Morgenland" (zu *levare*, „sich erheben", vgl. engl. *lever*, „Hebel", und *elevator*, „Aufzug"), er nimmt also – wie die Namen *Anatolien, Asien, Orient* und *Nippon* – Bezug auf den Sonnenaufgang.

Lhotse, „Südgipfel", heißt mit tibetischem Namen der vierthöchste Gipfel der Erde (8511 m), der nur von *Mt. Everest, K2* und *Kang-chen-dzönga* übertroffen wird.

Maghreb ist für die arabisch sprechende Welt das „Sonnenuntergangsland", in diesem Fall der Westen Nordafrikas. Als *Maghreb*-Staaten werden Tunesien, Algerien und Marokko bezeichnet. Letzterer führt den amtlichen Namen *Al-Mamlaka al-Maghrebia*, „Westreich" (aus arab. *al-maghrib*, „der Westen", genauer arab. *maghrib-al-aqça*, „der äußerste Westen").

Mezzogiorno, „Mittag", nennen die Italiener den Süden ihres Landes. Er ist – nach jahrhundertelangem Raubbau – eine unterentwickelte, industriell zurückgebliebene Region, die unter dem traditionellen Großgrundbesitz und dem zunehmenden Bevölkerungsdruck der mittellosen Landarbeiter leidet.

Nanshan, das „Südgebirge", ist ein mittelasiatischer Höhenzug in China; nördlich davon liegt erwartungsgemäß die *Beishan*-Kette, also das „Nordgebirge" (vgl. *Nanjing* und *Beijing*).

Negev heißt „Südland". Das ca. 14 000 km^2 große Wüstengebiet in Südisrael erstreckt sich zwischen Judäa und dem Sinai. Die wichtigste Siedlung ist Beersheba.

Norderney bedeutet „Norderland-Insel" (mit fries. *ey*, „Insel"). Der Name bezieht sich offenbar auf die Zugehörigkeit der Insel zum *Norderland*, der Landschaft um die Stadt *Norden*.

Norfolk, ein County in Ostengland, wurde benannt nach der aus Schleswig-Holstein eingewanderten Bevölkerung. Die in diesem Teil Englands lebenden Angeln bezeichneten sich im Gegensatz zu dem „Südvolk", das in *Suffolk* lebte, als das „Nordvolk".

Normandie nennen wir das Land der „Nordmänner", also der normannischen Wikinger, die vor allem aus Nordeuropa, besonders aus Dänemark und Norwegen, in Westeuropa einfielen und im späten 9. Jahrhundert permanente Siedlungen im unteren Seinetal errichteten. Der berühmteste *Normanne* sollte Wilhelm der Eroberer werden, der 1066 England unterwarf. Für die Angelsachsen waren die neuen Herren wegen der Richtung, aus der die Invasion erfolgte, logischerweise die *Ostmannen*.

Norwich im englischen Norfolk heißt „Nordort", von ahd. *wih*, „Ort" (vgl. mhd. *wichbilde*, „Weichbild", d.h. Stadtgebiet, sowie lat. *vicus*, „Ort"). *Norwich* ist die englische Entsprechung des niederländischen *Noordwijk* (s. auch *Kettwig* und *Katwijk*). Viele andere Ortsnamen enthalten dieselbe Wurzel, wie *Bardowick* bei Lüneburg (benannt nach den *Langobarden*), *Schleswig* („Stadt an der Schlei"), *Sandwig* bei Flensburg (entsprechend engl. *Sandwich*), *Braunschweig* („Brunos Stadt"), *Greenwich* („Dorf im Grünen") sowie *Wyk* auf Föhr und *Vigo* in Spanien.

Nuristan ist ein schwer zugängliches, schluchtenreiches Hochgebirgsland in Ostafghanistan, über dem für die Bewohner die Morgendämmerung heraufzieht. Daher nannten sie es „Land des Lichts", also „Sonnenaufgangsland".

Ostende, Hafen und Seebad an der belgischen Küste, liegt am Ostrand eines langen Strandes, gegenüber dem kleineren und weniger bekannten *Westende*.

Österreich, aus *Ostarrichi*, „Ost-Reich", oder latinisiert *Austria*, hieß ab 996 der südöstlichste Teil des Frankenreichs. Nach seinem Sieg über die Awaren hatte Karl d. Gr. 200 Jahre zuvor seine bayerischen Territorien durch die Errichtung der Awarischen Mark gesichert, die Otto d. Gr. 955 in *Ostmark* umbenannte; diese wurde später das Kernland *Österreichs*, das nach dem so genannten Anschluss an Hitlerdeutschland von 1938 bis 1945 wieder den alten Namen *Ostmark* bekam.

Punien, „Land des Sonnenuntergangs" (von phöniz. *pun*, „untergehen"), war eine andere, z. B. von den Römern bevorzugte Bezeichnung für Phöniziens nordafrikanische Kolonie Karthago. Vor allem für die Menschen des Vorderen Orients lag das Siedlungsgebiet der *Punier* weit im Westen (s. *Phönizier*).

Ratak-Inseln, „Sonnenaufgangsinseln", nennen die Mikronesier eine Reihe von 15 lang gestreckten Atollen im Osten der Marshall-Inseln. Von ihnen unterscheiden sie die *Ratok-Inseln*, die „Sonnenuntergangsinseln" im Westen Mikronesiens. Das ehemalige deutsche „Schutzgebiet" kam 1947 als Treuhandgebiet an die Vereinigten Staaten, die auf *Bikini Island* ihre Nukleartests durchführten (vgl. den damals kreierten Mini-Badeanzug und die damit assoziierten Ausdrücke „Sexbombe" und „Atombusen").

Shandong, früher *Shantung*, ist mit „östliches Gebirge" zu übersetzen (von chin. *shan*, „Gebirge", und *dong*, „Osten"). Die fruchtbaren Lössniederungen der gebirgigen Halbinsel an der Ostküste Chinas sind dicht besiedelt. Haupthafen ist *Qingdao*, dessen alter Name *Tsingtau* uns geläufiger sein dürfte. Im Unterschied zu *Shandong* bedeutet *Shanxi* „westliches Gebirge". Diese chinesische Provinz umfasst das Bergland westlich der Großen Ebene bis zum Huang He. Sie ist ebenfalls mit einer dicken Lössschicht bedeckt und gilt daher als die Kornkammer Chinas. Der Gegensatz zwischen *xi*, „Westen", und *dong*, „Osten", begegnet uns auch bei den benachbarten Provinzen *Guangxi* und *Guangdong* (chines. *guang*, „riesiges Land"), die durch den *Xijiang*, den „Westfluss", getrennt sind.

Sharqiya, „die Östliche", heißt mit arabischem Namen eine Provinz in Nordägypten, im südöstlichen Nildelta; vom gleichen arab. Wort, *sharq*, „Sonnenaufgang", ist die Bezeichnung *Sarazenen*, also „die Östlichen", hergeleitet (s. auch *Jabal ash-Sharqi*).

Sherpa, „die aus dem Osten" (aus tibet. *sher*, „Mensch", und *pa*, „Osten"), heißt ein kleines, aus Osttibet eingewandertes Berg-volk Nepals, dessen Angehörige sich bei Expeditionen im Himalajagebiet als Lastträger einen Namen erworben haben.

Soest, „Südsitz", ist eine alte westfälische Stadt südöstlich von Hamm in der fruchtbaren *Soester Börde* am Südrand des Münsterlandes.

Southsea in Hampshire, am Eingang des Hafens von Portsmouth in England, ist als Badeort natürlich froh über die Assoziation mit der „Südsee" des Pazifik (s. auch *Zuidersee*).

Sudbury, eine Stadt im englischen Suffolk, bekam von den Angeln den Namen „Südfestung", von altengl. *suth*, „Süden" (vgl. engl. *south*), und *burg* (s. *Suffolk*).

Sundgau, „Südgau", von althochd. *sund*, „Süd", heißt die südlichste Region des Elsass zwischen Oberrheintal, Vogesen und Jura.

Surrey, der Name eines Countys in Südostengland, hat die gleiche Bedeutung wie *Sundgau*. Noch weiter südlich dieses „Südgaus" (von altengl. *suther*, „südlich", und *ge*, „Distrikt, Gau") saßen die „Südsachsen" in *Sussex*, während die „Westsachsen" und die „Ostsachsen" sich in *Wessex* bzw. *Essex* niedergelassen hatten. Dazwischen, in *Middlesex*, siedelten die „Mittelsachsen".

Sutherland, „Südland", macht als Benennung des äußersten schottischen Nordens nur Sinn, wenn man bedenkt, dass für die noch weiter nördlich auf den Shetland- und Orkneyinseln siedelnden Wikinger Schottland tatsächlich südlich lag.

Taibei, besser bekannt unter dem alten Namen *Taipeh*, ist als Haupt-stadt Nationalchinas in der Tat die „größte Stadt im Norden" der Insel (aus chin. *tai*, „größter", und *bei*, „Norden"). Erst 1885 löste der bis dahin unbedeutende Ort die Stadt *Tainan* („größte Stadt im Süden") als Verwaltungszentrum der Provinz *Taiwan* ab. 1949, als die Kommunisten die Herrschaft über das Festland gewonnen hatten, wurde *Taibei* Sitz der nationalchinesischen Regierung (s. auch *Beijing* und *Nanjing*).

Timor bedeutet in der Sprache der Malaien „Osten". Die größte der Kleinen Sundainseln im Malaiischen Archipel liegt östlich von Java und Flores.

Tokio, Japans „Metropole im Osten", hieß bis 1868 *Edo*, „Zugang zur Bucht". (Gemeint ist die Mündung des Flusses Sumida in die Tokiobucht.) *Tokio* bildete als Hauptstadt der Schogune den Gegenpol zur alten, weiter südlich gelegenen Kaiserstadt *Kioto* (beachte das Wortspiel: *To-kio – Kio-to*), die 794 unter dem Namen *Heian-kio*, „Hauptstadt des Friedens und der Ruhe", gegründet worden war.

Tonga-Inseln, „Südinseln", wird ein Archipel von etwa 200 Pazifik-Inseln genannt. Wissenschaftler vermuten, dass die Bewohner der Freundschaftsinseln, so lautet der deutsche Name, von Samoa aus nach *Tonga* – polynesisch für „Süden" – wanderten. In den Gewässern um *Tonga* fand 1789 die berühmte Meuterei auf der Bounty statt. Übrigens ist der Name der Hauptstadt, *Nuku'alofa*, ein weiteres Eingeborenenwort für „Süden".

Tonking, von vietnam. *dong kinh*, „östliche Hauptstadt", ist der Name einer Region in Nordvietnam, der die Lage ihrer Metropole Hanoi im Ostteil der Provinz angibt

Tyrrhenisches Meer nennen wir jenen Teil des Mittelmeers, der für die Römer das *Mare Inferum*, „das untere Meer" (zwischen Sardinien, Sizilien und der Stiefelspitze) war, im Gegensatz zum *Mare Superum*, dem „oberen Meer", womit das wesentlich nördlicher gelegene Adriatische Meer gemeint war. Laut Herodot sollen die Etrusker unter der Führung des lydischen Königssohns *Tyrrhenos* von Kleinasien bis nach Italien gelangt sein, wo sie sich aus Treue zu ihrem Anführer *Tyrrhener* nannten. Für die Latiner waren sie die *Tusci*, die der *Toskana* den Namen gaben.[1]

---

[1] Eine südliche Sprachgruppe der Albaner heißt *Tosken*, während der Name ihrer Hauptstadt, *Tirana*, möglicherweise an den Helden *Tyrrhenos* erinnert. Allerdings gibt es im Albanischen das Wort *tiranë*, „die Tyrannen", womit die Fremdherrscher gemeint sein könnten, unter denen die Bevölkerung des Balkanstaats jahrhundertelang leben musste (d.h. die Byzantiner und Bulgaren, die Serben und Neapolitaner, die Türken und die Italiener).

Uttar Pradesh trägt seinen Namen „Nordland" (aus hindust. *uttar*, „Norden", und *pradeś*, „Staat") zu Recht, denn der indische Bundesstaat grenzt im Norden an die gewaltige Gebirgsmauer des Himalaja (s. *Dekkan*).

Vietnam, „Land im Süden", war bis 1945 als *Annam*, „friedlicher Süden" (besser: „befriedeter Süden") bekannt. Beide Namen enthüllen, dass die herrschende Bevölkerungsschicht des Landes aus China, also aus dem Norden eingedrungen war (s. *Huë*).

Xi-jiang ist ein „Westfluss" genannter Strom Südchinas. Zu seinen Nebenflüssen gehören u. a. der *Bei-jiang* („Nordfluss") und der *Dong-jiang* („Ostfluss"). Der *Xi-jiang* fließt durch zahlreiche Schluchten, bevor er in der Nähe der Stadt Kanton ein großes Delta bildet, das von unzähligen Kanälen und Nebenflüsschen durchzogen ist. Der *Xi-jiang* ist einer der wichtigsten Wasserwege Chinas, da er fast auf seiner gesamten Länge schiffbar ist.

Zuidersee, „Südsee", war die alte Bezeichnung des heutigen Ijsselmeers, das 1932 durch einen 32 km langen Damm von der Nordsee abgetrennt und damit zum Binnengewässer wurde.

Zahlreiche Orte erhoben im Altertum den Anspruch, der „Nabel der Welt" zu sein, z. B. Delphi mit dem Kult des „Nabel"-Steins, den die Griechen ὀμφαλός *(omphalós*, „Bauchnabel") nannten. Im alttestamentlichen Israel hatte der Berg *Garizim* diese Bedeutung, auf dem die Samariter im 4. Jahrhundert v. Chr. einen Tempel erbauten. Das über 800 m hohe Bergmassiv südlich von Sichem (heute *Nablus*, von *Neapolis*, „Neustadt"; s. *Neapel*) bildet bis auf den heutigen Tag den religiösen Mittelpunkt einer kleinen Samaritergemeinde, die hier alljährlich in alter Form das Paschafest feiert. Nach anderen Quellen betrachtete das Judentum den Berg *Zion* in Jerusalem als „Nabel der Welt", während das neutestamentliche Christentum ihn nach *Golgotha* verlegte; der Berg *Tabor* in Galiläa, auf dem Christus verklärt wurde, erhebt den gleichen Anspruch (hebr. *tabbur*, „Nabel"). Aber auch das byzantinische Konstantinopel (selbst im hohen Norden Europas als *Mikligarðr*, „große Stadt", bekannt) hielt sich lange für das Zentrum des gesamten Erdkreises – noch heute fixiert ein Mosaikstern im Fußboden der Hagia Sophia jene Stelle –, bis dieser Anspruch mit der Entdeckung Amerikas und der Einsicht in die Kugelgestalt der Erde seine Überzeugungskraft verlor. Trotzdem halten sich an den westeuropäischen Küsten Ortsnamen, die von der Lage am äußersten Rande der bis dahin bekannten Welt künden.

Lage auf dem Globus

Antipodeninseln, „Gegenfüßler-Inseln", heißt eine neuseeländische Inselgruppe. Als *Antipoden* bezeichnet man Menschen, die auf der jeweils entgegengesetzten Seite der Erdkugel wohnen und uns folglich mit den „Füßen gegenüber stehen" – von griech. *ἀντί (antí)*, „gegenüber", und *πούς, ποδός (poús, podós)*, „Fuß".

Bhutan hat nichts mit dem Kohlenwasserstoff *Butan* zu tun; der Name des kleinen Himalajastaats ist eine Ableitung vom Sanskritnamen Tibets, *Bhota*, und dem altindischen Wort *anta* für „Ende"; schließlich liegt *Bhutan* am äußersten südlichen Rand Tibets (s. auch *Druk-yul*).

Cabo Finisterre, „Kap am Ende der Welt" (latein. *finis terrae*) – so nennen die Spanier den äußersten Vorsprung an der Westküste Galiciens, der im Mittelalter für sie als westlichster Punkt der Welt galt (galicisch: *Cabo Fisterra*). Die gleiche Bedeutung, sozusagen als „Kap ohne Wiederkehr", hatten ein weiter südlich an der iberischen Küste gelegenes *Finisterre* für die Portugiesen sowie ein *Finistère* für die Franzosen an der bretonischen Steilküste, dem direkt gegenüber in Großbritannien die Landzunge *Land's End* liegt, das „Ende des Landes".

Chile, indian. *Tschili*, bedeutet ebenfalls „Ende des Landes", aber auch „Schnee". Dort, wo das schmalste Land der Erde (4300 x 175 km) mit seiner Südspitze in arktische Gewässer vorstößt, haben Gletscher und Schnee der unwirtlichen Andenausläufer längst den Meeresspiegel erreicht.

China hatte im Lauf seiner Geschichte viele Namen. Im Mittelalter nannten die Europäer es *Cathay*, und seine Bewohner hießen *Kitai* – nach der Fremdherrscherdynastie der *Khitan* aus der Mandschurei; *Кита (Kitáj)* ist heute noch die russische Bezeichnung für *China*. Der spätlateinische Name *Sina* (vgl. *Sinologie*) und das uns gebräuchliche *China* stammen wohl von der frühen Kaiserdynastie der *Qín* ab (Aussprache: *Tsch'in*; 221 bis 206 v.Chr.), und so nannten auch die indischen Kaufleute das Land der Seide und der *Apfelsinen*. Für die Chinesen selbst war und ist ihr Land *zhong guó*, das „Reich der Mitte", also der Mittelpunkt der Welt.

Ecuador liegt, wie der Name verrät, direkt unter dem „Äquator". Vor der spanischen Eroberung war das südamerikanische Land in den Anden ein Teil des Inkareiches.

Jamal nennt das Volk der Samojeden seinen Lebensraum am „Ende der Welt": eine ungemütliche Halbinsel im äußersten Norden der sibirischen Tundra.

Kintyre ist ein Kap am „Ende des Landes" (gäl. *ceann*, „Kopf", und *tire*, „Land"; vgl. das irische *Tyrone*). Kein anderes Vorgebirge kommt der nordirischen Küste näher als diese schlanke Halbinsel im schottischen Argyll (s. auch *Land's End*).

Korinth entstand als Hafenstadt exakt an der Nahtstelle zwischen der Peloponnes und Festland-Griechenland – ein Ort, der bereits in vorgriechischer, d.h. in pelasgischer Zeit als *kar*, „Punkt, Spitze", bezeichnet wurde.

Ligurien, eine Landschaft im Nordwesten Oberitaliens, verweist mit ihrem Namen möglicherweise auf die Verbindung der italienischen Halbinsel mit dem europäischem Festland (von latein. *ligere*, „verschmelzen, verbinden"; vgl. *Liga*, *Ligatur*, *Legierung*). Genua, die große Hafen- und Hauptstadt *Liguriens* im scharfen Knick am Ansatz des Stiefels, teilt die ligurische Küste in die Riviera di Ponente (westlich bis Frankreich) und die Riviera di Levante (in östlicher Richtung bis zur Emilia Romagna und Toskana). Aus *Ligurien* stammt übrigens das Ölbaumgewächs namens *Liguster*, das bei uns vor allem als Heckenpflanze Verwendung findet.

Mailand, in der alten *Gallia cisalpina* gelegen, ist in der Tat gallischen Ursprungs. Die Kelten Norditaliens nannten ihre Metropole inmitten der fruchtbaren Po-Ebene *Mediolanum*, „Mittelpunkt der Ebene". (Das kelt. *lanum* ist mit latein. *planum*, „Flachland", und franz. *lande*, „Heidefläche", verwandt.)

Meath, irisch *An Mhí*, „die Mitte", ist der Name einer irischen Grafschaft, die im 13. Jahrhundert zwischen Ulster im Norden, Connaught im Westen und Leinster im Süden errichtet wurde (s. *Medina* auf der Isle of Wight).

Midlands wird die hügelige Gegend um Birmingham genannt, die von allen englischen Gebieten den größten Abstand zum Meer hat, also tatsächlich in der „Mitte des Landes" liegt.

Osning ist die frühere Bezeichnung des Teutoburger Waldes, die „Wald in der äußeren Ecke" bedeutet, von *os*, „Wald", und *ning* oder *negge*, „Ecke, äußere Kante" (vgl. *Osnabrück* zwischen Teutoburger Wald und Wiehengebirge).

Paimpol, von kelt. *penn poul*, „Ende des Meeres", heißt eine französische Stadt an der Nordküste der Bretagne. Der Name erinnert an die Einwanderungswelle keltischer Briten (Bretonen), die hier auf das europäische Festland stießen und siedelten.

Pekin, wirklich ohne End-*g*, eine US-amerikanische Hafenstadt am Illinois River, erhielt 1830 bei ihrer Gründung diesen nicht nur falsch geschriebenen, sondern auch topographisch unhaltbaren Namen – in der irrigen Annahme, dass sie auf dem Globus der chinesischen Hauptstadt *Beijing* genau gegenüberliege!

Pembroke in Wales – die Einheimischen nennen die Stadt *Penfro* (von walis. *pen*, „Kopf, Ende", und *bro*, „Region") – hat einen Namen, der mit *Land's End* in Cornwall konkurriert, denn er bedeutet ebenfalls „Ende des Landes".

Punta de Europa, „Spitze Europas", heißt der Südzipfel von Gibraltar (mit span. *punta*, „Spitze"; vgl. *Punkt*).

Siwa, „die abgelegene" Oase im äußersten Nordwesten Ägyptens, nahe der libyschen Grenze, spricht seit vielen Jahren ihrem arabischen Namen Hohn, denn heute steuern Massen von Touristen die wasserreiche Senke an, in der neben 250 000 Dattelpalmen auch Oliven, Orangen, Wein und Weizen gedeihen.

Trafalgar, bekannt durch jene berühmte Schlacht, in der die französischen und spanischen Flotten 1805 von Nelson vernichtet wurden, bestätigt mit seinem arabischen Namen (von *taraf*, „Ende", und *gharb*, „Westen"), dass vor der Entdeckung Amerikas die bekannte Welt hier, an diesem Kap der südwestspanischen Küste, endete.

Transsilvania bedeutet im Lateinischen das „Land jenseits der Berge", das rheinfränkische Siedler, die sich im 12. Jahrhundert in Ungarn niederließen, als Siebenbürgen bezeichneten. Nach einer Volksabstimmung im Jahre 1920 kam *Transsilvanien* an Rumänien.

II.

IDENTIFIKATION UND BRANDMARKUNG

1. Räume und Völker

Nach unzähligen Generationen ist vielen Völkern und Stämmen für gewöhnlich das Bewusstsein ihrer eigenen Zuwanderung in eine Region verloren gegangen. Sie glauben, dass ihre Vorfahren schon immer hier ansässig waren, ja dass die Menschheit gar von hier ihren Ausgang genommen hat, und sie begründen damit einen absoluten Besitzanspruch auf ihr *Gebiet* oder ihre *Region* – also ihren „Befehlsbereich" (von *gebieten* bzw. von latein. *regere*, „herrschen"; vgl. auch *Imperium*, von latein. *imperare*, „befehlen, gebieten").

So nannte sich das Stammvolk der Latiner in Italien die *Aborigines* (latein. *ab origine*, „vom Ursprung her"), ein Ausdruck, der heute für die Eingeborenen Australiens verwendet wird. Auch das biblische Volk der *Edomiter* – als dessen Stammvater Esau, der Sohn Isaaks, gilt – führte seinen Namen auf die Entstehung der Menschheit zurück, d.h. auf das hebr. Wort *adamáh*, „Erde", und damit auf unseren Stammvater *Adam*. Einen ähnlichen Zusammenhang offenbaren die *Tagalog* auf den Philippinen, deren Namen man mit „Ureinwohner am Fluss" übersetzen könnte.

Eine ganze Gruppe schwarzafrikanischer Stämme südlich des Äquators bezeichnen wir als *Bantus* und somit als „Menschen" (in den Bantusprachen eigentlich *muntu*), auch wenn wir sie im Laufe der Kolonialgeschichte nicht immer so behandelt haben. Es entspricht der Ignoranz vieler Zeitgenossen, dass zwei weitere Volksnamen zur Diskriminierung verwendet werden: *Kanaken*, die korrekte Bezeichnung für die Eingeborenen der Hawaii-Inseln, die schließlich auf alle Südsee-Insulaner ausgedehnt wurde (von polynes. *kanaka*, „Mensch"), und *Hottentotten*, ein verächtliches Wort, mit dem die Weißen in Südafrika die für sie unverständliche, mit Schnalzlauten durchsetzte Sprache eines Volkes imitierten, das von sich selbst stolz als *Khoi-Khoin*, „Menschen der Menschen", sprach.

Auch die *Guanchen*, die Ureinwohner der Kanarischen Inseln, und die *Muisca* auf dem Hochland von Bogotá nennen sich „Menschen", ebenso wie die *Roma* (in ihrer eigenen Sprache *Rom* oder *Rum*, „Mensch"), die wir gewöhnlich als Zigeuner und die Engländer als *gypsies*, „Menschen aus Ägypten", abqualifizieren, während Araber und Osmanen sie mit den verhassten *(Ost-)Römern* gleichsetzten (s. *Erzurum*). Nicht zuletzt heißen auch die *Inuit* – von ihren indianischen Nachbarn als „Rohfleischfresser", d.h. *Eskimos*, tituliert – in ihrer eigenen Sprache „Menschen".

O r t e   m i t   B e z u g   a u f   d i e   U r b e v ö l k e r u n g
Amiens, die historische Hauptstadt der Picardie, hieß zur Römerzeit *Ambianum* (nach dem keltischen Stamm der *Ambianer*). Über Jahrhunderte war *Amiens* ein großes Fort, das Paris gegen Angriffe von Norden zu schützen hatte. Die Stelle der ehemaligen kreisrunden Befestigungsanlagen haben heute die *Boulevards* (vgl. *Bollwerk*) eingenommen.
Amman, die jordanische Hauptstadt, ist benannt nach dem alten Volk der *Ammoniter*, als deren Metropole *Rabbath Ammon* sie in der Bibel zitiert wird.
Amrum, eine nordfriesische Insel, die bis 1864 zu Dänemark gehörte, verdankt ihren Namen dem germanischen Stamm der *Ambronen*, der sich dem Zug der Kimbern und Teutonen anschloss und 102 v.Chr. mit diesen bei *Aquae Sextiae* (heute: *Aix-en-Provence*) von den Römern vernichtet wurde.
Atacama heißt die chilenische Küstenwüste, benannt nach dem Indiostamm der *Atacameños*, der hier seit Jahrtausenden lebt, obschon an manchen Orten der *Atacama* bisher noch nie ein einziger Tropfen Niederschlag gemessen wurde; *Takama*, eine „schwarze Ente", ist das Totem des Stammes.
Auvergne lautet die Bezeichnung einer südfranzösischen Landschaft am Oberlauf der Dordogne. Sie ist unschwer mit dem keltischen Stamm der *Arverner* zu assoziieren, der im Freiheitskampf der Gallier gegen Cäsar (52 v.Chr.) von seinem Fürsten Vercingetorix angeführt wurde.
Bangladesch unterstreicht mit seinem Namen, dass es das „Land der Bengalen" ist, die ihrerseits nach dem Gangesdelta – altind.

Banga – benannt sind. Das ehemals als Ostpakistan bekannte Land erklärte 1971 seine Unabhängigkeit. (Das Hindi-Adjektiv *bangla*, „bengalisch", führte übrigens zu engl. *bungalow* für das typische, eingeschossige Haus dieser Region.)

Bardowick bei Lüneburg in Niedersachsen erinnert mit seinem Namen an das früher hier ansässige Volk der *Langobarden* (althochd. *wih*, „Ort"; die Lüneburger Heide trug noch lange nach seiner Abwanderung den Namen *Bardengau*). Die *Langobarden* stammten angeblich aus Südschweden und ließen sich später endgültig in der norditalienischen *Lombardei* nieder, wo Pavia ihre Hauptstadt wurde (s. *Langobarden*).

Biskaya, „baskisches Meer", nennt das freiheitsliebende und geheimnisvolle Volk der *Basken* die Meeresbucht, an deren Gestade es seit Urzeiten siedelt, und genau dieser Umstand könnte sich in seinem Namen (die *Basken* selbst nennen sich übrigens *Euskaldunak*) andeuten, denn die vorindogerman. Wurzel *-sk-* enthält mit großer Wahrscheinlichkeit einen Hinweis auf die Nähe zum „Wasser" (vgl. die *Etrusker*, deren Stammland zwischen den Flüssen Arno und Tiber lag).

Böhmen, latein. *Bohemia* (vgl. *La Bohème*), kannten die Germanen als *Boierheim* – nach dem keltischen Volksstamm der *Boier*, der zwischen 1000 und 400 v.Chr. seine ursprünglichen Wohngebiete an Main und Donau verließ und zum Teil nach *Böhmen* (röm. *Boiohaemum*) wanderte, zum Teil nach Oberitalien, wovon seine dortige Hauptstadt *Bononia* (heute *Bologna*) kündet.

Bornholm wird für die „Insel der Burgunder" gehalten, und tatsächlich kannte das Mittelalter die Ostseeinsel als *Burgundholm* (s. auch *Stockholm* und *Burgund*).

Bottrop, 1092 als „Borgthorpe" erwähnt, bedeutet wohl „Brukterer- dorf". Der germanische Stamm der *Brukterer* siedelte Ende des 1. Jahrhunderts v.Chr. zwischen Ems und Emscher, wurde um die Zeitenwende von den Römern unterworfen und drei Jahrhunderte später von Kaiser Konstantin praktisch ausgerottet.

Chartres im nördlichen Zentralfrankreich hieß bei den Römern *Civitas Carnutum*, nach dem keltischen Stamm der *Carnuten* (von kelt. *carn*, „Fels, Stein"), dessen Land als religiöses Zentrum Galliens galt. Den höchsten Punkt der Stadt krönt die berühmte Kathedrale Notre Dame.

Dalmatien ist eine Bezeichnung, die auf den illyrischen Stamm der *Delmaten* (latein. *Delmatae*) zurückgeht, der an der reich gegliederten Adriaküste unzählige Piratennester unterhielt, von den Römern aber schon im 3. Jahrhundert v. Chr. besiegt wurde. Unter Augustus war die Eroberung der gesamten dalmatinischen Küste einschließlich Istriens abgeschlossen (s. *Delmaten*).

Darfur bedeutet „Land der Fur". Das steppenhafte Tafelland im Westen der Republik Sudan wird vom ostafrikanischen Volk der *Fur* bewohnt, das zwar hauptsächlich aus Schwarzen besteht, inzwischen jedoch stark mit Arabern vermischt ist.

Eutin, eine Stadt in Schleswig-Holstein, ist nach dem germanischen Stamm der *Eutii* benannt, den wir heute als *Jüten* kennen (vgl. auch den Vornamen *Jutta*, die „Jütin").

Erzurum, von arab. *arzan er-rum*, „Land der Römer", ist eine uralte Stadt im osttürkischen Quellgebiet des Euphrat, die in strategisch günstiger Lage die Verkehrswege zwischen Kleinasien und Persien – z. B. die Seidenstraße – beherrschte und im Mittelalter von Armeniern, Byzantinern, Persern, Arabern und Türken heiß umkämpft war.

Gallien, latein. *Gallia*, war in der römischen Antike das „Land der Gallier" zwischen Rhein, Mittelmeer, Pyrenäen und Atlantik. Von Rom aus gesehen jenseits der Alpen lag *Gallia transalpina*, das im Wesentlichen dem Gebiet des heutigen Frankreich und Belgien entsprach. Südlich der Alpen lag *Gallia cisalpina* („Gallien diesseits der Alpen"), das die Römer 225 bis 191 v. Chr. unterwarfen. Die Eroberung von *Gallia transalpina* war erst unter Cäsar vollendet. Im 4. Jahrhundert drangen Franken in den Nordteil ein, denen 406/407 Alanen, Wandalen und Quaden folgten. Um 500 wurde fast ganz Gallien dem Fränkischen Reich einverleibt.

Gascogne heißt eine geschichtsträchtige Landschaft im Südwesten Frankreichs, die nach ihren Bewohnern, den *Basken* (bei den Römern *Vascones*), benannt ist (s. *Biskaya*).

Gdánsk an der Ostsee, der Haupthafen Polens, hat – wie das benachbarte *Gdynia* – einen gotischen Namen: *Gutisk-anja*, „Goten-Grenze"; das Herrschaftsgebiet der Goten reichte also bis hierher. Der deutsche Name *Danzig* suggeriert fälschlicherweise eine Verbindung mit den Dänen.

Gotland war ursprünglich natürlich das „Land der Goten". Die größte schwedische Ostsee-Insel ist flach und äußerst fruchtbar. Funde von Münzschätzen und anderen Kostbarkeiten weisen auf ihre Bedeutung für den Seehandel von der Bronzezeit bis zur

Hansezeit hin (vgl. *Göteborg*, „Gotenburg", an der Mündung des *Götaälv* in den Skagerrak sowie *Götaland*, den dicht besiedelten Südteil Schwedens, und – an der gegenüberliegenden Ostseeküste – *Gotenhafen*, heute poln. *Gdynia*; s. dort).

Maori, „die Einheimischen", nennen sich die polynesischen Einwohner Neuseelands – eine Anmaßung, sind sie doch erst um 1350 von den Gesellschafts- und Cook-Inseln eingewandert. Noch bis weit ins 19. Jahrhundert hinein waren sie gefürchtete Krieger und Kannibalen.

Han Jiang (auch *Han He*) ist ein Nebenfluss des Yangzi Jiang; er trägt den Namen des chinesischen Hauptvolkes der *Han* (von *jiang* bzw. *he*, „Fluss").

Hindustan bezeichnete früher in der Regel das Indus- und Gangesgebiet, gelegentlich auch ganz Vorderindien, also das „Land der Hindus", wo *Hindustani*, kurz *Hindi*, „die Sprache der Inder", gesprochen wird (die Literatursprache der muslimischen Bewohner des Subkontinents, insbesondere Pakistans, heißt *Urdu*). Der *Hindukusch* hingegen ist das „indische Gebirge" (vgl. auch *Kasachstan*, „Land der Kasachen", und *Kurdistan*, „Land der Kurden").

Indiana, „Indianerland", war im 18. Jahrhundert für die weißen Siedler das Land südlich des Michigansees; entsprechend hieß die spätere Hauptstadt *Indianapolis*, „Indianerstadt". Wie unsicher die Pioniere sich auf dem Territorium der nordamerikanischen Ureinwohner fühlten, verdeutlicht der Beiname *Hoosier State*, in dem sich die nachlässig ausgesprochene Frage *Who is here?* („Wer ist da?") verbergen soll.

Iran wird von uns Europäern häufig noch als *Persien* bezeichnet. Dieser Name war im Westen bis 1935 gebräuchlich, obwohl die Einheimischen selbst ihr Land längst *Iran* nannten, von *Eran*, „Land der Arier" (altpers. *ariyan*, „edel, vornehm"). *Persien* im engeren Sinn umschreibt das Siedlungsgebiet im Südiran (von altpers. *Parsa*, „Land der Reinen"; durch arab. Einfluss heute *Fars*). Im Altertum war der gebirgige Nordwesten des Iran als *Medien* bekannt, ein Reich, in dem die Heilkunst besonders entwickelt war. Noch heute bezeichnen wir einen Arzt als *Medicus*, was im Lateinischen nichts anderes bedeutet als „Meder", d.h. „Perser".

Jakutsk ist die Hauptstadt von *Jakutien* in Nordostsibirien, dem Land der *Jakuten* (von ewenk. *jekot*, „Fremde"), die sich selbst als *Sacha* bezeichnen. (In den Sprachen der Turkvölker bedeutet *saha* „Platz, Gebiet"; vgl. *Sachalin*.) Die Vorfahren der Vieh züchtenden *Jakuten* sind aus dem Baikalgebiet in ihre heutigen Wohngebiete eingewandert.

Kantabrisches Gebirge heißt die westliche Fortsetzung der Pyrenäen entlang der spanischen Nordküste. Der Name geht zurück auf die *Kantabrer*, eine Volksgruppe, die hier aus der Mischung der einheimischen Bevölkerung mit eingewanderten Kelten und Iberern entstanden ist (von latein. *Cantabri*, „nahe beim Ebro"). Das *Kantabrische Gebirge* ist wegen seiner Eisen-, Mangan- und Zinkerzlager in den Tälern sehr dicht besiedelt.

Kappadokien ist benannt nach dem iranischen Volk der *Kappadoken*, das 700 v. Chr. aus dem Iran einwanderte. Im Perserreich umfasste die Landschaft *Katpatuka* nur den nördlichen Teil des heute türkischen Kleinasiens, und erst seit 255 v. Chr. strebte das inzwischen selbstständige Königreich bis zur Südküste. 72 n. Chr. wurde *Kappadokien* zur römischen Provinz *Cappadocia* mit der Hauptstadt *Caesarea* (s. *Kayseri*).

Kärnten in Südösterreich führt seinen Namen auf die kelt. *Karner*, d. h. „Gebirgsbewohner", zurück (vgl. gäl. *carn*, brit.-kelt. *cairn*, „Fels, Stein"), eine Volksbezeichnung, die in der Form *Carantani* auf die nach *Carantia* eingewanderten Slawen übertragen wurde. Die Engländer nennen das österreichische Bundesland noch heute *Carinthia* (s. auch *Carnac*).

Kaspisches Meer heißt der größte abflusslose Binnensee der Welt, den jedoch schon die Römer wegen seines hohen Salzgehaltes „Meer" nannten. Diese Region an der Grenze zwischen Europa und Asien war im Altertum eine ethnische Drehscheibe, von der aus viele zentralasiatische Völker in den Mittleren Osten und nach Europa vorstießen, etwa das vorindogermanische Volk der *Kaspier* oder das Turkvolk der *Chasaren*, nach dem das *Kaspische Meer* von den iranischen Anrainern noch heute als *Darya-i-Khazar*, „Chasarisches Meer", bezeichnet wird.

Kurland, lett. *Kurzeme*, war im frühen Mittelalter Siedlungsgebiet der *Kuren*, das im Süden von der *Kurischen Nehrung* und dem *Kurischen Haff* begrenzt wurde. Der zu den Letten zählende baltische Stamm der *Kuren* (lett. *Kurši*) wurde im 13. Jahrhundert vom Deutschen Orden unterworfen und christianisiert.

Laodikeia, von griech. λαός *(laós)*, „Volk" (vgl. *Laie*), und δίκη *(dike)*, „Sitte, Recht", war in alter Zeit der Name *Beiruts* (röm.

Berytus), der bereits in den Tell el-Amarna Tafeln des 15. Jahrhunderts v.Chr. erwähnt wird. Die Hauptstadt des Libanon galt vor dem Bürgerkrieg der letzten Jahrzehnte als modernste Metropole des Nahen Ostens, und das Projekt *Beirut 2000* verspricht, die geschundene Stadt wieder zu dem zu machen, was sie einmal war.

Laos, ein Königreich in Hinterindien, ist benannt nach den zur Gruppe der Thaivölker gehörenden *Lao*, die von Norden her das Land eroberten und besiedelten. Auch ihre Sprache heißt *Lao*, eigentlich *Lawa*, woraus die Portugiesen *Laos* machten.

Leinster, eigentlich *Lagins tír*, bedeutet „Land der Lagin-Leute" (ir. *tír*, „Territorium"; vgl. *Tyrone*). Die *Lagin* waren ein keltischer Stamm in *Leinster*, einem der fünf alten Königreiche Irlands (die anderen waren *Connaught*, *Munster*, *Meath* und *Ulster*).

Maine, übrigens *der Maine*, heißt eine Landschaft und ehemalige Provinz in Nordwestfrankreich, in der ursprünglich der keltische Stamm der *Cenomanen* ansässig war. Ihr Hauptort war *Cenomanum*, das heutige *Le Mans* (vgl. auch *Maine* in den Vereinigten Staaten).

Mauretanien, heute teilweise Marokko und Westalgerien, war die Heimat der *Mauren*, also der „Dunkelhäutigen" (wohl nach einem phöniz. Wort für „dunkel, finster"; vgl. *Mohr* und *Moritz*). Die *Mauren* selbst bezeichneten sich allerdings als *beidan*, „Weiße"!

Metz in Ostfrankreich entwickelte sich aus der alten Hauptstadt des Belgenstammes der *Mediomatrici* zwischen Maas und Rhein, die zur Zeit der Römer *Mediomatricum* und später *Mettis* hieß.

Munster hat nichts mit *Münster* oder *Minster* zu tun. Der Name der Provinz in der Republik Irland geht zurück auf *Mumus tír*, „Mumu-Land"; die *Mumu* waren ein Keltenstamm im alten südirischen Königreich *Munster* (s. *Leinster* und *Ulster*).

Namibia und seine Küstenwüste *Namib* sind benannt nach dort lebenden Buschmännern, deren Eigenbezeichnung *Nama* lautet, und von denen nur einige kleine Gruppen im südlichen Teil von *Namibia* die anfängliche Ausrottungspolitik der weißen Siedler überlebt haben.

Nantes ist eine westfranzösische Stadt an der Loire, nahe der Bucht von Biskaya. Die römische *Civitas Namnetum* war der Hauptort des gallischen Stammes der *Namnetes*, der im Namen der heutigen Stadt fortlebt. *Nantes* wurde berühmt durch das 1598 erlassene Edikt, das den französischen Protestanten vielerlei Rechte einräumte, aber auch durch den Handel mit Sklaven, die man im 17. Jahrhundert verächtlich als „Ebenholz" bezeichnete. Übrigens wurde Jules Verne, der berühmte Autor utopischer Romane des 19. Jahrhunderts, hier geboren.

Oklahoma bedeutet in der Sprache der Indianer „roter Mann". Diesen Namen schlug ein Choctaw-Häuptling für das zunächst nur von Indianern bewohnte Gebiet am *Red River* vor, das die amerikanische Regierung um 1860 zur Besiedlung durch die Weißen freigab. *Oklahoma* trat erst 1907 als 46. Staat in die Union ein.

Palästina, arab. *Falastin*, wurde schon im 5. Jahrhundert v.Chr. von griechischen Seefahrern als „Land der Philister" bezeichnet, das sich in etwa mit dem biblischen Kanaan deckt. Die arabischen Bewohner der Gegend tragen noch heute den Namen *Palästinenser*. Das „Gelobte Land" der Juden – das „Heilige Land" der Christen – erstreckt sich vom Libanon bis zum Golf von Elat, von der Mittelmeerküste bis zu den Bergländern östlich des Jordangrabens, wenn auch die Grenzen verschwommen bleiben, da *Palästina* bis 1922 nie eine politische Einheit war.

Rätikon ist die Bezeichnung einer Hochgebirgsgruppe in den Ostalpen (Vorarlberg, Graubünden und Liechtenstein). Im Altertum bewohnten *Räter* das Gebiet, ein indogermanisches Volk mit keltischem und etruskischem Erbe.

Reims, berühmtes Zentrum der Champagnerproduktion in Nordostfrankreich, ist nach dem Belgenstamm der *Remer* benannt („die Überlegenen"). Dessen ehemalige, an dieser Stelle errichtete Hauptstadt war den Römern als *Civitas Remorum* vertraut, denn sie lag an einer wichtigen Straßenkreuzung; die tapferen *Remer* waren zudem *foederati*, also „Bundesgenossen" Roms – für Cäsar Grund genug, sie in Ehren zu halten. *Reims* war später neben Metz die Residenz der Könige von Austrasien und hatte seit 1179 das ausschließliche Recht, die Herrscher von Frankreich zu krönen. 1429 führte Jeanne d'Arc den Dauphin Karl durch das von den Engländern besetzte Land zur Krönung nach *Reims*, dessen Kathedrale zum Symbol der nationalen Einheit werden sollte.

Rennes, eine nordwestfranzösische Stadt in der Bretagne, verdankt ihren Namen dem keltischen Stamm der *Redones*, der hier seinen Hauptort hatte. Im 16. Jahrhundert war *Rennes* Sitz des

Herzogtums Bretagne. Auch die Stadt *Redon* südwestlich von *Rennes* war eine Gründung der *Redones.*

Rügen, die größte deutsche, über den *Rügendamm* mit dem Festland verbundene Insel, ist benannt nach den *Rugiern*, einem germanischen Stamm, der während der Völkerwanderungszeit auf die Insel kam und im 6. Jahrhundert n. Chr. durch die slawischen Ranen abgelöst wurde, die ihrerseits 1168 von Dänemark unterworfen und christianisiert wurden.

Sardinien, die zweitgrößte Insel Italiens, ist die Heimat der *Sarden,* einer ethnischen Mischung aus ligurischer Urbevölkerung und später zugewanderten Phöniziern, Griechen, Römern, Mauren, Spaniern und Genuesen.[1]

Schlesien hat seinen Namen vom wandalischen Stamm der *Silingen,* der vor seiner Wanderung nach Südwesten um den Zobten in *Niederschlesien* ansässig war – einen heiligen Berg mit alten Steinkreisen und schützenden Erdwällen, dessen germanischer Name *Siling,* also „Schlesierberg", bis ins 13. Jahrhundert bezeugt ist. Die Urheimat der Wandalen dürfte allerdings in Skandinavien gelegen haben, worauf die nordjütischen Namen *Vendill* oder *Vandill* hinweisen.

Schottland heißt offensichtlich „Land der Skoten". Dieser keltische Stamm aus dem Norden Irlands hatte schon früh die in *Schottland* beheimateten *Pikten* unterworfen, deren Siedlungsgebiet die Römer *Pictavia* nannten, das „Land der Bemalten". (Die kämpferischen Einwohner trugen, wie die „Rothäute" Nordamerikas, eine Art Kriegsbemalung; vgl. engl. *picture.*) Vor den unberechenbaren *Pikten*, und später auch den *Skoten*, galt es, auf der Hut zu sein; daher gaben die Römer dem rauen Land im Norden Britanniens wohl auch den Beinamen *Caledonia,* das „Land der harten Männer" (von kelt. *cal*-, „stark, hart").

Schweden, in der Landessprache *Sverige*, bedeutet „Reich der Svear". Dieser im nördlichen *Svealand* lebende Kernstamm der *Schweden* schloss sich zwischen dem 6. und 10. Jahrhundert mit den *Goten* im südlichen *Götaland* sowie auf der Insel *Gotland* zum *Svea-Rike*, zum „Schwedenreich" zusammen. Während der Völkerwanderungszeit hatten Teile der *Goten* ihren Siedlungs-

---

[1] Die *Sardine* hat im Übrigen nichts mit der Mittelmeerinsel zu tun; ihr Name bedeutet also nicht „sardischer Fisch", sondern geht vielmehr auf griech. σάρδα *(sárda)*, „Salz-, Pökelfisch", zurück. Gleiches gilt für den *Sardelle* genannten Heringsfisch – eine Verkleinerungsform zu *Sardine.*

raum verlassen und waren bis in den Mittelmeerraum vorgedrungen (s. *West-* und *Ostgoten*). Ein halbes Jahrtausend später waren es rotblonde Wikinger, die von *Schweden* aus den südlichen Ostseeraum eroberten, die dortigen slawischen Stämme unterwarfen und das Reich der *Rus,* der „Roten", gründeten (s. *Russland*).

Schweiz ist ein Name, der auf *Schwyz,* einen der drei Urkantone, zurückgeht und später auf die gesamte Eidgenossenschaft übertragen wurde (wohl von althochd. *swedan,* „brennen", vielleicht ein Hinweis auf die frühere Tradition der Brandrodung in dieser Region). Die Römer nannten die *Schweiz* nach den dort heimischen Kelten *Helvetia* (s. *Confoederatio Helvetica*). Die *Helvetier –* von kelt. *helu-etii,* „die Landreichen" – wanderten etwa um 100 v. Chr. von Südwestdeutschland in das Gebiet zwischen Oberrhein und Genfer See ein. Als sie sich nach Gallien ausbreiten wollten, zwang Cäsar sie zur Rückkehr in das schweizerische Mittelland. Als die *Helvetier* um 450 erneut Expansionsabsichten zeigten, setzten die Römer Burgunder zu ihrer Abwehr ein, deren Nachfolger im Ostteil des Landes bis heute ihr französisches Erbe pflegen.

Senigallia ist eine Hafenstadt und ein bekanntes Seebad in der italienischen Provinz Ancona. Im Altertum war *Senigallia* als *Sena Gallica* ein Hauptort der aus Gallien eingewanderten *Senonen,* die ursprünglich an der oberen Seine saßen, wo ihre frühere Hauptstadt, *Sens,* noch immer den alten Stammesnamen bewahrt. (Der Flussname *Seine* hat nichts mit dem Keltenstamm zu tun; s. dort.)

Sizilien erinnert mit seinem Namen an das Volk der *Sikuler* (lat. *sicula,* „kleiner Dolch", vgl. *Sichel*), die hier seit alten Zeiten siedelten. Der Sage nach war *Sizilien* ursprünglich mit Unteritalien verbunden gewesen, und erst der Meeresgott Poseidon soll die Insel mit seinem Dreizack vom Festland getrennt haben; daher trug sie im Altertum auch den Beinamen *Trinacria,* „die Dreispitzige". Wegen der bedeutsamen Lage der Insel, die beide Becken des Mittelmeeres, dieses antiken Weltmeeres, trennt und beherrscht, haben die *Sizilianer* selten ihr eigenes Schicksal bestimmen können, dafür aber eine Fülle fremder Kultur-, Kunst- und Architektureinflüsse erhalten. Ihre Herrscher – ob griechisch, römisch, arabisch, normannisch, deutsch, spanisch oder italienisch – haben sie stets als feindlich und wertlos betrachtet. Wen wundert's, wenn die Regierungen selten in Sizilien selbst gesessen haben, sondern immer mehr Interesse an seinem Reichtum und strategischen Wert hatten, als daran, die Inselbewohner vor Verbrechen oder Seeräuberei zu schützen. Eigentlich sind die Sizilianer immer Opfer gewesen – auch der kriminellen Vereinigung der Mafia, die zumindest anfänglich eine Waffe der mächtigen Großgrundbesitzer gegen die Kleinbauern war.

Soissons an der Aisne, einer der ältesten Orte Nordfrankreichs, verweist mit seinem jetzigen Namen auf den Belgenstamm der *Suessonen*. Die Stadt, die bei den Römern *Augusta Suessionum* und *Suessiona* hieß, war zwischen dem 5. und 7. Jahrhundert Hauptstadt verschiedener Merowingerkönige.

Sotschi ist der größte Luftkurort Russlands und neben Jalta das bekannteste Seebad an der Schwarzmeerküste. Ein türkisches Bergvolk, das sich hier angesiedelt hatte, nannte sich *Sschatsche*, und in Erinnerung an dieses Volk erhielt die Stadt 1896 ihren heutigen Namen.

Touraine heißt eine Landschaft in Mittelfrankreich, deren Hauptstadt *Tours* ist. Dieses Gebiet beiderseits der mittleren Loire war einst von den gallischen *Turonen* bewohnt. Vom 15. bis 17. Jahrhundert war die *Touraine* bevorzugte Residenz der französischen Könige, die dort prachtvolle Schlösser bauten (s. *Zürich*).

Trier leitet seinen Namen von den einst dort siedelnden keltischen *Treverern* ab. Kaiser Augustus verlieh der Stadt, die er 16 v.Chr. nach seinem Sieg über die *Treverer* hier errichten ließ, den Namen *Augusta Treverorum*. Unter Konstantin wurde sie sogar die westliche Metropole des Römischen Reiches. Trotz ihres Alters – sie gilt als die früheste Städtegründung Deutschlands – vermittelt *Trier* (in unmittelbarer Nähe zu Belgien, Luxemburg und Frankreich) noch immer die Atmosphäre einer Grenzstadt, in der keltische, römische und germanische Zivilisationen aufeinander trafen. Vielleicht ist es daher kein Zufall, dass Karl Marx, der Vater des internationalen Sozialismus, in dieser kosmopolitischen Stadt beheimatet war.

Turin, nach dem ligurischen Volksstamm der *Taurier* am oberen Po, wurde im 1. nachchristlichen Jahrhundert als römische Kolonie *Augusta Taurinorum* gegründet. *Turin*, italien. *Torino*, wurde durch das *Turiner Grabtuch* und die *FIAT*-Werke weltberühmt (abgekürzt aus *Fabbrica Italiana Automobili Torino*; die Assoziation mit der wohlmeinenden lateinischen Formel *fiat*, „Es geschehe!" war der 1899 gegründeten Automobilfirma sicherlich nicht unangenehm).

Ulster, im Irischen eigentlich *Ulaids tír* (von irisch *tír*, „Territorium"; vgl. *Tyrone*), lässt sich übersetzen als „Land des Ulaid-Stammes" (s. auch *Leinster* und *Munster*).

Usbekistan bedeutet natürlich „Land der Usbeken", die das größte türkisch-mongolide Volk in Zentralasien darstellen. Das Volk ist benannt nach *Usbek* (aus *Uzby-Khan*), der im 14. Jahrhundert Anführer der Goldenen Horde war. Hauptstadt *Usbekistans* ist Taschkent (s. *Hindustan, Kurdistan* etc.).

Vannes hieß in alter Zeit *Venetis*. Der Name der bretonischen Stadt geht zurück auf die keltischen *Veneter*, die Cäsar lange Widerstand leisteten.

Vendée ist die Bezeichnung einer westfranzösischen Küstenlandschaft südlich der Loiremündung. Wie im Fall von *Vannes* bezieht sich der Name auf den seefahrenden keltischen Stamm der *Veneter*, der im 1. Jahrhundert v. Chr. im Gebiet der heutigen Südbretagne lebte, von Julius Cäsar jedoch in einer Seeschlacht besiegt und komplett in die Sklaverei verkauft wurde.

Venetien ist – anders als die *Vendée* – nach jenen *Venetern* (latein. *Veneti*) benannt, die in der Gegend der nordostitalienischen Adriaküste wohnten und bekannte Pferdezüchter waren. Im Übrigen gab es an der mittleren Weichsel noch ein drittes *Venetervolk*. (Möglicherweise handelte es sich aber auch nur um Stämme des gleichen Volkes, die auf ihren Seefahrten an verschiedene Gestade Europas verschlagen worden waren.)

Zürich war als *Turicum* – neben *Tours* (der alten *Civitas Turonorum*) – ein weiteres Zentrum des gallisch-keltischen Volkes der *Turonen*. Die Hauptstadt des gleichnamigen schweizerischen Kantons liegt an der Limmat am Nordende des Zürichsees (s. auch *Touraine*).

Schon früh haben sich verwandte Stämme zu einem V o l k zusammengeschlossen, das sich nicht nur den gleichen Lebensraum teilte und die gleiche Sprache sprach, sondern dessen Sitten und Gebräuche sich kaum von einander unterschieden und in dem die Erinnerung an den gemeinsamen Ursprung lebendig blieb. Der Hauptvorteil einer größeren Gemeinschaft aber war die zahlenmäßige Überlegenheit gegenüber möglichen Feinden, und so bedeutete auch in unserer Sprache das Wort *Volk* ursprünglich „Haufe, Kriegsschar", eine Bedeutung, an die sich

das russische Wort *полк (polk)*, „Regiment", eng anlehnt (vgl. *Pulk*).
Daneben gab es natürlich auch manche zweckgebundene A l l i a n z
mit fremden Stammesverbänden, die aufkündbar war und nur so lange
hielt, wie man gemeinsame Ziele verfolgte (von franz. *allier*, „verbinden", aus latein. *alligare*, „verbindlich machen, verpflichten"; vgl.
Legierung und *obligatorisch*).[1]

Es ist verständlich, dass sich viele Völker einen Namen gaben, der
ihre Stärke, Bedeutung und Einzigartigkeit betonte, wenngleich manche
sich auch schlicht als „das Volk" bezeichneten (geradeso, als spräche
man anderen Stämmen die Zugehörigkeit zur menschlichen Rasse ab),
etwa die Indianervölker der *Algonkin*, der *Navajos* und der *Creek*. Die
Mohawk gingen sogar so weit, sich selbst als *Ankwehonwe*, „das wahre
Volk", zu betrachten (obschon ironischerweise der Schimpfname, den
sie von ihren Nachbarn bekamen, überlebt hat: *Mohowaùuck*, „Aas-
fresser").

V ö l k e r , F r e u n d e , A l l i i e r t e
Alemannen, „alle Männer", nannte sich ein Teilstamm der Sueben,
also der Vorfahren der Schwaben. Die *Alemannen* waren die
ersten Germanen, die sich im ansonsten keltisch besiedelten
Gebiet niederließen. Sie eroberten im 3. Jahrhundert die
Schwarzwaldregion, nachdem sie im Maingebiet *alle Mannen*
anderer westgermanischer Heer- und Wanderhaufen zu lockeren
Kampfverbänden vereinigt hatten und den Limes überwinden
konnten. Zwei Jahrhunderte später reichte ihr Siedlungsraum
bereits bis in das Elsass und die nördliche Schweiz. Da sie nie
eine zentrale Regierung hatten, haben sie gewissermaßen den
späteren deutschen Föderalismus vorweggenommen. Um 600
wurden sie dem Fränkischen Reich einverleibt, bei dessen
Zerfall in einen West- und Ostteil ihr Siedlungsraum als Herzogtum Schwaben zum Ostfränkischen Reich kam. Für die Franken
waren die Angehörigen aller germanischen Stämme *Alemannen*,
weswegen die Franzosen noch heute die Gesamtheit der Deutschen *Allemands* nennen (span. *Alemanes*, portug. *Alemães*; vgl.
auch das verwandte Wort *Allmende*, ursprünglich *Alamannida*,
„das Land, das allen Männern zur Nutzung gehört").

---

[1] Die Beduinen in den unwirtlichen Wüsten Nordafrikas verdeutlichen ein solches
Zweckbündnis mit einem Sprichwort: „Kampf – ich gegen meinen Bruder; ich und
mein Bruder gegen unseren Cousin; ich, mein Bruder und mein Cousin gegen die
Nachbarn; wir alle gegen die Fremden."

Dakota ist das Sioux-Wort für „Freund" und „Verbündeter", womit eigentlich nur der östlichste von drei alliierten Indianerstämmen gemeint war. (Der mittlere hieß *Nakota*, der westliche *Lakota*.) Die beiden amerikanischen Bundesstaaten *North* und *South Dakota* tragen also einen Namen, der „nördliches bzw. südliches Freundesland" bedeutet.

Deutsche gibt es im etymologischen Sinn des Wortes erst ab dem 8. Jahrhundert, als das Adjektiv *teudisk*, „deutsch", aufkam, womit gemeint war, dass man zur *theoda*, zum „Stamm" gehörte (das Gegenteil war *walhiskwelsch*, „zu den Welschen gehörend") und die *lingua Theodisca*, d. h. eine der germanischen Volkssprachen im Ostteil des Frankenreiches sprach. *Theodisci* wurde gleichgesetzt mit dem Stammesnamen der *Teutonen*, die man 843 zum ersten Mal *Teutisci*, „die Deutschen", nannte. Einige unserer Nachbarländer haben den Namen *Theodisci* für Deutsche übernommen (italien. *Tedeschi*, skandin. *Tysk*, niederl. *Duitse* – wohingegen die Niederländer ihrerseits von den Angelsachsen *Dutch* genannt werden). Andere Völker haben die Deutschen verallgemeinernd mit den Germanen gleichgesetzt, so die Engländer (die als Angelsachsen ja selbst Germanen waren), aber auch die Griechen und Rumänen: *Germans*, Γερμανοί *(Germanoí)*, und *Germani*.

Hakka, „Gäste, Freunde", ist der Name eines Ackerbauvolkes in Südchina, das seit 1300 in den höheren Lagen des südchinesischen Hügellandes sowie auf den Inseln Hainan und Taiwan ansässig ist. Auch ihre Sprache wird *Hakka* genannt.

Kabylen, von arab. *qabâ'il*, „die Stämme, das Volk", heißen die Angehörigen eines Berbervolkes in der *Kabylei*, einer nordostalgerischen Gebirgslandschaft im Tellatlas.

Milwaukee, indian. *Mahn-ah-wauk*, bedeutet „Treffpunkt am Wasser". Die amerikanische Stadt am Lake Michigan entstand am Ort eines traditionellen Sammelplatzes verschiedener Indianerstämme in verkehrsgünstiger Lage am Zusammenfluss des *Milwaukee*-River mit zwei weiteren Flüssen.

Pamphylien, „alle Sippen", nannte man in der Antike den Küstenstreifen zwischen den heutigen südtürkischen Städten Antalya und Alanya, wo eine bunte Mischung griechischer Siedler und kleinasiatischer Stämme friedlich zusammenlebte. Der Name enthält die beiden griechischen Wörter πᾶν *(pân)*, „jedes", und φῦλον *(phylon)*, „Geschlecht, Volk".

Semnonen, „Sippengenossen", hieß laut Tacitus das Hauptvolk der *Sueben*, aus dem – ethnisch und etymologisch – später die *Schwaben* hervorgingen.

Tanganjika ist das „Land vieler Stämme" (seit 1965 mit *Sansibar* zu *Tansania* zusammengeschlossen; von *kou tanganjika*, „sich vereinigen"). Das ostafrikanische Land am Indischen Ozean wurde berühmt durch seinen Reichtum an Gewürzen, vor allem Pfeffer, Muskat und Gewürznelken. (Während *Sansibar* 1890 im Tausch gegen Helgoland den Briten überlassen wurde, blieb *Tanganjika* bis zum Ende des Ersten Weltkriegs deutsches Kolonialgebiet.)

Texas, von indian. *tejas*, bedeutet „Freunde, Alliierte"; es ist heute kaum noch nachzuvollziehen, dass die Ureinwohner im östlichen *Texas* zunächst alle spanischen Siedler so liebenswürdig bezeichneten. Bei der Unabhängigkeit von Mexiko im Jahr 1836 wurde das Indianerwort als schmeichelhafter Name für die neu gegründete Republik übernommen. 1845 wurde *Texas* von den USA annektiert und 1870 als 28. Staat der Union angeschlossen.

Tuvalu, eine Inselrepublik im Südpazifik, besteht zwar aus neun Korallenatollen, aber nur die Einwohner von acht Inseln fühlen sich kulturell verbunden: Die Menschen auf der neunten Insel, Nui, werden als Fremdlinge angesehen, da sie die Sprache des Nachbarstaats Kiribati sprechen. So macht der Eingeborenen-Name *Tuvalu* – „acht stehen zusammen" – einen gewissen Sinn.

Uiguren, „Bundesgenossen", hieß ein im 8. Jahrhundert in der Mongolei siedelndes Turkvolk, das sich den westwärts ziehenden Mongolenheeren anschloss.

Zeit seines Lebens behält der Mensch eine ganz besondere emotionale Bindung zu seiner H e i m a t , also zur Umgebung seines „Heims" und seiner Dorfgemeinschaft (althochd. *heima*, „Haus, Wohnort", got. *haims* „Dorf", von der indogerman. Wurzel *k(h)ei-*, „lagern", die in über 2000 deutschen Ortsnamen auf *-heim* enthalten ist und tausendfach im englischen Suffix *-ham* wiederkehrt: z.B. *Birmingham*, „Dorf der Leute Beormas"). Die *Heimat* eines Menschen ist daher eigentlich der Ort, an dem seine Vorfahren sich niedergelassen haben (vgl. in Mexiko und Arizona die *Pueblo*-Indianer, von span. *pueblo*, „Dorf", die in einem Gewirr verschachtelter Apartmenthäuser aus Adobeziegeln leben). Der gleiche Besitzanspruch und die gleiche Geborgenheit offenbaren sich in den Bezeichnungen V a t e r l a n d – das Land der

Vorfahren, in dem man geboren oder aufgewachsen ist, das in manchen Ländern wohl auch Mutterland genannt wird (z.B. in England und der Türkei)[1] – und N a t i o n, jene bewusst strukturierte Gemeinschaft, deren Mitglied man mit dem Tag seiner Geburt wird (von latein. *nasci*, „geboren werden", bzw. *natus*, „geboren"; vgl. *Natur*).

Für die sesshaften Griechen war die „bewohnte Erde", also die *Ökumene*, praktisch die Summe aller Ansiedlungen, denn οἶκος *(oîkos)* bedeutet „Haus, Wohnung" (vgl. *Ökologie*) – ein Wort, das urverwandt ist mit latein. *vicus*, „Häusergruppe, Dorf" (s. die Ortsnamen auf *-wich, -wig, -wiek* und *-wijk*). Bei den Nomaden war das Zelt Wohnung und Heimat zugleich. Wir kennen die runden, mit Filzdecken belegten *Jurten* der Kirgisen und Mongolen in Asien (von türk. *yurt*, „Heim", „Heimat" und „Vaterland") sowie den *Wigwam*, das kuppelförmige Hauszelt der nordamerikanischen Indianer (von indian. *wikiwam*, „Wohnung", aus *wik* für „hausen"; vgl. die Ähnlichkeit mit unseren Ortsnamen auf *-wig*, aber auch den *Wikingern*), und das legendäre Spitzzelt der Prärie-Indianer, das *Tipi* (hergeleitet von den Sioux-Wörtern *ti*, „wohnen", und *pi*, „benutzt für"), dessen Platz bei den halbnomadischen Eskimos das *Iglu* (indian. „Haus") einnimmt. Im keltisch-germanischen Sprachraum begrenzte ein *Zaun* den gemeinsamen Wohnbezirk, aus dem im Englischen *town* wurde (urverw. mit kelt. *dunum*, altir. *dun*, „Burg", althochd. *zûn*, „Zaun, Hecke, Gehege", niederl. *tuin*, „Zaun, Garten", altengl. *tun*, „umfriedeter Ort"; vgl. Ortsnamen wie *Daun, Autun, Thun* und *Verdun*).

W o h n u n g ,   H e i m a t ,   V a t e r l a n d
Alabama ist ein indianisches Wort für „Stammessiedlung", das man später auf einen der südöstlichen US-Bundesstaaten übertrug. Zu Grunde liegt der Creek-Ausdruck *alibamo*, „hier bleiben wir".

---

[1] In vielen Sprachen der Welt verdeutlichen Personennamen die Kontinuität der Familien und den Stolz auf die eigene Abstammung, indem der Name des Vaters die Endung „Sohn" oder „Tochter" erhält (in skandin. Ländern *-son* bzw. *-dottir*; in Spanien *-ez* wie in *Rodriguez*, „Abkömmling des Rodrigo"; in Russland *-ow*, z.B. *Iwanow*, „Sohn des Iwan"; in Polen *-ski*, vgl. *Kowalski*, „Sohn des Kowal", d.h. „Schmied"; in Serbien und Kroatien *-vić*, vgl. *Pavlović*, „Pauls Sohn"; in Ungarn *-fi*, z.B. bei *Petőfi*, „Peters Sohn"; in China *-tse*, etwa im berühmten Namen *Lao-tse*). Gleiches gilt, wenn dem Vaternamen ein entsprechendes Präfix vorangestellt wird (in Irland ein kelt. *Fitz-*, z.B. bei *Fitzpatrick* oder *Fitzgerald*, aus latein. *filius*, „Sohn", oder ein *O'* wie in *O'Conor*, „Enkel des Conor"; in Schottland ein *Mac-*, vgl. *Macbeth*, „Knabe der Elisabeth", und *Macdonald*; im Hebräischen ein *Ben-*, etwa in *Ben-Gurion*, oder ein *Bat-*, wenn es sich um eine Tochter handelt; im Arabischen ein *Ibn-*, wie in *Ibn Saud*, etc.).

Antrim erinnert seine Bewohner an die bescheidenen Anfänge der Stadt, deren irischer Name *Aontroim* „Einzelhaus" bedeutet, von irisch *aon*, „ein", und *treabh*, „Haus". Eine einzige Familie bildete also die Basis für die nordirische Stadt und die spätere gleichnamige Grafschaft.

Arras, fläm. *Atrecht*, von röm. *Atrebatum*, erinnert mit seiner Benennung an den keltischen Volksstamm der *Atrebaten*, d.h. der „Anwohner" (von kelt. *treb*, „Wohnung", vgl. engl. *thorp* und *Dorf*), der nicht nur in der Gegend der nordfranzösischen Stadt ansässig war, sondern sich auch in England, westlich von London, niedergelassen hatte (s. auch *Artois*).

Burundi, eigentlich *Uburundi*, lautet der Name eines afrikanischen Staates. Er bedeutet „Vaterland" – ein Anspruch, der angesichts der Vertreibungspolitik und der äußerst blutigen Massaker seitens der beiden verfeindeten Bevölkerungsgruppen der Hutu und Tutsi wie Hohn klingt.

Casablanca trug im Mittelalter den arabischen Namen *Anfa*. Das kleine maurische Piratennest wurde im 16. Jahrhundert von den Portugiesen zerstört und als *Casa Branca*, als „weißes Haus", neu errichtet. 1757 gelangte die Stadt in die Hände des Sultans von Marokko, der sie arab. *Dar el-Beïda*, ebenfalls „weißes Haus", nannte. Der heutige Name ist spanisch (mit *blanca* statt *branca*; s. auch *Dar es-Salaam*).

Hawaii, hawaiisch *Hawaiki*, „Heimatland", ist wohl der traditionelle Name der polynesischen Urheimat der Inselbewohner: *Hawaii* wurde schon 450 n.Chr. von Tahiti aus besiedelt. In den Sagen der *Hawaiianer* kommt immer wieder ein im Westen gelegenes *Hawaiki* vor, das als Land der Ahnen angesehen wird – aber auch als Reich der Toten, in das die Verstorbenen zurückkehren. *Hawaii* heißt eigentlich nur eine der acht Hauptinseln. (Die anderen sind *Maui*, *Oahu*, *Kauai*, *Molokai*, *Lanai*, *Niihau* und *Kahoolawe*.) Insgesamt besteht der Archipel im Zentrum des Nordpazifiks aus über 130 Inseln und Inselchen. *Hawaii* trat erst 1959 als 50. (und bislang letzter) US-Staat der Union bei.

Husum, von niederd. *Hûs*, „Haus", bedeutet also „bei den Häusern". Die nordfriesische Stadt entstand aus drei lockeren Dorfsiedlungen auf der Nordseegeest.

Leer in Ostfriesland besitzt einen Namen, der das althochdeutsche Wort *gilari*, „Wohnung", enthält. (Das Gleiche gilt für Orte auf *-lar*, wie *Goslar*, *Kevelaer*, *Osselar*, *Wetzlar* etc.)

Monaco war ein antiker Handelsplatz der Phönizier und später der Griechen, die hier an der Nordküste des westlichen Mittelmeers einen Herkules-Tempel errichtet hatten, der bald den Beinamen *Monoikos*, „einzelnes Haus", erhielt, von griech. *μόνος (mónos)*, „allein", und *οἶκος (oîkos)*, „Haus" (s. auch *Ökumene*). Als der Ort römischer Hafen wurde, bekam er den Namen *Herculis Monoeci Portus*, woraus verkürzt *Monaco* entstand. Das mit 1,95 km^2 Fläche ausgesprochen kleine Fürstentum an der *Côte d'Azur* – es ist nur etwa drei Kilometer lang und im Schnitt 500 Meter breit – straft seinen Namen Lügen, denn es hat mit fast 15 000 Einwohnern pro Quadratkilometer die größte Bevölkerungsdichte Europas. (*Mònaco* ist übrigens auch die italienische Bezeichnung für *München*.)

Simbabwe ist ein Bantu-Wort und bedeutet „steinerne Stadt". (Es ist also nicht, wie man annehmen könnte, von *Simba*, „der Löwe", abzuleiten.) Im Gebiet des heutigen *Simbabwe* im südlichen Afrika wurde im Mittelalter Gold und Silber gefördert, und die Ruinen, die 1871 ausgegraben wurden, zeugen noch heute vom Reichtum des auch von Arabern aufgesuchten Handelsplatzes.

Tallahassee, der Name von Floridas Hauptstadt, bedeutet in der Sprache der früher hier ansässigen, inzwischen aber ausgestorbenen *Apalachee*-Indianer „alter Wohnort".

Uist heißen zwei Inseln der Äußeren Hebriden (*North Uist* und *South Uist*), deren Name aus dem Altnorwegischen stammt und „darin Wohnort" bedeutet (aus *i*, „in", und *vist*, „Wohnung").

2. Dünkel und Abgrenzung

Das Bewusstsein kultureller Einzigartigkeit, neben der die Lebensweisen und Anschauungen anderer Gemeinschaften verblassen müssen, führt zu ausgesprochenem C l a n d e n k e n und hat in der Geschichte immer wieder übersteigerten Nationalstolz hervorgebracht. Die Namen von Völkern und Orten spiegeln daher nicht selten selbstgefällig und hochmütig die eigenen Tugenden (s. Nationalhymnen), sie betonen aber auch gleichzeitig die A n d e r s a r t i g k e i t – sprich Minderwertigkeit – von Nachbarn und Rivalen, denen gegenüber man sich wachsam oder ablehnend, feindlich oder gar gewalttätig verhält. Spottnamen und abwertende Redensarten sprechen eine deutliche Sprache:

Auch heute noch gilt die Feststellung des englischen Schriftstellers Joseph Conrad, dass ein Volk vor allem durch seine Untugenden im Ausland bekannt ist.

Stolz und Anmaßung

Abbala, „Besitzer von Kamelen", ist die stolze Eigenbezeichnung der arabischen Vollnomaden im Sudan. Ihr Sozialsystem kennt eine strenge Klasseneinteilung, die auf Herkunft und beweglichem Besitz basiert. So heiraten z. B. die Kamelzüchter, die zur höchsten Schicht gehören, nur innerhalb ihrer Gruppe und halten Nichtnomaden für minderwertig.

Aeduer, „die Feurigen", nannten sich großspurig die Angehörigen eines keltischen Volksstammes in Gallia Lugdunensis, also in der Umgebung von Lyon in Südfrankreich am Zusammenfluss von Rhône und Saône.

Belgien ist das „Land der Stolzen", von der indogerman. Wurzel *bhelgh-*, „(vor Stolz) schwellen" (vgl. engl. *to bulge*, „hervortreten, anschwellen", *belly*, „Bauch", und *bellows*, „Blasebalg"). Es hat seinen Namen von dem kühnen Keltenstamm der *Belgen*.

Chauken, „die Hohen", „die Vornehmen" (got. *hauhs*, altnord. *har*, engl. *high*; vgl. mittelhochd. *houc*, „Hügel") – so hieß zur Römerzeit ein ostfriesischer Germanenstamm, der, seinem überheblichen Namen zum Trotz, im Marschland zwischen Ems und Elbe genügsam von Fischfang und Viehzucht lebte.

Delawaren benannten europäische Siedler einfallslos einen nordamerikanischen Indianerstamm, da er am *Delaware River* lebte. Seine Angehörigen hielten sich selbst für die *Leni-Lenape*, „die wahren Menschen", und die Mitglieder der Bruderstämme redeten sie respektvoll mit „Großväter" an. Die *Delawaren* lebten zunächst in Frieden mit den weißen Siedlern und verkauften ihnen 1626 Manhattan Island (s. *Delaware*).

Franken, „die Kühnen, die Freien" (von altfranz. *franc*, „frei"; d.h. „von allen Abgaben befreit"), ließ sich eine Gruppe von germanischen Stämmen titulieren, die Gallien im 5. und 6. Jahrhundert eroberte und ihm einen neuen Namen gab: *Frankenreich* oder *Frankreich* (s. dort). Im östlichen Mittelmeergebiet bezeichnete man zu jener Zeit übrigens jeden Angehörigen eines westlichen Volkes als *Φράγκος (Phránkos)*, also *Franken*. Auch für die Türken war früher jeder Europäer ein *Ferenk* – ein *Franke* (den man daran erkannte, dass er einen Hut anstatt des üblichen Fez trug). Die Chinesen hielten einst ebenfalls jeden Fremden aus dem Abendland für einen *Franken*, oder – wie sie ihn in ihrer Sprache titulierten – einen *Fa-lang-ji*.

Germanen nannte man ursprünglich wohl nur die Angehörigen eines Einzelstammes, während die Römer diese Bezeichnung später auf das Gesamtvolk übertrugen (so wie die Franzosen sich angewöhnten, alle Deutschen als *Alemannen* zu betrachten, während die Ungarn uns pauschal für *Schwaben* ansahen). Möglicherweise lehnt sich der Name an die lateinischen Wörter *germanus*, „leiblich", und *germanitas*, „Bruderschaft", an (von *germen*, „Keim, Sprössling"; vgl. span. *hermano*, portug. *irmão*, „Bruder") und wäre damit eine Übersetzung des germanischen Terminus *swebosz*, mit dem man die „Brüder" eines Kultverbandes und einer Thinggemeinschaft meinte. Die Bezeichnung *Germanen* könnte auch keltischen Ursprungs sein und wäre dann eher auf altir. *gair*, „Nachbar", zurückzuführen als auf den Namen *Hermann* in der Bedeutung „Krieger" und „Rufer im Streit" (von kelt. *gairm* oder *garm*, „Schrei"), obschon die beiden letzteren Definitionen im Verlauf der Geschichte reichlich Bestätigung gefunden haben.

Illinois, der US-Bundesstaat zwischen den Flüssen Wabash, Ohio und Mississippi, war vor der Landnahme durch französische Siedler das Land der *Illini*, eines elitären Indianervolkes, das sich selbst als „Stamm der überlegenen Männer" bezeichnete. (Die Endung des Staatsnamens ist französisch umgeformt.)

Mandschu, „die Reinen", nannten sich die Bewohner der *Mandschurei*, also des nordostchinesischen Tieflands.

Mongolen, „die Tapferen", von mongol. *mong*, „mutig", ist der selbstgefällige Name eines gelbhäutigen und glatthaarigen asiatischen Menschentyps. Die Chinesen nannten sie *Mong-ku* und die Perser *Mughul*, woraus die Inder während der *mongolischen* Besetzung ihres Landes den Herrschertitel *Mogul* ableiteten. Der Einiger aller Volksstämme der *Mongolen* (auch Tataren genannt) war der berühmt-berüchtigte Temudschin, der bei uns besser unter dem Namen Dschingis Khan (mongol. *qagan*, „Kaiser") bekannt ist.

Phokäer, „Seehundleute", von griech. *φώκη (phóke)*, „Robbe", wurden im Altertum die Bewohner der Ägäisküste um *Smyrna* (modern: *İzmir*) genannt. Die alte ionische Stadt *Phokaia* ist heute das türkische Bade- und Ferienörtchen *Foça*.

Radschputen, „Königssöhne", heißen die Angehörigen einer großen indo-arischen Kaste von Grundbesitzern und Ackerbauern in Nordindien.

Skipetaren, „Adlersöhne" (aus alban. *shqiponjë*, „Adler"), nennen sich die Einwohner Albaniens mit einem Selbstbewusstsein, das angesichts des wild zerklüfteten Gebirges im Inneren ihres Heimatlandes begreiflich erscheint.

Slawen gehören zum Hauptzweig der indogermanischen Völkerfamilie. Ihr Name bedeutet „die Ruhmreichen". Anfang des 6. Jahrhunderts werden sie als *Sklavenoi* erwähnt, im 10. Jahrhundert findet sich in *slawischen* Quellen die Variante *slověnin* (Mehrz. *slověne*), die sich im Namen einzelner *slawischer* Völker erhalten hat (s. *Slowenen* und *Slowaken*; vgl. auch die Landschaft *Slawonien* im Nordosten Kroatiens, aber auch unsere abwertende Bezeichnung *Schlawiner* für einen unzuverlässigen Menschen).

Sri Lanka, „strahlend schönes Land", nennen die Singhalesen und Tamilen ihre Insel südlich des indischen Subkontinents, die bis 1972 unter dem Namen Ceylon bekannt war (s. dort).

Thailand, das alte Siam, heißt offiziell *Muang Thai*, „Land der Freien". Das hinterindische Königreich am Golf von Siam hat seinen stolzen Namen von einem Fürsten des 14. Jahrhunderts entlehnt, der die zahlreichen Thaistämme gegen die Oberherrschaft der Khmer vereinte und alle Sklaven und Gefangenen freiließ.

Türken ist der Sammelname für die Bewohner der Türkei (von alttürk. *türk*, „stark"). Nach ihnen sind die *Turkmenen* benannt, ein *Turkvolk* östlich des Kaspischen Meeres. Die Bezeichnung entstammt der persischen Sprache, in der *turkuman* „die Türkenähnlichen" bedeutet (von *turk*, „Türke", und *mandan*, „ähneln").

Zulu, „Himmel", ist die Bezeichnung, die ein Bantuvolk in Südafrika, vor allem in der Provinz Natal, für sich und seine Heimat *Kwazulu* beansprucht.

Andere Völker, andere Sitten

Allobroger, kelt. *Allobroges*, „Menschen eines anderen Landes", nannten die Gallier ein keltisches Volk im heutigen Savoyen (im Gegensatz zu den *Kombroges*, den „Landsleuten", von *kom*, „gemeinsam", und *brog*, „Gebiet"; vgl. die kelt. Bezeichnung *Cymru* für Wales).

Amoriter hießen im 14. Jahrhundert v.Chr. die Bewohner eines Staates nördlich des heutigen Libanon, den die Bewohner Mesopotamiens folgerichtig mit *Amurru*, „Westen", bezeichneten (s. auch Himmelsrichtungen).

Apachen, indian. *apa-agwa-tsche*, „Leute des Krieges", „Feinde" – so wurde dieser berühmte Indianerstamm von seinen Nachbarn genannt. (Sie selbst pflegten von sich schlicht als *inte*, „Männer", oder *schis-inte*, „Männer des Waldes", zu sprechen.) Die Spanier haben die Bezeichnung zu *los Apaches* zusammengezogen, und aus ihrer Sprache haben wir das Wort *Apachen* übernommen.

Appalachen heißt das alte Rumpfgebirge im Osten der USA. Es ist nach dem ausgestorbenen Stamm der *Apalachee* im Norden Floridas benannt – von indian. *apalatchi*, „das Volk auf der anderen Seite" (s. auch *Elsass*).

Arapaho, indian. *araxpéahu*, „die mit den vielen Tätowierungen", wurde die eingeborene Bevölkerung der nordamerikanischen Great Plains von den Crow-Indianern und den britischen Siedlern genannt.

Assassinen waren die Mitglieder eines mittelalterlichen ismaelitischen Geheimbundes im Vorderen Orient. Marco Polo berichtete, dass sie nach dem Genuss von *Haschisch* selbstmörderische Attentate, vor allem auf Ritter der Kreuzfahrerheere, verübten – und tatsächlich wurden sie in der muslimischen Welt von ihren Feinden gelegentlich *hashichiyun*, „Haschischraucher", gerufen, worin man heute den Ursprung des Wortes *Assassine* für einen Meuchelmörder sieht (vgl. engl. *assassin*, „Attentäter"). Wahrscheinlicher aber ist eine zweite Erklärung: Der Ordensgründer Hassan pflegte seine Gefolgsleute *Assassiyun* zu nennen, „die dem Assass (d.h. der Grundlage des Glaubens) treu Ergebenen". Es wäre denkbar, dass Reisende dieses Wort falsch verstanden haben.

Awaren, „die Streifenden", so kennzeichneten die Perser ein türkisch-mongolisches Steppenvolk, das Ende des 4. Jahrhunderts durch den Kaukasus an die Donau vorstieß, sich dort mit slawischen Stämmen vermischte, im 6. Jahrhundert auf ungarischem Boden sogar ein eigenes Reich gründete und von Karl d.Gr. schließlich vernichtet wurde.

Briten, die umfassende Bezeichnung der Engländer, Schotten und Waliser, geht auf den schon im 4. Jahrhundert v.Chr. gebräuchlichen griechischen Namen *Prettanoi* zurück, der in etwa „tätowiertes Volk" bedeutet und auf die frühere Eigenart der Inselbewohner anspielt, ihren Körper farbig zu bemalen (eine Tradition, die zumindest beim weiblichen Teil der Bevölkerung fortlebt). Die Römer, die sie als *Britannici* kannten, bestätigten deren angebliche Kriegsbemalung, indem sie einem Stamm in Schottland den lateinischen Namen *Picti*, „die Bemalten", gaben (vgl. engl. *picture*, „Bild". Übrigens ist im walisischen *Prydain* für *Britannien* der alte griechische Wortanfang *Pr-* erhalten; s. *Pikten*).

Chiquitos, „die Kleinen", heißt eine Gruppe eingeborener kriegerischer Stämme in Ostbolivien, die während der spanischen Eroberung schwer dezimiert wurde. Ihr spanischer Name bezieht sich entweder auf ihre Kleinwüchsigkeit oder auf die geringe Höhe ihrer Hütteneingänge, durch die sich die Indios nur in kriechender Haltung hinein- oder herausbewegen können.

Comanchen, „die Glatzköpfe" (indian. *kaumonses*), nannte sich jener nordamerikanische Indianerstamm, dessen Mitglieder an einem glatt rasierten Schädel zu erkennen waren.

Cornwall ist nicht, wie man auf den ersten Blick meinen könnte, aus dem Englischen zu übersetzen, sondern der erste Teil muss aus dem alten keltischen Stammesnamen *Kornovjos*, „die Vorgebirgsleute", abgeleitet werden, während die Angelsachsen später das altenglische Wort *walh*, „Fremder, Kelte", angehängt haben (vgl. *Wales* und unser *welsch*, z. B. in *Kauderwelsch*).

Dänen sind, wie der Name enthüllt, „Tieflandbewohner" (aus der altind. Wurzel *dhanu*, „Sandbank, Gestade", und althochd. *tenni*, „fest gehämmerter Lehmboden"; vgl. *Tenne* als Dreschplatz).

Dresden, von sorb. *drezdzany*, „(Ort der) Sumpfwaldleute", geht auf alte slawische Siedlungen zurück, die sich bis 1200 an einem Flussübergang in der sumpfigen Elbaue bildeten.

Elsass, „anderer Sitz", nannten die rechtsrheinischen Germanen die gegenüberliegende Flussseite; ein dort auf römischem Boden siedelnder Kelte oder Germane war entsprechend ein *Eli-sazzo*, „ein Bewohner des anderen Ufers". Aus dem althochd. *eli-lenti*, „in der Fremde, verbannt", ist unser Adjektiv „elend" entstanden. Der erste Bestandteil *eli* ist urverw. mit latein. *alius* und griech. ἄλλος *(állos)*, „ein anderer" (vgl. franz. *Alsace*).

Friesen verdanken ihren Namen wohl der markanten Haartracht, durch die sie sich von den germanischen Nachbarstämmen unterschieden, denn *frisle* bedeutete in ihrer Sprache „Haarlocke" (daraus franz. *friser*, „kräuseln"; vgl. *frisieren* und *Fries*, „umlaufender Wandzierstreifen", ursprünglich „krauser Wollstoff"); die *Friesen* selbst führen ihren Stammesnamen natürlich lieber auf das Eigenschaftswort *frei* zurück! Die Siedlungen der Nordseeanrainer, die im 7. Jahrhundert einen von der Wesermündung bis nach Brügge reichenden Küstenstreifen beherrschten, lagen überwiegend im Marschland auf so genannten Wurten, d. h. auf künstlich angeschütteten Wohnhügeln. Ihr trotziger Kampf gegen die Gewalt des Meeres – seit dem Jahr 1000 sind Deichbauten belegt – wurde schon im Mittelalter sprichwörtlich, als man von ihnen sagte: *Deus mare, Friso litora fecit,* „Gott hat das Meer, der Friese die Küsten geschaffen" (s. auch *Papuas*).

Guinea hieß früher die gesamte Küste Westafrikas vom Senegal bis nach Gabun. Der berberische Name geht auf die Angewohnheit der hellhäutigen Tuareg zurück, alle südlich der Sahara wohnenden Menschen als *aguinaou*, d. h. „Schwarze" zu bezeichnen.[1]

Hessen ist benannt nach einem germanischen Stamm, den die Römer als *Chatti* kannten – ein Name, der bei seinen Trägern die Bedeutung „Haube" hatte und sich auf das lange, wie ein Turban auf dem Kopf hochgebundene Haar bezogen haben soll.

Holstein, durch Eider und Nord-Ostseekanal von Schleswig getrennt, war um 800 ein waldreicher Gau im nördlichen Stammesgebiet der Sachsen, wo die *Holsten* oder *Holtseten*, also die „Holzsassen", wohnten (vgl. *Waldsassen*, ein Ort an der tschech. Grenze; s. *Elsass* und *Holsteinische Schweiz*).

Hunnen wurden schon Jahrhunderte vor der Zeitenwende in chinesischen Quellen als *Hsiung-nu*, „die Dunklen", „die Schwarzen", erwähnt. Nach Zerstörung ihres Reiches in der Mongolei und in Ostturkestan durch die Chinesen zogen die kriegerischen, türkisch sprechenden Reiternomaden Ende des 1. Jahrhunderts n. Chr. westwärts bis an die untere Donau. Einer ihrer berühmtesten Könige war Mitte des 5. Jahrhunderts „Väterchen" *Attila* (mittelhochd. *Etzel*; vgl. auch türk. *Atatürk*, „Vater der Türken"). Auf die Bezeichnung *Hunne* geht übrigens unser Wort *Hüne*, „Riese", zurück (vgl. *Hünengräber*, in denen man Riesen be-

---

[1] Manche Forscher führen den Namen der westafrikanischen Republik dagegen auf ein Missverständnis zurück: Als weiße Seefahrer nach dem Namen der Küste fragten und dabei eine weit ausholende Geste machten, sollen die Eingeborenen – im Glauben, man zeige auf eine Gruppe ihrer Frauen – mit *guiné*, „Frau", geantwortet haben.

graben glaubte), aber auch der Ländername *Ungarn* (engl. noch immer *Hungary*).

Huronen, d.h. „Wuschelköpfe", waren für die französischen Waldläufer die Mitglieder eines irokesischen Indianerstammes am *Huronsee*, die ihnen durch ihre ausgefallene Frisur, die nur aus einer einzigen Haartolle bestand, aufgefallen waren (von franz. *hure*, „Eberkopf"). Der korrekte Name der *Huronen*, die einst zu den mächtigsten Stämmen Nordamerikas zählten, war Wyandot.

Kaschuben, von poln. *kaszuba*, „Pelzrock", heißt ein nach seiner Tracht benannter slawischer Volksstamm zwischen Weichsel und Stolpe. Die *Kaschubische Schweiz* ist eine besonders malerische Gegend der Pommerschen Seenplatte.

Kirgisen sind, wie ihr Name offenbart, „Feldnomaden" (von türk. *kır*, „freies Feld", und *göçmek*, „umherziehen, umherwandern"). Das mittelasiatische Turkvolk ist eng verwandt mit den Kasachen. Daher bezeichnete man diese früher zur besseren Unterscheidung bisweilen auch als *Karakirgisen*, also „schwarze Kirgisen".

Kızılbaş, „Rotkopf", nennt man einen Angehörigen eines halbnomadischen Turkstammes im südlichen Anatolien und in Nordsyrien (von *kızıl*, „rot" und *baş*, „Haupt"). Im 16. und 17. Jahrhundert war *Kızılbaş* die Umschreibung der Türken für die persischen Soldaten, die durch ihre zwölfzipfligen roten Mützen auffielen.

Kosaken sind die Nachfahren eines freiheitsliebenden Reitervolks der Steppe, das der im zaristischen Russland üblichen Leibeigenschaft entfliehen konnte. Entsprechend bedeutet im Russischen und in den Turksprachen КАЗАК *(kasák)* bzw. *quzzaq* „Vagabund, Nomade", aber auch „Abenteurer" und „Guerilla" (vgl. *Kasachstan*, „Kosakenland", sowie den blusenartigen *Kasack*).

Kreolen heißen in Lateinamerika alle von europäischen Eltern Geborenen (über franz. *créole*, aus span. *criollo*, „im Hause seines Herrn geborener und aufgewachsener Mestize", einer Verkleinerungsform von span. *cría*, „Wurf, Junges", zu *criar*, „säugen, züchten"; letztlich entstammen alle diese Worte dem latein. Verb *creare*, „erschaffen"; vgl. *Kreatur*).

Kroaten, die slawischen Einwohner des inzwischen von Restjugoslawien unabhängigen Balkanstaates *Hrvatska*, werden kaum wissen, dass sie streng genommen Cowboys sind, denn ihr Name ist von dem altiran. Wort *fšuhaurvata*, „Viehhüter" entlehnt. Die *Kroaten* – ursprünglich an der Weichsel beheimatet – wurden im 7. Jahrhundert vom byzantinischen Kaiser zum Schutz gegen die Awaren in Dalmatien angesiedelt, von wo aus sie sich nach Norden und Osten ausbreiteten. Ihr Siedlungsgebiet hieß zunächst *Chorbatia* und *Chrobatia*, später *Sclavonia*. Von hier bezog das übrige Europa seine *Sklaven*; die englische Version – *slaves* – zeigt noch heute die enge Verwandtschaft mit der Bezeichnung *Slawen*.

Langobarden waren nicht etwa „Langbärte", wie man auf den ersten Blick meinen könnte, sondern berühmt wegen ihrer „lange Äxte" (vgl. *Hellebarde*, aus mittelhochd. *helm*, „Stiel", und mittelhochd. *barte*, „Beil"). Die germanischen *Langobarden* stammten nach eigener Überlieferung aus Südschweden, ließen sich vorübergehend an der Unterelbe nieder (wo nördlich von Lüneburg der Ortsname *Bardowick* noch an sie erinnert) und zogen im 6. Jahrhundert unter Führung ihres Königs Alboin nach Italien, wo sie die *Lombardei* zu ihrem neuen Siedlungsgebiet machten.

Magyaren, ungar. *Magyarok*, „die Herumziehenden" (von ungar. *megy*, „gehen, fahren"), kannte man tatsächlich bis zum 9. Jahrhundert nur als unstete Reiternomaden, die auf ihrer Wanderung vom Ural durch die südlich anschließende Steppe starke türkische Einflüsse erfuhren. Als sie unter ihrem Anführer Arpad bis nach Ungarn vordrangen, trennten sie die dort ansässigen Nordslawen von deren Vettern, den Jugoslawen, also den „Südslawen".

Malaien, sie selbst nennen sich *Orang Melaju*, „umherschweifende Menschen", machen ihrem Namen alle Ehre. Im 1. Jahrtausend n. Chr. breitete sich das südostasiatische Volk nicht nur über weite Gebiete Indonesiens aus, wo es neben den Javanern zum maßgebenden Kulturvolk avancierte, sondern es erreichte auf seinen Kolonisationszügen sogar Madagaskar. Hier spricht noch heute ein Teil der Bevölkerung einen malaiischen Dialekt.

Mandan, „Bewohner des Flussufers", hießen die Mitglieder eines inzwischen ausgestorbenen Indianerstamms am Missouri, die von ihren Nachbarn mit einigem Argwohn betrachtet wurden, da sie angeblich blonde Haare und blaue Augen hatten, weswegen sich die abenteuerlichsten Legenden um ihre Herkunft ranken (vgl. *Missouri*, von indian. *Emissourita*, „Siedler am großen Schlammfluss", und *Omaha*, „stromaufwärts lebendes Volk").

Markomannen waren buchstäblich „Mark-" oder „Grenzleute". Das germanische, zu den Sueben gehörende Volk, saß zur Zeit Cäsars an der nördlichen Grenze des Imperium Romanum im Maingebiet, floh von dort aber vor den Römern nach Böhmen, wo es den Mittelpunkt eines mächtigen Völkerbundes bildete, aus dem im 6. Jahrhundert die Baiern hervorgingen (vgl. *Bayern*).

Mauren waren wahrscheinlich schon für die Phönizier „die Dunklen, Finsteren", wenngleich sie damit wohl weniger auf deren Hautfarbe als auf das Siedlungsgebiet „gegen Sonnenuntergang", also im Westen Nordafrikas, anspielten. Im Griechischen bedeutet μαῦρος *(maûros)* ebenfalls „dunkel" (vgl. *Mohr*), und auch bei den Römern bezeichnete man mit *Maurus* ein Mitglied der Wüsten- und Bergstämme *Mauretaniens*, die sich erst im 7. und 8. Jahrhundert mit den eindringenden Arabern vermischten und zu jenem dunkelhäutigen Volk der *Mauren* wurden, das 711 bei Gibraltar in Europa einfiel. Da sich unter der hellen Haut der blonden Westgoten, die in Spanien gegen sie kämpften, deutlich die blauen Adern abzeichneten, war unter den *Mauren* übrigens bald die Redewendung vom „blauen Blut" geboren. Später wurde der Ausdruck nur noch auf Adelige angewandt, da diese im Gegensatz zum einfachen Volk nicht auf dem Feld arbeiten mussten und sich daher durch „vornehme Blässe" auszeichneten (vgl. auch span. *Morisca*, „Maurentanz", engl. *Morris dance*, der teils als Schwerttanz, teils mit Tüchern und Schellenbändern getanzt wird, sowie *Morisken*, also die nach der Reconquista in Spanien zurückgebliebenen und zum Christentum bekehrten *Mauren*).

Nomaden ist die gängige Bezeichnung für nicht sesshafte Volksstämme – von griech. νομάς *(nomás)*, νομάδος *(nomádos)*, „mit einer Herde umherziehend", zu νέμειν *(némein)*, „(Weideland) zuteilen, weiden" –, ein Wort, das in unserem Verb *nehmen* nachklingt, aber auch in dem Landschaftsnamen *Numidien*, „Hirtenland", enthalten ist. Die Ackerbau treibenden Ägypter verspotteten alle Nichtsesshaften als „Sandläufer" oder nannten sie Asiaten, d. h. die „Östlichen", sofern sie als Hirten die Halbinsel Sinai oder Palästina durchstreiften.

Olmeken, „Gummi-Leute", titulierten die Azteken zur Zeit der spanischen Eroberung die Bewohner der mittelamerikanischen Golfküste, die offensichtlich mit Naturkautschuk aus dem heimischen Regenwald handelten. Die Kultur der *Olmeken* hatte schon 1000 Jahre vor Christi Geburt bestanden, also zu einer Zeit, da Troja zerstört wurde, Moses die Israeliten aus Ägypten führte und die Phönizier die ersten Siedlungen an der spanischen Küste gründeten (z. B. Gades, das heutige Cádiz).

Papuas, „die Kraushaarigen", ist ein malaiisches Wort, mit dem die portugiesischen Entdecker im 16. Jahrhundert die melanesischen Bewohner Neu-Guineas beschrieben, deren erstaunliche Ähnlichkeit mit den Völkern der afrikanischen Guinea-Küste für die Benennung des Inselstaates verantwortlich ist. Von 1884 bis 1914 besaß übrigens Deutschland, das zunehmend an Kokosöl interessiert war, den nordöstlichen Teil der Insel (s. *Friesen*).

Pensacola, eine Stadt in Florida, hat trotz des spanischen Klangs einen indianischen Namen, der darauf hinweist, dass hier – selbst für den Geschmack der Indianer – besonders „langhaarige Menschen" zu Hause waren. Aber auch die Geschichte der Stadt ist eine recht „haarige" Sache: *Pensacola* war um 1700 eine spanische Siedlung, ging kurz darauf in französischen Besitz über, kehrte 1722 unter spanische Kontrolle zurück und wurde 1763 den Briten überlassen, denen der Ort – nach erneutem kurzen Zwischenspiel der Spanier – als Hauptstadt von Britisch Westflorida diente. 1814 wurde *Pensacola* von Andrew Jackson für die Vereinigten Staaten eingenommen, der die Stadt 1818 gleich noch einmal erobern musste, nachdem sie an Spanien zurückgegeben worden war. 1821 endlich ging *Pensacola* formell mit dem Rest Floridas in amerikanischen Besitz über.

Polen, poln. *poljane*, sind „Feldbewohner" (von *pole*, „Feld"; vgl. serbokroat. *polje*, „Feld", tschech. *Polka*, „Polin", und *Polonaise*, „polnischer Tanz").

Pommern oder *Pomoranen* (von slaw. *pomorju*, „Anwohner des Meeres") hießen die polnischen Stämme, die das gleichnamige „Land am Meer" besiedelten und sich seit dem 12. Jahrhundert mit niederdeutschen, holländischen und schwedischen Kolonisten vermischten. Heute gehört nur noch das westliche *Vorpommern* zur Bundesrepublik Deutschland; *Ostpommern* liegt seit 1945 in Polen.

Rothäute nennt man volkstümlich noch heute die Indianer. Die Bezeichnung geht wohl auf die rote Körperbemalung bei manchen Stämmen zurück (vgl. *Pikten*), wird aber auch mit der typischen Kupfertönung der Haut begründet.

Russen verdanken ihren Namen möglicherweise dem finnischen Wort *Ruotsi*, „die Roten" – was durchaus Sinn macht, da es rotblonde Wikinger waren, die um 800 über Finnland in das Gebiet südlich der Ostsee eindrangen. Die slawische Bevölkerung übernahm den finnischen Ausdruck als *Rus*, woraus wir die Länderbezeichnung *Russland*, „Land der Roten", gebildet haben (s. auch *Phönizier*).

Sachsen, kurz für *Sahsnotas*, sind „Schwertleute", so benannt nach ihrer Waffe, dem kurzen einschneidigen Schwert (von german. *saxsam*, „Messer", althochd. *sahs*, „Stein, Steinmesser"; vgl. auch *Säge*, engl. *saw*). Ein Teil der *Sachsen*, die *Angelsachsen*, eroberte Britannien, während der andere Teil, die *Altsachsen* (auch: *Niedersachsen*) auf dem germanischen Festland blieb. Letztere behaupteten ihre Unabhängigkeit und ihren heidnischen Glauben, bis Karl d. Gr. sie in einer Reihe blutiger Feldzüge der fränkischen Herrschaft und dem Christentum unterwarf. Eine andere Gruppe von *Sachsen* ließ sich seit etwa 1100 im nur dünn besiedelten slawischen Siedlungsraum zwischen mittlerer Elbe, Erzgebirge und Saale nieder und verschmolz mit den dortigen Ureinwohnern zu einem neuen Stamm, den *Obersachsen*; nur unter den Lausitzern hat sich die westslawische Gruppe der *Sorben* rein erhalten (vgl. Ortsnamen wie *Sachsa*, *Sachsenhausen*, *Sassenberg*; s. auch *Langobarden*).

Samburu, „die Schmetterlinge", so bezeichnen sich die stolzen Hirten eines Massaivolkes in den Buschlandgebieten Nordkenias, die sich mit ihrem Vieh auf ständiger Wanderschaft von Weideplatz zu Weideplatz befinden und es an keinem Ort lange aushalten.

Serben sind laut Ptolemäus „die Wandernden". Die Urheimat der *Serben* soll Ostgalizien gewesen sein, wo ihr Stammesname *Srbin* war. Zu Beginn des 7. Jahrhunderts gelangten die *Serben* im Gefolge türkisch-mongolischer Reiternomaden in das heutige Siedlungsgebiet, wo sie sich der Ostkirche anschlossen, der sie auch während der 500 Jahre währenden Türkenherrschaft treu blieben. Der verwandte Slawenstamm der *Hrvati*, also der *Kroaten*, der sich zur gleichen Zeit auf der Balkanhalbinsel angesiedelt hatte, gehörte zum Weströmischen Reich; er bekennt sich daher bis heute zum römisch-katholischen Christentum und benutzt folglich die lateinische Schrift – im Gegensatz zu den *Serben*, die kyrillische Schriftzeichen verwenden. Die starke

geographische Gliederung des Landes förderte die Heraus-
bildung von Sondergruppen wie Bosniaken und Herzegowinern.

Sorben, die bei uns auch als *Wenden* bezeichnet werden, sprechen
von sich selbst als *Serbja*, *Serbjo* und *Serbowie*. Diese noch etwa
100 000 Mitglieder zählende Gruppe der Westslawen konnte im
Schutz des Spreewaldes ihre sprachliche und kulturelle Eigenart
bis heute bewahren (s. *Wenden*).

Sudan, arab. *Bilad es-Sudan*, bedeutet „Land der Schwarzen". Diese
Großlandschaft zwischen der Sahara im Norden und der tropi-
schen Regenwaldzone im Süden erstreckt sich quer durch den
afrikanischen Kontinent. Ihr äußerst trockener Nordrand hat als
Sahelzone eine traurige Berühmtheit erlangt. Der ostafrikanische
Staat *Sudan* liegt natürlich innerhalb dieser Landschaftszone.

Utah ist nach dem Volk der *Ute*-Indianer benannt, das in dieser
Gebirgsregion Nordamerikas lebte und dessen Namen man mit
„Menschen der Berge" übersetzen könnte. Die im 19. Jahrhun-
dert von den Mormonen aus dem Buch Mormon vorgeschlagene
Benennung *Deseret*, „Land der Honigbienen", wurde vom Kon-
gress zurückgewiesen, hat aber in der inoffiziellen Bezeichnung
Beehive State, „Bienenkorb-Staat", überlebt. (*Deseret* liegt
klanglich in der Nähe von engl. *desert*, „Wüste"; der Name hätte
also eine treffliche Assoziation zur Niederschlagsarmut des
Gebietes um den Großen Salzsee geboten.)

Waliser, „die Fremden", so nannten ausgerechnet die angelsächsischen Eindringlinge die Bewohner Südwestbritanniens,
und das in deren eigenem Land[1]. Eine ähnliche Arroganz zeigt
sich in dem (mit *Wales* verwandten!) Ortsnamen *Walcheren*;
auch hier, auf einer der Inseln im Mündungsgebiet der Schelde,
fanden streitbare Neusiedler eine nichtgermanische Urbevölkerung vor, die sie als *walhos*, „Fremdlinge", bezeichneten (vgl.
welsch in *Kauderwelsch*; s. auch *Cornwall*).

Waräger, russ. ВАРЯГИ *(warjägij)*, von altskandin. *Väringjar*,
„Gefolgsleute eines Häuptlings", war im Mittelalter die russi-
sche Bezeichnung für die Wikinger, die bei den Slawen bald die
Bedeutung „Fremdlinge" annahm. Im 9. Jahrhundert waren die
schwedischen *Waräger* unter ihrem Heerführer Rurik über
Finnland den Dnjepr abwärts in slawisch besiedeltes Gebiet

---

[1] Die Kelten ihrerseits bezeichneten die germanischen Eindringlinge als *sassenachs*, d. h.
ebenfalls „Fremdlinge" (angelehnt an „Sachsen").

vorgedrungen, um den Handelsweg von der Ostsee zum Schwarzen Meer zu sichern und vielleicht sogar Konstantinopel einzunehmen.

Wursten ist der Name einer Marschlandschaft an der Nordseeküste zwischen Weser- und Elbmündung, wo im frühen Mittelalter die Sachsen und Friesen große *Wurten*, also halligartige Erdhügel aufschütteten, auf denen mehrere Höfe Platz fanden. Später entstanden ganze Reihen von *Wurten*, die durch Deiche miteinander verbunden wurden. Der Name *Wursten* geht eigentlich auf seine Einwohner zurück, die sich im 13. Jahrhundert *Wurthsati*, „Wurtsassen", nannten (s. *Holstein*).

Nichts eignet sich als Mittel ethnischer Identifikation besser als die gemeinsame S p r a c h e , indem man ihren Wohlklang hervorhebt oder sich über die unverständlichen und „abstoßenden" Nachbarsprachen lustig macht. So haben etwa die *Mandingos*, ein afrikanisches Volk im Gebiet des oberen Nigertals, sich nach ihrer Sprache, dem *Mande* benannt, was so viel wie „Mütterchen", also „Muttersprache" bedeutet. Die Völker Mexikos, unter ihnen die Azteken, bezeichneten sich und ihre Sprache stolz als *Nahuatl*, „was dem Ohr gefällt". (Zwei melodische Lehnwörter aus dieser Sprache – *chocolatl* und *tomatl* – assoziieren wir sogar mit einem äußerst angenehmen Geschmack!)

Die eigene Überheblichkeit kaschierte man geschickt mit einer höhnischen Verunglimpfung aller anderer Sprachen. Für die Griechen war jeder, der des Hellenischen nicht mächtig war, ein βάρβαρος, also ein *Barbar*, d.h. „Stammler" (im Sinne unseres *Blabla* für „unverständliches Geschwätz"), ein Ausdruck, der in der Variante *Berber* noch heute gebräuchlich ist; auf die Wildheit dieses nordafrikanischen Volkes, das sich selbst als *Imazighen*, „freie Menschen", bezeichnet, gehen das lateinische Adjektiv *barbarus*, „ausländisch, unbändig", sowie unser Eigenschaftswort *brav* im Sinne von „tapfer" zurück (vgl. *Bravour*; s. auch *Rhabarber*).

Aus dem gleichen Grund nannten die Chinesen ein mongolisches Nachbarvolk, dessen unkultiviertes Geschnatter sie nicht begreifen konnten, höhnisch *Ta-ta*. In Europa sollten diese furchterregenden Reiterhorden Dschingis Khans und seiner Nachfolger später als *Tataren* zweifelhaften Ruhm erlangen.

In Südafrika tauften holländische Siedler die schwarzen Hirtennomaden in der Kap-Provinz *Hottentotten*, „Stotterer", da deren Sprache zahlreiche Schnalz- und Schmatzlaute enthält. Während ein

Slowake oder *Slowene* (von altslaw. *slovo*, „Wort", und *sloviti*, „sprechen"; s. auch *Slawe*) mit seinem Stammesnamen betont, dass er immerhin der Sprache mächtig ist, wird ein Deutscher in Russland als *немец (njémjetz)*, sozusagen als „Stummer", tituliert: von *немо (njemój)*, „stumm" – ein Missverständnis, das ohne Zweifel auf der Sprachlosigkeit eines Westeuropäers angesichts der recht komplizierten russischen Sprache beruht. Kein Wunder, dass Völker, die sich kaum verständigen können, selten Verständnis füreinander aufgebracht haben.

Erfreulicherweise gibt es auch Beispiele einer objektiveren Unterscheidung nach der Sprache. So wurde ein Indianerstamm Nordamerikas von seinen Nachbarn emotionslos als *Cherokesen*, „das Volk, das eine andere Sprache spricht", eingestuft. Im Frankenreich bildeten sich zwei nach der Form der Zustimmung unterschiedene Sprachvarianten heraus: eine nördliche, aus dem Volkslatein Galliens entstandene *langue d'oil*, die sich zum modernen Französisch weiterentwickelte (von latein. *hoc illud*, „das eine, das andere" – heute zusammengezogen zu *oui*, „ja"), und eine südliche *langue d'oc*, die in der Landschaft *Languedoc* und der Provence überlebt hat (aus der provenzalischen Zustimmung *oc*, „ja"). In Ostafrika werden ganze Völker zusammengefasst als *Suaheli*, deren Muttersprache *Kisuaheli* „die Sprache der Küste" ist (von arab. *sawahil*, „Küste"; vgl. die durch Hungerkatastrophen bekannte *Sahel*-Zone, sozusagen an der südlichen „Küste" der Wüste Sahara).

Dümmliche Ignoranz und prahlerische Aufgeblasenheit haben den Menschen stets zu einem abfälligen Urteil über jeden verleitet, der sich durch seine Herkunft und sein Aussehen oder durch seine Lebensweise und seine Anschauungen von der eigenen Gruppe unterscheidet. Abfällige Sammelbezeichnungen und bissige S p o t t n a m e n sind offenbar dazu angetan, die vermeintliche gesellschaftliche und kulturelle Überlegenheit zu betonen. Nicht selten enthüllen diese geringschätzig gemeinten, aber völlig falsch verwendeten Benennungen geradezu die Dummheit derer, die sie benutzen, denn kaum jemand unter diesen Toren weiß, dass – wie bereits erwähnt – *Kanake* die frühere Selbstbezeichnung der Hawaiianer war und schlicht „Mensch" bedeutet, dass der verächtliche amerikanische Slangausdruck *Chink* für einen Chinesen der falschen Aussprache des Wortes *chung-kuo*, „Reich der Mitte" (für *China*), entstammt und dass *Polak* keine kreative Beleidigung darstellt, sondern ein original polnisches Wort ist und einfach *Pole*, also „Feldbewohner" bedeutet.

Hohn und Verachtung

Accra, die Hauptstadt Ghanas, trägt eindeutig einen Spitznamen. Die einheimischen Waldbewohner an der tropischen Küste des afrikanischen Landes nannten einen nigerianischen Stammesverband, der hier im 16. Jahrhundert auf engstem Raum siedelte, *n'kran*, d.h. „die Ameisen".

Blackfeet, „Schwarzfüße", lautete der abfällige Beiname eines Indianerstammes im Westen Nordamerikas.

Bosnier, auch *Bosniaken*, waren bei ihren Nachbarn offensichtlich als „die Barfüßigen" verrufen (von serbokroat. *bôs, bosonog*, „barfuß").

Botokuden, „die mit dem Holzstöpsel", hießen die brasilianischen Waldindianer wegen ihres typischen Lippenpflocks bei den weißen Siedlern (aus portug. *potoque*, „Fassspund, Zapfen").

Choctaw, „Plattköpfe", mussten sich die Mitglieder mehrerer Indianerstämme im Nordwesten und Süden der Vereinigten Staaten schimpfen lassen. Die indianisch klingende Bezeichnung stammt allerdings aus dem Spanischen (von *chato*, „flach", „platt") und bezieht sich auf die Unsitte der Eingeborenen, ihren Babys den Kopf mit aufgebundenen Brettchen abzuplatten. Umgekehrt pflegten die Mitglieder anderer Stämme die Köpfe ihrer Kleinkinder durch ein kegelförmiges Geflecht spitz zu verformen, weswegen ihnen alle Indianervölker mit normaler Kopfform bereits als „Flachköpfe" erschienen.

Eskimo bedeutet „Rohfleischfresser" (von *aski*, „roh", und *mow*, „er isst"). Diesen abschätzigen Spitznamen für die aus Asien über die Beringstraße eingewanderten mongoliden Bewohner Grönlands, Nordkanadas und Alaskas übernahmen die weißen Missionare von benachbarten Indianerstämmen, die – wenn auch in früheren Wanderungswellen – auf demselben Weg nach Nordamerika gekommen waren. Die *Eskimos* selbst nennen sich *Inuit*, „Menschen" (an der asiatischen Küste *Juit*; s. *Mohawks*).

Gachupínes, von span. *capocho*, „hohler Baumstumpf", ist in Mexiko die despektierliche Bezeichnung für in Europa geborene Mitbürger.

Gaucho nennt man allgemein den Cowboy der südamerikanischen Pampas, ohne zu wissen, wie abfällig das Wort klingt. Es stammt wahrscheinlich aus der Quechua-Sprache, in der *wáhcha* „Vagabund, Herumtreiber" bedeutet.

Gros Ventre, „Dickbauch", verhöhnten die französischen Fallensteller und Händler gern die *Arapaho*-Krieger. Die meisten
anderen Indianerstämme Nordamerikas sprachen von ihnen noch
verächtlicher als „Hundefresser", obschon sie traditionelle
Büffeljäger waren (s. *Arapaho*).

Kasachen, die geschäftstüchtigen Bewohner *Kasachstans*, waren bei
den Türken als „Gauner" verschrien (von alttürk. *qazhaq*,
„Preistreiber"; modern: *kazanç* „der Profit"). Die *Kasachen*, eine
Mischung aus Mongolen und Turkvölkern, tauchten erst im 15.
Jahrhundert im bis dahin türkisch besiedelten *Kasachstan* auf.
Im 16. Jahrhundert wurden entlang des Uralflusses *Kosaken* zum
Schutz der Ostgrenze des zaristischen Russlands angesiedelt,
wofür sie als Gegenleistung das Recht auf weitgehende Auto-
nomie erhielten. Das russische Wort кАзАк *(kasák)* bekam fortan
die Nebenbedeutung „freier Mann" (vgl. auch den Volkstanz
Kasatschok, eine Verkleinerungsform zu *Kosake*; s. dort).

Kümmeltürken war ursprünglich nicht als pauschale Verunglimpfung eines ganzen Volkes gedacht, sondern galt in Halle als ein
studentisches Synonym für „Spießbürger", also Menschen, die
nie aus der Stadt und ihrer Umgebung hinauskamen. Da im
Gebiet um Halle viel *Kümmel* angebaut wurde – zuvor ein
Einfuhrprodukt aus Kleinasien –, nannte man das Umland der
Stadt *Kümmeltürkei*, zumal an Gewürzläden häufig das Bild
eines Mohren in osmanischer Kleidung zu sehen war.

Lappen, deren ursprüngliches Siedlungsgebiet Mittelfinnland war
und die von Finnen und Russen nach Norden und Westen verdrängt wurden, hießen im Altschwedischen „Ausschuss" – abgeleitet von schwed. *lapp*, „Flicken, Lumpen". Da das Volk der
Rentierzüchter in der skandinavischen Tundra lebt, bezeichnet es
sich selbst als *Sameh*, „Sumpfleute".

Mestizen bilden eine ethnische Mischung aus Spaniern und Indian-
ern. Der Ausdruck geht über span. *mestizo*, „Mischling", auf
das latein. Wort *mixtus*, „gemischt, Vermischter", zurück (vgl.
Mixtur). Anders als in Europa, wo noch bis zur Renaissance der
Geschlechtsverkehr zwischen Christen und Juden, Mauren oder
Türken als „Sodomie" mit dem Tode bestraft werden konnte,
waren Verbindungen mit Eingeborenenfrauen während der spa-
nischen Eroberung Mittel- und Südamerikas keine Seltenheit.
(Übrigens hat die Bezeichnung *Abessinier* – aus der amharischen
Wurzel *hbs*, „gemischt" – die gleiche Bedeutung; sie bezieht

sich auf die Bevölkerungsvermengung aus Angehörigen der weißen und schwarzen Rassen in Äthiopien.)

Mohawk, die englische Bezeichnung des nordamerikanischen Indianerstammes der *Mohikaner*, ist entstanden aus dem beleidigenden Spitznamen *mohowauuck*, „sie essen lebende Dinge", den die weißen Siedler ebenso unbedacht übernahmen, wie sie bisweilen einem Stamm das Siedlungsgebiet eines verfeindeten Volkes „abkauften", obschon dieser keinerlei Besitzansprüche darauf hatte (s. auch *Eskimos*).

Mozaraber (span. *Mozárabe*) nannte man im mittelalterlichen Spanien Christen, die in gemäßigter Form zwar weiterhin ihrem Glauben anhingen, aber gewisse Aspekte der arabischen Kultur angenommen hatten und daher von den maurischen Eroberern als *musta'rib*, als „Möchtegern-Araber", verlacht wurden.

Mulatten nennen wir die Abkömmlinge von Weißen und Schwarzen, ohne uns darüber klar zu sein, dass wir sie damit „junge Maulesel", also eine Mischung zwischen Esel und Pferd, nennen (von span. *mulo*, „Maulesel"; vgl. latein. *mulus*, „Maultier").

Nez Percé, „durchlöcherte Nase", gefiel französischen Forschern anscheinend als Bezeichnung für einen Indianerstamm im Norden der Vereinigten Staaten, der ihnen durch die Angewohnheit auffiel, in der durchbohrten Nasenwand Schmuckanhänger zu tragen. Heute leben nur noch Reste dieses Stammes in einer Reservation in Idaho.

Patagonien, die Landschaft an der kalten Spitze Südamerikas, bekam ihren Namen vom portugiesischen Seefahrer Magellan, der die dicken Fellschuhe an den Füßen der Küstenbewohner missdeutete und die Eingeborenen *patagones* nannte, was in der portugiesischen Umgangssprache so viel wie „Großpfoten" hieß. Er nahm sogar zwei *Patagonier* gefangen, um sie in Spanien vorzuführen, beide starben jedoch auf der Reise nach Europa.

Pharisäer, „die sich Abgrenzenden" (aus hebr. *perušim*, „abgesondert Lebender", zu *paraš*, „abtrennen"), war eine abwertende Bezeichnung für die streng gesetzestreuen Angehörigen einer altjüdischen, religiös-politischen Partei. Im übertragenen Sinne gebrauchen wir ja heute noch den Ausdruck *Pharisäer* für einen „selbstgefälligen Menschen".

Pygmäen wurden bereits von Homer und Herodot erwähnt; sie nannten die Angehörigen eines sagenhaften Zwergvolkes im afrikanischen Regenwald πυγμαῖοι *(pygmaioi)*, „Däumlinge", von griech. πυγμαίος *(pygmaíos)*, „nur eine Faust groß", zu πυγμή *(pygmé)*, „die Faust". Ihre Existenz wurde erst 1870 im oberen Nilgebiet wissenschaftlich nachgewiesen.

Quechua, eigentlich *kechuwa*, bedeutet in der Sprache dieses Andenvolks „Plünderer". Mit dieser wenig schmeichelhaften Bezeichnung pflegten ausgerechnet die habgierigen spanischen Eroberer die Einwohner des Inkareiches anzusprechen. Noch heute stellen die *Quechua* den überwiegenden Teil der indianischen Bevölkerung Perus.

Schwaben, angelehnt an den Namen ihrer Vorfahren, der *Sueben*, ist eine bayerische Umdeutung des Wortes *Schabe* zur herablassenden Benennung der nördlichen Nachbarn, die also mit lästigen Insekten verglichen wurden. Die *Sueben* waren eine Gruppe germanischer Völker, die im heutigen Brandenburg ansässig waren. Zu ihnen gehörten die kämpferischen Stämme der Semnonen, Markomannen, Alemannen und Quaden („die Bösen"), die ins Main- und Bodenseegebiet vorstießen und im 5. Jahrhundert sogar bis nach Spanien zogen, wo sie den Wandalen Siedlungsraum streitig machten, jedoch von deren König Geiserich in Andalusien – das seinen Namen von den Wandalen herleitet – vernichtend geschlagen wurden.

Seminolen, von *simanóoli*, „Ausreißer", nannten die Creek-Indianer verächtlich eine Splittergruppe ihres Volkes, die sich im 18. und 19. Jahrhundert vor den Weißen in die undurchdringlichen Everglades Floridas zurückzog (vgl. das span. Lehnwort *cimarrón* für einen entlaufenen Schwarzen in Amerika, wofür die englische Sprache das Wort *maroon* kennt).

Sioux ist der übliche Name für eine Gruppe amerikanischer Indianerstämme der gleichen Sprachfamilie in den Great Plains. Das Wort *Nadow-is-iw*, „Halsabschneider", das ein rivalisierender Stamm für die Gemeinschaft benutzte und französische Forscher und Trapper als *Nadouessioux* übernahmen, wurde im Englischen zu *Sioux* verkürzt. Die *Sioux*-Krieger nannten sich selbst Dakota, „Alliierte", und als solche kämpften sie 1876 unter ihrem Häuptling Sitting Bull in der berühmten Schlacht am Little Bighorn erfolgreich gegen General Custer und seine Truppen, um den Anspruch auf ihr traditionelles Siedlungsgebiet (der ihnen von den Vereinigten Staaten vertraglich auf ewig zugesichert worden war, aber von skrupellosen Goldsuchern angefochten wurde) zu verteidigen. Dennoch mussten die vereinigten

Sioux-Stämme nur wenige Jahre später ihren Widerstand gegen die amerikanischen Truppen einstellen (s. *Dakota*).

Torgelow, heute der harmlose (da unverständliche) Name einer vorpommerischen Stadt an der Uecker, war zunächst als Beleidigung für die Bewohner gedacht, denn er bedeutete so viel wie „Ochsenköpfe" (von altpolab. *tur*, „Auerochse", und *glova*, „Kopf").

Tory als Bezeichnung für einen Angehörigen der Konservativen Partei Englands hat heute einen durchaus ehrenwerten Klang. Warum die Briten im 17. Jahrhundert gerade diesen Ausdruck von den Iren übernahmen, in deren Sprache das Wort *tóiridhe* „Gesetzloser" und „Verfolger" bedeutet, bleibt schleierhaft (vgl. *Tory Island*).

Tuareg, ein aus der Zeit der arabischen Eroberung stammender Name für die berberischen Nomadenstämme in der westlichen Sahara, bedeutet „die von Gott Verstoßenen" (die Einzahl lautet beim Mann *Targi*, bei einer Frau *Targia*). Die Araber nennen die *Tuareg* auch *muleththemin*, „die Verschleierten". Im Gegensatz zu den arabischen Beduinen haben in ihrem Volk die Frauen das absolute Sagen, und vielleicht liegt es daran, dass bei den *Tuareg* die Männer einen Gesichtsschleier tragen, der nur die geschminkten Augen frei lässt. Ihre indigogefärbten Kleiderstoffe haben ihnen den Beinamen „blaue Ritter der Wüste" eingetragen.

Tungusen, aus altturkm. *Tonguz*, „Wildschwein", nannten andere asiatische Nomadenvölker abfällig einen großen Verband von Eingeborenenstämmen Ostsibiriens und der Inneren Mongolei.

Xi-fan, „westliche Barbaren", ist der chinesische Name für einige tibetische Stämme im westlichen China. Eine ähnlich schlechte Meinung haben sie offenbar von uns Europäern, betrachten sie uns doch als *Kwai-lo*, d.h. „fremde Teufel".

Yankees nannten die Indianer ursprünglich alle im Norden der Neuenglandstaaten lebenden Engländer. Dieser spöttische Ausdruck ist aus *Janke*, der Verkleinerung des holländischen *Jan* entstanden, und bedeutet nichts anderes als „Hänschen".

Zigeuner verdanken ihren unpassenden deutschen Namen wohl der byzantinischen Sekte der *Athinganer* – aus griech. ἀϑίγγανοι *(athinganoi)*, „die Unberührbaren", wovon auch die italienische Version *zingari* abgeleitet ist. Engländer und Spanier nennen sie, da sie über Ägypten (engl. *Egypt*, span. *Egipto*) in deren Länder kamen, *gypsies* bzw. *gitanos*, während sie wegen ihrer vermeintlichen Herkunft aus Böhmen für die Franzosen *bohémiens* sind (aus latein. *bohemus*, „Böhme"; vgl. auch franz. *la bohème*, „das ungezwungene Künstlerleben"). Die Zigeuner selbst bekennen mit der Eigenbenennung *Sinti* (genauer: *Sinde*), dass sie eigentlich „Leute aus Indien" (sanskr. *Sindh*) und daher *Kale*, d. h. „dunkle Leute" sind. Meist aber bezeichnen sie sich als *Rom* (vgl. *Roma*) und *Manusch*, was beides schlicht „Volk" bedeutet.

3. Mythologie und Religion

Die verschiedenen Mythen – von griech. μῦϑος *(mythos)*, „Botschaft, Erzählung" – eines Volkes, also die Überlieferung von seinen Vorstellungen über die Entstehung der Welt, seiner Götter und Dämonen, aber auch seiner sagenhaften Helden waren zu allen Zeiten und bei allen Kulturen eine beliebte Fundgrube für einprägsame und aussagekräftige Orts- und Landschaftsnamen. Vor allem die heiligen Bücher der großen Religionen mit ihren Schilderungen sakraler Stätten und wundersamer Begebenheiten boten bei der Benennung von Neugründungen mancherlei geistreiche Assoziationen, die uns heute allerdings kaum noch bewusst werden.

Es ist verwunderlich, wie sehr sich alle Schilderungen der Weltschöpfung ähneln und wie wenig sie bisweilen unseren wissenschaftlichen Erkenntnissen widersprechen – insbesondere, wenn die Rede von einer *Sintflut* ist, also einer von Gott herbeigeführten Überschwemmung, in der die sündige Menschheit bis auf wenige Ausnahmen (etwa Noah und seine Familie) unterging. Das dürfte der Grund sein, warum der Begriff *Sintflut* volksetymologisch als *Sündflut* gedeutet wurde. Tatsächlich aber stammt der erste Teil des Wortes von althochd. *sin(t)*, „andauernd, gewaltig" (vgl. *sein* und *sind*).

Die Wohnstätten der Götter vermutete man in den Gipfelregionen der höchsten Gebirge oder tief im Erdinneren – also weit außerhalb der menschlichen Reichweite. Im alten Indien war der himmelhohe *Himalaja* die „Schneewohnstätte" der mächtigen Götter, überragt vom gewaltigsten Massiv der Erde, dem Mount Everest, den die Tibeter noch heute *Chomolungma*, „Muttergöttin der Welt", nennen. Für die Hellenen galt der wolkenverhangene und in der Regel schneebedeckte *Olymp* als Sitz des Göttervaters Zeus und seiner weit verzweigten Sippe. Apoll, der Gott der Weissagung und der Dichtkunst, und auch die Musen thronten auf einem benachbarten Hochgebirgszug, dem *Parnass*, dessen Name seither als Synonym für das Reich der Dichtung steht (vgl. den *Montparnasse* in Paris). In eher menschlichen Niederungen – nordwestlich der Akropolis von Athen – lag der *Areopag*, der „Hügel des Ares", also des griechischen Kriegsgottes, wo auch die oberste griechische Gerichtsbehörde tagte. Der Feuer speiende Berg *Vulcano* auf der gleichnamigen Insel nördlich von Sizilien galt den antiken Römern als Sitz des Schmiedegottes *Vulkan*, dessen Funken sprühende Esse den Nachthimmel erleuchtete. Später behauptete eine christliche Legende, dass der Gotenkönig Theoderich durch den Krater des *Vulcano* ins Totenreich hinabgeritten sei.

Das Wort H ö l l e verdanken wir dem germanischen *Walhalla* – einem Ort, an dem Odin die von *Walküren* geleiteten Seelen erschlagener Helden empfing (altnorweg. *Valhöll*, aus *valr*, „der im Kampf Gefallene"; vgl. *Walstatt*, und *höll*, „Halle", verwandt mit german. *hel-*, „verbergen", wie in *Hehler*, *verhehlen* und *Hülle*), während der Begriff P a r a d i e s ein Lehnwort aus dem Altpersischen ist, wo es zunächst „umzäunter Raum" und dann „Jagdpark" bedeutete (altpers. *pairidaëza*, von *pairi*, „ringsherum" und *daëza*, „Mauer"). Die hebräische Entsprechung wäre *Eden*, „die Wonne", wobei wir wiederum an einen Garten mit *paradiesischen* Verhältnissen denken, den die Bibel an den Gestaden des Euphrat im heutigen Irak lokalisiert.

Götter, Geister, Heiligtümer

Amritsar im nordindischen Punjab ist das Hauptheiligtum der Sikhs. Der „See der Unsterblichkeit" im Zentrum der Stadt war der Kern, um den sich die Mitglieder der religiösen Sekte im 16. Jahrhundert ansiedelten. Der Ortsname ist aus den beiden Sanskrit-Wörtern *amrta*, „unsterblich", und *saras*, „See, Teich", gebildet.

Ardennen heißt ein kleineres Gebirge in Belgien und Nordfrankreich. Der Name leitet sich zwar von kelt. *ard*, „hoch, groß", her (vgl. latein. *arduus*, „steil"), er spielt jedoch nicht auf die Gebirgshöhe an – der höchste Berg ist noch nicht einmal 600 m hoch –, sondern geht zurück auf die erhabene keltische Göttin *Diana Arduenna*.

Aserbaidschan am Südwestufer des Kaspischen Meers hat einen Namen, der aus dem einheimischen Wort *azer*, „Feuer", und altiran. *baykan*, „Wächter" (mod. *negahban*), zusammengesetzt ist. Er bezieht sich auf die Tempel der Feueranbeter, die früher im Stadtgebiet zu finden waren.

Baalbeck, heute ein Ruinenfeld am Fuß des Antilibanon, war eine alte Kultstätte des phönizischen Schöpfer- und Sonnengottes (daher im Griechischen *Heliopolis*, „Stadt der Sonne"), den die heidnischen Westsemiten *ba'al*, „Herr", nannten. Ende des 3. Jahrhunderts n. Chr. erhob der römische Kaiser Aurelian den *Baalkult*[1] zur Staatsreligion und erklärte den 25. Dezember, den Geburtstag des Gottes, zum höchsten Feiertag, den die Christen später als Weihnachtsdatum übernahmen (vgl. die phönizischen Namen *Hannibal*, „geliebt von Baal" – also eine Entsprechung unseres „Gottlieb" –, und *Isabel*, „Frau des Baal", sowie die Teufelsbezeichnung *Beelzebub*, „Herr der Fliegen", mit der man in Israel die heidnische Gottesanrede *Baal Zebul*, „erhabener Herr", verhöhnte).

Babylon, etwa 90 km südlich von Bagdad am Ufer des Euphrat gelegen, war eine der wichtigsten Städte der alten Welt; nur noch Ruinen sind von ihr erhalten. Ihr *babylonischer* Name *Babilu* bedeutet „Tor des Leuchtenden" und wird als „Pforte des Herrn" gedeutet (von assyr. *bab*, „Tor", und *il*, „glänzen, leuchten"). Alexander d. Gr. nahm die damals größte Stadt der Welt ein und war so begeistert von ihr, dass er sie zur Metropole seines Riesenreiches ausbauen wollte, aber er starb, bevor er seinen Plan umsetzen konnte. Gelegentlich assoziieren wir die Stadt mit der *Babylonischen Gefangenschaft* der Juden, dem *Turmbau zu Babel*, dem sprichwörtlichen *Sündenbabel* und der *babylonischen Sprachverwirrung*. (Im Hebräischen bedeutet *bilbel* „Verwirrung", und selbst in den europäischen Sprachen finden sich noch Anklänge an den Namen der Stadt; vgl. *Gebabbel* für „Geplapper, unverständliches Zeug", engl. *babble*, italien. *babele*, span. *babel*, franz. *babil*.)

Bacharach am Rhein hieß mit römischem Namen *Baccaracum*, „Altar des Bacchus" – mit latein. *ara*, „Opfertisch" (vgl. *Altar*, aus *alta*, „hoch", und *ara*); tatsächlich gab es hier mitten im

---

[1] Mit dem *Baalkult* wurde zur Zeit Aurelians die Verehrung des *Sol Invictus* – des „unbesiegten Sonnengottes" Mithras – gleichgesetzt, die sich durch die römischen Soldaten von Persien über Kleinasien und Griechenland bis nach Rom ausgebreitet hatte. Als höchstes Fest galt natürlich die Wintersonnenwende, die jedes Jahr aufs Neue den Triumph des Lichtes über die Finsternis bewies.

Fluss bis zu dessen Regulierung in der Mitte des 19. Jahrhunderts einen Altarstein, auf dem die trinkfreudigen Römer dem Gott des Weines geopfert hatten.

Bad Godesberg entstand am Fuß des dem Gott *Wodan* geweihten *Godesbergs* und ist 947 tatsächlich als *Wodenesberg*, „Wodansberg", belegt. Bei den alten Germanen hieß der Gott des Totenheers, des Kriegs, der Dichtung und der Ekstase *Wuotan*, woraus sich unser Verb *wüten* herleitet.

Bagdad, die Hauptstadt des Irak, trägt einen persischen Namen, der – wie unser Vorname Theodor – „Geschenk Gottes" bedeutet und wohl auf die günstige Lage am Mittellauf des Tigris anspielt.

Banias, der moderne Name der antiken Siedlung *Caesarea Philippi* (s. dort), ist eine Entstellung des griechischen Wortes *Paneas* – ein Hinweis darauf, dass hier dem Hirtengott *Pan* ein Altar geweiht war. Die heute syrische Stadt im Quellgebiet des *Nahr Banias*, eines der drei Quellflüsse des Jordan, wurde von Herodes d. Gr. erbaut, später von seinem Sohn *Philipp* verschönert und *Caesarea* genannt. Simon Petrus soll an diesem Ort Jesus als den erwarteten Messias erkannt haben: „Du bist Christus, der Sohn des lebendigen Gottes!"

Beth Shean, „Tempel des Shean", heißt eine Stadt südlich des Sees Genezareth, von hebr. *beth*, „das Haus"; *Shean* war der Name eines kanaanitischen Gottes (s. *Bethlehem*, *Bethel* etc.).

Beth Shemesh, „Haus der Sonne", ist eine Stadt in der Nähe Jerusalems, deren Name auf einen dort gepflegten babylonischen Sonnenkult verweist. Vor fast fünftausend Jahren verehrten ihre Gründer den Sonnengott *Schamasch*, dessen Schwester Ischtar (hebr. Ashtoret, ägypt. und griech. Astarte) als Göttin der Liebe und des Geschlechtslebens das Wunder vollbrachte, trotz unzähliger Liebhaber ihre Jungfräulichkeit zu bewahren.

Bregenz kannten die Römer als *Brigantium*, das den Namen der keltischen Siegesgöttin *Brigantia* trug (von der kelt. Wurzel *bri-*, „hoch"), ebenso wie der *Brigantinus* (Bodensee) und die französische Stadt *Briançon* (vgl. auch die irische Feuergöttin *Brigid*).

El-Kuds, „das Heiligtum", nennen die Araber Jerusalem, eine ihrer wichtigsten heiligen Stätten. Für die Juden war *Yerushaláyim* „die Stadt des Friedens" (vgl. *shalóm*), während sie bei den christlichen Kreuzfahrern unter ihrem griechischen Namen *Hierosólyma*, „heilige Festung", bekannt war (s. *Jerusalem*).

Ephesus (türk. *Efes*) war im Altertum bekannt für seine Heiligtümer, insbesondere für den berühmten Tempel der vielbrüstigen Natur- und Fruchtbarkeitsgöttin Artemis (röm.: Diana), der die Bewohner der Stadt dienten. Sie nannten sich *Ephesier*, möglicherweise nach griech. ἔφεσις *(éphesis)*, „das Streben". Die Stadt, in der auch der heilige Paulus predigte, wurde zu einem Zentrum des frühen Christentums.

Guatemala, in der Eingeborenensprache *Quauhtematlán*, bedeutet „Ort der Holzhaufen" oder „Ort der hölzernen Säulen" und verweist wohl auf alte Heiligtümer der Maya in dieser Region. Die Spanier weihten die Hauptstadt der zentralamerikanischen Republik dem heiligen Jakob und benannten sie um in *Santiago de Guatemala*.

Harrow, von altengl. *hearg*, bedeutet „heidnischer Tempel". Auf einem Hügel in der Nähe des nordwestlich von London gelegenen Ortes gab es mit großer Wahrscheinlichkeit einen sächsischen Tempel – an einer Stelle, wo sich später die St. Mary's Church erheben sollte. Auf Geheiß Papst Gregors d. Gr. hatten die christlichen Missionare in Britannien möglichst viele heidnische Tempel in christliche Gotteshäuser verwandelt.

Heilbronn entstand im 5. Jahrhundert als alemannische Ansiedlung an einem „heiligen Quell" – einer alten germanischen Kultstätte in einer Waldschlucht. Die heutige Stadt, der Heinrich von Kleist mit seinem *Käthchen von Heilbronn* ein literarisches Denkmal setzte, erstreckt sich auf beiden Seiten des kanalisierten Neckar.

Hierakonpolis in Oberägypten, das heutige *Kom el-Ahmar*, war zur Zeit der Pharaonen eine „Falkenstadt", als deren Ortsgottheit Horus in der Gestalt eines Falken angebetet wurde. Der Name ist allerdings griechisch – von ἱέραξ *(hiérax)*, „Falke, Habicht", und πόλις *(pólis)*, „Stadt".

Hormus, eine Insel in der gleichnamigen Wasserstraße, die den Persischen Golf mit dem Indischen Ozean verbindet, ist nach der iranischen Lichtgottheit *Ormuzd* benannt, der im Altertum *Ahura Mazda*, „Allweiser Herr", hieß und den Persern im 6. Jahrhundert v. Chr. vom Propheten Zarathustra als einziger Gott verkündet worden war.

Kalkutta, die größte Stadt Indiens – von 1833 bis 1912 sogar Hauptstadt des Landes –, verdankt ihren Namen der Totengöttin *Kali*, Schiwas Gemahlin (altind. *kali* ist die weibliche Form des

Adjektivs *kala*, „schwarz"). Das ehemals unbedeutende Dorf im Gangesdelta entwickelte sich rasch, nachdem die Ostindische Kompanie hier einen Handelsposten errichtet hatte. Heute ist *Kalkutta* die Hauptstadt von Westbengalen.

Katmandu, die Hauptstadt von Nepal, ist nach ihren aus Holz erbauten Tempeln benannt (von nepales. *kath*, „hölzern", und *mandu*, „Tempel").

Kilimandscharo nennen wir den höchsten Berg Afrikas. Während die Massai ihn als das „Haus Gottes" betrachten, ist er für das Bauernvolk der Dschagga der „Berg der bösen Geister" (kisuah. *Kilima Njaro*). In den 80er Jahren des 19. Jahrhunderts machte die englische Königin Victoria ihrem Neffen, dem deutschen Kaiser Wilhelm II., den *Kilimandscharo* – der sich genau an der Grenze zwischen Tansania, dem damaligen Deutsch-Ostafrika, und Kenia, dem damaligen britischen Schutzgebiet erhebt – zum Geschenk, da sie mit dem Mount Kenya ja bereits einen schneebedeckten Gipfel in Afrika besaß.

Lake Mead, eine Aufstauung des Colorado River in Arizona, ist gewissermaßen ein „Met-See" (*Met*, engl. *mead*, war der Honigwein der germanischen Götter): eine taugliche Assoziation für ein Wasserreservoir, das weite Teile der amerikanischen Trockengebiete bis hin nach Kalifornien mit Süßwasser zu versorgen hat.

Lhasa ist die Hauptstadt Tibets mit dem angemessenen Namen „Götterstätte", handelt es sich doch um das höchst gelegene Land der Erde, das auf allen Seiten von mächtigen, 6000-7000 m hohen Gebirgsmauern umrahmt ist.

Libyen, von *Libya*, „tropfend vor Regen", war der arabische Name der berberischen Mondgöttin *Kar*, die im Altertum in ganz Nordafrika verehrt wurde, da sie – wie das Meer – alles Leben hervorbrachte. Man sagt, ihr Vater sei der Meergott Poseidon gewesen, und ihr Sohn Phönix habe das Reich der Phönizier gegründet.

Lugo ist die Hauptstadt der gleichnamigen Provinz im Zentrum von Galicien, dem feuchten und daher immergrünen Nordwesten Spaniens, wo Eichenwälder und Heideformationen das Landschaftsbild bestimmen. Der Ortsname geht auf *Lug* zurück, den keltischen Gott der Küste, der Waffen und der Magie – ebenso wie der einer Reihe von anderen Städten im südlichen Europa, etwa *Lugo* bei Ravenna sowie *Laon* und *Lyon* in Frankreich, die beide bei den Kelten *Lugdunum* hießen. (Aus kelt. *-dunum*, „Zaun", gingen die irische Variante *dun* und das engl. Wort *town* hervor.)

Macao ist die portugiesische Wiedergabe des chinesischen Namens *Ama-ngao*, „Hafen der Ama". Die Gottheit *Ama* galt als Schutzpatronin der Seeleute. Die heutige Bezeichnung für *Macao* in der modernen chinesischen Hochsprache lautet *Ao-men*, „Tor zur Ankerbucht". Die Portugiesen hatten als erste Europäer 1511 einen Seeweg nach China gefunden, ihnen wurde aber, gegen Zahlung eines Pachtzinses, lediglich die Errichtung einer winzigen Enklave an der südchinesischen Küste gestattet. Aus dieser Niederlassung entwickelte sich – nur 65 km westlich von Hongkong – die Kolonie *Macao*, die Ende 1999 an China zurückgegeben wurde.

Manitoba leitet seinen Namen – „Straße des Großen Geistes" – von *Manitu* her, der nach dem Glauben der nordamerikanischen Indianer als eine unpersönliche Macht allen Dingen und Naturerscheinungen innewohnt. Ursprünglich bezeichneten die Indianer nur den schmalen See im Süden der kanadischen Prärieprovinz als *Manitoba*.

Mantua in Norditalien scheint nach *Mantus*, dem etruskischen Gott der Unterwelt benannt worden zu sein; er wird in Dantes *Göttlicher Komödie* (im ersten Teil: *Inferno*, die „Hölle") erwähnt. Fest steht, dass die Stadt in der Po-Ebene bereits von den Etruskern gegründet wurde.

Mexiko erinnert mit seinem Namen an den aztekischen Stammesheros *Mexitli,* der wohl mit dem Kriegsgott Huitzilopochtli gleichzusetzen ist. Die Azteken, die sich selbst *Mexica* nannten, beherrschten Zentral- und Südmexiko zwischen dem 14. und 16. Jahrhundert, bis ihr Reich von den spanischen Eindringlingen zerstört wurde (s. auch *Azteken*).

Murcia war ein alter Kultname der Göttin Venus, den die Römer auf eine ihrer Siedlungen an der südöstlichen Mittelmeerküste Spaniens übertrugen, nachdem sie die bisherigen Herren dieses Gebietes, die Karthager, besiegt hatten. Die Araber ließen die Stadt im Jahr 825 neu erstehen, ohne allerdings deren Namen (der so passend an arab. *mursah*, „stark befestigt", erinnerte) zu ändern, und machten sie im 13. Jahrhundert gar zur Hauptstadt eines selbstständigen maurischen Königreichs, das 1266 von Kastilien annektiert wurde.

Nahr Ibrahim, ausgespr.: *Nácher*, ein Fluss im heutigen Libanon, hieß in der Antike „Adonisfluss". *Adonis* ist die griechische Form des semitischen *'adón*, „Herr" – eine Bezeichnung Gottes, die in der Höflichkeitsform *'adonáj*, also „mein Herr", bei den Juden anstelle von Jahwe gebräuchlich ist. *Adonis* war ein phönizischer Vegetationsgott, der als sterbender und auferstehender Gott auch in Israel verehrt wurde (vgl. *Christus*). Der Legende nach tötete ein Eber *Adonis*, den Aphrodite sich als Liebhaber erkoren hatte, an der Quelle des Flusses, der sich einmal im Jahr – so sagt man noch immer – vom Blut des Gottes verfärbt. Unromantische Geologen behaupten dagegen, der Grund für die Rotfärbung der Fluten sei das Eisenoxid in der Erde, das sich bei der Schneeschmelze im Wasser löst.

Nîmes verdankt seinen Namen dem keltischen Brunnengott *Nemausus* (von gall. *nemo*, „Heiligtum"), der im Nordwesten der Stadt an einer Quelle verehrt wurde. Die südfranzösische Stadt, auf einer Ebene im Gebiet der Cevennen gelegen, ist berühmt für ihre wohlerhaltenen römischen Gebäude. Besonders bekannt ist die *Pont du Gard* aus dem Jahr 19 v.Chr., ein berühmter Aquädukt über den Fluss *Gard* – 270 m lang, 49 m hoch und heute noch vollständig erhalten. Die ursprünglich keltische Siedlung wurde 121 v.Chr. von den Römern annektiert und entwickelte sich als *Nemausus* zu einem blühenden Kultur- und Wirtschaftszentrum. Die nordfranzösische Stadt *Nemours* hat übrigens den gleichen Namensursprung.

Odense in Süddänemark erinnert – wie Godesberg – mit seinem Namen an den germanischen Kriegs- und Totengott *Wodan*, der im Altnordischen *Oðin* hieß. *Odense*, von *Odins heri*, „Wodans Heer", ist die drittgrößte Stadt des Landes (vgl. auch engl. *Wednesday* und niederl. *Woensdag*, „Wodanstag", für den Mittwoch, den die Skandinavier entsprechend *Onsdag*, also „Odinstag", nennen).

Olympia war nie eine richtige Stadt, sondern nur ein heiliger Bezirk mit Tempeln und öffentlichen Gebäuden samt wenigen Wohnhäusern, anmutig gelegen in einer sanft zum Meer abfallenden Hügellandschaft an der Westküste der Peloponnes. Nur alle vier Jahre, zur Zeit des ersten Vollmondes nach der Sommersonnenwende, hallte das Gebiet wider vom Festtrubel der *Olympischen Spiele*, die den ewig jungen Lichtgöttern in ihren glänzenden Palästen auf dem Gipfel des *Olymp* geweiht waren – ein Zusammenhang, der sich im Namen *Olympia* offenbart, denn im Altgriechischen bedeutete das Verb λάμπειν *(lámpein)* „glänzen, leuchten" (vgl. *Lampe* und *Lampion* sowie die Assoziation mit der *Olympischen Flamme*; s. *Olymp*).

Pollença im Hinterland der Nordostküste Mallorcas wurde von Umsiedlern aus Alcúdia, die im 14. Jahrhundert vor ständigen Piratenüberfällen landeinwärts geflüchtet waren, neu gegründet und in Erinnerung an den alten römischen Namen ihrer Heimatstadt *Pollentia* genannt. *Pollentia* wurde in der Antike als Göttin der Macht verehrt (von latein. *pollens*, „stark").

Pomona im US-Staat Kalifornien ist eine moderne Stadt in einem Obst- und Weinbaugebiet nahe bei Los Angeles. Das dürfte der Grund sein, warum man den Ort im 19. Jahrhundert nach der römischen Obstgöttin *Pomona* benannte, von latein. *pomum*, „Obst, Apfel" (vgl. franz. *pomme d'amour*, „Liebesapfel, Tomate", *pomme de terre*, „Erdapfel, Kartoffel", *pommes frites* und *Pomeranze*).

Poseidonia war der griechische Name der römischen Stadt Paestum, benannt nach *Poseidon*, dem grollenden Gott des Meeres. Ihr Name, ursprünglich in der Form *Poteidan*, bedeutet „Gebieter des Wassers" (von dorisch *poeti*, „Herr", und *daon*, „wässrig"; verwandt mit der indogerman. Wurzel *danu*, „Fluss"; s. auch *Don*, *Donau* und *Dnjepr*).

Sinai, die dreieckige Halbinsel zwischen Afrika und Asien nördlich des Roten Meers, erinnert an den Namen des babylonischen Mondgottes *Sin*. In der Bibel wird jener Berggipfel als *Sinai* bezeichnet, auf dem Moses die Tafeln mit den Zehn Geboten empfing. Die Araber halten den südlich gelegenen *Djebel Musa*, den „Berg des Moses", für den Ort der Gesetzgebung.

Stonehenge, „hängende Steine", betitelten die Angelsachsen jene große Anlage konzentrischer Steinkreise aus der späten Jungsteinzeit und älteren Bronzezeit bei Salisbury im englischen Wiltshire – möglicherweise zur Bestimmung von Sonnen- und Mondfinsternissen. Der Name könnte sich auf die horizontalen, jeweils zwei stehende Felssäulen überbrückenden (also „hängenden") Megalithen beziehen; vielleicht wurden die Menschen durch die Form der dreisteinigen Tore aber auch an einen Richtplatz erinnert.

Teotihuacán, rund 50 km nördlich von Mexico-City, bezeichnet den „Ort, wo man zum Gott wird". Die schachbrettartig angelegte

Stadt hatte mit über 100 000 Einwohnern zwar schon in vorazte-
kischer Zeit den Ruf eines beachtlichen Wirtschaftszentrums,
war jedoch eigentlich als Götterstadt gegründet worden – überragt von ihrem Wahrzeichen, einer gewaltigen Sonnenpyramide.
Der riesige Tempelbezirk war gleichzeitig der Begräbnisplatz
der Könige, die bei ihrem Tod vergöttlicht wurden.

Tien Shan, „himmlische Berge" oder „Gottes Berge", nennen die
Chinesen ein gewaltiges Gebirgssystem in Zentralasien, das mit
über 2000 km Länge und beinahe 400 km Breite in etwa der
Fläche der Rocky Mountains entspricht.

Torshavn, die Hauptstadt der Färöer-Inseln, ist benannt nach *Thor*,
dem Sohn Odins (von altnorweg. *thorr*, „Donner"). In der
nordischen Mythologie war *Thor* oder *Donar* der Donnergott der
Germanen (vgl. engl. *Thursday*, dt. *Donnerstag*).

Toulon, eine provenzalische Stadt an der französischen Mittelmeerküste, entstand an der Stelle einer alten römischen Siedlung namens *Telo Martius*, die viele blutige Schlachten gesehen hatte
(von latein. *telum*, „die Waffe, das Geschoss", und *martius*,
„dem Mars geweiht"; vgl. *martialisch*, „kriegerisch", den roten
Planeten *Mars* und den Frühlingsmonat *März*). *Mars* war der altrömische Hauptgott, vor allem des Krieges und des Frühlings.
Als Vater der Zwillinge Romulus und Remus wurde er auch als
Stammvater der Römer angesehen. Sein Name dürfte urverwandt sein mit griech. μάρναμαι *(márnamai)*, „kämpfen, strei-
ten", sowie mit latein. *mas*, „mannhaft, kräftig" (vgl. *maskulin*,
„männlich").

Uluru, „der schattige Platz", ist bei europäischen Touristen besser
als *Ayers Rock* bekannt; der gewaltige rote Felsen im Zentrum
Australiens war über Jahrtausende Kultstätte der Eingeborenen,
die noch heute die zahlreichen, durch Erosion entstandenen
Höhlen als heilige Wohnstätten der Traumzeitahnen verehren (s.
Ayers Rock).

Paradies und Hölle

Abchasien, eine autonome Republik Georgiens, heißt in der Landessprache *Apsny*, „Land der Seele". Der besondere Reiz dieser
subtropischen Region liegt in der Weite des Meeres, den hohen
Kaukasusbergen, den dichten Wäldern und den duftenden Plantagen, in denen die ätherischen Öle für die Parfümindustrie gewonnen werden. Den Griechen der Antike war das Land an der

Ostküste des Schwarzen Meeres als *Kolchis* bekannt. Herodot (5. Jahrhundert v.Chr.) hielt die *Kolchen*, also die Ahnen der heutigen *Abchasier*, für Zuwanderer aus Ägypten oder Äthiopien – eine Vermutung, die auch moderne Historiker nicht ausschließen möchten.

Acheron heißt ein Fluss im südlichen Epirus, nach jenem mythologischen Fluss im Hades, auf dem die Seelen der Gestorbenen vom Fährmann Charon ins Reich der Toten gerudert wurden. Kein Wunder, dass die Menschen der Antike den *Acheron* als „Fluss des Leids" bezeichneten – von griech. ἄχος *(áchos)*, „Kummer, Klage" (vgl. *Echo* und engl. *ache*, „Schmerz"), und ῥεῖν *(rheîn)*, „fließen" (vgl. *Rhein* und *Rhône*).

Aden ist die Hauptstadt der Arabischen Republik Jemen; ihr Name bedeutet „Paradies", von arab. *'adan*, „(Garten von) Eden". *Aden* war schon in der Antike als ein wichtiger Warenumschlagplatz im Handel zwischen Europa und Asien. Für die Dampfschiffe der Briten bot sich die Stadt als ein wichtiger Kohlebunker auf halbem Weg nach Indien und Australien an; daher wurde sie 1839 von der Ostindischen Kompanie besetzt, zum befestigten Stützpunkt ausgebaut und der Verwaltung Britisch-Indiens unterstellt. Bis 1955 blieb *Aden* im Besitz der Briten, deren Aussprache des Städtenamens in etwa unserem *Eden* entspricht.

Agra wird in frühen Schriften als *Agrabana* erwähnt; damit würde der Name der nordindischen Stadt „Paradies" bedeuten.

Gehenna, hebr. *ge hinnom*, „Tal des Hinnom", lautet der Name eines Tals südlich von Jerusalem, das eine alte kanaanäische Kultstätte des grausamen Gottes Moloch beherbergte. Da es in spätjüdischer Zeit als Müllverbrennungsstätte diente, wurde das Tal im Neuen Testament zum Synonym für „die Hölle" (s. auch *Cennet ve Cehennem*).

Cennet Adası, malerisch vor der türkischen Ägäisküste gegenüber von Marmaris gelegen, ist im wahrsten Sinne des Wortes eine „Paradiesinsel" (s. auch *Keçi Adası*).

Cennet ve Cehennem, „Himmel und Hölle", heißen zwei Grotten bei Finike an der Südostküste der Türkei – die eine mit einer frühchristlichen Kapelle, die andere mit antiken Ruinen (s. auch *Gehenna*).

Gran Paradiso, „großes Paradies", wurde ein atemberaubendes, über 4000 m hohes Bergmassiv im gleichnamigen Nationalpark in Nordwest-Italien getauft.

Lake Paradise, „Paradies-See", ist ein Kratersee im Marsabit-Massiv in Nordkenia, dessen Umgebung dicht bewaldet ist und sich durch einen ungewöhnlich großen Artenreichtum an Tieren auszeichnet.

Nam-tso, „himmlischer See", heißt der mit über 4600 m höchst gelegene, abflusslose Salzsee in Tibet (mongol. *Tengri Nor*).

Purgatorio ist das portugiesische Wort für „Fegefeuer" (mittelhochd. *vegen*, „reinigen"). Womit ein Dorf in der Nähe von Albufeira sich den Ruf einer Läuterungsstätte für „arme Seelen" verdient hat, ist leider in Vergessenheit geraten. Die sommerliche Hitze an der Algarveküste wird wohl kaum der Grund gewesen sein.

Ruapehu ist ein gefürchteter Vulkan in Neuseeland, den die Maori-Einwohner nicht umsonst als „explodierende Hölle" bezeichnen. Die Menschen zu seinen Füßen haben allen Grund, seine glühenden Lavamassen zu fürchten, da er noch immer nicht zur Ruhe gekommen ist. 1945 war er gleich ein ganzes Jahr lang tätig.

Sierra del Monte Diablo, „Teufelsgebirge", benannten frühe spanische Ansiedler eine steile Kette des Kalifornischen Küstengebirges.

Sukabumi, einer Stadt auf Java, in äußerst reizvoller Umgebung und mit angenehmem Klima, kann man ihren Namen „Paradies" getrost zugestehen.

Teufelsmoor heißt eine Gruppe von Hoch- und Niedermooren in Niedersachsen. Die Bezeichnung dieser inzwischen weitgehend ausgetorften und trockengelegten Landschaft weckt natürlich passende Assoziationen.

Valparaíso, der wohlklingende Name bedeutet „Paradiestal", ist eine zentralchilenische Stadt an einer wunderschönen weiten Bucht des Pazifischen Ozeans. Die spanische Siedlung, 1536 gegründet, wuchs schnell, nachdem Chile 1818 seine Unabhängigkeit errungen hatte. Bevor 1914 der Panamakanal eröffnet wurde, war die Stadt ein wichtiger Zwischenhafen für Schiffe, die das Kap Hoorn umrundeten.

Um viele Städte und Gegenden ranken sich abenteuerliche Geschichten und S a g e n, die man seit Jahrhunderten von Generation zu Generation weitergibt. Manche berichten von mythischen Begebenheiten aus grauer Vorzeit, andere knüpfen an historische Ereignisse an. Der

Volksglaube ist seit eh und je dankbar gewesen für möglichst simple oder bezaubernde Deutungen realer Phänomene. Ein gutes Beispiel ist die *Fata Morgana*. Für diese Luftspiegelung, die in Europa häufig in der Straße von Messina auftritt, vor allem aber in Wüstengebieten ein Trugbild von Wasserflächen vorgaukelt und weit entfernte Landschaften scheinbar näherrückt, machte man die *Fee Morgan* – in der britischen Sage die Halbschwester des Königs Artus – verantwortlich (italien. *fata*, „die Fee", aus latein. *fatum*, „Schicksal"; vgl. *Fatalismus*). Der Mädchenname stammt von arab. *margan*, „Koralle" (vgl. griech. *margarites*, „die Perle", und unser Name *Margret*).

Sagen, Helden und Giganten

Ägäis, genauer *Aigaion Pelagos*, nennen die Griechen den nördlichen Teil des Mittelmeeres zwischen Griechenland und Kleinasien. Die uralte Bezeichnung geht wahrscheinlich auf die Sage vom athenischen König *Aigeus* zurück, der sich ins Meer stürzte, als er meinte, sein Sohn Theseus sei im Kampf mit dem Ungeheuer Minotaurus umgekommen. Der Name könnte auch von der Amazonenkönigin *Aigea* stammen, die in der See ertrank. Das *Ägäische Meer* – gesprenkelt mit Inselgruppen wie den Sporaden, den Zykladen und dem Dodekanes, also den „zwölf Inseln" – war der Mittelpunkt einer der frühesten europäischen Kulturen; es dürfte als Folge einer Naturkatastrophe entstanden sein, bei der ein großer Teil des Festlandes im Meer versank.

Akko in Galiläa, am nördlichen Ende der Bucht von Haifa, wird schon als Hafenstadt der Phönizier erwähnt. Griechische Siedler leiteten den Namen von ἄκος *(ákos)*, „Heilmittel", her, da Herakles hier der Sage nach Heilkräuter für seine Wunden gefunden hatte. Unter den Ptolemäern, den Nachfolgern Alexanders d. Gr., hieß die Stadt *Ptolemaeis*, unter den Römern *Colonia Claudia Caesarea Ptolemaeis*. Während der Kreuzzüge blieb *Akko* für fast 200 Jahre eines der Hauptbollwerke der abendländischen Christenheit im Heiligen Land. Erst mit dem Fall dieser Stadt im Jahre 1291 war die europäische Ritterherrschaft in Palästina endgültig beendet.

Amazonas wird meist als indianische Bezeichnung („Wasserwolkenlärm" oder „Bootzerstörer") des zweitgrößten Stroms der Erde interpretiert. Der Name könnte aber auch auf zeitgenössischen Berichten über *Amazonen* beruhen, denen die Entdecker des südamerikanischen Flusses begegnet sein wollen.

In der griechischen Mythologie waren die *Amazonen* ein in Kleinasien lebendes Volk kriegerischer Frauen, die nur zwei Monate im Frühling mit Männern eines benachbarten Volkes zusammenlebten, um ihren Fortbestand zu sichern. Alle Jungen wurden getötet, den Mädchen aber brannte man die rechte Brust aus, damit diese später nicht das Spannen des Bogens behinderte. Auf diese barbarische Unsitte bezieht sich der Name *Amazone*, „die Brustlose", von *ἀ (a)*, „ohne", und *μαζός (mazós)*, „Brust" (s. *California*).

Angara heißt jener sibirische Fluss, der als Einziger aus dem Baikalsee herausfließt (von ewenk. *ang*, „Wasser", und *gara*, „weggehend"). Im burjatisch-ewenkischen Märchen von Väterchen Baikal lässt nur die selbstsüchtige Tochter *Angara* ihren Vater und ihre 336 Brüder und Geschwister (die Zuflüsse des Sees) im Stich, um ihrem Geliebten, einem schönen Prinzen zuzueilen und sich mit ihm zu vereinigen (gemeint ist der große sibirische Strom Jenissej); daher wird ihr Name auch als „die Ungehorsame" aufgefasst.

Arkadien, ein griechischer Bezirk auf der Peloponnes, erinnert mit seinem Namen an den Zeussohn *Arkas*, der in grauer Vorzeit König jener Landschaft war. Der Göttervater wollte seinen „Fehltritt" mit der Nymphe Kallisto vor seiner misstrauischen Gemahlin Hera geheim halten, daher entschloss er sich, seine Geliebte in einen Bär – griech. *ἄρκτος (árktos)* – zu verwandeln (s. *Arktis*).

Atlas ist nicht nur der Begriff für ein Kartenwerk, sondern auch der Name eines gewaltigen Faltengebirgssystems im nordwestlichen Afrika, das in mehreren Zügen parallel zur Mittelmeerküste verläuft. In der griechischen Mythologie war *Atlas*, der Bruder des Prometheus, einer der Titanen, auf dessen Schultern die Säulen des Himmelsgewölbes ruhten (sein Name bedeutet „er, der trägt"); gegenüber, am europäischen Gestade, war der Felsen von Gibraltar ein weiterer Auflage- und Randpunkt des Erdkreises. Nach einer anderen Sage war es Herkules, der Sohn des Zeus, der die Säulen an der Straße von Gibraltar errichtete. Das mysteriöse *Atlantis* wurde von den Griechen verständlicherweise außerhalb dieses westlichsten Punktes der bekannten Welt vermutet, denn die geschäftstüchtigen Karthager hatten hier für alle anderen Völker eine Handelssperre errichtet, womit sie nicht nur die allgemeine Kenntnis von den atlantischen Küsten verhinderten, sondern sich auch das Monopol auf alle Rohstoffimporte aus Britannien und Nordeuropa sicherten (vgl. *Atlas*, bei höheren Wirbeltieren der oberste Halswirbel, der den Kopf trägt; s. auch *Atlantik* und *Djebel Musa*).

California, das in der Regel als Wort spanisch-lateinischen Ursprungs (aus *caliente* und *fornax*) interpretiert wird und dann „heißer Ofen" hieße, könnte auch nach der sagenhaften griechischen Amazonenkönigin *Kalliphia* benannt sein, denn den spanischen Eroberern waren Erzählungen über weibliche Indianerkrieger an diesem Teil der amerikanischen Westküste zu Ohren gekommen. Möglicherweise bezieht sich der Name aber auch auf eine volkstümliche spanische Romanze jener Zeit, in der ein irdisches Inselparadies *California* eine Rolle spielte.

Cuzco ist eigentlich nur eine Abkürzung, denn der Name bedeutet schlicht „Stadt". Die alte Inka-Metropole in den peruanischen Anden soll im Auftrag des Sonnengottes Inti geschaffen worden sein, der – nach den Chronisten um 1200 n.Chr. – seine beiden Kinder, Manco Cápc und Mama Occlo, zur Erde herabschickte, um die verderbte Welt zu erretten (vgl. *Christus*). Inti gab seinem Sohn und seiner Tochter einen goldenen Stab mit auf den Weg, den sie mit einem einzigen Faustschlag in die Erde zu stoßen versuchen sollten, wo immer sie sich zum Schlafen oder Essen niederließen. Diese Stelle, die ihr Vater ihnen als ständigen Wohnsitz zugewiesen hatte, fanden sie in einem Hochgebirgstal, wo die beiden jeweils eine Stadt gründeten. So entstanden *Hanan Cuzco*, die hoch gelegene „Stadt des Mannes", sowie die Unterstadt *Hurin Cuzco*, die „weibliche Stadt", und die Eingeborenen machten den Göttersohn Manco Cápac zu ihrem ersten Inka.

Dardanellen heißt eine nach dem Volk der *Dardaner* benannte 62 km lange, an der schmalsten Stelle nur 1,3 km breite Meerenge, die das Marmarameer mit dem Mittelmeer verbindet. Die *Dardaner* führten ihren Namen auf *Dardanos*, einen Sohn des Zeus zurück, der in der griechischen Sage zum Stammvater der troischen Könige wurde. Wegen der strategisch wichtigen Lage an der Nahtstelle zwischen Europa und Asien waren die *Dardanellen* oft heiß umkämpft: Das legendäre Troja lag an ihrem südlichen Ende, und Xerxes überbrückte sie im 5. Jahrhundert v.Chr. auf seinem Eroberungszug gegen Griechenland mit Booten. 800 Jahre später drang Alexander d.Gr. in umgekehrter

Richtung auf seinem Zug nach Asien über die enge Wasserstraße vor (s. *Hellespont*).

Devil's Dyke, „Teufels-Graben", ist der alte Name einer kanalartigen Vertiefung in den South Downs, unterhalb einer großen frühgeschichtlichen Wallanlage in West Sussex. Eine Legende des Mittelalters erzählt, dass der Teufel – erschreckt über die große Anzahl von Kirchen in diesem Teil Englands – eine tiefe Kluft gegraben habe, damit das Meer alle Gotteshäuser überschwemmen könnte. Eine alte Frau, die ihn nachts mit einer brennenden Kerze bei der Arbeit beobachtete, machte ihm jedoch einen Strich durch die Rechnung: Der Teufel hielt die Kerze für die aufgehende Sonne und entfloh, ohne je wiederzukommen. Einen zweiten *Devil's Dyke* gibt es in Cambridgeshire.

Draguignan, mit franz. *dragon*, „Drache" (aus latein. *draco*, „Schlange, Drache"; vgl. *Dragoner*), liegt im Hinterland der südfranzösischen Küste, nordwestlich von Fréjus. Der Name erinnert an den ersten Bischof von Antibes, der im 5. Jahrhundert die südliche Provence christianisierte. Angeblich konnte er das Vertrauen der Bewohner gewinnen, indem er einen Drachen tötete, der das ganze Land in Angst und Schrecken versetzt hatte. Noch heute ziert ein solches Untier das Wappen der Stadt.

Druk-yul, „Drachenreich", nennen die Tibeter das Land *Bhutan* im östlichen Himalaja, und dessen Herrscher trägt den Titel *Druk Gyalpo*, „Drachenkönig". Natürlich zeigt auch die Nationalflagge des selbstständigen Ministaates einen Drachen (s. *Bhutan*).

Giant's Castle, „Burg des Riesen", ist die märchenhafte Bezeichnung eines Basaltgipfels in den südafrikanischen *Drakensbergen*, also den „Drachenbergen".

Giant's Causeway, „Pflasterweg des Riesen", nennen die Nordiren eine eigenartige, 30 bis 60 m breite, ins Meer hinausragende Reihe Tausender von Basaltsäulen, deren von der Brandung polierte Köpfe erst 5 km vor der Steilküste ins Wasser abtauchen. Die Legende vom Helden *Finn MacCool* (irisch *Finn MacComaill*) lüftet das Geheimnis dieses in der Tat an ein Kopfsteinpflaster erinnernden vulkanischen Phänomens: Der Riese habe einen Brückendamm hinüber nach Schottland gebaut, um einen mächtigen Rivalen zu vernichten und dort in der *Fingal's Cave*, der „Höhle Fingals", zu residieren. Wegen der seltsamen Geräusche der Brandung zwischen den Basaltsäulen der Höhle nennen die Schotten sie *An Uamh Binn*, „die tönende Höhle".

Heilungkiang, heute: *Heilongjiang*, „schwarzer Drachenfluss", ist sowohl die chinesische Bezeichnung für den Fluss Amur als auch der Name der nördlichsten Provinz Chinas in der Mandschurei, die vom Amur begrenzt wird.

Herakleia, *Heraclea* oder *Heraclia*, „Herkulesstadt", hießen etliche Städte der Antike, so *Heraclea Minoa* in Sizilien, *Heraclea Trachinia* in Thessalien, *Heraclea Sintica* in Makedonien und *Heraclea Pontica* am Schwarzen Meer (heute das türkische *Ereğli*). Auch der Hauptort Kretas, *Heraklion*, verherrlicht den Halbgott *Herkules* (griech. *Herakles*), den Zeus außerehelich zeugte. Sein Name bedeutet ausgerechnet „Ruhm der Hera" – mit griech. *κλέος (kléos)*, „Kunde, Ruhm"; *Hera*, die Schwester und eifersüchtige Gemahlin des Zeus, war die leidenschaftliche Göttin der Ehe, die ihrem untreuen Gatten wegen seiner Seitensprünge ständig zürnte und dessen Bastard *Herkules* zu schaden suchte, wo sie nur konnte. (Die Namen *Hera* und *Herakles* sind verwandt mit dem Wort *Heros* für „Halbgott, Held"; vgl. engl. *hero*, „Held", sowie *Heroine*, „Heldin", und – wegen seiner starken Wirkung – das Rauschgift *Heroin*.)

Hercynia silva, „Herzynischer Wald", nannten die Römer praktisch jedes Mittelgebirge östlich des Rheins, insbesondere aber das Erzgebirge. Offensichtlich waren Cäsar und seinen Zeitgenossen Erzählungen über die sagenhafte Fee oder Nymphe *Hercynia* zu Ohren gekommen, die in der unzugänglichen Waldwildnis zwischen den germanischen und keltischen Wohngebieten beheimatet war.

Ikaria, eine griechische Insel der Südlichen Sporaden in der Ägäis, beansprucht, die sagenhafte Grabstätte des *Ikarus* zu sein, der mit Hilfe selbst gebastelter Flügel aus Federn und Wachs zunächst den teuflischen Klauen des Minotaurus in Kreta entkam, dann aber – als er auf seinem Flug der Sonne zu nahe kam und seine Wachskonstruktion schmolz – ins Meer stürzte.[1]

Italien, das in klassischer Zeit vom Rubikon bis zur Straße von Messina reichte, hat seinen Namen angeblich vom alten Heros *Italus* erhalten. Er könnte aber auch „Kälberland" bedeuten (von latein. *vitulus*, „junger Stier"; vgl. urverw. *Widder*), das im Norden Italiens vom ligurischen Volksstamm der *Vitaler* bewohnt war.

---

[1] Der Inselname könnte sich auch von pelasg. *ikar*, „Baumstamm", herleiten; immerhin war das Eiland in der Antike dicht bewaldet.

Kurdistan, das unwirtliche „Land der Kurden" im türkisch-irakisch-iranischen Grenzgebiet, kann seinen Namen möglicherweise bis auf *Gordios*, den sagenhaften Gründer des phrygischen Reiches, und auf seine Hauptstadt *Gordion* (heute Yassihüyük in der Türkei), zurückverfolgen, wo in einem Tempel der Wagen des Königs *Gordios* aufbewahrt wurde, dessen Joch und Deichsel mit dem berühmten *Gordischen Knoten* fest verbunden waren. Alexander d. Gr. soll ihn mit einem einzigen Streich seines Schwerts durchschlagen haben, nachdem er gehört hatte, dass dem Mann, der es schaffen sollte, den Knoten zu lösen, die Herrschaft über ganz Asien versprochen sei.

Lough Derg, irisch *Loch Deirgeirt*, heißt übersetzt „See des roten Auges". Eine Legende erzählt, wie ein König einem wandernden, blinden Poeten ein Auge schenkte und dann sein Gesicht im *Lough Derg* wusch, dessen Wasser sich von seinem Blut rot färbte. Eine weniger schaurige, dafür aber wahrscheinlichere Erklärung für den rötlichen Wasserstrudel könnte der irische Fluss Shannon sein, der an dieser Stelle in den See mündet.

Mägdesprung heißt ein Ortsteil der Stadt Harzgerode im Kreis Quedlinburg. Oberhalb von *Mägdesprung* befindet sich ein Felsvorsprung mit der *Mägdetrappe*, einer fußspurähnlichen Vertiefung, die eine Riesin beim Sprung über das Selketal hinterlassen haben soll.

Ölü Deniz bedeutet „totes Meer", wobei es sich aber im Unterschied zum israelischen Namensvetter nicht um einen Binnensee, sondern um eine von traumhaften Stränden gesäumte Meeresbucht an der türkischen Riviera handelt. Die Entstehung seines Namens schildert die folgende Legende: Während eines Unwetters an der Mittelmeerküste gerieten ein Fischer und sein Sohn in Streit über die Frage, wo sie der Gefahr am ehesten entgehen könnten. Der Vater plädierte für die offene See, während sein Sprössling zwischen den Felsen der Küste Schutz suchen wollte. Schließlich griff der Alte so abrupt ins Steuer, dass der Junge über Bord fiel und in den schäumenden Fluten ertrank. Das Boot aber schoss durch eine Meerenge in eine stille, paradiesische Bucht, die seitdem *Ölü Deniz*, „totes Meer", heißt. Noch heute erinnert der Umriss des Felsens, der die Lagune abschirmt, an das Haupt des unglücklichen Jünglings.

Palencia, eine spanische Stadt am linken Ufer des Carrión im Hochland von Altkastilien, trug zur Römerzeit den Namen *Pallantia* und war dem Titanen *Pallanteus* gewidmet. Die ursprüngliche Stadt wurde 457 bei der Eroberung durch die Westgoten zerstört. *Palencia* ist heute Hauptstadt der gleichnamigen Provinz.

Paphos ist eine kleine Stadt auf der Insel Zypern; ihr Name ist verbunden mit der Sage vom anspruchsvollen König Pygmalion, der ein elfenbeinernes Standbild seiner Traumfrau in Auftrag gab und sich prompt in dieses verliebte. Als die mitleidige Göttin Aphrodite seine Frustration sah, hauchte sie der Statue Leben ein, und als Ergebnis dieser glühenden Liebe bekam das ungleiche Paar eine Tochter namens *Paphos*.

Peloponnes, griech. *Pelopónnesos*, „Pelops-Insel", heißt die Süd-halbinsel Griechenlands. *Pelops* – von griech. πελιός *(peliós)*, „dunkel", und ὄψ *(óps)*, „Auge, Gesicht" – war ein Enkel des Zeus und ein Sohn des Tantalus. Um die Allwissenheit der Götter zu prüfen, schlachtete dieser den *Pelops* und setzte ihn den Göttern vor. Diese durchschauten jedoch den Plan, gaben *Pelops* das Leben wieder und machten ihn zum mächtigsten König der Halbinsel, die uns seitdem als die *Peloponnes* bekannt ist. Der verbrecherische Vater wurde übrigens laut Homer für seine Freveltaten in die Unterwelt verbannt, wo er vor Durst und Hunger die sprichwörtlichen Tantalusqualen erlitt, da er zwar bis zu den Knien im Wasser stand und die herrlichsten Früchte vor seiner Nase baumelten, beides aber stets vor ihm zurückwich, wenn er trinken oder essen wollte.

Phoenix in Arizona und *Phenix City* in Alabama (USA) wurden nach dem mythischen Vogel benannt, dessen Lebenszeit nach der Legende 972 Menschenalter betrug und der, wenn er sein Ende nahen fühlte, sich selbst verbrannte und aus der Asche neu erstand. Die Ägypter verehrten ihn als Verkörperung des Son-nengottes, bei den Griechen war er Sinnbild des ewigen Lebens. In der Urkirche und im Mittelalter wurde der *Phönix* zum Christussymbol, da die Kirchenväter das Motiv von Selbst-verbrennung und Wiedergeburt auf Jesu Opfertod und Auferste-hung übertrugen (s. *Phönizier*).

Riesengebirge heißt jener Teil der Westsudeten, der Polen und Tschechien voneinander trennt und in dem Rübezahl gehaust haben soll. Der Name des gefürchteten Riesen hat allerdings nichts mit dem Zählen von Rüben zu schaffen, wie die Sage uns glauben machen will, sondern basiert auf der missverstandenen Kombination der beiden mittelhochdeutschen Wörter *rîbe*,

„Hure", und *zagel,* „Schwanz" – eine handfeste Anspielung auf die obszönen Gepflogenheiten dieses faunartigen Naturdämons.

Rom wurde der Sage nach 753 v. Chr. von den Königskindern *Romulus* und *Remus* gegründet, deren Eltern Rhea Silvia, eine Enkelin des aus Troja geflohenen Äneas, und der Kriegsgott Mars waren. (Übrigens bewahrte Rhea Silvia – wie die Göttinnen Astarte und Isis, aber auch die christliche Gottesgebärerin Maria – trotz der Mutterschaft ihre Jungfräulichkeit!) Angeblich wurden *Romulus* und *Remus* als Säuglinge ausgesetzt und in den Tiber geworfen (vgl. *Moses*), jedoch von einer Wölfin gerettet und großgezogen. Archäologische Befunde scheinen die Sage zu widerlegen, denn offensichtlich gab es bereits frühere Dorfsiedlungen auf den sieben Hügeln Roms, was durchaus nahe liegt, da diese besser zu verteidigen waren und von den Fieberausdünstungen des Tibertals nicht erreicht werden konnten. Möglicherweise fasste ein etruskisches Adelsgeschlecht – die *gens Ruma* – die Streusiedlungen auf den Hügeln zu einer Stadt zusammen und gab dieser den bis heute gültigen Namen.

Salomonen nannten spanische Forschungsreisende eine Inselgruppe im Stillen Ozean, weil sie glaubten, endlich die legendären Goldinseln König *Salomos* entdeckt zu haben. 1567 waren sie von Peru aus aufgebrochen, in der Überzeugung, dass das sagenhafte Goldland westlich von Südamerika lag und schon von den Inkas besucht worden war. Frühe spanische Kolonisten mussten die Hoffnung auf schnellen Reichtum bald begraben, und enttäuscht machten sie sich zu den Philippinen auf, wo sie allerdings nie ankamen. So gerieten die Inseln in Vergessenheit, und erst zweihundert Jahre später wurden sie von englischen Seefahrern wiederentdeckt.

Taormina an der Ostküste Siziliens ist aus der antiken Siedlung *Tauromenion* entstanden, deren Wahrzeichen – ein *Minotaurus* – auf einem barocken Seepferdchenbrunnen der Stadt abgebildet ist. *Minotaurus,* in der griechischen Mythologie ein Menschen fressendes Ungeheuer mit Menschenleib und Stierkopf, war der Sohn der kretischen Königin Pasiphane, die ihren Gemahl *Minos* mit einem Stier – griech. ταῦρος *(taûros)* – betrogen hatte. Durch Silbenumstellung wurde aus *Minotaura* der Name *Taormina.* Goethe nannte die Stadt an den Hängen des *Monte Tauro,* wohl nicht zuletzt wegen der atemberaubenden Aussicht vom griechisch-römischen Theater auf den schneebedeckten Ätna, die schönste Landschaft der Welt.

Tarascon, eine französische Stadt am Unterlauf der Rhône, ist benannt nach *Tarasque*, einem Menschen fressenden Ungeheuer von wildem Aussehen, das angeblich einst hier gehaust hat und erst von der heiligen Martha besänftigt werden konnte, deren Gebeine in einem Sarkophag der Kirche *Sainte Marthe* ruhen sollen.

Troja hieß im Altertum *Ilium*, bei Homer auch *Ilion*, benannt nach dem sagenhaften Stadtgründer und König *Tros* bzw. seinem Sohn *Ilus*. In die Herrschaftszeit des Priamos fiel der berühmte *Trojanische Krieg*, der mit der Entführung der schönen Helena durch den *trojanischen* Prinzen Paris begann und mit der Einnahme und Zerstörung der prähistorischen Stadt durch die Griechen endete. Nur Äneas gelang es mit einigen Getreuen, dem Blutbad zu entkommen und die Stadtgötter nach Italien zu retten. Die Ruinen der Stadt, die von Heinrich Schliemann entdeckt und ausgegraben wurden, liegen an der Nordwestecke Kleinasiens, in der heutigen Türkei.

Wildemann heißt ein bekannter Kurort im Harz, nördlich von Clausthal-Zellerfeld. In alten Volkssagen erscheint der „wilde Mann" als ein unbeherrschter Waldriese (vgl. „den wilden Mann spielen").

Ys war in der Sage eine unvergleichlich schöne Stadt an der Westküste der Bretagne. Ebenso reizend soll die mannstolle Tochter des legendären Königs Gradlon gewesen sein, die keine Hemmungen hatte, sich mit dem Teufel selbst einzulassen. Als der ihr den Schlüssel für das Schleusentor an der Bucht entlockt hatte, ließ er die Stadt *Ys* in einer tosenden Sturmflut untergehen. (Einer ähnlichen Katastrophe verdankt übrigens die Zuidersee ihre Entstehung; vgl. auch die Sage von Atlantis.) Die Kunde von der Schönheit der Stadt soll bis nach *Lutetia* an der Seine gelangt sein, das dem fern am Meer gelegenen *Ys* – der Stadt der goldenen Türme und tausend Glocken – gleich sein wollte und sich daher *Par-Ys*, d.h. „gleich Ys", nannte (s. *Paris*).

Biblische Ortsnamen sind uns teils aus unseren Kindertagen, teils aus Medienberichten über politische Ereignisse im Nahen Osten vertraut, und nicht selten wurden sie von christlichen Gemeinschaften auch auf Gebiete außerhalb des Heiligen Landes übertragen.

Sogar manche unserer Vornamen verweisen auf einen Ort der Bibel; so bedeutet *Magdalene* z.B. nichts anderes als „die aus Magdala" – eine alte Stadt etwa 10 km nördlich von Tiberias am See Genezareth. (Westlich von Jena findet sich übrigens auch ein deutscher Ort namens *Magdala*.)

Auf der anderen Seite verwenden wir Begriffe wie *Semiten* und *Hamiten*, ohne uns bewusst zu sein, dass es sich dabei um Nachfahren der Noah-Söhne *Sem* und *Ham* handelt, die nach ihrer Rettung aus der Sintflut über verschiedene Teile der Welt herrschten: *Sem* über das Gebiet von Arabien und Palästina bis Mesopotamien, *Ham* über Nordafrika. Beide Völker- und Sprachgruppen schließen also sowohl Juden als auch Araber ein, sodass der rassistische *Antisemitismus* auf völlig falschen Voraussetzungen basiert und die Ignoranz seiner Verfechter offenbart.

Wenig überraschend geht das Wort *Bibel* selbst auf einen geographischen Namen zurück – nämlich die uralte phönizische Stadt *Byblos* (heute *Jbeil* in der Nähe der libanesischen Hauptstadt Beirut), die aus Ägypten Papyrusstauden für die Herstellung von Schreibmaterial importierte (vgl. *Papier*). Die Griechen übernahmen den Städtenamen als βίβλος *(bíblos)* im Sinne von „Buch" (vgl. *Bibliothek*). Auch wir umschreiben die *Bibel* bisweilen als „Buch der Bücher" und nannten früher das religiös geprägte erste Lesebuch der Schulkinder, mit dessen Hilfe sie lesen und schreiben lernten, *Fibel*.

Namen aus der Heiligen Schrift

Aram, der Name eines Sohnes des Sem, war zugleich das alte hebräische Synonym für das Land Syrien (vgl. *Aramäisch*, eine nordsemitische Sprache, die auch Jesus sprach).

Belém ist die portugiesische Version des Namens *Bethlehem*. Am Hafen dieses Lissabonner Stadtteils hatte Heinrich der Seefahrer für seine Forschungsreisenden eine Kapelle erbauen lassen, die er der Obhut der Christusritter überließ. Diese gaben der Kapelle den frommen Namen *Belém*. Hier betete Vasco da Gama um eine erfolgreiche und glückliche Heimkehr, bevor er mit seinen Karavellen zu seinen Entdeckungsfahrten aufbrach, die ihn um Afrika herum nach Indien führten (vgl. auch *Belém*, die Hauptstadt des brasilianischen Staates Pará).

Bethany, nahe bei Oklahoma City in den USA, wurde um die Wende zum 20. Jahrhundert von Mitgliedern der *Nazarene Church* gegründet, die der Gemeinde den Namen des biblischen

Dorfes *Bethanien* gaben, das östlich des Ölbergs lag und in dem Lazarus gewohnt haben soll (hebr. *Bethani*, „Haus des Ananja", heute *El-Azariye*, „Dorf des Lazarus"). Der fromme Bezug ist allerdings verloren gegangen, denn in *Bethany* werden heute Flugzeuge gebaut.

Bethel heißt das Bielefelder Stammhaus der Bodelschwinghschen Anstalten, dessen Vorbild bei seiner Entstehung im 19. Jahrhundert das biblische Heiligtum *Bethel* bei Jerusalem war (von hebr. *beth*, „Haus" und *El*, „Gott").

Bethesda im zentralen Maryland, nordöstlich von Washington D.C., ist wegen verschiedener medizinischer Bundeseinrichtungen – etwa dem *National Naval Medical Center* und den *National Institutes of Health* – weltberühmt geworden. Die Assoziation mit der Bibel ist treffend, denn Johannes nannte die überdachten Wasserbecken von *Bethesda* in Jerusalem als einen Ort wundersamer Krankenheilung. Hier hat Jesus einem Gelähmten gesagt: „Steh auf, nimm dein Bett und wandle." *Bethesda* bedeutet im Hebräischen „Haus des Mitleids" (s. *Bethlehem*).

Bethlehem, hebr. *beth léchem*, wörtlich übersetzt „Haus des Brotes" – vgl. *Alphabet*, aus den hebr. Schriftzeichen für *aleph*, „das Rind", und *beth*, „das Haus" –, ist wohl richtiger zu deuten als „Tempel der Göttin Lahama", und tatsächlich lautet der heutige Name der Stadt *Bet Lahm*. In der äthiopischen Kirche bezeichnet der Begriff *Bethlehem* dagegen wirklich ein „Haus des Brotes", nämlich den Anbau, in dem der Diakon das Brot für die Eucharistie in einem Ofen bäckt. In Pennsylvania gibt es ebenfalls ein *Bethlehem* mit Sitz der *Bethlehem Steel Corporation* – einem der größten Stahlproduzenten der Vereinigten Staaten und der Welt. Die Stadt wurde 1741 durch Einwanderer gegründet, die der *Unitas Fratrum*, der „Brüder-Unität", angehörten (heute bekannt als die *Moravian Church*) und ihre Siedlung am Heiligen Abend jenes Gründungsjahres in Erinnerung an den Geburtsort Jesu so nannten (vgl. den engl. Ausdruck *bedlam* für „ein tolles Durcheinander", nach dem Irrenhaus des Hospitals *St. Mary of Bethlehem*; s. auch *Belém*, *Herrnhut* und *Gnadenhutten*).

Djebel Musa, „Berg des Moses", lautet nicht nur die Bezeichnung einer Erhebung im Süden der Halbinsel Sinai, wo nach der Überlieferung Gott dem Moses erschien und ihm die Zehn Gebote verkündete, sondern auch ein markanter Berg an der marokkanischen Mittelmeerküste bei Ceuta, der – wie der gegenüberliegende Felsen von Gibraltar – im Altertum als eine der Säulen des Herkules bekannt war, auf denen das Himmelsgewölbe ruhte (s. *Atlas*).

Galiläa, hebr. *Galil*, „Kreis, Bezirk" (daher heißt es im Hebräischen nicht *in* sondern *im Galiläa*), ist der Name der israelischen Landschaft zwischen dem oberen Jordantal und dem Mittelmeer – im Gegensatz zu Judäa gewissermaßen das heidnische Land in der biblischen Geschichte (vgl. *Galerie*, von altfranz. *galilée*, „Vorhalle einer Kirche", in der sich auch die Heiden, die so genannten *Galiläer*, aufhalten durften; heute bezeichnet der Begriff einen balkonartigen Laufgang an der Innenfassade einer Kirche oder eines Palastes). *Galiläa* wurde 1922 zwischen dem britischen Mandatsland Palästina und dem französischen Mandatsgebiet Libanon aufgeteilt. Der ehemals britische Teil gehört seit 1948 zum Staat Israel.

Hebron, hebr. *Chévron*, bedeutet „Bündnisort". Bei den Arabern heißt die 30 km südlich von Jerusalem liegende Stadt, nach *Khalil*, dem Beinamen Abrahams, *El-Khalil*, „Liebling Gottes". *Hebron*, das Abraham zu seinem Wohnsitz erwählte, zählt zu den ältesten Städten Palästinas und war unter König David bis zur Eroberung Jerusalems sogar Hauptstadt Judas. Für die Juden war die Stadt früher *Kirjat-Arba*, „die Stadt der Vier", denn hier sollen nicht nur Abraham und seine Frau Sarah, sondern auch deren Sohn Isaak und der Enkel Jakob in einer unzugänglichen Höhle begraben liegen.

Ismail heißt eine alte türkische Festungsstadt im Südwesten der Ukraine, nach dem biblischen Namen *Ismael*, „Gott möge erhören". Im Alten Testament war *Ismael* der lang ersehnte erste Sohn Abrahams, den der Stammvater der Israeliten mit der ägyptischen Sklavin Hagar zeugte, Jahre bevor seine zunächst als unfruchtbar geltende Frau Sarah ihm den legitimen Sohn Isaak gebar (s. *Ismailia* in Ägypten).

Israel, hebr. *Jisraél*, „Streiter Gottes", war zunächst ein Ehrenname des Patriarchen Jakob, später auch die Bezeichnung seiner Nachkommen, die sich bis auf den heutigen Tag *Érez Jisraél*, d.h. „Volk Israel" nennen.

Jaffa, hebr. *Jáfo*, ist heute zwar der unbedeutendere Teil der israelischen Doppelstadt *Tel Aviv-Jaffa*, dafür aber der wesentlich ältere. Die schon von den Phöniziern gegründete Küstenstadt – seit Urzeiten Ausfuhrhafen für Südfrüchte (vgl. die bekannten

Jaffa-Orangen) – hieß im Alten Testament *Japho*, „die Schöne". Die Griechen nannten sie später *Joppe*; schenkt man dem römischen Schriftsteller Plinius Glauben, wurde die Stadt von *Joppa*, einer Tochter des Windgottes Aeolus, unmittelbar nach der Sintflut gegründet. In der griechischen Sage lag hier der Ort, an dem Andromeda, die Tochter der *Joppa*, an den Felsen geschmiedet worden war, bevor sie von Perseus befreit werden konnte. Noch heute ist am Hafen der so genannte Andromeda-Felsen zu besichtigen, auf dem die Ureinwohner *Jaffas* angeblich ihre schönsten Töchter den Meergöttern opferten (*s. Tel Aviv*).

Kalvarienberg ist uns als Bezeichnung für jene „Schädelstätte" vor den Toren des alten Jerusalems bekannt, auf der Jesus gekreuzigt wurde. Das lateinische Wort *calvaria* bedeutet „Hirnschale" (von latein. *calvus*, „kahl"; vgl. *Calvin*, „der Kahle", und engl. *callow*, „ungefiedert"), es entspricht griech. *Golgatha*, das an hebr. *Gulgoleth*, „Schädel", angelehnt ist.

Karmel nennen wir ein Gebirge in Galiläa, das bei den Israelis als *Karem El*, „Weingarten Gottes", bekannt ist. Der Bergrücken ist aber nicht nur für seine hervorragenden Weine berühmt, sondern auch für den *Karmeliterorden*, der hier im 12. Jahrhundert gegründet wurde.

Megiddo in Galiläa bildet seit der ältesten Zeit einen strategischen Brennpunkt in der wechselvollen Kriegsgeschichte Palästinas. In der Vergangenheit haben Hebräer und Kanaaniter, Ägypter und Römer, Kreuzfahrer und Türken unzählige Schlachten um den Besitz der Stadt, manchmal auch nur ihrer Ruinen, gefochten, und auch die Zukunft sieht düster aus, denn in der Johannesoffenbarung wird der mythische Ort des letzten großen Kampfes am Jüngsten Tag als *Harmageddon* bezeichnet, was im Hebräischen nichts anderes bedeutet als *har megiddon*, „Berg von Megiddo".

Nablus, das alte *Sichem* (hebr. *Shechém*), ist eigentlich ein griechischer Name, d.h. eine Verballhornung von *Neapolis*, „Neustadt". Der Hauptort der Landschaft Samaria wurde zum Zentrum der Samaritaner (im Lukas-Evangelium: Samariter), die nach der Rückkehr aus der Babylonischen Gefangenschaft vom orthodoxen Judentum abfielen. Die kleine, nur noch 4000 Mitglieder zählende Religionsgemeinschaft, die auf dem Berg Garizim ihren eigenen Tempel errichtete, konnte sich über zweieinhalb Jahrtausende hinweg unvermischt erhalten, da ihre

Mitglieder nur untereinander heiraten – worauf schadenfrohe Juden die häufigen Geisteskrankheiten unter ihnen zurückführen (vgl. auch die ironische Erzählung der Bibel vom „barmherzigen Samariter").

Nazareth im südlichen Galiläa (hebr. *Nátzrat*, arab. *An Nasira*) soll angeblich der Ort sein, an dem Jesus aufgewachsen ist. Da die Stadt jedoch weder im Alten Testament noch im Talmud erwähnt wird, sind viele Forscher der Überzeugung, dass es sie zur Zeit Jesu noch gar nicht gegeben hat und dieser seine Kindheit und Jugend wohl eher in Kapernaum am *See Genezareth* verbracht hat, dessen Name später zu *Nazareth* zusammengezogen wurde (vgl. auch *St. Nazaire*, eine Hafenstadt in Nordwest-Frankreich, deren Name auf den heiligen Abt *Nazarius*, d. h. der *Nazarener*[1], zurückgeht).

Newark, „neue Arche", haben puritanische Auswanderer aus England gerne ihren Zufluchtsort in der Neuen Welt genannt. So gibt es je ein *Newark* in New Jersey, Delaware und Ohio sowie in Kalifornien. Der biblische Name reflektiert die Genugtuung über die Errettung vor der Vernichtung.

Ölberg – unter diesem Namen kennen wir einen Bergzug östlich von Jerusalem, dessen uralter Bestand an Olivenbäumen wohl schon die Gefangennahme Jesu und seine Himmelfahrt erlebt hat. Das Neue Testament nennt ein Gartengebiet auf dem Ölberg *Gethsemane*, „Ölkelter", da sich hier offensichtlich eine entsprechende Fabrikationsstätte befand. Obschon wesentlich näher gelegen, ist uns ein weiterer *Ölberg*, die höchste Erhebung des Siebengebirges, weniger vertraut.

Pilatus heißt ein schweizerisches Bergmassiv in den Berner Alpen – natürlich benannt nach dem Statthalter Roms in Judäa, von dem die Juden die Hinrichtung Jesu verlangten. Eine Legende behauptet, seine Leiche liege auf diesem Berg, und zwar am Boden eines inzwischen ausgetrockneten Sees. Übrigens ist unsere Redensart „von Pontius zu Pilatus" unlogisch, da die beiden

---

[1] Als *Nazaräer* oder *Nazarener*, von hebr. *nazir*, „sich enthalten, asketisch leben", bezeichnete man ursprünglich die Judenchristen Palästinas. Sie selbst nannten sich auch *Ebioniten* (von hebr. *ebjonim*, „die Armen") – ein Name, den im 2. Jahrhundert eine christliche Sekte im östlichen Jordanland übernahm; für sie galt Jesus nicht als Gottessohn und Messias, sondern als Menschensohn und wahrer Prophet. Diese nur auf dem mosaischen Gesetz fußende Lehre dürfte später einen gewissen Einfluss auf die Entstehung des Islam gehabt haben.

Namen in der Bibel ein und dieselbe Person bezeichneten: *Pontius* war der Familienname, während der Beiname *Pilatus* „der mit Wurfspießen Bewaffnete" bedeutete (von latein. *pilum*, woraus unser Wort *Pfeil* entstand.)

Salem begegnet uns in den Vereinigten Staaten als recht häufiger Städtename (z.B. in Virginia, New Hampshire, Massachusetts und Oregon). Es handelt sich dabei entweder um eine Verkürzung von *Jerusalem* oder eine anglisierte Form des hebräischen Wortes *shalóm* für „Frieden", was eigentlich auf das Gleiche hinauskommt, da *Jerusalem* ohnehin „Stadt des Friedens" bedeutet. Interessanterweise hatte der Ort in Oregon, an dem Methodisten-Missionare die Hauptstadt *Salem* gründeten, bei den ansässigen Indianern einen ganz ähnlichen Ruf, denn sie nannten ihn *Chemeketa*, „Platz der Ruhe" (s. *Jerusalem*).

Samsun, die muslimische Lesart des hebräischen Namens *Simson*, „der strahlende Sonnenmann", heißt eine türkische Hafenstadt am Schwarzen Meer, die im 6. Jahrhundert v.Chr. von griechischen Kolonisten als *Peiraieus (Piräus)* gegründet wurde. Nach römischer, byzantinischer und genuesischer Herrschaft – die italienischen Kaufleute bezeichneten sie als *Simisso* – ging die Stadt 1425 in den Besitz der Osmanen über, die ihr in Anlehnung an den alttestamentarischen, mit übermenschlicher Kraft ausgestatteten Richter *Simson* (auch bekannt als *Samson*) den heutigen Namen gaben. In *Samsun* begann der türkische Staatsmann Mustafa Kemal Pascha, genannt Atatürk, 1919 seine politische Eroberung der Türkei.

Sulaiman-Range, „Gebirge des Salomo", ist der Name einer parallel zum Indus verlaufenden Gebirgskette in Zentralpakistan, die vom Massiv des 3379 m hohen *Takht-i-Sulaiman* überragt wird, das wegen einer sesselförmigen Aushöhlung des Südhangs „Thron des Salomo" heißt. Der mächtige biblische König *Salomo*, der „Mann des Friedens" (vgl. hebr. *shalóm*, „Frieden"), hatte von seinem Vater David die Herrschaft über das Großreich Juda und Israel geerbt und den ersten Tempel in Jerusalem errichtet. Noch heute assoziieren wir ihn mit unermesslichem Reichtum, aber auch mit weisen Urteilssprüchen (s. *Salomonen* und *Tempelhof*).

Tábor in Tschechien ist nach dem biblischen Berg der Verklärung benannt (von hebr. *tabbúr*, „Nabel", genauer *tabbúr haáretz*, „Nabel der Welt"). Die Hussiten gründeten 1420 diese Kleinstadt in sicherer Lage auf einem Felsen oberhalb des Flusses Lužnice. Die militanten Anhänger des als Ketzer verbrannten Reformators Jan Hus (aus dem böhmischen Dörfchen Husinec) führten einen erbitterten Kampf gegen die Kirche, wobei *Tábor* ihr Hauptquartier war. Die von ihrer Sache begeisterten hussitischen Fußtruppen (ihr Wahlspruch lautete „Die Wahrheit siegt!") waren den unbeweglichen Kreuzritterheeren strategisch überlegen – nicht zuletzt wegen ihrer als *pištala*, „Trillerpfeife", bekannten Handfeuerwaffe, die als *Pistole* in unseren modernen Sprachgebrauch einging (s. *Montabaur*).

Es sind selten die Religionsstifter selbst, nach denen Orte benannt werden, sondern eher die orthodoxen Überzeugungen der unterschiedlichen G l a u b e n s r i c h t u n g e n. Lehre und Bekenntnis, Frömmigkeit und Lobpreisung, Eifer und Sendungsbewusstsein spiegeln sich in vielen Städtenamen, ganz besonders in jenen, die Spanier und Portugiesen voll religiösem Überschwang oder Hochmut ihren Siedlungen, Missionsstationen und militärischen Stützpunkten in der Neuen Welt verliehen. In allen Teilen der Welt aber versicherte man sich himmlischen Wohlwollens und Segens, indem man Gott eine Stadt, eine Landschaft, eine Insel weihte und sie dadurch heiligte.

R e l i g i o n s g e m e i n s c h a f t e n   u n d   S e k t e n
Albi, von latein. *albus*, „weiß", im westlichen Vorland der Cevennen wurde bekannt durch die religiöse Sekte der *Albigenser*, der sich in der Mitte des 12. Jahrhunderts ein grosser Teil der Bevölkerung in Südfrankreich anschloss. Ihre Anhänger, die sich zu einem Leben in Keuschheit und Armut verpflichteten, bestritten die Autorität des Papstes und predigten gegen die Verweltlichung des Klerus, verwarfen Sakramente, Eid und Fegefeuer und lehnten Blutvergießen, Kriegsdienst und Todesstrafe strikt ab. Sie selbst nannten sich *Katharer*, „die Reinen", von griech. $\kappa\alpha\vartheta\alpha\acute{\iota}\rho\epsilon\iota\nu$ *(kathaírein)*, „säubern" (vgl. *Katharina*, „die Reine"), woraus im Italienischen *Gazari*, im Deutschen *Ketzer* wurde. Die *Albigenser* empfanden sich als Abkömmlinge des Königshauses David, dessen letzte Vertreter nach dem Tod Christi angeblich an die französische Languedoc-Küste geflohen waren und den *Heiligen Gral* mitgebracht hatten, jenen Kelch, in dem ihrer Überzeugung nach das *sang réal*, das „königliche Blut" des Messias aufgefangen worden war.

Aschkenasim, seit dem Mittelalter ein gebräuchliches hebräisches Synonym für „die Deutschen", bezeichnet die große Gruppe der so genannten Ostjuden, die schon vor Jahrhunderten aus Mitteleuropa in die slawischen und baltischen Länder auswanderten; ihre jüdisch-deutsche Muttersprache, das Jiddische, enthält daher viele polnische und russische Wörter. Im 20. Jahrhundert suchten viele Ostjuden ihr Glück in Amerika, und nicht wenige ließen sich nach dem Zweiten Weltkrieg im jungen Staat Israel nieder – eine endgültige „Heimkehr" nach zweitausendjähriger Zerstreuung (griech.: *Diaspora*). Im Unterschied zu den orientalischen *Sephardim* (s. dort) genießen die aus Mittel- und Osteuropa zugewanderten *Aschkenasim* im gesellschaftlichen und politischen Leben Israels eine privilegierte Stellung. (Das zu Grunde liegende Wort *Aschkenas* ist uralt und wird schon in Genesis 10,3 als Name eines der Urenkel Noahs erwähnt.)

Cattolica, „die Katholische", heißt ein Badeort an der italienischen Adria, der aus einem mittelalterlichen Fischerdorf entstanden ist. Der Name geht, ebenso wie die Bezeichnung der Konfession, zurück auf griech. καθολικός *(katholikós)*, „allumfassend".

Gnadenhutten in Ohio, USA, hat seinen Namen abgeleitet vom Wort *Gnade* und der deutschen Stadt *Herrnhut*, wo im 18. Jahrhundert – „unter der Hut des Herrn" – die pietistische Glaubensgemeinschaft der *Herrnhuter* entstand, die ein enthusiastisches Christentum der Tat pflegt und missionarisch tätig ist.[1]

Independence im US-Staat Missouri ist der Sitz der so genannten Reorganisierten Mormonen, die sich 1852 von der Hauptrichtung ihrer Glaubensbrüder abspalteten. Das englische Wort *independence* bedeutet „Unabhängigkeit".

Islamabad, die Hauptstadt Pakistans, ist benannt nach der jüngsten der drei Weltreligionen (tadschik.-iran. *abad*, „Stadt", eigentlich „bevölkert"). *Islam* bedeutet „Eintritt in den Stand des Heils" (von arab. *'aslama*, „sich ergeben", woraus sich die korrekte Bezeichnung *Muslim*, „der sich Gott Hingebende", für einen so genannten Mohammedaner herleitet). Der Prophet Mohammed fühlte sich beauftragt, die von Allah erhaltenen Offenbarungen

---

[1] In angelsächsischen Ländern heißt die evangelische Brüder-Unität der Herrnhuter *Moravian church*, benannt nach *Morava*, dem tschechischen Namen von Mähren, woher im 17. und 18. Jahrhundert viele Menschen wegen ihrer religiösen Überzeugung nach Sachsen und Ostpreußen verbannt wurden. Von hier aus gründeten sie eine große Anzahl von Tochtergemeinden, besonders in Amerika.

in arabischer Sprache zu verkünden und die Menschen nicht nur in seiner Heimat, sondern auf der ganzen Welt zum Glauben an den einzigen Gott zu bekehren. Seine Nachfolger, die Kalifen, verbreiteten den *Islam* in wenigen Jahrzehnten bis an den Indus, aber auch bis ins nordostafrikanische Mauretanien, von wo aus die Mauren ihn 711 ins eroberte Spanien trugen.

Judäa, der südliche Teil der von Israel besetzten jordanischen Westbank, und die gebirgige Wüste *Juda* am Westsaum des Toten Meeres waren das ursprüngliche „Land der Juden", die sich nach dem Patriarchen *Judah*, einem Sohn Jakobs, benannt hatten (von hebr. *jehuda*, „Gepriesener" und „Bekenner"; vgl. die griech. Namensform *Judas*).

Sepharad sowie *Sepharaddi* sind die hebräischen Wörter für „Iberische Halbinsel" (genauer „Grenze, Rand") bzw. „Spanier". Davon abgeleitet ist die Bezeichnung *Sephardim* für die so genannten Südjuden, die nach dem Ende der maurischen Herrschaft in Spanien (1492) von den neuen christlichen Herren brutal verfolgt wurden und in verschiedene südeuropäische Länder, aber auch nach Nordafrika und in den Nahen Osten flohen. In Israel sprechen die *sephardischen* Juden noch heute Ladino, eine alte romanisch-hebräische Mischsprache. Sie unterscheiden sich in zahlreichen gesellschaftlichen und religiösen Auffassungen von den Ostjuden, den *Aschkenasim* (s. dort).

Ghettos und Zufluchtsorte

Djerba ist benannt nach einem alten Berberstamm, den *Djerbi*. Auf der tunesischen Insel lebt eine beachtliche jüdische Gemeinde, deren Vorfahren nach der Zerstörung Jerusalems durch Titus (70 n.Chr.) hierher flüchteten und ihre alte Kultur bewahrt haben. Sie wohnen, abgeschieden von den muslimischen Einwohnern, in zwei Dörfern, die bezeichnenderweise *Hara Kebira*, „großes Ghetto", und *Hara Srira*, „kleines Ghetto", heißen und jeweils um eine Synagoge herum entstanden sind.

Eleuthera ist trotz des griechischen Namens eine Insel der Bahama-Gruppe. Die erste europäische Siedlung gründeten 1647 die puritanischen *Eleutheran Adventurers* – religiöse Flüchtlinge aus England und den Bermudas, die ihre neue Heimat „die Freie" nannten, von griech. ἐλευθερία *(eleutheria)*, „Freiheit". Eine Nachbarinsel bezeichneten sie als *New Providence*, „neue Vorsehung". Auf ihr liegt Nassau, die Hauptstadt der Bahamas.

Freudenstadt im Schwarzwald erhielt 1599 diesen aussagekräftigen Namen anlässlich der Grundsteinlegung für die Kirche. Herzog Friedrich I. von Württemberg hatte in dem schachbrettartig entworfenen Ort neben Bergleuten vor allem protestantische Flüchtlinge aus Salzburg angesiedelt, die mit dem Namen ihre ewige Dankbarkeit für die Errettung vor religiöser Verfolgung bekunden wollten.

Ghetto, von hebr. *ghet*, „Absonderung", hieß zunächst eine kleine Insel in Venedig, die 1516 der jüdischen Gemeinde zugeteilt wurde. Im Gegensatz zu freiwilligen Wohngemeinschaften in Judenvierteln nannte man seitdem jedes behördlich erzwungene und räumlich beschränkte Wohnquartier, häufig von außen abgeriegelt und mit nächtlichem Ausgehverbot, *Ghetto*.

Hanau, im 12. Jahrhundert als *Hagenowa*, die „eingehegte Insel" innerhalb des Mündungswinkels der Kinzig in den Main entstanden, erhielt 1597 eine vom ansässigen Grafen Philipp Ludwig geplante südliche Neustadt mit schachbrettförmigem Grundriss, in der er flämische und wallonische Glaubensflüchtlinge ansiedelte. Der Gewerbefleiß der Neubürger war ein Hauptgrund für die frühe Industrialisierung des Ortes.

Moabit, im Berliner Bezirk Tiergarten, entstand 1718 als Kolonie religiöser Flüchtlinge aus Frankreich, die ihre neue Heimat nach *Moab*, einer jordanischen Hochfläche östlich des Toten Meeres, zunächst als *Terre de Moab* bezeichneten. Aus der Bibel sind uns die kämpferischen *Moabiter* bekannt, deren Ahnherr *Moab* aus der blutschänderischen Verbindung des Lot mit einer seiner Töchter hervorgegangen war (hebr. *mo'ab* bedeutet „vom eigenen Vater").

Newport in Rhode Island (USA) wurde als *new port*, „neuer Hafen", von religiösen Flüchtlingen aus der Massachusetts Bay Colony 1639 gegründet und wuchs rasch als Handels- und Schiffsbauzentrum, aber auch als sicherer Hafen für Quäker und sephardische Juden, die sich in der zweiten Hälfte des 17. Jahrhunderts an diesem Ort ansiedelten (s. *New Haven*).

Providence, heute Hauptstadt des US-Bundesstaates Rhode Island, wurde von ihrem Gründer Roger Williams „Vorsehung" genannt, der 1636 wegen seiner religiösen Überzeugungen mit einigen Glaubensbrüdern aus der Plymouth Colony verbannt worden war. Er erhielt das Land von Indianern und nannte seine neue Zufluchtsstätte *Providence*, aus Dank für Gottes Vorse-

hung. Die Gemeinde zog schon bald andere Dissidenten an, so-
dass der Ort sich schnell zu einem blühenden Hafen für den
Handel mit den Westindischen Inseln entwickelte. Während des
Unabhängigkeitskrieges war das freiheitsliebende und dem eng-
lischen Mutterland gegenüber sehr kritisch eingestellte *Provi-
dence* eine wichtige Basis für amerikanische und französische
Truppen. Viele europäische Einwanderer haben seit dem 19.
Jahrhundert die Stadt zu ihrer neuen Heimat erwählt (s. *New
Providence*).

Heils- und Segensnamen

Gelobtland wählten die Bürger als verheißungsvollen Namen für
ihren kleinen Erzgebirgsort in der Nähe der sächsischen Stadt
Marienberg, nachdem im 15. Jahrhundert reiche Silbervorkommen in ihrem Gebiet entdeckt worden waren.

Glücksburg, die „Glück bringende Burg", ist eine Stadt in der Nähe
von Flensburg. Sie entstand 1582 rings um ein Wasserschloss,
das an der Stelle eines alten Klosters errichtet wurde, wohl nach
dem Wahlspruch des adeligen Erbauers: „Gott gebe Glück mit
Frieden" (s. *Glückstadt*).

Godthåb, „gute Hoffnung", ist der dänische Name für die älteste
christliche Niederlassung an der Westküste Grönlands. Seit ihrer
Gründung im Jahr 1721 durch einen norwegischen Missionar,
der sich die Bekehrung der einheimischen Eskimos erhoffte, hat
sie sich zum Hauptort der Insel entwickelt (heute heißt die Stadt
Nuuk).

Helgoland, die knapp 1 km² große Felseninsel in der Deutschen
Bucht, trägt einen Namen, der nicht auf den ersten Blick verständlich ist. Er bedeutet „heiliges Land", von althochd. *heilag*,
„göttliches Heil bringend" (vgl. engl. *holy* und die altnord.
Vornamen *Helga* und *Helge*, also die bzw. der „Geweihte"). Die
ursprünglichen Siedler hatten die Insel *Fositesland* genannt,
nach dem germanischen Gott *Fosits*, „Vorsitzer", dem Schlichter
aller Rechtsstreitigkeiten. *Helgoland* war über Jahrhunderte
hinweg ein Zankapfel europäischer Länder: Die Friesen verloren
es 1402 an das Herzogtum Schleswig; ab 1714 hatten die Dänen
die Oberhoheit, sie mussten die Insel jedoch 1814 an England
abtreten; 1890 erwarb Deutschland *Helgoland* von den Engländern (im Tausch gegen Sansibar); von 1945 bis 1952 diente es
der britischen Luftwaffe als Übungsziel, deren Versuch, sie 1947

durch eine Großsprengung vollständig zu vernichten, scheiterte. Erst seit 1952 gehört *Helgoland* wieder zu Deutschland.

Hierapetra, „heiliger Fels", heißt der einzige Hafen an der Südküste Kretas, von ἱερός *(hierós)*, „heilig", und πέτρα *(pétra)*, „Fels, Stein" (vgl. *Petrus* und *Petroleum*).

Hierapolis war in der Antike eine „heilige Stadt" nahe dem Westufer des Euphrat (heute: *Menbij*). Den gleichen Namen trug früher die türkische Stadt Pamukkale.

Holyhead bedeutet „heiliges Vorgebirge". Die Hafenstadt auf der walisischen Insel Anglesey war im 6. Jahrhundert ein christliches Missionszentrum (s. *Penzance*).

Holy Island, „heilige Insel", ist die alternative Bezeichnung von *Lindisfarne* im englischen Northumberland. Der Name ist abgeleitet von *Lindsey* in Lincolnshire, an dessen Namen altengl. *faran*, „Wallfahrer", angehängt wurde, da die Bewohner von *Lindsey* regelmäßig zu der Insel als religiösem Heiligtum pilgerten (s. auch *Holyhead*).

Holy Loch nennen die Schotten einen kurzen Meeresarm nördlich von Dunoon. Hier soll im 12. Jahrhundert ein Schiff mit einer Ladung Sand aus dem Heiligen Land gestrandet sein, der für die Fundamente der Kathedrale von Glasgow gedacht war. Wahrscheinlicher als diese Legende dürfte jedoch eine Verbindung mit dem heiligen Columba oder seinen Gefolgsleuten sein, die im 6. Jahrhundert in diesem Teil Schottlands missionarisch tätig waren.

Holywell, eine schottische Industriestadt am River Dee, bezieht sich mit ihrem Namen auf einen „heiligen Quell", an dem im 7. Jahrhundert ein Nonnenkloster gegründet wurde. Der Brunnen befindet sich heute innerhalb einer Kirche im Zentrum des Wallfahrtsortes.

Kap Farvel, engl. *Cape Farewell*, „Kap gute Fahrt", wurde die südlichste Spitze Grönlands in 60° nördl. Breite genannt – angesichts ihrer Lage innerhalb der gefährlichen Eisdrift aus dem Nordpolarmeer sicherlich ein wohlmeinender Reisewunsch für die ausfahrenden Seeleute.

Penzance, bekannter englischer Badeort und Hafen bei Land's End in Cornwall, ist ein Namensvetter von Holyhead, denn im Kornischen bedeuten die beiden Wörter *pen* und *sans* „Vorgebirge" und „heilig" (vgl. latein. *sanctus*). Der Name bezieht sich auf eine alte Marienkapelle auf dem Kap (s. *Holyhead*).

Plasencia, aus latein. *ut deo placeat*, „damit es Gott gefalle", wurde 1189 als Bischofssitz in der spanischen Provinz Cáceres gegründet. Die Stadt am Kastilischen Scheidegebirge besitzt heute eine reiche Huerta mit Tabakanbau.

Porto Santo ist eine Nebeninsel des Madeira-Archipels. Der portugiesische Name besagt, dass es sich um einen „heiligen Hafen" handelt.

Weimar, in der Flussaue der Ilm, die ursprünglich den althochd. Namen *wiha meri*, „heiliges Wasser", trug (wobei das Wort *wih*, „heilig", im vorchristlichen Sinn zu verstehen ist; vgl. *weihen*) und am Südfuß des Ettersbergs gelegen, auf dem sich das ehemalige KZ Buchenwald befand, entwickelte sich im 18. Jahrhundert zum Mittelpunkt des deutschen Geisteslebens. Herder und Goethe, zeitweilig auch Schiller, lebten hier, in der „Stadt der deutschen Klassik".

Glaube und Frömmigkeit

Archangelsk, „Erzengelstadt", eine russische Hafenstadt am Weißen Meer, wurde 1553 durch einen englischen Kapitän, der sich mit seiner Mannschaft auf der Suche nach einer nördlichen Passage befand, gegründet (engl. *archangel*, „Erzengel"); ihren heutigen Namen erhielt sie erst 1613, und zwar nach einem dem heiligen Michael geweihten „Erzengel-Kloster". *Archangelsk* war bis zum Bau des baltischen Hafens St. Petersburg im Jahr 1703 der russische Hauptseehafen, obschon er in den Wintermonaten zufriert (s. *Los Angeles*).

Curaçao ist vom portugiesischen Wort *coração*, „Herz", hergeleitet (span. *corazón*, franz. *cœur*, von latein. *cor*, „Herz"). Damit lässt sich der Name der größten Insel der Niederländischen Antillen vor der Küste Venezuelas in etwa als „heiliges Herz" interpretieren (vgl. die Kirche *Sacré-Cœur* in Paris). Niederländisch ist noch immer die Amtssprache des autonomen *Curaçao*. Seit die Holländer 1634 die spanische Besitzung einnahmen, hat die Insel mehrmals zwischen Holland und England den Besitzer gewechselt, wurde aber 1815 den Niederlanden zugesprochen.

El Salvador, „der Erlöser" (von latein. *salus*, *salutis*, „das Heil, die Rettung"; vgl. *Salut* und die Heilpflanze *Salbei*), nannten die spanischen Eroberer das Küstengebiet am Pazifik, nachdem sie das Land der „erlösungsbedürftigen" Indios für ihren König und die Kirche in Besitz genommen hatten. Heute ist *El Salvador* die kleinste Republik Mittelamerikas. Ihre Hauptstadt trägt den passenden Namen *San Salvador*, „heiliger Erretter"; ironischerweise wurde der Ort, trotz des Namens, zwischen 1575 und 1919 insgesamt dreizehnmal durch Erdbeben zerstört. Ein weiteres *Salvador*, früher *São Salvador* (portug. für „Heiland") war bis 1763 die erste Hauptstadt Brasiliens (s. *Bahia de Todos os Santos*).

Espírito Santo bedeutet im Portugiesischen „Heiliger Geist". Diesen Namen trägt ein brasilianischer Staat am Atlantischen Ozean, in dessen fruchtbarem tropischen Küstenland hauptsächlich Kaffee angebaut wird. (Kolumbus belegte übrigens die Bahamainsel Andros zunächst mit einem fast identischen spanischen Namen: *Isla Espíritu Santo*.)

Jemen im Süden der Arabischen Halbinsel heißt mit korrektem Namen *Imamat* – abgeleitet von dem arabischen Titel *Imam*, „Vorbild, Vorbeter", den die früheren Herrscher des *Jemen* trugen. Als Oberhaupt der gesamten schiitischen Gemeinde musste ein *Imam* aus der Familie des Propheten stammen. Am Ende der Zeiten soll der einstweilen im Verborgenen lebende *Imam* als Mahdi, d.h. Welterlöser, zurückkehren und ein Idealreich errichten (s. *Arabia Felix*).

La Paz, der Regierungssitz Boliviens (Hauptstadt ist Sucre), ist die höchst gelegene Großstadt Südamerikas (3600-3800 m ü.M.). Die Siedlung wurde 1548 an der Stelle eines Inka-Dorfes gegründet und ursprünglich *Ciudad de Nuestra Señora de la Paz* genannt. Sie war also der „Friedenskönigin", d.h. der Gottesmutter geweiht. 1825, nach dem Sieg über die Spanier, wurde der Name der Stadt in *La Paz de Ayacucho*, „der Frieden von Ayacucho", umgedeutet.

Los Angeles, „die Engel", über kirchenlatein. *angelus* von griech. ἄγγελος *(ángelos)*, „Bote" (vgl. *Evangelium*, „gute Botschaft"), hatte ursprünglich einen viel längeren Namen: *El Pueblo de Nuestra Señora la Reina de los Ángeles de Porciúncula*, „das Dorf unserer Lieben Frau, der Königin der Engel von Porciúncula". (Das „kleine Bethaus", die italienische Muttergotteskapelle *Portiunkula* – eine Verkleinerungsform von latein. *portio*, „Anteil" – bei Assisi galt als die Lieblingskirche des heiligen Franziskus.) *Los Angeles*, 1781 gegründet, hat sich – trotz Wassermangels und Gefährdung durch Erdbeben – aus einer bescheidenen Franziskanermission und einigen mexikanischen

Viehzuchtstationen zu einer Riesenmetropole der kalifornischen Küste entwickelt. *Los Ángeles* ist auch der Name einer Stadt in Mittelchile. Das auf der philippinischen Insel Luzon gelegene *Angeles* hat 1991 durch den Ausbruch des Mount Pinatubo eine traurige Berühmtheit erlangt.

Marsala, bekannt wegen des gleichnamigen starken Dessertweins, leitet seinen Namen von arab. *Marsa Ali*, „Hafen des Ali", ab. In der Antike hieß die Stadt *Lilybaeum*. Dieses letzte karthagische Bollwerk auf Sizilien wurde 241 v. Chr. von den Römern eingenommen und als Kriegs- und Handelshafen genutzt. Die späteren muslimischen Herren, die Sarazenen, benannten die Stadt um nach Mohammeds Schwiegersohn *Ali* (vgl. die Häfen *Marsa el-Brega* in Libyen und *Marsa Matruh* in Ägypten).

Medina im Westen Saudi-Arabiens trägt den schlichten Namen „Stadt", womit jedoch *Medinat-en-Nabi*, „Stadt des Propheten", oder *Medinat Rasul Allah*, „Stadt des Apostels Gottes", gemeint ist, denn sie beherbergt die sterblichen Überreste des Propheten Mohammed, der 622 aus seiner Geburtsstadt Mekka hierher flüchtete. Seitdem ist *Medina* eine der heiligsten Städte des Islam, die jährlich von Tausenden von Pilgern besucht wird. Sie wird in ihrer religiösen Bedeutung nur von Mekka übertroffen, da dort, im Hof der Großen Moschee, das Heiligtum der Kaaba steht, ein würfelförmiges, fensterloses, angeblich von Abraham erbautes Gebäude, an dessen Südostecke ein schwarzer Meteorit eingemauert ist, den der Patriarch vom Engel Gabriel empfangen haben soll (von arab. *ka'aba*, „Würfel").

Sacramento, die Hauptstadt des US-Staates Kalifornien, liegt am gleichnamigen Fluss, der in die San Francisco Bay mündet. Stadt und Fluss, deren spanischer Name „Sakrament" bedeutet, waren in der Mitte des 19. Jahrhunderts Schauplatz des kalifornischen Goldrausches.

Santa Fe ist die Hauptstadt des US-Staates New Mexico. Ihr Name, „heiliger Glaube", hat mit der christlichen Rückeroberung Spaniens zu tun. Wie der Zufall es wollte, war Kolumbus gerade auf den Bahamas gelandet, als die spanischen Heere sich vor Granada, der Hauptstadt der Mauren, zur Entscheidungsschlacht rüsteten und die Kampfparole *Santa Fe*, „heiliger Glaube", ausgaben. In Erinnerung an diese Begebenheit des Jahres 1492 gab der spanische Gouverneur von New Mexico seiner Residenzstadt den Namen *Santa Fe*; sie liegt zu Füßen eines Gebirges mit dem

passenden Namen *Sangre do Christo*, „Blut Christi". Im Jahre
1846 wurde New Mexico von den USA erobert. (Städte gleichen
Namens gibt es übrigens in Argentinien und Kolumbien; vgl.
auch portug. *autodafé*, von latein. *actus fidei*, „Glaubensakt"; so
wurde zu Zeiten der Inquisition die Verbrennung eines Ketzers
auf dem Scheiterhaufen genannt.)

Szentes ist eine ungarische Stadt im Alföld, am linken Ufer der
Theiß. Ihr Name bedeutet „die Fromme, die Heilige" (aus ungar.
szent, „heilig"; vgl. *Sankt* sowie franz./engl. *saint*).

Trinidad wurde von Christoph Kolumbus 1498 auf seiner dritten
Reise in die Karibik entdeckt und erhielt den frommen Namen
„Dreifaltigkeit", die er wahrscheinlich in drei prominenten
Berggipfeln der Insel symbolisiert sah. Während der spanischen
Kolonisation wurde die einheimische Bevölkerung – friedliche
Indianerstämme, aber auch kriegerische Kariben – fast völlig
ausgerottet und durch importierte afrikanische Sklaven ersetzt.
Als hätte der spanische Name der Insel ihre Geschichte vorher-
bestimmt, wechselten sich in der Folge drei Kolonialmächte im
Kampf um die Herrschaft ab: Holland, Frankreich und Großbritannien. Nach den Wirren der Französischen Revolution fiel
Trinidad endgültig den Briten zu, die 1833 die Sklaverei
abschafften und – welch ein Hohn! – zum Ausgleich für die
freigelassenen schwarzen Plantagenarbeiter mehr als 150 000
schlecht entlohnte Muslime und Hindus aus Indien auf die Insel
holten. Erst im Jahr 1962 erhielt *Trinidad*, zusammen mit der
Insel Tobago, die Unabhängigkeit innerhalb des Commonwealth
of Nations (s. auch *Trinity*).

Trinity ist die englische Version von „Dreifaltigkeit". Der Name
eines Flusses in Texas veranschaulicht mit dieser religiösen
Assoziation seine Entstehung: Bei Dallas vereinigen sich die
beiden Flussarme *East Fork*, „östliche Gabel", und *West Fork*,
„westliche Gabel", zum Hauptfluss *Trinity*, der nach seinem
Lauf durch eine fruchtbare Region in die *Trinity Bay* mündet (s.
auch *Trinidad*).

Veracruz, „wahres Kreuz", nannte der spanische Eroberer Cortés
eine mexikanische Hafenstadt am Golf von Mexiko. Gemeint
war das „einzig wahre" Kreuz der Spanier, d.h. der römischen
Kirche, und nicht etwa das Kreuz der „ketzerischen" protestantischen Engländer, die ebenfalls in diesem Gebiet Handel trieben
und Niederlassungen gründeten.

Es wäre geradezu verwunderlich, wenn bei der Benennung topographischer Gegebenheiten nicht auch der reiche Fundus an heiligen Frauen und Männern Pate gestanden hätte. Viele christliche H e i l i g e werden als Gemeingut der Weltkirche betrachtet (etwa die Mutter Jesu oder die Apostel), andere erfreuen sich nur lokaler Verehrung, manche sind dem offiziellen Heiligenkodex völlig unbekannt, einige wenige sind gar falsche Heilige. Allen gemeinsam ist, dass ihr Name fast immer an W u n d e r und sonstige „abnorme" Begebenheiten erinnert.

Ganz besonderen Stolz dokumentieren Städte, die praktisch in einem Atemzug mit einem M ä r t y r e r genannt werden, der in ihren Mauern lebte und freudig das Leben für seinen Glauben hingab – von griech. μάρτυρ (mártyr), „Zeuge, Blutzeuge".[1] Wo sich jedoch keine fromme Verbindung mit einem erhabenen Individuum konstruieren ließ, bezog man sich ersatzweise auch schon einmal pauschal auf die Gesamtheit der Heiligen oder benannte neu entdeckte Gebiete einfach nach dem K i r c h e n k a l e n d e r.

Heilige und Märtyrer

Annaberg im sächsischen Erzgebirge war im 16. Jahrhundert für kurze Zeit eine der reichsten Städte Deutschlands. Nachdem 1492, im Jahr der Entdeckung Amerikas, am Schreckenberg die ersten Silberfunde gemacht worden waren, lockte der „Silberrausch" Tausende in die neu gegründete Stadt (übrigens auch den berühmten Adam Riese, der hier als Rechenmeister in der Bergwerksverwaltung angestellt war). Die Benennung der Stadt nach der heiligen Schutzpatronin der Bergleute – *Anna*, von hebr. *channah*, bedeutet „die Anmutige" – hat ihren Einwohnern wenig geholfen, denn bereits nach 50 Jahren waren die Vorkommen der nahezu 200 Zechen erschöpft (immerhin hatten die Bergleute 195 t Silber aus dem Berg gehauen), sodass es mit dem Wohlstand der Stadt schnell bergab ging.

Cabo de São Vicente ist der Name der 60 m hohen äußersten Südwestspitze Europas; daher nennen die Portugiesen sie auch *Fim do Mundo*, „Ende der Welt". In der Antike hieß das Vorgebirge *Promontorium Sacrum*, „heiliges Kap"; es galt als Schlafstätte

---

[1] Übrigens kennt man auch im Islam „Heilige": die *Fedajin*, die als fanatische Freischärler bereit sind, ihr Leben für ihren Glauben hinzugeben, und die als Lohn für diesen selbstlosen Einsatz ihre unverzüglichen Aufnahme ins Paradies erwarten dürfen (aus arab. *fidâ'iy*, „die sich Opfernden", „die Märtyrer"; vgl. auch die muslimische Geheimsekte der *Assassinen* zur Zeit der Kreuzzüge).

der Götter, und kein Sterblicher durfte ihre Ruhe stören. Die Christen verehrten hier später den heiligen *Vinzenz* (von latein. *vincere*, „siegen"), den Schutzpatron Lissabons. Nicht weit entfernt liegt auf einem anderen Kap, der *Ponta de Sagres*, die mittelalterliche Burg, deren aus Steinen gelegte riesige Windrose daran erinnert, dass hier einst das Hauptquartier lag, in dem Heinrich der Seefahrer seine Entdeckungsfahrten plante und das überlegene Wissen der Araber nutzte, die er ansonsten als Heiden bekämpfte.

Eskilstuna, nahe bei Stockholm, ist an jenem Ort entstanden, wo der heilige *Eskil*, ein Missionar des 11. Jahrhunderts, angeblich den Märtyrertod erlitt. Heute wird die südschwedische Stadt eher mit ihren Eisen- und Stahlindustrien (Waffen, Besteck, Damaszenerstahl, Maschinenbau) in Verbindung gebracht und daher auch das Sheffield Skandinaviens genannt.

Felixstowe, „heiliger Ort des St. Felix" (latein. *felix*, „der Glückliche", und altengl. *stowe*, „heilige Stätte"), ist ein Seebad und eine Hafenstadt in der südostenglischen Landschaft East Anglia, deren erster Bischof der heilige *Felix* war.

La Martyre in der Bretagne war vom 14. bis 18. Jahrhundert einer der bedeutendsten Großmärkte jener Zeit. Die Wappen und Symbole an den Fassaden der Bürgerhäuser spiegeln noch heute den Wohlstand der Kaufleute. Die Stadt östlich von Brest ist nach einem alten bretonischen Märtyrerkönig, Saint-Salomon, benannt, der jedoch alles andere als tugendhaft gewesen sein soll.

Maria Laach, eine bekannte Benediktinerabtei in der Eifel, hebt mit ihrem Namen („Mariensee") die Lage an einem Maar, also einem kraterförmigen Vulkansee hervor (latein. *lacus*, „See"; vgl. engl. *lake*, dt. *Lache* und *Lagune*; s. *Dinslaken*).

Merthyr Tydfil verrät mit seinem Namen, dass man hier, im walisischen Mid Glamorgan, „die Begräbnisstätte der Märtyrerin Tydfil" vor sich hat. Die Überlieferung kennt *Tydfil* als eine Heilige, die im 5. Jahrhundert an dieser Stelle von Heiden ermordet und verscharrt wurde. Natürlich ist ihrem Andenken auch die Pfarrkirche der Stadt gewidmet.

Montmartre ist ein erhöht gelegener Stadtteil im Norden von Paris, über dem sich die Kirchen St. Pierre und Sacré-Cœur erheben. Der Name *Montmartre*, „Hügel der Märtyrer", geht auf ein grausiges Massaker unter den Christen des frühen 4. Jahrhunderts zurück, deren Blut den ganzen Hügel getränkt haben soll. Der *Montmartre* ist heute Vergnügungsviertel und Touristenattraktion der französischen Hauptstadt (s. *San Sebastián*).

Mont St. Michel, der „Berg des heiligen Michael", heißt der berühmte, in der Bucht von St. Malo 155 m hoch aus dem Wattenmeer aufragende Berg mit der Abteikirche, deren Turmspitze eine Statue des heiligen *Michael* ziert (hebr. *micha'el*, „wer ist wie Gott?"). Der Sage nach soll der Erzengel dem Abt des 708 gegründeten bretonischen Klosters erschienen sein.

Motherwell, „Mutterquell" (von engl. *well*, „Quell"; vgl. *Welle* und *aufwallen*), benannte man eine schottische Stadt südöstlich von Glasgow, deren Trinkwasserbrunnen – bezeichnenderweise in der *Ladywell Road* gelegen – der Gottesmutter geweiht war, ähnlich wie die *Lady Well*, „Quell Unserer Lieben Frau", in der Nähe einer Abteikirche in der Stadt *Southwell* in Nottinghamshire.

Río Madre de Dios, „Mutter-Gottes-Fluss", nannten die spanischen Eroberer einen Nebenfluss des *Río Beni* im Amazonastiefland Perus.

Río Magdalena, der „Magdalenenstrom", ist das Hauptgewässer Kolumbiens. Es war *Maria Magdalena* aus *Magdala* am See Genezareth, die am Ostermorgen das leere Grab Jesu entdeckte.

Rio São Francisco bedeutet im Portugiesischen „Fluss des heiligen Franziskus" (latein. *Franciscus*, „der Franke"; vgl. *Frankreich*). Der ostbrasilianische Strom entspringt in Minas Gerais und mündet nach 2800 km in den Atlantik (s. *San Francisco*).

Saint Tropez führt seinen Namen auf den von den Römern enthaupteten heiligen *Tropez* zurück, dessen Gebeine hier gefunden wurden. Das mondäne Bad an der französischen Riviera südwestlich von Nizza war viele Jahre lang Treffpunkt der Künstler – Liszt, Matisse und Utrillo lebten hier –, nach dem Krieg lockte die Stadt insbesondere den Geldadel und zahlreiche Filmstars an.

San Diego, „heiliger Jakobus" (hebr. *ja'aqob*, „Fersenhalter, Überlister"), ist der spanische Name einer kalifornischen Hafenstadt bei Los Angeles (s. *Santiago*).

San Francisco entstand 1776 aus einem Fort namens *Yerba Buena*, „gutes Gras", das die Vereinigten Staaten im Jahre 1846 Mexiko entrissen und nach der nahe gelegenen Missionsstation *San Francisco de Asís* – „heiliger Franz von Assisi" – in *San Francisco* umbenannten. Der Goldrausch von 1848 verwandelte den Ort rasch in eine blühende Gemeinde. 1906 wurde die Stadt während eines Erdbebens durch Feuer verwüstet.

Sankt Gallen, einst wichtige Kulturstätte des Mittelalters und auch heute noch kulturelles Zentrum der Ostschweiz, erinnert mit seinem Namen an den Iren *Gallus* („der Kelte", vgl. *Gallier*), der hier am Bodensee missionierte und in ländlicher Abgeschiedenheit das Waldkloster *St. Gallen* gründete.

Sankt Pölten ist, wenn auch nicht spontan erkennbar, nach dem frühchristlichen Kirchenlehrer und Märtyrer *Hippolyt* benannt – aus griech. ἵππος *(híppos)*, „Pferd", und λυτήρ *(lytér)*, „Befreier". Die niederösterreichische Stadt an der Stelle einer alten Römersiedlung ging aus einem 760 gegründeten Benediktinerkloster hervor, das später von Augustinern übernommen wurde.

San Marino ist die kleinste (und älteste) Republik der Welt. Sie konzentriert sich auf den dreigipfeligen Kalkfelsen Monte Titano (756 m) im nördlichen Apennin. 301 n. Chr. soll der heilige *Marinus* (latein. *marinus*, „das Meer betreffend"; vgl. *Marine*) – ein dalmatinischer Steinmetz, der verfolgte Christen in den unzugänglichen Bergen versteckte – diesen Zwergstaat gegründet haben. Seit dem Mittelalter konnte *San Marino* wegen der isolierten Lage seine Unabhängigkeit bewahren.

San Sebastián, spanisches Seebad am Golf von Biskaya und Hauptstadt der baskischen Provinz Guipúzcoa, trägt den Namen des heiligen *Sebastian*, eines für seinen Glauben hingerichteten römischen Offiziers der Leibgarde Kaiser Diokletians, welcher im Jahr 303 das Christentum verboten hatte und alle Anhänger dieser Religion rücksichtslos verfolgen ließ. Zu seiner Zeit fand auch das Blutbad am *Montmartre* in Paris statt (s. dort).

Santos, „die Heiligen", ist genau genommen die spanische Version des Städtenamens *Xanten*. Der Haupthafen Brasiliens liegt in der Umgebung anderer „heiliger" Orte, nämlich auf der Insel *São Vicente* („hl. Vinzenz"), nahe *São Paulo* („hl. Paul"), die über eine Kabelbahn mit dem Seehafen *Santos* verbunden ist. *São Paulo* trägt als größte Stadt des Landes eigentlich einen recht unpassenden Namen, denn im Lateinischen bedeutet *paulus* „klein". Andererseits ist der Name des berüchtigten Hamburger Hafenviertels, *Sankt Pauli*, auch keine treffendere Bezeichnung.

Sofia, die Hauptstadt Bulgariens am Fuß des Balkangebirges, trägt ihren Namen seit dem 14. Jahrhundert, in Anlehnung an die griechisch-orthodoxe Kathedrale *Sveta Sophia*, „heilige Sophia".

Im Griechischen bedeutet σοφία *(sophía)* „die Weisheit" (vgl. die *Hagia Sophia* in Istanbul sowie das Wort *Philosophie).*

St. Albans ist eine Kathedralstadt in der südenglischen Grafschaft Hertfordshire, die an der Stelle entstand, wo im 3. Jahrhundert der heilige *Alban* hingerichtet worden war. Der Name *Albanus* identifiziert seinen Träger als „Mann aus Alba" in Mittelitalien.

St. Andrews in Schottland, früher ein Fischernest, ist heute Seebad und internationales Golfzentrum. In der Kathedrale der Stadt, die schon im 8. Jahrhundert Bischofssitz war, sollen die Gebeine des heiligen *Andreas* – griech. ἀνδρεῖος *(andreîos),* „mannhaft" – ruhen. Der Apostel und Nationalheilige Schottlands gehörte mit seinem Bruder Simon Petrus zu den ersten Jüngern Jesu und wurde wie dieser gekreuzigt (vgl. das Diagonalkreuz der Flagge Schottlands sowie das *Andreaskreuz* vor Bahnübergängen).

Virgin Islands, „Jungferninseln" (von latein. *virgo,* „Jungfrau"), heißt eine westindische, zu den Kleinen Antillen zählende, größtenteils von den USA abhängige Inselgruppe zwischen dem Atlantischen Ozean und der Karibik. Kolumbus lief sie 1493 auf seiner zweiten Reise nach Amerika an und benannte sie nach der heiligen *Ursula* – einer britischen Königstochter – und den übrigen zehn *jungfräulichen Märtyrerinnen,* die mit ihr bei Köln im Jahr 452 von den Hunnen umgebracht worden waren. (Aus diesen elf wurden später durch einen Irrtum 11 000 Jungfrauen.) Die heilige *Ursula,* umgeben von elf Öllampen, ziert noch heute das Wappen der *Virgin Islands.* Bis ins 17. Jahrhundert waren die *Jungferninseln* dänischer Besitz. Im 18. Jahrhundert, in dem sie zeitweise von den Briten kontrolliert wurden, entwickelten sie sich zu einem florierenden Zentrum des Sklavenhandels und der Zuckerproduktion, bis die Plantagen nach der Abschaffung der Sklaverei im Jahr 1848 einen enormen Abstieg erlebten. 1917 kauften die Vereinigten Staaten die Dänischen West-indischen Inseln für 25 Millionen Dollar (s. auch *Virginia).*

Xanten am Niederrhein hieß ursprünglich *Santen,* aus *ad sanctos,* „Ort bei den Heiligen" (latein. *sanctus,* „heilig"). Hier wurde Anfang des 4. Jahrhunderts eine christliche römische Legion unter der Führung des heiligen Viktor[1] niedergemacht, weil die

---

[1] *Viktor,* „der Sieger", wurde zu jener Zeit der übliche Beiname eines christlichen Märty-rers (von latein. *vincere,* „siegen"; vgl. auch das Cäsar zugeschriebene Zitat *Veni, vidi, vici,* „Ich kam, ich sah, ich siegte", und die volkstümliche lateinische Wendung *Vae victis!* – „Wehe den Besiegten!").

Soldaten sich strikt weigerten, an den befohlenen Christenver-
folgungen teilzunehmen. Ihr Märtyrergrab befindet sich im *Xan-
tener* Dom. Im Nibelungenlied wird die Stadt unter dem Namen
ze Santen als Heimat Siegfrieds erwähnt (s. auch *Santos*).

W u n d e r s a m e   B e g e b e n h e i t e n
Carnac in der Bretagne führt diesen Namen wegen seiner berühm-
ten Megalithbauten, denn bei den Galliern war *carn* ein „Stein-
mal" oder eine „Grabstelle", so wie die britischen Kelten eine
prähistorische Steinsetzung *cairn* nannten (s. *Chartres* und
Caernarvon). Wenn man dagegen einer christlichen Legende
Glauben schenkt, entstanden die Megalithen, als der heilige
Kornelius die ihn verfolgenden Römerkohorten zu einer Reihe
von Steinen erstarren ließ.
Djebel Katharina, ein Berg auf der Halbinsel Sinai, verdankt seinen
Namen der 307 während einer Christenverfolgung in Alexandria
gerädeten und enthaupteten ägyptischen Märtyrerin *Katharina*
(griech. „die Reine"). Eine Legende berichtet, dass Engel ihren
Leichnam auf den *Katharinenberg* trugen – und tatsächlich: 300
Jahre später fanden Mönche, von einem Traum geleitet, ihre
Gebeine. Sie ruhen heute im nach ihr benannten griechisch-
orthodoxen Kloster, das an der Stelle errichtet wurde, wo Gott
dem Moses in einem brennenden Dornbusch erschienen sein soll
(s. auch *Santiago de Compostela*).
Fátima im mittleren Portugal war natürlich – wie der größte Teil der
Iberischen Halbinsel – jahrhundertelang von den Mauren besetzt. So verwundert es nicht, dass der bekannte Wallfahrtsort
nach der Tochter des Propheten Mohammed benannt ist, die bei
den Schiiten als weibliches Idealbild angesehen wird. Hier soll
1917 die von den Christen ähnlich verehrte Gottesmutter Maria
drei Hirtenkindern erschienen sein.
Loreto, von latein. *lauretum*, „Lorbeerhain", in der italienischen
Provinz Ancona verdankt seine Entwicklung zum Pilgerort einer
Santa Casa, also einem „heiligen Haus". Nach einer mittelalterlichen Legende haben Engel diese *Santa Casa* der Heiligen Familie von Nazareth zunächst nach Dalmatien und von dort nach
Italien getragen und 1294 in einem Lorbeerhain in *Loreto* aufge-
stellt. Heute steht über der *Santa Casa* eine große Kirche.
Mormonen, genauer: Angehörige der Kirche Jesu Christi der Heiligen der Letzten Tage, sehen im Buch *Mormon* eine Fortsetzung

des Neuen Testaments auf amerikanischem Boden. Joseph Smith, der Initiator der Sekte, behauptete, von einem Engel namens Moroni einen auf Goldplatten in ägyptischer Sprache verzeichneten Text erhalten zu haben – eben jenes Buch *Mormon*, das außer ihm selbst allerdings niemand zu Gesicht bekommen hat. Nachdem die Religionsgemeinschaft 1830 im Staat New York entstanden und ihr Gründer 1844 ermordet worden war (wohl wegen der Mehrehe, die er auf göttliche Offenbarung hin eingeführt hatte), brachen 15 000 *Mormonen* unter Führung von Brigham Young nach Westen auf, ließen sich in der Wüste am Großen Salzsee nieder und schufen dort 1848 den Staat Deseret, der 1896 in Utah umbenannt wurde. Die anstößige Vielweiberei mussten die *Mormonen* im Jahr 1890 auf staatlichen Druck wieder abschaffen (s. *Utah*).

Saint-Maximin-la-Sainte-Baume ist der geheimnisvolle Name eines französischen Wallfahrtsortes in der Camargue, rund 50 km nordöstlich von Marseille, dessen Geschichte bis in biblische Zeiten zurückreichen soll. Nach ihrer Vertreibung aus Palästina soll Maria Magdalena, u. a. in Begleitung ihrer Schwester Martha, ihres wieder zum Leben erweckten Bruders Lazarus und des Missionars *Maximin* (von latein. *maximus*, „der Größte") 12 Jahre nach dem Tod Christi mit einem Boot in *Les Saintes-Maries-de-la-Mer* gelandet sein. (Der Name bedeutet „die heiligen Marien vom Meer", denn unter den religiösen Flüchtlingen sollen sich außer *Maria Magdalena* auch die Schwester der Muttergottes, *Maria Jacobaea*, sowie die Mutter der Apostel Jakobus und Johannes, *Maria Salome*, befunden haben.) Während *Maximin* das Gebiet missionierte, soll *Maria Magdalena* auf Geheiß Gottes dreißig Jahre ohne Nahrung als Büßerin in einer Felsengrotte verbracht haben. Der Name *Sainte-Baume*, „heilige Höhle", ist von provenzal. *baoumo*, „Grotte", abgeleitet. Der Wald, in dem die Höhle liegt, gilt ebenfalls als heilig und ist nie wirtschaftlich genutzt worden. Über den Gräbern *Magdalenas* und der anderen Flüchtlinge aus dem Heiligen Land wurde 1295 die Kirche *Ste.-Madeleine* errichtet.

Santiago bedeutet im Spanischen „heiliger Jakob". Die so benannte Stadt (genauer: *Santiago de Compostela*) liegt in der nordwestspanischen Provinz La Coruña und ist die ehemalige Hauptstadt des Königreichs Galicien. Nach einer Legende soll hier der Apostel *Jakobus* (span. *Jago*) während einer Missionsreise gelandet sein. Bei seiner Rückkehr nach Jerusalem soll er auf Anordnung des Herodes im Jahr 44 verhaftet und hingerichtet worden sein. Da eine normale Bestattung untersagt war, der König stattdessen Kopf und Rumpf des Apostels den Vögeln, Hunden und Raubtieren vor den Stadttoren zum Fraß hatte vorwerfen lassen, brachten zwei Schüler des *Jakobus* unter Lebensgefahr die Leichenteile auf einem mannschaftslosen Geisterschiff, das von Engeln gesteuert wurde, an die Küste Galiciens. Hier setzten sie den Apostel auf einem alten römischen Gräberfeld (latein. *compostum*, „Friedhof"; vgl. *Kompost*) bei. Danach geriet das Grab in Vergessenheit, bis eine wundersame Lichterscheinung am Himmel (latein. *stella*, „Stern") im Jahr 813 angeblich zur Entdeckung seines Leichnams führte. Hier – auf dem *Campus Stellae*, dem „Feld des Sternes" – wurde später die gewaltige Kathedrale von *Compostela* errichtet. Seit dem 10. Jahrhundert ist die „heilige Stadt" *Santiago* nach Rom und Jerusalem der bedeutendste Wallfahrtsort der Christenheit, der jedes Jahr Büßer aus allen Teilen Europas anzieht. Der Städtename *Santiago* findet sich daneben an etlichen Orten in Mittel- und Südamerika: *Santiago de los Caballeros* liegt im Norden der Dominikanischen Republik; die Gründung dieser Stadt (Ende des 15. Jahrhunderts) geht zurück auf Bartholomäus Kolumbus, den Bruder des großen Entdeckers. Das seit 1541 bestehende *Santiago de Chile* wurde nach der Unabhängigkeitserklärung die Hauptstadt des Landes. *Santiago de Cuba* im Südosten Kubas ist 1514 aus einer spanischen Soldatensiedlung hervorgegangen. *Santiago del Estero*, 1553 am Río Dulce errichtet, ist die älteste Stadt Argentiniens (s. auch *San Diego*).

Namen aus dem Heiligenkalender

Asunción, „Himmelfahrt", ist der unvollständige Name der Stadt *Nuestra Señora de La Asunción* im südlichen Paraguay. Die erste ständige Siedlung in der La Plata-Region von Südamerika wurde am 15. August 1537 gegründet, am Festtag der Aufnahme Mariens in den Himmel. Seit der Unabhängigkeit Paraguays von Spanien (1811) ist *Asunción* die Hauptstadt des Landes (s. auch *Concepción*).

Bahia de Todos os Santos heißt „Allerheiligenbucht", weil sie am 1. November 1501 von portugiesischen Seefahrern entdeckt wurde. An ihr liegt die ehemalige Hauptstadt Brasiliens, die 1549 den

Gründungsnamen *Cidade do Salvador da Bahia de Todos os Santos*, „Stadt des Erlösers an der Allerheiligenbucht", erhielt. Dieser Bandwurmname wurde zunächst zu *Bahia*, später zu *Salvador* verkürzt.

Christmas Island, „Weihnachtsinsel", nannte James Cook das größte Atoll des Pazifischen Ozeans, da er es am Heiligen Abend des Jahres 1777 entdeckt hatte; heute heißt die Insel *Kiritimati* (s. *Kiribati*). Eine weitere, zu Australien gehörende *Christmas-Insel* liegt im Indischen Ozean, südwestlich von Java (s. *Natal*).

Ciudad de los Reyes, „Stadt der Könige", war der erste Name Limas. Der Eroberer Pizarro hatte die Hauptstadt des Vizekönigreiches Peru am 6. Januar 1535, also am Tag der Heiligen Drei Könige, gegründet (s. *Lima*).

Concepción bedeutet im Spanischen „Empfängnis". Gemeint ist das Fest „Mariä Empfängnis", an dem Pedro de Valdivia am 8. Dezember 1550 die chilenische Stadt gründete, in der 1818 die Geburt eines unabhängigen Chiles verkündet wurde. Weitere Städte namens *Concepción* gibt es in Paraguay und Uruguay.

Dominica wurde an einem Sonntag des Jahres 1493 von Christoph Kolumbus gesichtet. Daher nannte er die westindische Insel nach dem Tag der Entdeckung *Dominica*, von latein. *dies Domini*, „Tag des Herrn". Besiedlungsversuche scheiterten bis Mitte des 18. Jahrhunderts am undurchdringlichen Regenwald im Landesinneren, aber auch an der feindseligen Haltung der Kariben. (Diese nannten die Insel wegen der zahlreichen Kämpfe zwischen den Rivalen England und Frankreich bald *Waitukubuli*, „Land der vielen Schlachten".) Ab 1763 gehörte die Insel den Briten; erst 1978 erhielt sie die volle Unabhängigkeit (s. *Santo Domingo*).

El Niño, „das Kind" (d.h. das „Christkind") ist die Bezeichnung einer bisweilen ungewöhnlich weit nach Süden vordringenden warmen Pazifikströmung vor der Küste von Peru und Ecuador – eine zyklische, wohl durch die zunehmende Aufheizung der Atmosphäre bedingte Störung, die in der Regel zur Weihnachtszeit auftritt und immer häufiger zu starken Umwelt- und Klimabeeinflussungen führt. *El Niños* warme und daher nährstoffarme Gewässer verursachen großen Schaden für die Fischindustrie und somit auch für die Vögel, die ihre Nahrung in diesem Gebiet finden und ihrerseits wiederum eine wichtige Quelle für den

Guanodünger sind. Die Veränderung der Meeresströmungen kann katastrophale Auswirkungen auf das Weltklima haben. So wird *El Niño* seit einigen Jahren für unerwartete Überflutungen, aber auch andauernde Trockenperioden in Afrika und Asien, ja selbst in Europa verantwortlich gemacht.

Encarnación, „Fleischwerdung", heißt eine Stadt im Südosten Paraguays, an der Grenze zu Argentinien. Der Name bezieht sich auf die Ankündigung des Engels Gabriel, dass Maria einen Sohn gebären werde. Der am 25. März 1632, also am Tag „Mariä Verkündigung" von den Jesuiten als Missionsstation gegründete Ort nahm einen schnellen Aufstieg, nachdem eine Eisenbahnlinie ihn mit der Stadt *Asunción* verband.

Florida, span. für „die Blühende", erhielt 1513 vom spanischen Forschungsreisenden Juan Ponce de León diesen Namen, weil sein Besuch auf den Ostersonntag – im Spanischen *Pascua Florida*, „Fest der Blumen" – fiel. Wegen des subtropischen Klimas trägt die flache Korallenhalbinsel *Florida*, die sich 645 km weit nach Süden zwischen Atlantik und Golf von Mexiko schiebt, den Beinamen *Sunshine State*.

Îles des Saintes, „Allerheiligen-Inseln", heißt eine französische Inselgruppe in Westindien. Ihr Name entspricht etwa dem der *Bahia de Todos os Santos*, also der „Allerheiligenbucht" an der brasilianischen Atlantikküste (s. dort).

Isla de Pascua, „Osterinsel" – so bezeichnen die Chilenen eine ihrer Inseln im Südpazifik, etwa 3700 km westlich der Festlandküste. Die polynesischen Einwohner sind durch Krankheiten und Überfälle von Sklavenhändlern fast völlig ausgestorben, seit der Holländer Jakob Roggeveen, ein Kapitän der Westindischen Handelskompanie, als erster Weißer am Ostersonntag 1722 die Insel betrat. Als James Cook 1774 mit seinem wissenschaftlichen Stab auf ihr landete, traf er nur noch etwa 600 Menschen an; zu seiner Überraschung nannten diese sich selbst *Maori* (wie die *Maori*, die im 13. Jahrhundert Neuseeland eroberten!). Es ist wenig bekannt über die Menschen, die die riesigen, aus vulkanischem Tuffstein gehauenen Steinfiguren errichteten. 1888 wurde die Insel von Chile annektiert.

Natal, „Weihnachten" (von latein. *dies natalis Christi*, „Geburtstag Christi"; vgl. den Vornamen *Natalie*), taufte Vasco da Gama die Region an der Ostküste Südafrikas, als er am 25. Dezember 1497 in der Nähe des heutigen Durban an Land ging. Von dort segelte der gottesfürchtige portugiesische Seefahrer weiter nach Goa und Kalikut an der indischen Westküste, wo er eine Spur von Blut und Grausamkeit hinterließ und am Heiligen Abend 1524 (also auf den Tag genau 27 Jahre später) als Vizekönig von Portugiesisch-Indien starb. Eine Namensschwester ist die Hauptstadt des Staats Rio Grande do Norte in Nordostbrasilien, die Weihnachten 1599 ebenfalls als *Natal* von den Portugiesen gegründet wurde.

Pentecost, franz. *Pentecôte*, eine Insel der Neuen Hebriden (heute Vanuatu), wurde von James Cook am Pfingstsonntag des Jahres 1774 entdeckt und nach diesem hohen christlichen Feiertag benannt – von griech. πεντηκοστή *(pentekosté)*, „fünfzigster" (Tag nach Ostern), also *Pfingsten*.

San Marcos heißt eine Stadt am *San Marcos River* im Süden von Texas, da spanische Forscher diese Stelle just am Festtag des heiligen *Markus* erreichten (von latein. *Marcus*, „Sohn des Mars"). Im Jahr 1808 entstand hier eine erste Siedlung.

Santa Barbara, aus einer alten Missionsstation an der Küste Kaliforniens hervorgegangen, erhielt ihren Namen vom spanischen Seefahrer Sebastián Vizcaíno, der hier 1602 am Festtag der heiligen *Barbara* vor Anker ging. Die historisch nicht nachzuweisende Märtyrerin *Barbara* – ihr Name bedeutet im Griechischen „die Fremde" (vgl. *barbarisch*, eigentlich „fremdländisch") – zählt zu den 14 Nothelfern und gilt als Beschützerin der Bergleute.

Santo Domingo, „heiliger Sonntag" (von span. *domingo*, „Tag des Herrn") ist die größte Stadt und Hauptseehafen der *Dominikanischen Republik*, benannt nach dem Ankunftstag der Spanier unter Bartholomäus Kolumbus, dem Bruder des berühmten Christoph (dessen Gebeine angeblich in der dortigen Kathedrale ruhen). Die Stadt, die seit 1496 besteht, ist die älteste europäische Siedlung in der Neuen Welt. Von 1936 bis 1961 war ihr Name *Ciudad Trujillo* (s. *Dominica*).

São Paulo an der südostbrasilianischen Küste verweist auf den heiligen *Paulus*, da 1554 Jesuitenmönche am 25. Januar – am Festtag der Bekehrung des *Saulus* (hebr. „der Begehrte") zum *Paulus* (lat. „der Kleine") – hier den Grundstein für eine Missionsstation legten. Heute ist *São Paulo* die größte Stadt Brasiliens.

São Tomé, eine Insel im Golf von Guinea, wurde am 21. Dezember 1471 von den Portugiesen entdeckt und nach *St. Thomas*, dem Tagesheiligen (aram. „Zwilling"), benannt.

Christliche K i r c h e n waren die geistigen und geographischen Brennpunkte, auf die sich jede Siedlung mit Beginn des Mittelalters konzentrierte, und sie boten sich geradezu an, wenn es um die topographische Fixierung eines Ortes ging. Auch K l ö s t e r und deren Besitzungen zogen allerlei Landarbeiter und Kötter, Kaufleute und Handwerker an, die im Dienst der Äbte ihr Auskommen fanden und sich auf Kirchenland niederließen. Solche Siedlungen sind eindeutig an ihren Namen als „Kirchorte" zu durchschauen.

Manche christliche Kirche ist aus einer ehemaligen mehrschiffigen „Königshalle" – der griech.-röm. Fachterminus ist *Basilika*, von griech. βασιλεύς *(basileús)*, „König" (vgl. *Basel*) – hervorgegangen, die später als Markt- und Gerichtshalle genutzt wurde, bevor sie zum Gotteshaus avancierte. Die für diesen römischen Gebäudetypus charakteristische halbkreisförmige und erhöhte Apsis, in der ursprünglich der Thron des Königs stand, wurde zum Altarraum umfunktioniert. Die Verwandlung möglichst vieler Römerbauten in Kirchen verführte die Araber nach ihrer Eroberung Nordafrikas sogar zu der Annahme, dass es sich bei den Thermen von Karthago um einen großen christlichen Sakralbau handele, den sie lange als Kathedrale des *Augodjin* – also des heiligen *Augustinus* aus Hippo Regius (heute Annaba in Algerien) – ansahen.

Im 9. Jahrhundert bildeten sich eigene christliche Baustile heraus, wenn sie auch im Grunde falsch benannt sind. *Romanische* Kirchen, die zuerst in Deutschland auftauchten, hätten also eher *germanisch* genannt werden müssen; das Gleiche gilt für die aus dem *romanischen* Frankreich stammende *Gotik* – denn die *Goten* waren schließlich *Germanen*.

Die *Romanik* entwickelte sich vor allem in Klöstern, wo Mönche und Laienbrüder als Maurer und Steinmetzen arbeiteten, während Maler, Holzschnitzer und Goldschmiede die Ausschmückung der Abteikirchen übernahmen. Diese ähnelten zwar noch immer den Basiliken, sie hatten jedoch durch Querschiffe einen kreuzförmigen Grundriss erhalten und dokumentieren mit zwei Wehrtürmen nicht nur den Geist des Rittertums, sondern auch eine feste Glaubensordnung.

Im 12. Jahrhundert schockierten die Berichte vom Siegeszug hoch aufragender Kirchen, die mit spitzen, filigranen Türmen den Blick des Kirchenvolks zum Himmel lenkten und ihnen – angesichts der großflächigen und doch schwerelos wirkenden Fassaden, die nur noch aus Fenstern zu bestehen schienen – den Atem stocken ließen. Der Begriff *Gotik* sollte die ganze Verachtung des gebildeten Abendlandes für diese modische Neuheit in der Kirchenarchitektur zur Zeit der Kreuzzüge zum Ausdruck bringen. Der Bruch mit der hohen Kultur der Antike konnte nur als barbarisch – eben *gotisch* – bezeichnet werden. Es sollten noch Jahrhunderte vergehen (und zunächst so phantastische Kathedralen wie die von Bourges, Chartres, Reims und Amiens entstehen müssen), bis diese neue Baurichtung mit hohen, lichtdurchfluteten Kirchenschiffen ihren Siegeszug von Frankreich aus über ganz Europa antreten konnte.

Es ist bezeichnend für die Wankelmütigkeit des Menschen, dass er sich am Ende des Mittelalters wieder den Werten und Kunsttraditionen des griechisch-römischen Altertums zuwandte und diese Rückbesinnung, auch im Kirchenbau, *Renaissance*, d. h. „Wiedergeburt" nannte (vgl. *Renate*, die „Wiedergeborene"), um gut einhundert Jahre später die klassische Gradlinigkeit wieder aufzugeben zu Gunsten eines völlig verschnörkelten und überladenen Stils, den die Kunstgeschichtler als *Barock* bezeichnen (von portug. *barocco*, „unregelmäßig") und der im *Rokoko* des 18. Jahrhunderts, vor allem in süddeutschen Kirchen, mit protzigem Stuck und farbigem Dekor überhöht wurde; das Wort *Rokoko* ist abgeleitet von franz. *rocaille*, „Geröll", und spielt auf die äußerst üppige Ausschmückung mit allerlei steinernen Grotten- und Muschelverzierungen an.

So sehr man über anderthalb Jahrhunderte hinweg in Schwung und Bewegung der Formen geschwelgt hatte, so extrem war die Kehrtwendung der Baumeister, die ihre Gunst ab Mitte des 18. Jahrhunderts wieder der klassischen Gradlinigkeit und Strenge zuwandten – eine Entwicklung, die sich in der gesellschaftlichen Abkehr von den überfeinerten, unnatürlichen Lebensformen des Adels und in der gleichzeitigen Betonung des Primats der Vernunft spiegelte. Nach dieser Bauepoche – *Klassizismus* genannt – sollte es nie wieder einen einheitlichen europäischen Stil geben, denn bereits der *Historismus*, der Ende des 19. Jahrhunderts einsetzte, ließ die Vermischung aller Stilrichtungen der vergangenen Zeitalter zu.

Das Wort *Kirche* ist übrigens aus griech. *κυριακή (kyriaké)*, „Tag des Herrn", entstanden – von *κύριος (kýrios)*, „Herr" (vgl. *Kyrie eleison*, „Herr, erbarme dich") –, dem ein *ἐκκλησία (ekklesía)*, „Versammlung", hinzuzufügen ist, sodass man *Kirche* in etwa als „Sonntagsgemeinde" interpretieren kann. Eine ganz ähnliche Bedeutung hat die in Europa übliche Bezeichnung *Synagoge* für das jüdische Gotteshaus, von griech. *συναγωγή (synagogé)*, „Versammlungsort" (vgl. *Synode*). Die Juden selbst nennen ihr Gotteshaus hebr. *bet haknesseth*, „Haus der Zusammenkunft", also genauso wie ihr Parlament, die *Knesseth*.

Im Islam, der dritten monotheistischen Religion, versammeln sich die Gläubigen in einer *Moschee*, aus arab. *mazgit*, „Anbetungsort" – ein Wort, das über italien. *moschea* und span. *mezquita* in unsere Sprache gelangt ist; vom turmartigen *Minarett* der Moschee (von arab. *manara*, „Leuchtfeuer") ertönt fünfmal am Tag der Ruf zum Gebet.

Gotteshäuser und Kirchenbesitz

Abbeville, eine französische Stadt nordwestlich von Paris, hieß in römischer Zeit *Abbatis villa*, „Wohnsitz des Abtes". Gemeint war der Abt von St. Riquier.

Benediktbeuern ist eine bayerische Gemeinde bei Bad Tölz. Namengebend war eines der ältesten großen Benediktinerklöster nördlich der Alpen, gegründet um 740. Bekannt sind die von Carl Orff vertonten mittelalterlichen *Carmina Burana*, „Lieder aus Beuern", eine Sammlung lateinischer Texte, die zur Vagantendichtung zählen. Die Pergamenthandschrift des 13. Jahrhunderts wurde erst im Jahr 1803 im Kloster *Benediktbeuern* entdeckt.

Buchara, von altind. *Bichara*, „Kloster", entstand zur Zeit einer buddhistischen Dynastie. 710 kam *Buchara* mit Samarkand unter arabisch-islamische Oberherrschaft und wurde sogar bald Mittelpunkt der aufblühenden neuen Kultur. 1220 eroberte und zerstörte Dschingis Khan die Oasenstadt, die unter seinen Nachfolgern 1500 an die Usbeken verloren ging. Selbst als 1876 ganz Usbekistan von den Russen eingenommen wurde, blieb das Khanat *Buchara* innerhalb des Zarenreichs erhalten. Die Stadt, die rings von Wüste umgeben ist, hat sich zum Zentrum eines ausgedehnten Baumwoll- und Karakulzuchtgebiets mit berühmten Teppichknüpfereien entwickelt. (Vom gleichen altind. Wort stammt der Name des indischen Bundesstaates *Bihar*, in dem es viele buddhistische Klöster gibt.)

Dünkirchen, „Dünenkirche", ist der deutsche und flämische Name der nordfranzösischen Stadt *Dunkerque*, die nahe der belgischen Grenze an der Straße von Dover liegt. *Dünkirchen* entstand tatsächlich um eine Kirche herum, die im 7. Jahrhundert mitten in den Küstendünen gebaut worden war. Wie ganz Flandern gehörte *Dünkirchen* nacheinander zu Burgund, Österreich, Spanien und England, dessen König Karl II. es 1662 an Frankreich verkaufte.

Eccles bedeutete in der Sprache der alten Angelsachsen „Kirche". Sie übernahmen praktisch das kirchenlateinische, aus dem Griechischen stammende Wort *ecclesia*, da sie zunächst noch Heiden waren und kein eigenes Wort für ein christliches Gotteshaus hatten. *Eccles* ist eine Stadt westlich von Manchester in der englischen Grafschaft Lancashire.

Einsiedeln, ein bekannter Wallfahrtsort im Schweizer Kanton Schwyz, entwickelte sich aus der Benediktinerabtei *Maria Einsiedeln*, die über der Zelle des 861 ermordeten Eremiten Meinrad gegründet wurde. Im Mittelalter trafen sich jedes Jahr die Santiago-Pilger aus Süd- und Osteuropa in der Kapelle der Abtei, um vor der angeblich wundertätigen Statue der Muttergottes zu beten. (*Einsiedeln* ist übrigens der Geburtsort des Arztes Paracelsus.)

Kells, „die Zellen", eine irische Stadt nordwestlich von Dublin, hat Berühmtheit erlangt durch das *Book of Kells*, welches ein ehemaliges Kloster an dieser Stelle überlebt hat. Der Name ist abgeleitet von irisch *cealla*, Plur. von *cill*, „Zelle, Kirche".

Kildare, mit irischem Namen *Cill Dara*, „Kirche im Eichenhain" (von *doire*, „Eichenwald"), führt seinen Namen auf die heilige Brigid zurück, die hier in einem heidnischen Eichenhain ein christliches Nonnenkloster gegründet haben soll. Möglicherweise steht die heutige St. Brigid's Cathedral genau an dieser Stelle (s. *Londonderry*).

Kilkenny, irisch *Cill Chainnigh*, hat wie viele andere irische Städte einen Kirchennamen, der in diesem Fall „Kirche des heiligen Kenneth" bedeutet. Der schottische Mönch *Kenneth* (gäl. *Cainnech*, „der Schöne") gründete hier im 6. Jahrhundert ein Kloster.

Kirkby, „Dorf mit einer Kirche", heißen viele Orte in Nordengland und Schottland (von altnorweg. *kirju-bý*). Der recht häufige Name *Kirkham*, „Kirchheim", hat fast die gleiche Bedeutung.

Monastir in Osttunesien wurde nicht von den Arabern so benannt, sondern von den Franzosen, indem sie den Namen eines 796 erbauten arabischen *Ribat*, d.h. eines „Wehrklosters", dessen Mönchszellen man noch heute besichtigen kann, in ihre Sprache übersetzten: *monastère*, „Kloster". Die gleiche Bedeutung – abgeleitet von latein. *monasterium* – haben die Namen der Städte *Moutier* (Bezirkshauptstadt im Kanton Bern) und *Münster* (ca. 800 n.Chr. als Bischofssitz gegründet; vgl. auch alle englischen Städte auf die Endung *-minster*). Ähnliches gilt für die Schweizer Stadt *Montreux* und den Pariser Stadtteil *Montreuil* (von latein. *monasteriolum*, „Klösterchen").

Muirkirk lässt sich als „Moorkirche" übersetzen (von altnorweg. *mór* und *kirkja*). Die schottische Stadt am Fluss Ayr liegt tatsächlich am Rand eines öden Moorgebiets.

München wurde zwar erst 1158 von Heinrich dem Löwen offiziell gegründet, ging aber aus einer früheren Siedlung *apud Munichen*, „bei den Mönchen", hervor. Die Herkunft dieser *Mönche* ist ungeklärt; das *Mönchlein* jedoch – das *Münchner Kindl* – findet sich noch heute im Stadtwappen. Gleichen Ursprungs ist der Name *Mönchengladbach* (ehemals *München-Gladbach*). Das Rathaus der niederrheinische Stadt ist adäquat im alten Abteigebäude untergebracht.

Nonnenwerth, „die Nonneninsel", liegt bei Bad Honnef mitten im Rhein; sie war von 1122 bis 1902 ein Benediktinerinnen-Kloster.

Opatija bedeutet in der serbokroatischen Sprache „Abtei" (vgl. italien. *abbazia*). Der alte Winterkurort der feinen Gesellschaft Österreich-Ungarns an der Ostküste Istriens ist heute ein Touristenzentrum.

Papa Sound heißt ein Sund zwischen zwei Orkneyinseln (Westray und Papa Westray). Das alte Wikingerwort *papa*, „Priester", in einem Ortsnamen verweist stets auf ein Kloster oder eine Abtei.

Papenburg bedeutet „Pfaffenburg". Im Althochdeutschen hatte das Wort *pfaffo*, „Geistlicher", noch keinen üblen Sinn. Es geht zurück auf die spätgriechische Bezeichnung παπᾶς (*papâs*), „Pfarrer", woher auch russ. *Pope* stammt. Andere Ortsnamen mit ähnlichem Sinn wären *Pfäffikon* im Kanton Zürich („bei den Höfen der Geistlichen"; der zweite Wortteil ist aus *-inghoven* zusammengezogen) und *Pappenheim* in Bayern (vgl. Wallensteins „*Pappenheimer*").

Peterborough, „Petersburg" (von *Peter* und *borough*, „Burg"), ist eine Industrie- und Kathedralstadt im englischen County Cambridgeshire. Zu Beginn des Mittelalters schuf man in allen christlichen Ländern *Peterskirchen*, damit möglichst jeder – und so steht es auch in der Gründungsurkunde der Abtei von *Peterborough* (656), an deren Stelle im 12. Jahrhundert die Kathedrale erbaut wurde – *St. Peter* aufsuchen könne, ohne nach Rom reisen zu müssen.

Pfaffengasse war bis 1800 ein volkstümlicher Name für die Rheinlande, da mit den Bistümern Chur, Konstanz, Basel, Straßburg, Speyer, Worms, Utrecht und den Erzbistümern Mainz, Trier und Köln sich ein geistliches Besitztum an das andere reihte.

Pfaffenwinkel lautete früher die landläufige Bezeichnung für das oberbayerische Gebiet zwischen Lech und Isar, südwestlich von München, da es hier besonders viele Klöster gibt.

Prescot, an der Küste der Irischen See, war zunächst nur ein „Priester-Kotten" in der Umgebung von Blackpool (von altengl. *preost*, „Priester", und *cottage*, „Kotten"; vgl. engl. *priest* und unsere aus dem Griechischen stammende Bezeichnung *Presbyter*, „Gemeindeältester"), der sich im Laufe der Jahrhunderte zu einer ansehnlichen Stadt entwickelte. Die gleiche Bedeutung, nämlich „Priesterfarm", haben die Namen der nordwestlich von Manchester gelegenen englischen Städte *Preston* und *Prestwich* sowie die schottische Stadt *Prestwick* am Firth of Clyde (von altengl. *tun*, „Gehöft", bzw. *wic*, „Einzelhof").

Shankill bedeutet in der irischen Sprache „alte Kirche" (von irisch *sean*, „alt", und *cill*, „Kirche"). Diesen Namen trägt nicht nur ein Dorf bei Dublin, sondern auch eine berühmt-berüchtigte Straße in Belfast, die *Shankill Road*, an der Grenze zwischen den Wohngebieten der Katholiken und Protestanten (vgl. auch *Shannon*, „der Alte", und den äußerst gebräuchlichen irischen Vornamen *Sean*, verwandt mit lat. *senex*, „alt").

Tempelhof, ein vor allem wegen seines Flughafens bekannter Stadtteil Berlins, ist eine Gründung des *Templerordens* aus dem 13. Jahrhundert, dessen umfangreicher Besitz im Süden der Doppelstadt Berlin-Cölln nach Aufhebung jener christlichen Gemeinschaft an die Johanniter fiel. Das Wappen *Tempelhofs* erinnert mit seinem achteckigen roten Tatzenkreuz auf weißem Grund (vergleichbar dem Malteserkreuz) noch heute an die streitbaren Ritter der Kreuzzugszeit, deren Großmeister einst seinen Sitz in Jerusalem beim *Tempel* des Salomon hatte.

Valpolicella, „Tal der vielen (Kloster-)Zellen" nordwestlich von Verona in Norditalien, stand mit seinem Namen Pate für einen weltbekannten Rotwein aus der Lombardei.

4. Historie und Politik

Viele geographische Benennungen von Regionen und Orten führen uns zurück zu deren geschichtlichen Anfängen, die entweder durch archäologische Befunde oder glaubwürdige Dokumente abgesichert sind.

Andere Namen künden von herausragenden Entdecker- oder Herrscher-persönlichkeiten und markieren nicht selten geschichtsträchtige Groß-taten, aber auch unverhoffte Wendepunkte. Wieder andere streichen strategische Lagevorteile und die eigene militärische Überlegenheit heraus oder verherrlichen den Prunk und die politische Bedeutung des jeweiligen Machtzentrums.

Ur in Mesopotamien – etwa 4000 v. Chr. als eine der ersten Dorf-siedlungen der Welt am Ufer des Euphrat gegründet – gilt als Archetyp menschlicher S e s s h a f t i g k e i t, ja geradezu als Startpunkt jeglicher Entwicklung. Von hier, berichtet das Buch Genesis, ist Abra-ham mit seiner Familie nach Palästina aufgebrochen. In den ältesten Ausgrabungsschichten der Stadt haben Archäologen sogar Spuren einer katastrophalen Überschwemmung gefunden, die mit der biblischen Sintflut identisch sein könnte. Hätte die Stadt überlebt, läge sie im *Irak*, dessen Name von einem babylonischen Wort für „Ursprung" stammen soll, was immerhin eine sehr passende Bezeichnung wäre, denn hier stand offensichtlich die Wiege unserer Kultur. *Çatal Hüyük* („Hügel am Scheideweg", der ursprüngliche Name ist unbekannt) heißt ein Sied-lungshügel in Südanatolien, der *Ur* an Alter noch übertrifft und, wie Jericho, aus der Jungsteinzeit stammt. Das türkische Wort *Hüyük*, „Siedlungshügel", entspricht dem hebräischen *Tell* und dem iranischen *Tepe* (das übrigens eine verblüffende Ähnlichkeit mit den Maya-Wörtern für „Hügel" und „Berg" – *tepec* und *tepetl* – zeigt; vgl. *Popo-catépetl*, „rauchender Berg"). Solche Schutthügel entstanden durch die Verwendung von unverputzten Gebäuden aus Schlammziegeln, die im Gegensatz zu Steinmaterialien rasch zerfielen. Der Zwang zu ständigen Neubauten am gleichen Platz führte schließlich zur Hügelbildung (vgl. *Tel Aviv*, „Frühlingshügel").

Eine ganze Reihe heute noch existierender Orte weist, wenn auch verschwommen, auf eine frühgeschichtliche Besiedlung hin, wie *Syrien*, das in vorhellenistischer Zeit *Assyrien* hieß und das ganze Gebiet östlich des Mittelmeeres zwischen Anatolien und Ägypten umfasste. Meist war die Erinnerung an die ursprüngliche Benennung jedoch so vage, dass die moderne Variante wie eine Neuschöpfung klingt. Ein gutes Beispiel ist das Fremdenverkehrszentrum *Garmisch-Partenkirchen*, das einst als römischer Rastplatz *Parthanum* an einer wichtigen Handelsstraße von Augsburg über Mittenwald nach Italien entstanden war. (Die seit 1935 mit *Partenkirchen* vereinigte Gemeinde *Garmisch* ist erst im 9. Jahrhundert als *Germareskauue*, „Wohngebiet des Germar", nachgewiesen.)

Wo die geschichtliche Kontinuität auf Grund wechselnder Besitzverhältnisse fehlte, begnügten die Bewohner einer Nachfolgesiedlung sich oft damit, ihrem Ort pauschal ein „Alt-" voranzustellen. So war für die Türken die von ihnen eingenommene phrygische Stadt *Dorylaeum* nichts weiter als eine *eski şehir*, eine „alte Stadt", und *Eskişehir* heißt diese westtürkische Stadt bis auf den heutigen Tag.

In Spanien behielt die Stadt *Saguntum*, einst von griechischen Kolonisten an der Mittelmeerküste gegründet und später von Rom eingenommen, ihren antiken Namen, bis sie im frühen 8. Jahrhundert unter die Herrschaft der Mauren geriet, die sie verballhornend *Murbiter* nannten (von latein. *mures veteres*, „altes Gemäuer"), woraus die ahnungslosen Spanier bei der Rückeroberung *Murviedro* machten. Erst 1877 besann man sich auf den alten Namen, sodass die Stadt heute wieder als *Sagunto* bekannt ist.

Schon 280 v. Chr. wurde das etruskische *Volsinii* von den Römern zerstört. Da die Stadt nacheinander – und mit variierenden Namen – in den Besitz der Goten, Byzantiner, Langobarden und des Kirchenstaates kam, nannten die Italiener sie im Mittelalter der Einfachheit halber *Urbs Vetus*, „alte Stadt", was im Laufe der Jahrhunderte zu einem nebulösen *Orvieto* mutierte (vgl. *Veteran* sowie *Vettel* für eine ungepflegte „alte Frau"; beide von latein. *vetus*, „alt"). Einen identischen, wenn auch rein italienischen Namen trägt die nur 80 km südlich gelegene Hafenstadt *Civitavecchia* bei Rom, obschon sie „erst" im Jahr 106 n. Chr. als Hafen angelegt wurde. Möglicherweise ist auch den Bewohnern der bescheidenen Bauerngemeinde *Cerveteri* bei Rom nicht bewusst, dass der Name ihres Heimatortes aus *Caere vetus*, „Alt-Caere", entstanden ist und sich auf *Caere*, eine der bedeutendsten etruskischen Städte des 7. vorchristlichen Jahrhunderts, bezieht.

Wie man weiß, waren die Eroberer der Neuen Welt in der Regel mehr an den materiellen Schätzen als an der Siedlungsgeschichte ihrer neuen Besitzungen interessiert. Daher können Namen wie *Porto Velho* (portug. „alte Anlegestelle") am Río Madeira im Amazonastiefland oder die spanische Entsprechung *Puertoviejo* in Ecuador ebenso wenig überraschen wie *Antigua* – eine seit Urzeiten vom Stamm der Kariben bewohnte Antilleninsel, die ihr Entdecker Christoph Kolumbus 1493 folglich „die Alte" nannte (vgl. *antik* und *Antiquität*). An der historischen Patina der nordamerikanischen Stadt *Tulsa* in Oklahoma sind europäische Kolonisten allerdings unschuldig. Creek-Indianer aus Alabama waren in der ersten Hälfte des 19. Jahrhunderts in dieses Gebiet eingewandert und hatten es *Tulsee* genannt – abgeleitet von dem Creek-

Wort *Tullahassee* für „alte Stadt". Die weiße Besiedlung begann erst 1882, nach der Erschließung dieses Gebietes durch den Bau einer Eisenbahnlinie.

Wie stark die Eroberer der Völkerwanderungszeit mit ihrem Heimatland verbunden blieben, sieht man unschwer an den scheinbar phantasielosen Bezeichnungen, die sie während ihrer W a n d e r u n g einzelnen Etappenlagern oder endgültig besetzten Gebieten gaben und die in der Regel an vertraute Namen in ihrem Geburtsland erinnern sollten. Auf diese Weise ist der Zug mancher Völker an fast identischen geographischen Benennungen rekonstruierbar, wie das Beispiel der keltischen *Gallier* beweist, die wenig Neigung zur Sesshaftigkeit zeigten und nie ein geeintes Großreich besaßen. Von *Gallien* ausgehend ließen sie sich im nordwestspanischen *Galicien*, also „Keltenland", nieder, vor allem jedoch zogen sie nach Osten, wo sie nicht nur in jener ukrainischen Landschaft siedelten, die wir als *Galizien* kennen, sondern auch in der ostrumänischen Stadt *Galaţi* (dt. *Galatz*) und am Westufer der Dardanellen (die hier liegende Halbinsel *Gallipoli* hat allerdings einen anderen etymologischen Ursprung; s. dort), von wo sie 277 v. Chr. bis ins Innere Kleinasiens vertrieben wurden; hier gründeten sie in der Gegend von Ankara den Staat *Galatien* (vgl. die *Galater*, denen der Apostel Paulus einen seiner berühmten polemischen Missionsbriefe schrieb).

Allemal lassen Ortsnamen Rückschlüsse auf den Ausgangspunkt einer Wanderung zu. So gelang es bereits dem englischen Seefahrer James Cook, mithilfe der Etymologie nachzuweisen, dass Polynesier die fast 5000 km nördlich liegenden Hawaii-Inseln besiedelt haben müssen. Als er 1778 hier an Land ging, erfuhr er von den zunächst freundlichen Eingeborenen (die ihn später allerdings ermordeten) den Namen einer Meerenge zwischen zwei hawaiischen Inseln: *Ke-ala-i Kahiki* – eine Bezeichnung, die selbst den Einheimischen nichts sagte. Cook fiel jedoch auf, dass der polynesische Meergott *Tane*, von dem er auf seinen Reisen durch die Südsee wiederholt gehört hatte, bei den Hawaiianern anscheinend *Kane* hieß – also nur die Buchstaben *T* und *K* vertauscht waren. Als er gleicherweise das *K* im Namen der Meerenge jeweils durch ein *T* ersetzte und den Bewohnern des Archipels die Version *Te-ala-i-Tahiti* offerierte, konnten diese die Bezeichnung augenblicklich als „der Weg nach Tahiti" übersetzen! Ähnlich aufschlussreich ist die polynesische Bezeichnung für die Osterinsel vor der Küste Chiles; die ersten Besiedler waren etwa 400 n. Chr. von den fernen Marquesas-Inseln eingewandert und hatten die neue Heimat mit einem Ausdruck ihrer Herkunftssprache *E-pito-o-te-henua*, „Nabel der Welt", genannt (s. *Isla de Pascua*).

Bei der geplanten K o l o n i s a t i o n fremder Länder und Kontinente bemühte man sich, den gewählten Siedlungsplatz nach dem Vorbild der alten Heimat zu gestalten. Gleichgültig, welches Motiv die Menschen vom Ort ihrer Kindheit vertrieb – Krieg oder Abenteuerlust, wirtschaftliche Not oder Gewinnstreben, Freiheitsdrang oder Verbannung –, ein Teil ihres Herzens blieb auf ewig zurück im Lande der Vorfahren. Die Namen mancher Niederlassung (oft nur durch ein vorangestelltes *Neu-* von der Mutterstadt unterschieden, in Amerika z.B. *New Bedford*, *New Berlin* und *New Bern*) künden noch heute von dem Stolz oder der Sehnsucht, von der Loyalität oder auch der Hassliebe ihrer verpflanzten Bewohner.

V ö l k e r w a n d e r u n g u n d V e r d r ä n g u n g

Andalusien, span. *Andalucía*, ist eine historische Landschaft Südspaniens. Sie bildete einst das Reich Tartessus, das Tarsis der Bibel, wo die Phönizier Niederlassungen wie Gadir (Cádiz) und Malaka (Málaga) gründeten und Silber abbauten. *Andalusien* ist angeblich nach den *Wandalen* benannt – es müsste also eigentlich *Wandalusien* heißen –, obschon sie nur 18 Jahre hier ansässig waren und 429 vor den nachrückenden Westgoten nach Nordafrika ausweichen mussten. Diese wiederum verloren es im Jahr 711 an die Araber, die fortan ganz Spanien als *Al-Andalus* bezeichneten.

England, altengl. *Engla land*, „Land der Angeln", ist nach jenem norddeutschen Volksstamm benannt, der im 5. Jahrhundert seine Heimat *Angeln* (von althochd. *angul*, „Angelhaken"; wohl wegen der gebogenen Form der Landschaft) in Schleswig verließ und in den Südosten Britanniens einfiel. Sein frühestes Siedlungsgebiet in England trägt noch heute den Namen *East Anglia*, „Ostanglien".

Frankreich ist – wie unser rechtsrheinisches *Frankenland* – natürlich das „Land der Franken". In der Völkerwanderungszeit drang die westgermanische *fränkische* Stammesgruppe von ihren Siedlungsplätzen am Niederrhein weit nach Süden in römisches Gebiet beiderseits des Rheins vor und nannte das eroberte gallische Land *Francia*. Das Großreich des berühmtesten *Franken-*

königs, Karls d. Gr., wurde 843 im Vertrag von Verdun in drei Königreiche aufgeteilt, von denen bald nur noch das Westreich *Francia* genannt wurde. Für das Ostreich (s. auch *Österreich*) setzte sich der Name Germania durch – bis auf jenes Teilgebiet *Franconia*, das wir heute noch als *Frankenland* bezeichnen. (Der Nordteil des mittleren Reiches war übrigens Lotharingia, „Lothringen", d. h. das Land Lothars II., um dessen Besitz sich West- und Ostreich unablässig stritten.) Seit langem betrachten die *Franzosen* eher die Gallier und nicht die *Franken* als ihre eigentlichen Vorfahren, allenfalls die Adeligen hielt man für *fränkische* Abkömmlinge. Die Revolution von 1789 interpretierte man bisweilen als endgültigen Triumph der Gallier über die *Franken*, sozusagen als Sieg des gallischen Hahns (latein. *gallus* bedeutet sowohl „Hahn" als auch „Gallier") über die verhasste Lilie als Staatssymbol.

Goldene Horde, mongol. *Kiptschak*, so nannten die Russen den Herrschaftsbereich des Tataren Batu, eines Enkels Dschingis-Khans, zwischen Don und Wolga. Der Glanz seines prachtvollen Heerlagers – *Horde* ist eine Verballhornung des türkischen Wortes *ordu*, „Lagerplatz", „Armee" – übertrug sich auf den Namen seines ganzen Großreiches, dessen Hauptstadt *Sarai*, „Schloss", hieß (vgl. Mozarts *Entführung aus dem Serail*; s. auch *Sarajevo*). Den Mongolen der *Goldenen Horde* verdankte Russland nicht nur jahrhundertelange Unterdrückung, sondern auch eine disziplinierte Armee, neue Straßen, einen verlässlichen Postdienst und die Erhebung regelmäßiger Steuern. Der russische Zar hieß bei den Asiaten übrigens „weißer Zar", also „Kaiser des Westens" (s. *Himmelsrichtungen* und *Weiße Horde*). Etymologisch verwandt mit *Horde* und *ordu* ist die als *Urdu* bekannte Sprache Nordindiens und Pakistans (von *zaban-i urdu*, „Sprache des Lagers").

Hebräer, die übliche Eigenbezeichnung für die Angehörigen der Stämme Israels, lässt sich als „Abkommen des Stammvaters Ewer" (hebr. *'ibrim*) oder als „die vom anderen Ufer" interpretieren (hebr. *iwrim*), wobei nicht geklärt ist, ob das Ursprungsland ganz allgemein jenseits des Jordan lag oder am fernen Ufer des Euphrat, also in Mesopotamien zu suchen ist.

Hellespont, „Hellenenbrücke" (vgl. auch latein. *pons, pontis* „die Brücke", und *Ponton*), war der antike und mittelalterliche Name der Dardanellen. Die Meerenge zwischen Marmara- und Ägäischem Meer ist an ihrer engsten Stelle nur etwa einen Kilometer breit, daher setzten die *Hellenen* (also die Griechen) hier während ihrer Wanderungszüge nach Kleinasien über (vgl. auch *Hellas* für Griechenland).

Hyksos, von ägypt. *hyk*, „Herrscher", und *sos*, „Hirte", nannte man im östlichen Mittelmeergebiet ein kriegerisches Reitervolk, das im 18. Jahrhundert v.Chr. von Osten her nach Ägypten einfiel und das Land fast zweihundert Jahre lang beherrschte. Die *Hyksos* brachten Ägypten aber auch Vorteile, nämlich das Pferd und die Einführung einer Berufsarmee.

Katalonien, aus „Got-Alanien", war ab etwa 400 n.Chr. das Siedlungsgebiet der *Westgoten* und der mit ihnen ziehenden *Alanen*, die – gleich den *Wandalen* (von althochd. *wallon*, „wandern") – vor dem Ansturm der Hunnen auf die Iberische Halbinsel auswichen. Die ostgermanischen *Goten*, die sich selbst *Gutos* oder *Gutans* nannten, hatten um Christi Geburt ihre südskandinavische Heimat – insbesondere die Insel *Gotland* – verlassen und sich an der unteren Weichsel angesiedelt. Ihre nächste Station war die Schwarzmeerküste, von wo aus sie im 3. Jahrhundert über Italien und Gallien in die römische Provinz Hispania zogen. Die *Alanen* (in ihrer eigenen Sprache *Aryanam*, also „Arier") waren iranische Steppennomaden nördlich des Kaukasus, die hier mit dem Bauernvolk der Goten in Berührung kamen und mit ihnen nach Westen wanderten. Zahlreiche *Alanen* vermischten sich mit den *Goten* und ließen sich als *Katalanen* (also *Got-Alanen*) im Gebiet der Ebromündung nieder. Die meisten *Alanen* wollten jedoch ihr ungebundenes Nomadenleben nicht aufgeben und folgten dem Wandalenkönig Geiserich, dem *rex Vandalorum et Alanorum*, nach Afrika.

Matabeleland heißt der westliche Teil von Simbabwe, nach dem afrikanischen Volk, das zu Beginn des 19. Jahrhunderts seine weiter südlich gelegene Heimat verlassen musste und dessen Angehörige sich deshalb mit einem Zuluwort *Amandebele*, „die Verschwundenen", nannten.

Normannen, „Nordmänner", d.h. Wikinger aus *Norwegen*, machten im 9. Jahrhundert n.Chr. – als ein deutlich wärmeres Klima einsetzte – mit ihren seetüchtigen Langbooten die zunehmend eisfreien Küsten Nord- und Westeuropas unsicher. Noch heute begegnet man in der *Normandie* häufiger blonden und blauäugigen Menschen als in anderen Gegenden Frankreichs. Die Angelsachsen titulierten die *Normannen*, die schon 835 (nicht erst 1066 unter Wilhelm d. Eroberer!) in die Themsemündung eindrangen, bezeichnenderweise als *Ostmannen*. In russischer Variation wurde aus der *Normannen-* die *Murman-Küste* der Halbinsel Kola (s. *Murmansk* und *Wikinger*).

Rumelien, türk. *Rumili*, „Land der Rhomäer", ist die exakte geographische Bezeichnung für Thrakien und Makedonien. *Rhomäer* (von arab. *a-rum*, „Römer") nannte man im Osmanischen Reich die Byzantiner, also die „Oströmer" (s. *Erzurum* und *Rumänien*).

Pontresina, ein Ort im schweizerischen Engadin am Fuß des Bernina-Passes, erinnert mit seinem alten okzitanischen Namen *Punt'razena*, „Brücke der Sarazenen", an jenen westarabischen Stamm, den man im antiken und mittelalterlichen Europa als Synonym für alle nach Westen vordringenden Araber gebrauchte. Lediglich für die aus Nordwestafrika nach Spanien einfallenden Muslime setzte sich die Bezeichnung *Mauren* durch. Nachdem die *Sarazenen* um 850 ganz Süditalien und Sizilien von den Griechen erobert hatten, drang eine Heeresgruppe – teils den Po aufwärts, teils über Venedig – bis in die Alpentäler vor, wo sie sich mit den einheimischen Bergstämmen vermischte und im heutigen Graubünden sesshaft wurde. So heißt eine der angesehensten Familien der Gemeinde *Pontresina* noch immer *Saratz*, während ein Turm aus dem 11. Jahrhundert als *Sarazenenturm* bekannt ist (vgl. auch den schweizerischen Ort *la Sarraz* zwischen dem Neuenburger und dem Genfer See). Der Name der Stadt *Sarzana*, „die Sarazenin", an der italienischen Riviera di Levante rührt wohl daher, dass die ligurischen Bewohner immer wieder vor den *Sarazenen* ins Landesinnere flüchten mussten.

Wikinger waren skandinavische Seeräuber, die besonders im 9. und 10. Jahrhundert ganz Europa mit ihren Plünderungsfahrten in Angst und Schrecken versetzten. Die Züge der norwegischen *Wikinger* führten vor allem nach Britannien, Island, Grönland und Nordamerika, während die dänischen *Wikinger* auch das europäische Festland in Atem hielten. Sie besetzten Friesland und ließen sich 911 als Normannen in der Normandie nieder, von wo aus sie 1066 England eroberten. Im Ostseeraum waren seit dem 9. Jahrhundert schwedische *Wikinger* aktiv, vor allem der Stamm der Rus, der die Stadtstaaten Nowgorod und Kiew gründete und dem ganzen Land seinen Namen gab. Die Bezeichnung *Wikinger* könnte auf nord. *vík*, „Bucht", oder *wík*, „Rastplatz", zurückgehen und somit entweder „Besucher der Meeresbuchten" oder „Lagerbewohner" bedeuten. Die letztere Deutung ist wahrscheinlicher, da die Errichtung eines kurzfristigen Lagers ein typisches Kennzeichen der Wikingerüberfälle war (s. auch *Normannen*, *Waräger* und *Russland*).

Niederlassung und Kolonisation

Colonia (Ulpia) Traiana hieß die Zivilsiedlung, die Kaiser Trajan um 100 n. Chr. in der Nähe des alten Militärlagers Vetera Castra anlegte, von dem der Varus mit drei Legionen zur Schlacht im Teutoburger Wald auszog. *Ulpia Traiana* – die drittgrößte *Colonia* Germaniens – wurde nie überbaut, sodass ihr Grundriss unter Wiesen und Äckern erhalten blieb. Nirgends kann man die Anlage eines wichtigen Ortes im römischen Rheinland so gut studieren wie an diesem römischen Siedlungsort, der heute *Xanten* heißt (s. *Xanten* und *Santos*).

Huë, der Name eines Hafens in Vietnam, ist aus chines. *huá*, einer Abkürzung für den Begriff *huáqiáo*, „im Ausland lebender Chinese", entstanden. *Huë* war früher die Hauptstadt von Annam.

Kalmücken sind Angehörige des westmongolischen Stammes der Dsungaren, die 1616 vor den Chinesen aus ihrer Heimat geflohen waren und sich an der Wolga niedergelassen hatten. Im 18. Jahrhundert kehrten die meisten von ihnen jedoch in die Mongolei zurück, um der zunehmenden Unterdrückung in Russland zu entgehen. Nur etwa 70 000 blieben an der Wolga, weswegen wir sie als *Kalmücken*, „die Zurückgebliebenen", kennen (von türk. *kalmak*, „übrig bleiben"; sie selbst nennen sich *Chalimag*) – ein Name, der schon lange seine Gültigkeit verloren hat, da Stalin sie während des Zweiten Weltkriegs wegen angeblicher Kollaboration mit den Deutschen nach Sibirien umsiedelte. Erst 1958 durften Reste des Volkes zurückkehren.

Megalopolis, „große Stadt", von griech. μέγας *(mégas)*, „groß", und πόλις *(pólis)*, „Stadt", heißt ein Ort auf der Peloponnes – gewissermaßen der Prototyp einer Stadt aus der Retorte. Die 371 v. Chr. als Mittelpunkt der damals noch städtelosen Landschaft Westarkadiens geplante Riesenstadt füllte jedoch niemals den überdimensionierten Mauerring aus. Als *Megalopolis* bezeichnet man heute ein Ballungsgebiet mehrerer Millionenstädte, z. B. die Städteregion zwischen Boston und Washington in den USA.

Mérida, eine spanische Stadt am Guadiana nahe der portugiesischen Grenze, wurde von Kaiser Augustus als römische Veteranensiedlung *Augusta Emerita* gegründet. Im Jahr 25 v.Chr. erlaubte er zahlreichen im Dienst ergrauten Soldaten seiner Legionen, aus dem aktiven Dienst auszuscheiden und in dieser Gegend Höfe zu errichten. (Das lat. Wort *emeritus* bedeutet „Ausgedienter"; vgl. *emeritieren*, „in den Ruhestand versetzen"; s. *Xanten* und *Sétif*.)

Murmansk ist eine russische Stadt in der Tundra der *Murmanküste*, der „Normannenküste" im Norden der Halbinsel Kola. Ihr Name verrät nicht nur das frühe Interesse der Wikinger an dieser eisfreien, da vom Golfstrom berührten Küste, sondern er verbindet sich auch mit der Tatsache, dass *Murmansk* bereits im Ersten Weltkrieg als Zielhafen für alliierte Versorgungskonvois angelegt wurde, als die russischen Schwarzmeer- und Ostseehäfen blockiert waren. Im Zweiten Weltkrieg war die Stadt wiederum Eingangshafen für Hilfslieferungen der Alliierten. *Murmansk* ist mit einer halben Million Einwohnern die größte Stadt der Welt nördlich des Polarkreises.

Neapel, italien. *Napoli*, wurde im 5. Jahrhundert v.Chr. von Exilgriechen an der kampanischen Küste Süditaliens gegründet. Eigentlich errichteten sie lediglich einen Neubaugürtel – daher der Name *Neapolis*, von *νέα (néa)*, „neue", und *πόλις (pólis)*, „Stadt" – um den Kern eines seit Urzeiten existierenden Ortes namens *Parthenope* (nach einer der mythischen Sirenen der Odyssee), der im Volksmund *Palaeopolis*, „Altstadt", genannt wurde. Obwohl *Neapolis* 327 v.Chr. unter die Herrschaft der Römer kam, konnte die Stadt über Jahrhunderte ihre griechische Kultur bewahren (s. auch *Nablus*).

Normanton ist ein häufig anzutreffender Ortsname in England, der auf die Kolonisation durch Wikinger Bezug nimmt – er bedeutet „Normannen-Farm" (mit altengl. *tun*, „Bauernhof") – und den die Angelsachsen den neuen skandinavischen Gehöften gaben. An dem gleichbedeutenden Ortsnamen *Normanby* (mit der altnorweg. Endung *bý*, „Farm") kann man erkennen, dass es sich um eine Siedlungsbezeichnung handelt, die sich die Skandinavier gegenseitig gegeben haben, in diesem Fall die Dänen den Norwegern (vgl. die vielen anderen englischen Städte auf *-by*, z.B. *Corby*, *Derby*, *Rugby* und *Whitby*).

Saipan, der Name der Hauptinsel der Marianen im Westpazifik, bedeutet in der Sprache mikronesischer Einwanderer „verlassen, unbewohnt"; diese hatten die Insel – nach der Vertreibung der Ureinwohner durch die Spanier – im 17. Jahrhundert in Besitz genommen und kolonisiert.

Sétif, ein Marktzentrum in Ostalgerien, erinnert mit seinem Namen an die römische Stadt *Sitifis*, die zu ihrem Schutz eine Veteranenkolonie in ihrer unmittelbaren Nachbarschaft gründete. Diese Siedlung ehemaliger Legionäre nannten die Araber später *Djemila*, „die Schöne". Warum ausgerechnet die Wandalen die wohlproportionierte Stadt in einer dramatischen Felslandschaft verschonten, während die Berber sie zerstörten, wird wohl auf ewig ein Geheimnis bleiben (s. *Mérida* und *Xanten*).

Tadschikistan, das zu einem Großteil vom Pamir, dem Dach der Welt, beherrscht wird, heißt in der Sprache der Bevölkerung „Land der Siedler", und in der Tat haben sich die Tadschiken als gute Bauern erwiesen.

Wicklow, „Wikinger-Weide", ist der Name eines Countys im gebirgigen Osten Irlands (von altnorweg. *víkingr* und *ló*, „Weide, Wiese" (vgl. *Wicklow Mountains*).

Wigston, eine Stadt in der englischen Grafschaft Leicestershire, ist offensichtlich aus einer Wikingeransiedlung entstanden, denn der Name geht zurück auf altengl. *wicing*, „Pirat, Wikinger", und *tun*, „Farm, Siedlung".

Herkunftsorte und Pflanzstädte

Amsterdam fungierte 1804 als Taufpatin und Namensgeberin einer Stadt im Osten des US-Staates New York, die bei ihrer Gründung 1783 zuerst *Veedersburg* hieß, von den holländischen Siedlern jedoch bald nach ihrer niederländischen Heimatstadt umbenannt wurde.

Boston erhielt 1630 von seinen puritanischen Gründervätern in sentimentaler Erinnerung zwar den Namen ihres geliebten Herkunftsortes an der englischen Ostküste, entwickelte sich aber ein Jahrhundert später zum Zentrum der Opposition gegen das Mutterland. 1773 wurde *Boston* mit der berühmten Teaparty zum Schauplatz der Auseinandersetzungen, die den amerikanischen Befreiungskampf einleiteten. Heute ist die Tochterstadt bei weitem bekannter als der englische Ursprungsort!

Cartagena an der Südostküste Spaniens wurde von den Römern als *Carthago nova*, also „Neu-Karthago", bezeichnet; sie wussten demnach nicht, dass die nordafrikanische Mutterstadt *Karthago* bereits „Neustadt" hieß (s. dort). *Cartagena* wurde 225 v. Chr. von Hannibals Schwager Hasdrubal als karthagisches Machtzentrum auf der Iberischen Halbinsel gegründet. Seine Wahl fiel auf einen Ankerplatz mit tiefem Wasser, der von allen Seiten durch Felsvorsprünge und bergiges Hinterland vor dem kalten Nordwind geschützt war. Diese günstige Lage ist auch der Grund für *Cartagenas* heutige Bedeutung als Hauptkriegshafen Spaniens. Ein zweites *Cartagena* – es besitzt die größte Festungsanlage Südamerikas – gibt es an der Karibikküste Kolumbiens.

Cartago, eine spanische Kolonialstadt im zentralen Costa Rica, war bis 1823 der Regierungssitz des mittelamerikanischen Landes. Die Stadt wurde, wie das *Karthago* der Alten Welt, einige Male völlig zerstört, allerdings nicht von den Römern, sondern von verheerenden Erdbeben.

Colón, spanisch für *Kolumbus*, ist der nördliche Endpunkt des Panamakanals an der Atlantikseite. Zusammen mit der Zwillingsstadt *Cristóbal* (spanisch für *Christoph*) ist *Colón* ein bedeutender Zwischenhafen für Atlantik-, Karibik- und Südamerikafahrten. Aber auch namentlich bilden die beiden Schwestern eine Einheit, denn gemeinsam ehren sie das Andenken an den großen Entdecker *Christoph Kolumbus*.

Concordia (span. für „Eintracht") und *Salto* (span. für „Sprung") sind zwei gegenüberliegende Flusshäfen in Argentinien bzw. Uruguay, die – wenn auch durch den Río Uruguay getrennt – recht gute nachbarschaftliche Beziehungen unterhalten, wie der Name *Concordia* zum Ausdruck bringt.

Corvey, heute ein Stadtteil von Höxter, entstand aus einer ehemaligen Benediktinerabtei, die im Jahr 815 von Mönchen aus der französischen Stadt *Corbie* (röm. *Corbeia*, wohl vom kelt.-latein. Personennamen *Corvus*, „der Rabe") gegründet wurde. Das Kloster, übrigens das älteste im Sachsenland, hieß bald *Corbeia Nova*, „Neu-Corbie", woraus sich der heutige Name bildete.

Dorset ist ein südenglisches County, in dem sich vor allem Siedler aus *Dorchester* niederließen, dessen altenglischer Name *Dorn* war – und tatsächlich bedeutet der Name *Dorset* nichts anderes als „Siedler aus Dorn" (altengl. *sæte*, „Siedler"; s. *Somerset*).

Dresden gibt es in den USA gleich zweimal, und natürlich kündet der Name vom Heimweh der sächsischen Kolonisten. Ein

Dresden liegt in Pennsylvania, erwartungsgemäß im Dutch Country[1], dem deutschesten Teil der Vereinigten Staaten, ein weiteres *Dresden* entstand in Nordwest-Tennessee.

Dunedin, „Neu-Edinburgh", wurde 1848 von schottischen Siedlern auf der Südinsel Neuseelands gegründet. *Dùn Eydin* war der historische keltische Name *Edinburghs*.

Fläming heißt ein brandenburgischer Landrücken nördlich und östlich der Elbe. Das sandige Hügelland mit Getreide- und Kartoffelanbau, aber auch ausgedehnten Kiefernwäldern, wurde seit dem 12. Jahrhundert durch Kolonisten vom Niederrhein und aus den Niederlanden besiedelt und nach ihnen latein. *Flamingia*, „Land der Fläminge", genannt (mittelhochd. *Vlæminc*, „Flame").

Harlem ist als Stadtteil von New York City besser bekannt als die holländische Mutterstadt *Haarlem* (aus *haar*, „Anhöhe", und *lem*, „Schlick"). 1658 vom holländischen Gouverneur Peter Stuyvesant als Dorf *Nieuw Haarlem* im Norden Manhattans gegründet, entwickelte sich der Ort zu Beginn des 20. Jahrhunderts zur bevorzugten Wohngegend schwarzer und puerto-ricanischer Bürger.

Hispaniola (auch *Española*), „Kleinspanien", ist der Name, den Kolumbus der Insel gab, die sich heute Haiti und die Dominikanische Republik teilen. Hier entstand die erste europäische Siedlung in der Neuen Welt – nach Plänen von Leonardo da Vinci, die Kolumbus mitgebracht hatte. Für die Arbeit auf den Plantagen importierten die Spanier afrikanische Sklaven. 1697 überließ man das westliche Drittel der Insel den Franzosen, deren Herrschaft 1791 nach einem großen Sklavenaufstand endete. Die befreiten Schwarzen gaben ihrer Republik, in der Weißen nach der Verfassung jeglicher Landbesitz verboten war, 1804 den Eingeborenennamen Haiti.

Holland, eine amerikanische Stadt am Michigansee, entstand 1847 aus einer Ansiedlung niederländischer Einwanderer, deren Nachkommen, wie könnte es anders sein, von Blumenzucht und Milchwirtschaft leben. Eine große Windmühle und die Nachbildung eines holländischen Dorfes verleihen der Stadt ihr

---

[1] *Dutch* bedeutet im Englischen zwar „niederländisch", wird in den USA aber häufig mit „deutsch" gleichgesetzt (vgl. das *Dutch Country* in Pennsylvania, in dem sich viele deutsche Protestanten niederließen und einen Dialekt ihrer alten Muttersprache bewahrt haben – das so genannte *Pennsilfaanischdeitsch*).

nostalgisches europäisches Gepräge, das jedes Jahr durch ein Tulpenfestival abgerundet wird.

Kap Hoorn an der Südspitze Südamerikas erinnert mit seinem Namen an die nordholländische Stadt *Hoorn* (dt. „Horn"); sie war nach Amsterdam der wichtigste niederländische Hafen an der Zuidersee (d.h. der „Südsee" im Gegensatz zur Nordsee), die seit dem Bau des Absperrdeichs Ijsselmeer heißt. *Hoorn*, die alte Hauptstadt Westfrieslands, ist Geburtsort des Seefahrers W. Schouten, der 1616 als erster Europäer die äußerste Spitze Südamerikas umrundete und diese nach seiner fernen Heimatstadt benannte.

Karthago ist eine uralte Pflanzstadt phönizischer Kolonisten, die gegen Ende des 9. Jahrhunderts v.Chr. in der Nähe des heutigen Tunis einen Handelsposten anlegten, von wo aus sie später das ganze westliche Mittelmeer beherrschten. Wie ihre Vorfahren zu Hause in Phönizien nannten sie sich weiterhin Kinahni, d.h. „Leute aus Kanaan". Ihre Siedlung an der nordafrikanischen Küste tauften sie dagegen *Qart Hadasht*, „Neustadt" (wohl auch, um sie vom nahe gelegenen Utica, einer noch älteren phönizischen Siedlung, zu unterscheiden), ein Name, den die Griechen zu *Karchedon* und die Römer zu *Carthago* verstümmelten. *Karthago* war bald bedeutender und reicher als alle Städte des phönizischen Mutterlandes an der syrischen Küste. Die Stadt, die sich fast ständig im Krieg mit Griechenland und Rom befand, brachte im 3. und 2. Jahrhundert v.Chr. so berühmte Feldherren wie Hamilkar Barkas (s. auch *Barcelona*), Hasdrubal und Hannibal hervor. Sie wurde jedoch 146 v.Chr. von den Römern eingenommen und zerstört. In einer letzten Geste der Verachtung ließ der römische Senat die Asche der Stadt unterpflügen und Salz über die ehemaligen Wohngebiete streuen, damit diese nicht einmal mehr für den Anbau taugten. Heute ist *Karthago* ein reicher Vorort von Tunis (s. *Cartagena*, *Neapel* und *Nablus*).

Messina, an der Nordostküste Siziliens, wurde im 8. Jahrhundert v.Chr. von den griechischen *Messeniern* gegründet und erhielt von diesen wegen der weit geschwungenen Hafenbucht zunächst den Namen *Zankle*, von griech. ζάγκλον *(zánklon)*, „Sichel", bevor sie sich auf ihre alte Heimat im Südwesten Griechenlands besannen und die Stadt in *Messana* umtauften, woraus im Italienischen *Messina* wurde.

Neubritannien ist eine Insel im Bismarck-Archipel. Von 1884 bis 1919 war sie als *Neupommern* ein Teil des deutschen Schutzgebietes Kaiser-Wilhelm-Land; heute gehört sie zu Papua-*Neuguinea* (so genannt wegen der Ähnlichkeit zwischen den dunkelhäutigen, kraushaarigen Papuas mit den Bewohnern der westafrikanischen *Guinea*-Küste). Auch andere Inselnamen des gleichen Archipels, wie *Neuirland* und *Neuhannover*, verraten die unterschiedliche Herkunft der Kolonisten. Im Übrigen gibt es ein *New Britain* auch im US-Bundesstaat Connecticut; da die meisten Bewohner der Stadt britischer Herkunft waren, entschieden sie sich 1754 für diesen Namen.

Neuseeland ist lange dem Schicksal einer europäischen Kolonie entgangen. Der Holländer Abel Janszoon Tasman sichtete 1642 die beiden Inseln südöstlich des australischen Kontinents und benannte sie nach der niederländischen Provinz *Seeland*. Er musste einen Landungsversuch jedoch wegen der äußerst kriegerischen Haltung der Maori-Eingeborenen abbrechen. Erst zwei Jahre später, auf seiner nächsten Fahrt, entdeckte er Australien, das eigentliche Ziel seiner Forschungsreisen, und taufte es *Neuholland*. Die Niederländer aber verloren das Interesse an den beiden grünen Inseln. 127 Jahre später landete dann der britische Forscher Captain James Cook in *Neuseeland* und nahm es für Großbritannien in Besitz. Obwohl britische Missionare und Walfänger schon Ende des 17. Jahrhunderts Siedlungen und Handelsposten auf der Nordinsel errichtet hatten, beschloss die britische Krone erst 1840, die beiden Inseln zur Kolonie zu machen. Erst im Jahr 1947 entließ England *Neuseeland* in die Unabhängigkeit.

New Brunswick bedeutet „Neubraunschweig". Dennoch geht der Name dieser Atlantikprovinz Kanadas nicht auf eine deutsche Besiedlung zurück, sondern auf den englischen König Georg III. aus dem Haus Hannover, der gleichzeitig über das deutsche Fürstentum *Braunschweig-Lüneburg* herrschte. Die Provinz ist durch eine Landenge mit *Nova Scotia*, „Neuschottland", verbunden. *New Brunswick* heißt auch eine Stadt im US-Bundesstaat New Jersey, und zwar zu Ehren von Georg I., der ebenfalls ein Herzog von *Braunschweig* war und 1714 die britische Thronfolge antrat (übrigens ohne ein Wort Englisch zu sprechen).

New Hampshire wurde 1629 von Capt. John Mason vom Plymouth Council nach seiner Heimatgrafschaft in England benannt. Bis

1680 bestand die Kolonie aus nur fünf kleinen Städten (mit insgesamt 3000 Einwohner), unter ihnen so vertraute Namen wie Dover, Exeter und Portsmouth. Trotz dieser offensichtlichen Heimatliebe war *New Hampshire* die erste der 13 englischen Kolonien an der Ostküste Nordamerikas, die sich 1776 vom Mutterland Großbritannien lossagte und eine eigene Regierung einsetzte. Die geschäftigste Stadt des Neuenglandstaats heißt bezeichnenderweise Manchester.

New Haven wählten puritanische Immigranten im 17. Jahrhundert als Namen für eine ihrer Siedlungen in Connecticut, da dieser sie an die englische Stadt *Newhaven* erinnerte und wegen seiner Bedeutung „neuer Hafen" geeignet erschien, Optimismus zu verbreiten. *New Haven* ist seit 1716 Sitz der Yale-Universität.

New Iberia, „neues Iberien", heißt eine Stadt im US-Bundesstaat Louisiana. Das Gebiet am Bayou Teche wurde ab 1755 zunächst von französischen Flüchtlingen aus dem kanadischen *Nova Scotia*, „Neuschottland", besiedelt – einem ständigen Zankapfel zwischen Frankreich und Großbritannien (das zunehmend Schotten zur Emigration in das Überseegebiet am St.-Lorenz-Strom zu ermuntern suchte). 1779 ließen sich jedoch Spanier in dieser Region nieder und benannten sie nach ihrer Heimat, der Iberischen Halbinsel.

New Jersey, nach der englischen Kanalinsel *Jersey*, ist einer der mittelatlantischen Staaten der USA. Zwei Briten, John Berkeley und Sir George Carteret, der auf der Insel *Jersey* geboren wurde, erhielten 1664, als die Kolonie Neue Niederlande in englischen Besitz überging, vom Herzog von York diesen Landstrich unter dem Namen *Nova Caesaria* (engl. *New Jersey*).

New London in Connecticut liegt folgerichtig an einem Fluss namens Thames. Wie auf der englischen Themse finden hier jährlich Bootsrennen zwischen zwei rivalisierenden Universitäten statt, nur dass es in diesem Fall nicht Oxford und Cambridge sind, sondern die amerikanischen Elite-Hochschulen Harvard und Yale. Während des Unabhängigkeitskrieges wurde 1781 ironischerweise ausgerechnet diese nur einhundert Jahre zuvor von englischen Kolonisten gegründete Zwillingsstadt *Londons* von britischen Streitkräften angegriffen und – da sie ein wichtiger Stützpunkt für Kaperschiffe war – niedergebrannt.

New Mexico ist die Bezeichnung, die spanische Siedler im 16. Jahrhundert diesem mexikanischen Territorium jenseits des Rio

Grande gaben. 1848 kam *New Mexico* durch Vertrag an die Vereinigten Staaten.

New Orleans geht auf eine französische Gründung mit Namen *Nouvelle Orléans* zurück (nach dem französischen Regenten, dem Herzog von *Orléans*). Die Stadt an der Mündung des Mississippi wurde 1722 Metropole der französischen Kolonie Louisiana (so benannt zu Ehren König Ludwigs XIV.) und, nach deren Aufteilung zwischen England und Spanien, im Jahr 1767 Hauptstadt von Spanisch-Louisiana. 1800 wurde *New Orleans* den Franzosen überlassen, ging jedoch 1803 beim Verkauf Louisianas in US-Besitz über. Schon 1852 war *New Orleans* die drittgrößte Stadt der USA (s. *Orléans* und *Louisiana*).

New Rochelle liegt im Südosten des Staates New York. Die Stadt entstand 1688 als Siedlung französischer Hugenotten und erhielt von ihnen den Namen ihrer heimatlichen Hauptfestung *La Rochelle* an der Küste der Biskaya. Da die calvinistischen Hugenotten – trotz zugesicherter freier Religionsausübung – unter Ludwig XIV. verfolgt wurden und sich in Frankreich als *Église du désert*, also als „Kirche der Wüste", verborgen halten mussten, wanderten viele von ihnen aus, u. a. nach Amerika.

New York, eine Schwesterstadt des englischen *York*, hieß bis 1664 *Nieuw Amsterdam*, denn 1622 hatte zunächst die Holländische Westindische Kompanie, angelockt durch Berichte über den Pelztierreichtum des Gebietes, an der Mündung des Hudson im Süden Manhattans einen Handelsposten und ein Fort errichtet, nachdem ihr Generaldirektor, Peter Minuit, die Insel von den Algonkin-Indianern gegen Waren im Wert von etwa 60 Gulden gekauft hatte. Die Namen einiger Viertel der späteren Stadt *New York* erinnern noch heute an den ehemaligen niederländischen Besitz, etwa Harlem, der nördliche Teil Manhattans (nach der holländischen Stadt Haarlem, westlich von Amsterdam) und Hoboken gegenüber der Westside von Manhattan. (Hoboken heißt noch heute ein Stadtteil Antwerpens.) 1664 musste sich Gouverneur Peter Stuyvesant den Engländern ergeben. 1667 wurde die Kolonie endgültig an Großbritannien abgetreten – im Tausch gegen Surinam, einen Teil der britischen Besitzung Guyana im Norden Südamerikas. Charles II. von England übertrug die Inselstadt seinem Bruder, dem Herzog *James of York* (dem späteren James II. von England), zur Kolonisation und benannte sie ihm zu Ehren in *New York* um.

Newfoundland, „neu gefundenes Land", bürgerte sich in britischen Berichten seit 1502 als allgemeine Bezeichnung für jedes jüngst entdeckte Gebiet im Nordatlantik ein. Heute meinen wir mit *Neufundland* eine der vier Atlantikprovinzen Kanadas, die aus der Insel *Newfoundland* selbst und einem Küstenstreifen der Labradorregion besteht.

Nieuw Amsterdam, „Neu-Amsterdam", ist der alte Name von New York. *Neu-Amsterdam* heißt aber auch eine von den Niederländern gegründete südamerikanische Hafenstadt im Südosten von Guyana (seit 1803 britisch) sowie – als Variante *Nouvelle-Amsterdam* – eine unbewohnte vulkanische Insel im Indischen Ozean, die aus portugiesischem zunächst in niederländischen und 1893 schließlich in französischen Besitz überging.

Noworossijsk ist der größte Handelshafen an der östlichen Schwarzmeerküste. Als griechische Kolonie *Bata* gegründet, wurde die Stadt im 12. und 13. Jahrhundert zu einer genuesischen Niederlassung ausgebaut, und im 18. Jahrhundert geriet sie in die Hand der Osmanen. Da sie erst seit 1838 zum Zarenreich gehörte, nannten die russischen Siedler sie *Noworossijsk*, „Neurussland" (vgl. auch *Nowosibirsk* und *Nowomoskowsk*).

Oxford, die Heimatstadt des Schriftstellers William Faulkner im US-Staat Mississippi, benannte sich 1836 bei ihrer Gründung nach der altehrwürdigen Universitätsstadt in England, und zwar mit dem erklärten Ziel, ebenfalls Sitz einer Hochschule zu werden – eine Ehre, die dem Ort mit dem rustikalen Namen („Ochsenfurt") 1844 tatsächlich zuteil wurde. 1962 war *Oxford* der Schauplatz gewalttätiger Unruhen, als sich der erste schwarze Student an der University of Mississippi einschrieb.

Perth sollte als Haupt- und einzige Großstadt Westaustraliens bekannter werden als ihre Mutterstadt nördlich von Edinburgh. Der keltische Name mit der Bedeutung „Buschland" trifft für die alte schottische Hafenstadt am River Tay längst nicht mehr zu, beschreibt dagegen die Lage der Stadt im trockenen Westen des australischen Kontinents recht treffend.

Philadelphia ist die „Stadt der geschwisterlichen Liebe", von φιλία *(philia)*, „Liebe", und ἀδελφός *(adelphós)*, „Bruder".[1] *Philadel-*

---

[1] Zu Grunde liegt das griech. Wort δελφύς *(delphýs)*, „Gebärmutter"; ein Bruder ist also „der aus der gleichen Gebärmutter Stammende". Unser Wort *Delphin* hat im Übrigen den gleichen Hintergrund, denn es handelt sich um ein Wassersäugetier, das – im Gegensatz zu den Fischen – „lebende, ausgetragene Junge gebiert".

phia zeigt nicht nur die gleiche Stadtanlage wie ihre Zwillingsstadt London, sondern sie war im 17. und 18. Jahrhundert nach
dieser die zweitwichtigste Handelsstadt des Britischen Empires.
Das Gebiet der heutigen Stadt war um 1640 von Schweden
besiedelt, wurde 1681 jedoch dem prominenten Quäkerführer
William Penn vom englischen König Karl II. zur Verfügung
gestellt. Die Quäker, die sich selbst „Freunde" nannten, be-
absichtigten die Schaffung einer Kolonie, deren maßgebliche
Tugenden religiöse Toleranz, Arbeit und Gerechtigkeit sein
sollten. 1683 fand Penns Absicht mit der Gründung seiner Stadt
Philadelphia – also eines Gemeinwesens, in dem praktisch eine
große Familie in „geschwisterlicher Zuneigung" zusammenlebte
– ihren realen Ausdruck. Noch im gleichen Jahr wurde die
blühende Siedlung Hauptort der neu geschaffenen Kolonie
Pennsylvania, und sie blieb es bis 1799. Die rasche Entwicklung
zu einem florierenden Zentrum des Handels und Handwerks
lockte eine große Anzahl deutscher, holländischer, schottischer
und irischer Immigranten an. Als bevölkerungsreichste Stadt der
britischen Kolonien spielte *Philadelphia* eine herausragende
Rolle in der Amerikanischen Revolution. Hier wurde 1776 die
Unabhängigkeitserklärung unterzeichnet und nach dem Krieg
auch die US-Verfassung entworfen. Von 1776 bis 1800 diente
die Stadt als Sitz der Nationalregierung. Im Übrigen hatte bereits
Alexander d. Gr. eine Stadt namens *Philadelphia* im lydischen
Kleinasien gegründet: das heutige *Alaşehir* in der Türkei (von
türk. *âlâ*, „sehr schön", und *şehir*, „Stadt"). Auch Amman, die
Hauptstadt von Jordanien, hieß in alten Zeiten *Philadelphia*.

Richmond, die Metropole des US-Staates Virginia, war im Sezes-
sionskrieg Hauptstadt der Konföderation der Südstaaten. Die
1737 gegründete Stadt ist nach *Richmond upon Thames*, heute
ein Ortsteil von Großlondon, benannt, wo Heinrich VII., der frühere *Earl of Richmond* (d. h. „starker Hügel"), im ausgehenden
15. Jahrhundert einen Palast errichtet hatte.

Rome heißt eine amerikanische Stadt im Nordwesten von Georgia,
die bei ihrer Gründung 1834 diesen Namen erhielt, weil sie –
gleich ihrem italienischen Vorbild – auf sieben Hügeln entstand.

Somerset ist ein County im Südwesten Englands; sein Name wurde
zusammengezogen aus *Somerton settlers* und bedeutet damit
etwa „Leute, die herkamen, um in der Nähe von Somerton zu
leben" (s. *Somerton*).

South Holland, ein Dorf in der Nähe der US-Stadt Chicago, wurde 1840 zur Heimat holländischer Bauern, die das Gebiet nach ihrer Heimatprovinz in den Niederlanden benannten und – wen mag es überraschen – zu einem landwirtschaftlichen Zentrum für den Zwiebelanbau machten.

Swaffham im englischen Norfolk trägt einen alten Namen, der unerwarteterweise „Schwabenheim", also „Siedlung der Schwaben" bedeutet (von altengl. *swæfas*, „Schwaben", und *ham*, „Wohnsitz"). Hier ließen sich seit dem 11. Jahrhundert in der Tat Einwanderer aus dem alten südwestdeutschen Herzogtum *Schwaben* nieder.

Venezuela, aus italien. *Veneciola*, „Klein-Venedig", ist der Name, den der italienische Seefahrer Amerigo Vespucci dieser südamerikanischen Küstenregion gab, da die Kanäle, an denen die Indianer lebten, aber auch ihre auf Pfeilern errichteten Dörfer die europäischen Eroberer an Venedig erinnerten. Ähnlich wie die Lagunenstadt ist Venezuela ein „schwimmendes Land" – es schwimmt auf Öl! Die über 4000 Bohrtürme stehen im flachen Wasser der Maracaibo-Bucht, wie einst die Pfahlbauten, die dem Land seinen Namen gaben.

Es ist nur allzu verständlich, dass viele Ortsnamen mit herausragenden Persönlichkeiten verbunden sind – sei es, dass ihr Titel erwähnt wird, sei es, dass sie gar namentlich genannt sind. Weltliche H e r r s c h e r und mächtige K l e r i k e r konnten auf diese Weise ihrem Narzissmus frönen, oder sie stellten ganz einfach die Besitzverhältnisse klar. Bisweilen bestanden aber auch die stolzen Bewohner auf einer solchen geschichtlichen Ehrung der Gründer und Beschützer ihrer Ansiedlung.

Die Bezeichnung *Kaiser* begegnet uns in den verschiedensten Formen und Sprachen, als *Cäsar* und *Zar* oder als kaiserlicher Beiname *Augustus*, „Majestät". Viele Koloniegründungen im ehemaligen Römischen Reich bekamen diesen „erhabenen" Zusatz, der in den heutigen Namen nicht auf Anhieb zu erkennen ist, in Deutschland etwa *Augsburg (Augusta Vindelicorum)* und *Trier (Augusta Treverorum)*, in der Schweiz *Augst (Augusta Raurica)*, in Italien *Aosta (Augusta Praetoria)* und *Turin (Augusta Taurinorum)*, in Frankreich *Soissons (Augusta Suessionum)* und *Autun (Augustodunum)* sowie in Spanien *Saragossa (Caesarea Augusta)* und *Badajoz (Pax Augusti)*.

Könige und *Königinnen* (aus althochd. *kuning*, „von vornehmer Herkunft", althochd. *kunni*, „Stamm, Gattung", verw. mit latein. *genus*,

„Geschlecht", vgl. engl. *kin*, „Verwandtschaft", und dt. *Kind*) mussten ebenso mit ihrem Titel herhalten wie die rangmäßig nach ihnen folgenden *Fürsten* (d.h. „die Ersten", aus althochd. *furi*, „voraus"; vgl. engl. *first*; entsprechend latein. *princeps*, „im Rang der Erste"; vgl. *Prinz*) und *Herzöge* (also „Heerführer", von ahd. *ziohan*, „ziehen, leiten"; vgl. lat. *dux*, davon engl. *duke*, italien. *duce*, „Führer"; s. auch *Dukaten*), aber auch die einfachen *Adeligen* (d.h. die *Edlen*, vielleicht verw. mit ahd. *uodal*, „Erbsitz, Stammsitz") – ein Wort, das möglicherweise aus einem kindlichen Lallwort für „Papa" entstanden ist (ahd. *atto*, lat., griech. *atta*, „Väterchen", im Türkischen *ata*; vgl. *Ata Türk*, „Vater der Türken"). Angehörige des mittleren *Adels* hießen *Grafen* und waren ursprünglich ernannte königliche Verwaltungsbeamte mit administrativen und richterlichen Befugnissen: Das althochdeutsche Wort *gravo* hat seine Wurzel wahrscheinlich in dem byzantinischen Hoftitel *γραφεύς (grapheús)*, „Schreiber" (vgl. *Graphologe* und *Graphit*).

Einen ähnlichen Ursprung wie das Wort *Adel* hat die Bezeichnung *Abt* (aus aram. *abbas*, „Vater"). Sie begegnet uns von der Schweiz bis Italien in Namen wie *Appenzell* („Abtzelle"), *Abbeville* („Abtstadt") und *Abbazia* („Abtei"). Natürlich konnte auch ein *Bischof*, der früher oft gleichzeitig Landesfürst war, darauf bestehen, dass einer Stadt seine Amtsbezeichnung vorangestellt wurde, die sich aus griech. *ἐπίσκοπος (epískopos)*, „Aufseher", entwickelte – von griech. *ἐπί (epí)*, „auf, über", und *σκοπεῖν (skopeîn)*, „betrachten, prüfen", dessen Hauptwortform übrigens *σκέψις (sképsis)*, „Überlegung, Untersuchung", lautet. In Grenzbezirken hieß der Landbesitz eines solchen kirchlichen Würdenträgers häufig „Bischofsmark", eine Bezeichnung, die bis heute als Orts- und Familienname *Bismarck* überlebt hat.

Neben Titeln verewigten die Großen der jeweiligen Zeit mit ihrem Namen gern auch die Erinnerung an ihre Dynastie oder ihre Adelslinie, und die gewählten politischen Führer taten es ihnen später gleich – für uns heute eine gute Gelegenheit, nicht nur die berühmten Namen von Monarchen und Präsidenten zu memorieren, sondern auch die der zugehörigen Premiers und Außenminister kennen zu lernen.

O r t s n a m e n   m i t   e r l a u c h t e n   T i t e l n
Angola wurde zwar schon im 15. Jahrhundert von Portugiesen entdeckt, von diesen aber erst im 19. Jahrhundert wirklich kontrolliert. Vielleicht erklärt sich daraus das Überleben des alten Namens dieses westafrikanischen Landes, hinter dem sich nichts anderes als der einheimische Königstitel *N'gola* verbirgt.

Caesarea, von den Israelis zu *Kesárja* abgewandelt, war der Name jener prachtvollen Hafenstadt nördlich von Joppe (dem heutigen Tel Aviv) an der Küste Palästinas, mit dem der judäische König Herodes um 22 v.Chr. dem Ego seines Freundes und Gönners, des römischen Kaisers Augustus, schmeicheln wollte. Beim Ausbruch der jüdischen Revolte im Jahr 66 n.Chr., nachdem die meisten Bürger *Caesareas* von den Römern massakriert worden waren, errichtete General Vespasian hier sein Hauptquartier, und hier riefen ihn seine Truppen drei Jahre später zum Kaiser des Römischen Reiches aus. Im Jahr 70, nach dem Fall Jerusalems, wurde *Caesarea* Hauptstadt der römischen Provinz Palästina (s. auch *Caesarea Philippi*).

Caesarea Philippi wurde ebenfalls von Herodes gegründet – zunächst als Heiligtum des griechischen Gottes *Pan* unter dem Namen *Paneas*. Kaiser Augustus hatte dem König von Judäa dieses Gebiet am südlichen Abhang des Berges Hermon nahe der heutigen syrisch-libanesischen Grenze zum Geschenk gemacht. Als Herodes starb, erbte sein Sohn *Philippus* die Stadt, der sie prachtvoll ausbaute und zu Ehren des römischen Kaisers in *Caesarea* umbenannte. Damit jedoch kein Zweifel an den Besitzverhältnissen aufkam, entschied der sich für den Zusatz *Philippi* (also: „des Philipp"), um sein *Caesarea* – wie er behauptete – von der gleichnamigen Stadt in Palästina zu unterscheiden. Der Evangelist Matthäus berichtet, dass Jesus hier in der Gegend von *Caesarea Philippi* zu Petrus sprach: „Du bist Petrus, und auf diesen Felsen will ich meine Kirche bauen ..." (s. auch *Banias* und *Caesarea* in Israel).

Ghana in Westafrika bezog seinen Namen – „König" – vom traditionellen Titel der Stammeshäuptlinge.

Grebenstein in Hessen ist benannt nach der Burg *Grevenstein*, d.h. „Grafenstein", in der die *Grafen* von Dassel residierten (s. *s'Gravenhage*).

Grevenbroich, „Grafenbruch", hieß ursprünglich nur *Bruch*, von althochd. *bruoh*, „Sumpf, Morast", und war aus einem schon von den Römern benutzten Erftübergang hervorgegangen. Der spätere Zusatz *Greven* verdeutlicht die Zugehörigkeit des alten Dorfes zur *Grafschaft* Jülich. (Das westfälische *Greven* dagegen trug um 1150 den Namen *Graven* und war daher wohl eine durch einen *Graben* befestigte fränkische Siedlung auf der Flussterrasse der Ems.)

Grevenmacher ist der irreführende Name eines luxemburgischen Moselortes, wobei *macher* von latein. *maceria*, „Fischwehr, Mauer", stammt und der erste Namensteil die Eigentumsrechte der Grafen von Luxemburg hervorheben sollte.

s'Gravenhage, das wir besser als *Den Haag* kennen, bedeutet übersetzt „Grafenwald" (mit niederl. *haag*, „eingefriedeter Wald", und der Mehrzahl von *graaf*). Der nahe der Nordseeküste gelegene Regierungssitz der Niederlande ist die drittgrößte Stadt des Landes (Amsterdam ist offizielle Hauptstadt); *s'Gravenhage* war zu Beginn seiner Geschichte ein beliebter Jagdplatz der Adeligen des Landes, wurde aber, nachdem Wilhelm von Holland hier im Jahr 1248 eine Burg gebaut hatte, rasch zum Mittelpunkt des höfischen Lebens. Im 16. Jahrhundert, während der Revolte der Niederlande gegen die spanische Herrschaft, stieg es sogar zur holländischen Hauptstadt auf. Zur Zeit Napoleons befand sich die Stadt zwar für kurze Zeit unter französischer Herrschaft, erhielt aber 1815 – mit der Einrichtung des Königreichs der Vereinigten Niederlande, welches bis 1830 noch das heutige Belgien mit einschloss – ihre zentrale Funktion zurück. Daneben erlangte die Stadt als Sitz des *Haager* Gerichtshofs hohes internationales Ansehen (s. auch *Hagen*, *Hagenau* etc.).

Herzegowina heißt bis heute ein Teil der alten Provinz Illyricum, die nach dem Zusammenbruch des Römischen Reiches von Goten und Slawen erobert wurde, jahrhundertelang den Byzantinern gehörte und später, zusammen mit Bosnien, dem ungarischen Herrschaftsbereich angegliedert wurde. Ein rebellischer bosnischer Stammesführer brachte zu Beginn des 15. Jahrhunderts den südlichen Teil der Region an sich, machte ihn zu einem unabhängigen „Herzogsland" und nannte ihn *Herzegowina*. Obgleich das Gebiet bald darauf wiederum den Besitzer wechselte und den Osmanen zufiel, sollte der Name bleiben, auch als Österreich-Ungarn 1908 Bosnien und die *Herzegowina* annektierte und auch als die beiden Provinzen nach dem Ersten Weltkrieg Teilstaaten des neu gegründeten Jugoslawien (d.h. „Land der Südslawen") wurden. Angesichts dieser turbulenten Vergangenheit erklären sich die ethnischen und religiösen Differenzen, die zu einem hasserfüllten Bürgerkrieg zwischen den katholisch-kroatischen, den muslimisch-bosnischen und den orthodox-serbischen Bevölkerungsgruppen führten. Im Jahr 1992 erklärte die Republik *Bosnien-Herzegowina* ihre Unabhängigkeit von Jugoslawien.

Kaiserslautern im Pfälzer Wald geht auf *Kaiser* Friedrich Barbarossa zurück, der hier – an der Stelle eines fränkischen Königshofs namens *Luthra* (aus althochd. *luttar*, „klar, hell", sowie *aha*, „Wasser"; vgl. *läutern*) und am Schnittpunkt etlicher alter Straßen – eine Pfalz errichtete und sie *Lutra imperialis*, „das kaiserliche Lutra", nannte (vgl. den Düsseldorfer Stadtteil *Kaiserswerth*, eine ehemalige *Kaiserpfalz* Heinrichs II. auf einer früheren Rheininsel, mit althochd. *werid*, „Insel").

Kayseri – auf diese Kurzform haben die Türken *Caesarea Cappadociae*, den Namen der antiken Hauptstadt von Kappadokien, gebracht. *Caesarea*, „die Kaiserliche", war einst zu Ehren des Kaisers Augustus gegründet worden. Im frühen 3. Jahrhundert war die Stadt bereits ein bedeutendes christliches Zentrum. Unter türkischem Einfluss entwickelte sich *Kayseri* nach Konya zur zweitwichtigsten Stadt im Seldschukenreich. Die zentralanatolische Stadt ist nicht nur wegen ihrer phantastischen Baudenkmäler aus jener Zeit berühmt, sondern vor allem wegen ihrer Teppichproduktion.

Kingston, die Haupt- und bedeutendste Handelsstadt der westindischen Insel Jamaika, wurde 1692 an der Stelle der durch ein Erdbeben zerstörten Stadt *Port Royal*, „königlicher Hafen", von den Briten gegründet. Der heutige Name ist praktisch die germanisierte Version der alten Bezeichnung (aus engl. *king*, „König", und altengl. *tun*, „eingefriedigter Ort", daraus engl. *town*; vgl. *Zaun*).

Königsberg, das in Deutschland gleich drei Namensvettern (in Bayern, Hessen und Brandenburg) hat, assoziiert man gewöhnlich mit Ostpreußen. Als der Deutsche Orden 1255 das von heidnischen Pruzzen (Preußen) besiedelte Samland unterworfen hatte, errichtete er an der Mündung des Pregels in das Frische Haff eine Burg – nach König Ottokar II. von Böhmen *Königsberg* genannt –, in deren Schutz die Stadt entstand. Im weiteren Verlauf der Geschichte sollte sich ihr Name zunächst als gutes Omen erweisen, denn sie wurde 1701 Krönungsstadt der preußischen Könige. Seit 1945 gehört *Königsberg* (zunächst als Kaliningrad, heute wieder mit altem Namen) zu Russland.

Montreal, das kanadische Gegenstück zum preußischen *Königsberg* (aus franz. *Mont Royal*, „königlicher Berg"), liegt auf einer Insel

im Sankt-Lorenz-Strom, die vom *Mount Royal* überragt wird –
die englische Version des Namens, den der französische Forscher Jacques Cartier 1535 diesem majestätischen Vulkankegel
verliehen hatte. 1760 verloren die Franzosen *Montreal*, das sich
inzwischen zu einem Zentrum des Pelzhandels entwickelt hatte,
an die Briten, die es zu einem Teil ihrer nordamerikanischen
Besitzungen machten. *Montreal* im noch immer französisch-
sprachigen Osten Kanadas ist eine der bedeutendsten Städte des
Landes; sie war 1967 Schauplatz einer Weltausstellung und
1976 Austragungsort der Olympischen Spiele.

Port Said, die ägyptische „Prinzenstadt" (von arab. *sayyid*, „Herr,
Prinz"), entstand 1859 als Hafen am nördlichen Ausgang des
Suezkanals, zu Ehren des ägyptischen Vizekönigs *Prinz Said*,
der den Franzosen die Konzession zum Bau der Wasserstraße
erteilt hatte (s. *Radschastan*).

Princeton, die berühmte Universitätsstadt im US-Staat New Jersey,
erhielt 1723, wenige Jahre nach der Gründung, den heutigen
Namen; mit ihm wollten die damaligen Bewohner ihren
verstorbenen König Wilhelm III., den früheren niederländischen
Prinzen von Oranien-Nassau, ehren.

Queens, engl. *queen*, „Königin", war ursprünglich von Indianern
besiedelt, denen die Niederländer 1639 die Region abkauften
und ihren Neuen Niederlanden hinzufügten. Im Jahr 1664
übernahmen die Briten die Kontrolle, und *Queens County* wurde
eine Verwaltungseinheit der Provinz New York. Der Name geht
zurück auf Königin Katharina von Braganza, die Gemahlin
Charles' II. von England.

Radschastan ist das „Land der Prinzen". Trotz seines eindrucks-
vollen Namens besteht der nordwestliche Teilstaat Indiens vor-
wiegend aus Sandwüste. Die Region deckt sich im Wesentlichen
mit der Landschaft *Radschputana*, dem Land der *Radschputen*
(aus altind. *radschaputra*, „Königssohn"; s. auch *Brahmaputra*).

Regina, latein. „Königin", heißt die Hauptstadt der kanadischen
Provinz Saskatchewan. Schon bei ihrer Gründung 1882 war die
Stadt – benannt nach der britischen Königin Victoria – wirt-
schaftlicher Mittelpunkt der damaligen Nordwest-Territorien
Kanadas (s. auch *Regensburg*).

Sebastije, die ehemalige Hauptstadt des Reiches Israel, ist besser
unter ihrem uralten Namen Samaria bekannt. Die bereits 880
v.Chr. gegründete und 722 v.Chr. von den Assyrern eroberte

Stadt wurde später von Herodes neu errichtet und zu Ehren des römischen Kaisers *Sebaste-Augusta* genannt, wobei das erste Glied des Namens – von griech. σέβας *(sébas)*, „erhaben, verehrungswürdig" – dem römischen *Augusta* entspricht (vgl. *Sebastian* und *Sewastopol*; s. auch *Sivas*).

Herrscherhäuser und Adelsfamilien

Albany heißt die Hauptstadt des US-Bundesstaates New York am Hudson River (1609 vom englischen Seefahrer Henry Hudson erkundet). Stadt und Staat tragen Namen, die auf den gleichen Ursprung zurückgehen, nämlich auf den *Herzog von York und Albany*, den späteren englischen König James II.; Orte dieses Namens kommen auch in Oregon und Georgia vor, sie sind alle nach *Albany* in New York benannt.

Baltimore im US-Staat Maryland wurde nach Cecil Calvert, einem *Lord Baltimore* benannt, dessen Nachkommen bis zum Amerikanischen Unabhängigkeitskrieg die Kolonie Maryland besaßen. Das Stammhaus der Calvert-Familie lag im irischen County Cork und trug den Namen *Baile na Tighe Mór*, „umzäuntes Land des großen Hauses", was für englische Ohren wie *Baltimore* klang.

Bamberg war der Stammsitz des ostfränkischen Geschlechts der *Babenberger* (902 urkundlich erwähnt als *Castrum Babenbergh*, „Burg des Babo"). 1002 erbaute Kaiser Heinrich II. an der Stelle der Grafenburg eine Königspfalz. Auf ihn geht auch der 1237 vollendete *Bamberger Dom* zurück, der noch heute das Stadtbild beherrscht.

Habsburg ist kontrahiert aus „Habichtsburg". Die Trutzburg in der gleichnamigen schweizerischen Gemeinde im Kanton Aargau befand sich bereits im 13. Jahrhundert im Besitz des Herrschergeschlechts der *Habsburger*.

Hohenstaufen hieß ursprünglich nur ein isoliert stehender Zeugenberg aus weißem Jura in der Schwäbischen Alb. Hier erbaute gegen Ende des 11. Jahrhunderts das Fürstengeschlecht der *Staufer* seine Stammburg (von mittelhochd. *stouf*, „Berg"; s. *Staufen*).

Nassau, die Hauptstadt und der größte Hafen der Bahamas, wurde zunächst von Briten besiedelt und 1656 nach Karl II. von England *Charles Town* benannt, bevor die Spanier es 1694 angriffen und zerstörten, weil es Piraten Zuflucht gewährt hatte.

Ein Jahr später wurde es wieder aufgebaut und *Nassau* getauft – nach dem Familiennamen des englischen Königs, *Wilhelm III. von Oranien-Nassau*. Wie die gleichnamige Stadt an der Lahn belegt, lagen die Stammbesitzungen des Hauses *Nassau* in Deutschland (s. *Nassau* an der Lahn).

Orange ist eine südfranzösische Stadt im unteren Rhônetal, deren Name an den der bekannten Südfrucht angelehnt sein mag, in Wirklichkeit aber nichts mit dieser gemein hat. In der Antike als *Arausio* bekannt, entwickelte sich *Orange* im Mittelalter zum Zentrum des Fürstentums *Oranien*, das 1530 an die Grafen von Nassau-Dillenburg (im Rhein-Lahn-Kreis) fiel. Damit war das Haus *Oranien-Nassau* begründet, das seit dem Wiener Kongress (1815) auch den niederländischen Thron innehat und *Orange* zur königlichen Farbe erkor (s. *Nassau*).

Oranienburg wurde vom Großen Kurfürsten nach seiner Gemahlin, der holländischen Prinzessin *Luise Henriette von Oranien*, benannt, die 1649 in ihrer alten Heimat auswanderungswillige Bauern und Handwerker anwarb und in Brandenburg ansiedelte (z.B. in der Gemeinde *Neuholland* im Kreis *Oranienburg*), um nach dem Dreißigjährigen Krieg die hohen Bevölkerungsverluste auszugleichen und den Wiederaufbau des Landes zu beschleunigen. Der Name der Stadt *Oranienburg* nördlich von Berlin gemahnt heute allerdings stärker an den Bau des ersten nationalsozialistischen Konzentrationslagers als an die Herkunft der einstigen Landesfürstin.

Oranje-Freistaat heißt eine Provinz der Republik Südafrika, die beim Großen Treck der Buren in den dreißiger Jahren des 19. Jahrhunderts besiedelt wurde. Großbritannien erkannte den 1842 ausgerufenen Freistaat zunächst an, annektierte die Landschaft zwischen den Flüssen Val und *Oranje* dennoch im Jahr 1902 – nach dem gewonnenen Burenkrieg – als britische Kolonie und integrierte sie 1910 in ihr südafrikanisches Dominion, allerdings mit völliger innerer Autonomie.

Oranjestad erinnert mit seinem Namen zu Recht an Holland und das *Haus Oranien*, man findet es jedoch auf der Antilleninsel Aruba – die allerdings seit 1642 in niederländischem Besitz war. In der Hauptstraße der Stadt haben viele Gebäude aus den holländischen Gründerjahren überlebt (s. *Orange*).

Saudi-Arabien spiegelt den Namen des berühmten Beduinenscheichs *Muhammad bin Saud*, der sich um 1740 Muhammad

Abd al-Wahhab, dem Begründer einer puritanischen muslimischen Sekte anschloss, um den Islam zu seinen unverfälschten Ursprüngen zurückzuführen und ein neues politisches Gebilde ins Leben zu rufen. Über 150 Jahre kämpfte die Familie *Saud* mit Ägypten, dem Osmanischen Reich, aber auch einzelnen arabischen Familien um die Herrschaft über die Halbinsel. Erst zu Beginn des 20. Jahrhunderts gelang es *König Ibn Saud*, die ganze Arabische Halbinsel – einschließlich Er Riad und Mekka – unter seine Kontrolle zu bringen. 1932 schließlich gab er seinem Land den Namen *Saudi-Arabien*.

Angehörige großer Dynastien

Adelaide, die Hauptstadt von Südaustralien, wurde 1836 gegründet und nach der damaligen britischen Königin, der Gemahlin Wilhelms IV., benannt.

Alberta ist die westlichste der fruchtbaren Prärieprovinzen Kanadas. Da sie mehr Sonnenscheinstunden aufzubieten hat als alle anderen Provinzen, bekam sie den Beinamen *Sunny Alberta*, „sonniges Alberta“. Namenspatronin war die Tochter der englischen Königin Victoria – Prinzessin *Louise Caroline Alberta* –, die mit dem kanadischen Generalgouverneur verheiratet war.

Albertsee, auch *Albert Nyanza* und *Lake Mobutu Sese Seko*, heißt ein See in Ostafrika, durch den die Grenze zwischen Uganda und Zaïre verläuft. Der britische Forscher Sir Samuel Baker gab ihm 1864 bei seiner Entdeckung den Namen *Albertsee* – zu Ehren des deutschstämmigen Gemahls der britischen Königin Victoria. (Die Belgier dagegen behaupten, der See an der Grenze zum ehemaligen Belgisch-Kongo erinnere an ihren König *Albert*.)

Alexandria, arab. *Al-Iskandarija*, eine der größten Städte Ägyptens, bewahrt mit ihrem Namen das Gedächtnis an den makedonischen König *Alexander d. Gr.*, der die Stadt 331 v. Chr. gründete und zur ägyptischen Metropole machte, die schon bald 300 000 Bürger zählte – Sklaven und Fremde nicht mitgerechnet. Von allen Städten, die *Alexander* errichten ließ, erlebte diese antike Weltstadt an der Mittelmeerküste die großartigste Entwicklung. Sie beherbergte die umfangreichste Bibliothek des Altertums (mit fast einer halben Million Büchern), die allerdings 47 v. Chr. durch einen verheerenden Brand vernichtet wurde. Gegenüber der Stadt erhob sich auf einer Insel im Meer eines der Sieben Weltwunder: der berühmte Leuchtturm von Pharos. Nach der

Niederlage der ägyptischen Königin Kleopatra bei Actium und ihrem Selbstmord in den Mauern *Alexandrias* fiel die Stadt 30 v. Chr. an Octavian, den späteren römischen Kaiser Augustus. Im Verlauf der weiteren Geschichte verlor sie ihren Wohlstand und ihre Bedeutung, nicht zuletzt durch solch einschneidende geschichtliche Ereignisse wie die Gründung von Konstantinopel, den kometenhaften Aufstieg Kairos und die Entdeckung des Seewegs nach Indien um die Südspitze Afrikas herum (s. *İskenderun* und *Kandahar*).

Antalya, ein beliebtes Touristenzentrum an der türkischen Riviera, war im Altertum die Stadt *Attalaia* (später *Adalia*), deren Grundstein König *Attalos II.* von Pergamon im zweiten vorchristlichen Jahrhundert gelegt hatte. Er hätte wohl kaum eine bessere Wahl treffen können, denn der weite Golf und die lang gestreckte Landspitze, auf der die Stadt entstand, boten den ankernden Schiffen Schutz, während das hohe Taurusgebirge die fruchtbare Küstenebene vor den kalten Nordwinden abschirmte.

Barcelona lässt sich als „Schiffersiedlung" deuten (im Mittelalter hieß der Ort tatsächlich *Barcinona*, worin span. *barca*, „Boot", enthalten sein könnte; vgl. *Barke*, *Barkasse* und *Barkarole*, „Gondellied"). Wahrscheinlicher aber ist eine Benennung der Stadt durch die Phönizier. Nach einer alten Legende wurde *Barcelona* als *Barcino* etwa 230 v. Chr. durch den karthagischen General Hamilkar – mit dem Beinamen *Barkas*, „der Blitz" – angelegt. Nur etwa 30 Jahre später eroberten die Römer diese nordostspanische Region und fügten sie als Provinz ihrem Weltreich hinzu. Im 5. Jahrhundert n. Chr. siedelten hier Goten und Alanen. (Daher heißt das Gebiet bis auf den heutigen Tag Katalonien, aus *Got-Alanien*.) Ab 713 war *Barcelona* maurisch besetzt, wurde aber knapp ein Jahrhundert später von Ludwig dem Frommen, einem Sohn Kaiser Karls d. Gr., zurückerobert.

Bursa ist der Name einer nordwesttürkischen Stadt, die ursprünglich *Brusa* oder *Prusa* hieß (es handelt sich also um eine Metathesis, d. h. eine Umstellung von Buchstaben) und deren Gründer *Prusias* sie im 3. Jahrhundert v. Chr. zur Hauptstadt seines bithynischen Königreiches machte. Sechzehnhundert Jahre später, während der türkischen Eroberung des Byzantinischen Reiches, war sie für kurze Zeit Hauptstadt der Osmanen, bis Sultan Murad I. den Regierungssitz nach Adrianopel, das heutige Edirne, verlegte.

Carolina, seit 1710 in *North Carolina* und *South Carolina* unterteilt, heißt „Karlsland" – nach Karl I. von England, der 1619 ein großes Stück Land an Sir Robert Heath vergab, mit der Auflage, das Gebiet an der südlichen Atlantikküste *Province of Carolina* zu nennen (von *Carolus*, latein. für *Karl*; s. *Charleston*).

Charleroi, d.h. „König Karl", trägt zwar einen ausgesprochen französisch klingenden Namen, die südbelgische Stadt in der Nähe von Brüssel (mit dem es durch einen Kanal verbunden ist) geht jedoch auf eine Gründung der spanischen Besatzer im Jahre 1666 zurück, die den Ort nach ihrem König, dem Habsburger *Karl II.*, benannten.

Charleston im US-Bundesstaat South Carolina wurde 1670 auf dem Westufer des Ashley River errichtet und – dem englischen König *Karl II.* zu Ehren – *Charles Town* getauft. Die Gemeinde entwickelte sich rasch zu einem blühenden Handels- und Schifffahrtszentrum – und zu Amerikas Haupthafen im Sklavenhandel. (Im 18. Jahrhundert gab es hier auf den riesigen Reis- und Indigoplantagen fast doppelt so viele schwarzafrikanische Sklaven wie weiße Siedler.) Trotz dieser unrühmlichen Geschichte war die Stadt wegen ihrer toleranten und kosmopolitischen Einstellung bekannt, immerhin gewährte sie vielen französischen Hugenotten Zuflucht und förderte in ihren Mauern die größte jüdische Gemeinde innerhalb der amerikanischen Kolonien.

Constanţa, Aussprache: *Konstanza*, rumänische Hafenstadt am Schwarzen Meer, wurde von Kaiser *Konstantin d. Gr.* so benannt – allerdings nicht nach ihm selbst, sondern nach seiner Schwester *Constantiana*. Hier starb, nach zehnjährigem Exil, der römische Dichter Ovid. Damals, 18 n.Chr., war die Stadt noch unter ihrem griechischen Namen *Tomis* bekannt.

Constantine, arab. *Ksantina*, erhebt sich auf einem hohen Felsplateau im algerischen Tellatlas, durch ein tiefes Flusstal fast völlig vom Umland abgeschnitten. *Konstantin d. Gr.* baute das von seinem Rivalen und Mitkaiser Maxentius an dieser Stelle zerstörte punische *Kirtha* (röm. *Cirta*) 313 wieder auf, wofür die Bürger sich mit der Umbenennung in *Constantina* bedankten.

Edirne, eine türkische Entstellung des römischen Namens *Adrianopel* (von griech. *Hadrianopolis*), ist mit der alten thrakischen Stadt *Uskadama* identisch. Ihre jüngeren Namen erinnern indes an den friedliebenden römischen Kaiser *Hadrian*, der Anfang des zweiten nachchristlichen Jahrhunderts das Stadtbild von

Grund auf erneuerte.[1] Seine Stadt *Adrianopel* war Schauplatz jener berühmten Schlacht, in der Kaiser Valenz von den Goten besiegt wurde. Nacheinander unterlag die Stadt den Awaren und Bulgaren, den Kreuzrittern und den Türken, deren Sultane sie in *Edirne* umtauften und hier, im europäischen Teil ihres Reiches, residierten, bis sie im Jahr 1453 Konstantinopel einnahmen und zu ihrer Hauptstadt machten.

Fréjus ist die sprachliche Ruine, die von *Forum Iulii*, „Markt des Julius", übrig geblieben ist. Initiator des Riviera-Ortes war der berühmte *Julius Cäsar*, aus dessen Zeit viele Reste römischer Bauten, u. a. ein Amphitheater, erhalten sind. Manchem von uns wird die provenzalische Stadt noch in Erinnerung sein durch die Katastrophe von 1959, als der Staudamm von Malpasset brach und eine Schlammlawine die Stadt unter sich begrub (s. *Friaul* und *Jersey*).

Friaul heißt eine italienische Landschaft zwischen den *Julischen Alpen* und dem Fluss Tagliamento, die nach der römischen Stadt *Forojulium* benannt ist – eine Ortsbezeichnung, hinter der sich das ursprüngliche *Forum Iulii* und damit der Name des ehrenwerten Gründers verbirgt: *Julius Cäsar*. Die Stadt (heute *Cividale del Friuli*) war der erste Herrschaftssitz der Langobarden, bevor diese zur Eroberung Italiens aufbrachen. (Unsere Stadt *Jülich* hat übrigens einen ähnlichen etymologischen Ursprung, denn sie entstand aus einem alten römischen Straßenknotenpunkt namens *Iuliacum*, „Siedlung des Julius"; gemeint war in diesem Fall allerdings nicht Cäsar, denn der römische Name *Iulius* erfreute sich auch im Rheinland unter den hier ansässigen Galliern und Ubiern großer Beliebtheit.)

Friedrichshafen am Nordufer des Bodensees entstand 1811 aus dem Zusammenschluss der alten Siedlungen Buchhorn und Hofen zu einer neuen Stadt, die den Namen *Friedrichs*, des herrschenden württembergischen Königs, erhielt; hier begann 1824 die Geschichte der Bodensee-Dampfschifffahrt.

---

[1] Im Gegensatz zu seinem Adoptivvater Trajan verzichtete er auf jegliche Expansionspolitik und widmete sich lieber dem inneren Ausbau des Reiches und der Sicherung bestehender Grenzen. So verstärkte er den germanischen Limes und legte in Britannien den *Hadrianswalls* zum Schutz gegen die aggressiven Skoten an. Berühmt unter den von ihm in Auftrag gegebenen Bauwerken wurden in Rom das Pantheon und die Engelsburg (die als sein Mausoleum mit eigentlichem Namen *Moles Hadriani* heißt) sowie die *Hadriansvilla* bei Tivoli.

Georgetown, „Georgsstadt", ist der wichtigste Hafen von Guyana –
1771 von den Briten im nördlichen Südamerika gegründet und
nach ihrem König, *Georg II.*, benannt. 1966 wurde *Georgetown*
Hauptstadt der unabhängigen Republik Guyana (s. *Georgia*).

Georgia, das „Georgsland", wurde ab 1733 durch eine britische
Kolonisationsgesellschaft planmäßig besiedelt. Unter den Ein-
wanderern befanden sich viele englische Schuldner, aber auch
puritanische Schotten, calvinistische Schweizer und deutsche
Juden. Trotz der anfänglichen Loyalität zur britischen Krone, die
sich in der Benennung nach König *Georg II.* von England
dokumentiert, waren die Beziehungen zu den Eingeborenen bald
besser als die zum Mutterland, daher stand *Georgia* auf Seiten
der Amerikanischen Revolution, erklärte 1776 seine Unabhängigkeit und trat 1788 in die Union der Vereinigten Staaten ein.

İskenderun, nahe der syrischen Grenze, gilt als einer der wichtigsten
Häfen der Türkei. *İskender* ist im Arabischen und Türkischen
eine verstümmelte Wiedergabe des Personennamens *Alexander*,
und tatsächlich hieß die von *Alexander d. Gr.* auf seinem
Eroberungszug durch Kleinasien gegründete Stadt im Altertum
Alexandrette – zusammengezogen aus *Alexandria ad Issum*.
(Bekanntlich besiegte *Alexander* im Jahre 333 v. Chr. in der
Schlacht bei *Issus* den persischen König Darius; s. *Alexandria*
und *Kandahar*.)

Jamestown, „Jakobsstadt", war die erste englische Siedlung in
Amerika, die 1607 an den Ufern des *James River* in Virginia
gegründet wurde – zu Ehren von Maria Stewarts Sohn, der als
James (Jakob) I. den englischen Thron bestieg, nachdem seine
Vorgängerin, Elizabeth I., kinderlos gestorben war (s. *Virginia*).

Jekaterinburg, in der Sowjetzeit *Swerdlowsk*, ist eine russische
Gebietshauptstadt am Ural. Sie geht in ihrem Bestand zwar auf
Zar Peter d. Gr. zurück, ihren Namen erhielt sie jedoch nach
Katharina d. Gr. (russ. *Jekaterina*), unter deren Herrschaft sie
sich rasch entwickelte, als die Hauptstraße von Russland nach
Sibirien durch die Ortschaft gelegt wurde. 1918 hat man hier die
Zarenfamilie ermordet.

Jersey enthält – wenn man den Bewohnern der größten und südlichsten Kanalinsel Glauben schenken darf – in ihrem Namen die
(englisch ausgesprochenen) Initialen von *Julius Caesar*. Auch
die Bewohner des benachbarten *Sark* (ursprünglich *Caesarea*)
berufen sich mit dem Namen ihrer Insel auf den römischen

Staatsmann und Feldherrn, der auf einem seiner Eroberungszüge nach Britannien hier, vor der französischen Küste, angeblich eine Zwischenstation eingelegt hat.

Kandahar wurde, wie *İskenderun* in der Türkei, laut Legende als *Alexandria* von *Alexander d. Gr.* gegründet – ein Zusammenhang, den man nur mit einer Portion Gutmütigkeit nachvollziehen kann (wenngleich die Ähnlichkeit der Namen *Kandahar* und *İskenderun* nicht ganz von der Hand zu weisen ist). Das moderne Wirtschaftszentrum Afghanistans entstand in einer fruchtbaren Bewässerungsebene, neben den Ruinen der ursprünglichen Stadt, die im Jahr 1738 von dem turkmenischen Herrscher Nadir Schah zerstört worden war.

Karlsruhe – dieser Name schwebte Markgraf *Karl Wilhelm* von Baden-Durlach vor, als er 1715 den Anstoß zur Planung einer nach italienischem Vorbild angelegten Stadt und eines Jagdschlosses gab, in dem er wohl Ruhe vor seiner zänkischen Frau zu finden hoffte. Aber erst Markgraf *Karl Friedrich* ließ ein halbes Jahrhundert später eine Barockresidenz erbauen, von der die fächerförmig angeordneten Alleen der Stadt ihren Ausgang nehmen. Das baden-württembergische Schloss beherbergt heute das Bundesverfassungsgericht.

Karolinen, nach *Karl II.* von Spanien, heißt das mit über 900 Inseln größte Archipel Mikronesiens, das zwar schon im frühen 16. Jahrhundert spanischen Seefahrern bekannt war, aber erst gegen Ende des 19. Jahrhunderts von Europäern besiedelt wurde. 1899 erwarb das Deutsche Reich die *Karolinen* durch Kauf. 1919 fielen sie als Völkerbundsmandat an Japan; 1947 wurden sie als Treuhandgebiet der UNO den Vereinigten Staaten von Amerika unterstellt.

Kerry wird von den Iren *Ciarraí*, „Land der Nachkommen Ciars", genannt. In der Legende war *Ciar* der Sohn des Königs Fergus und der Königin Maeve. Seine Nachkommen sollen diesen Südwestzipfel Irlands in Besitz genommen und ihm den Namen ihrer Dynastie gegeben haben.

Kiew, ukrain. *Kijiw*, die Hauptstadt der Ukraine, liegt zu beiden Seiten des Dnjepr. Obschon erst 860 erwähnt, reichen die Anfänge einer Siedlung dieses Namens weiter zurück. Nach einer Legende erhielt *Kiew* seinen Namen von *Kij*, dem angeblichen Gründer dieser „Mutter aller russischen Städte". Unter dem Fürsten *Oleg* (Aussprache: *Aljék*, abgeleitet vom skandin.

Namen *Helge*), wurde *Kiew* zum Zentrum eines ausgedehnten Reichs, der *Kiewer Rus*. Im 10. und 11. Jahrhundert entwickelte es sich auf Grund des lukrativen Handels mit Byzanz zu einer der größten und reichsten Städte Europas (s. *Russland*).

Köln ist ein Kürzel des ursprünglichen römischen Namens *Colonia Claudia Ara Agrippinensis* oder der bereits reduzierten Version *Colonia Agrippina*, „Kolonie der Agrippina". Diese war im Jahr 15 n.Chr. hier geboren worden, daher gab ihr dritter Gemahl, Kaiser *Claudius*, (von latein. *claudus*, „der Hinkende"), der Stadt den Namen seiner schönen, aber skrupellosen Frau, die später zu seiner Mörderin wurde, um ihrem Sohn Nero, den sie mit in die Ehe gebracht hatte, den Kaiserthron zu sichern. *Colonia* war bald der wichtigste Handelsplatz der Römer am Rhein. Der frühe Name der Stadt hat sich in mehreren Schritten über die mittelalterlichen Varianten *Coloyne* und *Coleyne* und die jüngeren Lesarten *Cullen* und *Collen* schließlich zu *Köln* entwickelt. Der weltbekannte *Kölner Karneval* erinnert übrigens an die Besetzung der Stadt durch preußische Truppen im Jahr 1815; während der närrischen Zeit waren die unerwünschten Herrscher Zielscheibe des öffentlichen Spotts (s. *Lincoln*).

Konstanz, eine baden-württembergische Kreisstadt an der Verengung des Bodensees zwischen Ober- und Untersee, entwickelte sich an der Stelle eines römischen Kastells aus dem 1. Jahrhundert n.Chr.; die Stadt trug etwa ab 300 den Namen *Constantia* – nach dem römischen Kaiser *Constantius* (Beiname *Chlorus*, „der Blasse"), dem Vater des *Constantinus*, den wir als *Konstantin den Großen* kennen.

Kristiansand ist der bedeutendste Hafen Südnorwegens. Er wurde 1641 von *Christian IV.*, dem König von Dänemark und Norwegen, als Stadt mit regelmäßigem Grundriss angelegt und, da er bei den Einwohnern beider Länder äußerst populär war, nach ihm benannt.

Kristinasund an der Westküste Norwegens ist, ähnlich wie *Kristiansand*, unter dänischer Schirmherrschaft entstanden, allerdings 100 Jahre später. Es war Königin *Christina VI.*, die den Hafen zur besseren Versorgung der schroffen und inselreichen Küste anlegen ließ.

Larne heißt im Irischen *Latharna*, „Gebiet des Lathair". Dieser war ein Sohn von Hugony d.Gr., einem einheimischen Monarchen der vorchristlichen Zeit. *Larne*, Fundort der steinzeitlichen

Larnium-Kultur, ist eine Hafenstadt in der nordirischen Grafschaft Antrim, mit guten Fährverbindungen nach dem gegenüberliegenden Schottland.

Léopoldville, die Hauptstadt des früheren Belgisch-Kongo, wurde nach König *Leopold II*. von Belgien benannt; sie entstand 1881 als ein europäisches Warendepot am Südufer des Kongoflusses, den die Einheimischen heute Zaïre nennen. Seit einem blutigen Aufstand schwarzer Nationalisten im Jahr 1960, der dem Land die Unabhängigkeit brachte, heißt die Stadt Kinshasa – nach einem Eingeborenendorf, das seinerzeit dem belgischen Handelsplatz hatte weichen müssen.

Lothringen, franz. *Lorraine*, ist aus der Benennung *Lotharingia*, „bei den Nachkommen des Lothar", entstanden. *Lothringen* – heute nur noch eine nordostfranzösische Landschaft im Gebiet der oberen Maas und Mosel – umfasste ursprünglich die Region zwischen Schelde, Rhein, Maas und Saône, die der Karolinger *Lothar II*. im Jahre 855 als Teilkönigreich von seinem Vater *Lothar I*. erbte.

Louisiana wurde im Jahr 1682, als französische Forscher bis zur Mississippi-Mündung vorgestoßen waren, als „Ludwigsland" (nach ihrem König *Ludwig XIV*.) gegründet, und 300 000 seiner Bewohner haben bis heute der französischen Sprache die Treue gehalten. Natürlich trägt auch die Hauptstadt des amerikanischen Südstaates (in dem noch immer der auf römischem Recht fußende Code Napoléon gilt) einen französischen Namen: *Baton Rouge*. Auch *New Orleans*, die erste Metropole der ehemaligen französischen Kolonie *Louisiane*, kann ihr europäisches Erbe nicht verleugnen. Nachdem Frankreich das Gebiet westlich vom Mississippi bereits 1762 an England abgetreten hatte (20 Jahre später, nach dem Unabhängigkeitskrieg, ging es in US-Besitz über), verkaufte man 1803 den Amerikanern für 15 Mill. Dollar auch den östlichen Teil, denn Napoleon brauchte dringend Geld für seine Kriege in Europa, vor allem für Schießpulver. Durch diesen Coup, der als *Louisiana Purchase* („Louisiana-Kauf") bekannt wurde, hatten die USA ihr Staatsgebiet mit einem Schlag mehr als verdoppelt.

Louisville, an den Stromschnellen des Ohio im US-Staat Kentucky, ist durch die Herstellung von Bourbon Whisky weltberühmt geworden. Die Stadt wurde 1779 gegründet und nach *Ludwig XVI*. benannt, der in der Französischen Revolution seinen Thron verlor und nach Ausrufung der Republik 1793 zusammen mit seiner Gemahlin, Maria Antoinette von Österreich, hingerichtet wurde. Mit ihm starb die französische Linie des Hauses Bourbon aus (s. auch *Louisiana* und *St. Louis*).

Ludwigsburg, unweit von Stuttgart auf einer Hochfläche über dem Neckar gelegen, zeigt mit seinen Schlössern und Parkanlagen noch heute das geschlossene Bild einer Fürstenresidenz der Barockzeit. Herzog *Eberhard Ludwig* von Württemberg ließ hier 1704 ein Schloss erbauen, dessen Name auf die Stadt übertragen wurde, die sich in unmittelbarer Nähe bildete.

Ludwigshafen entstand unter *Ludwig I.* von Bayern als Konkurrenz-siedlung zum badischen Mannheim auf der gegenüberliegenden Rheinseite, nachdem Bayern im Wiener Kongress 1815 die linksrheinische Pfalz von Frankreich zurückerhalten hatte. (Die rechtsrheinischen Gebiete befanden sich seit 1802 im Besitz Badens.)

Maryland war die erste nordamerikanische Kolonie mit Religions-freiheit für alle christlichen Bekenntnisse. Daher ist der moderne Staat noch heute als *Free State* bekannt. Lord Baltimore, dessen Namen *Marylands* Hauptstadt adoptierte, hatte 1632 einen Freibrief für die Gründung einer Kolonie am Potomac erhalten, die er nach Königin *Henrietta Maria*, der Gattin Karls I. von England, *Maryland* nannte. Als römisch-katholischer Eigen-tümer gewährte er in erster Linie katholischen Glaubensflücht-lingen aus England Asyl. Da sein Besitz auf der Großzügigkeit seines anglikanisch-protestantischen Königs basierte, sah er sich jedoch zur Gewährung weitgehender Religionsfreiheit ver-pflichtet, die er 1649 sogar gesetzlich fixierte. *Maryland* blieb bis zur Amerikanischen Unabhängigkeitserklärung im Jahr 1776 eine Eigentümerkolonie.

Mauritius, „Moritzland", ist eine Insel der Maskarenen im Indischen Ozean, die von portugiesischen Seefahrern erst im frühen 16. Jahrhundert entdeckt wurde, obwohl Araber und Malaien ihr schon lange zuvor Besuche abgestattet hatten. Es waren jedoch holländische Seeleute, die hier 1638 eine bescheidene Siedlung errichteten und die Insel nach Prinz *Maurice* von Nassau benannten. 1715 erhob die französische Ostindienkompanie Anspruch auf *Mauritius*, und unter ihrer Verwaltung gedieh die Kolonie prächtig. 1767 übernahm die französische Regierung die Kontrolle über die Insel, die inzwischen in *Île de France*

umgetauft worden war. Obschon *Mauritius* 1810 an die Briten
fiel, wurden französische Institutionen und französisches Recht
aufrechterhalten, und noch heute hört man mehr Französisch als
Englisch auf der Insel.

Nicaragua geht auf *Nicarao*, den Namen eines Indianerhäuptlings
zur Zeit der spanischen Eroberung zurück (dessen Stamm ebenfalls *Nicarao* hieß). Das mittelamerikanische Gebiet wurde 1502
von Kolumbus entdeckt und zwei Jahrzehnte später von Gon-
zales de Avila erobert. *Nicaragua* löste sich 1821 von Spanien
und gründete bereits 1838 eine selbstständige Republik.

Petrópolis, im brasilianischen Bundesstaat Rio de Janeiro, liegt in
bezaubernder und klimatisch günstiger Lage in einem Hochtal
des Brasilianischen Berglandes an der Südostküste. 1843 ordnete
Kaiser *Peter II.* an, die „Peterstadt" als seine Sommerresidenz
anzulegen und mit Deutschen zu besiedeln. Sein Vater, *Peter I.*,
der aus dem portugiesischen Königshaus stammte, hatte sich
nach der Unabhängigkeitserklärung des Landes (1822) zum
brasilianischen Kaiser ausrufen lassen. Sein Sohn, *Peter II.*, zu
dessen Gunsten er 1831 auf den Thron verzichtete, hob 1888 die
Sklaverei in seinem Land auf und wurde deswegen abgesetzt.
Von 1894 bis 1903 war *Petrópolis* die Hauptstadt des fortan
republikanischen Brasilien (s. *Petersburg*).

Philippinen – unter diesem Namen kennen wir einen aus Tausenden
von Inseln bestehenden Staat im westlichen Pazifik, der jahrhundertelang ein Zankapfel europäischer Mächte war. 1521 hatte
der Seefahrer Ferdinand Magellan die Inseln erreicht, der (obgleich Portugiese) seine Weltumsegelung im Dienste Spaniens
durchführte. Er wurde kurz nach seiner Ankunft getötet, als er
den Häuptling der Eingeborenen drängte, sich nicht nur dem
Christentum, sondern auch der Souveränität seiner spanischen
Auftraggeber zu unterwerfen. Portugal – das sich auf den
Vertrag von Tordesillas von 1494 berief, wonach alle neu entdeckten Gebiete der östlichen Hemisphäre für die portugiesische
Kolonisation reserviert waren – machte Spanien wiederholt den
Anspruch auf die Inseln streitig, bis eine starke spanische
Expeditionstruppe den Archipel besetzte und ihn 1542 zu Ehren
des Thronerben (des späteren Königs *Philipp II.*) *Islas Filipinas*,
„Philippinische Inseln", nannte. Im Übrigen erwies sich die
portugiesische Konkurrenz bald als gegenstandslos, denn König
Philipp wurde 1580 gleichzeitig auch Herrscher von Portugal.

Dafür versuchten andere europäische Mächte gegen Ende des 16. Jahrhunderts auf den *Philippinen* Fuß zu fassen, allen voran die Engländer unter der Führung von Sir Francis Drake, sowie die Holländer, die immer wieder über die Inseln herfielen und spanische Schiffe kaperten. Der Westfälische Frieden von 1648 sicherte Spanien endgültig den Besitz der *Philippinen*, zumindest bis 1898, als die Vereinigten Staaten den Spanisch-Amerikanischen Krieg gewannen und eine Militärherrschaft auf dem Archipel errichteten. Erst mit Ende des Zweiten Weltkriegs und nach jahrelanger Besetzung durch Japan gewährte Amerika den *Philippinen* die lang versprochene Unabhängigkeit.

Pi-Ramesse, auch *Pi-Ramses*, wurde um 1250 v. Chr. als „Ramses-Stadt" im Nildelta gegründet (von altägypt. *ra-me-su*, „Sohn des Ra"). Hier, wo sich zuvor Auaris, die Hauptstadt der Hyksos, befunden hatte, stand der verschwenderisch ausgestattete Wohnpalast von Pharao *Ramses II.*, wie eine Grabung kürzlich bewies.

Rudolf-See heißt ein 8500 m^2 großer See im Norden Kenias – 1887 so benannt von seinem ungarischen Entdecker, Graf Teleki. Die Afrikaforscher der damaligen Zeit gaben einem gerade entdeckten Gebiet für gewöhnlich den Namen des Monarchen oder eines Angehörigen des Herrscherhauses ihres Heimatlandes, in diesem Fall den des österreichisch-ungarischen Thronfolgers *Rudolf*.

Saarlouis, im heute zu Deutschland gehörenden Saarland, geht auf eine Initiative König *Ludwigs XIV.* zurück, der 1680 den Befehl gab, hier, am linken Ufer der Saar, eine Festung anzulegen. (Der Name *Ludwig* ist übrigens abgeleitet von althochd. *hlut*, „laut, berühmt", und *wig*, „Kampf".)

Saint Louis, die weltberühmte Stadt am Missouri (1764 von französischen Pelzhändlern gegründet, 1803 von Amerikanern übernommen und im 19. Jahrhundert vor allem von Deutschen besiedelt) schmückt sich eindeutig mit falschen Federn: Der Name der Stadt verweist nicht etwa auf den französischen König *Ludwig den Heiligen*, der während der Kreuzzüge, d. h. ein halbes Jahrtausend vor der Gründung von *St. Louis* gelebt hatte, sondern auf *Ludwig XV.*, dem seine Untertanen im fernen Amerika mit der Benennung ihrer Stadt schmeicheln wollten. Ein weiteres *Saint Louis*, die ehemalige Hauptstadt des Senegal, wurde ebenfalls von den Franzosen angelegt, jedoch bereits im Jahr 1659. In diesem Fall war der Namenspatron König *Ludwig*

XIII. Trotz des einheimisch anmutenden Namens hatte auch die brasilianische Hafenstadt *São Luís*, Metropole des Staates Maranhão, französische Gründer. Der 1612 entstandene Ort wurde allerdings bereits drei Jahre später von den Portugiesen erobert. So wechselte zwar der Besitzer, nicht aber der Name.

Saloniki wurde 315 v.Chr. vom makedonischen König Kassandros als *Thessaloníke* gegründet. Auf diese Weise wollte er den Namen seiner Gemahlin, der Halbschwester Alexanders d.Gr., verewigen. Ansonsten hing Kassandros recht wenig an der Familie seines berühmten Schwagers, denn er scheute sich nicht, nach Alexanders Tod dessen Mutter sowie dessen Witwe und Sohn ermorden zu lassen, um selbst die Herrschaft über Makedonien zu erlangen. *Thessaloníke* ist den Christen durch den Apostel Paulus geläufig, der hier – als die Stadt bereits zum Römischen Reich gehörte – eine der ersten Christengemeinden Europas ins Leben rief (vgl. seine Briefe an die *Thessalonicher*). Seit der byzantinischen Zeit hat sich in Griechenland die verkürzte Namensform *Saloniki* eingebürgert (s. *São Paulo*).

Seldschuken, nach ihrem Anführer *Seldschuk*, nannte sich um das Jahr 1000 ein türkisches Herrschergeschlecht und Volk in Turkestan, das mit der Eroberung Bagdads (1055) die Vormachtstellung in Vorderasien erlangte. Kurz darauf verdrängten die *Seldschuken* die Byzantiner aus Kleinasien und begannen mit der Türkisierung Anatoliens. Anfang des 14. Jahrhunderts unterlagen die *Seldschuken* (von deren reger Bautätigkeit vor allem die Städte Kayseri und Konya profitiert hatten) einer neuen Dynastie, die das gewaltige, nach Sultan Osman I. benannte Osmanische Reich begründete.

Terezín ist die tschechische Variante von *Theresienstadt*. Kaiser Joseph II. wählte diesen Namen zu Ehren seiner Mutter *Maria Theresia*, als er 1780 in der Nähe von Litoměřice (nördlich von Prag) eine Festung erbauen ließ, deren 29 km lange unterirdische Gänge die Welt in Erstaunen versetzten. Im Zweiten Weltkrieg erlangte *Terezín* eine zusätzlich traurige Berühmtheit durch die Errichtung eines „Vorzeige"-Ghettos für Juden, das die Gestapo in einem Propagandafilm gewissermaßen als „gemütliches" KZ darstellte; auf dem Friedhof dieses vermeintlichen Idylls liegen 29 172 Opfer des Nationalsozialismus begraben.

Tiberias, hebr. *Tevérja*, arab. *Tabarije*, gilt als wichtigste Stadt am Westufer des Sees *Tiberias*, die wegen ihrer heißen Mineralquellen weltweit Berühmtheit erlangte. Ihr Gründer, Herodes Antipas, wollte offensichtlich seinem Gönner, dem römischen Kaiser *Tiberius*, mit der Namenswahl schmeicheln. Die prächtige Stadt dürfte schon Jesus vertraut gewesen sein, denn ihr Entstehungsdatum fiel mit seinem ersten öffentlichen Auftreten in seiner Heimat Galiläa zusammen. Der See *Tiberias*, besser bekannt als See Genezareth (s. dort), liegt wie das Tote Meer unterhalb des Meeresspiegels (wenn auch „nur" 200 m), enthält aber im Gegensatz zu diesem reines Süßwasser mit vielen Fischarten, wie wir ja bereits aus dem Leben Jesu und seiner Jünger wissen.

Tirone nennen die Engländer das irische County *Tir Eoghain*, „Eoghans Land" – von irisch *tir*, „Besitz", und dem Namen des legendären Herrschers *Eoghan*, der dieses Gebiet Irlands besessen haben soll.

Victoria, britische Königin und Kaiserin von Indien, die wie kein anderer europäischer Monarch das Image des 19. Jahrhunderts prägte (schließlich war die „Großmutter Europas" durch ihren deutschen Gemahl Albert und ihre neun Kinder mit fast allen europäischen Fürstenhöfen verwandt), steht mit ihrem Namen nicht nur für die enorme politische Machtentfaltung und wirtschaftliche Blüte des *Viktorianischen Zeitalters*, sondern auch für den Höhepunkt imperialistischer Expansion. (Die altrömische Siegesgöttin hieß ebenfalls *Victoria*.) So verwundert es nicht, dass viele Orte in den neu gewonnenen britischen Kolonien an sie erinnern: *Victoria* (Hauptstadt der ab 1814 zu Großbritannien gehörenden Inselgruppe der Seychellen), *Victoria* (auf der Insel Vancouver gelegene Hauptstadt der kanadischen Provinz British Columbia, 1843 gegründet), *Victoria* (kleiner, aber bedeutender Bundesstaat im Südosten Australiens mit der Hauptstadt Melbourne), *Victoria* (Hauptstadt von Hongkong) – aber auch die *Victoriafälle* am Sambesi (dem schottischen Missionar und Forscher David Livingstone, der im Jahr 1855 die Wasserfälle besuchte, konnte angesichts der gigantischen Höhe von 122 Metern wohl kaum ein passenderer Name einfallen) und der *Victoriasee*, von dessen riesigen Ausmaßen – er ist mit einer Fläche von 70 000 km^2 größtes Gewässer des afrikanischen Kontinents und zweitgrößtes Süßwasserreservoir der Welt – der Brite Sir Henry Morton Stanley so beeindruckt war, dass er ihn nach seiner Königin im fernen England taufte.

Virginia, das „Land der Jungfrau", ist nach Königin Elizabeth I. von England benannt, deren Beinamen – *Virgin Queen* – man ihrer Kinderlosigkeit zuschrieb (engl. *virgin*, „Jungfrau"). Die britische Kolonie an der nordamerikanischen Atlantikküste wurde von John Smith gegründet, dem die berühmte Häuptlingstochter Pocahontas das Leben rettete. Große Schlachten der Amerikanischen Revolution und des Amerikanischen Bürgerkriegs wurden hier in *Virginia* geschlagen, von dem seine stolzen Bewohner auch als *Mother of Presidents*, d. h. „Mutter von Präsidenten", sprechen, da aus diesem Staat acht amerikanische Präsidenten stammten: George Washington, Thomas Jefferson, James Madison, James Monroe, William Henry Harrison, John Tyler, Zachary Taylor und Woodrow Wilson. Als der größte Teil *Virginias* sich 1861 zur Konföderation des Südens bekannte, die westlichen Countys jedoch der Union treu blieben, entstand 1863 der separate Bundesstaat *West Virginia*. Übrigens heißt ein kleiner Marktort im irischen County Cavan ebenfalls *Virginia*; diesen Namen wählte Jakob (James) I., der Sohn Maria Stewarts, während der englischen Kolonisation der Provinz Ulster zum ehrenden Andenken an seine Vorgängerin, Königin Elizabeth I.

Bedeutende religiöse Würdenträger

Aquino kennen wir als Ortsbezeichnung eigentlich nur im Zusammenhang mit dem heiligen *Thomas von Aquin*, der hier auf der Burg *Roccasecca* geboren wurde (aus italien. *rocca*, „Burg", und *secca*, „trocken, schroff"). Die kleine italienische Stadt liegt im südlichen Latium.

Eyüp, nach dem gottesfürchtigen *Hiob* der Bibel, heißt ein am Ende des Goldenen Horns liegendes Wohngebiet von Istanbul. Nach der Eroberung Konstantinopels im Jahre 1453 fanden die Türken hier, vor den Mauern der Stadt, das Grab des *Eyüp* (auch *Ayub*), der im 7. Jahrhundert als Jünger und Fahnenträger Mohammeds bei einer Belagerung Konstantinopels sein Leben verlor. An dieser Stelle wurde bereits 1458 eine der wichtigsten Moscheen der islamischen Welt errichtet. *Eyüp* ist seitdem auch ein beliebter türkischer Vorname.

Ismailia, eine nordägyptische Stadt am Suezkanal, trägt den Namen von Abrahams Erstgeborenem (hebr. *Ismael*, „Gott möge hören"), der zum legendären Ahnherrn des arabischen Wüstenstamms der *Ismaeliten* werden sollte. Konkret wurde die Stadt allerdings nach *Ismail Pascha* benannt, dem Vizekönig Ägyptens, der dem französischen Ingenieur Ferdinand de Lesseps 1863 die Gunst gewährte, an der Mittelmeerküste einen neuen Ort als Operationsbasis für den Bau des Suezkanals zu errichten, der bereits 1869 vollendet war (s. *Ismael* in der Ukraine).

Pirmasens kennt man als Zentrum der deutschen Schuhindustrie und als Standort einer entsprechenden internationalen Fachmesse. Kaum jemand weiß jedoch, dass die Stadt am Rand des Pfälzer Waldes den Namen eines bedeutenden Kirchenmannes trägt: *Birminshusen* entstand im 8. Jahrhundert als Hirtensiedlung auf dem Besitz des *Pirmin* (oder *Pirminius*), eines Abts und Wanderbischofs von westgotischer Herkunft, der viele Klöster gründete, unter anderen auch Reichenau am Bodensee.

Richelieu heißt ein südkanadischer Fluss in der Provinz Quebec, der die französischen Forscher, die ihn 1609 befuhren, zum Saint Lawrence River führte. 1642 erhielt der Fluss den Namen des berühmten Staatsmanns und Kardinals *Richelieu*. Vor allem in der Amerikanischen Revolution erwies er sich als ein wichtiger Militär- und Handelsweg.

Saint-Lô liegt auf der normannischen Halbinsel Cotentin nahe dem Englischen Kanal. Die Stadt, deren alter Name *Laudus* an einen Bischof von Coutances erinnert, war im 16. Jahrhundert eine Zufluchtstätte des Protestantismus. 1944 wurde *Saint-Lô* während der alliierten Invasion der Normandie fast völlig zerstört.

Saint-Malo an der Nordküste der Bretagne hat, wie *Saint-Lô*, einen heiligen Schutzherrn – in diesem Fall einen walisischen Mönch namens *Maclou* oder *Malo*, dem die keltischen Bewohner dieser Region ihre Bekehrung zum Christentum verdankten (s. auch *Malwinen*).

Sorbonne ist der Name der berühmten Universität von Paris, die *Robert de Sorbon*, der Hofkaplan König Ludwigs IX. (des Heiligen), im Jahr 1256 als Lernstätte für mittellose Studenten gründete.

Es war üblich, planmäßige Ansiedlungen und Kolonien dem Monarchen des jeweiligen Heimatlandes zu widmen – was angesichts der Tatsache, dass dieser in aller Regel sowohl Auftraggeber als auch Sponsor war, nur folgerichtig erscheint. Weniger selbstlos zeigten sich die E n t d e c k e r und F o r s c h e r der Neuzeit, jene Abenteurer, die aus wissenschaftlichem Antrieb oder purer Habgier die Geheimnisse bis dahin unbekannter Gebiete entblößten und die weißen Flecken auf der Weltkarte Stück für Stück und ohne falsche Bescheidenheit mit ihren eigenen Namen füllten.

Meist können wir geographische Bezeichnungen dieser Kategorie leicht identifizieren. So ist wohl jedem der berühmte *James Cook* bekannt, an dessen Entdeckungsfahrten etliche Namen im pazifischen Raum erinnern (z.B. die neuseeländischen *Cook-Inseln* in Polynesien, die *Cook-Straße* zwischen der Nord- und der Südinsel Neuseelands oder die Hafenstadt *Cooktown* im Nordosten Australiens, die an der Stelle entstand, wo er 1770 ankerte, um sein Forschungsschiff gründlich zu überholen). Im Übrigen führte er seine Expeditionen im Auftrag der britischen *Royal Society*, der „königlichen Gesellschaft", durch, woran die heute zu Frankreich gehörenden *Gesellschaftsinseln* erinnern.

Ebenso leicht verbinden wir einige nordamerikanische Gewässer mit dem Namen des englischen Seefahrers *Henry Hudson*, der zwischen 1607 und 1609 das Nordpolarmeer durchfuhr und vergeblich einen kürzeren Seeweg nach Indien und China suchte, stattdessen das amerikanische Festland an der Mündung des Flusses *Hudson* erforschte und 1610 auf seiner letzten Reise durch die *Hudsonstraße* die flache, weit ins Land eingreifende *Hudsonbai* entdeckte, wo seine meuternde Mannschaft ihn und seinen Sohn aussetzte und dem sicheren Tod überließ.

Es dürfte aber auch Fälle geben, in denen uns zwar der topographische Name, nicht aber die dahinter steckende Persönlichkeit geläufig ist. So kennt wahrscheinlich jeder den Begriff *Dolomiten* für jenen aus bizarren Felstürmen bestehenden italienischen Teil der Südlichen Kalkalpen, wohl kaum einer jedoch den französischen Namensgeber: den Geologen *Déodat de Dolomieu* (1750-1801), nach dem das Sedimentgestein *Dolomit* benannt ist, das – gewissermaßen als Mehrzahl – zu *Dolomiten* mutierte.

Ausnahmsweise mag es sogar vorkommen, dass einem der offizielle Name eines geographischen Ortes nichts sagt, obschon man die Geschichte der dahinter steckenden Persönlichkeit sehr wohl kennt. So wurde eine der Juan-Fernández-Inseln vor der chilenischen Küste nach dem schottischen Schiffbrüchigen *Alexander Selkirk* benannt, der hier, fern von aller Zivilisation, Anfang des 18. Jahrhunderts vier einsame Jahre seines Lebens verbrachte. Seine Abenteuer, die der englische Schriftsteller Daniel Defoe so packend schilderte, haben seither viele Generationen von Jugendlichen in ihren Bann gezogen, die den Titelhelden allerdings nur unter seinem angenommenen literarischen Namen kennen: *Robinson Crusoe*.

Entdecker und Forschungsreisende

Angel Falls, üblicherweise, aber zu Unrecht als „Engelsfälle" übersetzt, ist die Bezeichnung eines Wasserfalls im südöstlichen Venezuela, der 1937 von dem amerikanischen Flieger und Abenteurer *James C. Angel* entdeckt und nach diesem benannt wurde. Die *Angel Falls* bilden mit 979 m den höchsten ununterbrochenen Katarakt der Welt.

Back River heißt ein kanadischer Fluss, im entlegenen Nordwesten des Landes, sodass sein Name scheinbar einen nahe liegenden Sinn bekommt. Das ehemals *Great Fish River*, „großer Fischfluss", genannte Gewässer erhielt in den dreißiger Jahren des 19. Jahrhunderts seinen heutigen Namen, nachdem der britische Forscher *Sir George Back* während einer Expedition auf den Flusslauf gestoßen war und ihn erkundet hatte.

Baffin Bay ist der Name eines Meeresarms im Nordatlantik, zwischen Grönland und der als *Baffinland* bekannten großen Insel vor der Nordostküste Kanadas. Die riesige, über 1000 km lange und bis zu 650 km breite Bucht, auf die 1585 die englischen Seefahrer *John Davis* und *William Baffin* bei ihrer Suche nach einer Nordwestpassage stießen, ist über die *Davisstraße* mit dem Atlantik und durch verschiedene Kanäle mit dem Nordpolarmeer verbunden, auch wenn Treibeis und Eisberge die Schifffahrt nahezu neun Monate im Jahr lahm legen.

Barentssee nennen wir jenen Randbereich des Nordpolarmeeres, der durch einen Ausläufer des Golfstroms völlig eisfrei gehalten wird. Daher glaubte der holländische Seefahrer und Kartograph *Willem Barentsz*, endlich einen sicheren östlichen Seeweg um die Nordküste Eurasiens herum gefunden zu haben, als er 1594 tatsächlich die Ostküste von Nowaja Semlja (russ. „Neuland") an der Grenze zwischen Europa und Asien erreicht hatte. Aber bereits die östlich anschließende, ständig zugefrorene Karasee erwies sich als unüberwindlich, und so starb er drei Jahre später bei dem vergeblichen Versuch, auf das bewohnte Festland zu gelangen.

Bass-Straße ist eine ostwestlich verlaufende, über 200 km breite Meerenge zwischen Tasmanien und Südaustralien, die 1798 der britische Kapitän *George Bass* als erster Europäer durchfuhr. Seine Entdeckung bewies, dass Tasmanien – benannt nach dem Holländer Abel Tasman – eine Insel ist (s. *Neuseeland*).

Beaufortmeer ist die offizielle Bezeichnung für den sturmgepeitsch-
ten und völlig vereisten Südteil des Nordpolarmeeres vor der
Küste Alaskas und Nordwestkanadas, den Schiffe nur kurze Zeit
im Spätsommer in unmittelbarem Schutz des Festlands befahren
können. Dieses ungastliche Meer wurde nach dem englischen
Admiral *Sir Francis Beaufort* benannt, dem Vater der noch
heute gebräuchlichen Windstärkenskala.

Bermudas nennen wir eine Gruppe von 350 kleinen Inseln weit vor
der Küste von North Carolina, die nie so recht das Ziel einer
planmäßigen Besiedlung gewesen sind. (Auch heute sind nur 20
Inseln bewohnt.) Die erste unfreiwillige Bekanntschaft mit ihnen
machte der Spanier *Juan de Bermúdez*, als er 1503 Schiffbruch
erlitt und mit einer ganzen Ladung Schweine an Land gespült
wurde. 1609 waren es wiederum Schiffbrüchige, diesmal aus
Virginia, die es hierher verschlug. (Sie benannten die Inseln,
nach ihrem Anführer, *Somers Islands*.) Großbritannien, das die
Bermudas 1684 zur britischen Kronkolonie erhob und zum
Ausgleich der spärlichen Besiedlung schwarze Sklaven und
später portugiesische Arbeitskräfte von Madeira und den Azoren
importierte, gewährte der Inselgruppe erst 1968 die innere
Autonomie.

Blantyre, die größte Stadt des südostafrikanischen Staates Malawi,
erhielt zu Ehren des Forschers und Missionars *David Livingstone* den Namen seines schottischen Geburtsortes. Auch das im
Norden des Landes gelegene *Livingstonia* erinnert an den großen
Gelehrten, dem es von 1849 bis 1856 gelang, ganz Südafrika zu
durchqueren (s. auch *Sambesi* und *Victoria*).

Bougainville heißt die größte Insel der Salomonen im südlichen
Pazifik, die 1768 vom Seefahrer *Louis Antoine de Bougainville*,
der als erster Franzose die Erde umsegelte, erforscht wurde und
seither seinen Namen trägt – ebenso wie die dornige Wunder-
blume *Bougainvillea*, die vor allem in den tropischen und subtropischen Gebieten Südamerikas beheimatet ist.

Brazzaville, die Hauptstadt der Republik Kongo, wurde 1880 von
dem französischen Afrikaforscher *Pierre Savorgnan de Brazza*
gegründet. Obwohl das Land im Jahr 1960 seine Unabhängigkeit
erklärte, behielt die Stadt ihren alten Kolonialnamen bei.

Eyresee, nicht zu verwechseln mit dem *Eriesee* in Nordamerika,
heißt im ariden Süden Australiens ein Salzsee, der praktisch nur
während der winterlichen Regenzeit Wasser führt. Sein Name

erinnert an die Entdeckung durch den Briten *Edward John Eyre*, der 1840 diese mit 14 m unter dem Meeresspiegel tiefst gelegene Depression Australiens erforschte.

Fraser ist der Name eines kanadischen Flusses in British Columbia, den der Pelzhändler *Simon Fraser* im Jahre 1808 erkundete. (Entdeckt wurde er jedoch einige Jahre zuvor von Sir Alexander Mackenzie, dessen Familienname einen anderen Fluss Nordamerikas ziert.) Der *Fraser* wurde schlagartig in aller Welt berühmt, als ein halbes Jahrhundert später Gold in seinem Kiesbett gefunden wurde.

Gorkij, eine russische Stadt an der Mündung der Oka in die Wolga, schmückte sich während der Sowjetzeit mit dem Künstlernamen ihres berühmtesten Sohnes, des Schriftstellers *Maksim Gorkij* – von russ. горьки *(górkij)*, „der Bittere" –, der hier 1868 als Maksim Peschkow geboren wurde. Auch seine Heimatstadt war damals unter einem anderen Namen bekannt (den sie übrigens 1990 zurückerhielt): Nischnij Nowgorod, „untere Neustadt".

Juneau, die Hauptstadt des US-Bundesstaates Alaska im schmalen südlichen Küstenstreifen (engl. *Panhandle*, „Pfannenstiel"), entstand Ende des 19. Jahrhunderts als Goldgräberstadt, nachdem ein Abenteurer namens *Joseph Juneau* 1880 an dieser Stelle auf eine reiche Ader des Edelmetalls gestoßen war.

Kap Deschnjow, auch *Deschnew*, heißt der östlichste Punkt Russlands an der Beringstraße, seit es dem Kosaken *Semen Iwanow Deschnjow* 1648 als Erstem gelungen war, das Ostkap Asiens zu umfahren. Es wird sogar behauptet, dass er über die Beringstraße bereits bis nach Amerika gesegelt sei.

Laramie im Südosten des amerikanischen Bundesstaates Wyoming liegt – wenig überraschend – am *Laramie River*. Das dicht bewaldete Umland der heutigen Stadt wurde einst von Forschern und *Trappern*, also Fallenstellern (von *trap*, „Falle, Schlinge") durchstreift, unter ihnen der französische Waldläufer *Jacques La Ramie*, dessen anglisierter Name auf ewig mit der Stadtgeschichte verbunden ist.

Lourenço Marques, heute *Maputo*, war die alte Bezeichnung der Hauptstadt des Staates Moçambique im südlichen Ostafrika. Der Ort wurde zwar erst Ende des 18. Jahrhunderts gegründet, ist aber dem Gedächtnis des portugiesischen Kaufmanns *Lourenço Marques* gewidmet, der bereits 1544 diesen Küstenbereich am Indischen Ozean erkundet hatte (der Ländername *Moçambique* ist vermutlich aus portug. *moça*, „jung", und *ambição*, „Ehrgeiz", gebildet; vgl. *Ambition*).

Magalhãesstraße, besser bekannt als *Magellanstraße*, heißt eine gefahrvolle, an der schmalsten Stelle nur drei Kilometer breite Meeresverbindung zwischen dem südamerikanischen Festland und Feuerland; sie gemahnt an die unvergessliche, tollkühne Weltumsegelung des in spanischen Diensten stehenden Portugiesen *Fernão Magalhães*, der 1520 auf diesem Wege vom Atlantik in den Pazifischen Ozean gelangte. Seine Reise, deren Ende er selbst allerdings nicht mehr erleben sollte, war praktisch der letzte Beweis für die Kugelgestalt der Erde, aber auch für die nur wenige Tagesreisen betragende Distanz zwischen dem asiatischen Osten und der amerikanischen Westküste.

Marshall-Inseln nennen wir eine Gruppe lang gestreckter Atolle im östlichen Mikronesien, die zwar 1529 von spanischen Seefahrern entdeckt, aber erst 1788 von dem britischen Kapitän *Marshall* erforscht wurden. Seit 1947 sind die Inseln Treuhandgebiet der Vereinigten Staaten; im ehemaligen Atombombentestgebiet erproben die Amerikaner heute die zerstörerische Effizienz ihrer Interkontinentalraketen (s. *Ratak-Inseln* und *Bikini*).

Maskarenen lautet die geographische Fachbezeichnung für einen Archipel östlich von Madagaskar, zu dem auch so bekannte Urlaubsziele wie Réunion und Mauritius gehören. Die Vulkaninseln, deren ursprünglicher Regenwald riesigen Zuckerrohr-, Kaffee- und Ananasplantagen weichen musste, wurden 1505 von dem Portugiesen *Mascarenhas* entdeckt.

Pribilof-Inseln, 1786 vom russischen Seefahrer *Gerasim Pribilof* entdeckt und für sein Heimatland beansprucht, heißt eine Inselgruppe im Beringmeer (südwestlich von Alaska). Sie zählen zu den wichtigsten Paarungsplätzen der Robben und sind daher auch als *Pelzrobbeninseln* bekannt. Als die Vereinigten Staaten 1867 den Russen Alaska für rund sieben Millionen Dollar abgekauft hatten, verpachteten sie die Inseln an Robbenfanggesellschaften, die den Tierbestand rasch und brutal dezimierten; erst in den letzten Jahren konnte sich die Population der Meeressäuger unter dem Schutz des US-Innenministeriums erholen.

Ross-Insel und *Rossmeer* sind sicherlich Bezeichnungen, die leicht zu Missverständnissen führen können: Wo sie zu finden sind, könnten Rösser wahrlich nicht überleben. Beide Namen gehen auf den Briten *James Clark Ross* zurück, der in den Jahren 1839 bis 1843 als Erster dieses antarktische Randmeer des Pazifiks befuhr und in dessen Westteil die nach ihm benannte Insel entdeckte. Da das *Rossmeer* im Sommer meist frei von Packeis ist, waren seine Buchten ideale Ausgangspunkte für die meisten Antarktisforscher (auch für R. Messner und A. Fuchs, die 1989/90 den unwirtlichen Eiskontinent zu Fuß durchquerten).

Vancouver, die kanadische Hafenstadt am Pazifik, aber auch die vorgelagerte Insel *Vancouver Island* verdanken ihre Namen dem britischen Kapitän *George Vancouver*, der 1792 diese Region der amerikanischen Nordwestküste erforscht und kartiert hatte.

Neben den geschichtsträchtigen gekrönten Häuptern und den berühmten Exponenten wissenschaftlicher Forschung erwies man zu allen Zeiten auch den jeweiligen politischen und militärischen Amtsinhabern Reverenz, wenn es notwendig wurde, einen neuen geographischen Namen zu finden. So schmeichelte man schon im alten Rom populären Staatsbeamten, wie etwa dem Konsul *Lepidus Aemilius* („aus der Familie der Ämilier", von latein. *aemulus*, „nacheifernd"; vgl. *Emil*), einem Zeitgenossen Cäsars, dem die norditalienische Landschaft *Emilia-Romagna* (mit der Hauptstadt Bologna) zu ewigem Ansehen verholfen hat. An der Südküste der Iberischen Halbinsel gemahnt der Felsen von *Gibraltar*, arab. *Djebel al-Tarik*, „Berg des Tarik", an den tollkühnen Mauren-General *Tarik ibn-Ziyad*, der 711 an dieser Stelle in Spanien einfiel und den Untergang des Westgotenreiches einleitete, während in Amerika der weise Indianerhäuptling *Seattle*, der schon früh die Ausbeutung der dichten Wälder seiner Heimat durch profitgierige Weiße anprangerte, zum Namensgeber einer Stadt im Staat Washington wurde.

In der Periode der europäischen Kolonisation erfuhr die namentliche Fixierung unzähliger neuer Landstriche und Siedlungspunkte eine solche Abwertung, dass bald die Liste der aktuellen Präsidenten und Gouverneure nicht mehr ausreichte. Nun mussten auch Minister, Parteiführer und Sponsoren als Lückenbüßer herhalten – teils aus purer Einfallslosigkeit oder dumpfem Nationalgefühl der Siedler, teils aus politischem Kalkül und wirtschaftlicher Opportunität.

Politiker und Anführer

Ayers Rock im Herzen Australiens gilt als größter Monolith der Welt (Höhe 348 m, Umfang 9 km). Der allein stehende rote Felsen wurde 1873 nach dem damaligen Premierminister von Südaustralien, *Sir Henry Ayers*, benannt (s. *Uluru*).

Bismarck, die Hauptstadt von Nord-Dakota, erhielt ihren Namen gewissermaßen aus Schlitzohrigkeit: Als die Gleise der Northern Pacific Railway 1873 den Missouri erreichten, baute die Eisenbahngesellschaft an einer alten Indianerfurt eine weiße Siedlung, der sie den Namen des Reichskanzlers *Prinz Otto von Bismarck* gab – gewissermaßen als Vorschuss auf eine erhoffte deutsche Beteiligung an der Vollendung des Schienenstrangs bis an die pazifische Küste. Der Ort *Bismarck* selbst war bald auf keinen Sponsor mehr angewiesen, stieß man doch bereits ein Jahr nach der Gründung in den nahen Black Hills auf eine reiche Goldader, sodass die Bewohner mit der Ausrüstung von Minenarbeitern und der Bereitstellung von Transportmitteln, d.h. von geländegängigen Planwagen, ein Vermögen machten.

Bolivien ehrt mit seinem Namen das Andenken an den Befreiungshelden *Simón Bolívar*, der 1825 die 300-jährige Herrschaft Spaniens über das alte Inkareich beendete und die Regierung in Oberperu organisierte, das seitdem als *Bolivien* bekannt ist.

Churchill River heißen gleich zwei Flüsse in Kanada: ein bei den Indianern als Missinipi („großer Fluss") bekanntes Gewässer, das Ende des 17. Jahrhunderts zu Ehren *John Churchills*, des ersten Duke of Marlborough und Gouverneurs der Hudsonbai-Kompanie umbenannt wurde, sowie ein Fluss in Labrador, der lange Zeit Hamilton River geheißen hatte, bis er 1965 den Namen des britischen Premierministers *Winston Churchill* erhielt.

Dallas und seine Umgebung blieben bis weit ins 19. Jahrhundert hinein reines Indianerland. Als 1846 weiße Siedler hier in Texas ihr erstes bescheidenes Dorf anlegten, benannten sie es nach dem amerikanischen Vizepräsidenten *George Dallas*. Dank der Baumwollplantagen und der guten Eisenbahnanbindung an die dicht besiedelten Metropolen des Ostens war *Dallas* um die Wende zum 20. Jahrhundert bereits die größte texanische Stadt. Heute schlägt hier das Herz der amerikanischen Ölindustrie.

Delaware ist zwar der zweitkleinste US-Staat, dafür ratifizierte er 1787 aber als erster die amerikanische Verfassung. Seinen Namen erhielt er im Gedenken an Sir Thomas West, Baron *De La Warr*, den ersten Gouverneur von Virginia. Übrigens gründete 1638 ein Deutscher, der in Wesel geborene Peter Minnewit, die erste Ansiedlung im *Delaware*-Gebiet, und zwar unter schwedischer Hoheit! 1655 fiel *Delaware*, inklusive Neu-Schweden, an die Holländer und ein Jahrzehnt später an die Briten.

Denver City, heute die Hauptstadt des US-Bundesstaates Colorado, war 1858 zunächst nur ein Goldgräberzentrum, in dem sich die Prospektoren mit der notwendigen Bergbauausrüstung versorgten. Nachdem die Unionsarmee einige Jahre später die meisten der friedlichen Indianerstämme im Gebiet des South Platte River unterworfen hatte, stand einer planmäßigen Ansiedlung von Weißen nichts mehr im Wege, und der Einfachheit halber adoptierte die schnell wachsende Stadt den Namen des damaligen Territorialgouverneurs *James W. Denver*.

Fairbanks ist die zweitgrößte Stadt Alaskas sowie das kommerzielle und administrative Herz im Inneren des US-Staates, besonders seit dem Bau der Ölpipeline von Prudhoe Bay nach Valdez. 1902 war sie wie ein Pilz aus dem Boden geschossen, als ganz in der Nähe Gold gefunden wurde. Praktisch über Nacht benötigte man einen prominenten Namen, und so verfiel man auf den US-Vizepräsidenten *Charles W. Fairbanks*. Heute verbindet man mit *Fairbanks* allerdings eher die jährlich im Juli stattfindende Olympiade der Eskimos und Indianer.

Falkland Inseln heißt eine unwirtliche britische Inselgruppe im Südatlantik, vor der Küste Patagoniens. Nicht der Entdecker der Inseln, Captain John Strong, konnte 1690 den Ruhm der Benennung einheimsen, sondern Schatzmeister *L.C. Falkland*, sein Auftraggeber im fernen London. 1764 besetzten französische Marineeinheiten aus *Saint-Malo* die Inseln und bezeichneten sie nach ihrer Heimatstadt als *Malwinen*. 1833 eroberten die Briten den Archipel zurück, nachdem ihnen sein strategischer Wert nahe der Einfahrt zur Magellanstraße aufgegangen war – sehr zum Ärger Argentiniens, das die Inseln noch heute für sich beansprucht. (1982 besetzten argentinische Invasionstruppen die *Malwinen*; britische Kampfverbände konnten sie jedoch bald zurückerobern.)

Houston wurde 1826 als früheste europäische Siedlung in der Golfküstenebene von *John Harris* gegründet und zunächst *Harrisburg* genannt. Als der Ort nach wenigen Jahren von den Mexikanern dem Erdboden gleichgemacht wurde, schien das Schicksal der Bewohner besiegelt zu sein. Der Kommandeur der texanischen Armee besiegte jedoch die gegnerischen Truppen, und die Kolonisten machten sich mit frischem Mut an den Wiederaufbau. Natürlich kam für sie kein anderer Name für die neu erstandene Gemeinde in Frage als der ihres Erretters,

General Sam Houston. Wir im fernen Europa assoziieren die Stadt eher mit riesigen Erdölvorkommen und mit der NASA, die 1963 ihr Weltraumfahrtzentrum in *Houston* errichtete.

Leningrad, „Leninstadt", mit russ. город *(górad)*, „Stadt", hieß von 1924 bis 1991 jener russische Hafen an der Newamündung, den Zar Peter d. Gr. zu Beginn des 18. Jahrhunderts als „Russlands Fenster zur Ostsee" erbauen ließ und als St. Petersburg zu seiner neuen Residenz erwählte. Von hier nahm die Oktoberrevolution 1917 ihren Ausgang, die dem Kommunismus zum Sieg verhalf und *Wladimir Iljitsch Lenin* als ersten Regierungschef der UdSSR an die Macht brachte. Seit 1991 gilt wieder der alte Name St. Petersburg. Übrigens hieß auch Chodschent, die Hauptstadt Tadschikistans, früher „Leninstadt", nämlich *Leninabad* (mit tadschik.-iran. *abad*, „Stadt"; s. auch *Stalingrad*).

Melbourne, von altengl. *myln*, „Mühle", und *burna*, „Bach", war ursprünglich der Name einer englischen Stadt südlich von Derby. Nahebei liegt *Melbourne Hall*, in der ersten Hälfte des 19. Jahrhunderts Wohnsitz des britischen Premierministers *Lord Melbourne*, zu dessen Ehre 1837 die bekannte australische Stadt ihren Namen erhielt. Ihr blieb der Makel einer britischen Strafkolonie erspart, da sie von Anfang an als Wohngemeinde mit breiten Alleen und großzügigen Parkanlagen geplant war – würdig ihrer Rolle als Hauptstadt der britischen Kolonie Victoria und, ab 1901, zeitweilig sogar als Sitz der Regierung, die 1927 allerdings nach *Canberra* umzog (was in der Sprache der Ureinwohner passenderweise „Treffpunkt" bedeutet).

Monroe, eine US-Stadt in Michigan am Eriesee, ist nicht etwa nach der berühmten Schauspielerin Marilyn benannt, sondern nach dem amerikanischen Präsidenten *James Monroe*, der in dieser Gegend 1758 geboren wurde. Ihm gebührt Anerkennung für die 1820 durchgesetzte Begrenzung der Sklaverei auf die Südstaaten und die planmäßige Ansiedlung freigelassener nordamerikanischer Schwarzer an der afrikanischen Küste, wo 1822 *Monrovia* gegründet wurde, die spätere Hauptstadt der 1847 ausgerufenen Republik *Liberia* (von latein. *liber*, „frei"; vgl. engl. *liberty*).[1]

---

[1] Bekannt wurde auch die so genannte *Monroedoktrin*, in der US-Präsident *James Monroe* 1823 alle weiteren europäischen Kolonisationsversuche auf dem amerikanischem Kontinent (insbesondere eine russische Expansion an der Westküste) verbot und umgekehrt die Nichteinmischung der USA in die inneren Angelegenheiten Europas verkündete.

Nashville, seit 1843 die Hauptstadt von Tennessee, liegt in einem alten Jagdgebiet der Indianer, das zunächst vor allem französische Pelzhändler anzog. Während des Unabhängigkeitskriegs bauten amerikanische Pioniere das *Fort Nashborough* (nach dem Revolutionsgeneral *Francis Nash*), woraus 1784 die Gemeinde *Nashville* hervorging.

Pennsylvania ist nach dem Quäker und Siedlerführer *William Penn* benannt. 1681 übertrug ihm Karl II. von England das Besitzrecht über große Ländereien westlich des Delaware-Flusses – als Ausgleich für £ 16 000, mit der die Regierung in London bei seinem Vater, einem Admiral der britischen Flotte, in der Kreide stand; ja der König war sogar so gnädig, dem zunächst vorgesehenen Namen *Sylvania* (von latein. *silva*, „der Wald") den Familiennamen *Penn* hinzuzufügen (übrigens entgegen dem ausdrücklichen Wunsch des bescheidenen Besitzers). Die Kolonie an der mittelatlantischen Küste hat es dem Monarchen schlecht gedankt, denn bei der Geburt der Vereinigten Staaten spielte „Penns Waldland" eine recht illoyale Rolle: In der Stadt Philadelphia, einer Gründung *William Penns*, entstand nicht nur die amerikanische Verfassung, hier verkündeten die ehemaligen Kolonien 1776 auch ihre Loslösung vom britischen Mutterland!

Pittsburgh in Pennsylvania war im 18. Jahrhundert lange ein Zankapfel der Briten und Franzosen, bis das Gebiet an einer Flussgabelung des Allegheny auf Anordnung George Washingtons eingenommen wurde. 1759 ließ der General hier ein Fort bauen, dem er den Namen des damaligen britischen Premierministers *William Pitt* gab. (Schließlich hatte man noch nicht mit England gebrochen.) Nach der Amerikanischen Revolution gedieh *Pittsburgh*, am Endpunkt der Schifffahrt auf dem Ohio, als Ausrüstungsort für westwärts ziehende Siedler. Heute ist die Stadt eines der wichtigsten Zentren der amerikanischen Eisen- und Stahlindustrie.

Pretoria ist bekannt als Hauptstadt der Republik Südafrika. Die Siedlung entstand im Jahr 1855 auf Initiative des Staatsmanns *Marthinus W. Pretorius*, der 1880/81 zusammen mit Paulus („Ohm") Krüger den Burenaufstand gegen die Briten anführte. Mit dem Ortsnamen wollte er allerdings seinen Vater, *Andries Pretorius* ehren, der 1838, nach seinem Sieg über die Zulus, die Republik Transvaal („jenseits des Flusses Vaal") ins Leben gerufen hatte, deren Metropole später *Pretoria* werden sollte.

Quezon City im Zentrum der Insel Luzon ist eine der größten Städte der Philippinen und nach *Manuel Luis Quezon y Molina*, dem ersten Präsidenten des Inselreichs benannt, der dem Ort 1948 zur Hauptstadtwürde verhalf, bis 1976 Manila diese Funktion wieder übernahm.

Rhodesien trug bis 1980 den Namen des britischen Kolonialpolitikers *Sir Cecil Rhodes* (1853-1902), der entschlossen war, das riesige Gebiet zwischen Ägypten und dem Kap der Guten Hoffnung dem Britischen Weltreich einzuverleiben. Auf sein Drängen dehnte die britische Regierung ihre Besitzungen in Südafrika tatsächlich weiter aus und besetzte 1889 unter anderem die Landstriche beiderseits des Sambesi. Der südlich des Flusses gelegene Teil *Rhodesiens* wurde 1964 als Republik Sambia, der Nordteil 1980 als Republik Simbabwe unabhängig.

Seychellen heißt eine Inselgruppe im Indischen Ozean, auf die im 16. Jahrhundert portugiesische Seefahrer bei ihrer Suche nach einer Indienroute stießen. Die ersten Siedler waren indes Franzosen, die von ihren Sklaven riesige Gewürzplantagen anlegen ließen und den einträglichen Archipel nach dem königlichen Finanzpolitiker *de Séchelles* benannten. Nach dem Zusammenbruch des napoleonischen Reiches verleibte sich Großbritannien die Inseln als Teil seiner Kolonie Mauritius ein. Trotz der 160-jährigen englischen Herrschaft ist der gesamte Lebensstil auf den *Seychellen*, die erst 1976 in die Unabhängigkeit entlassen wurden, noch immer ausgesprochen französisch, und nur 8 Prozent der Einwohner bekennen sich zur anglikanischen Kirche; der Anteil der Katholiken macht dagegen über 87 Prozent aus.

Stalingrad hat sowohl für die Russen als auch die Deutschen einen unbehaglichen Klang (schließlich verloren 1942/43 in der mehr oder weniger kriegsentscheidenden Schlacht um die Stadt etwa 150 000 Menschen ihr Leben). Daher kehrte man 1961 zur rein topographischen Bezeichnung *Wolgograd*, „Wolgastadt", zurück. Außerdem war „Väterchen Stalin", dessen Ruhm der Städtename seit 1925 verkündete, einige Jahre nach seinem Tod so sehr in Ungnade gefallen, dass man den Leichnam dieses rücksichtslosen Diktators, der zunächst mit seinem alten Kampfgefährten im Moskauer Leninmausoleum aufgebahrt war, an die Kremlmauer umbettete (s. *Leningrad*).

Sucre, die hoch gelegene nominelle Hauptstadt Boliviens (Regierungssitz ist La Paz), wurde 1538 als *Chuquisaca* gegründet und erhielt ihren jetzigen Namen 1825 zu Ehren des ersten bolivianischen Präsidenten, General *Antonio José de Sucre y de Alcalá*, nachdem das Land die spanische Herrschaft abgeschüttelt hatte (s. *Bolivien* und *La Paz*).

Sydney darf sich rühmen, an der Stelle entstanden zu sein, die vom britischen Entdecker Captain James Cook 1770 gesichtet und mit dem Namen Port Jackson bedacht wurde. Als hier 18 Jahre später die erste europäische Siedlung auf australischem Boden entstand – die meisten der frühen Einwohner waren Häftlinge aus den überfüllten Gefängnissen Großbritanniens –, gab man ihr recht passend den Namen des verantwortlichen britischen Innenministers Thomas Townshend, des ersten *Viscount Sydney*. (Noch heute nennen viele Australier ihre ehemaligen Kolonialherren *Poms* oder gar *Bloody Poms*, „blutige Poms", weil die Briten die Kleidung eines jeden Verbannten mit den Initialen *PoM* zu kennzeichnen pflegten – für *Prisoner of His Majesty*, „Gefangener seiner Majestät".) Mit dem Beginn des 19. Jahrhunderts strömten aber auch freie Siedler in den Südosten Australiens, angelockt von den guten Bedingungen für Schafzucht und Weizenanbau. Das altehrwürdige *Sydney*, Hauptstadt des Bundesstaates Neusüdwales, hat im Übrigen eine Doppelgängerin auf der Kap-Breton-Insel in der kanadischen Provinz Nova Scotia, die sich auf den gleichen englischen Namenspatron berufen kann.

Togliatti ist eine russische Stadt an der Wolga, mit deren Benennung man 1964 den italienischen Kommunistenführer *Palmiro Togliatti* ehren wollte. Die Namensidee ist nicht so überraschend, wie man zunächst annehmen könnte, denn in der Stadt werden, in Zusammenarbeit mit den Turiner FIAT-Werken, Autos produziert.

Uljanowsk, russische Gebietshauptstadt an der mittleren Wolga, rühmt sich mit dem Namen ihres prominentesten Bürgers: *Wladimir Iljitsch Uljanow*, besser bekannt unter seinem politischen Pseudonym *Lenin*. Als der Gründer der Sowjetunion 1924 starb, wurde sein Geburtsort (bis dahin *Simbirsk*) noch im selben Jahr nach ihm umbenannt.

Valdivia in Südchile wurde 1552 durch *Pedro de Valdivia* (einen Leutnant des spanischen Eroberers Francisco Pizarro) gegründet, der ein Jahrzehnt zuvor auch den Grundstein der späteren Hauptstadt *Santiago de Chile* gelegt hatte.

Washington im Nordwesten der USA wurde wegen seiner Lage an der Pazifikküste zunächst von den Spaniern als ein Teil „ihrer Welt" beansprucht (s. *Pazifischer Ozean* und *Mar del Sur*). 1778 erforschte der englische Captain James Cook das Gebiet; im Jahr 1792 ging es jedoch, nachdem Robert Gray, ein amerikanischer Kapitän, bis zur Mündung des Columbia River vorgestoßen war, als Territorium von Columbia in den Besitz der inzwischen unabhängigen Vereinigten Staaten über. Da die neue Hauptstadt der USA ebenfalls in einem District of Columbia (kurz: D.C.) lag, beschloss der Kongress 1889, den neuen Bundesstaat an der fernen Pazifikküste in *Washington* umzubenennen – womit es zwar nur noch einen einzigen Distrikt Columbia gab, dafür aber zwei *Washingtons*, die praktisch durch den ganzen Kontinent voneinander getrennt sind. Beide, die Hauptstadt *Washington D.C.* (auf der Grenze zwischen Maryland und Virginia) und der Staat *Washington*, sind nach dem ersten amerikanischen Präsidenten, *George Washington*, benannt, dessen Vorfahren aus einem gleichnamigen Ort in Großbritannien stammten.

Wellington ist seit 1865 die Hauptstadt Neuseelands. Dabei war die Siedlung auf der Nordinsel erst 25 Jahre zuvor gegründet worden. Ihr Name erinnert an den Premierminister und späteren Außenminister Großbritanniens, Arthur Wellesley, *Herzog von Wellington*. Seine steile Karriere begann er allerdings als britischer Feldmarschall, nachdem er 1815 – zusammen mit Blücher – Napoleon in der Schlacht bei Waterloo besiegt hatte; aus diesem Grund durfte er auf dem Wiener Kongress die Interessen Englands vertreten.

Große militärische Auseinandersetzungen scheinen sich als markante Höhe- und Wendepunkte in besonderem Maße zur Gliederung unserer Historie zu eignen, und zumindest die unmittelbar Betroffenen erinnern sich künftig an die üblichen „goldenen Zeiten" vor dem Krieg und eine hoffnungslose Nachkriegsära. Auch manche Ortsnamen werden wir wohl noch lange mit militärischem Wahnwitz verbinden – wie *Stalingrad* oder *Guernica*, das durch Picassos weltberühmtes Gemälde ein Symbol totaler Zerstörung wurde. (Die baskische Stadt *Guernica* wurde im Spanischen Bürgerkrieg 1937 von der deutschen Legion Condor bombardiert und dem Erdboden gleichgemacht.) Zum Schaden an Leib und Seele kommen in der Regel radikal veränderte Besitzverhältnisse, die eine Neubenennung von Orten und ganzen Landschaften erzwingen.

Dass ein K r i e g nicht immer „gerecht" und „heilig" oder notwendig ist, sondern mit Macht- und Gebietsgelüsten, aber auch mit
Ausdauer und Verbissenheit zu tun hat, entlarvt die Etymologie. Das
althochd. *kreg* mit der Bedeutung „Hartnäckigkeit" entwickelte sich zu
mittelhochd. *kriec*, „Anstrengung, Streben". Offenkundig ist der *Krieg*
also mit unserem (auch stilistisch unfeinen) Verb *kriegen* im Sinn von
„bekommen, erringen" verwandt – ein Verdacht, der durch die Grundbedeutung des Wortes S i e g erhärtet wird, in dem sich die indogerman. Wurzel *segh*, „festhalten, nicht mehr herausrücken wollen",
versteckt. Der Sieg des einen ist natürlich die N i e d e r l a g e des
anderen, die man feiert und deren man sich brüstet, wie im Fall
Hiroshimas, das nach dem vernichtenden Atombombenabwurf der
Amerikaner in der Tat am Boden lag und prompt für eine makabre
Zigarettenwerbung herhalten musste (und noch muss), wobei die
Glimmstängel sozusagen in die japanische Flagge verpackt sind. (Im
Zentrum einer weißen Schachtel prangt ein großer roter Punkt, der eine
Assoziation mit dem amerikanischen „Glückstreffer" vom August 1945
nahe legt; s. auch *Bikini*.)

Ein verlorener Krieg hat zumeist eine mehr oder weniger dauerhafte
O k k u p a t i o n des unterlegenen Landes zur Folge. Diese „Besetzung" – das latein. Verb *occupare* (aus *oc*, „zum Entgelt für", und
capere, „ergreifen") offenbart es! – zielt im Wesentlichen ab auf eine
Kriegsentschädigung, ohne die eine V e r s ö h n u n g keine Chance
hätte, denn dieser Begriff hat nichts mit väterlichen Gefühlen gegenüber einem reumütigen Sohn zu tun, sondern er basiert eindeutig auf
dem älteren Wort *Sühne*, „Wiedergutmachung, Strafe". Man sollte
annehmen, dass die Besatzungssoldaten und die Einheimischen sich im
Laufe der Zeit besser verstehen lernen, aber genau das Gegenteil ist
häufig der Fall, und die wirkliche Aussöhnung beginnt erst nach dem
Abzug der fremden Soldaten.[1]

Unsere Sprache erweckt den Eindruck, als sei dem Menschen von
alters her bewusst, dass nur der F r i e d e n ihm innere Ruhe, d. h.

---

[1] Wie sehr die Sprache der Besatzer zu Missverständnissen führen kann, zeigt das französische Wort für ein kleines Café-Restaurant. Nach Napoleons gescheitertem Russland-
feldzug und der Einnahme von Paris durch die europäischen Koalitionsmächte (1814)
hatten die geschäftstüchtigen Gastwirte der Hauptstadt von den Kosaken, die auf den
Boulevards vorbeiritten, das Wort für „schnell" – быстро *(bistró)* – übernommen, um
es – kombiniert mit der Geste schnellen Essens – zur Anpreisung ihrer kleinen Imbiss-
stuben zu benutzten. Die russischen Soldaten hielten den fehlerhaft ausgesprochenen
Lockruf für die übliche Bezeichnung eines Schnellbüfetts, und genau das verstehen wir
heute unter einem *Bistro*.

Befriedigung, bescheren kann (ahd. *fridu* bedeutete auch „Freude") – zu erreichen durch eine schützende *Einfriedung* und verbindliche Übereinkunft mit seinen Nachbarn, schließlich ist aus dem lat. Substantiv *pax*, „Frieden", unser Wort *Pakt*, sozusagen der „Friedensvertrag", hervorgegangen (vgl. *Pazifist* und *Pazifik*). Zudem geht der Begriff *Frieden* auf die gleiche indogerm. Wurzel wie das Adjektiv *frei* zurück, das man zunächst als „lieb, freundlich" zu interpretieren hatte, ein Zusammenhang, der sich noch im Hauptwort *Freier* für „Liebhaber, Brautwerber" spiegelt (vgl. auch engl. *freedom*, das zwar „Freiheit" bedeutet, phonetisch aber fast mit unserem Wort *Frieden* übereinstimmt).

Aber der Frieden ist nie ein Endzustand geblieben, denn seine Bewahrung verlangt Wachsamkeit, die leicht zu Misstrauen mutiert. Wie normal und ehrenhaft die Kampfbereitschaft eines Volkes stets eingeschätzt wurde, mag der Begriff R ü s t u n g offenbaren, der zunächst „Schmuck" und „Manneszierde" bedeutete. Beim Adjektiv *rüstig* ist uns allerdings kaum noch bewusst, dass es einen Mann kennzeichnet, der trotz seines Alters „kriegstauglich" geblieben ist, d. h. kraftvoll genug, eine *Rüstung* und W a f f e n zu tragen, die seit der Ritterzeit mit verschiedenen *Wappen*, d. h. „Schildzeichen" markiert waren, sodass an ihnen die Zugehörigkeit zu einer bestimmten A r m e e ablesbar war – von latein. *arma*, „Waffen, Kriegsgerät" (vgl. engl. *arms* und die span. *Armada*, mit der Spanien 1588 den Erzfeind England in die Knie zwingen wollte); unsere Wörter *Alarm* und *Lärm* sind dem italien. Warnruf *all'arme*, „Zu den Waffen!" entlehnt, während das Fremdwort *Gendarm* sich aus der franz. Mehrzahl *gens d'armes*, „bewaffnete Leute", entwickelte.

R ü s t u n g   u n d   K a m p f

Balearen, von griech. βάλλειν *(bállein)*, „werfen" (vgl. *Ball* und *Ballistik*), nannten die alten Griechen zunächst nicht die Mittelmeerinseln vor der spanischen Küste, sondern deren Bewohner, insbesondere die Einheimischen Mallorcas, von denen der Schriftsteller Timais schon im 4. Jahrhundert v. Chr. behauptete, dass sie zwar „nackt herumlaufende Barbaren" seien, aber „niemand auf der Welt so große Steine schleudern könne wie sie". Diese Begabung ließen sie sich als Söldner in römischen und karthagischen Diensten fürstlich entlohnen – wobei sie Wein und Frauen der klingenden Münze vorgezogen haben sollen. Die einstige Kriegskunst des Steineschleuderns hat übrigens als mallorquinische Sportart bis heute überlebt.

Caen in Nordfrankreich trägt einen altkeltischen Namen mit der Bedeutung „Schlachtfeld" (aus *catu*, „Kampf", und *mago*, „Ebene"). Wegen der strategischen Lage an der Orne war die normannische Stadt lange ein Brennpunkt militärischer Auseinandersetzungen, und auch im Zweiten Weltkrieg war *Caen* eines der Hauptziele der alliierten Invasion.

Dsungarei, eine nordwest-chinesische Wüstenlandschaft in der Region Sinkiang-Uigur, bedeutet im Mongolischen „Land des linken Heerflügels". Der Name erinnert daran, dass es sich um ein viel umkämpftes Durchgangsland handelte, aus dem Völker wie Hunnen, Uiguren und Mongolen zu ihren Eroberungszügen nach Westen aufbrachen.

Gaza markiert den südlichsten Punkt des eigentlichen Palästina. Die Stadt war schon unter Thutmosis III. eine wichtige ägyptische Garnison an der alten Heerstraße vom Nildelta nach Syrien. Ihre strategische Bedeutung hat seitdem ihr historisches Schicksal geprägt: Über ihre Einnahme triumphierten nicht nur Alexander d. Gr. (332 v. Chr.) und die Römer (62 v. Chr.), sondern auch die Araber (635) und die israelische Armee, die seit 1967 den gesamten *Gazastreifen* entlang der Mittelmeerküste kontrolliert. Der unheilschwangere Name ist wohl von arab. *ghasi*, „Angreifender", abzuleiten – die herkömmliche Bezeichnung für einen Teilnehmer am heiligen Krieg, der erfolgreich gegen die Ungläubigen gekämpft hat (von arab. *gaza*, „überfallen").

Harwich, von altengl. *here*, „Heer", und *wic*, „Siedlung", östlich von Colchester in Südostengland weist sich mit seinem Namen als alte „Militärsiedlung" aus. Tatsächlich war hier im 9. Jahrhundert ein großes dänisches Heer stationiert.

Ordu heißt eine türkische Schwarzmeerstadt zwischen Samsun und Trabzon. Im Türkischen bedeutet *ordu* „Heer, Armee" (vgl. *Urdu*, „die Sprache des Lagers" in Pakistan; s. *Goldene Horde*).

Passau ist etymologisch mit *Batavia* (niederl. heute *Betuwe*) verwandt; beide Namen verweisen auf „gutes Wasserland". In der frühgeschichtlichen Epoche bezeichneten die keltischen *Boier* ihre befestigte Siedlung als *Boiodurum*. Zur römischen Kaiserzeit, ca. 150 n. Chr., lag hier die 9. *Bataver*-Kohorte (also aus den heutigen Niederlanden), die ihr Lager entsprechend *Castra Batava* oder abgekürzt *Batavis*, „Bataverstadt", nannten – eine Bezeichnung, die im Namen von *Passau*, der Dreiflüssestadt an der Einmündung des Inn und der Ilz in die Donau, weiterlebt.

Périgord heißt eine südwestfranzösische Region, die – wie die nördlich davon gelegene Stadt *Périgueux* – nach dem kriegerischen gallischen Volk der *Petrocorii* benannt war, deren Name „vier Armeen" bedeutete.

Picardie lautet die Bezeichnung einer historischen, früher in viele Herrschaften zersplitterten Region in Nordfrankreich, wo im Mittelalter vor allem Landsknechte mit *Piken*, d.h. Spießen, angeworben wurden (vgl. engl. *pike*, „Hecht", und unsere Redewendung vom *Spießbürger*; s. *Amiens*).

Rangun ist eine englische Verballhornung des birmanischen Wortes *Yangon*, das „Ende des Krieges" bedeutet. Die Hauptstadt der Union von Myanmar, die uns wahrscheinlich besser als Birma (engl. Burma) in Erinnerung ist, bekam 1753 vom Gründer der letzten Königsdynastie nach einer Periode erbitterter Machtkämpfe unter den Völkern des Landes ihren allzu optimistisch klingenden Namen, denn im frühen 19. Jahrhundert wurde *Rangun* von den Briten eingenommen, mit denen man – bis zur Unabhängigkeit 1948 – noch mehrmals Krieg führte. Von 1942 bis 1945 war die Stadt von den Japanern besetzt.

Ravenna geht auf das deutsche Wort „Raben" zurück (vgl. engl. *raven*). Die nordostitalienische Provinzhauptstadt in der Region Emilia-Romagna hat eine äußerst wechselvolle Geschichte erlebt: Von den Etruskern gegründet, kam die Stadt im 2. Jahrhundert v.Chr. in den Besitz Roms, war seit 395 Hauptstadt des Weströmischen Reiches und kaiserliche Residenz, fiel 493 in die Hände der Ostgoten, wurde 552 ein Exarchat von Byzanz, gehörte ab 751 langobardischen Herren und geriet 1509 unter die Kontrolle des Kirchenstaats. Eng mit dem Namen und dem Schicksal der Stadt ist die so genannte *Rabenschlacht* verknüpft, in der Theoderich, König der Ostgoten, über den in *Ravenna* residierenden germanischen König Odoaker siegte, der den letzten weströmischen Kaiser Romulus Augustulus im Jahre 476 gestürzt hatte.

Sulawesi, auch *Celebes* genannt, ist eine der indonesischen Inseln, deren malaiischer Name – „Speer aus Eisen" – auf die Hauptwaffe der Eingeborenen anspielt.

Surabaya, der größte indonesische Hafen auf Java, erinnert mit seinem Namen „Held in der Gefahr" an die Tapferkeit der Bewohner, die im Lauf der Stadtgeschichte zahlreiche Angreifer zurückschlagen konnten.

Ulan Bator, mongol. *Ulaanbaatar*, heißt die Hauptstadt der Mongolei, die über die Transmongolische Eisenbahn mit dem russischen und dem chinesischen Schienennetz verbunden ist. Als eine mongolische Revolutionsgruppe unter ihrem kommunistischen Anführer *Suhe-Bator* 1924 die chinesische Oberherrschaft abgeschüttelt und die Mongolische Volksrepublik ausgerufen hatte, erhielt die Stadt – bis dahin *Urga* – ihren heutigen Namen *Ulan Bator*, „roter Held".

Sieg und Niederlage

Acapulco, der bekannte Seebadeort im Südwesten Mexikos, hat einen aztekischen Namen mit der Bedeutung „zerstörte, eingenommene Stadt". Die aus dem Norden nach Mexiko eingewanderten Azteken konnten zwar nie ein einheitliches Reich schaffen, hatten aber bis zur Ankunft der europäischen Eroberer durch geschickte Diplomatie und siegreiche Kriege einen Großteil der Stämme Mittelamerikas unterworfen und tributpflichtig gemacht. Heute ist *Acapulco* die wichtigste mexikanische Stadt an der Pazifikküste mit einem der besten Naturhäfen der Erde.

Annam, „befriedeter Süden", war bis 1945 der Name Vietnams, da kurz vor Beginn der christlichen Ära einige verstreute chinesische Völker über die Grenzen ihres Reiches vorgedrungen waren und im südlichen Nachbarland ein von China unabhängiges Königreich errichtet hatten (das allerdings wiederholt von seinem großen Bruder im Norden annektiert wurde). Auch der Name von *Nanning*, der Hauptstadt der südchinesischen Provinz Guanxi, bedeutet „befriedeter Süden" (s. *Vietnam* und *Huë*).

Bengasi, von arab. *ibn*, „Sohn", und *ghasi*, „Eroberer" (der ganze nordafrikanische Küstensaum wurde im 7. Jahrhundert von den Arabern eingenommen), ist die Hauptstadt der libyschen Provinz Cyrenaika. In der Antike hieß die griechische Kolonie *Hesperides*, benannt nach den mythologischen Nymphen, die zusammen mit einem Drachen einen Garten am westlichen Ende der Welt bewachten, in dem goldene Äpfel (oder Orangen?) wuchsen, von griech. ἕσπερος *(hésperos)*, „abendlich, westlich". Später bekam die Stadt den Beinamen *Berenike*, „den Sieg bringend" – von griech. φέρειν *(phérein)*, „tragen", und νίκη *(níke)*, „Sieg" (wovon auch unser Vorname *Veronika* abgeleitet ist; s. *Firnis*).

Jakarta nennen die Indonesier *Djajakarta*: „glorreicher Sieg". Die Hauptstadt an der Nordküste Javas entstand aus einer alten hinduistischen Niederlassung, die im 16. Jahrhundert von Muslimen eingenommen wurde und aus diesem Anlass ihren heutigen Namen erhielt. Einhundert Jahre später brachten die Niederländer die Stadt in ihren Besitz, zerstörten sie und errichteten eine neue Siedlung mit dem Namen *Batavia* (nach der holländischen Küstenlandschaft im Rheinmündungsgebiet), die, ähnlich den Heimatstädten ihrer Gründer, von Grachten durchzogen ist und an deren Hauptstraßen noch etliche holländische Bürgerhäuser mit ihren typischen roten Ziegeldächern erhalten sind. Bis zur Unabhängigkeit Indonesiens 1949 war *Jakarta* Sitz des Generalgouverneurs von Niederländisch-Indien (s. *Passau*).

Kairo hatte im Lauf der Geschichte viele Namen. Die Ägypter zur Zeit der Pharaonen nannten die Stadt *Chere-oho*, „Kampf-Ort" (womit sie den berühmten Zweikampf zwischen den Göttern Horus und Seth meinten), während sie bei den Griechen später als *Hieropolis*, „heilige Stadt", bekannt war. Das heutige *Kairo* entstand aus einem römischen Heerlager (lat. *fossatum*, „Lager", von *fossa*, „Graben"; vgl. *Fossil*, eigentlich „das Ausgegrabene"); als es 641 in die Hände des arabischen Feldherrn *'Amr* fiel, übernahm dieser mehr oder weniger den römischen Namen, indem er sein eigenes Lager *Fustat* nannte. Die Stadt, die sich im 10. Jahrhundert daraus entwickelte, wurde dem Eroberer zuliebe in *Masr el-Káhira*, „Stadt des siegreichen Planeten Mars", oder einfach *Káhira*, „die Siegreiche", umgetauft – ein Name, der sich im Englischen zu *Kairo* wandelte (s. *Bengasi*).

Mansura, eine ägyptische Provinzhauptstadt im Nildelta, führt ihren arabischen Namen „die Siegerin" auf den Umstand zurück, dass an diesem Ort 1250 die Kreuzfahrer unter Ludwig IX. von Frankreich, der hier in Gefangenschaft geriet, eine blutige Niederlage erlitten. (Im Allgemeinen benutzt der Araber das Wort *nasser* für „Sieg"; vgl. den Namen des ehemaligen ägyptischen Staatspräsidenten *Gamal 'Abd el-Nasser*, in dessen Regierungszeit der Nilstausee oberhalb des Assuandamms gebaut wurde.)

Nikopol liegt in Bulgarien, am rechten Donauufer; der griechische Name heißt übersetzt „Siegesstadt". Hier gelang es Sultan Bajesid I. am Ende des 14. Jahrhunderts, ein Kreuzfahrerheer unter König Sigismund von Ungarn vernichtend zu schlagen.

Nizza an der südfranzösischen Küste wurde, wie Marseille, im 3. Jahrhundert v.Chr. von griechischen Kolonisten gegründet und aus Dankbarkeit für den Sieg über die ligurischen Ureinwohner ihrer heimatlichen Siegesgöttin *Nike* geweiht. Die aus der Kirchengeschichte bekannte kleinasiatische Stadt *Nicaea*, in der mehrere Konzile stattfanden, geht indirekt auf das gleiche griechische Grundwort zurück: Ihr Eroberer, der makedonische General Lysimachos, benannte sie nach seiner Ehefrau *Nikaia*, von griech. *νίκη (nike)*, „Sieg". Die Türken verballhornten den Namen später zu *İznik*.

Palma de Mallorca entstand aus der alten Siedlung *Palmeria* („die Siegespalme", von latein. *palma*, „die Palme"), die der römische Feldherr Metellus im Jahr 122 v.Chr. zum Zeichen der endgültigen Unterwerfung Mallorcas gründete. Es gibt leider kaum Relikte aus dieser Zeit, da die Stadt von Wandalen, Byzantinern und Mauren (die sie *Medina Mayurca* nannten) zerstört wurde. Besonders übel aber haben die christlichen Heere gewütet, die 1229 die Insel zurückeroberten.

Provence heißt jenes historische Gebiet Südostfrankreichs, das lange vor den übrigen Teilen Galliens als *Provincia Gallia transalpina* („Gallien jenseits der Alpen") unter die Herrschaft Roms kam und später *Provincia Gallia Narbonensis* hieß (nach ihrer Provinzhauptstadt *Narbona*, deren Name sich in moderner Zeit zu *Narbonne* wandelte). *Provincia* bezeichnete ursprünglich das „besiegte Land" unter römischer Verwaltung (von lat. *vincere*, „siegen"), was im Fall der *Provence* eigentlich nicht ganz zutrifft, denn hier gab es um 600 v.Chr. zunächst griechische Städte, wie *Massalia (Marseille)* und *Nikaia (Nizza)*, deren Bewohner aus der Ägäis zugewandert waren und Wein- und Ölbaumkulturen mitgebracht hatten; als sie von keltischen Stämmen aus dem Norden bedrängt wurden, stellten sie sich im 2. Jahrhundert v.Chr. unter den Schutz der Römer, die ein halbes Jahrtausend die Kontrolle über diese erste Mittelmeerprovinz behalten sollten. Selbst nach dem Beginn fränkischer Herrschaft (ab 536) blieb die *Provence* kulturell römisch, was sich in ihrer eigenständigen Sprache und Literatur dokumentierte.

Besatzung und Fremdherrschaft

Beaufort, „schöne Burg", ist eine englische Stadt in der Grafschaft Hampshire. Ihr Name erklärt sich durch den französischen Herkunftsort eines normannischen Adeligen, der im 11. Jahrhundert an der Eroberung und Besetzung Englands teilnahm. (*Beaufort* ist noch heute ein erblicher Herzogtitel.) Das französische

Gegenstück, *Beaufort-en-Vallée*, findet sich im Departement Maine-et-Loire.

Beaulieu, „schöner Platz", eine weitere normannische Stadt im englischen Hampshire, liegt idyllisch an der Trichtermündung des *Beaulieu*-Flusses (Aussprache etwa *Bjuli*).

Beaumaris ist ein Ort auf der walisischen Insel Anglesey. Die französische Benennung durch die normannischen Eroberer bedeutet „schöne Marsch".

Rumänien hat über 22 Jahrhunderte viele Invasionen erlebt, die im Land ihre Spuren hinterlassen haben. Ursprünglich von dem thrakischen Stamm der Dakier besiedelt, wurde das Gebiet 106 n. Chr. von Kaiser Trajan erobert und kolonisiert (s. *Alba Iulia*). Auch das Eindringen von Goten, Hunnen, Slawen und anderen (s. die ostrumänische Stadt *Galaţi*, deren Name „Galater", also „Kelten" bedeutet) konnte der nachhaltigen Romanisierung der Bevölkerung nichts anhaben. So sprechen die *Rumänen* noch heute eine von den römischen Besatzungslegionären Trajans mitgebrachte, weiterentwickelte Sprache.

Seaton Delaval lautet der Name einer englischen Stadt in Northumberland, hinter dem sich die Bedeutung „Stadt am Meer der Familie De la Val" verbirgt. Besagtes Geschlecht war hier im 13. Jahrhundert ansässig und stammte aus *Le Val* in der Normandie.

Tallinn, wir kennen die estnische Hauptstadt besser unter ihrem deutschen Name *Reval*, ist der bedeutendste Ostseehafen und wichtigstes Industriezentrum des Landes. 1219 errichtete Waldemar II. von Dänemark hier eine Festung, aus der sich eine Siedlung entwickelte, die man bald *Taani linn*, „dänische Stadt", nannte. Gut einhundert Jahre später verkaufte Dänemark *Tallinn* an den Deutschen Ritterorden. 1561 wurde die Stadt von Schweden erworben und 1710 von Russland annektiert. Zwischen den beiden Weltkriegen war *Tallinn* die Hauptstadt eines freien Estland. 1940 wurden Land und Stadt erneut von den Sowjets eingenommen, die es ein Jahr später zwar den deutschen Besatzern überlassen mussten, aber 1944 zurückkehrten. Seit 1991 ist Estland endlich eine unabhängige Republik.

Ungarn lässt in seinem Namen die einst enge Beziehung zu den „Hunnen" nachklingen (vgl. engl. *Hungary*). Das Gebiet des heutigen *Ungarn* war Teil der römischen Randprovinzen Dakien und Pannonien, die im 2. Jahrhundert n. Chr. von germanischen Stämmen überrannt wurden. Diese mussten ihrerseits Mitte des

5. Jahrhunderts dem mandschurischen Reitervolk der *Hunnen* weichen, die in der Donauebene unter ihrem König Attila ein Reich bildeten. (*Attila* heißt seitdem auch der kurze Rock der ungarischen Nationaltracht.) Nach dessen Tod eroberten die Germanen die Region zurück, wurden jedoch von einem weiteren asiatischen Volk, den Awaren, wieder daraus vertrieben. Ende des 8. Jahrhunderts gliederte Karl d. Gr. das Gebiet seinem Frankenreich an. Einhundert Jahre später drangen wilde Nomadenstämme, die Magyaren, unter ihrem Anführer Árpád aus dem Uralgebiet bis nach Pannonien vor, die wegen ihrer mit dem Finnischen verwandten *ugrischen* Sprache bald *Ugern* genannt wurden. Aus dieser Bezeichnung sowie der schwachen Erinnerung an die *Hunnen* (s. dort) entwickelte sich schließlich der Volksname *Ungarn*.

Frieden und Freiheit

Compiègne ist eine französische Stadt in der Picardie. Ihr Name bleibt in besonderer Weise mit Friedensschlüssen verbunden: Im November 1918 wurde im Wald von *Compiègne* der Waffenstillstand zwischen dem Deutschen Reich und den Alliierten geschlossen, und im Juni 1940 einigten sich hier Frankreich und Deutschland auf die Einstellung der Kampfhandlungen zwischen ihren Truppen. In diesem Zusammenhang ist bemerkenswert, dass der Name *Compiègne* aus latein. *compendere*, „zusammen abwägen", entstanden ist.

Freiburg im Breisgau wurde im Jahr 1120 zwar als freie Stadt gegründet, geriet aber wegen ihres wirtschaftlichen Reichtums einhundert Jahre später unter die Kontrolle der Grafen von Urach (die sich seitdem Grafen von *Freiburg* nannten). 1366 erkaufte sich die Stadt ihre Freiheit mit 20 000 Silbermark, die sie von den Habsburgern geliehen hatte; als sie die Schuld nicht zurückzahlen konnte, geriet sie in die Hände ihrer Gläubiger. Im 17. Jahrhundert war *Freiburg* für kurze Zeit französisch besetzt; 1806 wurde es Teil von Baden.

Graubünden mit dem Hauptort Chur ist der östlichste und größte Kanton der Schweiz. Er gehört jedoch erst seit Ende des 18. Jahrhunderts der Eidgenossenschaft an. Mit dieser hatte – zum Schutz vor habsburgischen Expansionsbestrebungen (vor allem im ausgehenden 14. Jahrhundert) – zunächst nur ein lockerer Zusammenschluss bestanden: der so genannte „Graue Bund", dessen Mitglieder angeblich an ihrer derben, farblosen Kleidung zu erkennen waren.

Hopi, aztek. „Volk des Friedens", heißt ein zu den Pueblo-Indianern zählender Stamm in Arizona, der früher neben intensivem Ackerbau ein hervorragendes Kunsthandwerk betrieb und wegen seiner ausgesprochenen Friedfertigkeit bekannt war.

Jerusalem, hebr. *Yerushaláyim* (vgl. *shalóm*, „Friede", und *Dares-salam*, „Ort des Friedens"), wird zur Zeit Abrahams erstmals als *Salem* erwähnt. Im Aramäischen, der Sprache Jesu, hieß der Ort *Uru Shalím*, „Stadt des Friedens". Seitdem hat *Jerusalem* viele Namen gehabt. Die Griechen nannten die Stadt *Hierosólyma*, „Heilige Festung", die Römer *Aelia Capitolina*; für die Araber ist sie *El-Kuds*, „das Heiligtum"; daneben kennt man sie poetisch als „die Strahlende" und „die Tochter Zions". Welchen Namen auch immer *Jerusalem* getragen haben mag, eine „Friedensstadt" ist sie wahrlich nie gewesen.[1]

Uhuru Peak heißt der mit 5895 m höchste Gipfel des Kilimandscharo (offiziell *Kibo*) in Ostafrika. *Uhuru* – das Wort bedeutet auf Kisuaheli „Freiheit" – war während des Mau-Mau-Aufstandes (1950-56) der Ruf der schwarzen Einwohner Kenias nach Unabhängigkeit von der britischen Kolonialmacht. (Der zweite Namensteil besteht aus engl. *peak*, „Gipfel".)

Selbst – oder vor allem – zu Friedenszeiten sorgte man im Altertum und noch im Mittelalter für den Fall eines überraschenden Angriffs mit B e f e s t i g u n g e n vor. Insbesondere *Burgen* (nicht nur Herrensitze, sondern auch Fluchtburgen für das gewöhnliche Volk) entstanden

---

[1] Ein kurzer Abriss mag die wenig friedliche Geschichte *Jerusalems* belegen: Im 10. Jahrhundert v.Chr. Eroberung durch König David (er machte sie zu seiner Hauptstadt; sein Sohn Salomo baute sie aus und errichtete den Tempel), Ende des 6. Jahrhunderts v.Chr. Zerstörung durch die Babylonier (Nebukadnezar) und Verschleppung der Juden in die Babylonische Gefangenschaft (erst nach 50 Jahren kehrten sie zurück und bauten Stadt und Tempel wieder auf), 332 Einnahme durch Alexander d.Gr. und 63 v.Chr. durch die Römer, 70 n.Chr. Zerstörung der Stadt durch Titus und Vertreibung der Juden (sie durften die Stadt bei Androhung der Todesstrafe nicht mehr betreten; im Jiddischen wird ein Judenfeind daher noch heute als *tites* bezeichnet), 614 Erstürmung der inzwischen christlichen Stadt (seit Konstantin d.Gr.) durch die Perser und Abriss aller Kirchen, 636 Eingliederung in das arabische Kalifenreich, ab 1099 im Besitz der Kreuzritter, 1187 Eroberung der Stadt durch die Muslime unter Saladin, ab 1517 türkisch bis zur Einnahme durch die britische Armee 1917, Zweiteilung der Stadt in eine jüdische und eine jordanische Hälfte als Folge des Jüdisch-Arabischen Krieges von 1948, schließlich israelische Eroberung von Ost-Jerusalem im Sechs-Tage-Krieg 1967.

überall dort, wo natürliche Hindernisse wie Gewässer, Steilhänge und Berggipfel die Verteidigung erleichterten – bis Mauer und Graben, Zugbrücke und Bergfried durch immer bessere Feuerwaffen ihren Wert einbüßten. Das Wort für **B u r g** (abgelautet aus *Berg*) dürfte uns in mancher Sprache geläufig sein, ohne dass es uns recht bewusst wird:

Caer-	walis. „Burg, Lager"; *caer* leitet sich, wie engl. *-chester*, von latein. *castra* her, wird aber im Gegensatz zu diesem immer dem Namen vorangestellt. In Wales begegnen uns Städtenamen wie *Caerdydd* (walis. für *Cardiff*; *Dydd* ist der einheimische Name des Flusses *Taff*, an dem die Hauptstadt von Wales liegt), *Caerleon* (im 1. Jahrhundert n. Chr. war hier die zweite römische Legion stationiert, wie die ursprüngliche latein. Endung *legionis* beweist), *Carmarthen* (tautolog.: „Küstenburg-Festung"; aus *caer*, „Burg", und dem kelt.-röm. Ortsnamen *Maridunum*, „Burg an der Meeresküste"), *Caernarvon* (walis. *ar Fôn* bedeutet „gegenüber Anglesey"; *Fôn* entspricht *Môn*, dem walis. Namen von Anglesey), *Caerphilly*, „Ffillis Fort", und *Caerwent* (kelt. *venta*, „günstige Stelle"; s. auch *Winchester*.)

-chester engl. Version des latein. Wortes *castra*, „Militärlager" (vgl. span. *castillo*, „Burg", und davon *Kastilien*; verw. mit arab. *al-qásr*, „die Burg", und dem span. Lehnwort *alcázar*; vgl. auch *Kassel*). *Chester*, eine der schönsten alten Städte Englands, war zur Zeit der Römer *Castra Devana*, das „Lager der Göttin"; *Caistor*, eine Stadt in Lincolnshire, hat den gleichen lateinischen Ursprung. Viele weitere Orte bewahren den Hinweis auf ein ehemaliges befestigtes Römerlager nur in der Endung, so *Chichester* („Cissas Römerlager"; *Cissa* war ein Sohn des ersten Königs der Südsachsen in Sussex), *Cirencester* (das *Corinium* genannte Römerlager wurde zur zweitgrößten Stadt des römischen Britannien), *Colchester* („Lager am Colne", einem kleinen Küstenfluss), *Doncaster* („Lager am Don"; hier entstand aus einem römischen Außenposten im Norden Britanniens die sächsische Siedlung *Dona Ceaster*), *Exeter* (eigentlich *Exchester*, „Lager am Fluss Exe", von dem noch Überreste der römischen Mauern zu sehen sind), *Gloucester* („glänzendes

Lager", von der kelt. Wurzel *glev-*, „klar, schimmernd",
vgl. engl. *to glow*), *Lancaster* („Lager am Fluss Lune"),
Lanchester („langes Lager"), *Leicester* („Lager an einem
Gewässer namens Leit"; s. *Leihgestern*), *Manchester* (die
erste Silbe beruht wohl auf einem Schreibfehler, denn der
röm. Name des militärischen Vorpostens war *Mamucium*,
von kelt. *mamma*, „die Brust", womit offensichtlich der
runde Hügel beschrieben wurde, auf dem das Lager
stand), *Ribchester* (Ortschaft am *Ribble*; getreu seinem
Namen, „der Reißende", hat der Fluss inzwischen einen
Großteil des römischen Veteranenlagers weggerissen
oder erodiert: Nomen est Omen!) und *Towcester* (der
Flussname *Tove* bedeutet „der Langsame").

Dun altir. „Burg", wie in *Donegal*, ir. *Dún na nGall*, „Burg der
Ausländer"; gemeint waren die Dänen, welche im 10.
Jahrhundert die hier im Nordwesten Irlands gelegene
primitive Befestigungsanlage einnahmen; mit dem Wort
gall bezeichneten die Iren nicht nur die im heutigen
Frankreich ansässigen *Gallier*, sondern grundsätzlich alle
Fremden (s. *dunum*).

-dunum kelt. „Burg, eingefriedeter Ort" (vgl. engl. *town*, „Stadt",
eigentlich „Zaun"). In Frankreich entstanden kelt. Städte
wie *Augustodunum* (Autun), *Caesarodunum* (Tours),
Lugdunum (Lyon), *Noviodunum* (Nevers und Nouan) und
Suindunum (Le Mans); in der Schweiz *Sedunum* (Sitten);
in Jugoslawien *Singidunum* (Belgrad); in Deutschland
Cambodunum (Kempten), *Lopodunum* (Ladenburg), *Parrodunum* (Burgheim) und *Tarodunum* (Kirchzarten); in
den Niederlanden *Lugdunum Batavorum* (Leiden); in
Großbritannien *Camulodunum* (Colchester), *Segedunum*
(Wallsend) und *Sorbiodunum* (Salisbury). In manchen
modernen Ortsnamen hat sich die kelt. „Burg" bis auf den
heutigen Tag deutlich erhalten, etwa in *Daun*, *Thun* und
Verdun (s. altir. *dun*).

Duró- kelt. für „Festung", wie in *Durólipons*, dem kelt.-röm.
Namen der Stadt Cambridge (von latein. *pons*, „Brücke")
und im gleichbedeutenden kelt. *Duróbrivae* (von kelt.
briua-, „Brücke". Heute heißt diese Stadt *Rochester*; der
erster Teil des alten Namens, *Duro-*, ist also zu *Ro-* verkürzt, während die Anspielung auf eine Brücke von den

Angelsachsen durch einen nochmaligen Hinweis auf eine Befestigungsanlage ersetzt wurde – diesmal allerdings auf Lateinisch; s. *-chester*). Viele bekannte europäische Städte enthielten in ihren ehemaligen kelt. Namen den Bestandteil *duro-*, in Großbritannien z.B. *Durocobrivis* (Dunstable), *Durovernum Cantiacorum* (Canterbury) und *Durovigutum* (Godmanchester), in Frankreich etwa *Durocortorum* (Reims) und *Durocatalaunum* (Châlons-sur-Marne), in Deutschland *Duromagus* (Dormagen).

Fort- aus latein. *fortis*, „kräftig, fest" (vgl. *forcieren* und *forsch*; in der Musik: *forte* und *fortissimo*). Die französische Bezeichnung *Fort* für eine „Festungsanlage" kehrt in fast allen europäischen Sprachen in der einen oder anderen Form wieder. *Fortaleza* im brasilianischen Staat Ceará war im 17. Jahrhundert eine von den Holländern errichtete „Befestigung" (portug. *fortaleza*), die der späteren Stadt ihren Namen gab. Französische Übersee-„Festungen" entwickelten sich nicht selten zu wichtigen Metropolen einer Kolonie, so *Fort-de-France*, Hauptstadt der westindischen Insel Martinique, oder *Fort Lamy*, Hauptstadt der afrikanischen Republik Tschad (neuerdings umbenannt in N'Djamena, „Ruheplatz"; s. auch *Beaufort* und *Roquefort*). Das nordamerikanische *Fort Knox* war zu Beginn ein stark befestigtes Truppenlager im Bundesstaat Kentucky, heute dient es als einbruchsicherer Aufbewahrungsort für einen Teil der US-Goldreserven.

-grad slaw. für „Burg" (und „Stadt"); Varianten: russ. город *(górad)*, tschech. *hrad* (vgl. die Prager Burg *Hradschin*), in deutschen Ortsnamen slawischer Herkunft auch *-gard*. Bekannt sind die „Burg"-Städte *Wolgograd* an der Wolga (im Zweiten Weltkrieg *Stalingrad*; 1589 als russische Grenzfestung Zarizyn gegründet), *Petrograd* (von 1914 bis 1924 Name von *Leningrad*, 1991 wieder in St. Petersburg umbenannt), die jugoslawische Hauptstadt *Belgrad* („weiße Burg"), aber auch die alte böhmische Stadt *Königgrätz* (Übersetzung des tschech. *Hradec Králové*, von *hrad*, „Burg", und *král*, „König"; im Mittelalter war hier eine Burg entstanden, die sich zum traditionellen Witwensitz der böhmischen Königinnen entwickelte; in der berühmten Schlacht bei *Königgrätz* siegten 1866 die Preußen über die Österreicher und Sachsen), die österreichische Alpenstadt *Graz*, in deren Burg im 15. Jahrhundert die Kaiser des Heiligen Römischen Reiches residierten, und die pommerschen – heute polnischen – Städte *Belgard* und *Stargard* sowie das holsteinische Oldenburg („Altenburg"), das zur Zeit der slawischen Wagrier *Starigard* hieß (von slaw. *stari*, „alt"), und die weißrussische Stadt *Grodno*.

-kale türk. für „Burg, Schloss". Es liegt nahe, dass die Türken nach der Eroberung Kleinasiens zahlreiche befestigte Siedlungen errichteten, deren Namen sie die Endung *-kale*, „Burg", hinzufügten, etwa im Fall von *Çanakkale* am Südausgang der Dardanellen (türk. *çanak*, „Topf, Schüssel"; früher war die Stadt berühmt wegen ihrer Keramikproduktion). Natürlich bezogen sie sich bei ihren Stadtgründungen auch auf die Einnahme feindlicher Burgen, so bei *Kırıkkale* in der Nähe von Ankara (türk. *kırık*, „zerstört"; s. auch *Kastelruth*) und bei der Kreuzfahrerburg *Yılanlıkale* nahe Adana (türk. *yılan*, „die Schlange") oder auf Überreste einer antiken Akropolis, wie beim Städtchen *Kale* an der Südküste Anatoliens. Das bekannte Ausflugsziel *Pamukkale* (türk. *pamuk*, „Baumwolle") dagegen hat nichts mit einer realen Burg zu tun, sondern heißt so wegen der steil aufragenden, gestaffelten grellweißen Kalksinterterrassen, deren an Wattebäusche erinnernde Formationen den originellen Namen rechtfertigen.

Als eine Sonderform der Burg ist uns die Z i t a d e l l e bekannt, also die Festung innerhalb der Stadtmauern (italien. *citadella*, Verkleinerungsform von *città*, „Stadt", aus latein. *civitas*, „Gemeinde, Bürgerschaft"; vgl. *zivil* sowie engl. *city* und *citizen*). In Nordafrika wird eine solche Stadtburg, aber auch das ummauerte Araberviertel, als *Kasba* bezeichnet (von arab. *qasabah*, „Zitadelle"). Die Russen nennen ihre Stadtfestung grundsätzlich кремль *(krjéml)*, ein Begriff, dem das Wort кремень *(krimjén)*, „Feuerstein", zu Grunde liegt, sodass *Kreml* eigentlich „das aus harten Steinen Gebaute" bedeutet. (Der Moskauer *Kreml* war ursprünglich eine Festung gegen die Angriffe der Tataren und Mongolen.) Aus dem Altfranzösischen kennen wir den Begriff

Bastille für „Festung" – von provenzal. *bastir*, „bauen"; berühmt-berüchtigt ist die Pariser *Bastille*, die im 14. Jahrhundert als städtische *Bastei* zum Schutz gegen Angriffe der Engländer angelegt wurde, in den folgenden Jahrhunderten aber auch als Zwingburg gegen Aufstände der eigenen Bevölkerung und als Staatsgefängnis für politische Häftlinge diente. Zu Beginn der Französischen Revolution wurde das Sinnbild königlicher Tyrannei gestürmt und zerstört. An seiner Stelle entstand ein großer Platz, die *Place de la Bastille*, und der 14. Juli – der Tag, an dem der „Sturm auf die Bastille" stattfand – wurde zum Nationalfeiertag erklärt (vgl. *Bastion*, „Bollwerk"; s. *Bastia*).

Der Raum zwischen äußerem und innerem Mauerring einer Burg, bisweilen auch zwischen Mauer und Graben, wird als Z w i n g e r bezeichnet, den man früher als Auslauf für wilde Tiere und Hunde (vgl. *Bären-* und *Hundezwinger*) oder, wie im Fall des *Dresdner Zwingers*, für Lustbarkeiten des Hofes nutzte.

B e f e s t i g u n g e n   u n d   B o l l w e r k e

Armagh in der nordirischen Provinz Ulster wird von den nicht-englischen Einwohnern *Árd Macha*, „Anhöhe der Macha", genannt. *Macha*, eine legendäre Königin mit goldenem Haar, soll in vorchristlicher Zeit in einer nahe gelegenen Burg, von der nur noch ein Ringwall erhalten ist, residiert haben. An eben dieser Stelle gründete der heilige Patrick im 5. Jahrhundert eine Klosterkirche als religiöses Zentrum Irlands. Noch heute ist *Armagh* Sitz des Primas der irischen Kirche.

Bastia an der Nordostküste der französischen Insel Korsika wurde im 14. Jahrhundert – der italienische Name verrät es – von Siedlern aus Genua angelegt, die ihren Handelshafen durch eine Festungsanlage, eine *bastia*, schützten. (Die Vergrößerungsform von italien. *bastia* lautet *bastione*; vgl. *Bastion* und *Bastille*.) 1768 verkauften die Genuesen Korsika an Frankreich.

Belgrad, serb. *Beograd*, „weiße Burg", hat im Laufe der Geschichte viele Bezeichnungen getragen. Das von den Kelten im 3. vorchristlichen Jahrhundert auf einer felsigen Anhöhe am Zusammenfluss von Donau und Save gegründete *Singidunum* wurde unter Kaiser Augustus römisches Legionslager und gelangte einige Jahrhunderte später mit unverändertem Namen in den Besitz der Hunnen und Goten. Die nächsten Herren, die Byzantiner, benannten die Stadt in *Alba graeca* um, „die weiße Griechin", und so war sie während des gesamten Mittelalters bekannt. Nach einhundertjähriger ungarischer Herrschaft geriet sie 1521 in den Besitz der Osmanen. Diese bezeichneten ihre Garnisonsstadt – auf halbem Wege zwischen Konstantinopel und Wien – als *Darol-i-Jehad*, d.h. „Heimat der Glaubenskriege", und erst 1866, fast 30 Jahre nach dem offiziellen Friedensschluss mit den christlichen Staaten Europas, kapitulierte die türkische Besatzung der Zitadelle. 1919 wurde *Belgrad* Hauptstadt des neu gegründeten Königreichs der Serben, Kroaten und Slowenen.

Bodrum, an der Ägäisküste der Türkei, weist mit seinem türkischen Namen – „Keller, Verließ" – weit zurück in die Vergangenheit. In der Antike hieß die Hafenstadt *Halikarnassos*, berühmt durch das zu den sieben Weltwundern zählende prächtige Grabmal des Königs *Mausolos*. 1402 missbrauchten die Johanniter die Ruine des *Mausoleums* als Steinbruch für den Bau einer Kreuzritterfestung, deren Kasematten, also unterirdischen Gewölbe, später von den Türken als Kerker für Verbannte genutzt wurden.

Bonn hat seinen Namen wahrscheinlich von gall. *bona*, „Burg", es wäre damit etymologisch verwandt mit Wien und Regensburg, deren keltischer Name *Vindobona* bzw. *Ratisbona* lautete.

Bordeaux in Südwestfrankreich war eine baskische Gründung mit Namen *Burdeo*, „Burg aus Eisen". Im 4. Jahrhundert n.Chr. wurde sie als *Burdigala* Hauptstadt der römischen Provinz Aquitania secunda. Nach dem Untergang des Römischen Reichs befand *Bordeaux* sich im Besitz der Goten und Normannen, bis es 1154 durch Heirat der Eleonore von Aquitanien mit König Heinrich II. in die Hand der Engländer geriet, die sich erst 1453, während des 100-jährigen Kriegs, aus der Stadt zurückzogen.

Brandenburg verdankt seinen Namen der *Brennaburg* – jener Hauptburg der slawischen Stodoranen (den Deutschen als Heveller, „Bewohner des Havellandes", bekannt), die im Jahr 928 von Heinrich I. erobert wurde. Die germanische Bezeichnung *Brennaburg*, von sächs. *brinnan*, „verbrennen", könnte sich auf ein verheerendes Feuer, aber auch auf die damals übliche Brandrodung beziehen; auf jeden Fall scheint sie an den altslaw. Ausdruck *branibor*, „Schutzwald", angelehnt zu sein (vgl. poln. *bronić*, „verteidigen", und *bór*, „Wald"). 1157 erbte Albrecht der Bär sowohl die Burg als auch deren Umland, und er nannte sich fortan Markgraf von *Brandenburg*.

Burgenland heißt bekanntlich ein österreichisches Bundesland, dessen Name zusammenfassend auf die einstigen vier Hauptstädte (und -burgen) der Verwaltungsbezirke *Wieselburg*, *Ödenburg*, *Pressburg* und *Eisenburg* hinweist, die vor allem von deutschen Bauern besiedelt worden waren und bis 1919 zu Ungarn gehörten (s. *Kastilien*).

Cádiz, an der Atlantikküste Andalusiens gelegen, wurde von seinen phönizischen Gründervätern *Gadir*, „Burg", von den Griechen *Gádeira*, von den Römern *Gades* genannt. Erstaunlich ist, dass es jenseits der Säulen des Herkules (d.h. von Gibraltar) entstand, also außerhalb des heimatlichen Mittelmeeres. Der Grund ist, dass hier Bernstein von der Ostsee und Zinn aus Britannien umgeschlagen wurden – Waren und Handelswege, für die Phönizien in der Antike das Monopol beanspruchte. Zu Beginn der Kaiserzeit war *Cádiz* nach Rom die größte und wohlhabendste Stadt des lateinischen Westens. Später starteten und landeten hier die Westindienfahrer, und die Schätze aus der Neuen Welt machten *Cádiz* wiederum zu einer der reichsten Städte Europas. Nach dem Verlust der spanischen Besitzungen in beiden Amerikas war es mit der Blüte der Stadt allerdings vorbei.

Cashel, irisch *Caiseal*, „steinerne Ringburg", kommt als Ortsname im Westen Irlands mehrfach vor. Am bekanntesten ist die Stadt *Cashel* im County Tipperary, deren berühmter *Rock of Cashel* über 900 Jahre die Hauptfestung der Könige von Munster war.

Dingle, irisch *daingean*, „kleine Festung", heißt ein Städtchen auf der gleichnamigen Halbinsel im irischen County Kerry. *Dingle* entstand lange vor der normannischen Eroberung aus einer keltischen Trutzburg.

Edinburgh ist die englische Version des keltischen Namens *Dùn Eydin*, „Burg an einem Abhang". *Edinburghs* Akropolis (daher auch „Athen des Nordens" genannt) erhebt sich hoch über der schottischen Hauptstadt auf dem *Castle Rock*, dem „Burg-Felsen", wo die schottischen Könige residierten, bis Maria Stuarts Sohn als James I. englischer König wurde und nach London zog. Damit büßte *Edinburgh* viel von seiner Bedeutung ein.

Kaposvár, von ungar. *vár*, „Burg", südlich des Plattensees in Ungarn ist benannt nach dem Fluss *Kapos*, an dessen Oberlauf Stadt und Burg liegen.

Kastelruth, italien. *Castelrotto*, heißt ein Ort in der italienischen Provinz Bozen (von latein. *castellum ruptum*, „zerstörte Burg"). Der kleine Ort entstand an der Stelle eines alten, verfallenen römischen *Kastells* (s. *Kırıkkale*).

Krim, von mongol. *krym*, „Festung", ist die Bezeichnung der ukrainischen Halbinsel zwischen Asowschem und Schwarzem Meer, seit sie im 13. Jahrhundert von den Mongolen der Goldenen Horde beherrscht wurde. Im Altertum hieß sie mit griechischem Namen *Χερσόνησος (Chersónesos)*, was nichts anderes als „Halbinsel" bedeutet. Auf der *Krim* wurden viele griechische Städte *Chersones* genannt, die sich hier mit ihren Festungen gegen die barbarischen Bewohner der Hinterlandes abriegeln konnten, und noch heute trägt eine nahe gelegene Stadt an der Mündung des Dnjepr den Namen *Cherson*.

Luxemburg hieß früher *Lützelburg*, „kleine Burg" (vgl. engl. *little*, „klein", und niederd. *lütt*); die mundartliche Bezeichnung für das Großherzogtum und den moselfränkischen Dialekt ist noch immer *Letzeburg* bzw. *Letzeburgisch*. Nahe einer ehemaligen römischen Straßenkreuzung entstanden im 10. Jahrhundert ein Kastell und eine Marktsiedlung. Die Burg – seit 1815 mit preußischer Besatzung – wurde Ende des 19. Jahrhunderts abgerissen, sodass sich die Stadt ungehindert ausdehnen konnte. Die ehemaligen Festungsanlagen boten nun reichlich Platz für Ausfallstraßen, Promenaden und Parkanlagen (vgl. auch *Lützenstein* im Elsass und *Lützelburg* bei Augsburg).

Luxor in Oberägypten hat nichts mit dem Wort Luxus zu tun; die Stadt am rechten Nilufer erhielt ihren Namen von *al-úqsur*, einer Metathesis (d.h. Lautumstellung) aus *al-qúsur*, „die Burgen" (Einzahl: *al-qásr*; vgl. span. *alcázar*), womit die arabischen Herrscher Ägyptens die Ammontempel der Nachbarstädte *Luxor* und Karnak gemeint haben dürften, die über dem einstigen Wohngebiet des antiken Theben entstanden.

Magdeburg, „Jungfrauenburg", wurde bereits vor dem Jahr 1000 als bedeutender Markt- und Grenzort genannt, an dem mehrere wichtige Handelswege die Elbe querten. Die mächtigen Befestigungsanlagen verhinderten lange eine Ausdehnung des Stadtgebiets; erst im 19. Jahrhundert fielen sie der modernen Stadtplanung zum Opfer. Seit dem Ende der DDR ist *Magdeburg* Hauptstadt des Bundeslandes Sachsen-Anhalt; der Name von Burg und Stadt ist abgeleitet von mittelhochd. *maget*, „Jungfrau, Dienerin" (vgl. engl. *maid*, „Magd", und got. *magus*, „Knabe", verw. mit altir. *mac*, „Sohn von").

Mahón ist die Hauptstadt der Insel Menorca. Wahrscheinlich stammt der Name vom phönizischen Wort *maghen*, „Befestigung". Da die Hafenbucht den Römern später als *Portus Mago-nis* bekannt war, könnte sie aber auch nach Hannibals Bruder, dem Feldherrn *Mago*, benannt sein, der die Insel 205 v.Chr. besuchte, um Steinschleuderer zu rekrutieren (s. *Balearen*).

Marrakesch, die frühere Hauptstadt von *Marokko*, leitet ihren Namen von einem Berberwort mit der Bedeutung „befestigt" her, worauf im Übrigen auch der Landesname selbst basiert. (Landkarten des 19. Jahrhunderts bezeichnen die Stadt noch als *Maroc*.) *Marrakesch* wird im Winter als „Perle des Südens" gepriesen, im Sommer aber als „Ofen des Teufels" geschmäht.

Masada bedeutet „Bergfestung"; mit dem hebr.-aram. Wort ist ein 440 m hoch aufragender Felsstock am Westufer des Toten Meeres gemeint, dessen Plateau schon im ersten vorchristlichen Jahrhundert König Herodes dem Großen als Festung diente. Nach der Zerstörung Jerusalems am Ende des Jüdischen Krieges (70 n.Chr.) verschanzten sich hier die Reste der aufständischen Zeloten und Essener. Als die Festung nach dreijähriger Belagerung endlich fiel, fanden die römischen Soldaten nur noch Tote vor, denn die gesamte Besatzung hatte sich durch Selbstmord der Gefangennahme entzogen. Als Symbol jüdischen Freiheitswillens und religiöser Treue ist *Masada* heute eine nationale Gedenkstätte. Hier schwören die Rekruten der israelischen Armee bei ihrer Vereidigung: „Nie wieder soll Masada fallen!" Die romantische arab. Bezeichnung für den schroffen Felsen lautet *Qasr al-Sabbah*, „Schloss des Morgens".

Mecklenburg ist benannt nach der *Mikelenborg*, der „Großburg", die 5 km südlich von Wismar lag. Der Namensursprung ist mittelhochd. *michel*, „riesig, stark", urverw. mit latein. *magnus* und griech. μέγας *(mégas)*, „groß, viel". Die Burg war der Hauptsitz der Obotriten, eines elbslawischen Stammes, der im 12. Jahrhundert in der deutschen Bevölkerung aufging.

Newcastle-upon-Tyne liegt, wie der Name sagt, als „neue Burg" am Fluss Tyne. Natürlich gab es hier am östlichen Ende des Hadrianswalls auch eine alte Burg: das Römerlager *Pons Aelii*, „Brücke des Aelius". (Kaiser *Hadrian*, der dem Schutzwall gegen die wilden Keltenstämme in Nordbritannien seinen Namen gab, hieß mit vollem Namen *Publius Aelius Hadrianus*.) Im 12. Jahrhundert wurde eine neue Burg errichtet und die Stadt entsprechend *Novum Castrum*, „neues Lager" (engl. *new castle*), genannt (s. *Nevers* und *Nouan*).

Raglan, „Schutzwehr" (von walis. *rhag*, „vor", und *glan*, „Böschung") bezieht sich mit seinem Ortsnamen auf eine Burg, die
ehemals an dieser Stelle im walisischen County Gwent stand.[1]

Samaria, hebr. *Schomrón*, „die Warte, die Wache", war ursprünglich die auf einem frei stehenden Bergkegel gelegene Hauptstadt
des israelischen Nordreichs. Seit 721 v.Chr. bezeichnet der
Name aber auch die assyrische, persische und schließlich helle-
nistische Provinz, in der Perdikkas, General Alexanders d.Gr.,
makedonische Veteranen ansiedelte, die die Provinz hellenisier-
ten (s. *Sebastije*).

Sárvár, „Schmutzburg", nannten die Ungarn sachlich-nüchtern diese
Stadt in der Nähe des Flusses Raab (von ungar. *sár*, „Straßen-
dreck", und *vár*, „Burg").

Siebenbürgen heißt ein im Karpatenbogen gelegenes Hochland Rumäniens, das schon im 9. Jahrhundert unter ungarischen Einfluss
geriet, im 12. und 13. Jahrhundert aber von deutschen Siedlern,
den *Siebenbürger Sachsen*, kolonisiert wurde. (In Wahrheit handelte es sich überwiegend um Rheinfranken; der irreführende
Name „Sachsen" war in ganz Südost-Europa die übliche Bezeichnung für deutsche Bergleute.) Die Furcht vor den Türken
führte ab dem 14. Jahrhundert zur Befestigung von Städten und
Dörfern mit Kirchenburgen, die noch heute vielfach das Orts-
und Landschaftsbild prägen. 1920 wurde *Siebenbürgen*, in der
Landessprache *Transsilvania*, mit Rumänien vereinigt.

Székesfehérvár in Ungarn lässt sich wörtlich mit „Stuhlweißenburg"
übersetzen (von ung. *szék*, „Stuhl" im Sinne von Bischofssitz,
fehér, „weiß", und *vár*, „Burg"), und tatsächlich führt die Stadt
eine weiße Burg im Wappen. In der Römerzeit als *Herculia* an
der Kreuzung großer Handels- und Heerstraßen entstanden, hieß
die Siedlung im Mittelalter *Alba Civitas*. Die immer wieder mit
der Farbe Weiß assoziierte Stadt war vom 11. bis 16. Jahrhundert als *Alba Regia* (lat. *alba*, „die Weiße") gar Krönungs-, Resi-
denz- und Begräbnisstadt der ungarischen Könige (s. *Belgrad*).

Taschkent, „steinernes Fort", ist der Name der am Westhang des
Tien Shan gelegenen Hauptstadt von Usbekistan.

---

[1] Der gleichnamige weite Pullover- und Mantelschnitt, bei dem Ärmel und Schulterteil
ein Stück bilden, ist benannt nach dem einarmigen britischen Feldmarschall Lord
Raglan (1788-1855), dem es wegen seiner Körperbehinderung schwer fiel, engere
Kleidung überzuziehen.

Teutoburger Wald, nach einer dort gelegenen germanischen Fluchtburg (von althochd. *diot*, „Volk, Menschen"), nennen wir den Höhenzug, der die Westfälische Bucht vom Weserbergland trennt. Die Grotenburg mit dem Hermannsdenkmal im Südosten des *Teutoburger Waldes* erinnert (wenn auch mit eingedeutschtem Namen) an den Cheruskerfürsten Arminius, der hier laut Tacitus im Jahr 9 n.Chr. die Legionen des römischen Feldherrn Varus vernichtete (s. *Osning*).

Uçhisar, von *uç*, „Spitze", und *hisar*, „Festung", bedeutet also „Burg auf dem Gipfel". Die kappadokische Kleinstadt bei Nevşehir liegt am Fuß einer steilen Felsspitze, die von einer Akropolis aus hethitischer Zeit gekrönt ist.

Über die topographischen Gegebenheiten hinaus dokumentiert sich in manchen Ortsnamen die s t r a t e g i s c h e P l a t z i e r u n g einer Garnison oder eines Nachschublagers an wichtigen Heerstraßen, Flussübergängen und geschützten Naturhäfen, aber auch die bewusste Anlage von Brückenköpfen im Feindesland und die gezielte Besiedlung im unsicheren Niemandsland an der G r e n z e zwischen zwei Herrschaftsbereichen. (Das slaw. Wort *granica*, von altslaw. *grani*, „Ecke", wurde während der deutschen Ostkolonisation von den Ordensrittern also fast unverändert übernommen.) Die ältere Bezeichnung M a r k (von althochd. *marca*, „Rand", urverw. mit gleichbedeutendem latein. *margo*; vgl. engl. *margin*) begegnet uns noch in Namen wie *Marburg* – „Grenzburg" am *Marbach*, d.h. einem Grenzgewässer zum Nachbarbesitz eines Grafen – und *Maribor* in Slowenien, das bis zum 19. Jahrhundert *Marburg* a.d. Drau hieß und eine Grenzfestung steirischer *Markgrafen* war (franz. *Marquis*; vgl. die Familiennamen *Marquardt*, „Grenzwächter", und *Bismarck*, „Bischofsmark"). Nur in seltenen Fällen wird dagegen die militärische Ungunst der geographischen Lage betont (s. auch *Herford* und *Harwich*).

S t ü t z p u n k t e u n d s t r a t e g i s c h e L a g e
Almería, von arab. *al-mir'aya*, „der Wachturm", hat fast unverändert den Namen beibehalten, den die maurischen Eroberer der südspanischen Hafenstadt gaben. Von den Phöniziern an einer geschützten Bucht des Mittelmeers gegründet und als *Portus magnus* („großer Hafen") von den Römern zum bedeutenden Handelsplatz ausgebaut, diente der durch eine *Alcazaba* (aus arab. *al-qásr*, „Festung") samt einer weiten Wehrmauer und

massiven Wachtürmen gesicherte Ort den maurischen Besatzern als zentrales Waffenarsenal. Die Altstadt mit ihren weißen, flachdachigen Häusern am Fuß des Burgbergs strahlt noch heute eine typisch nordafrikanische Atmosphäre aus (s. *Portimão*).

Concarneau galt im 14. Jahrhundert als eine der bestgeschützten Städte der Bretagne, denn die Altstadt, die *ville close*, wird bei Flut ganz von Wasser umschlossen. Der bretonische Name *Konk-Kerne* bedeutet „Muschelschale" und unterstreicht wohl die besondere Schutzlage der Stadt.

Kleve erhielt seinen Namen von der Burg *Clive*, „Kliff" (vgl. engl. *cliff*), auf einer beherrschenden Anhöhe inmitten des niederrheinischen Tieflands, die im 13. Jahrhundert durch die Schwanenburg (der man eine Verbindung mit dem Schwanritter Lohengrin nachsagt) und eine vornehme Oberstadt ersetzt wurde. Unterhalb entwickelte sich die Bürgersiedlung auf dem Heideberg.

Limerick, irisch *Luimneach*, „nacktes Land", könnte mit seinem Namen auf die offene Tieflandlage am irischen Fluss Shannon hinweisen. Trotz dieser Schutzlosigkeit gegenüber feindlichen Angriffen war *Limerick* bis zum Ende des 10. Jahrhunderts Hauptstadt eines Wikingerkönigreichs (vgl. auch das *Limerick* genannte fünfzeilige Nonsens-Gedicht mit grotesker Wendung).

Meißen hört sich durchaus nach einer deutschen Benennung an; der Name der sächsischen Elbestadt ist jedoch slawischer Herkunft, denn er bezieht sich auf die Reichsburg *Misni* (von *mjesni*, „Ort, Stelle"), die König Heinrich I. im Jahr 929 als einen Vorposten deutscher Ostexpansion im damals slawisch-sorbischen Gebiet anlegte. *Meißen* bezeichnet sich also mit Fug und Recht als „die Wiege Sachsens".

Ortahisar, eine anatolische Stadt auf halber Strecke zwischen Kayseri und Nevşehir, verrät mit ihrem Namen – „Burg in der Mitte" (aus türk. *orta*, „Mittelpunkt", und *hisar*, „Burg, Festungsmauern") – die militärische Bedeutung ihrer Lage.

Straßburg im Elsass war offensichtlich eine „Straßenburg". Der Ort an der Mündung der Ill in den Rhein und am Zugang zur Heerstraße über den Wasgau hatte von seinen keltischen Gründern den Namen *Argentorate* erhalten (röm. *Argentoratum*, angelehnt an lat. *argentum*, „Silber"; s. *Argentinien*). 455 wurde die Stadt von den Hunnen zerstört, die Franken bauten sie jedoch bald wieder auf und machten sie zu einem Teil ihres Reiches. Wegen der Lage an der Rheingrenze ist *Straßburg* häufig ein Zankapfel

Frankreichs und Deutschlands gewesen. 1681 nahm Ludwig XIV. die Stadt in Besitz, und 1871 – als Resultat des Deutsch-Französischen Krieges – fiel sie an Deutschland. Nachdem Frankreich sie 1919 zurückerhalten hatte, wurde sie während des Zweiten Weltkriegs wieder von Deutschen besetzt. Heute ist *Straßburg* Hauptstadt des französischen Departements Bas-Rhin.

Wladikawkas, Hauptstadt der Nordossetischen Republik in Russland, trägt nach dem Zusammenbruch des Kommunismus wieder den alten stolzen Namen „Beherrsche den Kaukasus!", von ВЛАДЕТЬ *(wladjét)*, „herrschen, besitzen", und КАВКАЗ *(Kawkás)*, „Kaukasus"; während der Sowjetzeit war die Stadt am Fluss Terek nach dem Bolschewikenführer *Ordzhonikidze* benannt.

Wladiwostok ist die russische Aufforderung „Beherrsche den Osten!", von ВЛАДЕТЬ *(wladjét)*, „gebieten", und ВОСТОК *(wastók)*, „Osten" (vgl. den Bischofstitel *Wladika*, „Herr", in der russisch-orthodoxen Kirche). *Wladiwostok* entstand 1860 als militärischer Außenposten im Fernen Osten Sibiriens und entwickelte sich nach der Fertigstellung der Transsibirischen Eisenbahn rasch zu Russlands Haupthafen am Pazifik.

Grenzen und Marken

Jerez de la Frontera, früher *Xeres*, vielleicht nach *Ceres*, der altrömischen Göttin des Anbaus, ist eine spanische Stadt in der Provinz Cádiz. Ihre romantische Lage inmitten von Weinbergen lässt uns leicht ihre äußerst bewegte militärische Geschichte vergessen. Hier siegten 711 die Mauren über das christliche Westgotenreich, und für eine Weile blieb *Jerez de la Frontera* „Grenzstadt" an der Nordgrenze des maurisch besetzten Andalusien (span. *frontera*, „die Grenze"; s. auch *Sherry*).

Kent, die südöstlichste Landschaft Britanniens, unmittelbar gegenüber dem europäischen Festland, hieß im Mittelalter *Cantium* oder *Cantia*, worin sich die kelt. Wurzel *cant-*, „Grenze", verbirgt. Der Name hat jedoch nichts zu tun mit der Bedeutung der Flussnamen *Kent* und *Kennet* (s. dort).

Krain, von serbokroat. *krajina*, „Randgebiet", ist Sloweniens stark bewaldetes, gebirgiges Grenzland zu Italien und Österreich, in dem sich seit dem 6. Jahrhundert Slawen ansiedelten. Zweihundert Jahre später wurde *Krain* eine der karolingischen Marken. Als das Osmanische Reich zu Beginn des 16. Jahrhunderts nach Norden drängte, siedelten die Habsburger hier im

Grenzterritorium christlich-orthodoxe Serben als Wehrbauern zum Schutz gegen die Türken an – wohl mit ein Grund, warum Serbien und die jugoslawische Armee die Unabhängigkeit Sloweniens 1990 mit aller Macht zu verhindern suchten (vgl. auch *Krainburg*, slowen. *Kranj*, in der Nähe der österreichischen Grenze; s. *Ukraine*).

March ist die deutsche Bezeichnung eines Donaunebenflusses, der auf 80 km die Grenze zwischen der Slowakei und Österreich bildet (tschech. *Morava*). An ihrem Ufer, auf der großen Ebene des *Marchfeldes*, kämpften die Römer im 2. Jahrhundert n. Chr. gegen die *Markomannen* ("Grenzleute"), die immer wieder die Nordgrenze ihres Imperiums gefährdeten.

Marken heißt eine italienische Landschaft südlich der Emilia-Romagna (italien. *Marche*). Mit diesem Namen *markierte* Karl d. Gr. die Region am Adriatischen Meer als kaiserliches "Grenzland", das sein Vater Pippin dem Papst 756 zum Geschenk gemacht hatte.

Mauthausen ist uns vor allem als Standort eines ehemaligen Konzentrationslagers bekannt, in dem zwischen 1938 und 1945 mehr als eine Viertelmillion Häftlinge ermordet wurden. Die oberösterreichische Marktgemeinde an der Einmündung der Enns in die Donau geriet aber bereits 1189 in die Schlagzeilen, als Kaiser Friedrich I. (Barbarossa) auf seinem Zug ins Heilige Land den Ort von Kreuzfahrern wegen unberechtigter *Mautforderungen* niederbrennen ließ. Ein Stück stromabwärts bei Krems liegt *Mautern*, eine weitere Zollstation an der alten Fernstraße von Regensburg nach Wien. Der Name dieser Städte geht auf althochd. *muta*, "Zoll" (von got. *mota*, "Bestechungsgeld") zurück. Im Übrigen entpuppt sich auch mancher *Mäuseturm*, um den sich schaurige Märchen ranken, auf den zweiten Blick als *Mautturm*, z. B. der Turm auf einer Rheininsel bei der Burg Ehrenfels, der früher als Zollstätte am Binger Loch diente.

Mersey, von altengl. *gemære*, "Grenze", und *ea*, "Wasser", ist der Name eines "Grenzflusses" in Nordwestengland, der im Mittelalter die kleinen angelsächsischen Königreiche Mercia und Northumbria – später die Grafschaften Cheshire und Lancashire – trennte, bis 1974 mit der Bildung des neuen Countys *Merseyside* die historische Assoziation zur "Grenze" verloren ging.

Selfkant, von niederl. *zelfkant*, "gewebter Rand am Tuch", wird ein kleines Grenzgebiet westlich von Köln bezeichnet, das 1949 unter niederländische Verwaltung kam und 1963 für Schlagzeilen sorgte, als die Bevölkerung für die Rückgliederung nach Nordrhein-Westfalen stimmte.

Taunus heißt der südöstliche Teil des Rheinischen Schiefergebirges. Über ihn verlief der *Limes* (latein. „Grenze"; vgl. engl. *limit*) – jene Befestigungsanlage, die in den ersten drei nachchristlichen Jahrhunderten das Römische Reich vor den ständig drohenden Angriffen der Germanen schützen sollte; das von diesen benutzte Wort *Taunus* ist mit unserem *Zaun* verwandt (vgl. engl. *town*; s. *-dunum*).

Uckermark ist eigentlich eine Tautologie, denn der slawische Name des seenreichen Hügellands mit ausgedehnten Kiefernwäldern und weiten Heideflächen im äußersten Nordosten Deutschlands bedeutet wörtlich übersetzt „Grenzen-Grenzland"; er beschreibt die Lage dieses Gebiets an der *Ucker* (im Unterlauf *Uecker*) zwischen den historischen Ländern Brandenburg, Mecklenburg und Pommern. In der Stadt Torgelow (s. dort) kann man eine wieder aufgebaute slawische Händler- und Handwerkersiedlung aus dem 9. Jahrhundert besichtigen, die *Ukranenland* heißt (s. *Ukraine* und *Krain* sowie *Mark*).

Ukraine, russ. УКРАИНА *(Ukraína)*, heißt „Grenzland" – von russ. у *(u)*, „bei", und КРА *(kraj)*, „Rand, Kante". In der Tat wurden die Fürstentümer am unteren Dnjepr traditionell als Niemandsland aufgefasst, um das sich die westlichen Anrainerstaaten (Litauen, Polen und Ungarn) immer wieder mit Russland stritten. Ende des 18. Jahrhunderts gelangte mit der Aufteilung Polens unter Preußen, Österreich und Russland fast die gesamte *Ukraine* in den Besitz des Zaren, nur etwa 20 Prozent blieben dem Habsburger Reich angegliedert. Nach dem Ersten Weltkrieg geriet die *West-Ukraine* zunächst unter die Verwaltung des neu entstandenen polnischen Staates, bis auch sie – wie zuvor schon die größere *Ost-Ukraine* – samt Ostpolen 1939 durch den Hitler-Stalin-Pakt der Sowjetunion zugesichert wurde. Im Jahr 1991 erlangte die *Ukraine* endlich ihre staatliche Unabhängigkeit (s. *Krain* und *Uckermark*).

Angesichts der Allmacht von Kaisern und Königen, von Khanen und Sultanen, von Päpsten und Fürstbischöfen ist es erstaunlich, wie wenig Resonanz die Z e n t r e n d e r M a c h t in Ortsnamen finden – wenn sie denn nicht einfach „Hauptstadt" genannt wurden, wie *Peking*

(„Hauptstadt des Nordens"), *Nanking* („Hauptstadt des Südens"), *Tokio* („Hauptstadt des Ostens") oder schlicht *Seoul* („Hauptstadt").

Die permanenten Herrschaftssitze waren die *Höfe* (angelehnt an frz. *cour*, engl. *court* und span. *corte*, alle von lat. *cohors, cohortis*, aus *cum*, „zusammen mit", und *hortus*, „Garten, Exerzierhof"; vgl. *Kohorte*, der zehnte Teil einer Legion) – entweder durch Parkanlagen isolierte *Schlösser* auf dem Lande (im Sinne von „abgeschlossen" gelegen) oder prachtvolle städtische *Paläste* (aus lat. *palatium*, „kaiserlicher Hof").[1] Auf Reisen standen Monarchen die bequemen Gebäudekomplexe der *Pfalzen* (von *Palas*, dem Haupthaus einer mittelalterlichen Herrschaftsburg) zu Gebote, während sie auf Kriegszügen fürstliche *Pavillons*, d.h. luxuriöse, mit Seitenflügeln versehene Zelte, bewohnten (von lat. *papilio*, „Schmetterling"). Die alten Ägypter nannten den Wohnsitz des Herrschers *Per'o*, „großes Haus", aus dem alle Erlasse und Verordnungen kamen, die das Leben des Volkes regelten, und der bald mit dem Königstitel gleichgesetzt wurde (im Alten Testament abgewandelt zu *Pharao*). Ähnlich titulierten die Japaner ihren gottgleichen Kaiser *Mikado*, „erhabenes Tor", während man den allmächtigen osmanischen Sultan und seine Residenz als *Bab-i 'ali*, „hohe Pforte", bezeichnete.

Noch weniger als der Sitz der Mächtigen ist das oberste demokratische Staatsorgan in geographischen Namen repräsentiert, aber schließlich trugen die meisten Metropolen bereits einen Namen, lange bevor sich der Ruf nach einer Verfassung erhob. Die diversen Bezeichnungen für die Volksvertretung spiegeln zwei Hauptaspekte: Der Begriff *Parlament* (von italien. *parlare* und franz. *parler*, „sprechen"; vgl. *parlieren*) bedeutet nichts anderes als „Redehaus" – die russische *Duma*, von думать *(dúmat)*, „denken, beraten", besagt in etwa das Gleiche –, während andere Ausdrücke das regelmäßige „Treffen" der Abgeordneten in den Vordergrund stellen, so der amerikanische *Kongress* (von latein. *congressus*, „Zusammenkunft"; vgl. latein. *grex*,

---

[1] *Palatinum* (nach der idyllischen griech. Landschaft *Pallantion* auf der Peloponnes) hieß ursprünglich einer der sieben Hügel Roms, der bereits im 1. Jahrhundert v.Chr. von Aristokraten als Wohnviertel bevorzugt wurde. Später errichteten hier Kaiser Augustus und seine Nachfolger ihre *Paläste* (heute *Palatin*, italien. *palatino*). Ein anderer Hügel Roms, der *mons vaticanus* (verw. mit latein. *vates*, „Wahrsager"), wurde ebenfalls ein Synonym für einen fürstlichen Wohnsitz – den *Vatikan*, die Papstresidenz und oberste Behörde der katholischen Kirche (vgl. auch den *mons capitolinus*, den Sitz des römischen Senats, d.h. des „Ältestenrats", nach dem die Parlamentsgebäude in Washington und den Hauptstädten der einzelnen amerikanischen Bundesstaaten als *Kapitol* bezeichnet werden; das engl. Wort *capitol* ist, wie *capital* für „Hauptstadt", von latein. *caput*, „Kopf", abgeleitet).

gregis, „Herde", und unseren Personennamen *Gregor*), die französische *Assemblée nationale* (von *assembler*, „versammeln"), die israelische *Knesseth* (von hebr. *beth-keneset*, „Versammlungshaus") oder der polnische *Sejm*, der litauische *Saimas* und die lettische *Saeima*, die in der jeweiligen Landessprache ebenfalls „Versammlung" bedeuten.

Politische Machtzentren

Detmold, althochd. *Theotmalli*, „Volksgerichtshof", leitet seinen Namen her von althochd. *diot*, „Volk" (vgl. *deutsch*) und *mahal*, „Versammlungsplatz, Gerichtsstätte" (auch „Ehevertrag"; vgl. *Gemahl*). 793 wird der Ort als Schauplatz eines Sieges Karls d.Gr. über die Sachsen erwähnt. Wie *Versmold*, ebenfalls eine alte Gau- und Femgerichtsstätte, liegt *Detmold* in der Nähe des Teutoburger Waldes, nur wenige Kilometer nördlich der heidnischen Kultstätte der wild zerklüfteten Externsteine.

Dingwall, „Parlamentsfeld", von altnorw. *thing-vollr*, „Thing-Feld", heißt eine schottische Stadt am Cromarthy Firth, nordwestlich von Inverness. Ihr Name bezieht sich auf die regelmäßigen Volksversammlungen, die hier abgehalten wurden, um alle öffentlichen Belange des Stammes zu diskutieren. Eine ähnliche Bedeutung haben auch die Parlamentsbezeichnungen auf der Isle of Man und in Norwegen: der *Thynwald* bzw. das *Storting*, von norw. *stor*, „groß", und *ting*, „Gericht, Abgeordnetenhaus" (vgl. auch *Dinklage* bei Vechta, im Mittelalter *Tinglage*, also „Gerichtsplatz").

Hof ist eine oberfränkische Stadt an der Saale, im bayerischen Teil des Vogtlandes. Der Ort entstand um einen Königshof, wurde aber in der Stauferzeit Sitz eines Reichsvogts für das Regnitzland (s. *Vogtland*).

Oahu, eine der Hawaii-Inseln (mit der Hauptstadt Honolulu), war früher der Ort, an dem sich die Inselkönige zu Beratungen trafen. *Oahu* bedeutet in der Sprache der Eingeborenen „Versammlungsplatz".

Pfalz, einschließlich des *Pfälzer Waldes*, heißt eine Region in *Rheinland-Pfalz*. Im Mittelalter zog der gesamte Hofstaat eines Königs oder Kaisers von *Pfalz* zu *Pfalz* (althochd. *phalanza*, aus der Mehrzahl von latein. *palatium*, „Palast"), was lange Zeit die Errichtung einer permanenten Fürstenresidenz verhinderte. Während der Abwesenheit des Monarchen unterstanden die *Pfalzen* als Lehen einem *Pfalzgrafen*.

Potenza, von latein. *potentia*, „Macht" (vgl. *Potenz*), heißt eine süd-
italienische Apenninstadt, die von den Römern im 2. Jahrhundert
v.Chr. gegründet wurde, aber im 6. Jahrhundert n.Chr. in die
Hände der Langobarden fiel. Danach war die Stadt das Machtzentrum der verschiedensten mittelalterlichen Feudalherren.

Sarajevo, die Hauptstadt von Bosnien-Herzegowina, verkündet mit
ihrem Namen stolz: „Hier ist der Palast!" (von türk. *saray*, „Palast", und serbokroat. *evo*, „hier befindet sich"). Als den Türken
1429 die zwei Jahrhunderte zuvor von den Ungarn erbaute
Festung *Bosnavár* in die Hände fiel, übersetzten sie den Namen
in ihre Sprache und nannten die Burg samt der zugehörigen
Siedlung *Bosna Sarai*, „Schloss von Bosnien". Hier, im türkischen Verwaltungszentrum für ganz Bosnien-Herzegowina,
stand auch der Palast des Paschas, worauf schon bald die
volkstümliche Bezeichnung *Sarajevo* hinwies. Die osmanische
Residenz- und Garnisonsstadt kam 1878 unter die Herrschaft der
Donaumonarchie; 1914 war *Sarajevo* Schauplatz der Ermordung
des österreichischen Erzherzogs Franz-Ferdinand – ein Ereignis,
das den Ersten Weltkrieg auslöste. 1918 wurde die Stadt Teil
Jugoslawiens; seit 1991 ist sie die Metropole der unabhängigen
Republik Bosnien-Herzegowina.

Uppsala bedeutet „hohe Säle" – von schwed. *upp*, „(hin)auf", und
sal, „Halle, Palast" (vgl. *Salon* und *Geselle*, „Zimmergenosse";
verw. mit lat. *solum*, „Grund", davon engl. *soil*, „Erdboden", und
dt. *Sohle*). Die schwedische Stadt nördlich von Stockholm wurde
im 12. Jahrhundert der politisch-religiöse Mittelpunkt des Svear-
Reichs. Im 16. und 17. Jahrhundert machte sie als Residenz der
schwedischen Könige ihrem Namen alle Ehre (s. *Brüssel*).

Vogtland heißt das Gebiet zwischen Thüringer Wald und Erzgebirge, in dem schon in vorchristlicher Zeit germanische Stämme
siedelten. Seit dem 12. Jahrhundert stand die Region unter der
Verwaltung und Gerichtsbarkeit eines landesherrlichen Bezirks-
beamten, d.h. eines *Vogts* (verballhornt aus lat. *advocatus*, „der
Rechtsbeistand", wörtlich „der Herbeigerufene"; s. *Hof*).

Zur Abrundung der historischen Betrachtungen wenden wir uns einigen
Namen zu, die von kuriosen, traurigen oder auch lustigen Begebenheiten erzählen. Ob diese H i s t ö r c h e n und A n e k d o t e n
allerdings in jedem Fall einer strengen geschichtlichen Überprüfung
standhalten könnten, sei dahingestellt.

Über die arabische Eroberung Nordafrikas und die Ausbreitung des Islam gibt es eine Reihe von Erzählungen. Eine davon betrifft den Namen der tunesischen Stadt *Kairouan*, der „Karawanenlager" bedeutet und auf eine Episode aus dem langen Kampf der Araber gegen die Byzantiner zurückgeht, deren Reich noch im 7. Jahrhundert den nördlichen Küstensaum Afrikas umfasste. Hier, im Hinterland von Karthago, hatte Emir Okba Ibn Nafi, ein Gefährte des Propheten, 671 sein Reiterheer in einem Feldlager rasten lassen. Am Abend vor der Schlacht feuerte er seine Truppen mit dem Versprechen an, eine Stadt zu gründen, die bis ans Ende der Zeiten als islamisches Bollwerk gegen die Ungläubigen dienen sollte. So entstand *Kairouan*, eine der heiligsten Städte des Islam und der Ausgangspunkt für die endgültigen Eroberungszüge quer durch Nordafrika bis nach Spanien.

Die Entdeckungsreisen am Ende des Mittelalters waren für die großen Seefahrer natürlich eine aufregende Zeit – oder, mit den Worten des in spanischen Diensten segelnden Franzosen Jean de Béthencourt: das *forte aventure*, „das große Abenteuer". Genau diesen Namen, allerdings in der spanischen Version *Fuerteventura*, gab er einer der Kanarischen Inseln, auf der er 1402 landete. Zuvor hatte er auf einem benachbarten Eiland eine ungewöhnliche Menschenrasse angetroffen, die legendären Guanchen. Einer seiner Matrosen soll bei der ersten Begegnung mit ihnen ausgerufen haben: „Diese Leute sprechen ja Baskisch!" Vielleicht ist das der Grund, warum Béthencourt die Insel nach dem von Geheimnissen umwitterten Artusritter *Lancelot* oder – wiederum in der spanischen Fassung – *Lanzarote* benannte. Die Expeditionen des kühnen Franzosen honorierte sein kastilischer Auftraggeber Heinrich III. übrigens mit der Ernennung zum König dieser wüstenhaften Inseln vor der Nordwestküste Afrikas.

Einhundert Jahre später waren die Kanaren die übliche Basis für die Forschungsfahrten in die Neue Welt, deren Fremdartigkeit bisweilen zu kuriosen Bezeichnungen führte. So erhielt eine der Antilleninseln in Westindien den Namen *Barbados*, „Insel der Bärtigen" (von span. *barbudo*, „bärtig"), wahrscheinlich wegen der hier heimischen Feigenbäume, deren Luftwurzeln den staunenden Europäern wie struppige Bärte vorkommen mochten. Weniger originell waren die Portugiesen, als sie 1427 mitten im Atlantik auf die Azoren stießen und sie durchweg mit Heiligennamen belegten; warum bei der Insel *Terceira* („die Dritte") lediglich die Reihenfolge der Besitznahme Erwähnung findet, bleibt rätselhaft (denn dass *Terceira* auch die drittgrößte aller Azoreninseln ist, dürfte den Entdeckern erst später bewusst geworden sein).

Nur wenige Jahre vor der Entdeckung Amerikas wurde Konstantinopel (aus griech. *Konstantínou pólis*, die „Stadt Konstantins") von den Türken eingenommen – wahrlich kein Zufall, denn die nun feindlich besetzte Stadt an der Nahtstelle zwischen Asien und Europa blockierte die alte Handelsverbindung mit dem Orient, sodass in umgekehrter Richtung ein neuer Weg zum Gewürzland Indien gefunden werden musste. Als die Osmanen 1453 (also nur 39 Jahre vor Kolumbus' bedeutsamer Fahrt nach Westen) die oströmische Kaiserstadt belagerten, bedienten sie sich sozusagen der psychologischen Kriegsführung: Sie versuchten, die griechischsprachigen Verteidiger der damals bedeutendsten Stadt der Welt durch den Schlachtruf *Εἰς τὴν πόλιν* (neugriech. Aussprache: *Is tìm bólin*) – „Auf in die Stadt!" – zu entmutigen, und damit hatte die eingenommene Stadt ihren neuen Namen: *Istanbul*. Das Wappen der alten oströmischen Stadt – ein Stern in einem Halbmond – übernahmen die Türken dagegen als Hoheitszeichen ihres Reiches, so wie die russischen Großfürsten sich als christliche Erben des untergegangenen Byzantinischen Reiches sahen und den doppelköpfigen Adler Kaiser Konstantins adoptierten, ja sich nach ihm gar *Zar*, also „Cäsar", nannten. Übrigens bezeichnen die Russen *Istanbul* noch heute gern als *Zargrad* (vgl. *Zarizyn*, bis 1925 der Name der Stadt Wolgograd; s. dort).

Das riesige *Sibirien* (seine Fläche ist größer als die der USA) wurde praktisch zweimal entdeckt und erobert: zunächst durch die Mongolen aus Asien, die nach dem Verfall der Goldenen Horde 1495 im unberührten Waldland östlich des Uralgebirges ein Khanat errichteten, das sich *Sibir*, „schlafendes Land", nannte (aus tatar. *sib*, „schlafen", und *ir*, „Erde"), zweihundert Jahre später dann von Moskau aus. Aber auch dieses Vordringen von Kosaken aus dem europäischen Teil des Zarenreichs konnte das Land der menschenleeren Taiga nicht wirklich aus seinem Dornröschenschlaf erwecken, und so übernahm man den Namen des alten Tatarenstaats für das gesamte nordasiatische Gebiet bis zum Pazifik. Die Russen erschlossen ihren „Wilden Osten", ähnlich wie zur gleichen Zeit die Amerikaner ihren „Wilden Westen", durch die Anlage von Handelsstationen. Ihre „Indianer", die sie mit wertvollen Pelzen versorgten, hießen allerdings Tungusen, Burjaten und Uiguren. Noch im 19. Jahrhundert konnten die kleinen Bevölkerungsgruppen – hauptsächlich Verbannte und Abenteurer – ihre Steuern nur in Form von Pelzen bezahlen; erst der Bau der Transsibirischen Eisenbahn zu Beginn des 20. Jahrhunderts bescherte dem größten Waldland der Erde den Anschluss an die Zivilisation.

Auf dem Wasserweg hatte Vitus Bering, ein dänischer Seeoffizier in russischen Diensten, bereits 1728 die pazifische Küste Nordostasiens erreicht. Einige Jahre später überwinterte er während einer weiteren Expedition auf der ostsibirischen Insel Kamtschatka; er wollte herausfinden, ob Amerika und Asien miteinander verbunden sind. An der Stelle seines Quartiers entstand die Hafenstadt *Petropawlowsk*, die noch heute die Namen seiner beiden Schiffe – *St. Peter* und *St. Paul* – trägt. 1741 entdeckte er nach der Überquerung der Beringstraße Alaska und die Aleuten, womit die Trennung Asiens von Amerika bewiesen war.

Eines der traurigsten und langlebigsten Kapitel der Geschichte ist die Verschleppung und Versklavung von Menschen, die auf diese Weise Eigentum ihrer Besitzer wurden und praktisch den Status von Haustieren besaßen. Im Altertum kam es nicht selten zur Deportation ganzer Völkerschaften, wie die Babylonische Gefangenschaft des Volkes Israel beweist.

Während des Mittelalters entwickelte sich in der islamischen Welt ein blühender Handel mit *Sklaven* aus Mittelasien, besonders aber aus den *slawisch* besiedelten Gebieten Europas, und das lateinische Wort *sclavus*, „Slawe", wurde zum Synonym für „Sklave" (vgl. auch im Englischen die auffallende Ähnlichkeit des Volksnamens *Slav* mit dem Begriff *slave*, „Sklave", sowie den italienischen Gruß *ciao*, aus *schiavo*, „Sklave".)

Bis in die Neuzeit zählten Araber zu den berüchtigtsten Menschenjägern an der ostafrikanischen Küste, wo im Hafen von *Bagamoyo*, einige Kilometer nördlich von Daressalam, das „schwarze Elfenbein" wie Massenvieh auf die Dhaus verfrachtet und in die arabischen Länder verschifft wurde; der Name der alten Sklavenstadt *Bagamoyo* – „wo ich mein Herz zurücklasse" – spricht eine beredte Sprache.

An der Ostküste des Schwarzen Meeres erinnert die russische Stadt *Gelendshik* („Bräutchen", von türk. *gelin*, „Braut") an die osmanische Fremdherrschaft vom 16. bis zum 18. Jahrhundert. Damals verschleppten und verkauften die Türken von hier aus Mädchen als Sex-Sklavinnen nach Istanbul, Ägypten und Arabien (vgl. unseren Ausdruck „Seemannsbraut").

Mit der fortschreitenden europäischen Besiedlung der Neuen Welt und der gleichzeitigen Ausrottung der indianischen Ureinwohner wuchs auf den Plantagen Nord- und Südamerikas der Bedarf an möglichst billigen Arbeitskräften, der durch Massenimporte von der westafrikanischen „Sklavenküste" gedeckt wurde. Dieser verwerfliche Menschenhandel, der in den USA 1865 sein Ende fand, wurde weltweit erst 1948 in der Menschenrechtskonvention der Vereinten Nationen verboten. Die Nachfahren der schwarzen Fronarbeiter haben jedoch noch heute unter sozialer Benachteiligung zu leiden, und die Geringschätzung seitens der weißen Mehrheit dokumentiert sich nach wie vor in herabsetzenden Bezeichnungen wie *Nigger* und *Neger* (beide entlehnt von latein. *niger*, „schwarz"; vgl. *Porta Nigra*, *Río Negro* etc.).

Hinter manchem harmlos klingenden Ortsnamen verbirgt sich eine recht makabre Geschichte. So soll die Stadt *Tallaght* in Irland – der keltische Name ist *Tamhlacht*, „Pest-Friedhof" – auf einem riesigen vorgeschichtlichen Massengrab entstanden sein, in dem unzählige Opfer des „schwarzen Todes" beigesetzt wurden. (Im 14. Jahrhundert erlagen in Europa rund 25 Millionen Menschen der schwersten Pestepidemie der Geschichte.)

Nur Eingeweihte wird die Erwähnung von *Las Cruces* in Neumexiko erschauern lassen, denn „die Kreuze", auf die der Ortsname Bezug nimmt, markieren jene Stelle, wo die Apachen 1830 eine Gruppe von 40 Reisenden massakrierten. Auf ihren Gräbern im Flusstal des Rio Grande entstand 1849 die heutige Stadt, nachdem die Vereinigten Staaten drei Jahre zuvor das von Spaniern besiedelte und zu Mexiko gehörende Gebiet annektiert hatten.

Das israelische *Kirjat Shemona* – die „Stadt der Acht" – ist eine typische Gründung von Neueinwanderern. Der Name erinnert an die acht Verteidiger dieser 1920 von Arabern überfallenen Arbeitersiedlung, deren Häuser heute als Museum dienen. Ein Denkmal für die Gefallenen zeigt die angeblich letzten Worte ihres heldenhaften Anführers: „Gut ist es, für unser Land zu sterben" (wohl in Anlehnung an den römischen Dichter Horaz, der ebenfalls behauptet hatte: *Dulce et decorum est pro patria mori!* – „Süß und ehrenvoll ist es, für das Vaterland zu sterben!").

Verständlicherweise ranken sich eher amüsante Anekdoten und phantasievolle Histörchen um geographische Bezeichnungen. Die *Wartburg* im thüringischen Eisenach hatte angeblich schon vor Baubeginn (1067) ihren Namen weg, denn der zukünftige Hausherr, Graf Ludwig der Springer, soll beim Anblick des steilen Felsens verkündet haben: „Wart, Berg, du sollst mir eine Burg werden!" (In Wahrheit dürfte der Name auf althochd. *warta*, „Ausguck, Beobachtungspunkt", zurückgehen; vgl. „von hoher Warte aus ...".)

Das südwestlich von Belfast gelegene *Lisburn* – aus irisch *Lios na gCearrbhach*, „Burg der Spieler" – bezieht sich auf eine alte keltische Wallanlage, in deren Nähe die Stadt entstand. Hier, so wird überliefert, traf sich im Mittelalter allerlei lichtscheues Gesindel zu Karten- und Würfelspielen, wobei der dichte Wald ihr strafbares Treiben verbarg. Später versuchte man das Image des Ortes aufzuwerten, indem man auf die Assoziation mit diesen Glücksrittern verzichtete und den Namen in *Lios na Bruidhne* änderte („Burg mit dem Feenpalast"), der für englische Ohren etwa wie *Lisburn* klang. Im Gegensatz dazu hat der Londoner Stadtteil *Soho*, bei dessen Erwähnung man unweigerlich an Edgar Wallace-Krimis und lockeres Nachtleben denkt, heute ein eindeutig schlechteres Ansehen als zur Zeit seiner Benennung: Die weiten Felder dieses noch im 18. Jahrhundert unbebauten Bereichs in der City of Westminster wurden von der Londoner Oberschicht traditionell zur Hasenjagd genutzt, deren Teilnehmer sich mit dem Jagdruf *So-ho!* aufzumuntern pflegten (bei der Fuchsjagd mit *Tally-ho!*). Eine ähnlich negative Reputation hat die englische Kleinstadt *Borstal* („sicherer Ort"; von altengl. *borg*, „Sicherheit", und *steall*, „Stelle"; vgl. *Geborgenheit*). Man könnte geradezu den Eindruck gewinnen, als hätten die Gründer und Taufpaten die spätere Bestimmung des Ortes als bekannteste britische Erziehungsanstalt für jugendliche Straftäter vorausgeahnt.

Mallorca-Urlaubern dürfte der lebhafte Badeort *Ca'n Picafort* bekannt sein, dessen katalanischer Name „Bude des Picafort" bedeutet (*casa*, kurz *ca*, „Haus, Hütte"). Als man 1960 begann, hier an der Nordostküste der Insel billige Unterkünfte für junge Leute und Familien zu errichten, tat sich ein mallorquinischer Holzfäller durch besonderen Arbeitseifer hervor, weswegen seine Kollegen ihn anerkennend *Picafort*, „Hau drauf!", nannten. Die erste zusammengezimmerte Hütte ging natürlich auf *Picaforts* Konto – ein Rekord, von dem der Name des Ferienortes noch heute kündet.

Am Titicacasee, in 3800 m Höhe, liegt *Tiahuanaco*, eine der ältesten und interessantesten Ruinenstädte Südamerikas. Der Name dieser mythischen Wiege des Inkareiches erinnert an eine Anekdote vom Herrscher Mayta Cápac, der einst einem Kurier aus Cuzco eine besondere Ehre zuteil werden ließ. Er bot dem erschöpften Läufer nicht nur einen Platz an (*Tia, Huanaco!* bedeutet in der Quetchua-Sprache „Setz dich, Huanaco!"), sondern er verglich dessen Schnelligkeit mit der jenes höckerlosen Wildkamels in den Hochgebirgssteppen Perus, das wir als *Guanako* kennen.

5. Naturkunde und Heilkunst

Die Schöpfer geographischer Namen hoben oft mit geradezu wissenschaftlicher Akribie und sichtlichem Stolz eine naturräumliche Besonderheit hervor, die ihrem Heimatort gewissermaßen Einzigartigkeit und Gewicht verlieh. Es waren insbesondere die bodenständige *Fauna*, d. h. die Tierwelt eines bestimmten Gebietes (vgl. den ziegenfüßigen, lüsternen röm. Waldgott *Faun*), und die *Flora*, also die typischen Pflanzenarten eines Raumes (nach der gleichnamigen röm. Frühlings- und Blumengöttin; vgl. *Florett*, das wegen des blümchenförmigen Knopfes an der Degenspitze so genannt wird), aber auch geologische Auffälligkeiten sowie die medizinische Nutzbarkeit einer Landschaft, die sich zur Benennung einer Örtlichkeit zu eignen schienen.

Die namengebende T i e r w e l t ist keinesfalls auf die erhabenen und wappentauglichen Exemplare wie Adler und Raben, Bären und Löwen beschränkt; auch etliches Kleingetier findet durchaus Erwähnung, inklusive der Insekten (auch „Kerbtiere" genannt, da Kopf, Brust und Hinterleib bei ihnen deutlich unterteilt sind; von latein. *insecare*, „einschneiden, einkerben"; vgl. *Sektion* und *sezieren*). So gaben die alten Azteken einer Felsenanhöhe mit phantastischem Blick auf die Stadt Mexiko den Namen *Chapultepec*, was in ihrer Sprache, dem Nahuatl, so viel wie „Hügel des Grashüpfers" bedeutet. Der nordrheinwestfälische Wallfahrtsort *Kevelaer* gibt freimütig zu, dass er einst in einem *Keverlo* – also einem „Gehölz mit Käfern" – entstand (vgl. auch die bayerischen Ortsnamen *Käfersberg* sowie *Käfertal*), und der flache *Mývatn* im Norden Islands macht seinem Namen „Mückensee" alle Ehre, obschon die kleinen Plagegeister dort nur bei bestimmten sommerlichen Wetterlagen stechen.

Bisweilen beschränkt sich eine zoologische Assoziation auf die allgemeine Mitteilung, dass es überhaupt Tiere in einer Region gibt. Einen Hafenort an der Ägäisküste der Türkei nannten die Osmanen *Kuşadası*, „Insel des Vogels" (von türk. *kuş*, „Vogel", *ada*, „Insel", und *sı*, „des…"), und auch im Fall der ostanatolischen Stadt *Kuşköy*, „Vogeldorf" (türk. *köy*, „Dorf"), erscheint der Hinweis ähnlich lapidar; ihre Bewohner haben dem Ortsnamen jedoch eine besondere Bedeutung gegeben, denn sie bedienen sich vogelähnlicher Triller-, Zirp- und Zwitscherlaute, mit denen sie sich in ihrer zerklüfteten und oft nebelverhangenen Heimat verständlich machen können.[1] Der *Kuş-See* südlich des Marmarameers ist entsprechend ein „Vogelsee", während der *Averner See* bei Neapel „vogelloser See" heißt – aus griech. *ἀ (a)*, „ohne", und *ὄρνις (órnis)*, „Vogel" (vgl. *Ornithologe*) – ein Name, den der Dichter Vergil geprägt haben soll, denn ihm war von den griechischen Kolonisten Süditaliens zugetragen worden, dass die giftigen Schwefelausdünstungen dieses vulkanischen Kratersees angeblich alle darüber fliegenden Vögel töteten; das dürfte auch der Grund sein, warum griechische und römische Schriftsteller ihn für einen der Eingänge zum Hades, zur Welt der Toten hielten. Aus ähnlichem Grund hat übrigens das *Tote Meer* in Palästina seinen Namen erhalten, denn der außergewöhnlich hohe Salzgehalt des Binnensees (etwa 33 Prozent) verhindert bis auf einige Mikrobenarten jedes Leben.

In die folgende Sammlung „tierischer" Ortsnamen wurden auch solche aufgenommen, in denen sich die Assoziationen zur Fauna der Region auf gewisse tierähnliche Formen oder typische Charakteristika einheimischer Tierarten beschränken.

Wildtiere zu Wasser und zu Lande

Auerbach bedeutet „Bach, an dem Auerochsen leben"; Orte dieses Namens gibt es gleich mehrfach in Deutschland: in der bayerischen Oberpfalz, in Hessen am Rand des Odenwalds und im sächsischen Vogtland, östlich von Plauen (vgl. die durch Goethe bekannt gewordenen Leipziger Weinstube „Auerbachs Keller"; ihr Gründer stammte aus dem bayerischen *Auerbach*). Der Name lautete im Mittelalter noch *Urbach*, von althochd. *uro*, mittelhochd. *ur*, „Auerochs, Ur-Rind", verw. mit latein. *urina*, „Urin, Harn"; s. *Uri* und *Urach*.

Bahr el-Ghazál, „Gazellenfluss", heißt ein sudanesisches Gewässer, das sich am nördlichen Ende des Sudd genannten Sumpfes mit dem Nil vereinigt, kurz vor der Einmündung des *Bahr el-Zeráf*, also des „Giraffenflusses" (s. *Sudd*).

Bäreninsel nennen wir treffend eine Insel zwischen dem Nordkap und Spitzbergen, deren Besitz sich die Besatzung einer norwegischen Funk- und Wetterstation mit den Ureinwohnern, den Eisbären, teilen muss (s. *Svalbard* und *Spitzbergen*).

---

[1] Die inzwischen ausgestorbenen Ureinwohner der Kanarischen Inseln, die Guanchen, haben sich übrigens ebenfalls mit einer Pfeifsprache von Berg zu Berg unterhalten (vgl. auch unsere Alpenjodler oder die geheime Flötensprache auf dem Balkan sowie das traditionelle Trommelsystem in Afrika).

Basel wurde zwar 374 n.Chr. als röm. Militärposten *Basilia* gegründet (s. *Basilika*), der Name der Rheinstadt an der deutsch-schweizerischen Grenze ist jedoch viel älter und hatte in vor-indogermanischer Zeit wohl die Bedeutung „Ort der Eber".

Beaver River ist die engl. Bezeichnung für den „Biberfluss", der im kanadischen Alberta entspringt, zunächst fast 500 km ostwärts nach Saskatchewan hineinfließt, um dann nordwärts zu den Quellflüssen des Churchill River abzubiegen.

Bebra, „Bach, in dem Biber wohnen", heißt eine hessische Stadt an der Fulda. Hier gab es schon in vorgeschichtlicher Zeit einen wichtigen Flussübergang. Der Name hat sich von *Biberacha* (mit althochd. *aha* für „Wasser") über *Bibera* zu seiner heutigen Form entwickelt (s. *Biberach*).

Berlin, aus mittelhochd. *ber-lîn*, „Bärchen", wurde Anfang des 12. Jahrhunderts während der Ostkolonisation unter Markgraf Albrecht I. – dem *Bären* – planmäßig besiedelt und 1230 mit dem kleineren Cölln (aus *Colonia*) zu einer Doppelstadt vereinigt, um den Spreeübergang zwischen Barnim und Teltow zu sichern. Seither ziert ein *Bär* als Symbol der Stärke das Wappen der Stadt *Berlin* (s. *Bern* und *Bernkastel-Kues*).

Bern, die Bundeshauptstadt der Schweiz, besitzt ein so genanntes „redendes" Wappen, auf dem, wie im Fall von Berlin, ein *Bär* abgebildet ist; immerhin gilt eine Bärenhöhle als eine der Sehenswürdigkeiten der Stadt. Möglicherweise bekam die als *Batzen* bezeichnete Münze nach dem *Bätz* („Bär"; vgl. *Meister Petz*) ihren Namen, denn sie wurde im 15. Jahrhundert in *Bern* geprägt, und noch heute sprechen wir umgangssprachlich von einem *Batzen Geld*. Übrigens lebte *Dietrich von Bern* nicht in dieser Stadt, sondern er residierte in Verona, das damals *Welsch-Bern* hieß: Hinter dem Namen aus der deutschen Heldensage verbirgt sich in Wirklichkeit der Ostgotenkönig Theoderich.

Besançon hat sich als Ortsbezeichnung aus keltoligur. *Vesontio*, wahrscheinlich in der Bedeutung „Wisent" (althochd. *wisunt*), entwickelt. Hier am Fluss Doubs hatten die keltischen Sequaner ihr Machtzentrum mit stadtartigen Befestigungen geschaffen, die die Germanen an einem Einfall durch die Burgundische Pforte hindern sollten; 1032 kam die Stadt unter dem Namen *Bisanz* dennoch an das Deutsche Reich, das als Romanum Imperium mit der Tradition des Römischen Reiches verbunden war; erst 1678 wurde *Besançon* französisch.

Beverley, „Biberbach" (von altengl. *beofor*, „Biber", und *lecc*, einem seltenen Wort für „Bach"), heißt eine Stadt nördlich von Hull. Übrigens wurde das berühmte *Beverly Hills* in Los Angeles nach diesem englischen *Beverley* benannt. (Vgl. die zahlreichen *Bever*-Namen in Deutschland und in den Niederlanden, z. B. *Bevern* und *Beverloo*; s. auch *Bebra* und *Biberach*.)

Biberach, „Bach, in dem Biber wohnen", wurde 1170 von Kaiser Friedrich I. auf dem ehemaligen Besitz der oberschwäbischen Herren von *Bibra* gegründet und als Marktsiedlung an der Kreuzung zweier alter Handelsstraßen angelegt.

Bober, poln. *Bóbr*, ist die slawische Entsprechung des deutschen Ortsnamens *Biberach* und bedeutet ebenfalls „Biberfluss"; er ist der größte linke Nebenfluss der Oder in Polen. Gleichen etymologischen Ursprungs sind die Namen der weißrussischen Stadt *Bobruisk* – von russ. бобр *(bobr)*, „Biber" –, am Ufer der einst biberreichen *Bobruika*, und der Stadt *Bobrow* am Don.

Boca Raton, ein moderner Badeort an der Südostküste Floridas, liegt an einem schmalen, von scharfzackigen Felsen gezeichneten Meeresarm – ein Umstand, der ihm seine abwertende spanische Bezeichnung mit der Bedeutung „Rattenmaul" eingetragen hat.

Catford, „Katzenfurt", heißt ein Distrikt Großlondons, heute ein Naherholungsgebiet mit zahlreichen Sportmöglichkeiten. Die Bezeichnung entstand, als das Flüsschen Ravensbourne an dieser Stelle noch von dichten Uferwäldern begleitet wurde und Wildkatzen sicher kein ungewöhnlicher Anblick waren.

Ceylon ist eine europäische Verstümmelung des indischen Namens *Sinhala*, „Reich der Löwen", woraus später die arabische Variante *Serendib*, „Löweninsel", wurde (s. *Sri Lanka*).

Cherusker, „die Hirschleute", nannte sich eine germanische Völkerschaft im Wesergebiet, die sich unter ihrem Anführer Arminius (bekannt als *Hermann der Cherusker*) mit den römischen Legionen des Varus die berühmte Schlacht im Teutoburger Wald lieferte. Der Name dürfte auf althochd. *hiruz* basieren und mit latein. *cervus*, „Hirsch", und griech. κέρας *(kéras)*, „Horn, Geweih", urverwandt sein – vgl. *Rhinozeros*, „Nashorn", und das Fremdwort *Keralogie* für die Bekämpfung von Haar- und Kopfhautschäden.

Dauphiné heißt eine historische Landschaft in den französischen Alpen, benannt nach den Grafen von Albon, die den lateinischen

Beinamen *Delphinus*, „Delphin" (franz. *Dauphin*), trugen und deren Wappen natürlich einen *Delphin* zeigte; ihnen gelang es, das Land zwischen Rhône und Alpen, Provence und Savoyen zu einem Fürstentum zu vereinen. Seit dem 14. Jahrhundert war *Dauphin* der Titel der französischen Thronfolger, die bis ins 16. Jahrhundert die *Dauphiné* als Einkunftsquelle erhielten (s. auch *Philadelphia*).

Derby, eine englische Industriestadt südwestlich von Nottingham, bekam ihren Namen von den dänischen Eroberern, wie an der Endung *-by* („Dorf, Siedlung") eindeutig erkennbar ist. Im ersten Teil des Ortsnamens verbirgt sich das altnorweg. Wort *djúr* für „Wild" (vgl. engl. *deer*, „Rotwild").

Dorpat ist der Name, den die deutschen Kreuzritter einer estnischen Siedlung gaben, nachdem sie 1215 die zugehörige Burganlage *Tarbatu* erobert hatten. Heute heißt die älteste Stadt Estlands *Tartu*. Beide Bezeichnungen, *Dorpat* und *Tartu*, haben ihre Wurzel in dem altestnischen Wort *tarvas*, „Auerochse" (der das Schutztier der alten Burg war).

Eberswalde führt tatsächlich einen *Eber* im Schilde, und angesichts des großen Waldreichtums und der vielen sumpfigen Gewässer in der Umgebung der brandenburgischen Stadt kann man sich eine Begegnung mit Schwarzkitteln durchaus vorstellen. Das Naherholungsgebiet vor den Toren Berlins beherbergt heute jedoch keine *Eber* mehr, dafür aber Fisch- und Seeadler sowie Kraniche und Biber. Ebenfalls von althochd. *ebur* („männliches Wildschwein") abgeleitet sind die Namen der Städte *Eberbach* am Neckar und *Ebern* in Unterfranken.

Ellwangen ist als Ortsname nicht sofort durchschaubar; er hat nichts mit menschlichen Körperteilen zu tun, sondern bedeutet schlicht „Elchwiese", denn die Siedlung am Oberlauf der Jagst, die im 12. Jahrhundert bei einem alten Benediktinerkloster entstand, hieß zu jener Zeit *Eleswangen* (von althochd. *elaho*, „Elch", und *wang*, „abschüssiges Feld, Wiese"). Angeblich hatte der Gründer der Abtei an dieser Stelle einst einen *Elch* erlegt; daher soll er die Hangwiese fortan *Elehenfanc*, „Elchfang", genannt haben. (Der *Elch* kam damals als wanderndes Großwild tatsächlich auch in Süddeutschland vor.)

Golfe du Lion, also „Golf des Löwen" (nicht zu verwechseln mit *Lyon*; s. dort), nennen die Franzosen die Mittelmeerbucht vor der Rhônemündung (vgl. die engl. Bezeichnung *Gulf of Lions*);

angeblich soll der stürmische Winter-Mistral die Menschen einst an das Gebrüll von Löwen erinnert haben (s. *Sierra Leone*).

Great Bear Lake ist der Name des größten Süßwassersees Kanadas (mit einer Fläche von über 30 000 km^2). Der „große Bärensee" ist extrem kalt, und nur wenige Monate des Jahres wird die Schifffahrt nicht durch Eis behindert. So fischarm der See selbst ist, so vielfältig belebt sind seine bewaldeten Ufer, einschließlich der Achtung gebietenden Tierart, nach der er benannt ist.

Hertford, nahe einer alten „Hirschfurt" am Fluss Lea (von engl. *hart*, „ausgewachsener Hirsch", und *ford*, „Furt"), entstand bereits im 8. Jahrhundert, nur wenige Kilometer nördlich von London (s. *Hirsau*).

Jaziret (auch *Djesirat*) *el-Araneb*, „Kanincheninsel", nennen die Libanesen mit Fug und Recht eine Mittelmeerinsel, die der Stadt Tripoli vorgelagert ist, weil die Franzosen hier während ihrer Mandatszeit zu Jagdzwecken etliche Kaninchen aussetzten. Die europäische Schutzmacht musste 1946 das Land verlassen, die Kolonie der Vierbeiner aber hat sich erwartungsgemäß kräftig entwickelt und auf Dauer etabliert.

Kampala, die Hauptstadt Ugandas, soll nach der hier anzutreffenden Antilopenart, den *Impalas*, benannt sein.

Kanarische Inseln, „Hundsinseln" (span. *Islas Canarias*, von latein. *canis*, „Hund") nannten im 15. Jahrhundert die spanischen Eroberer diese Inselgruppe vor der Nordwestküste Afrikas, angeblich nach den ungewöhnlich großen Hunden, die von der Urbevölkerung, den Guanchen, vor allem auf der Insel Teneriffa gehalten wurden. Die *Kanarischen Inseln*, deren Existenz schon in der Antike bekannt war, hießen bei den Römern *Fortunatae Insulae*, „Glückliche Inseln", wohl nicht zuletzt wegen ihres vortrefflichen Klimas. (Aus dem gleichen Grund stehen sie bei den Touristen aus Nord- und Westeuropa als „Inseln des ewigen Frühlings" in hohem Kurs.) Von hier stammt übrigens auch der *Kanarienvogel*, der schon bei den Guanchen wegen seines abwechslungsreichen Gesangs als Haustier beliebt war (s. auch *Lanzarote* und *Fuerteventura*).

Kattegat, „Katzenloch" (von niederd. *gatt*, „Loch", auch „Hintern", im Sinn von „enger Durchgang"; vgl. engl. *gate*, „Tor", und unser *Gatter*), ist die geographische Bezeichnung für ein flaches Meeresgebiet zwischen Jütland und Schweden, das Nord- und Ostsee miteinander verbindet. Da der starke Schiffsverkehr die zahlreichen Untiefen im westlichen Bereich meidet und sich hauptsächlich auf eine schmale östliche Fahrrinne konzentriert, hat der Wasserweg in der Tat den Ruf eines nicht ungefährlichen Nadelöhrs oder – wörtlich genommen – eines „Katzen-Afters" (s. *Ramsgate*).

Katwijk, eine holländische Stadt an der Mündung des Alten Rheins in die Nordsee, erhielt von ihren Gründern den ein wenig überraschenden Namen „Katzensiedlung". Andererseits fällt in einem Küstenort mit Fisch verarbeitender Industrie die Assoziation mit streunenden Katzen sicher nicht allzu schwer (von niederl. *kat*, „Katze", und *wijk*, „Stadtviertel"; vgl. auch *Kattowitz* im heute polnischen Oberschlesien).

Khartum liegt exakt an der Vereinigung von Weißem und Blauem Nil. Die Lage der sudanesischen Hauptstadt auf einer schmalen, gebogenen Landzunge zwischen den beiden Flüssen dürfte der Grund sein für ihren eigentümlichen arabischen Namen: *Al-Hurtum*, „der Elefantenrüssel".

Lauenburg ist eine Elbestadt in Schleswig-Holstein, deren erster Namensbestandteil „Löwen" bedeutet (nach dem Wappentier des Herzogtums *Lauenburg*).

Lemberg, russ. *Lwow*, hat nichts mit Lehm zu tun; der Name der ukrainischen Stadt bedeutet „Löwenberg" (im Sinne von *-burg*), und daher zeigt das Stadtwappen einen Löwen unter dem hochgezogenen Gatter eines Burgtors. Es gibt allerdings keinen wirklichen Bezug zu diesem Raubtier, denn die Benennung des im 13. Jahrhundert gegründeten Ortes geht lediglich auf *Leo I.* von Przemysl zurück (latein. *leo*, „Löwe"; vgl. *Leonberg* in Baden-Württemberg). Der Ortsname *Lemberg* in Westfalen hat dagegen eine unmissverständliche Herkunft (s. *Lembeck*).

Lofoten, die Betonung liegt auf der ersten Silbe, bedeutet „Luchs-Pfoten". Die Kette lang gestreckter Inseln vor der Nordwestküste Norwegens erinnert, aus der Luft betrachtet, an die Spur eines Luchses. Vom Meeresniveau aus gesehen gleichen die Inseln mit ihren spitzen Gipfeln (bis zu 1266 m) und tief reichenden Gletschern einem ins Meer getauchten alpinen Gebirge.

Los Gatos, „die Katzen", heißt eine kalifornische Stadt, die 1853 als Sommerresidenz für prominente Bewohner von San Francisco, insbesondere Autoren und Künstler, gegründet wurde. Der spanische Name bezieht sich auf *Wildkatzen*, die es hier am *Los Gatos Creek* im Überfluss gegeben haben soll.

Lykien, das gebirgige Hinterland der Südwestküste Anatoliens, muss in der Antike, als es seinen Namen „Land der Wölfe" – von griech. *λύκος (lýkos)*, „Wolf" – erhielt, eine recht unwirtliche Landschaft gewesen sein. Besonders die Viehzüchter werden den räuberischen Nahrungskonkurrenten des Menschen verflucht und gnadenlos verfolgt haben. Von *Lykien* ist übrigens auch unsere frühere Bezeichnung *Lyzeum* für ein Mädchengymnasium abgeleitet: Im alten Athen hieß z. B. das Gymnasium – an dem auch Aristoteles gelehrt hatte – *Λύκειον (Lýkeion)*, da es nahe beim Tempel des *Apollon Lykeios*, des „Wolfstöters Apoll" (oder des „lykischen Apoll"), errichtet worden war.

Mazatlán ist eine mexikanische Stadt, die – obwohl erst 1806 entstanden – den alten aztekischen Namen dieses Gebietes am Golf von Kalifornien übernahm: „Platz der Hirsche". Die Umgebung der Stadt ist noch heute so reich an Wild, dass den Touristen, die eigentlich einen Badeurlaub gebucht haben, zusätzlich Jagdausflüge angeboten werden (s. auch *Guatemala*).

Nahr el-Kelb, „Fluss des Hundes", heißt aus unklaren Gründen ein libanesischer Küstenfluss (s. auch *Nahr es-Zarka* und *Nahr Ibrahim*).

Orkney Inseln nennen wir eine Inselgruppe nördlich des schottischen Festlands, deren Name sich aus kelt. *orc*, „Wal" (auch „Seeungeheuer"), und altnorweg. *ey*, „Insel", zusammensetzt. Die großen Meeressäuger sind in den Gewässern um die *Orkney Inseln* allerdings rar geworden.

Rat Islands, „Ratteninseln", lautet die viel sagende Bezeichnung einer Gruppe von Inseln der westlichen Aleüten vor der Küste Südwest-Alaskas.

Rayleigh, eine englische Stadt nordwestlich von Southend-on-Sea, ist offensichtlich auf einer ehemaligen „Reh-Lichtung" entstanden. Im 11. Jahrhundert hieß der Rodungsort *Ragheleia* (von altengl. *ræge*, „Reh", und *leah*, „Lichtung").

Reindeer Lake ist ein „Rentier-See" in der Waldtundra der kanadischen Provinzen Saskatchewan und Manitoba, der durch den südwärts fließenden *Reindeer River* entwässert wird.

Sierra Leone verdankt seinen Namen einer Legende. Als portugiesische Seefahrer sich diesem Landstrich Westafrikas 1460 zum ersten Mal näherten, hielten sie das Heulen der Stürme im wolkenverhangenen Küstengebirge für Löwengebrüll, und sie nannten das schroffe Felsmassiv *Serra da Leão*, „Löwengebirge", ein Name, der später (in span. Lesart) auf das ganze Hinterland übertragen wurde. Unwissentlich folgten die Portugiesen damit in etwa der Bezeichnung, die die Eingeborenen für ihre Heimat gefunden hatten: „Ort des Berges". 1787 errichteten die Briten an der Küste die Siedlung *Freetown* („Freistadt"), eine Kolonie für ehemalige Sklaven aus England und den USA. Seit 1961 ist *Freetown* die Hauptstadt des unabhängigen Staates *Sierra Leone* (s. *Golfe du Lion* und *Monroe*).

Singapur, altind. „Stadt der Löwen", war einst der für den Chinahandel wichtigste britische Flottenstützpunkt östlich von Suez. Die englischen Kolonialherren, die *Singapur* 1867 zur Kronkolonie machten, fügten den zahllosen steinernen Löwen etliche eigene Exemplare als Symbol ihrer Weltmacht hinzu. *Singapur*, an der Südspitze der Malaiischen Halbinsel gelegen, schloss sich 1963 zunächst dem Nachbarland Malaysia an, wurde aber 1965 als souveräner Stadtstaat Mitglied des Commonwealth.

Spanien, in der Landessprache *España*, erhielt seinen Namen wohl schon von den Phöniziern. Als diese sich im 11. Jahrhundert v. Chr. bis an den westlichen Rand des Mittelmeers vorwagten, nannten sie das Land, auf das sie dort stießen, *I-Shephanim*, „Küste der Klippschliefer", denn mit diesen, den Murmeltieren ähnelnden afrikanischen Säugern verwechselten sie die Massen von Kaninchen, deren Vorkommen zu jener Zeit wohl auf Spanien und die Balearen beschränkt war (s. *Sepharad* und *Iberia*).

Sudeten, „Wildschweingebirge" (von mittelhochd. *su*, „Schwein, Sau") heißt das Grenzgebirge zwischen Polen und Tschechien, dessen westlicher Teil uns als Riesengebirge bekannt ist.

Urach, der Name einer Stadt in der Schwäbischen Alb, hat die Bedeutung „Auerochsen-Bach" (von althochd. *uro*, mittelhochd. *ur*, „Ur-Rind", und *aha*, „fließendes Wasser", womit die Erms, ein rechter Nebenfluss des Neckar, gemeint sein dürfte) – sicherlich die Erinnerung an ein Jagderlebnis mit einem Auerochsen. Ähnliches gilt für den Namen des Kanton *Uri* in der Zentralschweiz, der im Wesentlichen das Flussgebiet der Reuß vom *Urserental* bis zum *Urner See* umfasst (s. *Auerbach*).

Wisconsin, aus indian. *ouiscousin*, „Platz der Biber", war zunächst nur die Bezeichnung für den *Wisconsin River*, einen Nebenfluss des Mississippi, bevor sich der Staat im Mittleren Westen der USA ebenso nannte. Der Beiname *Badger State*, „Dachs-Staat", bezieht sich dagegen nicht auf ein wild lebendes Tier, sondern auf die Bergleute, die sich in den 20er Jahren des 19. Jahrhunderts auf der Suche nach Blei wie Dachse in die Hänge der Hügel gruben.

Wulfen in Westfalen gemahnt – wie *Wolfen* in Sachsen-Anhalt und die niedersächsischen Städte *Wolfenbüttel* und *Wolfsburg* – an die Zeiten, als *Wölfe* noch unsere Heimat unsicher machten. Übrigens ist auch das bedeutendste öffentliche Gebäude von Paris (ursprünglich Schloss der französischen Könige, heute Museum) mit der Bedrohung durch dieses gefürchtete Tier assoziiert, denn *Louvre*, aus spätlatein. *Lupara*, ist als „Sammelplatz der Wolfsjäger" zu deuten.

Adler, Krähen und andere Vögel

Alcatraz heißt ein berüchtigtes Eiland vor der kalifornischen Küste. Von 1868 bis 1933 wurde die Insel, die sich 40 m über die Wasseroberfläche der San Francisco Bay erhebt, als Bundesgefängnis für besonders gefährliche Häftlinge genutzt. Spanische Forscher hatten ihr 1755 den Namen *Isla de los Alcatraces*, „Insel der Pelikane", gegeben, denn vor allem diese Vogelart siedelte in großer Zahl auf den steilen Felsen.

Aquileia, heute ein kleiner italienischer Fischerort am Nordrand der Adria, war bis zur Spätantike ein bedeutendes Handelszentrum zwischen Nord- und Südeuropa, das sich den Beinamen „Zweites Rom" verdient hatte. Nach der Zerstörung durch den Hunnenkönig Attila im Jahr 452 nannte sich die kleine Restsiedlung *Aglar* – eine bescheidene Variante der einst stolzen Bezeichnung „Stadt des Adlers" (latein. *aquila*). Ein Namensvetter *Aquileias* ist der italienische Abruzzenort *L'Áquila*.

Arnheim ist die Hauptstadt der niederländischen Provinz Geldern. Der Name – „Adlerhorst" – enthält das althochd. Wort *aro*, „Adler" (vgl. *Aar*, die heraldische Bezeichnung für den König der Lüfte). Der ähnlich dünkende Name der Sauerlandstadt *Arnsberg*, der zwar wörtlich übersetzt „Adlerberg" bedeutet, geht dagegen auf einen gewissen Grafen *Arn* („Adler"), den Gründer der Burg *Arnsberg*, zurück.

Azoren oder *Ilhas dos Açores*, „Habichtsinseln", nannten die portugiesischen Entdecker 1427 die Inselgruppe mitten im Atlantischen Ozean wegen der ungewöhnlich großen Zahl an Greifvögeln, die sie dort antrafen. Lange vor den Portugiesen hatten übrigens schon die Karthager die *Azoren* aufgesucht, und auch den Normannen und Arabern waren die gebirgigen, aber sehr fruchtbaren Inseln 1400 km vor der europäischen Westküste bekannt (s. *Terceira*).

Bülbül Dağı, „Nachtigallenberg", heißt bei den Türken ein lang gestreckter Höhenrücken, der sich über der Ruinenstätte von Ephesus erhebt.

Buntingford, „Ammerfurt", ist eine Kleinstadt am River Rib im englischen Hertfordshire, die nach dieser Vogelart benannt ist.

Carnforth nördlich der englischen Stadt Lancaster wurde um das Jahr 1000 als *Chrenefort*, d.h. „Kranichfurt", am nahe gelegenen Fluss Keer gegründet (hier liegt eine Metathesis, also eine Vertauschung von Buchstaben vor; die moderne Version des Städtenamens wäre eigentlich *Craneford*; vgl. die Stadt *Cranbrook*, „Kranichbach", in Kent).

Costa dei Gabbiani, „Möwenküste", ist der treffende Name eines Naturschutzgebiets an der steilen Westküste Elbas, die von den Nistplätzen Tausender dieser gefiederten Schreihälse überzogen ist. (Unser Wort *Möwe* ist aus mittelhochd. *mawen*, „kreischen", entstanden; vgl. niederl. *mauwen*, „miauen".)

Crawley, eine Stadt südlich von London, ist offensichtlich aus einer Rodung in einem „Krähenwald" hervorgegangen, denn im Altenglischen bedeutete *crawe* „Krähe" (modern *crow*) und *leah* „(Wald)Lichtung". Auf den unüberhörbaren Vogel beziehen sich auch die Namen von *Crowborough* („Krähenhügel", im 14. Jahrhundert noch *Crowbergh*) in Sussex, sowie von *Cromer* („Krähensee", mit altengl. *mere*, „Teich") in Norfolk und von *Crowthorne* („Krähendorn") in Berkshire (s. auch *Krefeld*).

Finchley, aus engl. *finch*, „Fink", und altengl. *leah*, „Lichtung", wandelte sich von einer angelsächsischen Waldsiedlung zu einem Distrikt in Greater London (vgl. auch die Marschinsel *Finkenwerder* an der Niederelbe in Hamburg).

Foula, eine der Shetland-Inseln nördlich der schottischen Küste, ist bekannt für ihre großen Seevogelkolonien; bereits die Wikinger gaben ihr den Namen „Vogelinsel" (aus altnorw. *fogl*, „Vogel", und *ey*, „Insel").

Góry Sowie, das „Eulengebirge", ist ein Teil der niederschlesischen (heute polnischen) Sudeten, mit der *Hohen Eule* als höchster Erhebung (1015 m).

Kosovo Polje bedeutet im Südslawischen „Amselfeld" (von *kôs*, „Amsel", und *polje*, „Feld"; vgl. *Polen*). Die Hochebene in

Südserbien nahe der albanischen Grenze ist bei uns durch die historische *Schlacht auf dem Amselfeld* (1389, Sieg der Türken über Serbien) und den *Amselfelder Wein* bekannt geworden.

Krefeld im niederrheinischen Tiefland ist offensichtlich an einem Sammelplatz krächzender Rabenvögel entstanden (von mittelniederd. *kreye* und altsächs. *kraja*, „Krähe"). Die gräfliche Burg in *Krefeld* heißt entsprechend *Krakau*[1], „Krähenkäfig" (im 15. Jahrhundert *Kraikouwen*, zu mittelniederd. *koven*, „Käfig").

Kronach, eine Stadt im bayerischen Oberfranken, verkündet mit ihrem Namen, dass sie an einem „Kranich-Gewässer" – dem Fluss *Kronach* – errichtet wurde (mit ahd. *aha*, „fließendes Wasser"). Das althochd. *kranuh*, „Kranich", ist urverwandt mit dem griechischen Wort γέρανος *(géranos)*, „Kranich"; die Gattung der Storchschnabel-Gewächse, die wir volkstümlich *Geranien* nennen, müsste demnach eigentlich „Kranichschnabel-Gewächse" heißen (vgl. auch den *Kran*, der seine Bezeichnung der Ähnlichkeit mit dem langhalsigen Vogel verdankt). Die Städtenamen *Kronberg* im Taunus und *Kronenburg* in Nordrhein-Westfalen haben den gleichen etymologischen Hintergrund.

Kulikowo Pole lautet der russische Name für das „Schnepfenfeld", eine Ebene südlich von Moskau, auf der den Russen 1380 ein erster historischer Sieg über die Mongolen gelang.

Laboe, Standort des berühmten Marinedenkmals, ist ein Seebad am Ostufer der Kieler Förde; der Name bedeutet „Schwanenbucht" und geht wohl auf altpolab. *l'ebed*, „der Schwan", zurück.

Penicuik heißt eine schottische Stadt in den Uplands südlich von Edinburgh, was mit „Kuckuckshügel" (aus kelt. *pen*, „Hügel", und *cog*, „Kuckuck") zu übersetzen ist.

Ramsgate, ein bekannter Ferienort an der Kliffküste der englischen Grafschaft Kent, trägt einen Namen, der in etwa „Rabenschlucht" bedeutet (altengl. *hræfn*, „Rabe", und *geat*, „Lücke"; vgl. engl. *gate*, „Tor", und dt. *Gatter*). Ob die Form eines Kliffs an einen Vogel erinnerte oder Rabenschwärme an einem bestimmten Felseinschnitt besonders häufig auftraten, ist ungewiss.

Ravensburg, von althochd. *hraban*, „Rabe", entstand im 11. Jahrhundert unterhalb einer alten Welfenburg am Bodensee (vgl. die Burg *Ravensberg* bei Halle in Westfalen). Ähnlicher Herkunft ist

---

[1] Es besteht keinerlei Beziehung zur polnischen Stadt *Krakau* (poln. *Kraków*), denn diese wurde nach ihrem mittelalterlichen Gründer *Krak* benannt.

der Name der Stadt *Ramstein* im Nordpfälzer Bergland bei Kaiserslautern (s. auch *Ramsau*).

Spessart ist die moderne Variante von *Spehteshart* (aus ahd. *speht*, „Specht", und *hart* oder *hard*, „Bergwald"), wie man im 9. Jahrhundert das dicht bewaldete Bergland im Südwesten Deutschlands bezeichnete. Die mit 585 m höchste Erhebung im „Spechtswald" verdiente natürlich den markanteren Vogelnamen *Geiersberg* (vgl. auch die beiden baden-württembergischen Orte *Spessart* bei Ettlingen und *Spetzgart* in der Nähe von Überlingen am Bodensee).

Storrington, eine Kleinstadt in West-Sussex, ist anscheinend aus einer „Farm mit Störchen" hervorgegangen (von altengl. *storc*, „Storch", und *tun*, „Farm"). Der Storchenname – übrigens der Einzige in Großbritannien – macht Sinn wegen der Lage der Siedlung nahe den Sumpfgebieten im Arun-Tal. Nicht weit entfernt finden wir auch die „Sumpf-Farm" *Washington* (s. dort).

Tortola, span. für „Turteltaube", heißt die größte der britisch-westindischen Jungferninseln, die ringsum von zahlreichen kleineren Inseln umgeben ist.

Tranmere ist ein Bezirk der englischen Industriestadt Birkenhead, südwestlich von Liverpool. Der Name bedeutet „Kranich-Sandbank" (von altnorweg. *trani*, „Kranich", und *melr*, „Sandbank"), womit die ehemaligen Sandbarrieren im breiten Mündungstrichter des Mersey gemeint sein dürften, auf denen sich wohl regelmäßig Kraniche versammelten.

Unst, die nördlichste der schottischen Shetlandinseln, wurde von den Wikingern „Adlerhorst" genannt, von altnorw. *orn*, „Adler", und *vist*, „Wohnung"; vgl. auch griech. *ὄρνις (órnis)*, „Vogel".

Uruguay bedeutet in der Sprache der indianischen Ureinwohner Südamerikas „Fluss des bunten Vogels", womit also zunächst der *Rio Uruguay* gemeint war, bevor der Name auf das Land nördlich des Rio de la Plata ausgedehnt wurde. *Uruguay*, das wegen seiner strategischen Lage lange zwischen Spanien und Portugal umstritten und ab 1821 brasilianische Provinz war, erlangte 1828 die Unabhängigkeit (s. *Montevideo*).

Kriechtiere

Bamako, die auf dem linken Niger-Ufer gelegene Hauptstadt von Mali, nannten die Einwohner aus nahe liegenden Gründen „Krokodilfluss". Das ehemalige Dörfchen der *Malinke* („Leute von

Mali"), kann nur auf eine verhältnismäßig kurze Geschichte zurückblicken. Erst gegen Ende des 19. Jahrhunderts begannen die Franzosen, den Ort auszubauen, der heute mit ca. 800 000 Einwohnern und anhaltender Zuwanderung aus allen Nähten platzt.

Great Ormes Head, „großer Schlangenkopf", heißt wegen ihrer Form eine Halbinsel in Wales – eine Bezeichnung, die aus altnorw. *ormr*, „Schlange" (verw. mit engl. *worm* und unserem Lind-*Wurm*), sowie *hofuð*, „Haupt", entstanden ist.

Güstrow, eine Stadt südlich von Rostock, war zum Zeitpunkt ihrer Gründung offensichtlich „ein Ort, wo es Eidechsen gibt" (von altpolab. *guscer*, „Eidechse").

Isla la Tortuga ist, wie der spanische Name enthüllt, eine „Schildkröteninsel". Das flache, nahezu unbewohnte Koralleneiland vor der Küste Venezuelas wird regelmäßig von Schildkrötenweibchen zur Eiablage aufgesucht. *Tortuga* (offiziell *Île de la Tortue*) heißt auch eine Insel nördlich von Haiti, die im 17. Jahrhundert als Hauptsitz der so genannten Filibuster berüchtigt war.

Krokodilopolis, „Krokodilstadt", war der altgriechische Name von Arsinoë, der früheren Metropole des Faiyum. In dieser fast 50 Meter unter dem Meeresspiegel liegenden, ehemals sumpfigen Oase westlich des Nils wurde – wie in anderen vom Wasser abhängigen ägyptischen Städten – im ersten vorchristlichen Jahrtausend der Gott Suchos in Gestalt eines Krokodils verehrt, was die zahlreichen Funde von Krokodilmumien belegen. (Auch andere frühe Kulturen, etwa im alten Indien, kannten die Vergöttlichung des Krokodils; im Fernen Osten war es offenbar das Vorbild für den chinesischen Drachen.)

Snake River ist die englische Bezeichnung für einen „Schlangenfluss"; es handelt sich dabei um den größten Nebenfluss des Columbia River im Nordwesten der Vereinigten Staaten. In Deutschland begegnet uns der weniger einleuchtende Ortsname *Schlangenbad* für ein hessisches Staatsbad mit Thermalquellen bei Wiesbaden.

Mehr noch als umherziehende oder vereinzelt auftretende Tiere eignet sich die heimische Pflanzenwelt – die F l o r a – als Namensquelle. Bestimmte Baumarten und Sträucher, Blumen und Kräuter geben einer Landschaft ihr besonderes Gepräge. In unseren kühlgemäßigten Breiten sind es vor allem *Buche*, *Birke* und *Eiche*, aber auch *Linde* und *Erle*, *Esche* und *Ulme*, die zur Benennung von Orten taugen. In südlichen

Gefilden ist der Pflanzenwuchs dagegen oft so üppig und überwältigend artenreich, dass ein unterkühlter Europäer wie James Cook eine weite Meeresbucht im australischen Neusüdwales umfassend *Botany Bay*, „Botanik-Bucht", nannte. Als er 1770 hier an Land ging und den neuen Kontinent offiziell für seinen König, Georg III., in Besitz nahm, konnte er nicht ahnen, wie sehr dieser erste Eindruck von Australien täuschte.[1] Ähnlich überschwänglich reagierten die Portugiesen, als sie 1445 erstmalig das Westkap Afrikas umrundeten; nach der eintönigen Fahrt in Sichtweite der Saharadünen waren sie von der üppigen Vegetation auf dem Vorgebirge der Senegalküste so beeindruckt, dass sie es spontan *Cabo Verde*, „grünes Kap" tauften. (Westlich vorgelagert liegen auf gleicher geographischer Breite die *Kapverdischen Inseln*.)

Buchen-, Birken- und Eichennamen

Aichach bei Augsburg muss einst in einem „Eichenwald" (althochd. *eihhahi*) gelegen haben, ähnlich wie der Altmühlort *Eichstätt* („Ort, wo Eichen stehen"), oder das *Eichsfeld*, eine Hochfläche am Nordwestrand des Thüringer Beckens. Die Benennung der baden-württembergischen Gemeinde *Schönaich* hingegen ist schon ein wenig verwirrend – liegt sie doch inmitten eines bewaldeten Berglands namens *Schönbuch* (s. *Birkach*).

Beresina, „Birkenfluss", benannten die Weißrussen einen rechten Nebenfluss des Dnjepr – nach dem typischen Baum ihrer Heimat, der in ihrer Sprache БЕРЁЗА *(birjósa)* heißt.

Biarritz ist ein südfranzösisches Seebad nahe der Grenze zu Spanien. Sein baskischer Name *Miarritze* bedeutet „zwei Eichen".

Birkach, „Birkenwald", eine Stadt in Schwaben, enthält in ihrem Namen das althochd. Wort *birka*, das mit griech. φορκός *(phorkós)*, „weißgrau", verwandt ist (vgl. *Birkenfeld* in Rheinland-Pfalz und die „mit Birken bestandene Landzunge" *Birkenhead*, nahe der westenglischen Stadt Liverpool).

Bocholt bedeutet natürlich „Buchenholz". Der Name der westfälischen Stadt ist praktisch mit dem von *Buchenwald*, einem ehemaligen KZ bei Weimar, identisch. Die Variante *Buchholz* begegnet uns in der Nordheide und bei Schwerin (s. auch *Bochum* und *Bückeburg*).

---

[1] Eine weitere Fehleinschätzung unterlief ihm, als er 1769 eine Bucht der Nordinsel Neuseelands *Poverty Bay*, „Bucht der Armut", taufte, da es an dieser Stelle offensichtlich nur wenige Nahrungsmittel für seine Mannschaft gab; heute findet sich hier eines der reichsten Landbaugebiete der Insel!

Bukowina ist von russ. ƃук *(buk)*, „Buche", herzuleiten. Das „Buchenland" nordöstlich der Karpaten wechselte in den letzten Jahrhunderten von türkischem in österreichischen und rumänischen Besitz. Heute gehört der größte Teil der *Bukowina* mit der Hauptstadt Tschernowzy (dt. Czernowitz, rumän. Cernauti) zur Ukraine.

Buxtehude, eine Stadt südwestlich von Hamburg, entwickelte sich im 10. Jahrhundert als Warenumschlagplatz am „Buchenufer" (von althochd. *buohha*, „Buche", und *stado*, „Gestade") der Este, einem Nebenfluss der Elbe. Der Ortsname enthält als Zusatz das mittelniederd. Wort *hude* für „schützender Hafen" (vgl. *Hode* sowie *hüten* und *Hut*).

Dart heißt in der englischen Grafschaft Devon ein „Fluss, an dem Eichen wachsen" – von kelt. *derwen*, „Eiche". Er entspringt im moorigen Bergland *Dartmoor* und mündet an der englischen Südküste bei *Dartmouth*. Die Industriestadt *Dartford* entstand zwar an der „Furt durch einen Eichenfluss", aber nicht am *Dart*, sondern am *Darent* in Kent. Auch der *Darwen* in Lancashire und der *Derwent* in Derbyshire verweisen auf die reichen Eichenbestände im alten Britannien (desgleichen *Derventio*, der alte römische Name von Malton in North Yorkshire). Die Eiche ist noch heute der Nationalbaum Großbritanniens.

Eifel, „mit Eichen bedeckte (Hoch)fläche", nennen wir den nordwestlichen Teil des Rheinischen Schiefergebirges zwischen Mosel und Mittelrhein. Der Name setzt sich aus althochd. *eih*, „Eiche", und *fil*, „breit, flach", zusammen (vgl. den flachen Höhenzug *Ville* westlich von Köln; die *Eifel* hat übrigens keinen Bezug zum *Eiffelturm*, der 1889 für die Pariser Weltausstellung errichtet und nach seinem Erbauer, *Gustave Eiffel*, benannt wurde).

Hiesfeld bei Dinslaken steht etymologisch offenbar mit *Heister*, also in Baumschulen gezogenen „jungen Buchen", in Zusammenhang (vgl. auch franz. *hêtre*, „Buche").

Kerpen, westlich von Köln, hieß im 13. Jahrhundert *Carpena*; daher dürfte der Name der rheinischen Stadt von latein. *carpinus*, „Hainbuche", abzuleiten sein. (Ein weiteres *Kerpen* findet sich in der Eifel.)

Londonderry ist eine nordirische Stadt, die seit dem frühen 17. Jahrhundert den Zusatz *London*- trägt; damals erlaubte Jakob I. protestantischen Kaufleuten aus der englischen Hauptstadt, hier eine Siedlung zu errichten. Die Katholiken Nordirlands bevorzugen natürlich die ältere Kurzform *Derry*, von irisch *Doire*, „Eichenhain" – ein Name, den viele Ortschaften in Irland tragen (vgl. auch den Fluss *Derwent*).

Oakland in Westkalifornien wurde 1820 im „Eichenland" an der San Francisco-Bucht gegründet (von engl. *oak*, „Eiche").

Oxted im englischen County Surrey hat – anders als Oxford – nichts mit Ochsen zu tun. Der Ortsname bedeutet „Eichenort" und enthält die altengl. Wörter *ac*, „Eiche" (heute: *oak*), und *stede*, „Platz, Stätte". Entsprechend hieß die Stadt im 12. Jahrhundert noch *Acstede*.

Sevenoaks, „sieben Eichen", ist ein nicht gerade seltener Name mit der magischen Zahl Sieben. Ein halbes Dutzend *Siebeneichs* begegnet uns allein in Deutschland! Im vorliegenden Fall handelt es sich jedoch um eine englische Stadt in Kent. Ob es hier im Mittelalter wirklich sieben Eichen gab, ist ungewiss; fest steht, dass spätestens seit 1955 sieben Exemplare dieser Baumart den östlichen Stadtrand von *Sevenoaks* zieren.

Ulmen und Linden – Erlen und Eschen

Alderney, von altnorweg. *olr*, „Erle", und *ey*, „Eiland" (vgl. unsere *Au*), ist eine kleine britische Kanalinsel mit noch fast feudalen Strukturen. Der normannische Name erklärt sich durch die Niederlassung dänischer Wikinger im 9. Jahrhundert.

Aschaff hat einen harmloseren Hintergrund, als man zunächst annehmen möchte, denn der Name der bayerischen Stadt am Main bedeutet schlicht „Eschenbach" (zusammengesetzt aus der althochd. Baumbezeichnung *asc* und der oberd. Endung -*aff*, die sich vom indogerman. Wasserwort *ab* herleitet; vgl. kelt. *aber*, „Fluss"). Noch anzüglicher mag manchem der Name der Stadt *Aschaffenburg* klingen; dabei entstand die unterfränkische Stadt aus einer Burganlage, die im Mittelalter den Mainübergang an der Einmündung des Spessartflüsschens *Aschaff* sicherte. Den gleichen Bezug zur „Esche" zeigen im Übrigen die Orte *Asbach*, *Ascheberg* und *Asperg*, aber auch *Eschenbach*, *Eschweiler* und *Waldesch*.

Canterbury ist eine Stadt alten britischen Ursprungs. Bevor die Römer Britannien besetzten, hatte die Stadt *Durovernum Cantiacorum*, „ummauerte Stadt in einem Erlensumpf im Land der Bewohner von Kent", geheißen – eine Wortkombination von kelt.

duro, „mit Mauern umgebene Stadt", und *uerno*, „Sumpf, wo Erlen wachsen". (In Wales nennt man die „Erle" noch heute *gwern*.) Die Befestigungen haben der Stadt wenig genützt, denn sie konnten im 1. Jahrhundert n. Chr. den römischen Belagerungsmaschinen nicht widerstehen. Im späten 6. Jahrhundert wurde *Canterbury* die Hauptstadt des Königreichs Kent sowie ein Religions- und Kulturzentrum, nachdem der Missionar St. Augustin im Auftrag Roms die Sachsen in diesem Teil Englands bekehrt hatte.

Eger klingt verführerisch deutsch, der Name der ungarischen Stadt nahe der slowakischen Grenze hat indes nichts mit unserem Fluss *Eger* zu tun, denn in der Sprache der Magyaren bedeutet *éger* „Erle"; entsprechend lautet der deutsche Ortsname *Erlau*.

Elmshorn, „Ulmeneck", beschreibt die Anlage der alten Elbmarsch-Siedlung in unmittelbarer Nachbarschaft eines vorspringenden Ulmengehölzes. Auch die *Elm*, ein bewaldeter Höhenzug bei Braunschweig, verdankt ihre Benennung dem althochd. Grundwort *elm*, „Ulme" (vgl. engl. ebenfalls *elm*). Als mittelhochdeutsche Variante *ilm* begegnet uns diese Baumart im Namen etlicher deutscher Flüsschen, z. B. gibt es jeweils eine *Ilm* zur Donau und zur Saale (hier mit der Stadt *Ilmenau*), während eine *Ilme* in die Leine mündet. (Überraschenderweise hat die Stadt *Ulm* einen völlig anderen Namensursprung; s. dort).

Erlangen, der Name einer bayerischen Stadt an der Regnitz, ist aus althochd. *Erlwangen*, „Erlengelände", zusammengezogen; zu Grunde liegen die althochd. Wörter *erila*, „Erle", und *wang*, „Feld, Wiese, Weide" (vgl. *Erle* in Westfalen, des Weiteren *Erlach*, *Erlbach* und *Erlenbach*).

Kőris-hegy, „Eschenberg" (von ungar. *kőris*, „Esche", und *hegy*, „Berg, Spitze") heißt nördlich des Plattensees die höchste Erhebung im ungarischen Bakonywald.

Leipzig, nicht nur größte Stadt Sachsens, sondern aller neuen Bundesländer, bezieht ihren Namen nicht etwa von unserem Substantiv *Leib*, sondern vom slawischen Wort *lipa*, „Linde", denn im 6. Jahrhundert besiedelten Sorben diesen Landstrich am Schnittpunkt wichtiger Fernstraßen. (Die vom Rhein nach Russland führende *Via regia*, die „Königsstraße", kreuzte dort die von Italien bis zur Ostsee reichende *Via imperia*, die „Reichsstraße".) Noch 920 hatte es hier, in der Nähe eines Lindenhains, nur ein kleines Fischerdörfchen gegeben, das von seinen slawischen Bewohnern als *Lipsk* und halb lateinisch, halb sorbisch als *urbs lipizi*, „Ort bei den Linden", bezeichnet wurde und sich schon bald zu einem bedeutenden Warenumschlagplatz mauserte. 1165 verlieh Markgraf Otto von Meißen der Siedlung die Stadtrechte und legte mit der Einrichtung von Oster- und Michaelismärkten den Grundstein für die *Leipziger* Messe (s. auch *Lipizzaner*).

Lindau, die Inselstadt am Südostufer des Bodensees, leitet ihren Namen von althochd. *linta*, „Linde", und *ouwa*, „Insel", her. Ähnliches gilt für *Lindenberg* im Allgäu (nordöstlich von *Lindau*) und *Limbach*, „Lindenbach", in Mittelsachsen (s. *Limburg* an der Lahn).

Lyndhurst ist eine englische Kleinstadt in Hampshire, deren historische Wurzeln offensichtlich in oder nahe bei einem „Lindenhain" zu suchen sind (von altengl. *lind*, „Linde", und *hyrst*, „Wald, Hain").

W e i d e n   u n d   P a p p e l n

Alameda, „Pappelweg", ist die Bezeichnung für jeden mit Bäumen bestandenen Spazierweg oder -platz in spanischen Städten, aber auch der anschauliche Name einer kalifornischen Stadt an der Ostseite der San Francisco Bay.

Los Alamos, span. *los álamos*, „die Pappeln", heißt das amerikanische Raketenentwicklungszentrum im US-Staat New Mexico, in dem fast ausschließlich Angestellte der staatlichen Atomenergiekommission wohnen. An diesem Ort mit dem sympathischen Namen entstanden die ersten amerikanischen Atombomben, die im August 1945 auf Hiroshima und Nagasaki fielen.

Sale, „Weidenbaum", von altengl. *salh*, „Salweide" (aus latein. *salix*, „Weide"; vgl. engl. *sallow*), beschreibt die Lage der englischen Stadt nahe den Weiden am Gestade des Mersey-Flusses, südwestlich von Manchester. Sie liegt nur drei Meilen von *Salford* entfernt – an einer alten „Weidenbaumfurt" über den River Irwell, der noch heute von diesen Kätzchen tragenden Bäumen gesäumt ist. (Die *Salweide* mit ihrem filzigen Wurzelwerk eignet sich in besonderem Maße zur Befestigung von Flussufern.)

Sausalito, eine kalifornische Stadt am nördlichen Ende der Golden Gate Bridge, trägt einen spanischen Namen, der „kleine Weide" bedeutet (von *sauce*, „Weidenbaum").

Selborne, „Weidenbaum-Bach", heißt ein englischer Ort südöstlich von Alton in Hampshire (aus altengl. *salh*, „Weide, Salweide", und *burna*, „Bach, Bronn"). Gleicher etymologischer Herkunft sind die Namen der Stadt *Selby* („Dorf bei den Weiden", mit altnorweg. *-bý*, „Dorf") am Fluss Ouse südlich von York sowie des Distrikts *Selhurst* („Weidenbaum-Wald", mit altengl. *hyrst*, „Wald", vgl. *Horst*) in Großlondon.

Nadelgehölze

Baton Rouge heißt, aus dem Französischen übersetzt, zwar schlicht „roter Stock", der Name des Ortes – seit 1849 Hauptstadt Louisianas – soll sich jedoch auf einen roten Zypressenbaum inmitten eines Indianerdorfs beziehen, bei dem die Franzosen 1719 zum Schutz der von New Orleans nach Norden Reisenden ein Fort errichteten. Nachdem Engländer, Spanier und dann wieder Franzosen sich in der Kontrolle über die Mississippimündung abgewechselt hatten, wurde 1812 der Südteil Louisianas mit der Metropole *Baton Rouge* ein Teil der USA (s. *Louisiana*).

Eibingen bei Rüdesheim und *Eibenstock* im Erzgebirge verweisen mit ihren Namen auf die „Eibe" (von ahd. *iwa*), die bei uns auch unter ihrer lateinischen Bezeichnung Taxus bekannt ist. (Nadeln und Samen dieser langlebigen Baumart – *Eiben* können angeblich über 3000 Jahre alt werden – enthalten ein Gift, mit dem schon gallische Kelten die Spitzen ihrer Lanzen präparierten.)

Fichtelgebirge, d.h. „Fichtengebirge" (von althochd. *fiohta*) nennen wir einen dicht mit Nadelwald bedeckten bayerischen Gebirgsknoten in der Nordostecke Bayerns zwischen Frankenwald, Erzgebirge und Oberpfälzer Wald; die Endung *-el* dient zur pauschalen Bezeichnung eines gleichförmigen Baumbestandes (vgl. *Eichel*; s. *Feuchtwangen* und *Viechtach*).

Forchheim, „Föhrenheim" (mit althochd. *foraha*), gibt es als Städtenamen an der Regnitz im bayerischen Oberfranken sowie in Baden-Württemberg im Kreis Karlsruhe und bei Emmendingen. In leicht getarnter Form begegnet uns der Nadelbaum auch im bayerischen *Farrach* („Föhrenwasser") südöstlich von München und im schwäbischen *Vorbach*. Mit unserem Wort *Föhre* (engl. *fir*) ist übrigens die *Kiefer* verwandt, die im Althochdeutschen *kienforha*, also „Kienföhre" hieß.

Île des Pins, eine französische Insel in Ozeanien, und die westindische, zur Provinz La Habana gehörende Insel *Isla de Pinos* haben einen identischen Namen: „Kieferninsel" (vgl. engl. *pine*, „Fichte, Kiefer", und *Pinie*; s. *Pityusen*).

Newry ist die britische Variante des irischen Ortsnamens *An tĺúr*, „der Eibenbaum" (vermutlich in Anlehnung an engl. *new*, „neu"). Nach einer Legende pflanzte der heilige Patrick hier im nordirischen County Down bei der Gründung eines Klosters eine *Eibe*, die jedoch schon im 12. Jahrhundert bei einem Brand der Abtei den Flammen zum Opfer gefallen sein soll.

Padua in Nordostitalien bekam von den Galliern den Namen *Padi*, „Fichten", die im Mündungsgebiet des *Po* (röm. *Padus*) in dichten Beständen zu finden sind.

Pityusen, „Kieferninseln", nannten die Phönizier und Griechen die Baleareninseln Ibiza und Formentera, von griech. πίτυς *(pitys)*, „Föhre, Aleppokiefer". Den gleichen Namen – nämlich *Pityussa* – trug in der Antike die griechische Insel *Spetsai* vor der Südküste der Argolis; vgl. auch die georgische Stadt *Pitsunda*, deren griechischer Gründungsname *Pityus* sich durch einen ungewöhnlichen Kiefernwald erklärt, in dem die Bäume noch heute ein Durchschnittsalter von 100 bis 130 Jahren erreichen.

Zossen, eine Stadt südlich von Berlin, bezieht sich mit ihrem slawischen Namen – altsorb. *sosna* bedeutet „Kiefer" – auf die ursprüngliche Lage der Siedlung innerhalb eines Nadelgehölzes.

Weitere Vegetationsnamen

Andorra ist ein Fürstentum in den Pyrenäen, dessen Name dem navarresischen Wort für „Buschland" – *andurrial* – entstammen dürfte.

Apeldoorn nördlich von Arnheim in den Niederlanden, aber auch *Apeldorn* bei Meppen und *Appeldorn* am Niederrhein enthalten in ihren Namen das althochd. Wort *affoltra*, „Apfelbaum". Wären die Orte erst in unserer Zeit getauft worden, würde man sie als „Apfeldorn" kennen, so wie der Dortmunder Stadtteil *Aplerbeck* heute „Apfelbach" hieße. Im US-Bundesstaat Minnesota erinnert der Stadtname *Apple Valley*, „Apfeltal", an die Gründung der Siedlung in einem romantisch gelegenen Tal am Oberlauf des Mississippi.

Bangkok bedeutet in der Sprache der Thai „Stadt der wild wachsenden Obstbäume". Trotz dieses ländlich-friedvollen Namens ist *Bangkok* die quirlige Hauptstadt Thailands, mit schwimmenden Märkten auf ihren zahllosen Klongs (Kanälen), von denen einige schon verfüllt worden sind, um Platz für dringend benötigte Straßen und die beängstigend wachsende Anzahl von Fahrzeugen zu schaffen. Als die Stadt 1782 nahe dem Golf von Siam gegründet wurde, hieß sie zunächst *Krung Thep*, „Stadt der Engel" – ein Name, der einem Zentrum des internationalen Sextourismus mit einem horrenden Ausmaß an Aids-Erkrankungen heute schlecht anstehen würde.

Bentheim, ein Schwefelbad im Emsland, ist nach der in Feucht-gebieten heimischen „Binse" benannt (althochd. *binuz*; vgl. engl. *bent-grass*, „Riedgras"). Weitere topographische Erwähnung findet die Sumpfpflanze im westfälischen *Bentlage*, „Binsen-feld", und mit gleicher Bedeutung im bayerischen *Binswangen* bei Wertingen (vgl. auch den *Pinzgau*, also den „Binsengau", an der oberen Salzach).

Bloemfontein, das niederländische Wort für „Blumenquelle", ist der Name der Hauptstadt des Oranje-Freistaats, denn die ursprüng-liche Siedlung entstand an einer einsamen, von Blumen ge-säumten Quelle. Heute ist *Bloemfontein* eine Industriegroßstadt und ein bedeutender Verkehrsknotenpunkt Südafrikas. Die süd-brasilianische Stadt *Blumenau* dagegen verdankt ihren Namen dem deutschen Kolonisten *Hermann Blumenau* (s. auch *Flori-anópolis*).

Borkum, die westlichste der Ostfriesischen Inseln, war schon den Römern bekannt, und zwar als *Burchana*, was von isländ. *burkni*, „Farnkraut", stammen dürfte. (Heute meint man in Island mit *burkni* allerdings ein „Brombeergestrüpp".) Plinius nannte die Insel *Fabaria*, d.h. „Pferdebohne", wohl ein Hinweis auf eine wilde Erbsenart, die früher hier anzutreffen war. Vermutlich hat *Borken* in Westfalen einen ähnlichen Namensursprung wie *Borkum*.

Brandon, „Ginsterhügel", heißen zwei englische Städte in Durham bzw. Suffolk, die im Frühjahr von einem Meer gelbblühender Ginsterbüsche umgeben sind (von altengl. *brom*, modern *broom*, „Ginster; Besen", und *dun*, „Hügel"; vgl. unsere *Brombeere*, von mittelhochd. *brame*, „Dornstrauch, Stechginster").[1]

---

[1] Der *Ginster* war die Wappenpflanze des französischen Hauses Anjou, das daher den Beinamen *Plantagenet* führte (von latein. *planta genista*, franz. *genêt*; daraus althochd. *genesta* und *genester*, „Ginster"). Angeblich hatte Graf Geoffroi V. von Anjou die An-gewohnheit, einen *Ginsterzweig* an seinem Helm zu tragen. Sein Sohn wurde 1154 un-ter dem Namen Heinrich II. *Plantagenet* zum König von England gekrönt.

Chicago bedeutet „Ort der stinkenden Knollen". 1673 drangen französische Forscher bis in das sumpfige Tiefland am Ufer des Michigansees vor, das die indianischen Einwohner *Checagou* nannten, womit sie sich auf die wild wachsenden Zwiebeln bezogen, die einst hier im Marschland wuchsen. Etwa ein Jahrhundert später entstand nahe der Mündung des *Chicago River* die erste permanente Wohnsiedlung französischer Händler. Nach der Vertreibung der ansässigen Indianer wurde die Region ab 1832 planmäßig besiedelt und *Chicago* – zu dieser Zeit noch ein Dorf mit zwölf Häusern und siebzig Siedlern – innerhalb weniger Jahre zu einer Stadt mit 20000 Einwohnern ausgebaut. Heute ist *Chicago* eine der größten Städte der Vereinigten Staaten von Amerika.

Coventry heißt wörtlich übersetzt „Cofas Baum" (von engl. *tree*, „Baum"). Wie zahlreiche andere altenglische Siedlungen entwickelte sich die Industriestadt östlich von Birmingham um einen Baum herum, der den angelsächsischen Einwohnern als Versammlungsplatz diente.

Florenz in Italien, nach der römischen Blumengöttin *Flora* benannt, wurde 59 v.Chr. von Cäsar als Kolonie *Florentia* auf den Trümmern einer etruskischen Siedlung angelegt, an die das Wahrzeichen der Stadt, der *Ponte Vecchio* („alte Brücke") erinnert. Entsprechend ihrem Namen trägt *Florenz* eine Lilie im Wappen (italien. *fiorino*, „Blümchen"; vgl. auch den früher als *Florin* bezeichneten, in Florenz geprägten Gulden und unser Wort *Floskel* für eine „blumige", d.h. gezierte Redewendung; alle von latein. *flos, floris*, „Blume"). Als neuere „Blumen"-Orte wären zu nennen die portugiesische Azoreninsel *Flores* und eine gleichnamige indonesische Insel, denen die Portugiesen den Namen *Cabo das Flores*, „Kap der Blumen", gaben, sowie je ein *Flores* in Guatemala und in Uruguay. In dieselbe Kategorie gehören die amerikanische Halbinsel *Florida* und diverse US-Städte namens *Florence* (z.B. in Alabama, Kentucky und Kalifornien), aber auch die „Blumenstadt" *Florianópolis*, Hauptstadt des brasilianischen Bundesstaates Santa Catarina.

Gíglio bedeutet im Italienischen „Lilie" und ist der Name der wohl schönsten Insel des Toskanischen Archipels (vgl. das *Gigliato* genannte florentinische Stadtwappen; s. *Florenz*).

Granada ist das spanische Wort für „Granatapfel" (von latein. *granatus*, „körnig", und *granum*, „Saatkorn"; vgl. *Granate*). Nach karthagischer und römischer, wandalischer und westgotischer Herrschaft musste sich die andalusische Stadt 711 den maurischen Eroberern beugen, die sie in *Gharnata* umbenannten und in der sie – wenn auch erst 600 Jahre später – für ihre Herrscher das bedeutendste Bauwerk islamischer Kunst auf spanischem Boden errichteten, dem sie den arabischen Namen Alhambra, „die rote (Burg)", gaben (s. *Side*).

Guilin, „Wald von Zimtbäumen", heißt in der chinesischen Provinz Guangxi eine Stadt, deren Attraktion ihre Zimtbäume sind. Die weißgelben Blüten sind zwar unscheinbar, verbreiten im Herbst jedoch über ganz *Guilin* ihren betörenden Duft. Die Stadt ist berühmt für ihren Zimtblütentee, -wein und -zucker.

Hollywood im US-Staat Kalifornien ist als amerikanische Filmfabrik weltbekannt; hinter ihrem Namen verbirgt sich die Bedeutung „Stechpalmenwald" (aus engl. *holly* und *wood*; verwandt mit unserem Wort *Hulst*, von althochd. *hulis*, „Mäusedorn"; vgl. unseren Familiennamen *Hülshoff*). Es könnte sein, dass irische Einwanderer den Namen ihrer Heimatstadt, *Holywood* bei Belfast (von engl. *holy*, „heilig"), in leicht veränderter Schreibung übernommen haben.

Jablonowyj-Gebirge, „Apfelgebirge", von russ. яблоня *(jáblanja)*, „Apfelbaum", nennt man einen ostsibirischen Gebirgszug in Transbaikalien.

Killarney im irischen Kerry ist der englische Name von *Cill Airne*, „Kirche bei den Schlehen" (von ir. *airne*, „Schwarzdorn").

La Palma, „die Palme" (eigentlich *San Miguel de la Palma*), ist die nordwestlichste der zu Spanien gehörenden Kanarischen Inseln. Hauptort ist *Santa Cruz de la Palma*, während die Metropole der benachbarten Insel Gran Canaria den Touristen als *Las Palmas* bekannt ist. Weitere „Palmen"-Städte sind *Palmanova* in Norditalien, *Palm Beach* in Florida und *Palm Springs* in Kalifornien (s. auch *Palma de Mallorca* und *Palmyra*).

Lisieux, „die Liliengleiche" (von franz. *lis*, „Lilie"), heißt eine französische Stadt im Departement Calvados in der Normandie.

Lovran, von serbokroat. *lovor*, „Lorbeer", an der Ostküste Istriens hat seinen Namen von den vielen Lorbeerbäumen, die in der Umgebung der kroatischen Stadt wachsen (s. *Loreto*).

Marathon, im Griechischen bedeutet μαραϑόν *(marathón)* „Fenchel", ist eine attische Ortschaft nordöstlich von Athen, die nicht wegen des Duftes der dort heimischen Arznei- und Gewürzpflanze, sondern als historisches Schlachtfeld bekannt wurde. Von hier hatte 490 v.Chr. ein griechischer Bote nach einem über 42 Kilometer langen Lauf – im wahren Sinne des Wortes mit dem letztem Atemzug – seiner Heimatstadt Athen den Sieg über die Perser verkünden können.

Marlborough in der englischen Grafschaft Wiltshire entstand am Fuße von „Enzianhügeln", den *Marlborough Downs* (altengl. *meargealla*, „Enzian", und *beorg*, „Berg"). Wahrscheinlich wurde der in angelsächsischer Zeit dort wachsende Enzian zur Herstellung von Medizin genutzt.

Martinique könnte man für ein Wort romanischen Ursprungs halten. Der Name der Antilleninsel, eines französischen Übersee-Departements in Westindien, stammt jedoch aus der Sprache der indianischen Karaiben und bedeutet „Blumeninsel". Sie wurde zwar von Kolumbus entdeckt, befindet sich jedoch seit 1535 im Besitz Frankreichs. Mit der Abschaffung der Sklaverei im Jahre 1848 wurden alle Einwohner der Insel französische Bürger. Übrigens entstammte Kaiserin Josephine, Napoleons erste Frau, einer Pflanzerfamilie *Martiniques*.

Mersin, „Myrte", heißt eine erst um die Mitte des 19. Jahrhunderts erbaute Küstenstadt in der Südtürkei, nordöstlich von Zypern, die sich zu einem der bedeutendsten türkischen Häfen gemausert hat. Die immergrüne Myrte ist ein typisch mediterraner Strauch, dessen weißblühende Zweige uns als Brautschmuck bekannt sind. In der Antike galt ein Myrtenkranz (im Gegensatz zum Lorbeer) als Symbol für einen unblutig errungenen Sieg (s. auch *Smyrna*).

Mespelbrunn im Spessart leitet seinen Namen von „Mispel" her – aus althochd. *mespila*, latein. *mespilum* und griech. μέσπιλον *(méspilon)*. Die zur Familie der Rosengewächse gehörende Strauchpflanze Südeuropas gelangte während des Mittelalters auch in unsere Breiten, wo sie wegen ihrer apfelartigen Früchte und der Heilwirkung ihrer Blätter so häufig angebaut wurde, dass sie bei uns vielerorts noch verwildert anzutreffen ist.

Morea, „Maulbeerbaum", von griech. μοῦρο *(moûro)*, „Maulbeere", war der oströmische Name für die Peloponnes, da die Byzantiner die Form der griechischen Halbinsel mit dem Blatt des Maulbeerbaums verglichen, der hier, vor allem in den Landschaften Elis und Achaia, zur Grundlage für die byzantinische Seidenherstellung wurde.

Palmyra war schon in der Antike für die Römer die „Stadt der Palmen", und noch immer nennen die Araber die syrische Oase nordöstlich von Damaskus „Stadt der Datteln" (also der Früchte der Palmbäume), deren üppige Haine innerhalb malerischer Tempelmauern und Kolonnaden dem Wüstenreisenden wie eine Fata Morgana erscheinen müssen. Wegen des hier austretenden Quellwassers war *Palmyra* seit grauer Vorzeit Herrscherin über den Handelsweg von Palästina zum Zweistromland. Seit Jahrzehnten wird das antike Palmyra systematisch freigelegt.

Palo Alto in Westkalifornien entstand 1867 bei einem uralten markanten Rotholzbaum, den die spanischen Siedler *el palo alto*, „hoher Pfahl", nannten (s. auch *Baton Rouge*).

Perivale weist sich aus als „Birnbaumtal"; heute indes ist *Perivale* ein Bezirk von Ealing in Großlondon. Der Ortsname setzt sich zusammen aus mittelengl. *perie*, „Birnbaum" (vgl. engl. *pear*), und *vale*, „Tal" (vgl. engl. *valley*).

Plumstead ist sozusagen ein „Pflaumenbaum-Ort", von altengl. *plume*, „Pflaumenbaum", und *stede*, „Stätte". Die ehedem ländliche Gegend vor den Toren der englischen Hauptstadt ist heute ein Bezirk von Greenwich in Großlondon. Praktisch den gleichen Namen hat das „Pflaumenbaum-Dorf" *Plympton* (mit altengl. *tun*, „Dorf"), ein Wohnbezirk von *Plymouth* (engl. *mouth*, „Mund") an der Mündung des Flusses *Plym*.

Portorož in Nordwest-Istrien war ursprünglich von den Italienern *Porto Rosa*, „Rosenhafen", getauft worden, was die Kroaten mit einer pseudo-slawischen Endung versahen (in Anlehnung an serbokroat. *rúža*, „Rose"). Nicht zu Unrecht trägt die Adriastadt diesen Namen, denn im Schatten des Karstgebirges ist sie vor kalten Winden geschützt, ein Umstand, dem sie eine äußerst üppige Vegetation verdankt.

Primrose Hill, „Schlüsselblumen-Hügel" (vgl. unsere *Primel* – von latein. *prima*, „die erste" Blume des Frühlings), heißt ein Bezirk in Großlondon, dessen längst vergangene goldgelbe Pracht man noch heute in dem alten Lied *'A Sweete and Courtly Songe of the Flowers that grow on Prymrose Hyll'* besingt.

Racine ist das französische Wort für „Wurzel" (latein. *radix*; vgl. *radikal*, *Radieschen* und *Rettich*). Der von den französischen Entdeckern Wisconsins übernommene Name der US-Stadt am Michigansee hat mit dem üppigen Wachstum von Wurzeln am Ufer des hier mündenden Flusses zu tun. Die englischen Siedler, denen Frankreich 1763 das Wisconsin-Territorium abtrat, nannten ihn daher *Root River*, d. h. „Wurzel-Fluss".

Ramsey heißt nicht nur eine Kleinstadt südöstlich von Peterborough im englischen Cambridgeshire, sondern auch ein Badeort auf der Isle of Man. Der erste Teil des Namens bedeutet jeweils das Gleiche, nämlich „wilder Knoblauch" (altengl. *hramsa*), während die Endungen unterschiedlich zu interpretieren sind: Im ersten Fall dürfte das altenglische Suffix *eg*, „Insel", vorliegen (die Umgebung von Peterborough ragt leicht aus dem ansonsten sumpfigen Marschland heraus), im zweiten Fall beweist der mittelalterliche Name *Ramsa* (mit der altnorweg. Endung *-a* für „Wasser"), dass die Ortschaft an einem „Knoblauchbach" lag. Vor der walisischen Küste gibt es indes eine wirkliche „Knoblauchinsel", deren englischer Name *Ramsey Island* gleich zweimal die Insellage betont (walisisch heißt sie *Ynys Dewi*, „St. Davids Eiland").

Rhodos wird als die „Roseninsel" bezeichnet, und das zu Recht: Die griechische Mittelmeerinsel vor der Südwestküste der Türkei ist bekannt für ihren Blumenreichtum, und in ihrem Namen ist das griechische Wort *ῥόδον (rhódon)*, „Rose", enthalten – wie in unserer Bezeichnung *Rhododendron* für eine Zierpflanze mit rosenähnlichen Blüten, wobei die Endung *δένδρον (déndron)* für „Baum" steht.

Saigon, die frühere Hauptstadt von Südvietnam, entstand aus einem kambodschanischen Fischerdorf am rechten Ufer des Saigon-Flusses, das in der Khmer-Sprache *Prei Kor*, „Wattebaum-Gehölz", hieß; *Saigon* ist die wörtliche vietnamesische Übersetzung dieses alten Namens. Seit dem Ende des Vietnamkriegs heißt die Stadt *Ho Tschi Minh-Stadt*, nach dem siegreichen Präsidenten Nordvietnams. (*Hô-Chi-Minh* bedeutet in der vietnamesischen Sprache „der nach Erkenntnis Strebende".)

Sargassosee, die Bezeichnung eines Bereichs des subtropischen Atlantiks, gewinnt in der deutschen Übersetzung – „Tang-Meer" – eine größere Aussagekraft. Die kontinuierliche Zirkulation des Oberflächenwassers im Seegebiet zwischen den Azoren, den Bermuda- und Westindischen Inseln begünstigt das Auftreten riesiger Teppiche von treibendem Beerentang, einer Braunalgenart (wissenschaftl. *Sargassum*), von der bereits Kolumbus auf seiner ersten Atlantiküberquerung berichtete. Im *Sargassokraut* dieser Meeresregion treffen sich alle Fluss-Aale Europas und Amerikas am Ende ihres Lebens zum Ablaichen; ihre nur 10 mm großen Larven kehren dann in einer mehrjährigen Reise mit den warmen Meeresströmungen (vor allem dem Golfstrom) zurück in die jeweiligen Flüsse ihrer Mütter.

Selinunt wird manchem Sizilienurlauber als antike Siedlungsstätte bekannt sein, von der leider nur noch einige Tempelruinen übrig sind. Im 6. Jahrhundert v.Chr. war *Selinunt* eine der mächtigsten griechischen Städte der Insel; sie erhielt ihren Namen nach einer noch immer zwischen den Ruinen wuchernden, bis zu einem Meter hohen Staude, dem σέλινον *(sélinon)*, d.h. „Eppich" – oder genauer dem *Petrosélinon*, also „Steineppich", mit πέτρα *(pétra)*, „Stein" –, woraus in unserer Sprache (und in wesentlich bescheidenerem Ausmaß) *Petersilie* und *Sellerie* wurden. Der Eppich muss schon im Altertum so landschaftsprägend gewesen sein, dass die *Selinunter* sogar ihr Stadtwappen und ihre Münzen mit einem Blatt dieser Pflanze schmückten. Zu jener Zeit wurde *Sellerie* für gewöhnlich mit Tod und Tränen assoziiert; im alten Ägypten etwa waren seine Blätter und Blüten die üblichen Grabbeigaben, und auch die Römer, die ihn *Apium* nannten (daher unser Wort *Eppich*), pflegten ihre Grabhügel und -denkmäler mit ihm zu schmücken, und bei einem Leichenschmaus durfte er natürlich ebenfalls nicht fehlen.

Side, der Name einer ehemaligen Seeräuberstadt an der türkischen Riviera, soll in der Sprache der Ureinwohner „Granatapfel" bedeutet haben. Zumindest erscheint dieses alte Fruchtbarkeitssymbol auf den Geldmünzen der antiken Stadt (s. *Granada*).

Smyrna ist die „Stadt der Myrten", denn ihr Name wird von griech. μυρρίνη *(myrríne)*, „Myrtenzweig", hergeleitet, und in der Tat kann man diese Pflanze in der Umgebung der westtürkischen Hafenstadt verstärkt antreffen. In osmanischer Zeit wandelte sich der Name der alten griechischen Handelsniederlassung an der kleinasiatischen Ägäisküste zu *İzmir*. (Nach dem antiken *Smyrna* ist eine Gemeinde in Georgia, USA, benannt; s. *Mersin*.)

Thorne, eine englische Stadt nordwestlich von Doncaster, muss früher an einem „Dornbusch" gelegen haben, denn diese Bedeutung hatte das angels. Wort *thorne* (engl. *thorn*). Eine „dornige" Nachbarschaft verraten auch *Thorney Island*, eine kleine Insel im Hafen von Chichester im County West Sussex, und das schottische Städtchen *Thornhill* auf einer Anhöhe südlich von Glasgow.

Schon die Menschen des Altertums ordneten alle Dinge ihrer Umwelt drei Reichen zu: dem der Pflanzen, der Tiere oder aber der unbelebten M i n e r a l i e n (von latein. *mina*, „Erzader"; s. *Mine*); solche anorganischen Stoffe – die sich natürlich ebenfalls zur Identifikation geographischer Gegebenheiten anboten – begegnen uns entweder pur (z.B. als reines Kupfer oder Gold), können in gelöster Form aber auch in Heilquellen vorkommen oder Flüssen und Meeresgebieten eine ungewöhnliche Färbung verleihen und sind nicht zuletzt charakteristischer Bestandteil der verschiedensten Gesteinsarten.

In einem ewigen Kreislauf geraten solche G e s t e i n e bei einem Vulkanausbruch als glutflüssiges Magma an die Erdoberfläche, werden – durch Verwitterung und Erosion zu Geröll und Kies zerkleinert – von Bächen und Flüssen abtransportiert und auf dem Meeresboden abgelagert, wo etwa die Korallen das Material für ihr Kalkgehäuse finden. Unter immer mächtigeren Sedimentschichten (z.B. *Lehm*, von latein. *limus*, „Schlamm"; vgl. *Leim*; die Italiener nennen diesen „Mineralschlamm" übrigens *fango*) verfestigen sie sich zu Gesteinen, können aber – bei einbrechendem Boden – unter großem Druck und hohen Temperaturen schmelzen und als Lava wieder an die Erdoberfläche quellen (latein. *labes*, „Erdrutsch", zu *labi*, „gleiten").

M i n e r a l i e n ,   G e s t e i n e   u n d   S e d i m e n t e

Basan, eine nordpalästinensische Landschaft, wurde wegen ihres verwitterten Lavabodens zum Namensgeber für das schwärzliche Vulkangestein *Basalt* – von griech. βασανίτης *(basanites)*, „Probierstein" (im Altertum wurde Gold mit einem Splitter des überaus harten Ergussgesteins auf seine Echtheit geprüft), ein Wort, das die Römer zu *basaltes* verstümmelten.

Causses, von franz. *chaux*, „Kalk", heißt eine nur dünn besiedelte Region Frankreichs westlich der Cevennen, die von tief zerfurchten Kalksteinplateaus geprägt wird, unter denen verborgene Flüsse fließen und Tropfsteinhöhlen sowie Poljen von der Wasserdurchlässigkeit des Gesteinsmaterials zeugen (vgl. auch unser Wort *Chaussee*; die Technik, Landstraßen durch in Kalk eingebetteten Schotter zu befestigen, geht übrigens auf Karl d.Gr. zurück).

Chemnitz, „Steinbach", war zunächst nur der Name des Flusses, in dessen Nähe die sächsische Siedlung im 12. Jahrhundert an einer Fernstraßenkreuzung angelegt wurde. (In DDR-Zeiten hieß der Ort am Fuß des Erzgebirges Karl-Marx-Stadt.) Zu Grunde liegt

– wie bei *Kemnitz* in Sachsen, Brandenburg und Mecklenburg-Vorpommern – das slawische Substantiv *kamen*, „Stein"; vgl. auch das *Kamenice* genannte Nebenflüsschen der Elbe in der Böhmischen Schweiz sowie die dort liegenden Städte *Srbská Kamenice* und *Česká Kamenice* (s. *Kamenz*).

Eisenach, eine westthüringische Stadt nahe der hessischen Landesgrenze, entstand im 12. Jahrhundert bei einem Flussübergang über die Hörsel, deren Wasser vom hohen Eisengehalt bräunlich gefärbt ist, ein Umstand, auf den der Ortsname – „Eisenfluss" – hinweist (aus mittelhochd. *îsîn*, „eisern", und *aha*, „Wasser"). Weltberühmtheit erlangte *Eisenach* durch Luther, der in jenem „Pfaffennest", wie er es nannte, die Lateinschule besuchte und später als Reformator predigte, sowie durch die Wartburg, auf der er sich versteckt hielt und das Neue Testament ins Deutsche übersetzte.

Flensburg, von niederd. *flan*, althochd. *flins*, „Geröll, Sand", liegt in einer sandigen, eiszeitlichen Moränenlandschaft an einer Ostseeförde nahe der dänischen Grenze (vgl. *Flint*, „Kiesel, Feuerstein", und, davon abgeleitet, *Flinte*; s. auch *Sandwig*).

Galway, der Name eines irischen Countys sowie dessen Metropole (von altkelt. *gal*, „Stein", ir. *gall*), bezieht sich auf die felsige Gegend und das steinige Bett des Flusses Corrib, an dessen Mündung die Stadt liegt.

Gelbes Meer nannten die Chinesen eine weite, aber relativ flache Bucht des Pazifischen Ozeans zwischen dem chinesischen Festland und Korea, in die der *Huang He* – der *Gelbe Fluss* – seine reiche Sedimentfracht aus feinem Wüstenlöss entlädt, wodurch noch Hunderte von Kilometern vor der Mündung das *Huang Hai*, das *Gelbe Meer*, seine typische Färbung erhält.

Great Salt Lake ist der englische Name des *Großen Salzsees* in Utah. Die Größe des äußerst flachen, abflusslosen Sees nimmt im Trockenklima des amerikanischen Westens beständig ab, und sein Salzgehalt liegt inzwischen bei 25 Prozent (gegenüber durchschnittlich 3,5 Prozent im offenen Meer). Die große Dichte des Wassers ist der Grund dafür, dass man in diesem See nicht untergehen kann. Im trockenen US-Staat Arizona fließt der *Salt River* – ein „Salzfluss", der im argentinischen *Río Salado* seine Entsprechung findet.

Hammerfest gilt als die nördlichste Stadt Europas. Der Name des auf einer Felsinsel gelegenen kleinen Hafenorts im arktischen

Norden Norwegens beruht auf dem altnordischen Wort *hamarr*, „Klippe", das die siedlungsfeindliche Lage weit jenseits des Polarkreises und der nördlichen Baumgrenze veranschaulicht (vgl. unseren *Hammer*, der bei den alten Germanen ursprünglich eine Steinwaffe war; s. auch *Lillehammer* sowie *Chemnitz*).

Kamenz, slaw. *Kamjenc*, in der gebirgigen Oberlausitz, ist mit dem altsorbischen Wort *kamen*, „Stein", zu assoziieren (vgl. russ. *камень* in derselben Bedeutung). Die sächsische Stadt östlich von Dresden liegt, wie der Name betont, auf hartem Granituntergrund inmitten von grünem Hügelland (s. *Chemnitz*).

Kızıl Adalar, „rote Inseln", nennen die Türken eine südöstlich von Istanbul im Marmarameer gelegene Gruppe von Inseln, deren stellenweise rostfarbenes Gestein einen hohen Eisengehalt offenbart. In byzantinischer Zeit hießen sie „Prinzeninseln", nach ihrer Hauptinsel *Prinkipo*, da sie wiederholt als Verbannungsort für unerwünschte Thronbewerber dienten.

Kreta, in der Landessprache *Κρήτη (Kríti)*, am Südrand der Ägäis ist die größte griechische Insel. Sie wird überragt von drei stark verkarsteten Kalkgebirgsgruppen, weswegen die römischen Eroberer sie im ersten vorchristlichen Jahrhundert mit ihrem Wort für „Kreide" – *Creta* – benannten, und schon bald wurde im ganzen Imperium Romanum der Begriff *terra creta* als Synonym für „Schreibkreide" benutzt (vgl. italien. *creta* und franz. *craie*, „Kreide", sowie *crayon*, „Bleistift"). Die Insel, die wir als Geburtsstätte der alten minoischen Kultur betrachten, wurde erst 1913 mit Griechenland vereinigt; zuvor hatte sie den Byzantinern und Arabern, später den Venezianern und Türken gehört, die ihr den Namen *Candia* (wohl von italien. *candida*, „die Schneeweiße") bzw. *Kirid* (möglicherweise in Anlehnung an türk. *kireç*, „Kalk") gaben.

Lemgo im Lipper Bergland entstand zu Beginn des 13. Jahrhunderts als geplante Siedlung und wurde samt dem umliegenden Gau nach dem Dorf *Lieme* benannt (von altsächs. *lemo*, „Lehm"), das auf klebrigem Mergelboden liegt (s. auch die Orte *Lembeck* und *Lemberg*).

Lenggries, heute ein oberbayerischer Luftkurort, war ehemals ein simpler Flößerort auf den ausgedehnten Kiesflächen des Isarufers, der 1258 als *Lenngengrieze*, „langes Geröllfeld", bezeugt ist. Auf mittelhochd. *griez*, „Sandkorn, Kies" – die Grobkörnigkeit klingt noch in unseren Wörtern *Grieß*, *Grus* und *Grütze* an –

gehen auch die Namen der Städte *Griesheim* (am sandigen Rand des Oberrheinischen Tieflands westlich von Darmstadt) und *Griesbach* (im Rottal bei Passau) zurück.

Lillehammer heißt eine hoch gelegene Stadt in Südnorwegen, deren Name „kleiner Fels" bedeutet, von norweg. *lille*, „klein" (vgl. engl. *little*), und altnorweg. *hamarr*, „Klippe" (s. *Hammerfest*).

Mar Bermejo, „rotes Meer", ist der spanische Name des Golfs von Kalifornien, für dessen Färbung die ockerfarbenen bis rötlichen Sedimente verantwortlich sind, die der hier mündende Colorado aus dem Buntsandstein des Grand Canyon ausgewaschen hat. Dagegen ist die Bezeichnung *Rotes Meer* für das lang gestreckte Nebenmeer des Indischen Ozeans dadurch zu erklären, dass das für gewöhnlich tiefblaue Wasser zwischen der nordostafrikanischen Küste und Arabien sich immer dann verfärbt, wenn eine hier heimische Algenart zur Blütezeit rote Pigmente ausstößt. Das *Rote Meer* wird auch das *Erythräische Meer* genannt – von griech. ἐρυϑρός *(erythrós)*, „rötlich" (vgl. *Erythrozyten*, „rote Blutkörperchen"); der ostafrikanische Staat *Eritrea*, der sich 1991 von Äthiopien lossagte, liegt an seiner Küste.

Maseru ist die Hauptstadt des kleinen südafrikanischen Landes Lesotho, deren Name – „roter Sandstein" – die Unfruchtbarkeit der Gebirgslandschaft veranschaulicht. Der von der Republik Südafrika umschlossene Staat gehört zu den ärmsten Ländern der Erde.

Pirna, von sorb. *na pernem*, „auf dem harten Stein", entstand im Mittelalter unterhalb des Elbsandsteingebirges am linken Elbufer. Über Jahrhunderte konnte sich das Städtchen seinen Wohlstand mit dem Verkauf des „harten Sandsteins" der Umgebung sichern. (Ein ganz anderer „harter Brocken" stammte ebenfalls aus dieser Stadt: der berühmt-berüchtigte Dominikaner und Inquisitor Johannes Tetzel, dessen Ablasspredigten den Unmut Luthers erregten und zum Beginn der Reformation beitrugen.)

Radcliffe, d. h. „rote Klippe" (aus engl. *red* und *cliff*), ist ein Bezirk in Greater Manchester in Mittelengland, wobei die Ortsbezeichnung sich auf eine Buntsandsteinklippe am Fluss Irwell bezieht. In Nottinghamshire gibt es eine weitere Stadt dieses Namens, die so benannt ist wegen des roten, tonigen Lehmbodens, der hier zum Fluss Trent abfällt.

Ramla, von arab. *raml*, „Sand", heißt eine israelische Stadt südöstlich von Tel Aviv, womit jede Unklarheit über die Geländebeschaffenheit der Umgebung ausgeräumt ist. *Ramla* gilt in der Überlieferung als das biblische Arimathia, die Heimat jenes Joseph, in dessen Grab Jesus bestattet wurde.

Salinas, eine kalifornische Kleinstadt in der Nähe der Monterey Bucht, erlangte Weltruhm, als der amerikanische Schriftsteller John Steinbeck, der 1902 hier geboren wurde, das *Salinastal* mit seinen weitflächigen Salzmarschen (das ist die Bedeutung des spanischen Ortsnamens) zum Lieblingsschauplatz seiner Romane erwählte. An der Grenze zwischen den US-Staaten Arizona und Kalifornien entstand in einer solchen Salzmarsch unter dramatischen Umständen der riesige *Saltonsee*, als Anfang des 20. Jahrhunderts der Colorado River die Uferböschung durchbrach und das tief gelegene *Salton Basin* überflutete. Die Fläche des über 1000 km^2 großen Salzsees ist heute allerdings durch Verdunstung bereits um ein Drittel geschrumpft.

Sandwich, „Sandort", heißt eine kleine südostenglische Hafenstadt in der Nähe von Canterbury, aus der jener legendäre *Earl of Sandwich* stammte, dem die Briten ein Highlight ihrer Esskultur zu verdanken haben. Besagter Graf, der in der Regierungszeit Georgs II. lebte, soll ein so leidenschaftlicher Spieler gewesen sein, dass er den Spieltisch selbst zu den Mahlzeiten nur äußerst ungern verließ. Angeblich löste er das Problem, indem er sich eines Tages ein Bratenstück zwischen zwei Brotscheiben bringen ließ, sodass er einhändig weiterspielen konnte. Captain Cook nannte nach ihm einige neu entdeckte Inseln im Pazifik *Sandwich-Inseln*, ehe sie auf den Namen Hawaii umgetauft wurden (s. auch *Greenwich*, *Norwich* und *Schleswig*).

The Dalles, offiziell: *City of The Dalles*, liegt am Columbia River im nördlichen US-Staat Oregon, von wo vor allem Bauholz verschifft wird. Der Name der Stadt stammt von den Basaltfelsbrocken am Flussufer, die franko-kanadische Forscher Mitte des 19. Jahrhunderts *les dalles*, „die Pflastersteine", nannten.

Tuz Gölü, „Salzsee", heißt ein flacher, abflussloser türkischer See in Inneranatolien, dessen Salzgehalt im Sommer mit 32 Prozent fast die Sättigungsgrenze erreicht (s. *Tuzla*).

Heilquellen und Thermalbäder

Aachen, historisch gesehen eine der bedeutendsten Städte Europas, entstand als römische Siedlung im ersten Jahrhundert n. Chr. in der Nähe von Schwefelquellen, deren heilende Wirkung man schon in vorgeschichtlicher Zeit zu nutzen wusste. Die Römer – die sie mit dem keltischen Heilgott assoziierten und daher *Aquae Grani*, „Quellen des Granus", nannten – errichteten hier ein militärisches Rehabilitationszentrum für verwundete Legionäre und von Rheuma geplagte Veteranen. Karl d. Gr. erkor seine Lieblingspfalz *Aix-la-Chapelle* zum Mittelpunkt des Fränkischen Reiches, und bis zum 18. Jahrhundert blieb *Aachen* das „Bad der Könige". Die Quellen an den Ausläufern der Eifel und der Ardennen zählen mit 37 bis 75 °C zu den heißesten unseres Kontinents.[1]

Aix-en-Provence in Südfrankreich war lange eine Festung des kelto-ligurischen Volkes der *Saluvier* gewesen, bis Konsul *Gaius Sextius* sie 123 v. Chr. einnahm und hier, an den warmen Mineralquellen des Ortes, die Stadt *Aquae Sextiae Saluviorum* gründete, die erste römische Siedlung in der Provinz Gallien. Überall sprudeln in *Aix* noch heute die herrlichen alten Brunnen. Auch die Stadt *Aix-les-Bains* am Westrand der Savoyer Alpen war schon in der römischen Kaiserzeit, als der Ort noch *Aquae Gratianae* hieß, ein elegantes Bad mit Schwefelthermen, die zur Linderung von Rheuma und Hautleiden aufgesucht wurden. Bei dem modernen Namen handelt es sich um eine Tautologie, denn *les bains*, „die Bäder", ist exakt die französische Entsprechung der lateinischen Mehrzahl *aquae* (von *aqua*, „Wasser, Quelle, Bad"; vgl. *Aquarium*), die der Volksmund schließlich zu *aix* verformte.

Bad Reichenhall ist eine oberbayerische Stadt im Talkessel der Saalach. Schon in vor- und frühgeschichtlicher Zeit wurde hier das Salz gewonnen, das entstanden war, als die Region noch Teil des heutigen Mittelmeeres war, also vor der Auffaltung der Al-

---

[1] Für die römische Zivilisation gehörten *Thermen* – von griech. ϑερμός *(thermós)*, „warm" – zum alltäglichen Leben. Das Wasser solcher öffentlicher Badeanstalten wurde entweder künstlich erhitzt oder stammte direkt aus heißen Quellen der Umgebung. Eine Thermalanlage bestand aus dem *Apodyterium* („Auskleideraum"), dem *Frigidarium* („Kaltwasserbad"; vgl. *Frigidität*), dem *Tepidarium* („Warmluftraum" zum Vorwärmen; vgl. engl. *tepidity*, „Lauheit") und dem *Caldarium* („Warmwasserbad"; vgl. *Kalorie*); hinzu kamen die *Natatio* („Schwimmbecken"; vgl. *Natter*, die „Wasserschlange"), und die *Palaistra* („Ringkampfschule"). Im Übrigen haben die Thermen entscheidend zur Entwicklung von steinernen Tonnen- und Kreuzgewölben in der römischen Architektur beigetragen, denn die öffentlichen Bäder vertrugen keine Holzdecken – Holz hätte sich in der feuchten Luft verzogen (außerdem bestand bei künstlich geheizten Bädern akute Brandgefahr).

pen. Seit der Gründung *Reichenhalls* (1159) gab es wegen der *Saline* (von latein. *sal, salis,* „Salz"; vgl. urverw. *Sole*) über Jahrhunderte Streitigkeiten zwischen Bayern und der Stadt Salzburg, in denen Bayern am Ende obsiegte. Die *Solquellen* – das vorangestellte Namensattribut *Reichen-* hebt deren Ergiebigkeit hervor – wurden ab dem 18. Jahrhundert hauptsächlich zu Heilzwecken genutzt. Der mittelhochd. Namensbestandteil *-hall* in der Bedeutung „Salzwerk, Salzquelle" begegnet uns ebenfalls in den Ortsnamen *Halle* (die salzhaltigen Quellen in der Stadt an der *Saale,* dem „Salzfluss", waren allerdings bereits um das Jahr 1000 versiegt, während die in der gleichnamigen westfälischen Stadt am Osning bis zum 17. Jahrhundert ausgebeutet werden konnten) und *Schwäbisch Hall,* wo schon den Kelten die heilende Wirkung der *Sole* bekannt war (s. *Heller*).

Bad Salzuflen bei Bielefeld verdankt seinen Ruhm den salzhaltigen Thermalquellen im Tal der *Salze,* einem Nebenfluss der Werre. Weitere direkte Hinweise auf eine ehemalige Meeresbedeckung und die daraus folgernden Salzablagerungen, oft kombiniert mit Solquellen, liefern Städtenamen wie *Salzbrunn, Salzburg, Salzgitter, Salzwedel* und *Bad Salzungen*; s. auch *Salzstraße*).

Baden-Baden, am Rand des nördlichen Schwarzwalds gelegen, war wegen seiner Spielbank, besonders aber seiner radioaktiven Thermalquellen im 19. Jahrhundert der Sommertreffpunkt der europäischen High Society. Der Name geht zurück auf den bereits um 200 n. Chr. an dieser Stelle existierenden römischen Garnisons- und Badeort *Aquae Aureliae,* „Bäder des Aurelius". (Nach diesem römischen Kaiser, den wir besser unter dem Namen Caracalla kennen, ist auch *Aurelianum,* das heutige *Orléans,* benannt.) Die hier stationierten Legionäre vertrauten schon damals der Heilkraft der 68 °C heißen Kochsalzquellen. *Baden-Baden* trägt übrigens einen Doppelnamen, um sich von zwei anderen Städten zu unterscheiden: *Baden* im Aargau (zur Römerzeit *Aquae Helveticae*) mit Schwefel-Kochsalz-Quellen und *Baden* bei Wien, das um 300 als römische Straßenstation *Aquae* bezeugt ist und wegen seiner Schwefeltherme von Kaiser Franz I. zum Hofbad erklärt wurde. *Badenweiler* im südlichen Schwarzwald hieß zunächst ebenfalls *Baden,* ab dem 13. Jahrhundert verwies der Zusatz *-weiler* anscheinend auf die benachbarten Dörfer, die heute Ortsteile sind. Die ursprüngliche römische Badeanlage ist als Ruine erhalten.

Bagnères-de-Bigorre, zur Römerzeit *Aquae Bigerrorum*, „Bäder der Bigerronen" (nach einem aquitanischen Volksstamm), ist eine südfranzösische Pyrenäenstadt mit Kalksulfat- und Eisenquellen.

Banja Luka, „Lukas-Bad" (von südslaw. *banja*, „Badeort, Kurort") heißt ein bosnisches Heilbad am Austritt des Flusses Vrbas in die Save-Ebene; da der Fluss an dieser Stelle schiffbar wird, wird der Ortsname von vielen Bewohnern auch als „Hafenbad" gedeutet (von südslaw. *luka*, „Hafen"). 1688 befreite Markgraf Ludwig von Baden die Stadt, die sich aus einer römischen Straßenfestung inklusive einer Badeanlage entwickelt hatte, von ihren türkischen Besatzern.

Bath, eine südenglische Stadt am Unterlauf des Avon, ist immer das gewesen, was noch heute ihr Name verkündet: ein „Badeort". Da sich an dieser Stelle die einzigen heißen Quellen Englands finden, wäre es fast überraschend, wenn die Römer hier nicht unmittelbar nach ihrer Eroberung Britanniens eine großzügige Badeanlage errichtet hätten, die sie *Aquae Sulis* nannten. Ein Bad im bis zu 48 °C warmen, radioaktiven und schwefelhaltigen Wasser (lat. *sulphur*, „Schwefel"; vgl. *Sulfat*) galt schon den römischen Verwaltungsbeamten und Kriegsveteranen, die unter dem unwirtlichen britischen Klima litten, als wirksame Therapie gegen Erkältungskrankheiten und Rheuma. Im Mittelalter, als *Bath* sich zu einem Zentrum des Wollhandels mauserte, geriet die Therme in Vergessenheit. Erst im 18. Jahrhundert besannen sich die Einwohner auf den Ruf ihrer Stadt als ältester Kurort des Landes und bauten sie zu einem eleganten Weltbad aus.

Çeşme, türk. „Brunnen, Wasserhahn", darf sich gleich in doppelter Beziehung „Bad" nennen: Die Stadt an der ägäischen Küste ist nicht nur wegen ihrer warmen Quellen, sondern auch wegen ihres feinen Sandstrandes ein viel besuchter Badeort an der türkischen Ägäisküste.

El Hamma, „das Bad", heißt eine tunesische Stadt in der Nähe von 45 °C warmen schwefeligen Quellen westlich von *Gabès*. Das gleiche arabische Wort steckt natürlich auch im Namen des Orts *Hammam Lif* bei Tunis, der an zwei warmen Mineralquellen entstand, sowie der Stadt *Hammamet*, die als ältestes Seebad Tunesiens gilt.

Ourense in Galicien ist, wie ganz Nordwestspanien, bekannt für seine bis zu 65 °C heißen schwefelhaltigen Quellen, weshalb die römischen Gründer den Ort am Fluss Miño *Aquae Urentes*,

„sengend heiße Wasser" (von latein. *urere*, „versengen, ent-flammen"), tauften – ein Name, der in der Folgezeit zu *Ourense* verkürzt wurde.

Poços de Caldas bedeutet im Portugiesischen „Warmbrunnen". Die Stadt im brasilianischen Bundesstaat Minas Gerais, nahe der Grenze zu São Paulo, ist wegen ihrer 42 bis 46°C warmen Schwefelquellen der meistbesuchte Badeort des Landes; zudem entwickelte sich die Stadt zu einem bedeutenden Zentrum des Bauxit- und Uranerzabbaus.

Salins-les-Bains ist ein kleiner Sol- und Thermalbadeort im franzö-sischen Departement Jura (von franz. *salin*, „salzhaltig", und *bain*, „Bad"; vgl. *Saline, Salami, Salpeter, Salmiak* etc.; s. auch *Aix-les-Bains*).

Saratoga, „Ort des schnellen Wassers", nannten die Indianer eine Mineralquelle im Osten des US-Staates New York, um die herum zur Zeit der Amerikanischen Revolution die Gemeinde *Saratoga Springs* entstand. Sie hatte sich gegen Ende des 19. Jahrhunderts zu einem der beliebtesten Erholungsorte der Nation gemausert, und das hier abgefüllte Heilwasser erfreut sich noch immer landesweiter Beliebtheit. Als um 1850 Abenteurer und Pioniere aus New York im kalifornischen Santa Clara-Tal eine Siedlung gründeten, gaben sie ihr gleichfalls den Namen *Sara-toga*, denn sie waren zwar nicht auf das erhoffte Gold gestoßen, von dem allenthalben die Rede war, wohl aber auf ergiebige Mineralquellen, die sie an ihren Heimatort erinnerten.

Soden, der Name mehrerer hessischer Heilbäder (am Taunus, an der Kinzig und an der Werra), erklärt sich aus mittelhochd. *sôt*, „Sieden, Brunnen, Wallen" (vgl. *Sodbrennen*, also „heißes Aufwallen", und *Sud*). Die kochsalzhaltigen warmen Quellen dienen seit Jahrhunderten der Behandlung von Herz- und Kreislaufbeschwerden und von Erkältungskrankheiten.

Tbilissi, früher *Tiflis*), wegen der alten Schwefelheilbäder von den Georgiern „Warmbrunn" genannt, ist seit dem 5. Jahrhundert, als Georgien noch Iberia hieß, die Hauptstadt des Kaukasuslandes. *Tbilissi* kam 1801 unter russische Herrschaft und wurde erst 1991 wieder Metropole eines unabhängigen Georgien.

Teplitz, von tschech. *teplý*, „warm", ist der Name eines nordböhmi-schen Kurortes am Fuß des Erzgebirges in Tschechien. Die heil-same Wirkung der nahe gelegenen warmen, radioaktiven Salz-quellen ist seit frühgeschichtlichen Zeiten belegt.

Thermopylen, griech. *Thermopylai*, „warme Tore", nannte man im Altertum den leicht zu sperrenden Küstenengpass zwischen dem Kallidromosgebirge, an dessen Fuß Schwefelthermen entspringen, und dem Golf von Lamia. Dem spartanischen König Leonidas gelang es im Jahr 480 v.Chr., die *Thermopylen* lange gegen die überlegene Invasionsarmee des Perserkönigs Xerxes zu verteidigen, obwohl er und seine Spartaner am Ende des erbitterten Abwehrkampfes den Tod fanden.[1] Auch beim Keltenzug (279 v.Chr.) und beim Einfall der Römer (191 v.Chr.) misslang die Sperrung dieser einzigen Verbindungsstraße zwischen Mittel- und Nordgriechenland.

Vichy ist ein bekannter Badeort in Zentralfrankreich; dessen Name dürfte sich auf die örtlichen heißen Quellen beziehen und aus latein. *vicus calidus*, „warme Siedlung", entstanden sein.

Weißwasser, sorbisch *Bela Woda*, ist eine Stadt in Sachsen, deren Name von der Existenz einer Mineralquelle kündet. Hier richtete Fürst Pückler 1823 ein Moor- und Mineralbad ein (s. auch *Rio Branco*).

Wiesbaden, 829 als *Wisibada*, „Bad in den Wiesen", dokumentiert, hieß in den ersten vierhundert Jahren unserer Zeitrechnung *Aquae Mattiacorum*, „Bäder der Mattiaci"; so bezeichneten die Römer die im Gebiet zwischen Rhein, Main und Lahn ansässige germanische Völkerschaft der Chatten, deren Hauptort allerdings nicht Wiesbaden, sondern *Mattium* (heute das Dorf *Maden* bei Fritzlar) war. Schon im 3. Jahrhundert v.Chr. hatten keltische Stämme in der Nähe der Kochsalztherme gesiedelt, die den Ruf *Wiesbadens* begründen sollte (s. auch *Wismar*).

6. Wirtschaftliche Attraktivität

Wir behalten mit dem Flecken Erde, an dem wir aufgewachsen sind und dessen Atmosphäre unsere Wesensart geprägt hat, eine lebenslange emotionale Verbundenheit, insbesondere wenn es sich um eine idyllische Naturlandschaft abseits der hektischen Siedlungszentren handelt,

---

[1] Der griechische Dichter Simonides soll diese verbissene Verteidigung bis zum letzten Atemzug mit dem bekannten Spruch kommentiert haben: „Wanderer kommst du nach Sparta, verkünde dort, du habest uns hier liegen gesehen, wie das Gesetz es befahl".

die wir z.B. für immer mit einem bestimmten Licht oder einem typischen Duft assoziieren – Vorzüge, die uns oft erst in der Fremde bewusst werden und unser Herz schneller schlagen lassen. Diese schwärmerische B e g e i s t e r u n g für ein Tal, ein Gebirge, eine Küste schwingt in manchem geographischen Namen mit; sie zeigt auch im Touristikgeschäft Wirkung und erleichtert uns nicht selten die Entscheidung für ein Urlaubsziel.

Andere Benennungen zeugen unverkennbar vom G l ü c k und der Z u f r i e d e n h e i t von Neusiedlern, indem sie deren heitere Bescheidenheit oder auch unerschütterlichen Optimismus in einem kargen, aber friedlichen Landstrich hervorheben, besonders wenn sie politischer oder religiöser Drangsal und ökonomischer Misere in ihren Herkunftsländern entronnen waren. Auffallend groß ist jedoch auch die Gruppe der Ortsnamen, vor allem in der Neuen Welt, die eine gewisse Gier nach B e s i t z und schnellem R e i c h t u m nicht verhehlen können.

Reiz der Naturlandschaft

Alicante wurde von den Römern als *Lucentum*, „die Leuchtende" (von latein. *lux, lucis*, „das Licht") gegründet; als die Mauren die südspanische Stadt und ihr fruchtbares Umland 718 eroberten, wandelten sie den Namen nur geringfügig ab in *Al-Lukant*, woraus ein halbes Jahrtausend später – nach der Rückeroberung durch die christlichen Heere Jakobs I. von Aragonien – sich die heutige Form *Alicante* entwickelte (s. *Luzern*).

Belo Horizonte, „schöner Horizont", nannten Minenarbeiter 1895 eine im großen Stil angelegte Siedlung mit breiten, strahlenförmig von einem Park ausgehenden Alleen. Das geplante Zentrum einer an Erzen, Gold und Edelsteinen reichen Bergbauregion avancierte später zur Hauptstadt des ostbrasilianischen Staates Minas Gerais. Der euphorische Name entspricht der klimatisch begünstigten Lage in einer reizenden Mittelgebirgslandschaft nahe dem südlichen Wendekreis.

Buenos Aires bedeutet im Spanischen „gute Lüfte", eine Bezeichnung, die den spanischen Entdeckern bei ihrem Vordringen nach Süden treffend erschien, nachdem sie die drückende Schwüle der tropischen Küste Südamerikas hinter sich gelassen hatten. Auch den Emigranten, die im 19. Jahrhundert vor allem aus Italien und Spanien nach *Buenos Aires* strömten (der natürliche Hafen am Río de la Plata förderte den blühenden Export von Häuten,

Wolle, Korn und Fleisch), dürfte das milde Klima behagt haben
– liegt die Hauptstadt Argentiniens doch auf vergleichbarer geographischer Breite wie ihre Herkunftsländer (s. *Kalabrien*).

Cala Bona an der lieblichen Ostküste Mallorcas, die schon früh zur
Besiedlung einlud (während sie heute eher Touristen anzieht), ist
in den Augen der heimischen Katalanen durchaus eine „gute
Bucht", obschon sie die südlich anschließende, nur durch ein
schmales Vorgebirge getrennte weite Nachbarbucht *Cala Millor*
vergleichsweise dann doch für die „bessere Bucht" halten (s.
auch *Bayonne*).

Cancún, nach dem Maya-Wort *Can-cun*, „Topf voller Gold" (oder
„Topf am Ende des Regenbogens"), hat sich aus einer alten
Eingeborenensiedlung entwickelt. Heute ist die mexikanische
Stadt an der Spitze der Halbinsel Yucatán ein moderner Badeort
mit weißen Sandstränden und farbigen Korallenbänken.

Costa de la Luz ist wahrlich die „Küste des Lichts". Trotz ihres
werbewirksamen Namens und ihrer weißen Sandstrände hat die
Südwestküste Spaniens um das Zentrum Cádiz noch keinen
großen touristischen Erfolg gehabt.

Costa del Azahar, von arab. *azhár*, „Blüten", heißt die spanische
Mittelmeerküste um Valencia wegen des betörenden Duftes, der
über den weiten Orangenplantagen liegt.

Costa del Sol, die „Sonnenküste" Südspaniens mit den Zentren
Torremolinos („Mühlentürme") und *Marbella* („schönes Meer"),
ist für Urlauber aus den kühlgemäßigten Breiten geradezu ein
Synonym für die sonnenverwöhnte Iberische Halbinsel.

Costa de Ouro, „Goldküste", nennen die Portugiesen die Algarveküste bei Lagos wegen der rotgelb leuchtenden Felsgruppen, die
bizarr aus dem Wasser aufsteigen. Die „goldene Küste" der
Spanier, die *Costa Dorada* zwischen Barcelona und Tarragona,
verdankt ihren Namen indes den breiten goldenen Sandstränden.

Côte d'Amour, „Küste der Liebe", ist die euphorische Bezeichnung
der Franzosen für die abwechslungsreiche Küste im Süden der
Bretagne – trotz (oder gerade wegen) ihrer melancholisch-
verträumten Herbheit und ihrer malerischen Fischerdörfchen;
eines von ihnen, Pont-Aven, hatte den Impressionisten Paul
Gauguin so sehr bezaubert, dass er die ersten Jahre seines
künstlerischen Schaffens hier verbrachte.

Côte d'Argent ist der französische Ausdruck für „Silberküste"; er
beschreibt den wenig gegliederten Küstensaum zwischen der

Mündung der Gironde in Südwestfrankreich und der spanischen Grenze. Hier rollt die kräftige, silberschäumende Brandung des Atlantiks an schier endlose Sandstrände.

Côte d'Émeraude, „Smaragdküste", heißt ein Teil der französischen Atlantikküste mit dem bekannten Badeort St. Malo. In der Tat gleicht das bald hellere, bald dunklere Grün des Wassers, das hier an den Felsen nagt und das Gelb des sandigen Untergrundes durchschimmern lässt, der Farbe eines Smaragds.

Côte de Beauté, „Schönheitsküste", benannte man einen Abschnitt der Atlantikküste nördlich der Girondemündung. Von der Kette kleiner französischer Seebäder schaut man hinüber zur Île d'Oléron – einst ein befestigter Stützpunkt der Hugenotten (die Mehrheit der Inselbewohner ist noch immer protestantisch), heute eine Hochburg des Fremdenverkehrs.

Côte de Jade, also „Jadeküste", taufte man wegen der grünlichen Färbung des Meeres die französische Atlantikküste beiderseits der Loiremündung. Unser Fluss *Jade*, der in den *Jadebusen* an der deutschen Nordseeküste mündet, hat mit dem wertvollen grünen Mineral nichts zu tun. Die Bedeutung des Flussnamens, der ursprünglich *Jaden* und *Jatha* lautete, konnte bislang nicht geklärt werden.

Côte de Lumière, „Küste des Lichts", gilt als übliches Pseudonym der westfranzösischen Vendée-Küste zwischen La Rochelle und der Île de Noirmoutier. Hier strahlt nicht nur an 2600 Stunden im Jahr die Sonne vom blauen Himmel, sondern die glitzernden Kristalle der *marais salants*, also der „Salzgärten", verleihen dem südlich-transparenten Licht an dieser Küste eine zusätzliche Leuchtkraft (s. *Costa de la Luz*).

Côte de Nâcre, d.h. „Perlmuttküste", nennt man in Frankreich einen Teil der Kanalküste an der Seinebucht. Hier liegt eine Anzahl kleiner Seebäder mit schimmernden, weißsandigen Stränden.

Côte des Légendes, „Märchenküste", hat man die Nordwestküste der Bretagne betitelt – nicht nur wegen der betörenden Szenerie mit fjordähnlichen, tief ins Land reichenden ertrunkenen Flusstälern (s. *Aber*), sondern auch wegen jener wunderlichen Mischung aus heidnisch-keltischen und christlichen Legenden, die in den kleinen Küstenorten überlebt haben und beständig Scharen von Pilgern anziehen.

Côte Fleurie, „Blütenküste", ist das landläufige Synonym für die Strände auf dem Südufer der Seinemündung mit so berühmten und malerischen französischen Seebädern wie Deauville und *Honfleur*, dessen Name ebenfalls auf die Blütenpracht hinweist, insbesondere auf die riesigen Hortensienbüsche (von franz. *fleur*, „Blume").

Gyöngyös führt seinen Namen – „alte Perle" – auf ungar. *gyöngy*, „Perle", und *ös*, „uralt", zurück. Der Ort in einem ehemaligen Erholungsgebiet am Fuß des bewaldeten Matragebirges war lange Zeit ein beschauliches Zentrum des Weinbaus, bevor die Entdeckung reicher Braunkohlenlager das Image und die Atmosphäre der ungarischen Stadt ins Gegenteil verwandelte.

Haifa, eine nordisraelische Hafenstadt an der Mittelmeerküste, verdient ihren Namen „Perle" (von hebr. *chéfa*) auf Grund ihrer schönen Lage an den Hängen des Karmelgebirges sowie ihres Ausblicks auf Akko, das am jenseitigen Ufer des Golfs liegt. Erst im 20. Jahrhundert, nachdem eine Eisenbahn *Haifa* mit der syrischen Hauptstadt Damaskus verband und über eine Pipeline das von der Negev-Wüste herangeführte Erdöl raffiniert werden konnte, entwickelte sich das verträumte Örtchen zu einem der führenden Häfen Israels. (Da die Stadt während der Kreuzfahrerzeit *Kaiphas* hieß, könnte dem Namen allerdings auch hebr. *kef*, „Felskliff", zu Grunde liegen.)

Ibiza, „Insel des Wohlgeruchs" (phöniz. *i busim*) – so schwärmten bereits die karthagischen Kolonisten von der Baleareninsel, deren Buschvegetation für sie einen betörenden Duft verströmte.

Jericho, eine Oasensiedlung in der Westbank, heißt im Arabischen *Er-riha*, „die Duftende". In den Gärten der tiefst gelegenen Stadt der Welt (der Jordangraben erreicht hier, am Nordrand des Toten Meeres, eine Tiefe von 250 m unter dem Meeresniveau) gedeiht eine fast tropische Vegetation. *Jericho* gilt als eine der ältesten Stadtkulturen der Welt, die – wie Ausgrabungen belegen – im Gegensatz zum biblischen Bericht schon lange vor der israelitischen Einwanderung verwüstet war. Die Stadt, von 1967 bis 1994 israelisch besetzt, steht heute unter palästinensischer Selbstverwaltung.

Kalabrien nannten griechische Siedler ihre von frischen Seebrisen verwöhnte Landschaft auf der Stiefelspitze Italiens – aus griech. καλὴ αὔρα *(*neugriech. Aussprache: *kalì ávra)*, „schönes Lüftchen" (s. auch *Belaria*, *Bonaire* und *Buenos Aires*).

Krasnodar wurde 1794 im Auftrag von Katharina d. Gr. zum Schutz der Südgrenze des russischen Reichs von Schwarzmeerkosaken als *Jekaterinodar*, „Geschenk Katharinas", gegründet. Mit Beginn der Sowjetherrschaft hieß die Stadt *Krasnodar* – von russ. красивы *(krasívy)*, „schön", oder красны *(krásny)*, „rot", und дар *(dar)*, „Geschenk" –, und auch der neue Name verrät Dankbarkeit angesichts der Zuteilung eines so fruchtbaren Siedlungsgebiets im Steppenvorland des Kaukasus sowie echte Begeisterung über die anmutige Lage der Stadt am rechten Terrassenufer des Kuban (vgl. die ukrainische Stadt *Krasnodon*, „schöner bzw. roter Don", und *Krasnouralks*, die „schöne bzw. rote Stadt am Ural").

La Mirada ist eine Wohnstadt im Südwesten Kaliforniens, das bis Mitte des 19. Jahrhunderts eine mexikanische Provinz war, sodass viele der dortigen Ortsnamen spanischer Herkunft sind. Damals pflanzten die Einwohner hier Tausende von Ölbäumen, und sie benannten die Siedlung nach dem phantastischen Blick, der sich dem Betrachter von den umgebenden Hügeln bot. Das spanische Wort *mirada* bedeutet „Aussicht, Rundblick", so wie unser Wort *Panorama* – von griech. πᾶν *(pân)*, „ganz", und ὅραμα *(hórama)*, „der Anblick".

Madeira, „Holz", heißt eine vegetationsreiche Insel im Atlantik (die den portugiesischen Kolonialherren angesichts der Waldarmut ihres Heimatlandes paradiesisch erschienen sein muss), aber auch ein Nebenfluss des Amazonas, der durch den unermesslichen brasilianischen Urwald fließt. *Ida*, der Name zweier dicht bewaldeter Gebirge auf Kreta und in der Nähe von Troja, hat eine vergleichbare Bedeutung – von griech. ἴδη *(íde)*, „Holz, Wald".

Lübeck adoptierte 1143 in germanisierter Form den Namen einer nahe gelegenen wendischen Siedlung namens *Liubice* (von slaw. *liubak*, „anmutig, lieblich"), als Graf Adolf II. von Holstein hier an der Einmündung der Trave in die Ostsee eine deutsche Kaufmannsstadt gründete. Wegen ihrer günstigen Lage mauserte sich *Lübeck* schnell zum bedeutendsten Hafenplatz an der Ostsee und zum Hauptort der deutschen Hanse.

Luzern, die attraktive Stadt am Vierwaldstätter See, führt ihren Namen auf lat. *lucerna*, „die Leuchte", zurück; sie liegt idyllisch eingebettet in der alpinen Gebirgskulisse der Zentralschweiz.

Miramar ist ein spanischer Ausruf, der „Schau auf das Meer!" bedeutet. Der Name der Stadt im Südosten Floridas bezieht sich auf *Miramars* Lage unweit der Atlantikküste.

Piacenza wurde zur Römerzeit *Placentia*, „die Anmutige", getauft –
zu Recht, denn die italienische Stadt erstreckt sich malerisch in
der Ebene der Lombardei, nahe der Vereinigung der Flüsse Po
und Trebbia, im Schatten der nördlichen Hänge des Apennin.

Sóller entstammt dem arabischen Wort *suliar*, „goldene Muschel".
Wenige Kilometer landeinwärts von der steilen Westküste
Mallorcas entstand die Stadt in einem sonnigen Tal, dessen
wohlbewässerte Terrassenkulturen eine Hinterlassenschaft der
maurischen Eroberer sind, die sich um 950 in dieser „goldenen
Muschel" niederließen.

Genügsamkeit und Wohlbehagen

Arabia Felix, „glückliches Arabien", war die gängige römische
Umschreibung des klimatisch begünstigten Südwestens der
trockenen Arabischen Halbinsel, also des heutigen *Jemen*, in
dem die Menschen sesshaft waren und Regenfeldbau betreiben
konnten. Von hier bezog man Luxusgüter wie Weihrauch und
Gewürze, die in der Antike in Gold aufgewogen wurden. Die
Länderbezeichnung *Jemen* ist praktisch eine Übersetzung des
alten lateinischen Ausdrucks; sie basiert auf arabisch *jamin*,
„rechts" (vgl. den Vornamen *Benjamin*, „Sohn zur Rechten") –
ein Wort, das nicht nur zur Lagebestimmung, sondern auch als
Synonym für „glücklich" verwendet wird.

Arbon, ein schweizerischer Ort am Bodensee, entstand an der Stelle
eines alten Römerkastells, das seine Besatzung überschwänglich
Arbor Felix, „Glücksbaum", benannt hatte (von latein. *arbor*,
„Baum", und *felix*, „fruchtbar, Glück bringend") und das man
erst im 20. Jahrhundert freigelegt hat.

Békéscsaba ist eine ungarische Stadt östlich der Theiß im fruchtbaren, landwirtschaftlich genutzten Alföld, deren Namen man als
„die Friedvolle" übersetzen kann (von ungar. *békés*, „friedlich").
Erst in jüngster Zeit wird das beschauliche Landleben der
Einwohner durch beginnende Textil- und Lebensmittelindustrie
beeinträchtigt.

Bukarest, die Hauptstadt Rumäniens, heißt in der Landessprache
Bucureşti, von rumän. *bucuros*, „fröhlich, freudig"; vgl. unser
Adjektiv *bukolisch* im Sinne von „friedlich" sowie die als
Bukolik bezeichnete „Hirtendichtung", von griech. βουκόλος
(bukólos), „Rinderhirt". Man erzählt sich, dass der Name der
Stadt an einen unbeschwerten Hirten erinnere, der hier, an einem

Flüsschen im weiten Steppenland der Walachei, mit Vorliebe gerastet haben soll.

Chongqing liegt in der Provinz Sichuan, dem dichtest besiedelten Gebiet Chinas. Die Stadt erhielt ihren Namen – „doppeltes Glück" – im Jahr 1189, als der beliebte Prinz dieser Präfektur den chinesischen Kaiserthron bestieg.

Daressalam, arab. *Dar es-Sala'am*, „Zufluchtsort des Friedens", ist der Name der alten Hauptstadt Tansanias, die 1862 als Sommerresidenz für den Sultan von Sansibar gegründet wurde und bald darauf den Gouverneuren der ehemaligen Kolonie Deutsch-Ostafrika als Amtssitz diente, bis sie 1916 unter britische Kontrolle kam. *Daressalam* blieb auch nach der Verbindung von Tanganjika und Sansibar zu Tansania (1964) Hauptstadt des Landes; in den 80er Jahren wurde sie jedoch von *Dodoma* abgelöst (s. *Jerusalem* und *Brunei*).

Darling, „Liebling", ist ein verständlicher Gewässername im Trockengebiet Australiens, zumal es sich um den längsten Fluss des ganzen Kontinents handelt (2,736 km).

Eureka, von griech. ηὕρηκα *(heúreka)*, „ich hab's gefunden", hat man eine Stadt im US-Staat Kalifornien genannt. Die Gemeinde, der ein zufriedener früher Siedler den Namen gab, entstand 1850 als Bauholzzentrum, und noch heute werden von hier die in aller Welt begehrten Redwood-Hölzer verschifft.

Lima, die Hauptstadt Perus, nennt man zu Recht „die Vollendete" (eigentl. „die Ausgefeilte"; von span. *lima*, „die Feile"; vgl. *sublim*), denn der Silberreichtum der Umgebung und die überaus prachtvolle Hofhaltung der spanischen Vizekönige ließen eine der schönsten Barockstädte der Welt entstehen. Ihr Gründer, der spanische Konquistador Pizarro, hatte ihre Anlage eigenhändig geplant (s. *Ciudad de los Reyes*).

Ljubljana, „die Liebliche", ist die Hauptstadt Sloweniens am Fluss *Ljubljanica*, auf den der Name ursprünglich zurückgeht. Von den Illyrern als *Emona* gegründet, wurde die Siedlung unter Kaiser Tiberius römische Kolonie. Im 13. Jahrhundert fiel die Stadt an die Habsburger, die sie in *Laibach* umtauften. Nach dem Ersten Weltkrieg wurde sie Jugoslawien zugesprochen; seit 1991 ist sie Metropole der unabhängigen Republik Slowenien.

Málaga war von den phönizischen Gründern *Malaka*, „Königin", genannt worden, wohl wegen ihrer reizvollen Lage an der spanischen Südküste, die wir heute als Costa del Sol kennen.

Port-de-Paix heißt ein kleiner Exporthafen für Kaffee an der Küste der Republik Haiti. Der französische Name bedeutet „Hafen des Friedens" (s. auch *La Paz*).

Pôrto Alegre, der „fröhliche Hafen", ist Hauptstadt und wichtigster Handels- und Industrieplatz des brasilianischen Bundesstaates Rio Grande do Sul. Am wirtschaftlichen Aufstieg der Stadt hatten deutsche und italienische Einwanderer mit der Errichtung von Brauereien sowie der Ansiedlung von Textil-, Möbel- und Schuhfabriken entscheidenden Anteil.

Pozoblanco bedeutet „heller Brunnen"; der heitere Name dieses landwirtschaftlichen Zentrums innerhalb eines bewässerungsarmen Getreide- und Olivenanbaugebietes der südspanischen Provinz Córdoba bedarf keiner näheren Erläuterung.

Puerto Deseado an der argentinischen Küste Patagoniens war für die armen und landhungrigen spanischen Zuwanderer „der ersehnte Hafen" (von span. *desear*, „wünschen, begehren"; vgl. engl. *desire*, „Wunsch, Verlangen"), so wie der *Río Deseado*, an dessen Mündung die Stadt liegt, „der ersehnte Fluss" war. Von hier wird vor allem Schafwolle und Gefrierfleisch verschifft.

Restigouche, „guter Fluss", nannten die Indianer einen südostkanadischen Wasserlauf in der Provinz New Brunswick, der für seinen Lachs- und Forellenreichtum berühmt ist.

Rio Doce, „süßer Fluss", heißt ein Gewässer in Ostbrasilien, das bei Espírito Santo in den Atlantik mündet. Seine Uferregionen wurden im 19. Jahrhundert von deutschen und italienischen Siedlern kolonisiert, die mit dem Anbau von Zuckerrohr und Kaffee ihr Glück versuchten.

Sewastopol auf der Halbinsel Krim trägt einen Namen, der in griechischer Version *Sebastopolis* lautet: „Stadt des Staunens" – von griech. σέβας *(sébas)*, „Ehrfurcht" (vgl. *Sebastian*), und πόλις *(pólis)*, „Stadt". Ab dem 5. vorchristlichen Jahrhundert hatte hier die griechische Kolonie *Chersónesos* („Halbinsel") bestanden, die später in den Besitz der Römer, Byzantiner, Genuesen und Tataren überging, bis die Krim unter Katharina d. Gr. dem Zarenreich zufiel. Seitdem ist die stark befestigte Marinebasis *Sewastopol* der bedeutendste russische, heute ukrainische, Seehafen am Schwarzen Meer.

Tauranga, „geschützter Ankerplatz" (oder „Landeplatz für Kanus") nannten die Maoris vor langer Zeit jenen Ort auf der Nordinsel Neuseelands, an dem heute die gleichnamige Stadt zu finden ist.

Valence, zur Zeit der Römer *Valentia*, „die Gesunde" (von latein. *valens*, „kräftig, munter"; vgl. *Valentin*), ist die Hauptstadt des französischen Departements Drôme, am linken Ufer der Rhône. Den gleichen Namensursprung haben die Städte *Valenciennes* in Nordfrankreich und *Valencia* in Spanien; die Letztere wurde von den maurischen Eroberern ähnlich positiv beurteilt, denn diese nannten sie *Medîna-bû-taral*, „Stadt der Freude".

Welkom ist das niederländische Wort für „Willkommen", aber auch der Name einer Stadt im Norden des Oranje-Freistaats in der Republik Südafrika, mit riesigem Arbeitskräftebedarf im noch immer florierenden Gold- und Uranbergbau.

Reichtum und Fortschrittsglaube

Addis Abeba, „neue Blume", taufte der spätere Kaiser Menelik II. 1889 die von ihm geplante Stadt im Hochland Äthiopiens. Mit dieser Benennung verbanden sich seine hoch gesteckten Erwartungen für die neu gegründete Hauptstadt als Wirtschaftszentrum des ganzen Landes.

Altai heißt ein zentralasiatisches Gebirge, dessen Name wohl auf das mongolische Wort *alt*, „Gold", zurückgeht (vgl. türk. *altın*, „golden"); das ersehnte Metall wurde hier allerdings erst im 19. Jahrhundert entdeckt.

Argentinien – keine andere geographische Bezeichnung spiegelt so eindeutig den Hunger der europäischen Eroberer Südamerikas nach Edelmetallen wie die jenes Landes an der weiten Trichtermündung, die wir als *Río de la Plata*, „Silberstrom", kennen. Als die Spanier im 16. Jahrhundert auf der Suche nach Nahrungsmitteln dem Flusslauf bis zum heutigen Staatsgebiet von Paraguay folgten, erwarben sie von den Eingeborenen große Mengen Silber – span. *la plata* (vgl. *Platin*) –, ein Name, der sich bald für den gesamten Wasserlauf und das von ihm durchflossene Land einbürgerte. Der Strom wurde später in Río Paraná umgetauft, das Land selbst aber nennen wir bis auf den heutigen Tag „Silberland" (von latein. *argentum*, „Silber).

Buenaventura, „gute Zukunft", heißt der Haupthafen Kolumbiens an der pazifischen Küste. Nomen est omen: Die günstige Prognose ist für die Stadt dank der Ausfuhr von Kaffee und Erdöl längst in Erfüllung gegangen (s. auch *Fuerteventura*).

Chrysopolis, „Goldstadt", von griech. χρυσός *(chrysós)*, „das Gold" (vgl. *Chrysantheme*), und πόλις *(pólis)*, „die Stadt", war im Altertum der Name etlicher Gemeinwesen, die es zu Ansehen und Wohlstand gebracht hatten, wie das byzantinische *Chrysopolis* (heute türk. *Üsküdar*, d.h. „schmale Basis", am asiatischen Ufer des Bosporus, gegenüber Istanbul) oder das altägyptische *Chrysopolis* südlich von Theben, das von den Einheimischen *Ombos* (ebenfalls „Goldstadt") genannt wurde und heute *Kom Ombo* heißt.

Costa Rica, die mittelamerikanische Republik zwischen Panama und Nicaragua, verdankt ihren Namen dem Seefahrer Kolumbus. Seine vierte Reise hatte ihn 1502 bis an die karibische Festlandküste geführt, wo zu seinem Erstaunen die Eingeborenen goldenen Schmuck trugen, sodass er das neu entdeckte Land begeistert als *costa rica*, also „reiche Küste", bezeichnete. Seine Soldaten zwangen die Eingeborenen mit brutalsten Mitteln, wertvolle Kunstgegenstände einzuschmelzen und in Barren umzugießen. Die Indios rächten sich während eines Aufstandes, indem sie den unersättlichen Spaniern flüssiges Gold in den Rachen gossen. Auf Dauer erwies sich der Name des Landes jedoch als zu optimistisch, denn die Entdeckung von Edelmetallen blieb eher die Ausnahme. Dennoch wurde *Costa Rica* wohlhabend durch die Kultivierung von Tabak, Bananen und Kaffee. Auch aus einem anderen Grund kann sich das Land reich schätzen: Es kommt seit einem halben Jahrhundert ohne eine Armee aus.

El Dorado, eine Stadt im US-Staat Arkansas, war seit ihrer Gründung in der Mitte des 19. Jahrhunderts nur eine kleine Landwirtschafts- und Forstgemeinde, obwohl frühe Siedler offensichtlich glaubten, hier ihr Glück gefunden zu haben, sonst hätten sie dem Ort wohl kaum den spanischen Namen „der Vergoldete" gegeben. Seit im Jahr 1921 in der Nähe Öl gefunden wurde und sich die Stadt zum Zentrum eines Erdöl- und Erdgasfördergebiets mit großen Raffinerien mauserte, hat die Benennung eine späte Bestätigung gefunden.[1]

El Progreso bedeutet im Spanischen „der Fortschritt", und von einer positiven Entwicklung waren die Gründer einer Gemeinde dieses

---

[1] Die spanischen Eroberer hatten von *El Dorado*, einem mythischen König in Kolumbien gehört, der bei religiösen Festen ganz mit Goldstaub überzogen war, den er sich beim Opfern in einem heiligen See vom Körper wusch. Sie glaubten daher an ein märchenhaft reiches Goldland im Norden des südamerikanischen Kontinents. Auch wir sprechen noch heute von einem *Eldorado* im Sinn eines Traumlandes oder Paradieses.

Namens in Honduras vor etwa 100 Jahren felsenfest überzeugt. Inzwischen ist *El Progreso* eine der größten Städte des Landes und Handelszentrum für die Bananenplantagen der Umgebung.

Freiberg, westlich von Dresden gelegen, ist Sachsens älteste und bedeutendste Bergbaustadt. Als man 1168 hier auf eine Silberader stieß, erklärte Markgraf Otto von Meißen den Fundort zum „freien Berg", wodurch er jedem Zugewanderten ein freies Schürfrecht garantierte und einen wahren Silberrausch auslöste. Ähnlich gute wirtschaftliche Chancen versprach *Freilassing*, eine bayerische Grenzstadt bei Salzburg, allen Neubürgern, denn ihr Name – von mittelhochd. *frilaz*, „Freilassung" – ist die Bezeichnung für eine abgabenfreie Weide. Auch die Rodungssiedlung *Freyung* an einer Handelsstraße, die von Passau durch den Böhmerwald führte, verbürgte sich für eine „Befreiung von Handelsbeschränkungen oder Abgaben" (mittelhochd. *friunge*) und damit für den problemlosen Einstieg in den lukrativen Salztransport.

Glückstadt in Schleswig-Holstein wurde 1616 vom dänischen König Christian IV. als Hafenstadt und Festung an der Unterelbe errichtet. Der Name war als gutes Omen, insbesondere für den wirtschaftlichen Wettbewerb mit Hamburg, gedacht (s. auch *Glücksburg*).

Puerto Rico, spanisch für „reicher Hafen", ist die kleinste Insel der Großen Antillen, die 1493 von Kolumbus für Spanien in Besitz genommen wurde und seit 1952 als Commonwealth mit den Vereinigten Staaten assoziiert ist. Der spanische Name galt zunächst nur für die Hauptstadt (*San Juan Bautista de Puerto Rico*, heute schlicht *San Juan*), ging dann aber auf die ganze Insel über. Vor allem Ananas-, Kaffee-, Zucker- und Tabakexporte haben *Puerto Rico* das höchste Bruttosozialprodukt Lateinamerikas beschert.

Simferopol auf der Krim war vom 3. vorchristlichen bis 4. nachchristlichen Jahrhundert als *Neapolis* („Neustadt") das Zentrum eines skythischen Staates gewesen, das die Russen 1784 zur Hauptstadt des Gebietes Taurien erkoren und das laut Dekret der Zarin Katharina II. künftig *Simferopol*, „Stadt des Nutzens", genannt werden sollte – von griech. συμφέρειν *(symphérein)*, „zusammenbringen, förderlich sein", und πόλις *(pólis)*, „Stadt". Entsprechend zeigt das Stadtwappen einen Bienenkorb, gekrönt von der Inschrift „das Nützliche".

Verständlicherweise war es vor allem der Grad natürlicher wirtschaftlicher Gunst, der Siedlungswilligen einen Ort attraktiv oder weniger verlockend erscheinen ließ, zunächst vielleicht ein artenreiches F i s c h g e w ä s s e r , später – mit Entwicklung der Ackerbaugesellschaften – eher die klimatischen Vorzüge und die gute Bodenqualität eines Gebietes. Man nimmt an, dass die Ursprünge unserer L a n d w i r t s c h a f t im *Fruchtbaren Halbmond* lagen, der sich in einem Halbkreis vor die Wüstengebiete Arabiens legte und das äußerst ertragreiche Nildelta mit den blühenden Oasen an Euphrat und Tigris verband; in der Mitte dieses sichelförmigen Kulturlandes heißt ein Teil des zentralpalästinensischen Gebirges in Samaria bis heute *Ephraim*, was im Hebräischen nichts anderes als „Fruchtbarkeit" bedeutet. Das Gegenteil deutet sich etwa bei unserer ostfriesischen Insel *Juist* an, deren Name sich von *Geest* – für höher gelegenes, sandiges Land – herleitet und letztlich auf das ahd. Wort *geisini*, „Unfruchtbarkeit", zurückgeht. Auch der undurchdringliche Urwald war weitgehend siedlungsfeindlich, wie der Ausdruck *Dschungel* (im Sanskrit *jangala*) belegt, mit dem die alten Inder jede Art von Ödland bezeichneten.

Die Topographie kennt unendlich viele Bezüge zur Landwirtschaft. Besonders umfangreich ist die Gruppe geographischer Namen, die auf eine meist unumgängliche Voraussetzung für die agrarische Bodennutzung und damit jede kulturelle Entwicklung (von latein. *cultus*, „Anbau, Pflege"; vgl. engl. *agriculture*, „Landwirtschaft") verweist: die R o d u n g von Wäldern. Deutsche Ortsnamen mit Endungen wie *-rode*, *-roda*, *-rad(e)*, *-rath*, *-ried* oder *-reut(h)* bezeichnen verlässlich die Stelle, wo der Gründer der Ansiedlung den Wald *gerodet*, also sozusagen *ausgerottet* hat. Als Beispiele seien genannt *Harzgerode* (*Rodung* eines gewissen *Hazako*), *Gernrode* (Ansiedlung des Markgrafen *Gero*) und *Wernigerode* (nach *Werin*, dem Abt von Corvey) oder – mit Angabe der Himmelsrichtungen – *Osterode*, *Suderode* und *Westerode*, aber auch *Roda*, *Radevormwald*, *Rath* (heute zu Düsseldorf) und *Rathen* (am Elbsandsteingebirge) sowie *Bayreuth* („Rodung der Bayern") und *Kreuth* (zusammengezogen aus „gerodet"; s. auch *Rütli*).

Ebenso zahlreich sind die Verweise auf die Entstehung von bäuerlichen Hofstätten, oft erkennbar an Namensendungen wie *-hofen* oder *-hagen*, die eingefriedete Siedlungsplätze im ehemaligen Waldland bezeichnen – bisweilen verkürzt zu *-hain* und *-hahn* (von ahd. *hagan*, „Dornbusch" und *gahagi*, „umhegter Bereich"; vgl. *Gehege* und *Hecke*, aber auch *Hexe*, von althochd. *hagsizza*, „Lattenzaun-Reiterin", sowie *Hagestolz*), z.B. *Hagen*, *Hagenow*, *Den Haag*, *Haan* und *Hainichen*.

Der H o f selbst – althochd. für „umfriedetes Grundstück" – wurde in der Regel erhöht angelegt, und tatsächlich sind die Wörter *Hof* und *hoch* verwandt (vgl. altsächs. *huvil*, „Hügel", engl. *heave*, „hochheben", sowie *hob*, die Vergangenheit von *heben*); beiden liegt die Bedeutung „biegen" zu Grunde, denn einerseits waren der Hof und alle seine Gebäude mit einem zum Zaun gebogenen Dorngeflecht eingehegt, andererseits befand sich das Anwesen auf einem *Buckel*, sozusagen also einer Aufbiegung der Landschaft.

In der englischsprachigen Welt bezeichnet man ein herkömmliches Landgut – ursprünglich zu einem Festpreis gepachtet – als *Farm* (von latein. *firmus*, „stark, fest"; vgl. franz. *ferme*, „Bauernhof", und unsere *Firma*), während man einen Großbetrieb mit extensiver Weidewirtschaft, vor allem in den riesigen Trockenstaaten des amerikanischen Westens, *Ranch* nennt – von span. *rancho*, „Hirtenhütte". Zumindest jeder Mallorca-Urlauber weiß, was man unter dem spanischen Begriff *Finca* zu verstehen hat, nämlich ein kleines Gehöft mit einer bescheidenen Anbaufläche (von latein. *finis*, „Begrenzung, Land"; vgl. engl. *finish*, „Ende"); auch die Bezeichnung *Hazienda* für einen ansehnlichen Landbesitz in Mittel- und Südamerika (span. *hacienda*, von latein. *facere*, „tun, machen", vgl. italien. *fattoria*, „Bauernhof", und engl. *factory*, „Fabrik", *Faktorei*) ist in unseren Sprachgebrauch eingegangen, und das französische Wort *Plantage* (von latein. *plantare*, „pflanzen"; vgl. engl. *plant*, „Pflanze") assoziieren wir wohl automatisch mit der Plackerei schwarzer Sklaven auf den Feldern tropischer Großbetriebe.

Im Althochdeutschen bedeutete das Substantiv *bur* zunächst „Haus" (vgl. engl. *neighbour*, „Nachbar", und *Vogelbauer*) – nach und nach ging es jedoch auf den Bewohner der ländlichen Wohnung über. In Holland und in Südafrika hat es sich als Berufs- und Herkunftsbezeichnung *Bure* (niederl. *boer*) unverändert erhalten, ist aber auch in der deutschen Entsprechung *Bauer* erkennbar. In Ortsnamen können Hinweise auf eine bäuerliche Niederlassung so deutlich sein wie im Fall von *Bauerbach* („Ansiedlung am Bach"), *Buer* oder *Büren* und *Ibbenbüren*, bisweilen sind sie jedoch nicht auf Anhieb zu erkennen, etwa bei *Blaubeuren* („Siedlung an der Blau") und *Kaufbeuren* oder *Beuron* und *Benediktbeuern*. Im Gegensatz zum *Bauern* hauste ein *Kätner*, der mit nur ein oder zwei Spanntieren seinen Acker bestellte oder sich als landwirtschaftlicher Tagelöhner verdingte, in einer kleinen *Kate* (vgl. westfäl. *Kotten*, von altnord. *cot*, „Hütte"), die dem britischen *Cottage* entspricht.

Es mag zutreffen, dass wandernde Hirtenstämme in der Regel die Vorläufer (oder auch Konkurrenten) einer sesshaften Landbevölkerung waren, dennoch sind A n b a u und V i e h z u c h t stets aufs Engste miteinander verknüpft geblieben. Im germanischen Bereich meinte man mit dem Wort *Acker* (engl. *acre*) nicht nur das zu bestellende Feld, sondern auch das Land außerhalb der Siedlungen, wohin das Vieh zum Weiden oder zum Düngen des Bodens getrieben wurde (vgl. latein. *agere*, „treiben", erst viel später auch „handeln").

Entsprechend hatte das Wort *Weide* (althochd. *weida*, aus der indogerman. Wurzel *ueie-*, „auf Nahrungssuche gehen, nach etwas trachten") zunächst einen wesentlich größeren Bedeutungsumfang als heute: Es konnte jede Art von mobiler Nahrungsbeschaffung bedeuten und stand damit für „Jagd" und „Fischfang" (noch heute bezeichnen wir einen „Jäger" oder „Fischer" als *Weidmann*), aber auch für jegliche „Unternehmung" oder „Ortsveränderung" (vgl. *anderweitig*), dann auch für „Futter, Speise" (vgl. *Eingeweide* und *Augenweide*), und schließlich natürlich für ein „Grasland", das als *Viehweide* genutzt wurde. Selbst das Wort *Feld* bezog sich zunächst nicht eindeutig auf den Ackerbau, sondern betonte lediglich die Weite und Übersichtlichkeit einer Naturlandschaft (die indogerman. Wurzel ist *pel-*, „flach, eben, breit") – eine Vorstellung, die wir im Ausdruck *Gegend* nachvollziehen, womit wir ja das ganze, uns offen „entgegenliegende Land" meinen (vgl. die engl. Entsprechung *country*, aus franz. *contre*, „gegen", und unser Fremdwort *kontra*).

Die Hauptanbaufrucht des Menschen war seit dem Beginn der Sesshaftigkeit das *Getreide*. Der Begriff ist mit dem Verb *tragen* verwandt und bedeutet folglich eigentlich „Bodenertrag". Mit der Zeit wurde der Sinn eingeengt auf „Körnerfrucht", wobei *Korn* die Frucht der Pflanze, also den *Kern*, bezeichnete, später auch das Getreide selbst. (Mit *Korn* ist in vielen Ländern speziell nur eine Art gemeint: In Schweden steht *korn* für Gerste, in Amerika *corn* für Mais, in Deutschland meint *Korn* vor allem das Brotgetreide, also den Roggen.)

Weidetiere – im Unterschied zu den Haustieren im *Stall* (von althochd. *stal*, „Standort", vgl. *Stelle* und *aufstellen*) – benötigten einen fürsorglichen *Hirten* (von *Herde*; vgl. engl. *shepherd*, „Schafhirt"), für den die Spanier und Portugiesen noch immer den lateinischen Begriff *pastor* verwenden (vgl. engl. *pasture*, „Weide", und unseren *Pastor* als Seelenhirt). Auf die mobilen Einzäunungen für die Viehherden verweisen in unserem Bereich etliche Ortsnamen mit der Endung *-lar* (althochd. für „Gerüst"), z.B. das rheinische *Osselar* („Ochsenhürde"),

Wetzlar an der Lahn (genauer: am *Wetzbach*, einem Zufluss der Lahn), *Lahr* am Westrand des Schwarzwalds und in Ostfriesland sowie *Lohr* am Main (s. auch *Leer*, *Fritzlar* und *Goslar*).

Heute verraten uns Bezeichnungen wie *Kuh* oder *Ochse* eindeutig das Geschlecht der Tiere. Das war nicht immer so: Das altindische Wort *gáuh* war sowohl auf das weibliche als auch das männliche Rind anzuwenden, während in den germanischen Sprachen mit *Kuh* nur noch das Muttertier etikettiert wird, das den Nachwuchs auszutragen und wichtige Grundnahrungsmittel zu liefern hat, also *Milch* (von althochd. *melcan*, aus indogerman. *melg*, „abstreifen, melken"; vgl. *Molke* und *Molkerei*), *Butter* – aus griech. βούτυρον *(boútyron)*, „Milchquark", von βοῦς *(boûs)*, „Rind, Kuh" (!), – und *Käse* (latein. *caseus*, aus der indogerman. Wurzel *kuath*, „gären, sauer werden"; vgl. auch *Kwass*, ein säuerliches Getränk in Russland). Der *Ochse*, obschon es sich bei ihm heutzutage bekanntlich um ein verschnittenes männliches Rind handelt, bezieht seinen Namen von der indogerman. Wurzel *ugh-*, die einen Bedeutungsumfang von „feucht" bis „(mit Samen) bespritzen" hatte, sodass der *Ochse* ursprünglich eine wesentlich unternehmungslustigere Rolle in der Tierzucht gespielt haben muss, eine Aufgabe, die heute nur noch der *Bulle* erfüllt – was sich in seiner Benennung unmissverständlich spiegelt, denn *Bulle* ist verwandt mit *Ball* und dem griech. φαλλός *(phallós)* für „männliches Glied" (vgl. engl. *balls*, die umgangssprachliche Gleichsetzung mit „Hoden"). Allgemein heißt das männliche Rind bei uns *Stier*, in dem wir – allerdings ohne *s*-Anlaut – das zu Grunde liegende griechische Wort ταῦρος *(taûros)* erkennen können (vgl. *Minotaurus* und span. *Torero*). Unser *Schwein* – aus latein. *suinus*, „zur Sau gehörend" (Adjektiv zu *sus*) – kann, obschon auf die indogerman. Wurzel *seu-*, „gebären", zurückgehend (vgl. *Sohn*), ebenfalls beiderlei Geschlechts sein, nicht aber die *Sau*, die bei uns eindeutig ein „Mutterschwein" ist. Auch die Griechen, die das *Schwein* σῦς *(sys)* oder ὓς *(hys)* nannten, machten keinen Unterschied zwischen einer „Sau" und einem „Eber". (Von ὓς ist übrigens *Hyäne* abgeleitet, vermutlich eine Anspielung auf deren borstiges Fell.)

Pferd, der Name des Reit- und Zugtieres des Menschen, führt auf mittellatein. *para-veredus* zurück, was man mit „Postpferd auf Nebenlinien" übersetzen könnte; früher sprach man auch vom *Ross*, das in der englischen Sprache als *horse* (durch Umstellung des *-r* aus *hross*) überlebt hat. Anders als beim Ochsen erfuhr das männliche Tier, der *Hengst*, gewissermaßen eine geschlechtliche Aufwertung, denn althochd. *hengist* bedeutete noch „Wallach", während das moderne Wort ein zeugungsfähiges Pferd bezeichnet. In der Zucht waren jedoch die *Stuten* zahlenmäßig bei weitem überlegen, und anfänglich stand das althochd. Wort *stuot* (von der indogerman. Wurzel *sta*, „zusammenstehen") sogar grundsätzlich für eine ganze Herde von Pferden; während das Wort *Gestüt* diesen kollektiven Sinn bewahrt hat, bezeichnet *Stute* heute nur noch ein einzelnes weibliches Zuchtpferd.

Die Weidetiere der Nomaden und damit ihr wichtigster Besitz waren und sind natürlich *Schafe* und *Ziegen* (althochd. *ziga*, vielleicht aus einem Lockruf abgeleitet). Die Herkunft des deutschen Wortes *Schaf* ist ungeklärt; die dänische Entsprechung *fær* ist dagegen mit unserm *Vieh* sowie engl. *fee*, „Eigentum, Gebühr", verwandt – eine Bedeutungsveränderung, an der die Entwicklung vom einzelnen Wolltier über die Gesamtheit aller nützlichen Haustiere bis hin zu jedem wertvollen Tauschobjekt nachvollzogen werden kann (s. auch *Geld*).

Weidewirtschaft und Hausviehhaltung

Buttermere, „Buttersee" (altengl. *mere*, „Meer"), heißt einer der Seen im englischen Lake District mit saftigen Weiden, wo Kühe gute Milch produzieren, aus der dann Butter gemacht wird.

Capri, die viel besungene italienische Insel am Eingang zur Bucht von Neapel, bekam im Altertum von den Römern den Namen *Capreae*, „Ziegeninsel", von latein. *caper*, „der Ziegenbock" (auf dessen launisches Wesen wir Wörter zurückführen wie *Kapriole*, „Luftsprung, übermütiger Streich", und *kapriziös*, „eigenwillig"; vgl. franz. *caprice*, „Laune, wunderlicher Einfall"). Neuerdings wird die Herkunft des Namens *Capri* allerdings auch mit griech. *κάπρος (kápros)*, „Eber, Wildschwein", erklärt. Die Bewohner der kleinen Insel – sie ist nur 6 km lang und 2 km breit – sind besonders stolz darauf, dass der römischen Kaiser Tiberius hier seine letzten Lebensjahre verbrachte (ab 26 n.Chr.), woran die Ruinen zahlreicher, von ihm erbauter Villen erinnern. Eine toskanische Insel nordwestlich von Elba, *Capraia*, ist seit römischen Zeiten fast identisch benannt; in diesem Fall handelt es sich um die wörtliche Übersetzung des älteren griechischen Namens *Aigilion*, von griech. *αἴξ, αἰγός (aíx, aigós)*, „Ziege"; die Griechen hatten die karge Insel vor der Haustür Roms zu einem wichtigen Stützpunkt ausgebaut (heute dient sie Italien als Strafkolonie). Eine weitere „Ziegeninsel" ist *Caprera*, vor der Nordspitze Sardiniens; sie war die Heimat des italienischen Freiheitskämpfers Garibaldi.

Chiswick darf sich heute rühmen, ein Stadtteil von Großlondon zu sein. Der alte Name erinnert jedoch an wesentlich bescheidenere Anfänge, er bedeutet nämlich, wie *Keswick* in Cumbria, „Käsefarm" (von altengl. *cese*, „Käse", und *wic*, „Siedlung").

Clonmel, irisch *Cluain Meala*, „Honigweide", ist ein Marktort westlich von Carrick-on-Suir im County Tipperary in Südirland, während *Clontarf*, irisch *Cluain Tarbh*, „Stierweide", als Vorort von Dublin im Osten der Grünen Insel liegt. (So bekommt auch die Bezeichnung *North Bull* für ein nahe gelegenes Vogelschutzgebiet einen Sinn.)

Delmaten, „Schafzüchter", nannte sich ein illyrischer Stamm, der die kroatische Küstenlandschaft *Dalmatien* („das an Schafen reiche Land") ursprünglich besiedelte. Übrigens benutzen die südlichen Nachbarn, die Albaner, noch heute das Wort *dele* für „Schaf" (s. *Dalmatien*).

Euböa, von griech. εὖ *(eû)*, „gut, schön", und βοῦς *(boûs)*, „Rind", war für die selbstbewussten Bewohner stets eine Insel mit „prachtvollen Rindern", und niemand machte ihnen den Ruf als hervorragende Landwirte streitig. Die große Insel vor der ostgriechischen Küste – sie ist etwa 145 km lang und bis zu 48 km breit – weckte wegen ihrer strategischen Bedeutung und ihrer reichen Eisenerz- und Kupfervorkommen (die übrigens dem Hauptort *Chalkis* den Namen gaben; s. dort) immer wieder die Begierde fremder Mächte; so wurde sie 338 von Makedonien erobert und 1470 von den osmanischen Türken eingenommen, die sie erst 1830 an Griechenland zurückgaben.

Färöer, von altnorw. *fær*, „Schaf", und *ey*, „Eiland", heißt eine Inselgruppe zwischen Norwegen, Großbritannien und Island, deren Bevölkerung von norwegischen Auswanderern abstammt, die sich um 800 hier niederließen. Seit 1380 gehören die mit Wiesen, Mooren und Heiden bedeckten Inseln, auf denen die Schafzucht noch immer eine große Rolle spielt, zu Dänemark (s. auch *Fair Isle*).

Gatwick, einer der Londoner Flughäfen, wurde weit vor den Toren der Hauptstadt angelegt, wo im 19. Jahrhundert eine Ziegenfarm dieses Namens zu finden war – von altengl. *gat*, „Ziege" (engl. *goat*), und *wic*, „Farm".

Gosforth, eine englische Stadt nördlich von Newcastle-upon-Tyne, muss, wie ihr Name verkündet, früher an einer „Gänsefurt" gelegen haben; es gibt sowohl nördlich als auch südlich der

Stadt einen Bach mit seichten Stellen, durch die Gänse getrieben werden konnten. Mit dem gleichen Federvieh ist die Geschichte der südenglischen Stadt *Gosport* verbunden, wobei *-port* wohl eher von latein. *porta*, „Tor" im Sinn von „Marktort", herrührt als von *portus*, „Hafen" (obschon die Stadt in unmittelbarer Nachbarschaft von *Portsmouth* liegt). Örtliche Reiseführer interpretieren den Namen gern als *God's Port* („Gottes Hafen"), weil ein französischer Bischof im 12. Jahrhundert an diesem geschützten Küstenabschnitt Zuflucht vor einem Sturm gefunden habe. Schon bald darauf hieß die Stadt jedoch *Goseport*, was man mit ziemlicher Sicherheit als „Markt, auf dem Gänse verkauft werden" auffassen muss (vgl. engl. *goose*, „Gans").

Isle of Sheppey, „Schafsinsel", ist der Name eines englischen Eilands vor der Nordküste von Kent (aus altengl. *sceap*, „Schaf", und *ey*, „Eiland", samt der unnötigen Angabe, dass es sich um eine *isle*, also eine „Insel" handelt). Von alters her boten sich die kleinen Inseln der kühlgemäßigten Zone wegen ihrer saftigen Weiden und ihrer natürlichen Begrenzung zur Schafhaltung an. Weitere englische „Schafsorte" sind *Shefford* („Schafsfurt"), wo eine alte Römerstraße den flachen Fluss Ivel querte und Schafe regelmäßig ans andere Ufer getrieben wurden (vgl. *Oxford*), *Shepperton* („Schäferdorf"), wo die Hirten auf den Weiden am Nordufer der Themse lebten (aus altengl. *sceaphierde*, „Schafhirt", und *tun*, „Siedlung") sowie die Gemeinde *Shipley* („Schafslichtung", mit altengl. *leah*, „Lichtung"), die sich von einer armseligen Schafweide im Wald zu einer Industriestadt Yorkshires mauserte. Daneben gibt es in Mittel- und Südengland etliche Dörfer namens *Shipton*, die ebenfalls an die frühere Schafzucht erinnern (also nichts mit engl. *ship* zu tun haben).

Jaila, turkmen. „Sommerweide", heißt die Hauptkette des Gebirges im Süden der Halbinsel Krim.

Kap Hague, franz. *Cap de la Hague*, nennen wir die nordwestliche Landspitze der französischen Halbinsel Cotentin. Obschon der Name heutzutage in der Regel mit einer Wiederaufbereitungsanlage von Kernbrennstoffen assoziiert wird, ist die Bedeutung des Namens viel friedlicher, denn altnord. *hag* bedeutet schlicht „Weideplatz" (und generell jede „Einfriedung"; s. *Hagen* etc.).

Keçi Adası, der Name einer kleinen Insel vor der türkischen Stadt Marmaris, bedeutet übersetzt „Ziegeninsel" (s. *Cennet Adası*).

Kecskemét (mit ungar. *kecske*, „Ziege"; wohl von gleichbedeutend türk. *keçi* entlehnt) heißt ein Ort inmitten der Puszta, dem riesigen Viehzuchtgebiet Ungarns (s. *Keçi Adası* und *Puszta*).

Kentucky hat seinen Namen von dem Fluss, der den US-amerikanischen Bundesstaat durchquert; das indianische Wort *kentake* steht für „Weideland".

Keymer liegt im englischen Sussex; der Name der Stadt, „Kuhtränke" (von altengl. *cy*, Genitiv von *cu*, „Kuh", und *mere*, „Teich"), erinnert an eine Wasserstelle für Kühe am Fluss Adur.

Lambourn, eine englische Kleinstadt in Berkshire, entstand an einem Bach, in dem man Lämmer wusch, denn die altenglische Bezeichnung *lamb-burna* ist als „Lammbach" aufzufassen (vgl. *Born*; s. auch *Brünn*, *Bournemouth* und *Paderborn*).

Lammermuir, die Bezeichnung einer Landschaft südöstlich von Edinburgh, bedeutet „Lämmermoor". Der Name klingt zwar echt schottisch, ist aber altenglisch (von *lambra*, Genitiv Plural von *lamb*, und *mor*, „sumpfiges Ödland").

Madrid, von den arabischen Eroberern zu *Majrit* (Aussprache *ma'dschrít*), „Weide", umgebildet, entstand aus einer Siedlung bei einer maurischen Festung aus dem 8. Jahrhundert im hügeligen Viehzuchtgebiet am Río Manzanares, im Zentrum der Iberischen Halbinsel. Woher der ursprüngliche Name der späteren spanischen Hauptstadt stammt, bleibt ungeklärt; ihr wurde aber noch zu Zeiten Francos eine gewisse Provinzialität im Sinne des maurischen Namens nachgesagt; erst nach dem Tod des Diktators im Jahr 1975 mauserte sich *Madrid* zur quirligen Weltstadt.

Markinch im schottischen County Fife hat nichts mit dem Längenmaß Inch zu tun; der Name der Stadt bedeutet „Pferdeweide" (von gäl. *marc*, „Pferd", und *innis*, „Insel, Flussweide").

Marl im nördlichen Ruhrgebiet entstand nach 1900 als Bergbauort aus mehreren Bauernsiedlungen; ein Dorf *Marl* – „Stutenhürde" (von altsächs. *meriha*, „Stute", und *-lar*, „Hürde") – ist seit dem 9. Jahrhundert bezeugt (s. *Schwerin*).

Melksham bedeutet „Milchweide" (von altengl. *meoluc*, „Milch", und *hamm*, „Weideland an der Flussschleife"). Die Kühe in der Flussau des Avon müssen an der Stelle, wo heute die englische Stadt zu finden ist, besonders viel Milch gegeben haben.

Merfeld, „Mährenfeld" (von ahd. *marah*, „Pferd") bei Dülmen, ist berühmt wegen seiner Wildpferde im *Merfelder Bruch*. Ein weiterer „Pferdeort" ist *Merenberg* bei Weilburg a. d. Lahn.

Muck, das „Schwein" unter den Inseln der Inneren Hebriden (von gäl. *muc*, „Sau") vor der schottischen Westküste, offenbart mit dieser anrüchigen Bezeichnung, dass hier in früheren Zeiten zweifellos Schweine gezüchtet und gehütet wurden.

Pamir bedeutet im Alttürkischen „kalte Steppenweide". In dem zentralasiatischen Hochland, das wir auch unter dem Namen „Dach der Welt" kennen (die besiedelten Talböden der Becken liegen etwa 4000 m hoch), laufen knotenförmig die großen Gebirgssysteme Tien Shan und Kunlun, Alai und Transalai, Karakorum und Hindukusch zusammen.

Piddletrenthide ist ein Dorf in Dorset; der für englische Verhältnisse recht lange und etwas mysteriöse Name bedeutet „dreißig Häute am Piddle" (mit dem Flussnamen *Piddle*, dem franz. Zahlwort *trente*, „dreißig", und engl. *hide*, „Haut"); mit „dreißig Häuten" ist wohl die Größe der Viehherde und damit des Weidelandes gemeint, die zum Überleben einer Familie nötig war.[1]

Solingen im Bergischen Land hieß um 965 *Solagon*, wobei es sich um den Dativ Plural von althochd. *solag*, „(Schweine)Suhle" handelte (zu althochd. *sol*, „Suhle").

Somerton in der südenglischen Grafschaft Somerset wurde von den Bewohnern der Gegend als „Sommer-Wohnsitz" bezeichnet (von altengl. *sumor*, „Sommer", und *tun*, „Farm, Siedlung"), weil deren zumeist morastige Weiden nur im Sommer genutzt werden konnten. Weswegen es *Somerton* überhaupt gelang, Siedler anzuziehen, mag an der Tatsache gelegen haben, dass es ein wenig aus dem feuchten Marschland herausragte (das heute übrigens trockengelegt ist; s. *Somerset*).

Stuttgart entstand als Siedlung etwa im 10. Jahrhundert, und zwar bei einem Gestüt, das der Herzog von Schwaben *stuotgarten*, also „Stutengarten", getauft hatte (von althochd. *garto*, „Stall, Hürde, Gehege"; vgl. engl. *guard*, „Wache", und *Garde*). Daher führt *Stuttgart* ein schwarzes Pferd im Wappen (s. *Schwerin*).

---

[1] Neben der Flussbezeichnung *Piddle* – Bestandteil mehrerer Ortsnamen in Dorset (z. B. *Piddlehinton*; wohl von altengl. *pidele*, „Sumpf", obschon von Engländern meist mit *to piddle*, „tändeln, spielen", assoziiert) – gibt es die seltenere Alternative *Puddle*, etwa im Fall der Stadt *Puddletown*. Als man ihren Namen vor kurzem den anderen Orten im Flusstal entsprechend anpassen wollte zu *Piddletown*, wurde der Plan schnell aus finanziellen Erwägungen fallen gelassen, zumal die Änderung eines einzigen Vokals keine Aufwertung des Namens gebracht hätte, denn das engl. Verb *to puddle* bedeutet „herumpfuschen" und „planschen". Allerdings hätte *Puddlehinton* – zumindest für deutsche Ohren – recht lustig geklungen!

Swindon, von altengl. *swin*, „Schwein", und *dun*, „Düne", bedeutet also nichts anderes als „Schweinehügel" – ein Name, der zumindest heute der modernen Industriestadt im englischen Wiltshire schlecht ansteht. Ursprünglich gemeint war natürlich eine Erhebung, auf der Borstenvieh gehütet wurde. Auf ähnlich bescheidene Anfänge können die Stadt *Swinton* („Schweinefarm") bei Manchester und der Marktort *Swinford* („Schweinefurt") im irischen County Mayo zurückblicken (vgl. *Schweinfurt* am Main; s. auch *Oxford*).

Trogir, eine kroatische Stadt, die zum größten Teil auf einer künstlich angeschütteten Insel liegt, wurde im 3. Jahrhundert v. Chr. von den Griechen als *Tragurion*, „Ziegeninsel", von τράγος *(trágos)*, „Ziegenbock", gegründet. Mehr als alle anderen dalmatinischen Städte hat *Trogir* (italien. *Traù*) sein mittelalterliches Stadtbild bewahren können.

Feldbau und Gartenkulturen

Alcañiz, von arab. *alcanit*, „der Kanal", heißt eine spanische Bezirksstadt in Aragonien, in der Flussebene des Guadalupe, dessen Wasser durch ein dichtes Netz von Kanälen auf die Felder geleitet wird.

Aconcagua heißt in den argentinischen Anden bekanntlich der höchste Berg Amerikas, nach dem Fluss, der an seinem Westhang entspringt und dessen Tal außergewöhnlich fruchtbar ist. Der indianische Name leitet sich von den Wörtern *konka*, „Getreidegarbe", und *hue*, „Ort des Überflusses", ab.

Alhama, das arabische Wort für „warme Gewässer", ist in Spanien ein recht häufiger Namensbestandteil, z. B. im Fall der alten Maurenfestung *Alhama de Granada* in der Hochebene La Vega oder der ostspanischen Landstadt *Alhama de Murcia* – beide mit über 40° C warmen Schwefelquellen, die zu therapeutischen Zwecken dienen. Die Bewohner des Orts *Alhama de Almería* (in der gleichnamigen Provinz) verwenden jedoch ihr weniger warmes Quellwasser zur Bewässerung von Pergolawein- und Gemüsekulturen, während man die Haushalte mit Regenwasser aus gemauerten *Zisternen* versorgt – von latein. *cisterna*, zu *cista* und griech. κίστη *(kíste)*, „Kasten, Kiste".

Andermatt, „an der Matte" (von mittelhochd. *mate*, „Wiese", aus lat. *metere*, „mähen"; s. auch *Matterhorn*), ist ein 1500 m hoch gelegener schweizerischer Ort nahe des St. Gotthard-Tunnels.

Die Bezeichnung *Matte* für eine kurzgrasige, kräuterreiche Hochgebirgswiese oberhalb der Waldgrenze ist verwandt mit unserem Wort *Mahd*, es handelt sich folglich um eine „Wiese, die gemäht wird"; vgl. die davon abweichende Bedeutung des engl. Substantivs *meadow*, „die Weide" (s. *Zermatt*).

Banyalbufar, aus arab. *bany-al-bahr*, „Weingarten am Meer", heißt ein kleiner Ort an der steilen Südwestküste Mallorcas, der bei Touristen als Ausgangspunkt für Gebirgswanderungen beliebt ist. Heute werden auf den kunstvoll angelegten Terrassen, die zum Teil noch aus maurischer Zeit stammen, statt des Weins vornehmlich Tomaten angebaut.

Calgary ist die größte Stadt der kanadischen Provinz Alberta und Zentrum einer Region, die Erdöl und Erdgas, aber auch Getreide und Vieh produziert. Hier entstand 1875 – als Außenposten der *North West Mounted Police* – die erste kanadische Siedlung, der ein Oberst der berühmten *Mounties* („berittene Polizisten", von engl. *mount*, „Reittier"), den Namen *Fort Calgary* gab, nach seinem Geburtsdorf auf der schottischen Insel Mull. (*Calgary* war ein alter gälischer Ausdruck für „Prärieweide"; vgl. irisch *cala*, „Weideland am Fluss", und *garbh*, „rau".)

Dhofar, „grünes Feld", ist die schwärmerische Übertreibung der Araber für eine ungewöhnliche Landschaft auf dem hügeligen Küstenstreifen des Sultanats Oman, der sich während der Monsunzeit einige Wochen lang in ein grünes Paradies – sozusagen eine „arabische Schweiz" – verwandelt. Obschon die spärliche Vegetation für den Rest des Jahres weitgehend verdorrt ist, hat das kurze sommerliche Wunder die Viehzüchter dazu verleitet, ihre Ziegen- und Kamelherden immer stärker aufzustocken und damit ihr Ansehen zu mehren. Nur wenige Kilometer landeinwärts beginnt bereits der „Vorhof der Hölle", wie die Omanis die Große Arabische Wüste nennen.

Dinkelsbühl, eine bayerische Stadt in Mittelfranken, erinnert mit ihrem Namen an die alte Getreideart *Dinkel* (von althochd. *dinkil*, „Speltweizen"); die Endung *-bühl* kommt von althochd. *buhil*, „Hügel" (s. *Amorbach* und *Beuel*).

Er Riad bedeutet im Arabischen „der Garten"; auf diesen treffenden Namen einigten sich die Mitglieder des Königshauses *Saud* für ihren Familiensitz in einer Palmenoase, die sie im 18. Jahrhundert mit einer Lehmmauer umgaben und später zur Hauptstadt ihres Wüstenreiches ausbauten (s. *Saudi-Arabien*).

Glastonbury, ursprünglich keltisch *Glastonia*, „Ort, an dem Waid wächst", im County Somerset erhielt erst spät die Endung *-bury* (altengl. für „Befestigung"). Aus *Waid*, den die Waliser noch heute *glaslys* nennen, gewann man früher den Farbstoff zum Blaufärben von Textilien. Die alten keltischen Briten hatten ihn jedoch vornehmlich zum Bemalen ihrer Körper benutzt (s. auch *Pikten*).

Goa an der Westküste Indiens war seit dem frühen 16. Jahrhundert eine Kolonie der Portugiesen, die zwei einheimische Wörter – *goe mat*, „fruchtbares Land" – zu dem romanisch anmutenden Namen wandelten, unter dem der Kleinstaat noch heute bekannt ist. *Goa* wurde 1961 von indischen Truppen besetzt und in die Republik Indien eingegliedert.

Heaton, in Großbritannien ein häufig anzutreffender Ortsname, bedeutet „hoch gelegene Farm" (von altengl. *heah*, „hoch", und *tun*, „Farm"; vgl. *town*).

Java, eine der Hauptinseln Indonesiens, bekam ihren Namen von der altindischen Bezeichnung *java dvipa*, „Insel der Gerste".

Jena liegt in einem Talkessel der mittleren Saale. Die Universitäts- und Industriestadt, die für ihre optischen Spezialgläser und das feuerfeste *Jenaer Glas* berühmt ist, führte bei ihrer Gründung im 9. Jahrhundert den Namen *Jani*, der auf mittelhochd. *jan*, „abgeerntete Reihe", zurückgeht (von der indogerm. Wurzel *ie-*, „gehen"), womit man sich wahrscheinlich auf den Weinbau bezog, der schon früh auf dem Muschelkalkboden in der Umgebung von *Jena* betrieben wurde, denn die einzelnen mit Weinreben bebauten Streifen nannte man bis in die Neuzeit hinein *Jahne*.

Jesreel-Ebene, zu hebr. *jesreel*, „Gott sät", heißt eine überaus fruchtbare Ebene, die sich vom Karmelgebirge bis zum Jordantal quer durch Nordisrael erstreckt und vom Kishon und seinen Nebenflüssen reichlich bewässert wird. Ihre wirtschaftliche sowie verkehrsgeographische Bedeutung weckte schon im Altertum die Begehrlichkeit der Feinde Israels und machte die offene *Jesreel-Ebene* zum klassischen Kriegsschauplatz Palästinas. Hier trafen die Heere der Philister und Israels aufeinander, wobei König Saul und sein Sohn Jonathan fielen (s. auch *Megiddo*).

Las Vegas, Mehrz. von span. *la vega*, „die Bewässerungsebene", ist eine Stadt im wüstenhaften Süden des US-Staates Nevada – berühmt als Paradies für Glücksspieler. Der Name geht zurück auf frühe spanische Erforscher des Gebiets, die sich über das saftige Grasland an fast ganzjährig ausgetrockneten Bachläufen wunderten. Die ersten weißen Siedler waren Mormonen, die hier vor allem Viehzucht betrieben. Eigentlicher Bewässerungsfeldbau, wie ihn der Name suggeriert, wurde übrigens erst 1931 möglich, als mit der Vollendung des Hoover-Staudamms am 30 Meilen entfernten Colorado River endlich genügend Wasser für die Landwirtschaft zur Verfügung stand.

Leighton Buzzard, heute eine britische Industriestadt in Bedfordshire, ist offensichtlich aus einer „Gemüsefarm" (von altengl. *leac*, „Lauch", und *tun*, „Farm") entstanden; der zweite Teil des Namens verweist auf den Bauherrn, einen gewissen *Theobald de Busar*.

Milpitas, in der spanischen Sprache so viel wie „die kleinen Kornfelder", besteht seit 1850 als eine bäuerliche Gemeinde im westlichen US-Staat Kalifornien.

Navajo, auch *Navaho*, für einen Angehörigen des größten Indianerstamms im Westen der Vereinigten Staaten, ist die spanische Version des Wortes *navahú*, mit dem die Ureinwohner nicht sich selbst, sondern ein „weites Flusstal mit Äckern" bezeichneten.

País do Vinho, „Weinland", nennen die Portugiesen das Anbaugebiet des Portweins auf den künstlich terrassierten Hängen des Douro-Tals (s. *Vinland*).

Porthawl trägt den lustigen Namen „Grünkohlhafen", von walis. *porth*, „Hafen", und *cawl*, „Winterkohl" (vgl. engl. *kale*, „Grünkohl"). Man darf also annehmen, dass einst diese Pflanze in der Umgebung des walisischen Küstenortes westlich von Bridgend angebaut wurde.

Royton nahe der englischen Stadt Manchester ging zweifellos aus einer „Roggenfarm" als Siedlungskern hervor – von altengl. *ryge*, „Roggen" (engl. *rye*), und der Endung *-tun* für „Farm". Ein echter Namensvetter ist die Stadt *Ryton* westlich von Newcastle-upon-Tyne, und im Lake District in Cumbria findet sich ein *Rydal Water*, also ein „Roggental-See".

Saffron Walden in der englischen Grafschaft Essex hieß ursprünglich nur *Walden*, „Tal der Fremden" (von altengl. „*walhos*, „Fremdlinge" – als solche erschienen die alten keltischen Einwohner den angelsächsischen Besatzern –, und *denu*, „Tal"); das Anhängsel *Saffron* diente später nicht nur zur Unterscheidung von etlichen gleichnamigen Orten in Südostengland, sondern bezieht sich vor allem auf den *Safran*, der wegen der pharmazeutischen Bedeutung seiner orangefarbenen Narben in dieser Gegend seit dem 14. Jahrhundert angebaut wurde (s. *Croydon*).

Velbert, eine Stadt nordwestlich von Wuppertal, entstand als karolingische Siedlung *Feldbrahti*, „begrenztes Feld" (althochd. *brahti*, „abgegrenztes Gelände"), eine Bedeutung, die das benachbarte, zu Ratingen gehörende *Bracht* in seinem Namen fast unverändert bewahrt hat.

Vinland, d.h. „Weinland", kennen wir als Bezeichnung für einen Teil der nordamerikanischen Küste, die Leif Erikson um 1000 n.Chr. entdeckte. Nachdem der Wikinger zunächst auf die Baffin-Insel gestoßen war, die er wegen ihres wenig einladenden Charakters *Helluland*, „Steinland", getauft hatte, fand er bei seinem zweiten Landgang an der Küste Labradors dichte Wälder vor, was den von Grönland stammenden Seemann tief beeindruckt haben dürfte, und er nannte diese Region *Markland*, „Waldland". Als er aber noch weiter südlich, wahrscheinlich in der Umgebung der heutigen Stadt Boston, ein drittes Mal an Land ging, war er überrascht, auf wild wachsende Reben zu stoßen, weshalb er für dieses südlichste der von ihm entdeckten Gebiete den Ausdruck *Vinland hit Góda*, „das gute Weinland", prägte. Obschon Leif und seine Mannschaft nur einen Winter in Nordamerika blieben, hat es offenbar mehrere Besiedlungswellen in diesem klimatisch begünstigten Land gegeben, und die Beziehungen zwischen den Bauernsiedlungen der Wikinger und ihrer unwirtlichen Heimat Grönland sollen noch bis ins 14. Jahrhundert recht rege gewesen sein (s. *País do Vinho*).

Fluss- und Seefischfang

Algonkin, die Übersetzung des Wortes bedeutet „am Ort des Fische-Speerens", ist die Bezeichnung einer der bedeutendsten indianischen Sprachfamilien in Nordamerika, aber auch des großen Indianervolkes selbst, zu dem so bekannte Stämme wie die Cree und Ottawa, die Micmac und Delawaren sowie die Cheyenne und Blackfoot zählten.

Archipiélagos de las Perlas heißt mit spanischem Namen eine Gruppe von „Perleninseln" im Golf von Panama, deren ungewöhnlicher Reichtum an diesen wertvollen Muschelprodukten schon bald nach der Entdeckung Amerikas zahlreiche spanische

Kolonisten ins Land lockte. Nach wie vor sind viele Inselbewohner auf die Perlenfischerei spezialisiert (vgl. auch *Pearl Harbor*, „Perlenhafen", auf Hawaii samt dem Nachbarort *Pearl City* sowie den *Pearl River*, der durch den US-Staat Mississippi fließt und teilweise die Grenze zum Nachbarstaat Louisiana bildet).

Baikal, „der Fischreiche", lautet die tatarische Bezeichnung des tiefsten Sees der Erde in Sibirien, in dem 20 Prozent des gelösten Süßwassers unseres Planeten enthalten sind. Für die Mongolen ist er das *Dalai-Nor*, „das heilige Meer" – ein Name, in dem sich ebenfalls die Ehrfurcht vor der Fülle und dem Artenreichtum des pflanzlichen und tierischen Lebens spiegelt, das die Anwohner seit ewigen Zeiten mit Nahrung versorgt.

Baluk Deniz, „Fischsee", pflegten die Türken das früher äußerst fischreiche Asowsche Meer zu nennen, das durch die Straße von Kertsch mit dem Schwarzen Meer verbunden ist. Die zunehmende Verschmutzung mit Chemikalien hat den Fischbestand jedoch stark sinken lassen.

Cape Cod ist eine lang gestreckte sandige Halbinsel im Südosten des US-Bundesstaates Massachusetts, deren Bewohner ihren Lebensunterhalt traditionell mit Fischfang bestreiten, wie die Übersetzung des englischen Namens – „Kabeljau-Kap" – verrät.

Ely, eine Kathedralstadt im nordöstlich der englischen Stadt Cambridge gelegenen Sumpfland, galt bis in normannische Zeit als berühmtes „Aal-Gebiet" (von altengl. *æl*, „Aal", und *ge*, „Bezirk, Gau").

Fachingen im Unterlahnkreis verdankt seinen Namen dem althochd. Wort *fah*, „Mauer, Wasserschwelle", womit ein quer durch den Flusslauf aufgestelltes Flechtwerk zum Lachsfang gemeint war.

Kamerun, ein westafrikanisches Land, das sich vom innersten Winkel des Golfs von Guinea bis zum Tschadsee erstreckt, wurde von den Portugiesen entdeckt, die im 15. Jahrhundert als erste Europäer in die Trichtermündung des Flusses einfuhren, den sie *Rio das Camarões* nannten, nach den dort häufig anzutreffenden Krabben (portug. *camarões*). Der Name ging später auf das ganze Land über und wurde auch von den britischen und französischen Kolonialherren beibehalten, obwohl schon bald andere „Produkte" die wirtschaftliche Bedeutung des Garnelenfangs in den Schatten stellen sollten: Sklaven, Elfenbein und Gummi. Von 1884 bis 1916 war Kamerun deutsches Schutzgebiet.

Klondike ist der Name eines Flusses in Nordwestkanada, der bei uns gewöhnlich mit phantastischen Goldfunden in Verbindung gebracht wird; dabei war er bei den Ureinwohnern wegen eines ganz anderen Reichtums bekannt, denn indianisch *throndik* bezeichnet ein „Fisch-Gewässer".

Laxey auf der Isle of Man in der Irischen See ist benannt nach dem *Laxey River*, dem „Lachsfluss", an dem die Stadt liegt (aus altnorw. *leax*, „Lachs", und *á*, „Fluss"). Ähnliches gilt für *Leixlip*, eine alte irische Stadt am Liffey, westlich von Dublin, deren ebenfalls skandinavischer Name – „Lachssprung" (von altnorw. *hlaup*, „springen"; vgl. engl. *to leap*) – eine Flussstelle beschreibt, an der die Lachse eine kleine Stromschnelle hinaufspringen konnten, die heute durch eine spezielle Fischtreppe ersetzt ist.

Panama ist ein Indianerwort für einen „fischreichen Ort". Seit der Seekanal den Atlantischen mit dem Pazifischen Ozean verbindet und den weiten Umweg um das Südkap überflüssig macht, ist es um die Beschaulichkeit des kleinen Landes an der schmalsten Stelle Mittelamerikas natürlich geschehen, und der Name müsste eigentlich in „schiffreicher Ort" umgemünzt werden.

Pescadores heißt eine Inselgruppe in der Formosastraße zwischen Taiwan und dem chinesischen Festland. Als die Portugiesen sie 1590 entdeckten, bezeichneten diese sie als „Fischerinseln", und noch heute ist der Haupterwerb der Bewohner die Fischerei. Gleicher etymologischer Herkunft ist der italienische Name *Pescara*, den ein Fluss und eine Stadt an der Adria in Mittelitalien tragen (von *pesca*, „Fischerei", aus latein. *piscis*, „Fisch").

Piauí, „Fischwasser", benannten die Tupi-Indianer einen rechten Zufluss des *Rio Parnaíba* („schlimmes Wasser") in Brasilien.

Regnitz, ein bei Hof in Oberfranken rechts zur Saale fließendes Gewässer, ist ein slawischer Flussname, der sich aus altsorb. *rak*, „Krebs", und dem typischen Suffix *-nica* zusammensetzt. (Dagegen geht die fränkische *Regnitz*, die im Oberlauf *Rednitz* heißt und bei Bamberg in den Main mündet, auf das vorgermanische Wort *rodhos* im Sinne von „Flusslauf" zurück; vgl. latein. *Rhodanus* für die *Rhône*, deren deutscher Name im schweizerischen Oberlauf *Rotten* lautet; s. auch *Rhône*, *Rhön* und *Rhein*.)

Rybinsk in Westrussland, ein wichtiger Hafen an der Wolga, entstand im Mittelalter als „Fischerdorf", von russ. РЫБА *(rýba)*, „Fisch".

Schon in den alten Kulturkreisen erlangten neben pflanzlichen und tierischen Rohstoffen anorganische Bodenschätze eine so große Bedeutung, dass man einige frühgeschichtliche Perioden (etwa die Stein-, Bronze- und Eisenzeit) nach ihnen benannte. Ihre Fundorte und Förderung, ihre Verarbeitung und der Handel mit ihnen haben natürlich in etlichen topographischen Namen ihren Niederschlag gefunden.

Die mineralischen R o h s t o f f e hatten für die Menschen den unterschiedlichsten Wert: Salz taugte für die Nahrungszubereitung und -konservierung; Steine und Tone dienten dem Hausbau oder – wie später Bronze und Eisen – der Herstellung von Werkzeugen und Waffen; Marmor und Gold eigneten sich als Material für den Künstler, und seltene Edelsteine schmeichelten der Eitelkeit des Besitzers.

Gold- und Silbergruben hatte es bereits in prähistorischen Zeiten gegeben, wahrscheinlich auch schon den bergmännischen Abbau von Steinsalz, wie die darin eingeschlossenen und konservierten Arbeitsgeräte und Leichen aus der Urnenfelderepoche vermuten lassen. Die Verhüttung von Eisenerz dagegen begann in Mitteleuropa erst zur Zeit der Hallstattkultur (ca. 800 Jahre vor unserer Zeitrechnung), und Kohle wurde nicht vor dem 12. Jahrhundert zu Tage gefördert. Da die ältesten Stollen waagerecht in die Berghänge getrieben wurden, sprechen wir noch heute von einem *Bergwerk*, obwohl der *Bergbau* schon bald das Flachland erreicht hatte. Das ältere Wort *Mine* stammt aus römischer Zeit (latein. *mina*, „Erzgrube"; vgl. *Mineral*), es hat sich in der französischen Bezeichnung *Minette* (eigentl. „kleines Bergwerk") für das Brauneisenerz erhalten, das in Lothringen und Luxemburg die Grundlage der Eisenindustrie bildet. Seit dem Hochmittelalter nannte man eine Grube auch *Zeche*, womit eigentlich die bergmännische Genossenschaft gemeint war (von mittelhochd. *zeche*, „Reihenfolge, Gesellschaft"; vgl. *zechen*, „gemeinschaftlich trinken").

Unter *Kohle* verstehen wir heute im Allgemeinen Braun- sowie Steinkohle; das althochd. Wort *kolo* bezeichnete zunächst jedoch nur die Holzkohle, die schon im antiken Griechenland unter dem Namen ἄνϑραξ *(ánthrax)* als Energieträger genutzt wurde (wovon wir die Bezeichnung *Anthrazit* für die glänzende, harte Steinkohle entliehen haben). *Erdöl*, eine ungenaue Übersetzung des international üblichen Wortes *Petroleum* – aus griech. πέτρα *(pétra)*, „Fels", und latein. *oleum*, „Öl" –, findet sich als flüssiger Kohlenwasserstoff in den Poren von Sedimentgesteinen; der im Russischen gebräuchliche Name нефть *(njepht)* basiert auf assyr. *naptu*, „Erdöl" (vgl. *Naphthalin*).

Im modernen Sprachgebrauch nennen wir jedes metallhaltige Gestein der Erdkruste *Erz* – von althochd. *aruzzi*, „ungereinigtes, unverarbeitetes Metall"; die alten Sumerer, denen wir den Ursprung des Wortes verdanken, meinten mit *urud(u)* allerdings nur ihren wichtigsten Werkstoff, das *Kupfer*, dem seit dem 3. vorchristlichen Jahrtausend zur Herstellung von Bronze *Zinn* beigegeben wurde (wahrscheinlich von latein. *stannum*, worunter man zunächst eine Blei-Silber-Legierung verstand). Die Römer nannten das seltene, leuchtend helle Metall auch *plumbum candidum*, „Weißblei"; die Bezeichnung *plumbum nigrum*, „Schwarzblei", war dem echten Schwermetall vorbehalten, dessen deutsche Benennung sich von der indogerman. Wurzel *bhlei-*, „bläulich glänzen", herleitet (vgl. *bleich*, eigentl. „glänzend", sowie *Blech*); der zunächst gebräuchliche Begriff *Lot* – von den Niederländern und Engländern als *lood* bzw. *lead* beibehalten – findet nur noch für das bleierne Richtlot der Bauleute Verwendung. Die Franzosen haben ihr Substantiv *plomb* aus dem Lateinischen entlehnt (vgl. *Plombe* und das chemische Zeichen *Pb* für Blei, aber auch engl. *plumber* für den „Installateur", der das Verlegen der früher üblichen Bleirohre besorgte). Außer *Bleiglanz* förderte man im Altertum auch bereits das Erzmineral *Zinkblende*, das seinen Namen der Tatsache verdankt, dass sich dieses glänzende Metall beim Verhütten in typischen Zacken – also *Zinken* (noch heute umgangssprachlich für die Nase!) – an den Wänden des Schmelzofens absetzte. (Legiert mit Kupfer kennen wir das Material als *Messing*, das den Namen seiner antiken Erfinder, der kleinasiatischen *Mossynoiken*, tragen soll.) *Nickel* wurde erst im 18. Jahrhundert gewonnen, und zwar aus so genanntem *Kupfernickel*, was eigentlich „Kupferkobold" hieß: Schwedische Bergleute hatten – wegen der viel versprechenden Färbung – den neu entdeckten Bodenschatz zunächst für eine Art Kupfererz gehalten; ihren Bemühungen, tatsächlich Kupfer daraus zu gewinnen, war jedoch kein Erfolg beschieden, wofür sie einen Bergkobold verantwortlich machten (vgl. auch *Nickel* für einen eigensinnigen Menschen; von *necken*). Im Gegensatz zum normalen Silber ist *Quecksilber*, eines der sieben schon im Altertum bekannten Metalle, gewissermaßen ein „lebendiges Silber", da das glänzende, giftige Metall bereits bei Zimmertemperatur flüssig ist und als kleine Kügelchen jedem Berührungsversuch flink ausweicht (vgl. engl. *quick*, „schnell", sowie *quicklebendig*, *erquicken* und die unausrottbare, also „lebendige Pflanze" namens *Quecke*). Das erst im 18. Jahrhundert entdeckte silberweiße Element *Uran*, das in zahlreichen Gesteinen in geringer Menge enthalten ist und als Endprodukt seines radioaktiven

Zerfalls Blei entstehen lässt, wurde benannt nach dem kurz zuvor entdeckten Planeten *Uranus* – von griech. οὐρανός *(ouranós)*, „der Himmel". Besonders uranhaltig sind Sedimentgesteine, die *Phosphat* enthalten, also das Salz der Phosphorsäure; *Phosphor* heißt übersetzt „Lichtträger" – von griech. φῶς, φωτός *(phôs, photós)*, „Licht" (vgl. *Fotografie*), und φέρειν *(phérein)*, „tragen" (vgl. *Fähre*) –, und in der Tat leuchtet er nach vorausgegangener Bestrahlung im Dunkeln eine Zeit lang nach; die latein. Entsprechung wäre übrigens *Luzifer*, der Name jenes Engels, der vom himmlischen Fackelträger zum höllischen Satan degenerierte und der gern mit dem Gestank des *Schwefels* assoziiert wird, vielleicht weil dieser sich am deutlichsten als gelbe Ablagerung am Rand von Vulkanschlünden manifestiert, in denen man früher den Eingang zur Unterwelt vermutete (wohl über latein. *sulphur* aus der indogerman. Wurzel *suel-*, „schwelen, d. h. ohne Flamme brennen"; vgl. *schwül*).

Die bergmännische Suche nach Edelmetallen und -steinen wurde zu allen Zeiten besonders eifrig betrieben. *Silber* (von altnord. *silfr* „hell", „weiß"), das etwa 20-mal so häufig vorkommt wie Gold und als Münzmetall sogar lange Zeit begehrter war als dieses, wurde bereits von den Hethitern in Kleinasien verhüttet; dasselbe gilt für die Iberische Halbinsel, von der phönizische Unternehmer große Mengen des Metalls nach Ägypten lieferten, und in Kanaan lernte schon Abraham es als Münze und Tauschmittel kennen. Die Römer verdankten ihren Silberreichtum der Provinz Hispania, wo ein unübersehbares Heer von Sklaven eine Tagesleistung von bis zu 200 kg erreichte. Der rege Silberbergbau in Germanien und Deutschland verblasste seit der Entdeckung Amerikas gegen die reiche Ladung der Schatzflotten aus den dortigen spanischen Kolonien, die dem Mutterland die Mittel zu seiner Machtentfaltung lieferten. Nordamerika und Australien, die während der letzten zwei Jahrhunderte in der Silberproduktion führend waren, erwiesen sich neben Russland und Südafrika als ebenso reich an *Gold* – eine Bezeichnung, die mit *gelb* verwandt zu sein scheint, da beide Wörter von der indogerm. Wurzel *ghel*, „leuchtend", herzuleiten sind (s. auch *Gulden* und *Złoty*). Von den Edelsteinen, die ebenfalls Ziel systematischen Schürfens waren, seien nur die folgenden genannt: der *Rubin* (von lat. *rubeus*, „rot"), der *Smaragd* – wegen seiner meergrünen Farbe wohl von griech. σμαραγίζειν *(smaragízein)*, „tosen" – und der härteste von allen, der *Diamant*, aus griech. ἀδάματος *(adámatos)*, „unbezwinglich", und ἀδάμας *(adámas)*, „der Stahl", aber auch der *Lapislazuli* (lat.-arab. *lapis lazaward*, „blauer Stein"; vgl. unsere

Farbnuance *azurn*, „himmelblau"), der, da er vornehmlich aus orientalischen Ländern stammte, auch *Ultramarin* genannt wurde (lat. „jenseits des Meeres"), und schließlich der durchsichtige *Beryll*, dessen natürlicher Wert im Mittelalter um ein Vielfaches steigen sollte, als man seine vergrößernde Wirkung entdeckte und ihn als optisches Hilfsmittel verwendete, das noch heute seinen Namen trägt, nämlich die *Brille*.

Die geschickte V e r a r b e i t u n g heimischer Rohstoffe geschah zunächst im *Handwerk* (etymologisch identisch mit *Manufaktur*, von latein. *manu facere*, „mit der Hand herstellen"; vgl. *manuell* und engl. *factory*) unter Einsatz einfacher Werkzeuge und Geräte, später in der *Industrie* mit einem hohen Grad der Technisierung (von latein. *industria*, „Fleiß, Geschäftigkeit"; vgl. beim Handel entsprechend niederl. *bezig*, engl. *busy*, „eifrig beschäftigt", zu *business*, „Geschäft"). Diese Tüchtigkeit begründete nicht nur die Berühmtheit einzelner Familienbetriebe auf dem Lande, sondern zunehmend den Ruf ganzer Städte. Deren Bewohner hatten sich spezialisiert auf die Kunst des Schmiedens oder der Töpferei (italien. *terra cotta*, „gebrannte Erde"), auf die Tuchfabrikation in Spinnereien und Webereien (z.B. erinnert die Stoffart *Popeline* an die Textilstadt Avignon, wo von 1309 bis 1379 die Päpste residierten; von franz. *papal*, „päpstlich"), auf die Wagen- und Bootsherstellung (die berühmten Schiffswerften von Venedig hießen *arsenale*, aus arab. *dar-asina'a*, „Haus der Betriebsamkeit"; der Stadtteil, in dem früher Boote, aber auch Kanonen gebaut wurden, heißt noch heute *Darsena*) oder auf die Kalkproduktion und den Hausbau, vielleicht auch auf die Nahrungsmittelerzeugung und -verarbeitung oder die Verhüttung von Erzen. Bisweilen schrieb man einem ganzen Volk die Beherrschung einer handwerklichen Fertigkeit zu und überließ ihm mehr oder weniger freiwillig das Monopol für seine Erzeugnisse, wie etwa im Fall der *Phönizier*, die sich als Einzige im ganzen Mittelmeerraum auf die Herstellung der begehrten Purpurfarbe aus dem Saft einer Schneckenart verstanden und daher „die Roten" genannt wurden – von griech. φοῖνιξ *(phoînix)*, „dunkelrot"; die *Phönizier* selbst bezeichneten ihre Heimat als *Kanaan*, was in ihrer eigenen Sprache ebenfalls „Land der Roten" bedeutete.[1] Die germanischen *Zimbern* oder *Kimbern* wiederum (von althochd. *zimbar*, „Bauholz", engl. *timber*), die von der

---

[1] Um nur wenige Gramm des roten Farbstoffs zu gewinnen, musste man Tausende von Purpurschnecken töten; daher galt dieses Rot in der Antike als wertvollste aller Farben, die insbesondere dem Gewand von Königen vorbehalten blieb und bei anderen Würdenträgern allenfalls den Saum der Toga zierte.

Zimbrischen Halbinsel (d.h. Jütland), wo noch heute das *Himmerland* an sie erinnert, südwärts zogen und 101 v.Chr. in der Lombardei von römischen Legionen vernichtend geschlagen wurden, waren bei allen, denen sie auf ihrer langen Wanderung begegneten, als geschickte *Zimmerer* geschätzt, die – anders als die Maurer Roms – Wohnbauten aus Holz errichteten (vgl. unser *Zimmer* im Gegensatz zur gemauerten und daher beheizbaren *Stube*; verw. mit engl. *stove*, „Ofen"; ein ähnlicher Zusammenhang besteht übrigens zwischen *Kamin* und *Kemenate*, dem Frauengemach einer mittelalterlichen Burg; aus mittellatein. *kaminata*, „der mit einem Kamin versehene Wohnraum"). In Zentralamerika galt den Azteken der spanischen Eroberungszeit die vorausgegangene Epoche der *Tolteken* als ein goldenes Zeitalter, denn dieses friedfertige Volk leitete seinen Namen von *toltecatl*, „Meister des Handwerks", ab – ein Ehrentitel, mit dem noch heute Künstler und Kunsthandwerker in Mexiko ausgezeichnet werden.

Bodenschätze und ihre Förderung

Achates, ein Fluss in Sizilien, soll der erste Fundort des aus Kieselsäurelösungen entstandenen Halbedelsteins gewesen sein, den wir heute *Achat* nennen.

Alabastron hieß eine oberägyptische Stadt, die in der Antike den berühmtesten *Alabaster* exportierte und ihrerseits den griechischen Namen eines Salbgefäßes aus eben diesem Material – ἀλάβαστρον *(alábastron)* – trug. Heute bezieht man die durchscheinende, marmorähnliche Abart des Gipses hauptsächlich aus Volterra in der Toskana.

Almadén ist eine Bergbaustadt in der spanischen Provinz Ciudad Real (Neukastilien), deren reiche Quecksilbervorkommen schon von Römern und Arabern genutzt wurden; der arabische Name bedeutet „das Bergwerk".

Antofagasta leitet seinen an die Sprache der spanischen Eroberer angepassten Namen von indian. *anta*, „Kupfer", und *pakakta*, „verborgen", her. Die nordchilenische Stadt exportiert noch heute eine große Menge Kupfer.

Argenta, die „Stadt des Silbers" (italien. *argento*), findet man in der norditalienischen Landschaft Emilia-Romagna zwischen Ferrara (aus latein. *ferrarius*, „der Schmied", von *ferrum*, „Eisen") und Ravenna (s. *Argentinien*).

Arzberg, „Erzberg", heißt eine bayerische Stadt im erzreichen Fichtelgebirge. Hier gab es seit dem 14. Jahrhundert Eisenhütten und wassergetriebene Hammerwerke zur Weiterverarbeitung des Metalls (von althochd. *aruz*, „Erz").

Asbest am Osthang des Urals ist seit 1720 Russlands Hauptabbauort jener faserigen Mineralien, die zu einem nicht brennbaren Gewebe verarbeitet werden konnten und für deren Benennung daher das griechische Adjektiv ἄσβεστος *(ásbestos)*, „unauslöschlich, unzerstörbar", gewählt wurde.

Baltisches Meer nannten schon griechische und römische Geographen die Ostsee – wohl nach einer sagenhaften antiken Bernsteininsel namens *Baltia* (auch *Abalcia* und *Basileia*); seit dem 11. Jahrhundert bürgerte sich der lateinische Name *Mare Balticum* ein.

Baux, genauer *Les Baux-de-Provence,* in Südfrankreich war der Namensgeber für das *Bauxit*, ein erdiges Sedimentgestein, aus dem auf elektrolytischem Weg das Leichtmetall *Aluminium* gewonnen wird (latein. *alumen*, „Alaun", ein natürlich vorkommendes Kalium-Aluminium-Sulfat).

Bleiberg ob Villach ist ein Ort in Kärnten, wo im Erzberg noch heute *Bleiglanz* (d.h. *Bleierz*) und Zinkblende abgebaut werden. Ebenfalls in Kärnten liegt *Bleiburg*, wo man den *Bleibergbau* allerdings schon vor langer Zeit aufgegeben hat.

Calamita heißen eine Halbinsel und ein Berg im Südosten Elbas; wie manch anderer Ort auf der Insel hat *Calamita* mit dem Mineralreichtum zu tun, denn der Name bedeutet im Italienischen „Magnet" – nicht zu verwechseln mit dem fast gleich geschriebenen Wort *calamità*, „Unglück" –, war doch der Reichtum der hier vorkommenden Magnetit-Eisenerze alles andere als eine Katastrophe für die Inselbewohner.

Chalkis an der Küste der ostgriechischen Insel Euböa war schon im Altertum ein bedeutendes Handels- und Handwerkszentrum. Die Insulaner benannten ihre größte Stadt nach deren wichtigstem Bodenschatz, denn in der griechischen Sprache bedeutet χαλκός *(chalkós)* „Kupfererz". Im 8. und 7. vorchristlichen Jahrhundert kolonisierten die Einwohner von *Chalkis* Makedonien, wo sie der Halbinsel *Chalkidike* den Namen gaben und ihre heimatlichen Gebräuche einführten; vgl. griech. δίκη *(díke)*, „Recht, Sitte, Gewohnheit" (s. auch *Zypern*).

Coalville, die „Kohlenstadt", liegt in der englischen Grafschaft Leicester. Das Gesicht der Gemeinde ist durch zwei im 19. Jahrhundert entstandene Zechen geprägt. Im Fall der Stadt *Coleford*,

„Kohlenfurt", in Gloucestershire bezieht sich der erste Wortteil auf die Produktion von „Holzkohle", welche die Köhler des kleinen Waldortes bequem ans jenseitige Ufer eines seichten Flüsschens transportieren konnten.

Colline Metallifere, eine Bergkette zwischen Volterra und Siena, ist sozusagen das „Erzgebirge" der Toskana. (Die wörtliche Übersetzung der italienischen Bezeichnung lautet „metallhaltige Hügel".) Schon die alten Etrusker schürften hier Silber-, Eisen- und Kupfererze; inzwischen sind die meisten Minen allerdings geschlossen.

Copper River, „Kupferfluss", benannte man einen Wasserlauf im südlichen Alaska, als in seinem Quellgebiet reiche Kupferlagerstätten gefunden wurden.

Eisenberg heißt in Rheinland-Pfalz ein seit der Römerzeit besiedelter Ort, in dem 1734 ein Eisenwerk entstand. Einen ähnlich eindeutigen Namen trägt die alte Bergbaustadt *Eisenerz* in der Steiermark; südöstlich, im engen *Erzbachtal*, liegt der ehemals 1534 m hohe, mittlerweile um 66 Höhenmeter geschrumpfte rotbraune *Erzberg*, dessen Spateisenstein seit zwei Jahrtausenden abgebaut wird und noch heute fast die gesamte österreichische Fördermenge liefert.

Elba kennen wir als die größte der toskanischen Inseln Italiens, die schon im Altertum wegen ihrer hochwertigen Mineralschätze berühmt war – zu Recht, denn man sagt, dass hier zwei Drittel aller Arten von Mineralien, die auf der Welt vorkommen, zu finden sind. Die reichen Eisenerzlagerstätten waren einst Grundlage der wirtschaftlichen Vormachtstellung der alten Etrusker. Während die Römer die Insel *Ilva*, „Eisenstein", nannten, war sie für griechische Seeleute, die vom Anblick der Tag und Nacht brennenden Schmelzöfen und der rauchenden Kohlenmeiler fasziniert waren, *Aethalia*, „die Funken Sprühende". Erst 1982 wurden die Minen stillgelegt, da sie nicht mehr rentabel waren. *Elba*, das 1802 französisch wurde, ist vor allem bekannt als Exil Kaiser Napoleons, der sich ein Jahr lang der Souveränität über die Insel erfreute, bevor er 1815 für die „Herrschaft der Hundert Tage" nach Frankreich zurückkehrte; danach wurde *Elba* an die Toskana zurückgegeben und 1860 Italien einverleibt.

El-Oro, „das Gold", ist der verkürzte spanische Name einer Bergbaustadt in Mexiko, die wegen der phantastischen Edelmetallfunde eigentlich *Real del Oro*, „wirklich aus Gold", heißt.

Erzgebirge, diese Bezeichnung bürgerte sich ein, als 1163 bei Freiberg Silbererz gefunden wurde; später kamen Blei-, Kupfer-, Zinn-, Nickel-, Kobalt- und Eisenerzgruben in weiteren Städten hinzu und begründeten den Reichtum Sachsens im 15. und 16. Jahrhundert. Danach kam der Bergbau im sächsisch-böhmischen Grenzgebirge allmählich zum Erliegen, bis 1945 mit dem Abbau von Uranerzen begonnen wurde (s. *Hercynia silva*).

Gennargentu heißt die höchste Berggruppe der Insel Sardinien (von latein. *argentum*, „Silber"), die in der *Punta La Marmora*, der „Marmorspitze", gipfelt (s. *Argentinien*).

Goldberg in Niederschlesien verdankte dem Goldbergbau im 13. Jahrhundert eine kurze wirtschaftliche Blütezeit. Die seit dem Ende des Zweiten Weltkriegs polnische Stadt *(Złotoryja)* lebt heute vom Uran- und Kupfererzabbau. (Bei anderen *Gold*-Orten steht der erste Namensbestandteil wohl eher für „Fruchtbarkeit", z. B. *Goldau* im schweizerischen Kanton Schwyz, *Goldbach* in Bayern und das niedersächsische *Goldenstedt*).

Hallein ist ein österreichischer Salinenkurort bei Salzburg an der Salzach, wo seit frühgeschichtlichen Zeiten Salz abgebaut wird – von griech. ἅλς *(hals)*, „Salz" (vgl. *Halogene*, „Salzbildner"); im Ortsteil Dürrnberg gibt es noch heute ein Salzbergwerk. Die wichtigste und älteste Salzabbaustätte Österreichs findet sich am Fuß des Salzberges bei *Hallstatt* im Salzkammergut. Hier wurde bereits um 900 v. Chr. das begehrte weiße Handelsgut abgebaut (s. auch *Bad Reichenhall, Halle* und *Schwäbisch Hall*).

Idaho bedeutet in der Sprache der Sioux-Indianer „Edelstein der Berge" (daher trägt der US-Bundesstaat auch den Beinamen *Gem State*, „Edelstein-Staat"; vgl. unsere *Gemme*). Die weißen Herren Nordamerikas übernahmen das indianische Wort zunächst zur Bezeichnung ihrer Edelsteinkonzerne im Abbaugebiet am oberen Colorado, verwendeten es später jedoch auf das gesamte Schürfgebiet des pazifischen Nordwestens. *Idaho* ist heute einer der führenden Granatproduzenten der USA.

Iserlohn verweist mit seinem Namen – „Wald im Eisenerzgebiet" (von althochd. *îsen*, „Eisen", und *loh*, „Gehölz") – auf die traditionelle Eisenerzförderung in seiner Umgebung. Im Mittelalter war die Stadt bekannt für ihre Drahterzeugung, besonders zur Herstellung von Ritterrüstungen und Panzerdrahthemden. In jüngerer Zeit nutzte man die magere Erzausbeute zur Nadelfabrikation, die *Iserlohn* bis ins 19. Jahrhundert immerhin den Ruf der größten Handelsstadt Südwestfalens einbrachte (s. auch *Venlo, Waterloo, Beverloo* und *Marxloh*).

Itabira, „glänzender Stein", heißt eine Industriestadt im brasilianischen Staat *Minas Gerais* (portug. für „allgemeine Minen"); sie ist Mittelpunkt eines der reichsten Eisenerzgebiete der Erde. Da es leider keine Steinkohlevorkommen gibt, sehen sich die Hüttenwerke gezwungen, den tropischen Wald ihrer Umgebung zu roden und zu Holzkohle zu verarbeiten.

Jantarnyj, von russ. яНтаРЬ *(jantár)*, „Bernstein", lautet der Name des einst deutschen Seebades Palmnicken in Ostpreußen. Die heute russische Stadt besitzt das einzige Bernsteinbergwerk der Erde.

Kuba erhielt von Kolumbus, der die Insel 1492 auf seiner ersten Reise entdeckte, gleich mehrere Namen: Zu Ehren seiner spanischen Wohltäter, der königlichen Majestäten Ferdinand und Isabella, nannte er sie zunächst nach deren Tochter *Juana*, später dann *Fernandina* und schließlich, wie die Einheimischen, *Cubanascnan* – von karib. *Cubagua*, „Ort, an dem man Gold findet".

Magnesia, eine griechische Halbinsel in Thessalien, auf der einst der Stamm der *Magneten* wohnte, war schon im Altertum bekannt für das natürliche Vorkommen von *Magnesia lapis*, also von „Magnetstein". Als bedeutendster Fundort galt in der Antike jedoch die kleinasiatische Stadt *Magnesia*, in deren Nähe die dunkle Variante *Magnesia nigra* (auch „Braunstein") gefördert wurde, die man damals bei der Glasfabrikation zum Entfärben benötigte. Das russische Schwerindustriezentrum *Magnitogorsk* („Magnetbergstadt") am Osthang des Uralgebirges entstand erst vor wenigen Jahrzehnten, als man begann, den 615 m hohen *Magnitnaja Gora* – von russ. мАгНИт *(magnít)*, „Magnet", und гОРА *(gará)*, „Berg" – schichtweise abzubauen. Das hier gewonnene *Magnetit* hat einen überaus hohen Eisenanteil von 60 Prozent (s. auch *Calamita*).

Marmarameer, das Meer mit den „Marmor-Inseln", von griech. μάρμαρος *(mármaros)*, „schimmernder Stein", zu μαρμαίρειν *(marmaírein)*, „glänzen" (vgl. *Murmel*), nennen wir jene Wasserfläche zwischen dem europäischen und asiatischen Teil der Türkei, die durch den Bosporus mit dem Schwarzen Meer und durch die Dardanellen mit dem Mittelmeer verbunden ist. Auf den Inseln des *Marmarameeres* gibt es Steinbrüche mit dem berühmten weißen *Marmor*, dessen Schönheit die Römer an griechischen Bauwerken so begeisterte, dass sie beschlossen, ihre Hauptstadt zu einer „marmornen Stadt" zu machen, obschon ihnen das nie vollkommen gelingen sollte.

Nubien, von ägypt. *nub*, „Gold", war in der Tat das „Goldland" der alten Ägypter, die das edle Metall aus dem Sand des Blauen Nils wuschen. Archäologen haben zwei südägyptische Förderanlagen gefunden, bei denen man Wasser auf einer schrägen Fläche über das Erz fließen ließ und das Gold in einem Sieb auffing; aus der Argonautensage ist eine andere antike Sortiertechnik mithilfe eines Schaffells beschrieben, die als „Goldenes Vlies" in unseren Wortschatz einging.

Ouro Preto erinnert mit seinem portugiesischen Doppelnamen „schwarzes Gold" an die zweifache Glückssträhne dieser brasilianischen Stadt südlich des Amazonas, die im 18. Jahrhundert dank einiger Goldfunde (portug. *ouro*, „Gold") als *Villa Rica*, also „reiches Dorf", einen rasanten Aufstieg nahm und nach der Entdeckung beträchtlicher Bauxitlager zeitweilig sogar die Hauptstadt des Bergbaustaates Minas Gerais war. Das dunkle Mineralerz (portug. *preto*, „schwarz") war die Grundlage für ein nahe gelegenes Aluminiumwerk, das bedeutendste Brasiliens. *Ouro Preto* selbst steht heute unter Denkmalschutz, und die Straßen der Geisterstadt sind fast nur noch von Touristen bevölkert.

Perak ist ein Teilstaat Malaysias mit Zinnbergbau, auch wenn sein Name in der malaiischen Sprache „Silber" bedeutet.

Písek, „Sand", ist der tschechische Name einer Stadt in Südböhmen, die vor 750 Jahren in der Nähe einer Goldwäschersiedlung entstand. Jährlich findet noch heute an der *Otava* (deutsch *Wottawa*) ein lustiger Wettbewerb im Goldwaschen statt: Gewinner ist, wer innerhalb von 15 Minuten aus dem Flusssand die meisten *zlatinky*, d. h. „Goldplättchen", herausgesiebt hat (vgl. poln. *Złoty*). Reich kann man bei dieser Art Schatzsuche nicht mehr werden, denn der Rekord liegt bei 186 Plättchen, das entspricht etwa 0,14 g des Edelmetalls.

Poza Rica in der nördlichen Golfküstenregion Mexikos wird seinem spanischen Namen „reicher Brunnen" weiß Gott gerecht, denn es handelt sich um ein äußerst ergiebiges Erdöl- und Erdgasfeld.

San el-Hagar, von arab. *el-hagar*, „die Steine", entstand an der Stelle der alten ägyptischen Stadt *Tanis* im Nildelta, deren Könige im 11. Jahrhundert v. Chr. die noch ältere Stadt Pi-

Ramses als Steinbruch für die Errichtung neuer prachtvoller Tempel, Obelisken, Säulen und Statuen benutzt hatten.

Seiffen wurde 1324 im sächsischen Erzgebirge gegründet. Der Name erklärt sich aus der Bergbautradition der Stadt. „Seifen" ist der bergmännische Fachausdruck für Sand- und Geröllmassen mit einem abbauwürdigen Gehalt an Metallkörnchen (in diesem Fall Zinn), die durch Auswaschen freigespült werden. Als der Bergbau im 17. Jahrhundert zurückging, begannen die *Seiffener*, ihren Lohn durch Drechslerarbeiten aufzubessern. Heute ist *Seiffen* die Hochburg der erzgebirgischen Spielzeugindustrie.

Serawschan ist ein Fluss in Tadschikistan, dessen persischer Name – „Goldspender" – vor allem für seinen Oberlauf wörtlich zu verstehen war. In den Oasen Samarkand und Buchara verdient sein Name eine neue Interpretation: Hier ist sein Wasser wertvoller als Gold, denn es wird nahezu vollständig zur Feldbewässerung herangezogen, sodass er im Karakul-Delta, 20 km vor dem Amudarja, buchstäblich im Sande versickert.

Silicon Valley hat man das südlich von San Francisco im US-Staat Kalifornien gelegene Tal benannt, in dem sich seit den 60er Jahren viele große Elektronik- und Computerkonzerne niedergelassen haben und ihre Forschungen betreiben. Der Grundstoff der hier produzierten Halbleiter ist „Silizium", das im Englischen *silicon* heißt (aus latein. *silex*, „Kiesel").

Tatabánya, von ungar. *bánya*, „Bergwerk", heißt eine Stadt im Braunkohlegebiet Ungarns zwischen Budapest und Raab, in der Nähe der älteren Stadt *Tata*.

Tegucigalpa, „Silberberg", ist der indianische Name der Hauptstadt des zentralamerikanischen Staates Honduras. Er erinnert an die inzwischen erschöpften reichen Silbervorkommen im Hausberg der Stadt, dem Picacho.

Tuzla an der trockenen Südostküste der Türkei, südlich von Adana, ist ein Industrieort mit Steinsalzförderung – schließlich bedeutet sein Name „Saline" (von türk. *tuz*, „Salz"). Eine gleichnamige „Salzstadt" gibt es in Bosnien-Herzegowina, was nicht verwundern sollte, denn mehr als 400 Jahre lang, bis zum Beginn des 20. Jahrhunderts, war Bosnien ein Teil des Osmanischen Reiches, und noch heute bekennt sich die Bevölkerung dieses westlichen *Tuzla* mehrheitlich zum Islam.

Wadi-en-Natrûn, „Natron-Tal", heißt eine Depression in Unterägypten, westlich der Pyramiden, aus deren Salzseen schon im

Altertum *Natron* gewonnen wurde, das man u. a. für die Mumifizierung der Pharaonen benötigte, deren Leichen nach einer 40-tägigen Umhüllung mit *Natron* praktisch ausgetrocknet und vor weiterem Zerfall geschützt waren.

Zypern, griech. *Κύπρος (Kýpros)*, war in der Antike die „Kupferinsel". Zwar nannten die Bewohner das Erz *χαλκός (chalkós)*, das von hier in den gesamten Mittelmeerraum exportierte Metall jedoch *κύπριον (kýprion)*. Im Römischen Reich kannte man es als *aes cyprium* oder kurz *cuprum*, „Erz von der Insel Zypern", (s. *Chalkis* und *Chalkidike*).

Fabrikation und Arbeitsstätten

Antwerpen, franz. *Anvers*, ist nach Brüssel die zweitgrößte Stadt Belgiens und einer der Haupthäfen Europas, der schon im 15. Jahrhundert große wirtschaftliche Bedeutung erlangte, als die erste europäische Börse in der Stadt gegründet wurde. Die Stadt „gegenüber den Werften" (von althochd. *werban*, „sich drehen, tätig sein"; vgl. *werben* und *Wirbel*) hatte bei den Handelskapitänen einen hervorragenden Ruf; jeden Tag sollen 500 Schiffe, vor allem aus den Mitgliedsländern der Hanse, den Hafen angelaufen haben, nicht wenige von ihnen wegen einer dringenden Reparatur; noch heute ist *Antwerpen* für seinen Schiffsbau berühmt.

Belgorod am nördlichen Donez in Russland trägt den Namen „weiße Stadt" – von russ. белы *(bjély)*, „weiß", und город *(górad)*, „Stadt" – zu Recht, schließlich gibt es hier, südlich von Kursk, eine bedeutende Kreide- und Kalkverarbeitung (vgl. auch die Hafenstadt *Belgorod-Dnestrowskij* an der Dnjestr-Mündung, die von den osmanischen Eroberern entsprechend umbenannt wurde in *Akkerman*, „weiße Festung"; s. *Belgrad* und *Akdeniz*).

Buda, „Ofen", ist nach den Kalkbrennöfen benannt, die in diesem Teil der ungarischen Hauptstadt zu finden waren. *Buda* entstand im Mittelalter an der Stelle eines befestigten Römerlagers und bildet heute die westlich der Donau gelegene Altstadt, die 1872 mit dem Ortsteil *Pest* zur Stadt *Budapest* vereinigt wurde.

Cinderford, eine Bergbaustadt westlich von Gloucester, wurde „Aschenfurt" genannt, weil hier Schlacke und andere Abfallstoffe der Schmelzöfen zur Ablagerung ans jenseitige Flussufer getragen wurden (wahrscheinlich ist ein kleiner Nebenfluss des Severn gemeint); es wäre auch denkbar, dass man einen Transportweg mit Schlacke zu einer Furt angeschüttet hat. Ein Dokument von 1258 zitiert den Namen der südwestenglischen Stadt als *Sinderford* (vgl. engl. *Cinderella*, „Aschenputtel"), ein Beleg für die uralte Tradition des Bergbaus und der Eisenverhüttung an diesem Ort.

Córdoba, als *Qurtuba* einst das Zentrum des maurischen Spanien, wurde von den Phöniziern gegründet und *Qorteb*, „Ölpresse", genannt (s. *Gethsemane*).

Croydon, eine Stadt östlich von Sutton in Großlondon, entstand im so genannten „Safran-Tal" (von altengl. *croh*, „Safran" – vgl. *Krokus* –, und *denu*, „Tal"). Hier in *Crogedene*, so lautete der Name im Gründungsjahr 809, wurde in alten Zeiten Safran zu Färbe- und Arzneimitteln verarbeitet (s. *Saffron Walden*).

Escorial, von span. *escoria*, „Schlacke", ist zwar nur ein kleines Dorf am Südhang des Kastilischen Scheidegebirges, wo noch heute einige Halden an die längst vergangenen Tage von Erzbergbau und Eisenverhüttung erinnern. Sein Name hat jedoch einen Platz in der Weltgeschichte gefunden, seit Philipp II. 1563 hier sein *El Escorial* als Residenz, Kloster und Grabstätte der spanischen Könige errichtete; die wuchtige Anlage war als offenkundige und unerschütterliche Bastion des Katholizismus in einer verwirrenden Zeit der Glaubenskriege geplant – fast genau im geographischen Mittelpunkt der Iberischen Halbinsel und nicht ohne Grund auf dem gleichen Breitenkreis wie Rom (schließlich waren die Spanier damals „päpstlicher als der Papst", wie ein altes Sprichwort sagt).

Essen verweist mit seinem Namen nicht auf kulinarische Genüsse, sondern auf einen „Ort mit Schmelzöfen" (von althochd. *essa*, „Herd des Metallarbeiters"; vgl. *Esse*, „Schornstein, Rauchfang", und *Asche*, beide von der indogerm. Wurzel *as-*, „brennen"). Die größte Stadt des Ruhrgebiets ist also seit fränkischer Zeit ihrer alten Tradition treu geblieben.

Golf von Kerme, auch *Golf von Kos*, heißt ein Meerbusen an der türkischen Ägäisküste, den die Römer *Ceramicus Sinus*, also „Keramik-Bucht", nannten und an dem die alte Stadt Halikarnassos lag. Im antiken Athen gab es ein *Kerameikos*-Viertel, in dem die Töpfer der Stadt ihre Werkstätten hatten (vgl. *Keramik*).

Hettstedt im Bundesland Sachsen-Anhalt liegt nahe dem Kupferberg, wo schon vor dem Jahr 1200 Erz abgebaut und geschmolzen wurde. Der erste Teil des Ortsnamens enthält altsächs. *het*,

406

„heiß" (vgl. *heizen*), sodass er wohl als „heiße Stätte" aufzufassen ist.

Kannapolis im US-Bundesstaat North Carolina entstand 1906 um
große Textilfabriken herum. Bei der Benennung könnten – außer
der Endung πόλις *(pólis)* für „Stadt" – zwei weitere griechische
Wörter eine Rolle gespielt haben: entweder κανών *(kanón)*,
„Webstuhl", oder, ebenso einleuchtend, κάνναβις *(kánnabis)*,
„Hanf", als Hinweis auf einen Textilrohstoff.[1]

Kannenbäckerland heißt ein kleines Industriegebiet im Westerwald,
wo ergiebige Tonlager für die Steingut- und Keramikherstellung
ausgebeutet werden. Die altehrwürdige *Kannenherstellung* (vor
allem Bier- und Schnapskrüge) wird allerdings schon lange vom
Ton-Kunsthandwerk übertroffen (s. *Çannakale*).

Kürnach bei Würzburg und *Kürnbach* in Baden-Württemberg ver-
weisen mit ihrem Namen „Mühlenbach" auf eine ehemalige
Getreidemühle als alten Siedlungskern (von althochd. *kwirna*,
„Handmühle", später auch „Mühlstein" und „Wassermühle";
vgl. nordd. *Karn* für ein handbetriebenes Butterfass). Der gleiche
Zusammenhang ist bei *Querfurt* in Sachsen-Anhalt zu erkennen,
das außer der Kornverarbeitung den Vorzug eines bequemen
Flussübergangs bot.

Mullingar, kelt. *An Muileann gCearr*, ist eine Stadt in Irland, deren
Name „verkehrte Mühle" bedeutet (von *muileann*, „Mühle", und
cearr, „falsch, linkshändig"), womit also wohl eine Mühle gemeint war, deren Rad sich im Gegenuhrzeigersinn drehte.

Piombino, „Senkblei" (von lat. *plumbum*, „Blei"; vgl. *Plombe*),
heißt eine norditalienische Hafenstadt, in deren Hüttenwerken
das Erz von der benachbarten Insel Elba geschmolzen wird.

Pistòia wurde in der Antike als römische Kolonie *Pistoria*, „Back-
stube", gegründet (latein. *pistor*, „der Bäcker", vgl. *Pizza*). Die
mittelitalienische Stadt tat sich in späterer Zeit jedoch mehr
durch die Herstellung von Feuerwaffen hervor, sodass manche
Sprachforscher ihren Namen mit unserem Wort *Pistole* assoziieren (s. auch *Tábor*).

Zerbst, aus einer alten sorbischen Marktsiedlung hervorgegangen,
mag einen scheinbar abwertenden Namen tragen (altsorb. *cerw*

---

[1] Das griech. Stammwort ist κάννα *(kánna)*, „Rohr", das in der deutschen Sprache als
Kanal und *Kanalisationsrohr*, als *Kanone* und *Kanüle*, aber auch als *Kanne* (wegen des
Ausgussrohrs?) und *Kanister* wiederkehrt.

bedeutet „Wurm, Made"), das Einsammeln von Schildlauslarven zur Gewinnung von rotem Farbstoff verhalf der Stadt in der Nähe von Dessau jedoch zu enormem Wohlstand und Ansehen.

Möglicherweise hat sich der W a r e n a u s t a u s c h (ein Begriff, in dem wir noch immer den ursprünglichen Tauschhandel erkennen können) aus dem Überreichen von Geschenken und Gegengeschenken entwickelt, deren Wert nicht nur in ihrer Nützlichkeit zu sehen war, sondern auch in ihrer Seltenheit oder ihrem exotischen Reiz. Daher spielten *Handelsrouten* (von vulgärlatein. *via rupta*, „durch den Wald geschlagener Weg") und *Karawanen* (von pers. *karwan*, „Kamelzug") seit eh und je eine wichtige Rolle, wenn es um begehrte Waren wie Gold und Elfenbein, Sklaven und Pelze, Salz und Gewürze ging, die an bedeutenden Marktzentren und zu festgesetzten Zeiten, etwa auf Wochen- und Jahrmärkten, feilgeboten wurden. Zur richtigen Entfaltung kam der Handel aber erst durch die Einführung von Geldmünzen.

Die H a n d e l s p l ä t z e entstanden häufig aus bescheidenen Marktflecken oder kleinen Siedlungen an Kreuzungspunkten alter Handelsrouten, aber auch an den Flussmündungen und Meeresbuchten und natürlich in unmittelbarer Nähe der politischen und religiösen Machtzentren. Hier wurden die Waren entladen und zwischengelagert, bevor sie im weiten Umland den Weg zu ihren Abnehmern fanden. In Großbritannien haben diese Brennpunkte wirtschaftlicher Geschäftigkeit häufig die Endung *-port*, die nicht unbedingt auf eine Küsten- oder Flussuferlage schließen lässt (latein. *portus*, „Hafen", von *portare*, „tragen, bringen"; vgl. engl. *port* sowie unsere Wörter *Transport*, *Import* und *Export*), sondern – wie im Fall von *Newport* auf der Isle of Wight – auch einen zentralen Marktort im Binnenland (von latein. *porta*, „Tor, Eingang"; vgl. *Portal*) oder, vor allem in Deutschland, eine Flussübergangsstelle bezeichnen kann (vgl. *Porz* und *Piesport*; s. auch *Pforzheim*).

Das Vorrecht, einen *Markt* abzuhalten (von latein. *mercatus*, „Handel", aus *merx*, *mercis*, „Ware"; vgl. *mercator*, „Händler", und *Marketenderin*, „Händlerin", sowie *Merkur*, den Gott des Handels und Reisens), wurde den Städten vom König oder Landesfürsten gewährt, und wahrscheinlich sind die so genannten Rolandsäulen auf zahlreichen norddeutschen Marktplätzen (am bekanntesten ist wohl der Roland am Rathaus zu Bremen) ein Symbol dieser mittelalterlicher Marktfreiheit.

Im antiken Griechenland war die ἀγορά *(Agorá)* ein Einkaufsmarkt und Versammlungsplatz zugleich, so wie bei den alten Römern das Geschäftsleben und das gesamte öffentliche Treiben auf dem *Forum* des jeweiligen Ortes stattfand (von latein. *foris*, „Tür, Zugang", ein Wort, das sich in manchem alten Städte- und Landschaftsnamen verbirgt und etymologisch eng mit *porta* verwandt ist; s. *Fréjus* und *Friaul*). Nicht selten gab es für unterschiedliche Warenangebote eigene *Foren* – eine Gewohnheit, die wir von den Römern übernommen haben: Noch heute finden wir in vielen Städten einen Salz-, Fisch- oder Viehmarkt, einen Korn- oder Heumarkt, einen Gemüse- oder, wie in München, einen Viktualienmarkt (d.h. einen Lebensmittelmarkt).

Der gewöhnliche *Wochenmarkt* wurde übertroffen vom lebhaften *Jahrmarkt* an bestimmten Heiligenfesten, die mit einem feierlichen Gottesdienst begangen wurden, weswegen sich für das anschließende Wirtschaftstreiben bald der Ausdruck *Messe* einbürgerte (vgl. auch die jährliche *Kirmes*, also die „Kirchmesse", zur Erinnerung an die Einweihung der Pfarrkirche des Ortes). Im Orient hatte sich der *Basar* (von pers. *bazar*, „Markt") als ständige Einrichtung entwickelt – in der Regel ein ganzes Altstadtviertel, dessen Tore nur nachts durch schwere eiserne Gitter verschlossen blieben und das den durchziehenden *Karawanen* mit ihrem ständigen Nachschub an Waren eine sichere Unterkunft und wohlverdiente Erfrischung bot. Den morgenländischen *Karawansereien* (aus türk. *saray*, „Lager, Schloss") entsprachen in Europa die *Herbergen* (zusammengesetzt aus *Heer* und *bergen*, ein Wort, das die Engländer als *harbour*, „sicherer Hafen", entlehnten) und *Kneipen* (wohl von *kneifen*, da die Schankräume früher für gewöhnlich beklemmend eng waren), in denen die Reisenden sich *restaurieren*, d.h. neue Kräfte sammeln konnten (vgl. *Restaurant*).

Die Sucht nach seltenen Handelsgütern war schon in den alten Kulturen so ausgeprägt, dass phönizische und ägyptische, griechische und römische Geschäftsleute keine Mühen und Wege scheuten, in ihren Besitz zu gelangen. H a n d e l s r o u t e n durchzogen das Mittelmeer sowie die angrenzenden Länder, und immer neue Niederlassungen und befestigte Stapelplätze wurden gegründet. Lange vor Christi Geburt tauschte man bereits heimische mediterrane Erzeugnisse gegen Bernstein von der Ostseeküste, Weihrauch aus Arabien, Gewürze aus Indien und sogar Seide aus China. Wenn die in den Mittelmeerraum importierten Waren die eigenen Exporte überstiegen, beglich man die Rechnungen in zunehmendem Maße mit Edelmetallen aus Tributzahlungen der unterworfenen Völker. Als die Araber im 8. Jahrhundert n.Chr. ihren Siedlungs- und Herrschaftsbereich über Nordafrika nach Westen, ja bis nach Spanien vergrößerten und den Warenverkehr im Mittelmeer weitgehend blockierten, kamen neue Handelsbrennpunkte im Norden zum Zuge (z.B. Haithabu und London, Magdeburg und Nowgorod, Regensburg und Prag), von denen ein Fernstraßennetz bis nach Kiew und in den Vorderen Orient reichte; im 12. Jahrhundert schließlich hatte sich der Hauptgüteraustausch bis zur Ostsee verlagert, wo die Kaufmannsgenossenschaft der *Hanse* (von german. *hanso*, „Schar") unter Führung der Stadt Lübeck bis zum Dreißigjährigen Krieg die bedeutendste Handelsmacht des Nordens bleiben sollte. Im Süden entfalteten Städte wie Genua und Venedig, Mailand und Pisa ihre wirtschaftliche Macht, die sie nicht nur zum Ausbau der nordwärts gerichteten Alpenpässe und zur Entwicklung des Fuhrwesens motivierte, sondern sie mit ihren Flotten bis zum Schwarzen Meer und nach Byzanz führte. Von den immer engeren Beziehungen zwischen dem nördlichen und dem südlichen Handelsraum sollte im 14. Jahrhundert vor allem die Stadt Nürnberg profitieren.

Als die Türken nach der Einnahme Konstantinopels den Bosporus kontrollierten und mit der Unterbrechung der alten Seiden- und Gewürzstraße das traditionelle Nadelöhr an der Nahtstelle zwischen Asien und Europa verstopft hatten, suchten Portugal und Spanien einen neuen Seeweg nach Indien. Bei der Umrundung des afrikanischen Kontinents stießen die Portugiesen im 15. Jahrhundert auf verlockende H a n d e l s g ü t e r ganz anderer Art und nannten die entsprechenden Küstenstriche „Elfenbeinküste", „Sklavenküste" und „Goldküste". Sie erreichten zu Beginn des 16. Jahrhunderts tatsächlich die „Pfefferküste" des indischen Subkontinents und landeten sogar auf den fernen „Gewürzinseln", die von ihren malaiischen Bewohnern *Maluku*, „Hauptinseln", genannt wurden (daher der heutige Name *Molukken*). Der portugiesische König verbot bei Androhung der Todesstrafe die Weitergabe von Seekarten, um sein Monopol auf den Import von *Zimt* (aus dem Malaiischen, über latein. *cinnamum*), *Muskat* (von altfranz. *musc*, „nach Moschus duftende Substanz") und *Vanille* (aus latein. *vaginula*, „kleine Scheide, Schote") zu sichern, besonders aber von jenen würzigen „Nägelchen", die bei uns unter dem Namen *Nelken* bekannt sind; dennoch musste er schon bald der mächtigen holländischen Ostindien-Kompanie das Feld überlassen. Im Gegensatz zu Portugal versuchte die Seemacht Spanien ihr Glück, indem sie Kolumbus in Richtung Westen aussandte. Er war nach langer Irrfahrt überzeugt, endlich auf den asiatischen Kontinent gestoßen zu sein und nannte das Landungsgebiet folglich *Westindien* (und dessen Bewohner *Indianer*). Trotz dieser Fehleinschätzung sicherte er seinen spanischen Auftraggebern einen gigantischen Reichtum – nicht an den erhofften *Spezereien* (vgl. engl. *spices*, „Gewürze"), sondern an schier unerschöpflichen Mengen von eingeschmolzenem Maya-, Azteken- und Inkagold, das im Mutterland eine katastrophale Inflation auslöste, von der sich Spanien über viele Jahrhunderte hinweg nicht mehr erholen sollte.

Schon im Altertum hatte man sich bei florierendem Warentausch und zunehmender Arbeitsteilung auf einige wenige, als Tauschobjekt akzeptierte Güter konzentriert, denen man die Bedeutung von G e l d beimaß (althochd. *gelt*, „Vergütung, Wert"; vgl. *gelten* und *Vergeltung*). So pflegte man in den Kindertagen des Römischen Reiches mit *Vieh* zu bezahlen (in England bezeichnet das Wort *fee* nach wie vor die Zahlung eines Honorars; vgl. auch *cattle*, „Rindvieh", aus latein. *capitale*, „Geld, Kapital"), und unzweifelhaft ist lateinisch *pecunia*, „Geld", von *pecus*, „Rindvieh", herzuleiten. Im Aztekenreich Montezumas II. galten Kakaobohnen als kleinste Zahlungseinheit, in Ostafrika und auf den Archipelen des Indischen Ozeans waren es bis ins 19. Jahrhundert kleine Kaurischnecken, während man auf der mikronesischen Insel Yap noch heute seine Schulden mit riesigen Korallenbrocken begleichen kann (s. *Mikronesien*).

Dass das erste Metallgeld aus relativ ungeformten Gold- und Silberstücken bestand, die zur Wertbestimmung abgewogen werden mussten (vgl. Währungsbezeichnungen wie span. *Peso*, „Gewicht", oder italien. *Lira* für „Waage, Pfund" und das ebenfalls durch ein £ abgekürzte englische *Pound*)[1], belegt das Wort *Obolus*, das wir heute noch für einen kleinen, nicht genau fixierten Geldbeitrag verwenden; die alten Griechen bezahlten ihre Waren anfänglich mit schlanken Silberbarren, deren Bezeichnung man von ὀβελός *(obelós)*, „Bratspieß", herleitete – vgl. auch *Obelisk*, von ὀβελίσκος *(obelískos)*, „Spießchen", für eine frei stehende Spitzsäule. Sechs solcher *Obolen* bildeten übrigens eine *Drachme* – von griech. δραχμή *(drachmé)*, womit wörtlich übersetzt „eine Hand voll" gemeint war. Eine ähnliche Entstehungsgeschichte hatte die russische *Kopeke*, die – bevor sie sich zu einer kleinen

---

[1] Auch die seit 1868 in Deutschland gültige Hohlmaßeinheit *Liter* war ursprünglich eine Gewichts- und Münzeinheit; die Bezeichnung geht zurück auf griech. λίτρα *(lítra)*, „Pfund".

Messingmünze mauserte – zunächst nur aus einem abgekniffenen, meist ovalen Stückchen Silberdraht bestand, und genau das ist die Bedeutung des zu Grunde liegenden Wortes *копьё (kapjó)*: „Spieß, Lanze". Der *Rubel*, von russisch *рубить (rubít)*, „abhauen, abschneiden", entwickelte sich im alten Mütterchen Russland sogar aus einem Stück abgeschlagenen Holz; ab dem 14. Jahrhundert bürgerten sich jedoch Silberbarren von etwa 250 g Gewicht ein, die man bei Bedarf in je zwei gestempelte *Rubelhälften* zerhackte (vgl. die etymologisch verwandte indische *Rupie*). In der Frühzeit des nordgermanischen Handels galt zerschnittenes Edelmetall, so genanntes Hacksilber, ebenfalls als Zahlungsmittel, etwa der *Deut*, für den das angelsächsische Wort *ðwitan*, „abschneiden", Pate stand (vgl. *keinen Deut* im Sinn von „nicht ein Stückchen") oder der niederrheinische *Stüber* (von mndd. *stuf*, „stumpf, abgehackt"), von dem 24 auf einen Goldgulden gingen. Unsere spätere Währungsbezeichnung *Mark* (von mhd. *marc*, „Zeichen") erinnert daran, dass im Mittelalter halbpfündige Silber- und Goldbarren zum Beweis ihrer Echtheit eine einheitliche *Markierung* erhielten.

Um sich das umständliche Abwiegen und Prüfen der Edelmetallmenge zu ersparen, wurden schließlich gleichförmige, geprägte M ü n z e n eingeführt, deren obrigkeitlicher Stempel das präzise Gewicht und einen korrekten Metallgehalt garantierte (vgl. den im ganzen Römischen Reich gültigen *solidus*, eine gediegene Goldmünze, die später in Frankreich *Sou* genannt werden sollte). Im kaiserlichen Rom wurden die Münzen auf dem Kapitol *ad monetam*, „bei der Mahnerin", geprägt (*Moneta* war der Beiname der Göttin Juno, deren Tempel der staatlichen Münzpresse gegenüberlag), und folglich nannte man das Geld bald *moneta*, ein Ausdruck, der in unseren *Moneten* (und *Münzen*, über althochd. *muniza*), aber auch in engl. *money* und franz. *monnaie* überlebt hat. Im mittelalterlichen Venedig hieß die Münzstätte *la zecca* (von arab. *dar-as-sikka*, „Prägestock") – ein Begriff, der sich im 15. Jahrhundert zu *zecchino* als Bezeichnung einer Goldmünze wandelte und bei uns im Volksmund als *Zechine* überlebt hat.

Münzen lassen sich nach den verschiedensten Gesichtspunkten einteilen. Eines des wichtigsten Merkmale ist sicherlich der Metallwert, der sich folglich in den Namen hochwertiger Münzen spiegelt; so bezeichnen der isländische *Aurar* und die alte schwedische *Öre* (dän. und norweg. *Øre*) ebenso eine „Goldmünze" (nach dem römischen *aureus*, von latein. *aurum*, „Gold") wie der ehemalige niederländische *Gulden* und seine polnische Entsprechung, der *Złoty* (poln. „golden"). Häufig verrät die Münzbezeichnung sogar etwas über die Herkunft des edlen

Rohstoffs; die ersten *Guineen* entstanden aus Gold von *Guinea* in Westafrika (daher der frühere Name *Goldküste*), während der südafrika-
nische *Rand* nach dem *Witwatersrand*, einem Höhenzug im Gold-
minendistrikt der Provinz Transvaal benannt ist.

Auch das Wertverhältnis von Münzen zueinander hat deren Benennung beeinflusst. Der *Groschen* etwa hieß im Mittelalter *denarius grossus*, „Dickpfennig", denn immerhin hatte er den Silbergehalt von zehn
Pfennigen (vgl. frz. *gros*, „dick", und unser *groß*) – ein Zusammenhang,
auf den die Hauptsilbermünze des antiken Roms, der *Denar* ebenfalls
verweist (lat. *deni*, „je zehn", d.h. 10 Silber-*Asse*); die gängigste römische Münze war übrigens der *Sesterz* zu 2½ Assen (von latein. *ses-
tertius*, d.h. „der Dritte nur halb", also ein *Vierteldenar*); vertrauter
dürften uns die *Unzen* sein, die früher nicht nur Gewichtseinheit, sondern auch Zahlungsmittel waren, und von denen zwölf auf ein *As* gingen (von lat. *unciarius*, „ein Zwölftel", woraus auch unsere Längen-
bezeichnung *Zoll* – für den zwölften Teil eines Fußes – entstanden ist).

Neben dem Prägeort (z.B. *Heller* aus *Schwäbisch Hall* und *Taler*
aus *Joachimsthal*; vgl. den heutigen *Dollar*) waren es nicht zuletzt das
Prägebild und die Aufschrift, die einzelnen Münzen zu einem Namen
verhalfen. So genannte *Dukaten* waren „Herzogsmünzen" (von latein.
dux, ducis, „Führer"; vgl. engl. *duke*); eine der Ersten war 1284 eine
venezianische Goldzechine mit dem Spruchband *Sit tibi Christe datus
quem tu regis iste ducatus* – „Dir, Christus, sei dieses Herzogtum
gegeben, welches du regierst". Im 14. Jahrhundert entstand die Münzbezeichnung *Franc* (in der Schweiz und in Flandern *Franken*), die sich
aus der aufgedruckten Devise *Francorum rex*, „König der Franken",
entwickelte. Jakob I., der England und Schottland zu einem Königreich
vereinte, ließ anlässlich seines Regierungsantritts zu Beginn des 17.
Jahrhunderts neue Münzen schlagen, die ihn in römischer Pose mit
Lorbeerkranz zeigten, daher hießen diese bald *Laurel*, „Lorbeer" (in
Deutschland auch *Jakobiner*). Der albanische *Lek* (Koseform von *Alex*)
ist nach dem skipetarischen Nationalhelden *Skanderbeg* (alban. für
Alexander) benannt, der sein Land im 15. Jahrhundert lange vor der
Einnahme durch die Türken bewahren konnte. Bekannter klingen für
uns Bezeichnungen wie *Louisdor* (eigentlich *Louis d'or*, eine Gold-
münze mit dem Porträt der französischen Könige Ludwig XIII. bis
Ludwig XVI.) und *Maria-Theresien-Taler* mit dem Bild der österreichischen Kaiserin (da Österreich mit diesem Taler vor allem seinen
Orienthandel finanzierte, wurde er auch in einigen Ländern Arabiens
und Ostafrikas gängiges Zahlungsmittel).

Am eindeutigsten war natürlich die Identifikation einer Münze anhand einer bildlichen Darstellung, die ihr schnell einen populären Namen eintrug. Ein seit dem 15. Jahrhundert in Deutschland und der Schweiz verbreiteter Silberling wurde nicht nur wegen seiner Dicke *Batzen* genannt, sondern auch wegen des aufgeprägten Berner Stadtwappens, das bekanntlich einen Bären – schweizerisch einen *Bätz* – zeigt. Ein Viertel-*Batzen* hatte den Wert eines *Kreuzers* (eigentlich eines *Grossus*, der seit dem 13. Jahrhundert in Norditalien ausgegeben wurde und den das liegende *Kreuz* als Emblem der Stadt Verona zierte), bzw. von zehn *Rappen* (hierbei handelte es sich um eine oberrheinische Münze mit einem so verschwommen ausgeführten Adlerkopf, dass man ihn spöttisch mit dem Kopf eines *Raben* – mundartlich *Rappen* – verglich; die Assoziation mit einem schwarzen Pferd ist also falsch); die Bezeichnung *Rappe* (als hundertster Teil eines Franken) hat in der Schweiz überlebt. Das übliche Münzbild feudalistischer Zeiten war die *Krone* der französischen Herrscher auf der Goldmünze *Couronne d'or*, die bald in vielen Ländern Europas Nachahmer fand (vgl. die engl. *Crown*, die *Krone* des Deutschen Reiches von 1871, die tschechische *Krone* als Relikt aus der Donaumonarchie sowie seit der Münzunion von 1872 die skandinavische *Krone*). Der Aufdruck eines königlichen heraldischen *Schildes* führte zur Währungsbezeichnung *Schilling* (span. *Chelin*, port. *Escudo*, ital. *Scudo*, frz. *Écu*), von got. *skildus*, „Schild, Wappen", dessen Vierteilung einschließlich des Sinnspruchs zu unserem Begriff *Devise* führte (ital. *divisa*, aus lat. *dividere*, „teilen"; vgl. *Division*), zunächst nur in der Bedeutung „Motto", ab 1923 verallgemeinernd auch im Sinn von „Auslandswährung". Ein wichtiges Symbol war im königlichen Frankreich die Lilie, die auf den Gold- und Silbermünzen Ludwigs XIV. – dem *Lis d'or* bzw. *Lis d'argent* (frz. *fleur de lis* bedeutet „Lilie"; s. *Florenz* und *Giglio*) – prangte, während es in Bulgarien und Rumänien der Löwe war, weswegen dort die Münzen als *Lew* bzw. *Leu* bekannt waren (von lat. *leo*, „Löwe"), beides Nachahmungen des älteren *Gros au lion*, des holländischen „Löwengroschens" oder Talers mit dem Wappentier Flanderns und Brabants.

Handelsplätze und Geldwesen

Adapazarı bedeutet „Inselmarkt", von türk. *ada*, „Insel", und *pazar*, „Markt" (vgl. *Bazar*). Die westtürkische Stadt in der äußerst fruchtbaren Sakarya-Ebene südlich des Schwarzen Meeres verdankt ihren Namen der Lage an der wichtigen Handelsstraße zwischen Ankara und Istanbul (s. *Adana*).

Ampurias heißt eine nordostspanische Küstenstadt, deren römischer Name – *Emporiae* (latein. *emporium*, „Handels-, Stapelplatz") – den Grund für ihre Entstehung offenbart.

Bourges, von franz. *bourg*, „Marktflecken", ist die geschäftige Hauptstadt des zentralfranzösischen Departements *Cher* (s. auch *Cherbourg*).

Byrsa, bei den Phöniziern ein Ausdruck für „befestigter Platz", war als Burghügel von Karthago bereits in punischer Zeit Stadtmittelpunkt und bevorzugtes Villenviertel der vermögenden Bankiers, also der „Geldsäcke"; vielleicht haben die Römer deswegen das Wort *bursa* für „einen ledernen Geldbeutel" von den phönizischen Geschäftsleuten in Nordafrika entlehnt (vgl. engl. *purse*). Später übernahmen wir die Bezeichnung *Börse* für ein Gebäude, in dem sich Kaufleute regelmäßig zu Geschäften trafen, erstmalig angeblich im Handelshaus der angesehenen Familie *van der Burse* in Brügge, deren Wappen drei Geldbeutel zeigte (s. auch *Karthago* und *Tunesien*).

Chelsea, heute ein Stadtteil von Großlondon, verweist mit seinem Namen wohl auf eine alte „Kalkverladestelle", denn eine Urkunde des Jahres 800 erwähnt den Ort noch als *Celchyth* (aus altengl. *cealc*, „Kalk", und *hyth*, „Landeplatz"). Man darf also annehmen, dass hier Kalk gelöscht oder zum Weitertransport auf Themseschiffe verladen wurde.

Duschanbe ist die Hauptstadt Tadschikistans, deren Name eigentlich eine kleine Rechenaufgabe enthält: Mit den beiden tadschikischen Wörtern *du* und *shanbè* („zwei" bzw. „Samstag") ist wohl gemeint, dass zumindest in der Frühzeit dieser Siedlung im Hissartal jeden Montag, also zwei Tage nach dem Samstag, ein großer Markt stattfand.

Elephantine, eine seit 6000 Jahren besiedelte Nilinsel bei Assuan, erinnert mit ihrem griechischen Namen an den Elfenbeinhandel der alten Ägypter, die den geschützten Umschlagplatz inmitten des Flusses als *Yebu* bezeichneten, was ebenfalls „Elefant" bedeutete. Von dieser Grenzfestung Ägyptens aus zogen Expeditionen in das südlich gelegene Nubien, wo es im Altertum beträchtliche Elefantenherden gegeben haben soll.

Forlì stellt eine Kontraktion des alten lateinischen Namens *Forum Livii*, „Markt des Livius", dar. Die norditalienische Stadt in der Emilia-Romagna war bereits zur Römerzeit ein bedeutendes Handelszentrum (s. auch *Fréjus* und *Friaul*).

Kaufbeuren in Bayern hat einen Namen, der schlicht mit „Kaufhaus" zu übersetzen ist (von althochd. *kouf*, „Handel", und *bur*, „Haus"); er spielt offenbar auf den ehemals profitablen Salz- und Getreidehandel sowie das traditionelle Leinwandgewerbe der alten Reichsstadt an der Wertach an.

Kopenhagen, dän. *København*, zusammengezogen aus *Køpmannshavn*, hieß im Mittelalter in lateinischer Übersetzung *Portus mercatorum*, „Kaufmannshafen". Die geschäftige Handelsmetropole und Hauptstadt Dänemarks begründete im 12. Jahrhundert den Aufstieg des Landes zum mächtigsten Ostseestaat.

Langport im englischen Somerset wurde „langer Markt" genannt, weil einst die Marktbuden entlang der Dorfstraße aufgereiht standen; noch heute wird der Wochenmarkt an der schnurgeraden Bow Street abgehalten.

Linköping in Südschweden entpuppt sich als ein „Flachsmarkt", von schwed. *lin*, „Flachs" (vgl. *Leinen*), und *köpa*, „kaufen". Nahebei an der Ostseeküste liegen die Zwillingsstädte *Norrköping* und *Söderköping* („nördlicher" bzw. „südlicher Handelsplatz"), sowie der Hafen *Nyköping*, „neuer Marktort" (s. *Kopenhagen*).

Manavgat Cayı, d.h. „Obst-Gemüse-Bach", ist die ungewöhnliche Bezeichnung eines Flusses, der die türkische Mittelmeerküste mit dem agrarisch intensiv genutzten Hinterland verbindet. Er mündet bei einem Örtchen gleichen Namens in die Bucht von Antalya und ist wegen seiner grandiosen, nur wenige Kilometer flussaufwärts gelegenen Wasserfälle eine Attraktion für viele Türkeibesucher.

Mayfair, d.h. „Jahrmarkt im Mai", ist ein Londoner Stadtteil, der noch heute einen Platz bezeichnet, wo in den vergangenen Jahrhunderten traditionell eine zweiwöchige große Frühjahrsmesse stattfand. Erst Mitte des 18. Jahrhundert wurde der Brauch notgedrungen fallengelassen, als an dieser Stelle eine rege Bautätigkeit einsetzte.

Mercedes, Mehrzahl von span. *merced*, „Lohn, Gnade" (vgl. latein. *merx*, *mercis*, „Ware", und *mercator*, „Händler"), ist nicht nur der Name vieler Spanierinnen (und deutscher Nobelkarossen), sondern auch einer verkehrsgeographisch günstig gelegenen Stadt in Südwest-Uruguay. Der Ort mit Eisenbahn-, Straßen- und Luftverbindung zur Hauptstadt ist einer der wichtigsten Flusshäfen am Rio Negro und Handelszentrum für Vieh, Schafe, Getreide und Flachs aus der Umgebung.

Novi Pazar in Südserbien, das von 1456 bis zum Beginn des Ersten Weltkriegs zum Osmanischen Reich gehörte, wurde von den Türken *Yeni-Pazar*, „Neumarkt", genannt; zuvor hatte die alte Handelsstadt mit slawischem Namen *Novo Trgovište* geheißen. Obschon die Serben für „Markt" eigene Bezeichnungen wie *trg* und *tržiste* kennen, haben sie also das türkische Lehnwort *pazar*, „Basar", im Ortsnamen akzeptiert (s. *Tirgu*, *Triest* und *Torgau*).

Ottawa ist benannt nach einem Indianerstamm, der sich selbst als *Odawa*, „Volk der Händler", bezeichnete. Das Gebiet der heutigen Stadt wurde erst zu Beginn des 19. Jahrhunderts von Weißen besiedelt, wegen seiner wirtschaftlichen Bedeutung aber schon bald von Königin Victoria zum Sitz der Regierung der Vereinigten Provinzen von Kanada bestimmt und 1867 sogar zur Hauptstadt des neu gebildeten Dominions of Canada erkoren.

Potomac hieß ursprünglich nicht der gesamte Lauf des nordamerikanischen Flusses, sondern nur ein bestimmter Abschnitt, der unter den Indianern, die hier eine Handelsniederlassung errichtet hatten, als *Patawomeck*, d.h. „Ort, an dem Güter angelandet werden", bekannt war.

Saïda ist der moderne libanesische Name des alten *Sidon*. In der Bibel nannten die Hebräer den Ort am Mittelmeer noch *Zag Zidon*, „Fischmarkt". Später erblühte die Stadt dank ihres vorzüglichen Hafens zu einer Handelsmetropole, von der aus tüchtige Seeleute phönizische Kolonien an den Küsten des westlichen Mittelmeers gründeten. *Sidon* sollte am Ende jedoch von der Stadt Tyros in den Schatten gestellt werden, deren Schiffe sich bis auf den Atlantik hinauswagten.

Sapporo auf der japanischen Insel Hokkaido beschreibt sich selbst als „Pavillon der Banknoten" (von japan. *satzu*, „Papiergeld", und *horo*, „Zelt"). Die Stadt wurde erst 1871 von der japanischen Regierung als Zentrum für die Entwicklung des Handels angelegt.

Shashi, eine chinesische Stadt links des Yangzi (Jangtsekiang), betont mit ihrem Namen – „Sandmarkt" – nicht nur ihre Lage auf trockenem Flussschwemmland, sondern auch ihre wirtschaftliche Bedeutung als Umschlagplatz agrarischer Erzeugnisse der weiteren Umgebung.

Steinhude am *Steinhuder Meer*, einem See zwischen Weser und Leine, ist eine alte Fischersiedlung, deren Name „Stapelplatz, Fährstelle" – mittelniederd. *hude* – bedeutet (s. *Buxtehude*).

Szombathely bedeutet „Samstag-Platz". In der ungarischen Stadt dieses Namens wurde regelmäßig am Wochenende ein Markt abgehalten (aus ungar. *szombat*, „Sonnabend", verw. mit *Sabbat*, und *hely*, „Platz"; s. *Duschanbe*).

Tirgu Neamţ heißt eine Stadt in Rumänien, was wörtlich übersetzt „deutscher Markt" bedeutet (von *tirgu*, „Markt", und *nemţesc*, „deutsch", einem Lehnwort aus dem Slawischen; s. *Triest*).

Toronto, „Treffpunkt", nannten die zwischen dem Ontario- und dem Huronsee ansässigen nordamerikanischen Huronen einen ihrer zentralen Handelsplätze, der schon den frühen französischen Trappern (von engl. *trap*, „Falle") und Pelzeinkäufern wohl bekannt war. Ein Fort, das die Interessen der europäischen Kaufleute schützen sollte, wurde 1793 kurz nach seiner Gründung von englischen Loyalisten niedergebrannt, nachdem diese vor der Amerikanischen Revolution nach Norden geflohen waren. Die britische Gemeinde erlebte nach der Eröffnung des Erie-Kanals und dem Anschluss an das Eisenbahnnetz in der ersten Hälfte des 19. Jahrhunderts eine stürmische wirtschaftliche Entwicklung. Heute ist *Toronto* eine der größten Städte Kanadas.

Torgau an der mittleren Elbe in Sachsen entstand im Schutz einer Burg als slawischer Handelsplatz am Flussübergang mehrerer Fernstraßen. Der Name ist eingedeutscht aus *Torgov* und geht zurück auf das altsorb. Wort *torg*, „Marktort". Im Schwedischen bedeutet *torg* ebenfalls „Marktplatz", sodass die heute finnische Hafenstadt *Turku* praktisch einen identischen Namen hat (s. auch *Tirgu Neamţ* und *Triest*).

Trabzon ist eine türkische Stadt an der Südküste des Schwarzen Meers, die im Altertum als *Trapezus* (im deutschen Sprachraum als *Trapezunt*) bekannt war – ein Name, der sich vom griech. Wort τράπεζα *(trápeza)*, „Tisch der Geldwechsler", herleitet, welches wiederum eine Kurzform von τετράπεζα *(tetrápeza)*, „Vierfuß", darstellt (vgl. *Trapez*). Die wohlhabende griechische Hafenstadt, von deren Mole regelmäßig Getreideschiffe nach Athen ablegten, war an der lebhaften Handelsroute zwischen dem Iran und dem europäischen Kontinent entstanden und daher im Laufe der Geschichte immer wieder in die Hand fremder Herren geraten: Auf die Griechen folgten das Römische sowie das Byzantinische Reich, und seit der Einnahme von Konstantinopel durch die Osmanen befindet sich die Stadt im Besitz der Türken; lediglich von 1204 bis 1461 war sie Hauptstadt eines selbstständigen Kaiserreichs, und im Jahr 1920 überließ die Türkei *Trabzon* für einige Monate der kurzlebigen autonomen Republik Armenien.

Transportwege und Herbergen

Åbenrå, „offene Reede" (von dän. *åbne*, „öffnen"), ist der Name einer alten dänischen Handels- und Hafenstadt an der Ostküste Jütlands, die von der deutschen Minderheit *Apenrade* genannt wird.

Altona, ein Stadtteil von Hamburg, entstand im 16. Jahrhundert als selbständiger Handelsplatz am rechten Elbufer, nur wenige Kilometer von der Altstadt entfernt. Der Name soll sich auf ein Gasthaus beziehen, das den trinkfesten Fuhrleuten, die mit ihrer Ware nach Dänemark unterwegs waren, nun doch „ein wenig zu nah" an ihrem Heimatort lag – daher ihr plattdeutscher Kommentar: *al to na* (vgl. den thüringischen Ort *Allzunah* bei Suhl).

Föhr, eine der nordfriesischen Inseln, leitet ihren Namen nicht von Föhre, sondern von altsächs. *faran*, „sich fortbewegen", her. Gemeint ist also der „Durchlass" vor der Westküste Schleswigs.

Hangzhou bedeutet „Ort der Boote". Marco Polo beschrieb diese chinesische Hafenstadt, die durch den Kaiserkanal mit Beijing verbunden ist, als eine gewaltige und unerhört reiche Stadt.

Havanna, span. *La Habana*, „der Hafen", ist die Hauptstadt Kubas und größte Wirtschaftsmetropole der Westindischen Inseln. Das spanische Wort *habana* ist, wie *Le Havre*, etymologisch mit unserer *Havel* („die Buchtenreiche") verwandt.

Honolulu entstand vor etwa 1000 Jahren als eine Siedlung polynesischer Immigranten an einer „ruhigen Bucht". Der Naturhafen hatte eine so geschützte Lage, dass selbst Captain James Cook und andere Forscher an ihm vorbeisegelten, ohne ihn zu entdecken. Erst Anfang des 19. Jahrhunderts kamen europäische Missionare und amerikanische Händler hierher. 1848 annektierten die Vereinigten Staaten die Hawaii-Inseln und machten *Honolulu* zu deren Hauptstadt. 1959 trat Hawaii als letzter US-Staat der Union bei.

Le Havre, „der Hafen", scheint mit dem Artikel vor dem Namen seinen besonderen Rang unter allen anderen Häfen des Landes betonen zu wollen, und in der Tat wird *Le Havre* nur von Marseille an Bedeutung übertroffen. Die Stadt an der französischen Atlantikküste wurde 1517 von Franz I. aus militärischen

und politischen Gründen – sozusagen als vorgeschobener Seehafen von Paris – an der breiten Trichtermündung der Seine
errichtet (s. *Havanna* und *Havel*).

Lorient an der Südküste der Bretagne scheint seit der Stadtgründung
mit einem Hauch von Orient umgeben zu sein, wie der Name –
von franz. *l'orient*, „das Morgenland" – verheißt. Auf Initiative
Kardinal Richelieus legte die Ostindische Kompanie hier im 17.
Jahrhundert einen Hafen für den Fernosthandel an, durch den die
Stadt eine unvergleichliche Blüte erlebte. Als Frankreich den
Indienhandel zu Gunsten von England und Holland einstellen
musste, baute Napoleon die in einem Fjord gelegene Stadt zu
einem bedeutenden Kriegshafen um.

Macau ist der europäische Versuch, den chinesischen Namen *A-ma-
cao*, „Hafen der *Ama*", annähernd korrekt wiederzugeben. (Die
Gottheit *Ama*, auch *Ma-zu* genannt, galt als Schutzpatronin der
Seeleute.) Die heutige Bezeichnung für *Macau* (auch *Macao*)
lautet in der modernen chinesischen Hochsprache *Ao-men*, „Tor
zur Ankerbucht". Es waren die Portugiesen, die im Jahr 1511 als
Erste einen Seeweg nach China gefunden hatten; wegen ihres
anmaßenden Verhaltens wurden sie aber bald aus China vertrieben, sodass sie an die Südküste flohen, wo die chinesische
Regierung ihnen gegen Pacht eine kleine Enklave gewährte, aus
der die portugiesische Kolonie hervorging. Sie war lange der
einzige Außenhandelsposten Chinas, bis Mitte des 19. Jahrhunderts der wirtschaftliche Aufstieg Hongkongs das nur 65 km
entfernte *Macau* zur Bedeutungslosigkeit verdammte.

Malpas, „schlechte Durchfahrt", ist der französische Name einer
Stadt im englischen Cheshire. Er bezieht sich wohl auf einen
morastigen Weg in einem Taleinschnitt, denn *Malpas* hieß vor
der normannischen Eroberung *Depenbech*, „Tiefenbach". Die
moderne Stadt liegt allerdings auf einem Hügel.

Midway Island ist sozusagen die „Insel auf dem halben Weg".
Gemeint ist ein kleines Atoll nordwestlich von Hawaii, das bis
zum Zweiten Weltkrieg als wichtiger Zwischenlandungsplatz für
den Transpazifik-Verkehr galt und heute eine Marinebasis der
Vereinigten Staaten ist.

Orinoco heißt einer der großen Flüsse im nördlichen Teil Südamerikas, der bei den Indianern als *ori-noko*, „Ort des Paddelns",
bekannt war. Die bedeutendste Wasserstraße Venezuelas mündet
mit einem riesigen Delta in den Atlantischen Ozean.

Otranto ist eine kleine Hafenstadt in der Provinz Lecce, dort, wo der Stiefelabsatz Italiens der gegenüberliegenden albanischen Küste am nächsten kommt und der Ausgang der Adria zum Mittelmeer nur 70 km breit ist. In ihrem modernen Namen ist die griechische Gründung *Hydros*, „Stadt am Wasser" – von ὕδωρ *(hýdor)*, „Wasser" (vgl. *Hydrant*) – kaum wieder zu erkennen, sehr wohl jedoch in *Hydruntum*, wie die Römer sie später nannten, als sie der wichtigste Hafen für die Verbindung nach Epirus war.

Pforzheim an der Enz entwickelte sich aus einer römischen Militärsiedlung, die am Nordrand des Schwarzwalds den Flussübergang der bedeutsamen Verbindungsstraße zwischen den Kastellen in *Argentorate* (Straßburg) und *Carenna* (Cannstatt) zu sichern hatte. Noch im 7. Jahrhundert hieß die Siedlung *Porza*, von latein. *portus*, „Hafen, Anlegestelle". Ein ähnlicher Zusammenhang besteht übrigens bei *Porz* am Rhein, *Piesport* an der Mosel und *Pforzen* an der Wertach in Bayern.

Portoferraio, die Hauptstadt der italienischen Insel Elba, bekam den prosaischen Namen „Eisenhafen", von latein. *portus*, „Hafen", und *ferrum*, „Eisen". Er spielt auf das im Osten der Insel geförderte Eisenerz an, das schon von den Etruskern und Römern in alle Regionen des Mittelmeers verschifft wurde. Die Stadt selbst entstand erst im 16. Jahrhundert um den Hafen herum, den man in alter Zeit *Fabricia*, „Schmiede", und *Ferraria*, „Eisengrube", geheißen hatte.

Rastatt in Baden-Württemberg ist aus einem verkehrsgünstig gelegenen „Rastplatz" an der alten Talstraße im Oberrheintal hervorgegangen.

Rennsteig nennt man einen Höhenweg im Thüringer Wald und Frankenwald, der als schmaler Reit- und Eilbotenweg auf dem Gebirgskamm diente. (Da er gleichzeitig die Grenze zwischen Thüringen und Franken markierte, könnte der Name allerdings auch von althochd. *rein*, „Saum", herrühren; vgl. *Rain*.)

Río de las Balsas bedeutet, aus dem Spanischen übersetzt, „Fluss der Flöße". Gemeint ist ein an Stromschnellen reicher Fluss in Mittelmexiko, der den Südrand des Hochlands nach Westen entwässert und in den Stillen Ozean mündet (vgl. das leichte, für den Floßbau besonders geeignete *Balsaholz*).

Senegal ist ein westafrikanisches Land, das (wie viele der Nachbarstaaten) nach seinem Hauptfluss benannt ist, dessen Name in der Sprache seiner Anwohner „der Schiffbare" bedeutet; der breite,

1700 km lange Strom stellt seit alten Zeiten eine der wichtigsten Verkehrsverbindungen ins Innere des Kontinents dar.

Tokaido, „Ost-Meer-Weg", heißt die alte, über 500 km lange Verbindungsstraße zwischen Tokio und Kioto an der Pazifikküste Japans. Vor dem 17. Jahrhundert war *Tokaido* die Bezeichnung für einen der sieben Verwaltungsbezirke des Landes.

Veracruz Llave, eine mexikanische Hafenstadt am Golf von Mexiko (span. *llave*, von latein. *clavis*, „Schlüssel, Riegel"; vgl. *Klavier* und *Enklave*), war von ihrem Gründer Hernán Cortés so bezeichnet worden, weil während der spanischen Kolonialzeit alle Waren nur über diese Stadt ein- bzw. ausgeführt werden durften – ein Handelsmonopol, das ihr also in der Tat eine Schlüsselstellung unter allen mexikanischen Städten verschaffte (s. auch *Veracruz*).

Zabern, franz. *Saverne*, im Elsass verdankt seinen Namen der römischen Zivilsiedlung *Tres Tabernae*, „drei Kneipen" (vgl. *Taverne*), die im 4. Jahrhundert n. Chr. dort entstand, wo eine Senke in den Nordvogesen sich zum verkehrsgünstigen Oberrheintal hin öffnet. Noch 300 Jahre älter ist das rheinlandpfälzische *Rheinzabern* bei Germersheim sowie das westlich davon gelegene *Bergzabern*, wo ebenfalls Wirtshäuser den Kern einer römischen Siedlung bildeten.

Risiken der Schifffahrt

Bab el-Mandeb bedeutet im Arabischen „Tor der Tränen", und in der Tat ist die Schiffspassage durch den nur wenige Kilometer breiten Südausgang des Roten Meeres in den Golf von Aden wegen einer unberechenbaren Strömung äußert gefährlich. Der Name wird auch als „Tor der Wegelagerer" interpretiert, da arabische Piraten die schmale Durchfahrt nutzten, um europäischen Kaufleuten auf dem Seeweg nach Indien aufzulauern.

Cape Fear, das „Kap der Furcht", ist ein Vorgebirge im US-Staat North Carolina, dessen tückische Küstengewässer den Kapitänen nach wie vor Respekt abverlangen.

Costa Brava, „wilde Küste", heißt die früher unwirtliche Felsenküste am spanischen Mittelmeergestade bei Barcelona; heute sind ihre Buchten jedoch äußerst einladend für die Touristen.

Costa de la Muerte, „Todesküste" – so bezeichnen die Spanier den felsigen Meeresstrand zwischen La Coruña und Cabo Fisterra in Galicien. Der Name lässt die tödlichen Gefahren der gewaltigen

Brandung vor der Steilküste erahnen, die schon manchem Schiff zum Verhängnis wurde.

Guardafui, „hüte dich", nannten portugiesische Seefahrer ein steiles Felsenkap an der Nordostspitze der Somalihalbinsel in Ostafrika.

Loreley bedeutet so viel wie „Hinterlistiger", (von mittelhochd. *lûre*, „auflauern", und *lei*, „Fels"). Der Name des fast senkrecht aus dem Rhein aufsteigenden Schieferfelsens in einer engen Flussschlaufe bei St. Goarshausen könnte nicht treffender sein, denn das hier überraschend schnell dahinschießende Wasser hat früher viele Schiffer ins Verderben gerissen – angeblich angelockt und abgelenkt vom Gesang einer schönen Wasserjungfrau hoch oben auf dem Felsen (s. *Lausanne*).

Piratenküste ist ein alter Name der arabischen Küste am Persischen Golf, die noch im 19. Jahrhundert von Seeräubern heimgesucht wurde. Erst 1853 unterzeichneten die ansässigen Scheichs ein Abkommen mit Großbritannien, in dem sie sich zu einem dauerhaften Seefrieden verpflichteten. Das griechische Wort πειρατής *(peiratés)*, „Seeräuber", ist von πεῖρα *(peîra)*, „Versuch, Wagnis", abgeleitet und bezeichnet damit eigentlich jemanden, „der sein Glück ausprobiert" (vgl. auch *Empirie*, „Erfahrung"). Das gleichbedeutende Wort *Korsar* hat übrigens nichts mit der Mittelmeerinsel *Korsika* zu tun, sondern leitet sich über altkroat. *kursar* von latein. *currere*, „eilen, rennen", und *cursus*, „Lauf, Fahrt", her (vgl. *Kurs*).

Zum Schluss sollen zwei der bedeutendsten künstlichen Wasserläufe nicht unerwähnt bleiben: der *Suez-* und der *Panamakanal*. Schon in der Antike hatte man davon geträumt, die traditionellen, aber zeitaufwendigen und unsicheren Handelsrouten über Land durch bequemere und kürzere Schifffahrtswege zu ersetzen. Als Erster ließ Pharao Sesostris I. vor 4000 Jahren das Mittelmeer und das Rote Meer durch einen Kanal verbinden, der im Laufe der Zeit immer wieder versandete und von Griechen und Römern mehrfach erneuert werden musste, bevor er schließlich völlig zerfiel. Fast zwei Jahrtausende sollten vergehen, bis der Plan eines erneuten Durchstichs der Landenge von *Suez* (aus arab. *as-suways*, „der Beginn", d.h. des Roten Meeres) 1869 verwirklicht war und der schleusenlose, knapp 200 km lange Großschifffahrtskanal den Handelskapitänen den lästigen Umweg um Südafrika herum ersparte und die Strecke zwischen der Alten Welt und den Kolonien in Süd- und Südostasien um mehr als 4000 Seemeilen verkürzte.

Auch an einer besseren Verbindung zwischen Atlantik und Pazifik bestand seit der Eroberung Zentralamerikas ein großes Interesse. Obschon bereits Hernán Cortés einen Kanal quer durch die Landenge im heutigen *Panama* vorgeschlagen hatte, ließ die Verwirklichung des Plans noch lange auf sich warten. Erst der Goldrausch in Kalifornien gab im Jahr 1848 den entscheidenden Anstoß; doch als der Kanal 1914 eröffnet wurde, gab es an der Westküste Amerikas schon lange kein Gold mehr – aber der gefahrvolle Umweg rund um den südamerikanischen Subkontinent aber gehörte nun auf jeden Fall der Vergangenheit an.

* * *

Zweiter Teil

BEWERTUNG VON NAMEN

Bislang haben wir erfahren, was die Menschen verschiedener Epochen bewog, einem Ort auf dieser Erde einen bestimmten Namen zu geben, ganz gleich, ob sie sich lediglich an die vorgefundenen geographischen Fakten hielten oder ihr Staunen und ihre Ehrfurcht vor der Macht der Natur artikulierten, ob sie ethnischen Zwist oder historische Wendepunkte in einem Namen einfroren oder wirtschaftlichen Möglichkeiten und individuellen Wünschen Ausdruck verliehen. In jedem Fall war aber die Namengebung ein schöpferischer Akt.

Im zweiten Teil des Buches geht es mehr um eine kritische Betrachtung und Gegenüberstellung von Benennungen. Unter anderem soll der Wahrheitsgehalt einzelner Namen geprüft sowie die Exaktheit ihrer sprachlichen Prägung hinterfragt werden; es sollen aber auch leichtfertige oder arglistige Abänderungen beleuchtet, skrupellose Nachbildungen aufgedeckt und volkstümliche Auslegungen korrigiert werden. Zudem wird nicht nur vor Verwechslungsmöglichkeiten bei ähnlich klingenden Namenspärchen zu warnen sein, sondern auch bei Namensdubletten, die trotz der formalen Übereinstimmung eine völlig unterschiedliche Bedeutung haben können.

Schließlich dürfte die Erkenntnis überraschen, wie viele Ortsnamen sich hinter der Maske eines bekannten Markenprodukts verbergen, während andere gar zu einem internationalen Fachbegriff generalisiert wurden oder sprichwörtliche Verwendung im Volksmund fanden.

I.

WILLKÜR UND IRRTUM

1. Fehlbenennungen

Für die Prägung unrealistischer und scheinbar aus der Luft gegriffener topographischer Namen gibt es die unterschiedlichsten Erklärungen, können sie doch in betrügerischer Absicht erfunden sein oder auf einem durchaus verzeihlichen Missverständnis beruhen.[1] Zur ersteren Gruppe müssen wir solche zählen, die einen geographisch und geschichtlich wenig rühmlichen Befund bewusst zu verschleiern versuchen, Nichtigkeiten durch Übertreibung hochstilisieren oder einen wahren Sachverhalt aus Opportunitätsgründen sogar ins Gegenteil verkehren. Zur letzteren Gruppe gehören Namen, die ihre Entstehung einem puren Zufall verdanken; hier spielen verzeihliche Hör- und Abschreibfehler der großen Seefahrer und ihrer Berichterstatter ebenso eine Rolle wie die verständlichen Erinnerungslücken bei den meist jahrelang umherziehenden Forschungsreisenden oder die häufigen Tautologien und Pleonasmen (d.h. unnötige Wiederholungen von Namensinhalten und überflüssige Zusätze, z.B. „Insel-Eiland" oder „kleines Hügelchen"), die von einer grundlegenden etymologischen Ahnungslosigkeit der Bürger oder Landbewohner zeugen. Beginnen wir mit einigen amüsanten Anekdoten über das abenteuerliche und dennoch nachvollziehbare Zustandekommen derartiger Benennungen.

---

[1] Das südamerikanische *Lama* mag seine Bezeichnung einem solchen Irrtum verdanken: Als die spanischen Eroberer das zottige Tier zum ersten Mal erblickten, sollen sie die Indianer gefragt haben: *¿Como se llama?*, „Wie heißt es?", und da die höflichen Einheimischen das letzte Wort immer wieder nachplapperten, trägt dieses ungewöhnliche, zu den Kamelen zählende Wesen seitdem den Namen *Lama*. Andere Sprachforscher glauben dagegen, hinter dem heutigen Wort eine alte indianische Bezeichnung für „Vieh" zu erkennen.

Missverständnis und Irreführung
Abidjan ist ein gutes Beispiel für eine akustische Fehlleistung. Als
die ersten französischen Kolonisten an der westafrikanischen
Elfenbeinküste landeten, versuchten sie von einigen einheimischen Frauen, denen sie begegneten, zu erfahren, wo sie sich
denn eigentlich befänden. Ihre wiederholte und von vermeintlich
eindeutigen Gesten begleitete Frage wurde gründlich missver-
standen und führte zu der Antwort: *T'chan m'bi djan*, „wir
kommen vom Blätterschneiden". Die Franzosen notierten sich,
was sie gehört zu haben glaubten, und gaben dem Ort, der 1903
zur Hauptstadt des Staates *Côte-d'Ivoire* avancierte, den angeblichen Eingeborenen-Namen *Abidjan*.

Banjul meinten die Portugiesen verstanden zu haben, als sie an der
westafrikanischen Küste des heutigen Gambia gelandet waren
und von den ersten Eingeborenen, die sie trafen, den Namen
ihrer Heimat erfahren wollten. Diese deuteten das beredte Ach-
selzucken der Fremdlinge jedoch als Frage nach ihrer augen-
blicklichen Tätigkeit, und sie sollen erwidert haben: *Bangjulo*,
„wir flechten Matten".

Birma, engl. *Burma*, der frühere Name des südostasiatischen Landes
Myanmar, basiert auf der fehlerhaften europäischen Wiedergabe
des Wortes *myanma*, „die Starken", mit dem die Einheimischen
sich selbst bezeichnen. Seit 1989 besteht die Republik auf der
korrekten Schreibweise.

Dakar, der Name der senegalesischen Hauptstadt, ist das Ergebnis
eines amüsanten Fehlschlusses. Europäische Forscher, die von
einigen Ureinwohnern wissen wollten, wie diese Gegend hieß,
und mit ausgestrecktem Arm schwungvoll auf die umgebende
Landschaft wiesen, erhielten – in der Annahme die üppige
Vegetation sei gemeint – zur Antwort: *N'dakaru!* Seitdem trägt
dieser Ort, an dem später *Dakar* entstehen sollte, den Namen
„Tamarindenbaum".

Gelsenkirchen hieß 1150 *Geilistirnkirkia*; vielleicht basiert die heutige Namensversion auf einem späteren, falsch kopierten *Gele-
sten-kirka*, was „Kirche aus gelben Steinen" bedeuten würde.

Hebriden, die heute geläufige Schreibung des Namens der britischen Inselgruppe vor der Nordwestküste Schottlands, stammt
von ihrer alten lateinischen Bezeichnung *Ebudes*, deren *u* beim
handschriftlichen Kopieren fälschlich als *ri* gelesen wurde.

Iona, eine kleine schottische Hebrideninsel vor der Südwestküste von Mull, verdankt ihren heutigen Namen (der fälschlicherweise mit dem biblischen *Jonah* oder *Jonas* assoziiert wird, ursprünglich aber bei den keltischen Bewohnern *I* oder *Hi*, „Eibe", lautete) ebenfalls einem Abschreibfehler. Irgendwann nach 700, als die Insel noch als *Ioua insula*, also „Eiben-Insel", bekannt war, muss das erste Wort falsch gelesen und mit einem auf den Kopf gestellten *u* in einer Urkunde verewigt worden sein.

Irokesen nannten französische Siedler in Nordamerika die Angehörigen eines Indianerstamms, nachdem ihnen aufgefallen war, dass deren Wortführer ihre Reden meist mit dem Wort *hiroqué* – „ich habe mit Gefühl (d. h. mit Freude oder Sorge) gesprochen" – beendeten, was die Franzosen zu *Iroquois* romanisierten.

Kap Nome, die Bezeichnung eines Vorgebirges und einer Hafenstadt im nordwestlichen Alaska, wird gleich durch zwei Anekdoten erläutert. Auf die Frage, wie man den Küstenvorsprung an der Beringsee nenne, erhielten die Weißen von den Eskimos angeblich die Antwort: *Ka-no-me*, „ich weiß nicht", was zu *Kap Nome* zusammengezogen wurde. Andere Quellen behaupten, dass russische Pelztierjäger, die den Inuit die einheimische Bezeichnung des Vorgebirges entlocken wollten, das Wort „Name" in allen möglichen Sprachen wiederholten (einschließlich des lateinischen *nomen*), worauf sie von den gutmütigen Eskimos stets das Echo *Nome, Nome* ernteten.

Kariben bedeutet, wie man heute weiß, „tapferere Männer". Kolumbus dagegen erinnerte sich an die *karibischen* Inselbewohner nicht als *caribes*, sondern als *caníbales* – ein beinahe verzeihlicher Irrtum, denn er glaubte aus den Erklärungen der Indianer das Wort *Caníba* herausgehört zu haben, was für ihn (der ja hoffte, in Asien gelandet zu sein!) nur „Völker des Khans" heißen konnte. Da die spanischen Eroberer ihnen Menschenfresserei vorwarfen, übertrug man ihren vermeintlichen Namen – *Kannibalen* – auf alle wilden Völker, die ihre Kriegsgegner aus kultischen Gründen verspeisten.

Kyritz an der Knatter ist eine unhaltbare topographische Aussage. Obschon dieser Ortsname allgemein akzeptiert ist, hat es einen Fluss *Knatter* nie gegeben, wohl aber die brandenburgische Stadt *Kyritz* (wahrscheinlich von dem slawischen Vornamen *Chyr*). Als noch Postkutschen von Hamburg nach Berlin an ihr vorbeifuhren, machten sich die großstädtischen Reisenden über die beiden *Knattermühlen* des Ortes lustig, die *Kyritz* schließlich zu ihrem Beinamen verhalfen.

Maya, der in der Alten Welt gebräuchliche Name des berühmten mittelamerikanischen Volkes, scheint seiner alten und hoch stehenden Kultur geradezu Hohn zu lachen, denn er entstand aus der Antwort einiger Küstenbewohner auf die Frage der Spanier, woher sie denn stammten: „Wir sind aus Maian", wobei *maian* in ihrer Sprache lediglich „kleines Dorf" bedeutet. Der wirkliche Name des alten Kulturvolkes war *Itzá*, und die überwiegende Mehrzahl seiner Angehörigen wohnte nicht auf dem Lande, sondern in der Riesenstadt *Chichén Itzá* auf der Halbinsel Yucatán.

Mosquito-Küste ist die Fehlbezeichnung für das atlantische Gestade von Honduras und Nicaragua, an der die *Misquitos* lebten, ein wegen seiner Piraterie gefürchteter Indianerstamm, der sich mit entlaufenen schwarzen Sklaven vermischt hat; allerdings ist das feuchtheiße Klima in diesem Küstenbereich so unwirtlich (d.h. für die Entwicklung von Stechmücken so günstig), dass der sprachliche Irrtum verzeihlich erscheint.

Nikosia, die Hauptstadt Zyperns, trug zunächst den Namen *Leukosia*, „die Weiße" (nach *Leukos*, dem Sohn des ägyptischen Königs Ptolemäus I.), woraus im Neugriechischen *Lefkosia*, im Türkischen *Lefkoşa* wurde (vgl. unsere *Levkoje*, „weißes Veilchen"). Dass die fränkischen Kreuzritter sie in ihrer Sprache *Nicosie* nannten, beruht wahrscheinlich auf einem Hörfehler – obgleich nicht auszuschließen ist, dass die neuen Herren der Insel bewusst das griechische Wort νίκη *(níke)*, „Sieg", ins Spiel brachten.

Peru war bis zur Ankunft der Spanier in Südamerika nicht etwa die Bezeichnung für einen Großteil des pazifischen Küstenlands, sondern lediglich der Name eines kleinen Flusses, der in der Sprache der indianischen Ureinwohner *Birú*, „Wasser", hieß.

Regensburg, die alte Handelsstadt an der Donau (gegenüber der Einmündung des aus dem Bayerischen Wald stammenden Nebenflusses *Regen*) enthält in ihrer Benennung gewissermaßen einen doppelten Irrtum: Während der alte keltische Name *Radaspona* lautete, nannten die Römer das im 2. Jahrhundert hier an einem wichtigen Flussübergang errichtete Kastell *Castra Regina* („Lager am Regen"), was leichtfertig als „königliches Lager" aufgefasst wurde. Später verwechselte man den Flussnamen offensichtlich mit dem Substantiv *Regen* für „Niederschlag" und nannte die Stadt im Mittelalter folglich *Ymbripolis*, von latein. *imber*, „der Regen", und griech. πόλις *(pólis)*, „die Stadt" (s. auch *Ebro*).

St. Kilda heißt ein entlegenes Felseneiland innerhalb der Äußeren Hebriden. Es trägt diesen frommen Namen zu Unrecht, denn einen Heiligen namens *Kilda* hat es nie gegeben (wenngleich er im Kanon der britischen Heiligen verzeichnet ist!). Zu Grunde liegt wahrscheinlich ein Lesefehler, denn die Wikinger hatten die Insel vor der schottischen Westküste in ihrer altnorwegischen Sprache *Skildar*, „Schildrücken", getauft – zweifellos wegen der buckelförmigen Silhouette, die die Insel bot, wenn man sich ihr von See her näherte.

Venusberg, eine Erhebung bei Bonn, verdankt ihre Bezeichnung bewusster studentischer Irreführung auf Kosten der römischen Liebesgöttin, wozu der ältere Name *Vennsberg*, d. h. „Moorberg", freilich geradezu einlud (s. *Hohes Venn*).

Wisigoten bedeutet „die edlen Goten" (von got. *wisu*, „gut"). Diese korrekte Volksbezeichnung dürfte jedoch wohl nur bei Historikern Verwendung finden; normale Sterbliche sprechen in der Regel von *Westgoten*, was bezüglich ihrer geographischen Herkunft als ehemalige Nachbarn der Ostgoten nicht einmal ganz falsch ist. Die *Wisigoten* zogen während der Völkerwanderungszeit vom Nordufer des Schwarzen Meeres bis nach Spanien und schufen hier ein starkes Königreich, das erst dem Ansturm der Mauren unterlag.

Yucatán, der heutige Name der mexikanischen Halbinsel, die sich weit zwischen die Karibik und den Golf von Mexiko vorschiebt, beruht auf einem grotesken Missverständnis: Als die Spanier 1506 die Ostküste Mittelamerikas erforschten, fragten sie eine Gruppe eingeborener Maya, wie der Landvorsprung heiße, an dem ihre Schiffe vor Anker lagen. Die Antwort – *Ci-u-than*, „wir verstehen dich nicht" – überlieferte uns der spanische Chronist in seiner kreativen Orthographie als *Yucatán*; die Maya selbst nannten diese nördliche Zone ihres Reiches *Petén*, „die Insel" (wörtlich: „das Umrundete").

Fehlinformation und Übertreibung

Brabant (von althochd. *brahha*, „neues Land", und *bant*, „Region") hieß bis 1830, als diese mittelbelgische Provinz noch zu den Niederlanden gehörte, *Südbrabant*. Das weiterhin niederländische *Nordbrabant* hat seinen Namen beibehalten und liegt daher heute verwirrenderweise im Süden des Landes.

Canadian River heißt ein Fluss, den man vergeblich in Kanada sucht. Trotz seines Namens entspringt er in New Mexico und mündet nach ca. 1500 km in den Arkansas River im östlichen Oklahoma.

Columbia River, der große Fluss im westlichen Nordamerika, bildet über eine weite Strecke die Grenze zwischen den US-Bundesstaaten Washington und Oregon (weswegen er zunächst *Oregon River* hieß). Der Name hat weder einen geographischen Bezug zum kanadischen Territorium *British Columbia* noch zur gleichnamigen Metropole von South Carolina oder zur amerikanischen Hauptstadt *Washington DC (District of Columbia)*, sondern er geht zurück auf den amerikanischen Forscher Robert Gray, der im ausgehenden 18. Jahrhundert das Mündungsgebiet des *Columbia River* erkundete und den Fluss nach seinem Schiff benannte.

Concepción del Uruguay findet man nicht im Staat Uruguay, wie man vermuten könnte, sondern in Argentinien – allerdings am Fluss *Uruguay*.

East London bezeichnet nicht etwa den Ostteil der britischen Hauptstadt, sondern eine am Indischen Ozean gelegene Hafenstadt in der Republik Südafrika.

Kanton ist die europäische Gleichsetzung des chinesischen Provinznamens *Guangdong* („riesiges Land im Osten") mit deren Hauptstadt, die bei den Chinesen selbst *Guangzhou* („weites Festland") heißt; *Kanton*, an der Perlflussmündung gelegen, gilt als Eingangstor nach Südchina.

Kolumbien, span. *República de Colombia*, ehrt mit seinem Staatsnamen zu Unrecht den großen Entdecker Kolumbus, denn nicht ihm, sondern seinem Landsmann Amerigo Vespucci kommt das Verdienst zu, als erster Europäer an der südamerikanischen Küste gelandet zu sein; auf der anderen Seite wurde nach Amerigo Vespucci die ganze Neue Welt benannt, obschon Christoph Kolumbus schon vor ihm amerikanischen Boden (auf diversen Antilleninseln) betreten hatte – ein klarer Fall ausgleichender Gerechtigkeit.

Kuwait, die Hauptstadt des gleichnamigen Scheichtums am Persischen Golf, war noch vor wenigen Jahrzehnten eine unscheinbare arabische Hafenstadt mit eingeschossigen Lehmziegelhäusern an ungepflasterten Straßen und machte der Übersetzung des Ortsnamens – „umwalltes Dörfchen" – alle Ehre. Dank seines Ölreichtums ist *Kuwait* heute eine der modernsten Großstädte des Orients (s. *Kanada*).

Labrador heißt eine große Halbinsel Ostkanadas. Sie verdankt ihren Namen dem portugiesischen Seefahrer Cortereal, der 1501 das weitgehend unfruchtbare Land, das im Norden von arktischer Tundra, im Süden von Nadelwald bedeckt ist, ausgerechnet *terra dos lavradores*, „Land der Bauern", nannte. *Labrador* war vor ihm wahrscheinlich schon im Jahr 1000 n. Chr. von Leif Erikson entdeckt worden.

Lakkadiven, hind. *Laksha divi*, „100 000 Inseln", betiteln die Inder überschwänglich ein Archipel vor ihrer Westküste, obschon es sich nur um 14 Atolle und 9 unbewohnte Eilande handelt.

Nowgorod im Westen Russlands trägt den Namen „Neustadt", von russ. новы (*nówy*), „neu", und город (*górad*), „Stadt"; dabei ist *Nowgorod* eine der ältesten Städte des Landes, die schon im 5. oder 6. Jahrhundert entstand und in der Rurik, der Gründer der russischen Monarchie, im 9. Jahrhundert als Prinz residierte. Später entwickelte sich die Stadt zum Handelsaußenposten der Hanse und zu einem bedeutenden Kulturzentrum Russlands.

Ochotskisches Meer nennen wir ein ostasiatisches Randmeer des Pazifik, seit die ewenkischen Küstenbewohner Ostsibiriens es fälschlich als *okat*, „Fluss", bezeichneten.

Rio de Janeiro bedeutet im Portugiesischen „Januarfluss". Die Teilnehmer der Expedition Amerigo Vespuccis hielten bei der spontanen Benennung am Neujahrstag 1502 tatsächlich den Eingang zur Bucht von *Rio de Janeiro* für eine Flussmündung. (Ein ähnlicher Irrtum unterlief den Spaniern mit dem *Rio de la Plata*, der sich ebenfalls als eine Bucht herausstellte.) Aus zwei portugiesischen Siedlungen entwickelte sich die Stadt *Rio de Janeiro*, die 200 Jahre später *Bahia* den Rang als Hauptstadt Brasiliens ablaufen sollte. Seit 1960 ist Brasilia Sitz der Bundesregierung.

Somalia trägt einen überaus sympathischen Namen, der übersetzt „Land der Gastfreundschaft" bedeutet – und das ausgerechnet am trockenen Horn von Afrika, wo die einheimischen Steppenbewohner selbst ums Überleben kämpfen müssen. (Vielleicht sind sie ja gerade deswegen so gastfreundlich?)

Steinernes Meer ist eine geographische Bezeichnung, die leicht falsche Assoziationen weckt: Wer hinter dieser Bezeichnung ein

Gewässer vermutet, wird durch den Atlas eines Besseren belehrt, denn es handelt sich um eine Karsthochfläche der Salzburger Kalkalpen, deren höchste Erhebung, das Selbhorn, immerhin 2655 m über dem Meeresspiegel liegt.

Süd-Alpen, engl. *South Alps*, heißt eine Gebirgskette, die man wegen ihres Namens eigentlich in unseren Alpen suchen sollte; sie liegt jedoch auf der Südinsel Neuseelands.

Veluwe bedeutet im Niederländischen „fahle Aue" und steht wohl für „unfruchtbare Aue" – eigentlich ein Widerspruch in sich, denn das Landschaftsschutzgebiet mit dem viel besuchten Nationalpark *Hoge Veluwe* im Norden der niederländischen Provinz Gelderland ist alles andere als feucht (wie es sich für eine *Aue* eigentlich gehört): Die hohen eiszeitlichen Grundmoränen sind von Dünen überweht und wegen ihrer Trockenheit nur mit Heide oder Laub- und Nadelwäldern bewachsen – ein Befund, den der Name *Gelderland*, „gelbes (d. h. sandiges) Hügelland", bestätigt.

Walvisbaai, der niederländische Name der namibischen Hafenstadt an der Swakopmündung, bedeutet „Walfischbucht". Die Einwohner lebten früher hauptsächlich vom *Walfang* und hätten daher eigentlich wissen müssen, dass *Wale* keine Fische, sondern Säugetiere sind.

Wenden, got. „die Weidenden", war die herablassende Bezeichnung der Germanen für alle Slawen, besonders für ihre östlichen Nachbarn an der Weichsel, obwohl diese überhaupt nicht zu den Slawen, sondern den indogermanischen *Venetern*, latein. *Veneti*, gehörten (s. auch *Slawen*, *Serben*, *Sorben* und *Venedig*).

Tautologie und Pleonasmus

Glendale im US-Bundesstaat Kalifornien verweist mit seinem Namen gleich zweimal auf die Tallage des Ortes (schott. *gleann*, altengl. *dæl*, „Tal").

Hallig Hooge, der Name einer Marschinsel im nordfriesischen Wattenmeer, enthält einen Pleonasmus, also eine unnötige Bedeutungswiederholung, denn das Substantiv *Hallig* ist auf das niederdeutsche Wort *schal* für „trocken, dürr" zurückzuführen und bezeichnet damit das aus der feuchten Umgebung herausragende Land (vgl. engl. *shallow*, „seicht" und „Untiefe"), während sich der Namensteil *Hooge* ebenfalls auf das über der Wasserlinie liegende Gebiet bezieht (vgl. *hoch* und *Hügel*).

Mongibello nennen die Sizilianer den *Ätna*. Der Name beinhaltet das Wort „Berg" in zwei Sprachen, nämlich latein. *mons* und arab. *djebel* (verfälscht durch Anlehnung an das italien. Adjektiv *bello*, „schön"). Aus dem Gipfelschnee des Vulkankegels wurde übrigens schon im Altertum Speiseeis hergestellt, und noch heute gilt das sizilianische Eis als das wohl beste der Welt.

Newtown in Wales wurde im Laufe seiner Geschichte gleich zweimal zur „Neustadt" erklärt: bei der Gründung im 13. Jahrhundert (engl. *new*, „neu", und *town*, „Stadt"), sowie bei der Neuordnung der britischen Gemeinden im Jahr 1967, als durch Zusammenlegung viele „Neustädte" gebildet wurden, unter ihnen auch der Ort *Newtown*, der seitdem offiziell *New Town Newtown* heißt (vgl. die ebenfalls durch Eingemeindungen entstandene Stadt *Newtownabbey* in Nordirland).

Ostanatolien nennen wir häufig den uns fernsten Teil der Türkei, ohne zu ahnen, dass wir uns wiederholen, denn das griechische Wort ἀνατολή *(anatolé)* bedeutet bereits „Osten" (s. *Anatolien*).

Südvietnam, 1945 aus Annam, Tonking und Kotchinchina gebildet, ist der Südteil jenes Staates, der in der Landessprache schon „Land im Süden" heißt – womit *Nordvietnam* als paradoxe Bezeichnung entlarvt wäre (s. *Vietnam* und *Annam*).

Bedeutungsumkehrung

Benevento in Süditalien war im 4. Jahrhundert v.Chr. von den Samniten mit dem wenig euphorischen Namen *Malventum*, „böser Wind", gegründet worden (von latein. *male-*, „schlecht, übel", und *ventus*, „Wind"; vgl. *Ventil* und *Ventilator*). Als die Römer in der Nähe der Stadt 272 v.Chr. nach langem Ringen endlich den entscheidenden Sieg über König Pyrrhus von Epirus davontrugen, der von jenseits der Adria nach Italien geeilt war, um der spartanischen Siedlung Tarent beizustehen, wurde *Malventum* in *Beneventum*, „günstiger Wind" (mit dem latein. Präfix *bene-*, „wohl-, gut") – wahrscheinlich im Sinn von „glücklicher Ausgang" – umgemünzt, denn der Krieg, der auf beiden Seiten einen hohen Blutzoll gefordert hatte, war nicht immer zu Gunsten Roms verlaufen. (Einige Jahre zuvor soll der nach einer gnadenlosen Schlacht schwer angeschlagene und nur knapp überlegene Pyrrhus ausgerufen haben: „Noch ein solcher Sieg, und wir sind verloren!", womit die Redensart vom Pyrrhussieg geboren war.)

Cognac, an der Charente in Südfrankreich, vertraut offensichtlich darauf, dass man automatisch an das berühmteste Produkt der inmitten ausgedehnter Weingärten gelegenen Stadt denkt und nicht an ihren ursprünglich keltischen Namen *Coniacum*, hinter dem sich das Wort *con*, „Schmutz", verbirgt; sicherheitshalber verschweigt das Städtchen diesen Bezug, indem es seinen Weinbrand lieber als *Eau-de-vie*, „Wasser des Lebens", denn als *Cognac* bezeichnet.

Estremadura, „die äußerst Harte", ist ein spanischer Landschaftsname, der nicht nur treffend die aus kristallinen Schiefern und Graniten bestehende Oberfläche, sondern auch den Überlebenskampf der einst zu extensiver Viehzucht verdammten Bewohner dieser bis nach Portugal reichenden historischen Region beschreibt. Heute findet man auf wohlbewässerten Böden, vor allem im Tal des Guadiana, außer dem ertragreichen Anbau von Wein und Oliven weite Getreide-, Gemüse- und Baumwollfelder: Die Landschaft mit dem üblen Namen hat es also zu einigem Wohlstand gebracht.

Hongkong hat sich ein für alle Mal als europäische Variante des korrekten chinesischen Namens *Xiang gang*, „duftender Hafen", eingebürgert, die auf einer falschen phonetischen Wiedergabe durch die englischen Kolonialherren beruht. *Hongkong* ist zwar ebenfalls chinesisch, bedeutet jedoch genau das Gegenteil, nämlich „stinkender Hafen". Aber selbst die Chinesen sehen über diese offensichtliche Verunglimpfung hinweg: Immerhin hat ihr wichtigstes Tor zur Welt unter dieser Fehlbezeichnung Weltberühmtheit erlangt. (*Hongkong* gehört seit 1997 wieder zu China.)

Île du Diable, „Teufels-Eiland", ist der Name einer Insel vor der südamerikanischen Küste Guayanas. Sie trägt ihren neuzeitlichen „diabolischen" Namen zwar zu Recht, diente sie doch bis 1945 für die Schwerverbrecher Frankreichs als Verbannungskolonie mit wahrhaft teuflischem Klima und noch teuflischerem Regime; vor 1852 war sie jedoch schlicht eine der drei *Îles du Salut*, also der „Inseln des Heils".

Kap der Guten Hoffnung war nicht immer der Name der Südspitze Afrikas: Als 1487 Bartoloméu Diaz vom portugiesischen König Johann II. den Auftrag erhielt, einen östlichen Seeweg nach Indien zu finden, geriet er vor der südafrikanischen Küste in einen so heftigen Sturm, dass er das tückische Südende der Kaphalbinsel mit seinen vorgelagerten Untiefen und Klippen *Cabo*

Tormentoso, „Kap der Stürme", nannte. König Johann klang der Name im Hinblick auf weitere Expeditionen und den reichen Gewinn, den er sich vom Handel mit Indien versprach, allzu abschreckend; daher gab er dem Vorgebirge, das in etwa die Hälfte der Strecke zu den Gewürzländern Asiens markierte, den optimistischeren Namen *Cabo de boa esperança,* „Kap der guten Hoffnung". Die portugiesische Zuversicht wurde übrigens erst zehn Jahre später belohnt, als Vasco da Gama nach erfolgreicher Umseglung des afrikanischen Kontinents als erster Europäer Indien auf dem Seeweg erreichte. (Genau genommen ist nicht das *Kap der Guten Hoffnung* das äußerste Vorgebirge Südafrikas, sondern das südöstlich gelegene *Cabo Agulhas*; von portug. *agulha,* „die Nadel".)

Ladronen, „Inseln der Diebe", schien Magellan und seiner Mannschaft 1521 ein angemessener Ausdruck für eine Inselgruppe Mikronesiens zu sein, deren Bewohner sich als notorische Langfinger (span. *ladrones*) erwiesen und dem Seefahrer unmittelbar nach der Landung auf Guam alles, was nicht niet- und nagelfest war, von Bord stahlen und sogar eines seiner Beiboote entwendeten. Daher kehrte er dem gesamten Archipel entrüstet den Rücken und setzte seine Weltumseglung im Dienst der spanischen Krone fort. Erst 150 Jahre später ließen sich spanische Jesuiten auf den Inseln nieder und werteten deren Ruf auf mit dem wohlklingenden Namen ihrer Regentin *Maria Anna* von Österreich, der Witwe König Philipps IV. Seitdem kennen wir die westpazifischen Inseln unter der Bezeichnung *Marianen* (s. auch *Philippinen* und *Karolinen*).

Montecristo, die kleine italienische Insel südlich von Elba, hieß in römischer Zeit *Mons Iovis,* „Berg des Jupiter" (*Jupiter* galt bei den heidnischen Römern als höchster Gott); im Mittelalter wurde daraus ein frommes *Montecristo,* „Berg Christi" (bekannt durch Alexandre Dumas' Roman *„Der Graf von Montecristo"*).

Morpeth bedeutet „Mord-Pfad". Wie konnte sich ein so unsympathischer Name für eine größere englische Stadt nur so lange halten? Die Erklärung ist einfach: Man hat seine ursprüngliche Bedeutung verdrängt und interpretiert ihn stattdessen als „Moorweg". Ein altes Dokument von etwa 1200 führt die Stadt nördlich von Newcastle-upon-Tyne tatsächlich noch als *Morthpath* auf; ohne Zweifel stand die Umgebung einer einsamen Furt über den Fluss Wansbeck nicht im besten Ruf.

Needham Market in Suffolk wurde als *Nedham* gegründet, d. h. als „Heimstadt der Armut" (von altengl. *ned*, „Not"; vgl. engl. *need*); dem vielsagenden Namen des englischen Ortes wurde im 16. Jahrhundert ein *Market* angefügt, was sicherlich betonen sollte, dass die Ansässigen zu dieser Zeit keinen Hunger mehr litten, sondern sogar Überschüsse verkaufen konnten!

Pontos Euxeinos, „gastliches Meer" – zu dieser schmeichelhaften Bezeichnung des Schwarzen Meeres rangen sich die Griechen der Antike durch, nachdem sie mit dem früheren Namen *Pontos Axeinos*, „ungastliches Meer", offensichtlich die Wassergottheiten erzürnt hatten. Diese alte Benennung beruht übrigens auf einem Missverständnis, denn bei den Persern wurde das Meer als *ach-schaena*, „schwarz", beschrieben – was die Griechen mit ihrem ähnlich klingenden Adjektiv ἄξενος *(áxenos)* verwechselten. Heute trägt das Binnenmeer bei allen Anrainerstaaten wieder den korrekten alten Namen: *Schwarzes Meer*. (Seine Wasserfläche erscheint wirklich tiefblau – zumindest im Gegensatz zum glitzernden, türkisfarbenen Mittelmeer, das die Türken *Akdeniz*, „weißes Meer", nennen.)

Porto Longone auf Elba ist nicht nur wegen seines geräumigen Hafens (italien. *longone*, „länglich") bekannt, sondern auch wegen seiner alten Festung, die seit 1858 als flächenmäßig größtes Gefängnis Italiens diente. Da die Redewendung „einen Besuch in Porto Longone machen" bald einen recht eindeutigen Sinn bekam, entschloss sich das touristisch attraktive italienische Hafenstädtchen 1947, den kompromittierenden Namen abzulegen und sich fortan *Porto Azzurro*, „blauer Hafen", zu nennen.

2. Umformung von Namen

So, wie unsere Sprache insgesamt sich seit Jahrhunderten weiterentwickelt, hat sich auch die Form der geographischen Namen verändert; während unser Wortgut jedoch mit einem klar umrissenen Sinn verbunden bleibt, ist der Bezug zur Bedeutung von Ortsbenennungen häufig verloren gegangen. Einige haben offensichtlich eine vorsätzliche K ü r z u n g erfahren, indem auf ganze Namensteile verzichtet wurde oder sich ein *Akronym* eingebürgert hat – d. h. ein „Spitzname", der aus den Anfangsbuchstaben eines Landes, einer Provinz oder einer Stadt gebildet wird (vgl. *BRD*, *NRW* und *HH* für *Bundesrepublik Deutschland*, *Nordrhein-Westfalen* und *Hansestadt Hamburg*).

Bei anderen trat durch regelmäßigen Gebrauch eine Art sprachliche G l ä t t u n g ein, etwa durch eine *Kontraktion*, also eine „Zusammenziehung" mehrerer Wörter (wie etwa bei der oldenburgischen Landschaftsbezeichnung *bi loh*, „beim Wald", die zum Ortsnamen *Bloh* schrumpfte), oder durch eine *Assimilation*, d. h. „Angleichung" eines Lautes an den nächstfolgenden (z. B. *Schauenburg* zu *Schaumburg*; von latein. *similis*, „ähnlich", vgl. *simulieren* und *Faksimile*, von *fac simile*, „mach's ähnlich", daraus abgekürzt *Fax*). Bisweilen erfolgte eine solche Glättung auch durch eine *Dissimilation*, d. h. „Verunähnlichung", mit dem Ziel, zwei gleiche oder ähnliche Konsonanten hintereinander zu vermeiden (so wandelte sich in Spanien *Barcinona* zu *Barcelona*, in Oberitalien *Bononia* zu *Bologna* und das schweizerische *Kirchberg* zu *Kilchberg*, während aus der griechischen Gründung *Theodosia*, „die Gottesgabe", der Schwarzmeerhafen *Feodosija* wurde; vgl. auch russisch *Feodor* für *Theodor*). Nicht selten handelt es sich auch um eine *Vertauschung* ganzer Wortbestandteile (*Minotàura* zu *Taormina*, s. dort) oder um eine als *Metathesis* bezeichnete Umstellung des Konsonanten *r* (vgl. *Born – Bronn*; *Christian – Kirsten*; *Orlando – Roland*).

Während obige *Mutationen* (von latein. *mutare*, „verändern") auf Bequemlichkeit oder einem gewissen Bedürfnis nach Abwechslung beruhen, zeugen so genannte V e r b a l l h o r n u n g e n (nach dem Lübecker Buchdrucker *Johann Ballhorn*, der im 16. Jahrhundert eine fehlerhaft korrigierte Ausgabe des lübischen Rechts herausgegeben haben soll) wohl eher von grundlegender Ahnungslosigkeit oder Ignoranz, haben sie doch so manchen sinnvollen Ortsnamen bis zur absoluten Unkenntlichkeit verstümmelt; so wurde etwa aus der römischen Kolonie *Hasta Regia*, „königliche Lanze", die südwestspanische Stadt *Xeres* (heute *Jerez de la Frontera*; s. auch *Sherry*).

Neben solchen Verfälschungen und Verzerrungen begegnen uns aber auch wörtliche Ü b e r s e t z u n g e n vorgefundener Namen (vgl. italien. *Montenegro* für serbokroat. *Crna Gora*; franz. *Pays Bas* für *Niederlande*; dt. *Oldenburg* für das ältere slaw. *Starigard*, „alte Burg"; *Feuerland* für span. *Tierra del Fuego* etc.) und landschaftlich wechselnde S p i e l a r t e n offizieller Ortsbezeichnungen, wie die folgenden Beispiele belegen mögen: Der *Bodensee* (nach der karolingischen Pfalz *Bodman*) wird auch *Schwäbisches Meer* sowie *Rheinsee*, *Bregenzer* und *Konstanzer See* genannt; *Graubünden* heißt in der französischen Schweiz *Grisons* und in der italienischen Schweiz *Gri-*

gioni, während der rätoromanische Name des Kantons *Grischun* lautet (die drei Varianten enthalten in der jeweiligen Sprache ebenfalls die Bedeutung „grau"); die westbelgische Industriestadt *Lüttich* (von fränk. *leudi*, „Leute") wird von den französisch sprechenden Wallonen als *Liège*, „Korkeiche", von den Flamen dagegen als *Luik*, „Luke, Fensterladen", bezeichnet; erwähnenswert sind in diesem Zusammenhang auch die von den Briten bevorzugten eigenwilligen topographischen Varianten wie *Munich*, *Cologne* und *Danube* für *München*, *Köln* und *Donau*.

Darüber hinaus gibt es eine Reihe von P h a n t a s i e n a m e n, die aus ähnlich klingenden Wörtern der eigenen Sprache konstruiert wurden und offensichtlich in keinem Zusammenhang mit dem realen geographischen oder historischen Befund stehen.

Kürzel und Kurznamen

Bari, die Hauptstadt Apuliens an der Hacke des italienischen Stiefels, hat ihren alten römischen Namen *Barium* – allerdings ohne Endung – beibehalten, der seinerseits wohl von griech. βᾶρις *(bâris)*, „Boot, Barke", entlehnt ist. Der nach Triest und Venedig drittgrößte Adriahafen hat seit der Antike in regem Handelsaustausch mit dem nahe gelegenen Griechenland und dem gesamten östlichen Mittelmeer gestanden.

Benelux ist die übliche Sammelbezeichnung für die drei Länder *Belgien*, *Niederlande* und *Luxemburg*, die wegen ihrer historischen Gemeinsamkeiten schon lange vor dem Zusammenwachsen der europäischen Staaten wirtschaftlich, kulturell und teilweise auch politisch als Einheit auftraten.

E 1 steht für *Everest 1*; gemeint ist eine von zwei Bergspitzen im Himalaja, die von den Tibetern als *Lhotse*, „südliche Gipfel", bezeichnet werden, von manchen Topographen jedoch für einen Teil des Everest-Massivs gehalten und daher kurz *E1* und *E2* genannt werden. (Der *Mount Everest* ist benannt nach *Sir George Everest*, der Mitte des 19. Jahrhunderts als oberster britischer Landvermesser in Indien den Auftrag zur Höhenbestimmung der Himalajagipfel gab.)

Itasca ist eine mysteriöse Namensprägung für einen kleinen See im nördlichen Teil des US-Staates Minnesota, die trotz ihres indianischen Klangs eine gelehrte Konstruktion aus den verkürzten lateinischen Wörtern ver*itas ca*put, „wahrer Kopf", darstellt. Die einheimische Bevölkerung ist überzeugt, am „wirklichen Ursprung" des Mississippi zu wohnen – im Gegensatz zu den

Geologen, die der Auffassung sind, dass auch andere Seen zu dessen Quellflüssen beitragen.

Kırklareli, „Ort der vierzig" (von türk. *kırk*, „vierzig", Mz. *kırklar*, und *eli*, „Ort"), heißt eine Provinzhauptstadt im europäischen Teil der Türkei, die mit ihrem heutigen Namen verschweigt, worum es ursprünglich ging, nämlich um die große Anzahl der christlichen Gotteshäuser dieses ehemals byzantinischen Ortes, der nach der Einnahme durch die Osmanen in der Tat zunächst *Kırk-Kilise*, „40 Kirchen", hieß (türk. *kilise*, „Kirche") – eine wörtliche Übersetzung des griechischen Gründungsnamens *Saranta Ekklesiai*.

K 2, für *Karakorum Nr. 2*, nennt man eine steile Gebirgspyramide im westlichen Himalaja, die sich bei ihrer Vermessung im Jahr 1856 mit 8611 Metern als der zweithöchste Berg der Welt herausstellte. Obschon der Gipfel bald danach einen „richtigen" Namen – *Mount Godwin Austen* (nach einem britischen Forscher und Geologen) – bekam, hat sich seine griffige Kurzbezeichnung durchgesetzt. (Die Einheimischen kennen den *K2* seit alten Zeiten als *Chogori*.)

Katz, eine Burg oberhalb von St. Goarshausen, trägt offiziell den etwas ungelenken Namen *Neukatzenelnbogen*, den der Volksmund verständlicherweise schnell auf *Burg Katz* reduzierte. Die Grafen, die sich hier in Sichtweite der Loreley einen weiteren Wohnsitz erbauten, residierten ursprünglich hoch über jener Taunus-Stadt, die nach ihnen *Katzenelnbogen* benannt ist.

L.A. ist das gängige Akronym der (sprachfaulen) US-Amerikaner für eine ihrer größten kalifornischen Städte, denen offensichtlich der korrekte Name *Los Angeles* zu lang erscheint. Wie ungern müssen dann erst die frühen spanischen Bewohner von ihrer Siedlung gesprochen haben, als diese noch *El Pueblo de Nuestra Señora la Reina de los Ángeles de Porciúncula*, „das Dorf unserer Lieben Frau, der Königin der Engel von Portiunkula", hieß (s. *Los Angeles*).

L.M.A.-Inseln nennt man zusammenfassend die Inselwelt nördlich der Malediven vor der Westküste Indiens. Die Anfangsbuchstaben stehen für die *Lakkadiven*, die Insel *Minicoi* und die Gruppe der *Amindivi*-Inseln.

Llanfairpwllgwyngyll wird zunächst wohl kaum jemand für eine sonderlich knappe Ortsbezeichnung halten; er muss dem aber spätestens zustimmen, wenn er den aus 58 Buchstaben bestehenden vollen Namen des walisischen Ortes vor sich hat: *Llanfairpwllgwyngyllgogerychwyrndrobwllllandysiliogogogoch*. Das Wortungetüm, eins der längsten der Welt[1], bedeutet wörtlich übersetzt „Die Kirche St. Marien nahe dem Teich der weißen Haselnuss-Sträucher in der Nähe des gewaltigen Wasserstrudels und der Kirche des St. Tysilio bei der Höhle".

Losantiville war der frühere Name der Stadt *Cincinnati* im US-Staat Ohio. Er stellte eine Zusammensetzung dar aus dem Anfangsbuchstaben von *Licking Creek*, „leckender Bach", sowie latein. *os*, „Mund", griech. *anti*, „gegen", und franz. *ville*, „Stadt"; *Losantiville* offenbarte sich damit – zumindest für jedes Sprachgenie – als „die Stadt gegenüber der Mündung des Licking Creek". (Ihr moderner Name, den die Ortschaft nach dem Amerikanischen Unabhängigkeitskrieg erhielt, sollte übrigens an den römischen Feldherrn und Konsul *Cincinnatus*, einen aufrechten und sittenstrengen Republikaner, erinnern; im alten Rom bedeutete der Beiname *cincinnatus* so viel wie „Lockenkopf".)

N.E.F.A. steht für *North-Eastern Frontier Agency*, eine britische Agentur, die nach ihrer Gründung 1914 zunächst die Aufgabe hatte, die Teeplantagen in Assam vor den zunehmenden Überfällen durch Bergstämme aus dem Himalaja zu schützen. Erst 1972 erhielt die weitgehend von der Außenwelt abgeschlossene *N.E.F.A.* in der Nordostecke Indiens den Status eines Unionsterritoriums. Heute heißt der indische Bundesstaat am Fuß des Himalajas, nordöstlich von Bangladesh und durch dieses fast völlig vom indischen Staatsgebiet abgetrennt, *Arunachal Pradesh* (s. dort).

Pakistan wird von seinen Bewohnern gern als *Pakstan*, das „Land der Reinen" interpretiert (angeblich aus persisch *pak*, „rein, heilig", und dem Urdu-Wort *stan* für „Land"). In Wirklichkeit besteht der Ländername aus den Initialen der einzelnen Teilgebiete des Staates: *P*unjab, *a*fghanisches Stammesgebiet, *K*aschmir und *S*ind, verlängert um die Endsilbe von Belutschi*stan*.

Pasadena klingt zwar recht romanisch – und es gibt tatsächlich ein spanisches Wort *pasadena* mit der Bedeutung „Bummelplatz" –,

---

[1] Nach anderen Quellen soll eine neuseeländische Ortsbezeichnung mit 85 Buchstaben den absoluten Rekord halten: *Taumatawhakatangihangakoauauotamateaturipukakapikimaungahoronukapokaiwhenuakitanatahu*. Dabei handelt es sich um eine leichte Erhebung auf der Nordinsel, deren Maori-Name die Bedeutung hat: „Der Hügel, auf dem die Flöte des Tamatea gespielt wurde, des Landumseglers, für seine Geliebte".

der Name der US-Stadt in Südwestkalifornien entstammt hingegen dem Indianischen. Man wollte die neu gegründete Siedlung 1874 „Krone des Tals" benennen, jedoch in der Sprache der Ureinwohner. Als man sämtliche Stämme der Umgebung nach entsprechenden Bezeichnungen fragte, erhielt man vier recht lange Wörter zur Antwort, von denen der Einfachheit halber letztlich nur die Endsilben *-pa*, *-sa*, *-de* und *-na* zusammengefügt wurden.

Rye, der Name einer Stadt in der Grafschaft Sussex, steht nicht für das englische Substantiv „Roggen", sondern ist eine Verflachung der altenglischen Phrase *æt thære iege*, „auf der Insel" (womit eine trockene Stelle im Marschland gemeint sein dürfte), die der Volksmund später zu *atter ie* vereinfachte; durch falsche Trennung – *atte rie* – und Verzicht auf den ersten Teil der Ortsbestimmung entstand schließlich der irreführende Name *Rye*.

Soweto, zusammengesetzt aus engl. *South-Western Township*, „südwestliche Wohnsiedlung", bezeichnet eine dicht bevölkerte schwarze Gemeinde im Südwesten von Johannesburg, genau genommen in der südafrikanischen Provinz *Pretoria Witwatersrand Vereeniging*, die ihrerseits unter dem Kürzel *PWV* bekannt ist. *Soweto* war in den vergangenen Jahrzehnten immer wieder Schauplatz von Massendemonstrationen gegen die ehemalige Apartheid-Politik der ehemaligen weißen Minderheitsregierung.

UK ist die gebräuchliche Abkürzung für *United Kingdom*. Das Akronym wird häufig mit *GB* (für *Great Britain*) gleichgesetzt, zu Unrecht, denn das *UK*, das „Vereinigte Königreich", umfasst außer Großbritannien auch Nordirland. Ursprünglich handelte es sich um die drei unter einer Krone vereinigten Königreiche England, Schottland und Irland, deren Flaggen – übereinander projiziert – den *Union Jack*, die bekannte britische Fahne bilden.

USA steht natürlich für *United States of America*, „Vereinigte Staaten von Amerika"; die spanisch-portugiesische Abkürzung *EU* für *Estados Unidos* ist hingegen nicht ganz eindeutig, denn es gibt in Amerika neben den *USA* noch zwei weitere „Vereinigte Staaten": die *Estados Unidos Mexicanos* und die *Estados Unidos do Brasil*. (Zudem verbirgt sich hinter *EU* in unserem Teil der Welt die Bedeutung *Europäische Union*.) Das Akronym *US* wird im Allgemeinen als *United States* aufgefasst, scherzhaft aber auch mit *Uncle Sam*, „Onkel Samuel", gleichgesetzt – einer in vielen Karikaturen mit amerikanischer Flagge und hohem Zylinder dargestellten Figur (möglicherweise nach „Uncle

Samuel" Wilson, der im amerikanisch-britischen Krieg von 1812
die *US*-Armee mit Fleisch belieferte).

Lautumstellung (Metathese)
Brunei, offiziell malai. *Negara Brunei Darussalam*, „Staat Brunei,
Heimstatt des Friedens", heißt ein kleines muslimisches Sultanat
auf der größten Insel des Malaiischen Archipels – ein Name, der
bis zur Ankunft der Portugiesen im 16. Jahrhundert für die
gesamte Insel galt, von den neuen Herren aber zu *Borneo*
verdreht wurde. Mit Ausnahme von *Brunei* gehört der Nordteil
der Insel (heute: *Kalimantan*) zu Malaysia, der größere Südteil
zu Indonesien (s. *Jerusalem* und *Daressalam*).
Georgien ist die westliche Verfälschung des russischen Namens der
Kaukasusrepublik *Grusinien* oder *Grusien* (russ. *Grusija*), der
seinerseits eine Lautumkehrung der zu Grunde liegenden persischen Bezeichnung *Gurdschi* enthält.
Jüterbog in Brandenburg entstand vor etwa 1000 Jahren als alt-
sorbisches Dorf *Jutriboc*. Die Stadt ist zwar stolz auf den Bock
im Wappen, ihre Geschichte hat aber nichts mit diesem Tier zu
tun, denn altsorb. *Jutriboc* bedeutet „Morgenseite" (aus *jutro*,
„Morgen, Osten", sowie *boc*, „Flanke") und bezieht sich damit
eindeutig auf die Lage des Ortes am Ostabhang des Niederen
Fläming.
Lérida in Spanien hieß zur Römerzeit *Ilerda*. (Der Vokal *i* wurde
also im Laufe der Zeit in die Wortmitte verschoben.) Das heutige Wirtschaftszentrum der gleichnamigen Provinz entwickelte
sich aus einem bedeutenden militärischen Außenposten Roms an
der Nordostgrenze Hispaniens.
Merseburg zeigt ebenfalls eine Buchstabenverdrehung, denn der
Name der Stadt lautete anfänglich *Meeresburg* (von althochd.
meri, „stehendes Gewässer, See"). Bereits um 800 war an einem
Altwasser der Saale eine karolingische Burg entstanden, um die
herum sich die spätere Stadt entwickelte.
Nicol nannten die normannischen Eroberer die nordenglische Stadt
Lincoln – ein Wortspiel, mit dem die Invasoren wohl auf ihren
militärischen Erfolg verweisen wollten, denn νίκη *(níke)* ist das
griechische Wort für „Sieg" (vgl. den weiblichen Vornamen
Nicole; s. auch *Nizza*).
Orsoy, eine niederrheinische Stadt im Kreis Moers (wahrscheinlich
aus althochd. *muor*, „Sumpf"), ist offensichtlich im Bereich

einer feuchten „Ross-Aue" entstanden. (Der Konsonant *r* ist lediglich vom Wortanfang an die zweite Stelle verschoben worden – ähnlich dem engl. *horse*, aus dem unser deutsches *Ross* wurde.)

Treviso war einst Mittelpunkt eines langobardischen Herzogtums und hieß zu jener Zeit *Tarvisium*. (Auch in diesem Fall liegt also eine Metathese vor.) Heute ist *Treviso* Hauptstadt der gleichnamigen norditalienischen Provinz.

Triest, ital. *Trieste*, slowen. *Trst*, ist bekanntlich eine italienische Hafenstadt im Nordwesten der ansonsten zu Kroatien gehörenden Halbinsel Istrien – von den Römern im 2. Jahrhundert v. Chr. als *Tergeste* gegründet (von illyr. *terga*, „Markt"; s. auch *Tirgu Neamţ*, *Torgau* und *Turku*).

Varna, der Name einer bulgarischen Hafenstadt, könnte – mit Umstellung des Konsonanten *r* – das Adjektiv *vrana*, „schwarz" (eigentl. „die Farbe der Krähe") enthalten und wäre dann wohl ein Hinweis auf die Lage am Schwarzen Meer.

Verona in Norditalien wurde von seinen keltischen Gründern *Vernomago* genannt (aus *verno*, „Holunderbaum", und *mago*, „Feld"). Die moderne Ortsbezeichnung ist also durch Metathesis und Verkürzung des alten Namens entstanden.

Kontraktion und Schrumpfung

Driburg hieß ursprünglich *to der Iborg*; die Grenzen zwischen den drei Wörtern wurde zur leichteren Aussprache aufgehoben. Die Stadt am Osthang des Eggegebirges hat sich seit dem 13. Jahrhundert unterhalb der *Iburg* entwickelt (von althochd. *iwa*, „Eibe"; vgl. engl. *yew*).

Höchst, ein Stadtteil von Frankfurt am Main, trug im 8. Jahrhundert den Namen *Hostat*, „hoch gelegene Stätte" oder „Stätte am hohen Ufer" (entweder aus althochd. *stat*, „Ort", oder *stad*, „Ufer"; vgl. *Gestade*). Die spätere Variante *Hochstedin* wurde schließlich zu *Höchst* kontrahiert (s. *Hannover*).

Homburg ist eine Verschleißform von *Hohenburg*. Ursprung des Kurbades am Fuß des Taunus war eine um 1180 erwähnte Burg, an deren Stelle im 17. Jahrhundert das heutige Schloss trat – die Residenz der Landgrafen von *Hessen-Homburg*.

Lille, der Name der nordfranzösischen Stadt zwischen Deule und Lys, ist zusammengezogen aus franz. *l'île*, „die Insel" (von latein. *insula*; vgl. engl. *isle*).

Mindoro heißt eine gebirgige Insel der Philippinen, deren Name aus span. *mina de oro* („Goldmine") gefügt wurde.

Mold, eine Stadt in Wales, hat normannische Ursprünge, denn der Name ist eine unbedachte Vereinfachung der altfranz. Landschaftsbeschreibung *mont hault*, „hoher Berg"; gemeint ist ein nordwestlich gelegener Hügel, auf welchem es seit keltischrömischer Zeit eine Befestigungsanlage, später eine mittelalterliche Burg gab. Während eine Urkunde von 1278 noch einen Ort *Montem Altum* belegt, heißt die Stadt einige Jahre später bereits verkürzt *Moald* (s. auch *Montacute*).

Naumburg ist eine Stadt an der Saale im Bundesland Sachsen-Anhalt, die durch ihren Dom Berühmtheit erlangte. Um das Jahr 1000 errichtete Ekkehard I. von Meißen hier, an der Kreuzung zweier Fernstraßen, die „neue Burg" – eine Bezeichnung, die zu *Naumburg* assimiliert wurde.

Porto, nach Lissabon die zweitgrößte Stadt *Portugals*, hieß früher *Oporto*, „der Hafen". (Der Artikel *o* war also fest mit dem Hauptwort verschmolzen.) Bei ihrer Gründung in vorrömischer Zeit hatte die Ansiedlung am Südufer des Douro den Namen *Cale* erhalten, dem nach der Eroberung durch die Römer ein *Portus* (latein. für „Hafen") vorangestellt wurde, sodass der Küstenort bald als *Portus cale* bekannt war. Als die maurischen Besatzer gegen Ende des 10. Jahrhunderts aus diesem Teil der Iberischen Halbinsel vertrieben waren, ließen sich die Grafen von *Portucalia* – einer Grafschaft zwischen den Flüssen Minho und Tejo, mit der Hauptstadt Coimbra – in der Stadtburg nieder, deren Name *Portucale* schließlich auf das ganze Land *Portugal* überging (vgl. den alten römischen Großhafen *Portus magnus* an der Algarveküste, dessen Namen die Mauren zunächst zu *Porcimunt* und die Portugiesen am Ende zu *Portimão* glätteten; s. auch *Portwein*).

Santorin im Ägäischen Meer bewahrt das Andenken an die heilige *Irene* der Ostkirche: Die beiden Wörter *Santa Irene* wurden im Laufe der Zeit zum heutigen Namen verschmolzen. Die griechische Kykladeninsel, in der Antike als Thera bekannt, ist – abgesehen von einigen kleineren Felseilanden – der kümmerliche Rest eines Vulkankegels, der bei einem gewaltigem Ausbruch um 1525 v. Chr. explodierte.

Sassandra an der Elfenbeinküste ist nach dem heiligen *Andreas* benannt, dessen portugiesischer Name – *Santo Andrea* – zu einem Wort zusammengezogen wurde; die Portugiesen landeten hier am 30. November 1497, dem Fest des Heiligen.

Tannenkirch im Elsass hat nichts mit Nadelbäumen zu tun, sondern hier handelt es sich um eine Synthese aus der Ortsbeschreibung *to der Annenkirch*, „zu der Annenkirche".

Todesfelde bei Segeberg in Schleswig-Holstein legt eine Assoziation mit dem Ableben nahe, der Name des Ortes ist jedoch entstanden aus *to Odesfelde*, wobei *od* im Alteuropäischen für „Wasser" steht (vgl. *Bad Oldesloe* an der Trave, das bis 1400 als *Odeslo*, „Wasserwald", belegt ist; s. *Vogesen* und *Waterloo*).

Troppau gibt die Ortsbestimmung *to der Oppau*, also „an der Oppa-Aue", nur verzerrt wieder. Die *Oppa*, tschech. *Opava*, mündet bei Ostrau in die Oder. *Troppau* war von 1742 bis 1928 Hauptstadt von Österreichisch-, später von Tschechisch-Schlesien.

Zermatt ist eine Verflechtung der beiden Wörter *zur Matte*, „zur Wiese" (von latein. *matta*, „Kräuterwiese im Hochgebirge"), ein treffender Name für den schweizerischen Fremdenverkehrsort, der etwa 1600 m hoch im Kanton Wallis liegt. Eine ähnliche Zusammenfügung findet sich in der Bezeichnung *Matterhorn* – aus *Zermatter Horn* – für den markanten Alpengipfel auf der Grenze zwischen der Schweiz und Italien (s. *Andermatt*).

Phantasievolle Nachschöpfungen

Ägypten war für die alten Hellenen ein durchaus verständlicher Name, gab es in der griechischen Sprache doch das Adjektiv αἴγυπτος (*aigyptos*), „dunkel". Tatsächlich handelt es sich jedoch um eine falsche Übernahme des altägyptischen Ausdrucks *Hekuptah* (eigentlich *Hut-ka-Ptah*, „das Heiligtum des Gottes Ptah"), der als Alternativname der Stadt Memphis benutzt wurde. Ähnlich wie die Griechen bezeichneten die Ägypter selbst ihr Land damals (wohl wegen des fruchtbaren dunklen Nilschlamms) als *Kemet*, „das schwarze Land" – im Unterschied zu *Deshret*, dem „roten Land" der Wüste. (Das *Rote Meer* hat dagegen eine andere etymologische Herkunft; s. dort.)

Ajaccio, der Geburtsort Napoleons, ist eine Stadt an der Westküste Korsikas, die zur Römerzeit *Civitas Adiacensis* hieß (wohl von latein. *adiacum*, „Ruhelager"). Der heutige Name klingt zwar entfernt verwandt, ist aber dem korsischen Wort *agghjacciu*, „Schäferei", nachempfunden; Schaf- und Ziegenzucht zählen noch immer zum wichtigsten Lebensunterhalt der Korsen.

Albufeira, das römische *Baltum*, hieß in maurischer Zeit *Al-Buhar* oder *Al-Buhera*, „der Küstensee". Nach der christlichen Rückeroberung wurde der Name der Hafenstadt an der Algarveküste Portugals lautlich angepasst an portug. *feira*, „(Jahr-)Markt". Die Stadt ist bekannt für ihre Orangen-, Granatapfel- und Mandelbaumhaine, die auf die Mauren zurückgehen.[1]

Alvor ist ein Fischerort bei Portimão am weißen Sandstrand der Algarve. Der zu Grunde liegende arabische Name *albur*, „der Hafen", wurde von den Portugiesen sprachlich angepasst zu *Alvor*, in dem portug. *alvo*, „weiß", anklingt. Der Fluss, an dessen Trichtermündung das Städtchen im Schutz einer hohen Sanddüne liegt, heißt ebenfalls *Alvor*.

Bessarabien lässt automatisch an Arabien denken, hat indes mit der Wüstenhalbinsel nichts zu schaffen: Der Name erinnert an die walachische Adelsfamilie *Basarab*, die im 14. Jahrhundert das Fürstentum Moldau begründete (von türk. *basmak*, „pressen").

Beauvais, etwa 80 km nordwestlich von Paris, verdankt seinen frankophonen Namen trotz des offenkundig vorhandenen *beau*, „schön", dem gallischen Volksstamm der *Bellovaker*, die nach einer letzten Erhebung gegen die Römer 46 v. Chr. in Vergessenheit gerieten. Ihr Hauptort zwischen Seine, Oise und Somme hatte *Bellovaci* geheißen, was in der französischen Sprache zu *Beauvais* degenerierte.

Bras d'Or könnte man mit „goldener Arm" übersetzen; bei dem so französisch anmutenden Namen des kanadischen Salzwassersees in Nova Scotia (er hat über zwei schmale Kanäle Verbindung mit dem Atlantik) handelt es sich jedoch um eine eigenwillige Verfälschung des Namens *Labrador* (s. dort).

Brooklyn ist der anglisierte Name eines New Yorker Stadtbezirks, der 1636 auf der Südwestspitze von Long Island als holländische Siedlung *Breukelen* („Marschland", vgl. *Bruch*) entstand. Auch die Benennung mancher Nachbardörfer passten die Briten nach Übernahme der niederländischen Besitzungen der englischen Sprache an; so änderten sie *Midwoud* („Mittenwald") in *Flatbush* („Flachbusch"), und *Boswyck* („Waldviertel") in *Bushwick* („Buschsiedlung").

---

[1] Eine hübsche Legende erzählt von der Sehnsucht einer Maurenfürstin nach dem Schnee des Atlasgebirges, weswegen ihr Gemahl Tausende von Mandelbäumen pflanzen ließ, deren weiße Blütenpracht die Geliebte über den Verlust der Heimat hinwegtrösten sollte.

Carlisle ist – auch wenn es zunächst schwer nachvollziehbar ist – eine britische Anlehnung an den alten keltischen Namen *Luguvallium* (von *Luguvallos*, „stark wie der Gott Lug"), den die Römer allzu gern für einen ihrer nördlichen Verteidigungsposten am Hadrianswall übernommen hatten, da er für ihre Ohren das latein. Wort *vallum*, „Wall, Schutzwehr", zu enthalten schien. Spätere britische Siedler ließen die Ortsbezeichnung zu *Luel* verschleißen, setzten ihr aber in Erinnerung an die militärische Vorgeschichte der Stadt ein *Caer*, „Burg", voran. Die heutige Endung *-isle* war wohl eine Idee der normannischen Eroberer, die das inzwischen nichts sagende *Luel* mit franz. *l'île*, „die Insel", assoziierten. 1092 wurde *Carlisle Castle* (Tautologie: *caer* und *castle*) gebaut, das sich in den folgenden Jahrhunderten als ein strategisch wichtiges englisches Bollwerk in den Kriegen mit Schottland erweisen sollte.

Colombo, die Hauptstadt Sri Lankas, liegt nahe der Mündung des Flusses *Kelani Ganga*. Sie entstand an einer Übergangsstelle namens *Kalan-totta*, „Fähre am Kelani", was sich im Arabischen zu einem unverstandenen *Kolambu* abnutzte und schließlich die portugiesischen Eroberer Anfang des 16. Jahrhunderts zu ihrer Interpretation *Colombo* verführte – geradeso, als hätte Christoph Kolumbus auch diesen Teil der Welt entdeckt.

Doornik, offensichtlich angelehnt an niederl. *doornig*, „stachelig", ist die flämische Bezeichnung einer historischen Stadt an der Schelde in Südwestbelgien, die wir besser unter ihrem französischen Namen *Tournai* kennen; in römischer Zeit wurde die Stadt *Turris Nerviorum* genannt (aus latein. *turris*, „Turm", und dem keltischen Stammesnamen der *Nervier*), woraus die Bewohner im Mittelalter ein gefälligeres *Tornacum* machten.

Dulcigno ist die italienische Nachempfindung des alten slawischen Namens der montenegrinischen Hafenstadt *Ulcinj* unweit der albanischen Grenze. Pate für diese Variante stand natürlich das italien. Adjektiv *dolce*, „süß, mild", (vgl. *Dolce vita*, „süßes Leben") – eine verständliche Assoziation angesichts des lieblichen Klimas und des mediterranen Flairs eines reizenden Badeortes an der Adria.

Escuintla ist der für uns noch immer schwer artikulierbare, aber bereits vereinfachte, vielleicht an spanisch *esquina*, „die Ecke", angelehnte Name einer Stadt im Süden Guatemalas mit dem unaussprechlichen Maya-Namen *Yxcuyntepeque*.

Famagusta auf Zypern ist phönizischen Ursprungs und hieß damals *Hamat*, „das Fort". Die Römer bauschten den Namen auf zu *Fama Augusta* – in etwa „Ruhm des Augustus" –, woraus die Griechen später *Ammochóstos*, „Sanddüne", machten, von ἄμμος *(ámmos)*, „Sand", und χεῖν *(cheîn)*, „anhäufen".

Faro an der Algarveküste hat ebenfalls eine abenteuerliche etymologische Geschichte. Die unter den Römern als *Ossonoba* bekannte Stadt wurde in maurischer Zeit in *Hàrune* umbenannt (nach der arab. Form des Namens *Aaron*, „Erleuchteter"; vgl. *Harun ar-Raschid*), ein Name, der sich nach der christlichen Rückeroberung zu *Faro* entwickelte – wohl nicht nur wegen der Lautähnlichkeit mit dem portugiesischen Wort *farol*, „das Leuchtfeuer", sondern auch wegen eines tatsächlich an diesem südlichsten Punkt Portugals existierenden Leuchtturms (vgl. das Weltwunder von *Pharos* vor der Küste Alexandrias sowie die griechische Stadtgründung *Pharos* auf der gleichnamigen Adria-Insel, deren Name bei den Kroaten später zu *Hvar* mutierte).

Galápagos-Inseln, als Bezeichnung des pazifischen Archipels vor der Küste Ecuadors, klingt für spanische Ohren eindeutig wie „Inseln der Schildkröten" (span. *galápagos*), in Wirklichkeit gab man den zur Ankunftszeit der Spanier unbesiedelten Inseln einen gelehrten griechischen Namen, der sich mit „Milchzacken" wiedergeben lässt, von γάλα *(gála)*, „Milch" (vgl. *Galaxie*, „Milchstraße"), und πάγος *(págos)*, „Felsspitze, Höhe, Eis" – eine recht anschauliche Beschreibung der mit weißem Guanodünger (also Vogelkot) bedeckten Felsspitzen.

Grenoble ist vermutlich angelehnt an das französische Adjektiv *noble*, mit dem der Name des südostfranzösischen Wintersportortes allerdings nichts zu tun hat, denn er entwickelte sich aus röm. *Gratianopolis*, „Stadt des Gratian" (nach Kaiser *Gratian*, der hier im 4. Jahrhundert einen Bischofssitz gründete).

Kadiköy, „Richterdorf" (vgl. unser Wort *Kadi* für „Richter"), ist eine türkische Umdichtung des Namens der antiken griechischen Kolonie *Chalcedon*, dem Schauplatz mehrerer Konzile. Von der über 2500 Jahre alten Geschichte gibt es in dem heutigen Ortsteil von Istanbul nur noch wenige Spuren. Als die byzantinische Stadt 1350 an die Osmanen fiel, nannten diese sie zunächst *Kaleca Dünya* (die Nähe zum ursprünglichen Namen *Chalcedon* blieb erkennbar); mit zunehmendem historischen Abstand degenerierte der Name zu *Kadiköy*.

Kortrijk, niederl. für „Kurz-Reich", – so wurde der französische Name *Courtrai* von den flämischen Bewohnern der nordwest-belgischen Stadt in der Nähe von Gent umgemünzt, der seiner-seits aus römisch *Cortoriacum* (von kelt. *curtracum*, „eingezäuntes Gelände") hervorging.

Larnaka auf Zypern – in der Antike *Lerda* – trug bei den genue-sischen Kaufleuten die simple Bezeichnung *Scala*, „(Hafen) Treppe"; erst die Venezianer besannen sich in der Renaissance auf den alten Namen, änderten ihn jedoch so ab, dass er mit dem griechischen Wort für „Sarg" – $\lambda\acute{\alpha}\rho\nu\alpha\xi$ *(lárnax)* – Ähnlichkeit bekam; immerhin waren die Händler aus der Lagunenstadt die Ersten, die sich für die antiken Denkmäler und Sarkophage des zypriotischen Hafens interessierten.

Leiden, aus kelt. *Lugdunum Batavorum*, war von den *batavischen* Gründern nach ihrem Gott *Lug* benannt worden. Der moderne Name der Stadt in der Provinz Südholland bedeutet „das Leiden, Erdulden" (niederl. *lijden*) – nicht ganz zu Unrecht, denn ihre Bürger widerstanden während einer Revolte gegen die spanische Herrschaft im Jahr 1574 heroisch einer fünfmonatigen Belage-rung, und Anfang des 17. Jahrhunderts suchten die Pilgerväter in *Leiden* Zuflucht, bevor sie nach Nordamerika aufbrachen.

León heißt eine historische Landschaft in Spanien zwischen Duero und Kantabrischem Gebirge. Der Namensursprung des ehemals selbstständigen Königreichs ist das Wort *Legion*; als jedoch die Erinnerung an die Kolonisation des Gebiets durch römische Soldaten verloren gegangen war, degenerierte das lateinische Substantiv *legio* (vgl. *Legionär*) zu spanisch *león*, „der Löwe".

Lizard, „die Eidechse", nennen die Engländer eine Halbinsel in Cornwall, mit *Lizard Point* als südlichstem Punkt des englischen Festlands, obwohl etymologisch keinerlei Beziehung zu diesem Reptil besteht. Der Name ist eine eigenmächtige Neubildung, die sich lautlich an korn. *lys*, „(Gerichts-)Hof", und *arth*, „Anhöhe", anlehnt. Auf dem Vorgebirge lag im Mittelalter ein Hof, dem wichtige Verwaltungsaufgaben übertragen waren.

Neukölln wird bisweilen für eine Tochterstadt von *Köln* gehalten (und in der Tat scheint die Stadt am Rhein die endgültige Benen-nung des Berliner Bezirks beeinflusst zu haben), in Wirklichkeit basiert der Name aber auf slaw. *kolm*, „Hügel".

Niger heißen eine Republik und ein Fluss in Westafrika. Der alte Tuareg-Name *egereou n-igereouen* wollte weder den arabischen

Eroberern noch den europäischen Kolonialherren so recht über die Lippen, daher ersetzten die Ersteren ihn durch *Nahr al-Anhur*, „Fluss der Flüsse", während die Letzteren das Namensende zum „Fluss der Schwarzen" umfrisierten – wobei sie zweifellos das lateinische Eigenschaftswort *niger* im Sinn hatten (vgl. *Neger* und *Porta Nigra*, „schwarzes Tor").

Roundstone, „Rundstein", nennen die Briten der Einfachheit halber einen Küstenort im irischen County Connemara – eine Verdrehung und Entstellung des irischen Namens *Cloch na Rón*, „Felsen der Seehunde". Zwar haben sie das irische *cloch* durch engl. *stone*, „Stein", angemessen übersetzt, das originale *rón*, „Seehunde", aber nach eigenem Gutdünken durch das ihnen genehmere Adjektiv *round*, „rund", ersetzt.

Salisbury in Südengland hat eine abenteuerliche Namensgeschichte hinter sich. In unmittelbarer Nachbarschaft eines vorgeschichtlichen Ringwalls war ein römischer Ort namens *Sorbiodunum* entstanden, mit dem keltischen Element *-dunum*, „Festung" (im Mittelalter zeitweilig zu *Sarum* verkürzt). Weil später der erste Namensteil den Angelsachsen nichts mehr sagte, assoziierten sie ihn mit ihrem Wort *searu* für „Trick" (möglicherweise unter dem Einfluss des nahe gelegenen geheimnisumwitterten Steinkreises von Stonehenge). Durch Anhängen von *-burg* entstand so der altenglische Name *Searoburg*, woraus schließlich *Sarisburia* und, durch Dissimilation, *Salisbury* wurde.

Stolberg in Sachsen-Anhalt wurde in der Nähe einer Burg namens *Stalberg* gegründet (von mittelhochd. *stal*, „Stahl", im Sinne von „Festigkeit" der Ritterburg). Als im 15. Jahrhundert Silber und Kupfer im Harz gefunden wurden, änderte der Ort seinen Namen in *Stolberg*, wohl unter dem Einfluss von bergmänn. *Stollen* („in den Berg vorgetriebener Grubenbau"; vgl. auch *Stolberg* im Rheinland und *Stollberg* im Erzgebirge).

Stralsund zeigt in seinem Wappen einen aufwärts gerichteten Pfeil; mit ziemlicher Sicherheit ist der Name der Ostseestadt jedoch nicht auf altnord. *strala*, „Pfeil, Blitzstrahl", zurückzuführen, sondern auf altpolab. *strěla* im Sinn von „Flussarm", und tatsächlich heißt die Meerenge zwischen der Küste und der Insel Rügen noch heute *Strelasund*.

Swords, ein altes irisches Dorf nördlich von Dublin, hat überhaupt nichts mit Hiebwaffen zu tun! Der anglisierte Name kommt vom irischen Substantiv *sord*, „der Rasen", dessen Aussprache aller-

dings identisch ist mit engl. *sword*, „das Schwert". Unter den
Einheimischen ist der Ort als *Sord Colaim Chille*, „der Rasen
des Heiligen Columba", bekannt.

Valentia, manchmal auch *Valencia* geschrieben, ist die mehr
schlecht als recht nachempfundene englische Lesart des irischen
Inselnamens *Béal Inse*, der zwar ähnlich ausgesprochen wird wie
die spanische Stadt *Valencia*, aber eine ganz andere Bedeutung
hat, nämlich „Trichtermündung der Insel". Er bezieht sich auf
den Sund, der die Insel von der südirischen Küste trennt (s. auch
Valence).

Ventimiglia an der Riviera, nahe der französischen Grenze, lässt
sicherlich die meisten Italiener an die Zahl *ventimila*, „20 000",
denken; in Wirklichkeit ist die Stadt jedoch nach den Namen
der ligurischen *Intemelier* benannt, die am Osthang der Seealpen
lebten und deren Hauptstadt *Albintemilium* (eigentlich *Album
Intemilium*) hieß.

Winterthur im Nordosten der Zentralschweiz hat natürlich nichts mit
einer „Winter-Tür" zu tun; auf jeden Fall aber war diese sinn-
widrige Assoziation besser zu behalten als die original-römische
Bezeichnung *Vitudurum* (wahrscheinlich aus dem keltischen
Personennamen *Vitu* und der gallisch-keltischen Endung *-durum*
für „Befestigung").

Willkürliche Deformation von Namen

Antakya nennen die Türken heute jene antike syrische Stadt, die wir
aus dem Neuen Testament als das frühchristliche Zentrum *Anti-
ochia* kennen. Hier predigte der Apostel Paulus, bevor er zu
seinen großen Missionsreisen aufbrach, und hier wurden die von
ihm Bekehrten zum ersten Mal Christen genannt; mehr als zehn
große Konzilien fanden in ihren Mauern statt. *Antakya* oder *An-
tiochia* liegt nahe dem Mittelmeer am Fluss Orontes, am Schnittpunkt wichtiger Handelsrouten; daher avancierte die Stadt kurz
vor der Zeitenwende zur östlichen Hauptstadt des Römischen
Reiches. Seit dem 3. Jahrhundert gehörte sie den Persern und
Arabern, den Byzantinern und Seldschuken, den Kreuzfahrern
und Ägyptern; 1939 wurde *Antakya* endgültig den Türken überlassen.

Bautzen, das Zentrum der Oberlausitz in Sachsen, wurde von den
Slawen als *Budysin* (nach dem altsorb. Personennamen *Budych*)
gegründet. Der Ort, der strategisch günstig über dem engen

Spreetal gelegen ist und auf eine zehntausendjährige Siedlungsgeschichte zurückblickt, erlangte zu DDR-Zeiten wegen seiner
Landesstrafanstalt – des so genannten „gelben Elends" (da aus
gelbem Backstein erbaut) – eine fragwürdige Berühmtheit: Hier
saßen hauptsächlich politische Gefangene unter menschenun-
würdigen Bedingungen ein.

Beja in Südportugal war einst eine blühende römische Ansiedlung
namens *Pax Julia* – der spätere westgotische Bischofssitz *Paca*.
Die Mauren wandelten den für sie nichts sagenden Namen in
Baxu um, und nach der Reconquista verfälschten die christlichen
Bewohner ihn nochmals zu *Beja*, ein Beweis dafür, dass das
Verständnis für die Bedeutung des Namens völlig verloren
gegangen war.

Bilbao, eine spanische Hafenstadt am Golf von Biskaya, trägt den
verballhornten Namen der römischen Siedlung *Bellum Vadum*,
„schöne Furt", an der Mündung des Flusses Nervión.

Bogotá, eigentlich *Santa Fé de Bogotá*, die Hauptstadt Kolumbiens,
ging aus der dicht bewohnten Indio-Metropole *Bacatá* hervor,
deren auf einen Häuptling zurückgehender Name zwar
deformiert, aber mit korrekter Betonung, von den spanischen
Eroberern übernommen wurde.

Breisach in Baden-Württemberg war der zu Cäsars Zeiten befestigte
Mons Brisiacus (nach dem gallischen Vornamen *Brisios*) – ein
Berg zwischen mehreren Rheinarmen, der schon in vorgeschichtlicher Zeit besiedelt war und bei den Kelten *Brisiacum*
hieß. Von ihm hat auch der *Breisgau* seinen Namen.

Breslau an der Oder entstand aus einer Burganlage des böhmischen
Herzogs *Wratislaw*. Die niederschlesische Stadt, 1742 in preußischen Besitz geraten, gehört seit 1945 als *Wrocław* zu Polen.

Calvados in der Normandie ist längst als eigenständiger Landschaftsname akzeptiert, dabei ist er eine Entstellung des lateinischen Ausdrucks *caballi dorsum*, „Pferderücken", womit vermutlich die Form einer Felsgruppe beschrieben wurde.

Cannes ist eine Missbildung aus *Castrum Marsellinum*, dem Namen
eines Römerlagers, das im 2. Jahrhundert v. Chr. an dieser Stelle
errichtet wurde. Im 11. Jahrhundert gruppierte sich um einen
ehemaligen Wachturm eine kleine ummauerte Stadt – heute
eines der bekanntesten französischen Seebäder der Riviera.

Cavtat an der süddalmatinischen Küste Kroatiens war einst als
griechische Kolonie *Epidauros* gegründet worden. Als diese im

7. Jahrhundert n. Chr. von den Slawen und Awaren eingenommen und zerstört wurde, flohen die meisten Einwohner auf eine nahe gelegene Felseninsel (s. *Dubrovnik*); die romanischen Bewohner des Umlands bezeichneten später die wieder aufgebaute Stadt mit dem lateinischen Wort *civitas*, „Bürgerschaft", was sich für slawische Ohren wie *Cavtat* angehört haben muss.

Ceuta, ein nordafrikanischer Hafen an der Straße von Gibraltar, hat einen bis zur Unkenntlichkeit verstümmelten Namen. Gegründet wurde der Küstenort in der Antike als *Septa* – von latein. *septem fratres*, „sieben Brüder" (wie Rom liegt er auf sieben Hügeln, deren höchster eine der beiden Säulen des Herkules sein soll); die Araber nahmen die Stadt 711 ein und benannten sie in *Sebta* oder *Cibta* um, woraus der heutige Name entstand. *Ceuta* ist seit dem Entdeckungszeitalter eine Exklave Spaniens.

Coimbra ist die Abnutzungsform des früheren keltisch-römischen Ortsnamens *Conimbriga* (mit dem kelt. Stamm *brig-*, „Berg"). Die mindestens 2000-jährige Stadt im Westen Portugals war im 12. und 13. Jahrhundert Residenz der portugiesischen Könige und Hauptstadt des Landes.

Colmar im Elsass wurde im 9. Jahrhundert als *Columbarium*, „Taubenschlag", gegründet – ein lateinischer Name, der angesichts der bekannten Redensart vom beständigen Kommen und Gehen nachdenklich stimmt.

Dijon ist der verunstaltete Name eines alten Legionslagers, das die Römer *Castrum Divionense* oder kurz *Divio* nannten. Die mittelfranzösische Stadt am Treffpunkt der Flüsse Ouche und Suzon ist heute das Verschiffungszentrum für Burgunderweine.

Edremit heißt ein Golf an der nordägäischen Küste der Türkei, versimpelt aus dem alten griechischen Namen *Adramyttion*.

Elne, eine historische Stadt bei Perpignan in Südfrankreich, war ursprünglich bekannt als *Illiberis*, von aquitan. *ili*, „Stadt", und *beri*, „neu", ein prophetischer Name, denn Konstantin d. Gr. gründete sie seiner Mutter *Helena* zu Ehren tatsächlich neu als *Castrum Helenae*, „Helenas Lager", woraus sich im Laufe der Zeit die heutige Form ergab.

Eltville klingt zwar französisch, ist aber von latein. *alta villa*, „hoch gelegenes Dorf", abgeleitet. Die hessische Stadt an der Südostabdachung des Taunus war früher auch als *Elfeld* bekannt.

Épernay, eine Marne-Stadt in Nordost-Frankreich, hieß unter den Römern *Sparnacum*, eine Verballhornung des keltischen Wortes *eperno*, „Dorn". Der heutige Name ist also dem ursprünglichen wieder ähnlicher.

Erfurt bedeutet „Furt durch die Gera". (Die Stadt *Gera* liegt übrigens nicht an diesem Fluss!) Spuren einer ersten Besiedlung an diesem Flussübergang sind schon aus vorgeschichtlicher Zeit nachweisbar. Die thüringische Stadt war im 9. Jahrhundert ein wichtiger Grenzhandelsposten zwischen dem Frankenreich und den Gebieten der benachbarten Slawen oder Sorben.

Gelibolu am europäischen Ufer der Dardanellen in der Türkei hieß zur Zeit der Griechen *Kallípolis*, „Schönstadt", von καλός *(kalós)*, „schön", und πόλις *(pólis)*, „Stadt"; nach ihr ist die Halbinsel *Gallipoli* benannt. (Im Altertum gab es am Golf von Tarent in Süditalien eine zweite griech. Stadt *Kallípolis*.)

Gijón ist die spanische Variante des Namens der ehemals römischen Hafenstadt *Gigia* am Golf von Biskaya; die nordspanische Stadt erreichte erst im 18. Jahrhundert ihre volle Bedeutung, als sie für den Handel mit Westindien ausgebaut wurde.

Hugenotten, seit der Reformation die allgemeine Bezeichnung der französischen Protestanten (franz. *Huguenots*), ist eine Verstümmelung des Ausdrucks *Eidgenossen* (nach dem legendären Rütlischwur von 1307 gegen die Habsburger) für die Bewohner der Schweiz, wo dem sittenstrengen Reformator Calvin nach seiner Vertreibung aus Frankreich Exil gewährt wurde.

Isle of Wight heißt eine bekannte Insel vor der Südküste Englands. Sie besteht zwar weitgehend aus Kalk, der Name ist jedoch nicht von *white*, „weiß", abgeleitet, sondern vom keltischen Wort *gwaith* in der Bedeutung „Trennung, Teilung": Jeder Kapitän musste (und muss) sich für eine Passage nördlich der Insel, also durch den Solent, oder südlich der Insel, d.h. durch den Englischen Kanal, entscheiden. Man könnte den Namen folglich als „Wasserscheide" interpretieren. Der römische Name *Vectis* (latein. für „Hebel, Brechstange") war ebenfalls dem keltischen Wort in Laut und Bedeutung angepasst.

Kiribati, der Name einer westpazifischen Inselrepublik (er klingt annähernd wie *Kiribas*), entwickelte sich aus der landesüblichen Aussprache der früheren Bezeichnung *Gilbert Islands* (nach *Thomas Gilbert*, der hier 1788 auf dem Weg nach Australien mit einer Schiffsladung von Strafgefangenen landete). Auch das größte Atoll der Inselgruppe, *Kiritimati* – aus *Christmas Island* (die Insel wurde am Heiligen Abend 1777 entdeckt) –, trägt einen verballhornten englischen Namen, den die Einheimischen etwa *Kiritimas* aussprechen. Kurioserweise hat der Südseestaat *Kiribati* stets zwei Wochentage gleichzeitig, da durch ihn die Datumsgrenze verläuft.

Konya nennen die Türken heute die Metropole Kappadokiens, die im Altertum *Ikonion* hieß, von grch. *εἰκών* (*eikón*), „Abbild", und von den Römern in *Iconium* umbenannt wurde (vgl. *Ikone* und engl. *icon*). Die inneranatolische Stadt, in der einst der heilige Paulus das Christentum predigte, ist bekannt für ihre Teppich- und Lederwarenproduktion.

Korea ist die verzerrte Wiedergabe der Bezeichnung jener ostasiatischen Halbinsel, die in alten Zeiten *Koguryo* und *Koryo* hieß und von der christliche Missionare seit Ende des 16. Jahrhunderts als *Corai* und *Coria* berichteten. Dabei hatten die *Koreaner* ihr Land bereits 1392 in *Choson* (von japan. *cho sun*, „Land der Morgenfrische") umbenannt, und noch heute ist dies der offizielle Name *Nordkoreas*.

Krk dürfte eine Verballhornung des antiken römischen Namens *Curicta* sein. Die Italiener versuchten sich erst gar nicht an dem schier unaussprechlichen slawischen Namen und tauften die kroatische Insel mutig in *Veglia*, „die Wache", um.

La Coruña in Nordwest-Spanien wurde vermutlich schon von den Phöniziern als Hafenplatz genutzt. In keltischer Zeit erhielt die Stadt den Namen *Brigantium* (s. auch *Bregenz*), den die Römer durch *Coronium* – von latein. *corona*, „Krone" – ersetzten und der schließlich zu *La Coruña* (galicisch: *A Coruña*) verkam.

Lissabon, die portugiesische Hauptstadt, hieß als karthagischer Handelsstützpunkt *Alis-Ubbo*, woraus die Römer um 200 v. Chr. *Olisippo* machten. Mauren und Portugiesen entstellten den Namen später zu *Aloschbuna* bzw. *Lisboa* (Ausspr. *Lischboa*).

Madagaskar lautet unsere Bezeichnung der Republik *Malagasy* („Mondinsel") sowie der dort gesprochenen indonesischen Dialekte. Man nimmt an, dass vor etwa 1000 Jahren Seefahrer aus Celebes die 400 km vor der Ostküste Afrikas gelegene Insel eroberten und sie nach ihrem Stammland, *Makassar*, benannten.

Mainz ist ein verstümmeltes Überbleibsel der ursprünglich keltisch-römischen Namensvarianten *Mogontiacum* und *Mogontia* für die größte Grenzgarnison der Römer in Germanien, die über eine feste Rheinbrücke mit dem *Castellum Mattiacorum* (heute *Kastel*) verbunden war. Ende des 3. Jahrhunderts entstand aus dem aufgegebenen Militärlager gegenüber der Mainmündung die zivile Hauptstadt der Provinz Germania Prima.

Modena in der norditalienischen Emilia-Romagna wurde als etruskische Stadt *Mutina* gegründet.

Montrose, eine schottische Hafenstadt nordöstlich von Dundee, hat entgegen dem äußeren Anschein keinen französischen, sondern einen keltischen Namen, dessen Bestandteile *moine* und *ros* „Moor" bzw. „Kap" bedeuten.

Pamplona, bask. *Iruñea*, in Nordspanien wurde etwa 75 v. Chr. als *Pompaelo* gegründet – bereits damals eine Verballhornung des zugedachten Namens *Pompeiopolis*, mit dem der große römische Staatsmann und Feldherr *Pompeius* geehrt werden sollte (vgl. auch *Konstantinopel*).

Plovdiv, eine Stadt im südlichen Bulgarien, fällt es schwer, mit ihrem stark veränderten Namen das Andenken an König *Philipp II.* von Makedonien (den Vater Alexanders d. Gr.) zu bewahren, der die ursprünglich griechische Siedlung namens Eumolpias 341 v. Chr. einnahm und in *Philippopolis*, „Stadt des Philipp", umbenannte.[1] Nach der Eroberung durch die Römer im Jahr 46 v. Chr. und der Erhebung zur Hauptstadt der Provinz Thrakien erlebte sie manche Schlacht und viele neue Herrscher, unter ihnen Goten und Byzantiner, Bulgaren und Griechen, Osmanen (zu deren Zeit als *Philibe* bekannt) und Russen; seit 1885 ist sie im Besitz der Bulgaren, denen das knappe *Plovdiv* wohl mehr zusagte, als der griechische Zungenbrecher *Philippopolis*.

Pula in Istrien entlehnt seinen Namen – allerdings stark entstellt – von der römischen Militärkolonie *Pietas Iulia*, die 42 v. Chr. an der Stelle einer älteren illyrischen Siedlung gegründet wurde.

Salamanca in Zentralspanien war schon 222 v. Chr., als sie vom karthagischen Feldherrn Hannibal erobert wurde, eine uralte Stadt namens *Helmantiké*. In römischer Zeit wurde sie – jetzt *Salmantica* genannt – zu einem wichtigen Brückenort an einer Militär- und Handelsstraße ausgebaut. (Noch heute überspannt eine römische Brücke den Tormes-Fluss.)

Sibiu und *Nagyszeben* („Groß-Szeben") sind die rumänische bzw. ungarische Variante von Hermannstadt. Bei beiden handelt es sich um eine arge Verballhornung von *Cibinium*, dem Namen

---

[1] Der griech. Vorname *Philipp* bedeutet „Pferdeliebhaber", von φιλεῖν *(philêin)*, „lieben", und ἵππος *(híppos)*, „Pferd".

einer ursprünglich römischen Kolonie, aus der sich die Stadt in
Zentralrumänien entwickelte (s. auch *Siebenbürgen*).

Silifke ist der moderne türkische Name der alten griechischen Stadt
Seleukia an der kleinasiatischen Südküste. (Er ist offensichtlich
hervorgegangen aus der neugriechischen Aussprache *Selevkia*.)
Der heutige Ferienort liegt an der fruchtbaren Schwemmland-
mündung des Göksu, in dem 1190 Kaiser Barbarossa während
des dritten Kreuzzugs ertrank; damals hieß der Fluss allerdings
Saleph – eine weitere Verballhornung des altgriechischen Städtenamens *Seleukia*.

Vaduz dürfte als Hauptstadt von Liechtenstein wohl bekannt sein,
weniger dagegen die Herkunft des Namens aus *Valdutsch* – von
latein. *vallis*, „Tal" (die Stadt liegt im Hochtal des Alpenrheins),
und althochd. *diutisk*, „deutsch".

Worcester, berühmt wegen seiner pikanten Würzsoße, entwickelte
sich aus der Römersiedlung *Vertis*; das später angehängte *-cester*
steht für latein. *castrum*, „befestigtes Lager". (Noch abenteuer-
licher als die Verstümmelung des Ortsnamens ist seine heutige
Aussprache, die man in etwa mit *Wuhster* wiedergeben könnte.)

York steht an der Stelle eines Römerforts, dessen Name *Eburacum*
für die Angelsachsen keine Bedeutung hatte. Daher nannten sie
die Siedlung, die später Hauptort ihres Königreichs Northumbria
werden sollte, unbekümmert *Eoforwic*, also „Wildschweinort"
(von altengl. *eofor*, „Eber", und *wic*, „Siedlung"). Unter den
dänischen Wikingern mutierte der Name zu *Yeorvík*, wobei die
nordische Endung *vík*, „Bucht", bei einer Stadt im Binnenland
eigentlich keinen Sinn machte; die erste Silbe – die für sie eh
unverständlich war! – fügten sie schließlich mit dem End-*k* von
vík zu *York* zusammen (s. auch *New York*).

3. Undurchschaubare Namensinhalte

Selbst dem Fachmann bleiben die Ursprünge mancher Namen verborgen, zumindest gibt es häufig genug plausible Gründe für die wider-
sprüchlichsten A u s l e g u n g e n. Da haben es phantasiebegabte
Menschen leichter, denn sie neigen zur spontanen A s s o z i a t i o n
von Namen oder Namensteilen mit ähnlichen Begriffen ihrer eigenen
Sprache – und sie können der Wahrheit bisweilen sogar recht nahe

kommen. Wer bei *Ankara*, der türkischen Hauptstadt, an einen *Schiffs-anker* denkt, liegt nicht ganz falsch, denn ihr antiker griechische Name – *Ankyra* – hatte tatsächlich diese Bedeutung (wohl wegen des bogen-förmigen Grundrisses der Stadt). Ihr späterer Name *Angora* (bis 1930) – von pers. *angorah*, „die Gurke" (eine weitere anschauliche Umschrei-bung der „krummen" Stadtanlage) – erinnert uns zu Recht an feine, lange Ziegen- oder Kaninchenhaare, stammte doch die beste *Angora-wolle* aus der Umgebung von *Ankara*. In der Regel sollte man sich jedoch davor hüten, auf den verführerischen Klang von Namen herein-zufallen, insbesondere wenn diese aus fremden Sprachen stammen. Wie schnell würde man sonst den Bewohnern von *Apenrade* im dänischen Jütland unrecht tun, indem man sie mit *Affen* in Verbindung bringt (obschon man sich über ein *Rad* in diesem Zusammenhang vielleicht wundert; selbst eine Interpretation als *Rodungsort*, wie bei den zahlrei-chen deutschen Siedlungen auf *-rode* und *-rade*, kommt hier nicht in Frage): Der Name bedeutet im Dänischen nichts anderes als „offene Reede" (s. *Åbenrå*).

Auch in der Vergangenheit ist man immer wieder auf scheinbar leicht zugängliche Namen hereingefallen und – unbekümmert um sachliche oder sprachlich Richtigkeit – schöpferisch tätig geworden. Eine solche sympathisch-naive V o l k s e t y m o l o g i e, die ein undurchsichtiges Wort tollkühn durch ein geläufiges ersetzt, hat Orts-benennungen oft so verstümmelt, dass die Aufdeckung ihres wirklichen Sinns ungemein überraschend (oder enttäuschend) sein kann; als z.B. der alte keltisch-römische Name *Burdigala* im Lauf der Jahrhunderte seine Aussagekraft verloren hatte, münzten ihn die Bewohner der Hafenstadt am Atlantik geschickt um in *Bordeaux* – eine Verkürzung aus franz. *au bord des eaux*, „am Rand des Wassers". Bisweilen wurde die Namensbedeutung sogar in betrügerischer Absicht zurechtgebogen: Als man im Mittelalter Jesus die vermeintliche Schmach einer jüdi-schen Abstammung ersparen wollte, erklärte man ihn kurzerhand zu einem Kelten, denn schließlich war er ja *Galiläer*, was man keck mit *Galater* und *Gallier* gleichsetzte. (Die letzten beiden Wörter sind aller-dings Variationen ein und desselben Wortes.)

Verführerische Namen

Anglesey lässt sich angesichts der Siedlungsgeschichte Britanniens leicht mit dem norddeutschen Stamm der *Angeln* assoziieren, und im Mittelalter wurde sie tatsächlich als *Anglorum Insula*, „Insel der Angeln", bezeichnet. Wie bei etlichen anderen Inseln vor der walisischen Küste ist der Name jedoch skandinavischer Herkunft, wie eine frühere Form *Ongulsey* belegt (mit altnorw. *ey*, „Eiland"); der erste Teil nennt den Besitzer *Ongull*, sodass der englische Name der Insel eigentlich *Ongull's Island* lauten müsste. (Im Walisischen heißt sie übrigens *Môn*, „Berg", ähnlich wie die *Isle of Man*, deren antike Namen *Mona* und *Monapia* waren.)

Augsburg scheint auf den ersten Blick etwas mit dem *Auge* zu tun zu haben, eine recht einfältige Vermutung, denn der Name geht auf die Römer zurück, die hier im Lechfeld, dem Siedlungszentrum der keltischen *Vindeliker*, um die Zeitenwende ein Legionslager errichteten, das Kaiser Claudius im Jahr 45 n.Chr. als *Augusta Vindelicorum* zur Hauptstadt der Provinz Raetia ausbaute; der Zusatz *Augusta* verweist stets auf die Gründung eines Kaisers, dessen Ehrentitel im alten Rom *Augustus*, „Erhabener", lautete.

Bakewell im mittelenglischen Derbyshire lässt jeden, der der englischen Sprache mächtig ist, zwangsläufig an die Wörter *bake*, „backen", und *well*, „gut", denken. Schon die Angelsachsen, die den Ort noch *Badequella* nannten, hatten sich nicht an den ursprünglichen Sinn des Namens – *Beadeca's Well*, „Beadecas Quelle" – gehalten, indem sie dessen erstes Element mit der Nutzung tatsächlich vorhandener Thermalquellen in einem Badehaus erklärten.

Bad Wiessee am Tegernsee wird gern für eine Ortschaft inmitten von *Wiesen* gehalten; der alte Name *Westense* (um 1150) belegt jedoch, dass es sich um eine Siedlung am „Westufer des Sees" handelt.

Baltistan ist nicht etwa, wie man vermuten könnte, an der Ostsee zu finden, sondern am oberen Indus im pakistanischen Teil des Kaschmir. Das auch „Klein-Tibet" genannte Gebiet wird von den muslimischen *Balti* bewohnt.

Bedburg hat nichts mit einer *Burg* zu schaffen (obschon bei der Burg der Grafen von Sayn gelegen), geschweige denn mit *Betten*. Der Name der Stadt an der Erft leitet sich von althochd. *betabur*, „Bethaus, Kapelle", her. Bei Kleve gibt es einen Ort *Bedburg-Hau*, der um ein ehemaliges Kloster der Grafen von Kleve entstand.

Bernkastel-Kues ist zwar, wie Bern und Berlin, auf seinen heraldischen *Bären* stolz. Das Moselstädtchen hieß jedoch zur

Römerzeit *Princastellum*, woraus sich der moderne Name entwickelt hat; während der erste Teil wahrscheinlich einen alten keltischen Bachnamen enthält, ist nicht bekannt, wo sich das erwähnte römische *Kastell* befand. *Kues* am gegenüberliegenden Flussufer wurde im Mittelalter als *Cobesa* dokumentiert, von ahd. *kubisi*, „Hütte, Schober" (vgl. *Koben*, „Schweinestall").

Börde ist nicht mit *Borte*, „Rand", gleichzusetzen, sondern kommt von niederd. *bören*, „Abgaben erheben" (vgl. *Gebühren*). Die heutige Bezeichnung einer fruchtbaren Lössebene – etwa der *Soester* oder *Magdeburger Börde* – war ehemals der Ausdruck für einen Gerichtsbezirk.

Braunstone, ein Vorort der englischen Stadt Leicester, scheint einen leicht verständlichen Namen zu besitzen; er hat jedoch eine ganz andere Bedeutung, als man meinen möchte, denn er ist nicht etwa vor, sondern hinter dem *s* zu trennen, sodass sich der Sinn *Brauns|tone*, d.h. „Brants Siedlung", ergibt. (Ein Dokument des 12. Jahrhunderts belegt die Schreibweise *Branteston*.)

Brighton endet offenkundig mit dem alten Wort *tun* für „Ansiedlung" (vgl. *Zaun* und engl. *town*), im ersten Teil steckt jedoch der angelsächsische Vorname *Beorhthelm* („glänzender Helm"), und noch im 19. Jahrhundert hieß das berühmte englische Seebad *Brighthelmstone*. Der Name hat also tatsächlich etwas mit engl. *bright*, „leuchtend", zu tun, womit aber nicht das schimmernde Meer gemeint ist, sondern einer der ersten Siedler an dieser Stelle der englischen Südküste.

Coalbrookdale, ein Ort im County Shropshire, scheint einen passenden „Industrie"-Namen zu tragen, denn hier stand die Wiege der britischen Eisenproduktion. Der Name kommt aber nicht von engl. *coal*, „Kohle", sondern der vermeintliche *Kohlenbach* heißt in Wirklichkeit *cold brook*, „kalter Bach" (um 1250 *Caldebrok*).

Capoliveri ist ein altes Minen- und Weinbaustädtchen im Südosten der italienischen Insel Elba, dessen Name sich scheinbar aus den Wörtern *Kap* und *Oliven* zusammensetzt. Die Geschichte des malerischen Hügelortes deckt jedoch ganz andere Zusammenhänge auf: Bei den Römern hieß er *Caput Liberum*, „Berg der Freien", denn jeder Gesetzesbrecher, der sich in seine Ummauerung flüchten konnte, war vor Verfolgung sicher und durfte, solange er hier lebte, nicht bestraft werden. Heute bietet *Capoliveri* vor allem deutschen Urlaubern Asyl.

Cheltenham hieß zwar im Mittelalter *Celtanhomme*, dennoch hat die englische Stadt östlich von Gloucester keinerlei Bezug zu den *Kelten*, da der Name nachweislich von *chiltern*, einem wahrscheinlich vorkeltischen Wort für „Hügel", stammt; die Endung bedeutet „Flussweide" (altengl. *hamm*).

Chesapeake enthält nicht etwa das englische Wort *peak*, „Gipfel"; die US-Stadt in Südost-Virginia und die gleichnamige Bucht wurden nach einem hier ansässigen Indianerstamm benannt.

Derenburg ist eine Stadt am Harz, die bei ihrer Entstehung *Derneborch* hieß und sich offenbar unterhalb einer Burg „verbarg", denn hinter dem ersten Teil des Namens versteckt sich das althochd. Wort *tarni*, „heimlich" (vgl. *tarnen*); er enthält also weder das Fürwort *deren* noch einen Hinweis auf irgendwelche *Tiere*.

Estland sucht man mit Recht weit *östlich* von uns, das baltische Land an der Ostsee trägt jedoch den Namen seiner Bürger, die sich *aueist*, „Küstenbewohner", nennen.

Fair Isle dürfte selbst ein Engländer spontan mit „schöne Insel" übersetzen. Die frühen Wikinger-Siedler hatten bei der Benennung dieser Shetlandinsel vor der schottischen Nordküste allerdings eher deren Eignung zur Viehzucht im Sinn, denn in ihrer Sprache hieß *fær* „das Schaf" (s. *Färöer*).

Feuchtwangen im bayerischen Mittelfranken kann bei der Namensauslegung wahrlich zu vorschnellen Schlüssen führen. Entlarvend ist die erste schriftliche Erwähnung des Ortes im Jahr 817 als *Fiuchtinwanc*, d.h. ein „mit Fichten bestandenes Gelände" (von althochd. *fiuhta*, „Fichte", und *wangen*, „Feld, Wiese"; s. auch *Viechtal*).

Fritzlar enthält nur scheinbar den Vornamen *Fritz*. Die hessische Stadt an der Eder entstand um ein Kloster, das Bonifatius 724 gegründet hatte; damals nannte sie sich *Frideslare*, mit den althochd. Komponenten *fridu*, „Schutz, Sicherheit" (vgl. *Einfriedung*) und *lar*, „Gestell" – ein ziemlich verlässliches Indiz für eine ehemalige große Viehhürde.

Gleneagles heißt eine Ortschaft in Schottland, aus deren Namen man einen englischen *eagle* („Adler") heraushören könnte. Dabei handelte es sich ursprünglich um eine alte „Kirche im Tal" (1165 *Gleninglese*, von gäl. *eaglais*, „Kirche"), die sich als entscheidender Siedlungskern im „Tal" erwies (gäl. *gleann*; s. auch *Eccles*).

Godmanchester wird immer wieder fälschlich mit *God* und *Manchester* assoziiert, dabei muss der Name der Kleinstadt im englischen Cambridgeshire *Godman-chester* gelesen werden. Die Endung *-chester* verweist auf ein altes Römerlager (das an dieser Stelle als *Durovigutum* tatsächlich existierte); es dürfte in Zusammenhang gestanden haben mit einem gewissen *Godmund* („Gottes Schutz"), denn im 11. Jahrhundert wurde der Name *Godmundcestre* geschrieben.

Gravenstein hat seinen etymologischen Ursprung überraschenderweise in althochd. *grao*, „grau"; die Stadt bei Flensburg liegt also „am grauen Stein". Ähnlich trügerisch ist die Bedeutung einiger Orte namens *Grasdorf* (an der niederländischen Grenze bei Nordhorn, bei Verden an der Aller und in der Nähe von Hannover): Hier wäre *Graf* (und nicht *Gras*) die richtige Assoziation!

Gravesend in der Grafschaft Kent trägt keinesfalls einen so unsinnigen Namen wie „Ende des Grabes" (engl. *grave*); der Ort bewahrt vielmehr die Erinnerung an ein ehemaliges Gehölz (engl. *grove*, „Hain") unmittelbar vor den Stadttoren.

Great Slave Lake, von deutschen Kartographen brav als „Großer Sklavensee" übernommen, hat überhaupt nichts mit *Sklaven* zu tun! Der See in Nordwestkanada ist benannt nach dem Indianerstamm der *Slavey*, der an seinen Ufern siedelte. Das tiefste Süßwasserreservoir ganz Nordamerikas (614 m) wird durch den *Slave River*, den „Sklaven-Fluss" (!) gespeist.

Hafenlohr an der Mündung des Flusses *Lohr* in den Main wird sicherlich schon früh einen kleinen *Hafen* besessen haben, stolz war die Stadt jedoch auf ihre kunstfertigen „Töpfer", die hier *Häfner* genannt werden (vgl. die landschaftl. Bezeichnung *Hafen* für „Topf").

Haßberge heißt ein Höhenzug im unterfränkischen Bayern, dessen unsympathisch anmutender Name schlicht von altsächs. *hasu*, „grau", abgeleitet ist (verw. mit althochd. *haso*, „Hase", eigentlich „der Graue"). Ein ähnlicher Zusammenhang liegt beim unterfränkischen *Haßfurt* vor, das im Stadtwappen einen *Hasen* zeigt, sowie beim rheinland-pfälzischen *Haßloch* an der Weinstraße und der Gemeinde *Haßleben* bei Erfurt.

Hirsau im nördlichen Schwarzwald schmückt sich natürlich nicht mit dem Namen eines Mutterschweins – wohl indes mit dem eines anderen Tieres, nämlich eines *Hirschen* (althochd. *hirez*,

„Hirsch"; vgl. auch *Herzberg*, eine Stadt am Harz, die im 12. Jahrhundert noch *Hirzesberch* hieß), gefolgt von der Endung *Aue*. Eine ähnlich ungerechte Interpretation wie *Hirsau* erlebt immer wieder die Stadt *Ramsau* unweit von Berchtesgaden – mit althochd. *hraban*, „Rabe", und *Aue*, „Feuchtland".

Ischia, die kleine italienische Insel im Golf von Neapel, wird verständlicherweise leicht mit *Ischias* in Verbindung gebracht, zumal die vielen warmen Quellen vulkanischen Ursprungs geeignet erscheinen, die Nervenschmerzen im Hüft- und Lendenbereich zu mildern. Tatsächlich geht der Name der beliebten Kurinsel, die früher *Iscla* hieß, auf lateinisch *isola*, „Eiland", zurück (vgl. *Isolation*). Die auch als Hexenschuss bezeichneten Beschwerden dagegen sind nach dem griechischen Wort *ἰσχίον (ischíon)*, „Hüfte", benannt.

Isle of May bedeutet nicht etwa „Mai-Insel", sondern „Seemöweninsel" (von altnorw. *már*, „Seemöwe", und *ey*, „Insel"). Sie liegt vor der schottischen Küste und gehört zum County Fife (s. *Mayfair*).

Königswinter, zu Füßen des Siebengebirges, war „des Königs Weinberg", wohl eine Erinnerung an ein früheres Königsgut. Das ausgesprochen milde Klima der mittelrheinischen Stadt widerspricht der vermeintlichen Bedeutung ihres Namens, in dem sich nicht das Wort *Winter*, sondern *Winzer* versteckt (von latein. *vinitor*, „Weinbauer"). Noch heute gedeiht an den von der Burg Drachenfels gekrönten Hängen oberhalb der Stadt ein berühmter roter Wein, das „Drachenblut".

Koromandelküste wird ein Teil der Ostküste Indiens genannt, die durch das ebenholzartige *Koromandelholz* bekannt wurde. Obschon *Mandelbäume* und ihre Früchte tatsächlich aus dem Orient zu uns kamen, gibt es keine sprachliche Beziehung zwischen ihnen und der indischen Küste: *Koromandel* ist eine missglückte europäische Wiedergabe von *Chola Mandalam*, „Land der Chola".

Kraut, der Name eines kärntnerischen Ferienortes am Millstätter See, suggeriert einen Zusammenhang mit blähendem Gemüse oder – wenn auch zweifelsfrei in Österreich gelegen – mit einem Schimpfwort für die Deutschen. In Wahrheit weist er jedoch auf eine ehemalige Ansiedlung von *Kroaten* hin (s. dort).

Long Loch heißt nicht „langes Loch"! Der fjordartige Meeresarm, der vom schottischen Firth of Clyde nordwärts verläuft, bot jedem Schiff (gäl. *long*), das den Clyde hinaufgesegelt war, einen sicheren Ankerplatz.

Mafia, eine tansanische Insel vor der Küste Ostafrikas, gilt trotz ihres Namens als eines der letzten Paradiese dieser Erde, das umgeben ist von farbenprächtigen Korallengärten und den wohl fischreichsten Gewässern im Indischen Ozean. Ähnlich wie Sizilien hat die Insel zeitweilig unter arabischer Herrschaft gestanden, sodass ihr Name und die Bezeichnung der berüchtigten Geheimorganisation die gleiche sprachliche Herkunft haben könnten, nämlich das arabische Substantiv *machjah*, „Prahlerei". (Im sizilianischen Dialekt bedeutet *Mafia* „Kühnheit" und „Übermut".)

Maursmünster, franz. *Marmoutier*, bedeutet „Münster des Maurus", also des „Dunklen" (vgl. *Maure* sowie *Mohr*) und hat nichts mit *Mauer* zu tun! Die elsässische Stadt bei Zabern am Vogesenrand entstand bei einem 590 gegründeten Kloster, das 724 als Benediktinerabtei von Abt *Maurus* neu errichtet wurde.

Maybole klingt zwar recht süffig, bedeutet im Fall der schottischen Stadt südlich von Ayr indes „Ebene der Gefahr" (von gäl. *magh*, „Fläche", und *baoghail*, „Bedrohung"). Augenscheinlich bot das offene Gelände, auf dem die Stadt errichtet wurde, wenig Schutz oder Deckung (wie im Fall von *Limerick*, s. dort). Auch *Mayen* im *Maifeld*, westlich von Koblenz, bezieht sich nicht auf den Wonnemonat, sondern hat seinen Namen von kelt. *magus*, „Feld". (*Maifeld* ist also eine Tautologie!)

Medina ist ein Begriff, der bei manchem Urlauber Erinnerungen an eine Reise in arabische Länder wecken wird, wo das Wort *medina* „Stadt" bedeutet. *Medina* ist aber auch der Name eines Verwaltungsbezirks auf der englischen Isle of Wight sowie eines Flusses, der die Insel in zwei fast gleiche Hälften teilt (von altengl. *medume*, „Mitte").

Mersea, eine britische Insel vor der Küste von Essex, gibt ebenfalls Anlass zu einem Missverständnis, kann man im Namen doch recht eindeutig das englische Wort *sea* für „Meer" entdecken; dabei ist es der erste Teil, der diese Bedeutung hat (altengl. *mere*, „See"), der Rest steht für *eg*, „Insel". Ein Dokument von 895 zitiert die Insel als *Meresig* (s. dagegen *Mersey*).

Michelstadt im Odenwald enthält das Element *michel*, „groß", in seinem Ortsnamen, der irrtümlich angelehnt wird an *Michael*, von hebr. *micha'el*, „wer ist wie Gott?" (s. auch *Mecklenburg*).

Montabaur im Westerwald liegt zwar in durchaus bäuerlichem Umland, der Name des Städtchens hat jedoch einen viel exotischeren Ursprung: Es entstand 930 am Fuß einer Burg und hieß zunächst Humbach, wurde im Jahr 1227 aber in der Kreuzzugsbegeisterung jener Zeit vom Trierer Erzbischof in *Mons Tabor* umbenannt; jener Berg in Galiläa gilt als der Ort der Verklärung Christi.

Morden, ein Distrikt in Greater London, hat nicht gerade einen harmlos klingenden Namen; dabei ist er in Wirklichkeit genau das, denn er ist schlicht als „höher gelegenes Land in der Marsch" auszulegen – von altengl. *mór*, „Sumpfland", und *dun*, „Hügel" (s. *Morpeth*).

Partick wird auf den ersten Blick wohl häufig mit *Patrick*, dem irischen Nationalheiligen verwechselt. Der Name des Glasgower Stadtteils wirkt wie eine Metathesis (d.h. eine Umstellung zweier Buchstaben), ist aber keine! Er stellt eine Weiterentwicklung der alten schottischen Ortsbezeichnung *Perdeyc*, „buschiger Platz", dar (mit der kelt. Wurzel *perth*, „Busch"; s. *Perth* in Australien).

Pascagoula an der Mündung des gleichnamigen Flusses im Südosten des US-Staates Mississippi wurde um ein altes spanisches Fort herum gebaut, sodass die Vermutung nahe liegt, der Name könnte aus span. *Pascua*, „Ostern", entstanden sein. Es handelt sich jedoch um ein Indianerwort mit der Bedeutung „Brotesser".

Pentland Firth ist ein Meeresarm zwischen dem schottischen Festland und den Orkney-Inseln. Für die Wikinger war der Norden Schottlands generell das *Pentland*, das „Land der Pikten". *Pent* ist also nicht mit griech. πέντε *(pénte)*, „fünf", gleichzusetzen, wie es in *Pentagon*, der Bezeichnung für das fünfeckige Verteidigungsministerium in Washington vorkommt (vgl. auch *Pentathlon*, „Fünfkampf").

Pickford heißt eine Stadt bei Coventry in den englischen Midlands, wobei der erste Teil des Namens nicht dem englischen Verb *to pick*, „nehmen, wählen", entspricht, sondern von *pig*, „Schwein", herrührt; die erste Einwohnergeneration brüstete sich also einer „für Schweine gangbaren Furt" über einen nahe gelegenen Bach.

Pyrmont, das bekannte Staatsbad im Weserbergland, verdankt seinen Namen nicht dem griechischen Wort πῦρ *(pyr)*, „Feuer" (vgl. *Pyromane*, „Brandstifter", und *Pyrotechniker*, „Feuerwerker"), sondern einer Burg auf dem Schellenberg, den der

Erbauer, Erzbischof Philipp von Köln, 1184 zum *Petri mons* („Berg des Petrus") erklärte, eine Benennung, die im Volksmund schon bald zu einem nebulösen *Pirremont* entartete.

Radau im österreichischen Salzkammergut fordert eine Missdeutung seines Ortsnamens geradezu heraus; dabei setzt dieser sich zusammen aus dem Präfix *Rad-* für „Rodung" und der Endung *-au*, die eine *Aue*, also ein „Feuchtgebiet" bezeichnet.

Randalstown ist nicht etwa eine Zwillingsstadt von *Radau*, sondern eine kleine nordirische Marktstadt, die ihren Namen von *Randal MacDonell*, dem ersten Marquis der Provinz Antrim, herleitet. Die Iren nennen das Städtchen – mit gleicher Bedeutung – *Baile Raghnaill*. Der englische Vorname *Randal* ist eine Form von *Randolf*, altengl. *Randwulf* (mit althochd. *rant*, „Schild", und *wulf*, „Wolf").

Ratzeburg ist nie eine *Rattenburg* gewesen (obschon *Ratze* eine umgangssprachliche Bezeichnung dieses unsympathischen Nagers ist). Die schleswig-holsteinische Stadt mitten im *Ratzeburger See* – allerdings durch Dämme mit dem Ufer verbunden – entstand an der Stelle einer alten slawischen Siedlung, die sich um eine *Burg* gruppierte, wo ein polabischer Fürst namens *Ratibor* residierte. Im germanischen Sprachgebrauch entstand so zunächst der Ausdruck *Ratibors Burg* und schließlich der irreführende moderne Name (vgl. den Namen der oberschlesischen Stadt *Ratibor*, poln. *Racibórz*).

Redcar darf man – falls man die englische Stadt bei Middlesborough meint – nicht mit „roter Wagen" übersetzen, denn hinter dem Namen verbirgt sich in Wahrheit eine „Schilfrohr-Marsch" (von altengl. *hreod*, „Ried", und altnorw. *kjarr*, „Marschland"), womit das Küstentiefland an der Nordsee gemeint ist.

Remagen könnte man, wenn auch mit orthographischem Schönheitsfehler, für eine Empfehlung des Küchenchefs halten. Der Name der Stadt bei Ahrweiler geht indes auf die keltische Bezeichnung *Rigomagus* zurück (von kelt. *rig*, „König", und *magus*, „Feld"), die das Siedlungsgebiet an der Mündung der Ahr in den Rhein als ehemaliges „Königsland" ausweist.

Rum hat nicht nur etwas mit Spirituosen zu tun, sondern lässt sich durchaus auch geographisch deuten: Die gebirgige Hebriden-Insel südlich von Skye trägt einen keltischen Namen, der „Raum" bedeutet (gäl. *rùm*) und sich auf die relative Geräumigkeit, vor allem im Vergleich mit den Nachbarinseln, bezieht.

Saintes, eine französische Stadt im Departement Charente-Maritime, wird es sicher bedauern, nicht einen einzigen Ortsheiligen (franz. *saint*) ihr Eigen nennen zu können! In der Antike hieß sie – wie Mailand – *Mediolanum* und galt als Metropole des keltischen Volksstammes der *Santones*; im Mittelalter wurde sie Hauptstadt der Provinz *Saintogne* und gehörte zeitweilig als Teil von Aquitanien zu England. Während der Religionskriege war *Saintes* ein Zentrum der Hugenotten.

Sangerhausen ist nicht, was die Stadt am Harz zu sein scheint, nämlich ein *Sängerheim*, sondern ein alter „Brandrodungsort" (von althochd. *bisengen*, „verbrennen"; vgl. *versengen*).

Savannah ist nicht mit „Savanne" zu verwechseln! Die Stadt im südöstlichen Georgia zählt zu den ältesten und schönsten des amerikanischen Südens. In ihrem Namen lebt die Erinnerung an das Indianervolk der *Sawana* fort, die hier am *Savannah River*, nahe seiner Mündung in den Atlantischen Ozean, siedelten.

Schwerin mit unserem Adjektiv *schwer* in Verbindung zu bringen, entbehrt jeglicher etymologischer Grundlage. Nachweislich entstand die Hauptstadt des Landes Mecklenburg-Vorpommern bei einem alten slawischen „Gestüt" (altpolab. *zvĕrin* bedeutet „Tiergehege", von *zvĕr*, „Wildtier"). Eine Insel im *Schweriner See* war bis 1160 Sitz der slawischen Obotritenfürsten (s. auch *Stuttgart*).

Shepshed verlangt beim korrekten Lesen des englischen Ortsnamens die Silbentrennung zwischen den Buchstaben *s* und *h* (sodass nach dem *shep* kein *shed*, „Schuppen", sondern nach dem *sheps* die Endung *-hed* für „Kopf" übrig bleibt). „Schafskopf", der Name der Stadt in Leicestershire (mit altengl. *sceap*, „Schaf", modern *sheep*), klingt fast wie eine Beleidigung, bezeichnete aber wohl eine weidewirtschaftlich genutzte Landzunge (altengl. *heafod*, „Kopf", modern *head*).

Shoeburyness für einen Ort zu halten, an dem man „Schuhe vergrub" (engl. *shoe* und *to bury*), ist absoluter Unsinn. Der Name bedeutet „Schutzburg-Landzunge", von altengl. *sceo*, „Schutz" (allerdings verwandt mit unserem Wort *Schuh*), *burg*, „Festung", und *næss*, „Spitze" (vgl. *Nase*). Der Distrikt von Southend-on-Sea liegt in der Tat auf einem schmalen Landvorsprung am Ende der Themsemündung.

Silverstone scheint einen offenkundigen Namen zu haben; die Ortschaft in der englischen Grafschaft Northamptonshire hat indes nichts mit *Silber* und *Steinen* zu tun, sondern heißt „Seewolfs Farm" (von altengl. *Sæwulf* und *tun*), was sich im täglichen Sprachgebrauch zu *Silverstone* verschliss.

Slimbridge, der Name eines Dorfes im englischen Gloucestershire, wird allzu leicht als „schlanke Brücke" interpretiert, obschon man ihn als „Schleimbrücke" verstehen muss (von altengl. *slim*, „Morast", modern *slime*). Mit der Brücke war wohl eine Art Knüppeldamm über schlüpfriges Terrain gemeint.

Strathpeffer in den schottischen Highlands hat keinerlei Bezug zu scharfem Gewürz, sondern bedeutet „Ort im Tal des Flusses Peffery" (aus gäl. *srath*, „Tal", und der piktischen Wurzel *pevr-*, „leuchtend, strahlend, schön").

Swansea erinnert verständlicher- und fälschlicherweise an Tschaikowskys berühmtes Ballett. Die walisische Stadt hat jedoch einen alten skandinavischen Namen: *Sveinn's sea*, „Knechts-Platz". *Swan* ist also nicht identisch mit *Schwan*, sondern kommt von altnorw. *sveinn*, „Diener" (vgl. engl. *swain*, „Knecht", eigentlich *Schweinehirt* – ein Wort, das in *boatswain*, „Bootsmann", überlebt hat). Auch *sea* bedeutet nicht *See*, sondern „Sitz" (altnorw. *sær*).

Titisee, der Name eines Gewässers im Schwarzwald, hat die Phantasie der Menschen seit eh und je angeregt, denn schon 1326 wird der See urkundlich als *Tittense* erwähnt; dabei dürfte er nach einem frühen Anwohner benannt sein, der *Dietrich* oder *Dietmar* hieß (von althochd. *diot*, „Volk", sowie *rihhi*, „reich", bzw. *mari*, „berühmt") und kurz *Didi* gerufen wurde.

Todmorden ist ja nun wirklich irreführend – zumindest für Deutsche! Es handelt sich jedoch um einen altenglischen Namen, dessen drei Bestandteile „Tottas Grenztal" bedeuten – mit dem Eigennamen *Totta*, altengl. *gemære*, „Grenzland", und *denu*, „Tal". Das entsprechende Tal bildet noch heute die Grenze zwischen den englischen Grafschaften Yorkshire und Lancashire.

Türkheim im Elsass und *Bad Dürkheim* in Rheinland-Pfalz haben keineswegs eine ansässige *türkische* Einwohnerschaft, denn die frühen Namen beider Städte – *Thurincheim* bzw. *Thuringeheim* – beweisen, dass es sich um eine „Wohnstätte der Thüringer" handelte, die von den fränkischen Königen in diesen Regionen angesiedelt worden waren.

Überlingen, die Stadt am Bodensee, hat nichts mit der deutschen Präposition *über* zu tun. In ihrem keltischen Namen *Iburinga* steckt vielmehr die alteuropäische Wurzel *ibr* mit der Bedeutung „Wasser" (s. *Ebro*).

Ulm als Stadt der *Ulmen* zu deuten, ist ebenso nahe liegend wie falsch; vielmehr handelt es sich bei dem Namen um eine germanische Bildung zur indogerm. Wurzel *uel-*, „drehen, wälzen"; es könnte der Wasserschwall gemeint sein, mit dem die Blau an dieser Stelle in die Donau mündet (s. *Blau* und *Blaubeuren*).

Viechtach im Bayerischen Wald lässt sich zwar leicht mit *Rindvieh* assoziieren, verweist aber mit seinem Namen auf die Lage in einem „Fichtenwald" (s. *Fichtelgebirge* und *Feuchtwangen*).

Vogelsberg heißt eine Erhebung im hessischen Mittelgebirge. Entgegen der spontanen Vermutung muss der alteuropäische Wortstamm *vog-*, *vogl-*, „Wasser, Moor", zu Grunde gelegt werden, wohl eine venetische Form zu indogerm. *bhogl* (vgl. schott. *boglach* und engl. *bog*, „Sumpf").

Warendorf, als ehemalige Hansestadt anscheinend passend benannt, hat einen Namen mit völlig unerwarteter Bedeutung: „Dorf am Wasser", von indogerm. *war-* und *wer-*, „fließendes Wasser". Die nordrhein-westfälische Stadt an der Ems ist insbesondere wegen ihrer Pferdezucht bekannt (vgl. auch die Stadt *Waren* am Müritzsee, deren Name auf altpolab. *varina*, „Ort mit wallendem Wasser", zurückgeht).

Warminster hat einen ausgesprochen martialischen Klang (engl. *war* bedeutet schließlich „Krieg"), dabei wurde die Stadt im englischen Wiltshire benannt nach der Kirche, die am Fluss *Were*, „der Wandernde", liegt (von altengl. *worian*, „wandern").

Waterford in Südostirland ist nie eine *Wasserfurt* gewesen. Im ersten Teil verbirgt sich altnorweg. *vethr*, „Hammel", in der Endung *fjorthr*, „Fjord", sodass sich die Bedeutung „Hammelfjord" ergibt. Die Benennung bezieht sich auf die Wikinger, die hier im 9. Jahrhundert eine Siedlung errichteten und offensichtlich Hammel verluden, um sie zu anderen Häfen zu verschiffen.

Wendemark hört sich sehr sportlich an, dabei wurde die Stadt in Sachsen-Anhalt von slawischen *Wenden* gegründet (s. *Sorben*).

Wien hieß in keltisch-römischer Zeit *Vindobona*, nach dem Bach *Wien*, kelt. *Vedunia*, „Wildbach". Auf keinen Fall ist der Name mit *Wein* in Verbindung zu bringen. Nachdem die Römer im 5. Jahrhundert n. Chr. die Gegend verlassen hatten, wird die Stadt als *Vindomina* und *Venia* erwähnt, nach dem Jahr 1000 als *Viennis* und *Wienne*.

Windsor, um 1060 als *Windlesora* erwähnt, bedeutet nicht etwa „windstilles Ufer" (vgl. latein. *ora*, „Küste"), sondern „Ufer mit Winden" – ein Hinweis auf mechanische Vorrichtungen, mit denen Boote aus dem Wasser gehievt werden konnten. Die Stadt am rechten Ufer der Themse ist berühmt für ihre Burg, *Windsor Castle*, die seit Wilhelm dem Eroberer Hauptsitz der Royal Family war. 1917, auf dem Höhepunkt des Krieges mit Deutschland, schämte man sich des bisherigen Hausnamens nach der deutschen Adelslinie Sachsen-Coburg-Gotha und wählte stattdessen *Windsor* zum neuen königlichen Familiennamen.

Würzburg liegt anmutig in einer Talweitung des Mains. 704 ist es erstmals als *Virteburg* beurkundet, ein Siedlungsplatz im Schutze des *Würzbergs* (von mittelhochd. *wirt*, „Schutzherr"), an dessen sonnenseitigen Hängen zwar kräftige Weine, jedoch keinerlei *Gewürze* gedeihen.

Mehrdeutige Bezeichnungen

Abruzzen heißt die Gebirgsregion im südlichen Mittelitalien, der die Römer den Namen *Aprutium* gegeben hatten. Man vermutet dahinter das lateinische Wort. *aper*, *apri*, „Wildschwein" (vgl. *Eber*) oder aber das Adjektiv *abruptus*, „steil"; immerhin sind die *Abruzzen* die höchsten und zerklüftetsten Berge der Apenninen.

Diyarbakır lässt sich mit „Kupferort" übersetzen, von türk. *diyar*, „Ort", und *bakır*, „Kupfer". Auf der anderen Seite wurde die ostanatolische Stadt am oberen Tigris erst 1517 von den Osmanen erobert; davor war sie als Sitz des Stammes der *Bakr ibn Wa'il* in arabischer Hand gewesen, worauf sich zumindest der zweite Teil des Namens beziehen könnte. (Die Türken nennen die Stadt auch *Kara Amid*, „schwarzer Basalt" – ein äußerst passender Beiname, da sie nicht nur auf eben solchem Gestein errichtet wurde, sondern schon von ihren Erbauern, den Byzantinern, als Festung auf den ganz ähnlichen Namen *Amida* getauft worden war.)

España ist als phönizische Bezeichnung *i-shephan-im*, „Küste der Klippschliefer", gedeutet worden (s. *Spanien*), woraus später die latinisierte Form *Hispania* entstand. Eine andere Erklärung basiert auf Benennungen der alten Griechen, denen die westlichste Halbinsel des Mittelmeers als *Hesperia*, „Abendland" – von griech. ἑσπέρα *(hespéra)*, „Abend, Westen" – oder auch als die abgelegene *H Σπάνια (He Spánia)*, „die Dürftige, Seltene", bekannt war (s. *Spanien*).

Hunsrück bedeutet wahrscheinlich „Hunderücken" (aus althochd. *hunt* und *ruggi*, „Rücken"), obschon der gut erhaltene *Hunnenring* bei Otzenhausen und weitere vorgeschichtliche Ringwälle auch die Auslegung „hoher Rücken" zulassen (mit althochd. *hohun-*, „hohen-"; vgl. *Hüne*). Manche Forscher deuten den ersten Namensteil dagegen als „Führer einer Hundertschaft" (althochd. *hunto*). Fest steht, dass der lang gestreckte Gebirgszug zwischen Rhein, Mosel und Nahe bereits im 11. Jahrhundert *Hundesrucha* hieß (s. *Kynoskephalai*).

Klagenfurt, wohl nicht „Furt der Klage", liegt auf einem Schwemmlandkegel bei einem alten Übergang über das Flüsschen *Glan*, das dem ehemaligen Marktort und der heutigen Hauptstadt Kärntens den Namen gegeben haben dürfte. Denkbar wäre auch die willkürliche Weiterentwicklung eines (vermuteten) römischen Namens *Claudii forum*, „Markt des Claudius".

Kurilen heißt ein 1270 km langer Inselbogen zwischen der ostsibirischen Halbinsel Kamtschatka und der japanischen Nordinsel Hokkaido. In der Ainu-Sprache der Ureinwohner bedeutet *Kur* oder *Kuru* „Mensch". Die Russen, denen die *Kurilen* nach 1945 zugesprochen wurden, erklären die Herkunft des Namens hingegen mit ihrem Verb *курить (kurít)*, „rauchen", schließlich gibt es auf den *Kurilen* eine ganze Reihe noch tätiger Vulkane.

Limburg entstand am Übergang mehrerer frühgeschichtlicher Handelswege über die Lahn. Der alte Name *Limburc* betraf wohl die fränkische Burg auf einem steilen Kalkfelsen über dem Fluss. Er ist entweder eine Kürzung aus *Lintaraburc* – „Burg am Linterbach", der heutzutage Kasselbach heißt und beim Dorf *Linter* entspringt (von kelt. *lind*, „Flüssigkeit", vielleicht auch von althochd. *lint*, „die Schlange"; vgl. *Lindwurm* und *Geländer*) – oder er enthält althochd. *linta*, „Linde"; dann würde der Name natürlich „Lindenburg" bedeuten.

Oregon ist einer der US-amerikanischen Pazifikstaaten. Der Ursprung seines Namens kann nicht als gesichert angesehen werden. Wahrscheinlich beruht er auf einem Algonkin-Wort mit der Bedeutung „schönes Wasser", er könnte jedoch auch vom französischen Wort *ouragan*, „Hurrikan", abgeleitet sein. In beiden Fällen scheint der lebhafte Columbia River an der Grenze zum Staat Washington gemeint zu sein.

Scarborough im englischen North Yorkshire wurde angeblich als „Skarthis Burg" von einem Norweger mit dem Spitznamen „Hasenscharte" (altnorw. *skarth*; vgl. engl. *scar*, „Narbe") gegründet; die *Scharte* könnte allerdings auch einen Einschnitt in der Landschaft bezeichnen, was der Tallage des Fischer- und Badeortes südlich von Whitby entsprechen würde.

Volksetymologie

Affenhausen in Tirol hieß zunächst wahrscheinlich *Affrahausen*, woraus im Lauf der Zeit dann die flüssigere „tierische" Version wurde. Der Ort liegt an der alten Handelsstraße von Hall nach Augsburg. Die Salzfuhrleute sollen an dieser Stelle eine Kapelle erbaut haben, die der heiligen *Afra* geweiht war, von der man sich himmlischen Beistand erhoffte. Auch *Affenthal* in Baden verweist natürlich nicht auf eine unerwartete exotische Tierwelt, stattdessen steckt in diesem Namen die oberdeutsche Wurzel *-aff*, „Wasser" (s. *Aschaff* und *Aschaffenburg*).

Amorbach im Odenwald hat nichts mit dem Gott der Liebe zu schaffen, aber sicherlich klang dieser Name in den Ohren der Einwohner auf die Dauer romantischer als das ursprüngliche *Ammerbach* mit seinem nüchternen Hinweis auf eine der Hauptfeldfrüchte des Mittelalters, den *Emmer* (althochd. *amar*, „Sommerdinkel"; s. *Dinkelsbühl*).

Brown Willy bedeutet nicht wirklich *brauner Wilhelm*, wie wohl die meisten Briten glauben, die diesen Felsbuckel – die höchste Erhebung Cornwalls – kennen, sondern „brustförmiger Hügel der Schwalben" (von korn. *bron*, „Busen", und der Pluralform *guennol*, „Schwalben").

Buffalo, ein wichtiger Binnenhafen der USA am Engpass zwischen Eriesee und Ontariosee, hat nichts mit *Büffeln* zu tun (engl. *buffalo*). Die Stadt hat ihren Namen von dem Fluss, an dessen Ufer sie gegründet wurde. Die frühen britischen Siedler versuchten erst gar nicht, den Namen des Wasserlaufs, den die französischen Fallensteller vor ihnen *beau fleuve*, „schöner Fluss", genannt hatten, korrekt auszusprechen; sie machten kurzerhand *Buffalo Creek* daraus.

Celle wird in einer Urkunde aus dem Jahr 990 *Kellu* genannt, „Siedlung am Fluss", ein Name, der vom Volk zunächst als *Zelle* ausgelegt und später zu *Celle* latinisiert wurde. Die niedersächsische Stadt an der Aller liegt im Süden der Lüneburger Heide.

Charing-Cross, der Name eines Londoner Distrikts, soll volksetymologisch aus der französischen Anrede *chère reine*, „liebe Königin", entstanden sein, mit der angeblich König Edward I. seine Gemahlin Eleanor titulierte. Die Erklärung klingt zwar interessant, stimmt aber nicht (wenngleich sie mit besagter Königin verknüpft ist): *Charing* stammt von altengl. *cierring*, „Biegung" (vgl. *Kehre*). Gemeint war eine markante Straßenkurve in London, an der 1290 ein Kreuz an den letzten Rastpunkt des Leichenzuges der verstorbenen Königin Eleanor vor der City erinnerte; an den anderen Rastpunkten auf dem Weg von ihrem Sterbeort Harby in Nottinghamshire zu ihrer letzten Ruhestätte in London waren ebenfalls Kreuze errichtet worden.

Cremona geht etymologisch auf den Keltenstamm der *Cenomanen* zurück, obschon der Name der norditalienischen Stadt seit dem Altertum mit der Töpferei, also der Herstellung von *Terrakotta*, (italien. *terra cotta*, „gebrannte Erde") verknüpft wird, sodass die Assoziation mit latein. *cremare*, „verbrennen, einäschern", einfach zu verlockend erschien (vgl. *Krematorium*; s. *Maine* und *Le Mans*).

Fischhausen ist der stark verstümmelte Name einer Stadt in Ostpreußen, die ursprünglich „Bischofshausen" hieß. In der Bevölkerung war der Zusammenhang mit der Siedlung eines Bischofs offensichtlich schon bald in Vergessenheit geraten.

Gossensaß in Tirol kann sich weiß Gott nicht eines allzu noblen Namens rühmen, für die Bewohner hatte er dennoch wohl einen bodenständigeren Klang als die Bezeichnung *Gotensitz* aus der grauen Völkerwanderungszeit (s. *Elsass*).

Hahnenklee im Harz ist im Volksmund zu Unrecht mit ländlicher Beschaulichkeit in Zusammenhang gebracht worden, denn der Ortsname kündet nicht von stolz einherschreitendem Federvieh inmitten von Grünfutter, sondern er wurde mit der treffenden Bedeutung „hohes Kliff", mittelniederd. *klef*, von den Gründern der Stadt gewählt (s. *Kleve* und *Hannover*).

Ladenburg klingt zwar ausgesprochen teutonisch, der Name der Neckar-Stadt, in der sich noch etliche Gebäudereste aus der Römerzeit finden, geht jedoch auf die keltisch-römische Stadtanlage *Lopodunum* („Burg des Lopos") zurück, ein frühes Siedlungszentrum der Neckar-Sueben im Oberrheinischen Tiefland. In fränkischer Zeit, als die Bedeutung der alten Benennung zu verblassen begann, nannte man die Stadt *Lobdenburg* (mit überflüssigem Zusatz *-burg*), woraus sich im Sprachgebrauch der Einwohner schließlich ein völlig abwegiges *Ladenburg* entwickelte.

Ladybank ist die unbekümmerte englische Variante der schottischen Ortsbeschreibung *leathad bog*, „feuchter Abhang". Der Name der Stadt südwestlich von Cupar bezieht sich auf den Torf, der hier seit dem 13. Jahrhundert gestochen wurde; er hat also keinerlei Bezug zu engl. *lady*, „Dame" – obschon volksetymologisch zweifelsohne *Our Lady*, also die Gottesmutter gemeint ist –, wohingegen *bank*, „Ufer, Böschung", in etwa dem Original entspricht.

Landschlacht im Schweizer Kanton Thurgau trägt in Wirklichkeit einen ganz friedlichen Namen, der noch im 9. Jahrhundert die freilich schlecht zu durchschauende und schwer zu artikulierende Form *Lanchasalachi*, „im langen Haselgebüsch", hatte (von althochd. *lang* und *hasalahi*). Die volkstümliche Mutation zum heutigen Namen ist somit – wenn schon nicht plausibel – so doch zumindest verzeihlich.

Leatherhead, „Lederkopf", setzte sich als englischer Name für eine walisische Stadt durch, obschon sie eigentlich als Ort an einer „grau gefärbten Furt" gegründet worden war (im 9. Jahrhundert *Leodridan*, von walis. *llwyd*, „grau, bleich", und *rhyd*, „Furt").

Moneymore bei Londonderry in Nordirland verfügt über einen zukunftsträchtigen Namen, der zumindest den britischen Kaufleuten der Stadt angenehmer gewesen sein dürfte als die tatsächlich zu Grunde liegende, aber unverständliche Bedeutung „großer Hain" (ir. *muine mór*).

Port Isaac an der Nordküste Cornwalls leitet seinen Namen von korn. *usek*, „Häcksel", her, was für englische Ohren praktisch nicht vom biblischen Namen *Isaak* zu unterscheiden ist.

Sargstedt bei Halberstadt ist mit einem recht düsteren Namen geschlagen, der jedoch nur dadurch zu Stande kam, dass die ursprüngliche Benennung – *Siricstedi*, „Ansiedlung des Sigirik" (d. h. des „Siegesfürsten") – im Lauf der Jahrhunderte volksetymologisch angeglichen wurde.

Sauerland, einst *Söderland*, ist das „Südland" von Westfalen, obschon Fremdenführer die Entstehung des Namens gern Karl d. Gr. zuschreiben, der nach mühsamer Eroberung angeblich den Ausspruch getan hat: „Das war mir ein sauer Land".

Seligenstadt nördlich von Aschaffenburg hat keinerlei religionsgeschichtlichen Hintergrund. Der Name – von althochd. *salaha*, „Weide" (zu *salo*, „schmutzig grau"; vgl. *salopp*, „nachlässig, unsauber") bedeutet „Stadt bei den Salweiden"; man muss zugeben, dass sich das (unsinnige) *Seligenstadt* besser aussprechen lässt als *Salweidenstadt*.

Sterbfritz, westlich der Südrhön, hieß ursprünglich *Starcfrides husir*, „die Ansiedlung des Starkfried". Der Ortsname gemahnt also nicht – wie man geglaubt haben mag – an einen dahinsiechenden Mitbürger.

Trostberg, eine Stadt in Oberbayern, bekam von ihren Bewohnern im Lauf der Zeit einen bagatellisierenden Namen. Dabei war die genannte Burg, die *Trozzeperch*, d.h. die „Trutzburg" (vgl. *Trotz*) bis Anfang des 14. Jahrhunderts eine waffenstarrende Grenzfeste gegen die mächtige Stadt Salzburg.

Venedig hat, wenn man den Fremdenführern Glauben schenkt, eine recht blumige Namensgeschichte: Als der Hunnenkönig Attila im Jahre 452, nach seiner verheerenden Niederlage auf den Katalaunischen Feldern bei Poitiers, mit dem Rest seines Heeres in Oberitalien einfiel und die Stadt Aquileia verwüstete, suchten deren Einwohner Zuflucht auf den flachen Sandinseln vor der Po-Mündung. Angeblich sollen sie ihr Eintreffen mit den lateinischen Worten *Veni etiam*, „Auch ich bin hergekommen!", kundgetan haben. Die italienische Version des Ortsnamens, *Venezia*, klingt zwar recht ähnlich, die schlichte Wahrheit ist jedoch, dass Aquileia von *Venetern* bewohnt war, die ihren Stammesnamen auf die Lagunenstadt übertrugen (s. *Venetien*).

Wittstock hat eine vermeintlich offenkundige Namensbedeutung (etwa „weißer Wurzelstock"). Die brandenburgische Stadt wurde jedoch von den Wenden als *Wiztok* gegründet (von altpolab. *vysoka*, „die hoch Gelegene"); der Name verwies auf die alte slawische Burg namens *Wyzoka* hoch oberhalb des Ortes.

Zarten, genauer *Kirchzarten*, besitzt einen trügerischen Namen, der von kelt. *Tarodunum*, „Burg des Taros", herzuleiten ist. Der beliebte Luftkurort bei Freiburg liegt im Höllental, oberhalb dessen sich der Wintersportort *Hinterzarten* findet, der bei den Freiburger Studenten in italienischer Manier prompt zum *popo dolce*, sozusagen zum *zarten Hintern* avancierte.

II.

VERGLEICH UND BEDEUTSAMKEIT

1. Gegenüberstellung von Namen

Es ist merkwürdig, wie sehr sich Wörter und Namen verschiedener Völker gleichen können – ungeachtet der geographischen Distanz und entgegen aller historischer Wahrscheinlichkeit. Man fragt sich, ob die griechischen Galeeren und die phönizischen Segelschiffe lange vor Kolumbus bei ihren Fahrten nicht doch viel weiter nach Westen vorgedrungen sind, als bisher nachzuweisen ist. Immerhin räumen einige Sprachforscher ein, dass der Fluss *Potomac* im Osten der Vereinigten Staaten nicht unbedingt einen indianischen Namen trägt, sondern ebenso gut mit dem griechischen Wort ποταμός *(potamós)*, „Fluss", identisch sein könnte (wenn man bedenkt, dass das griechische End-*s* in alter Zeit oft wie ein *C* geschrieben wurde, wären also lediglich die letzten beiden Vokale vertauscht worden: *Potamóc – Potomac*); in diesem Zusammenhang ist erstaunlich, dass in den Guaraní-Sprachen Brasiliens und Paraguays das verwandt klingende Wort *poti* ebenfalls einen „Fluss" bezeichnet. Darüber hinaus gibt es eine ganze Anzahl von auffallenden Ähnlichkeiten zwischen Wörtern unserer alten Hochkulturen und indianischen Ausdrücken: So benutzten die alten Ägypter und die Quechua Südamerikas das Wort *andi* in annähernd gleichem Sinn (altägypt. *andi*, „Hochtal"; indian. *andi*, „Gipfel", s. *Anden*); zudem gibt es kaum einen lautlichen Unterschied zwischen den westlichen Bezeichnungen für „Bergspitze" (französ. *pic*, span. und portug. *pico*, engl. *peak*) und dem Inka-Begriff *picchu* (s. die hoch gelegene Ruinenstadt *Machu Picchu* in Peru; Ausspr. etwa *Matschu Pik|tschu*). In der Berbersprache Nordafrikas sowie in der Sprache der Azteken bedeutet *atl* „Wasser" (s. *Atlantik*). In der baskischen Sprache steht das Wort *garúa* für „Nieselregen", während es bei den Indios Perus und Boliviens den „Tau" bezeichnet. Die Phönizier nannten eine Stadt *kart* (s. *Karthago*), den araukanischen Ureinwohnern Chiles ist diese als *kar* geläufig. Das griechische Wort ὀμίχλη *(homíchle)*, „Nebel, Dunst", scheint mit aztekisch *mixtli (míchtli)*, „Wolke", verwandt zu sein, und griechisch οἶκος *(oîkos)* stimmt praktisch mit dem Guaraní-Wort *óko* überein (beide bedeuten „Haus"; s. *Monaco*). Der „Umhang" der Hellenen – χιτών *(chitón;* vgl. den *Chitin*-Panzer der Insekten) – entspricht in etwa dem *quéton*, dem „Mantel" der Maya. Im antiken Griechenland nannte man das wogende „Meer" ϑάλασσα *(thálassa)*, während die Ureinwohner Zentralamerikas ein Adjektiv *thallac* kennen, das mit „nicht fest" zu übersetzen ist, und ebenso überrascht die lautliche Ähnlichkeit unseres etymologisch ungeklärten Wortes *Kahn* mit dem karibischen *Kanu*, dem „Einbaum der Indianer". Die Römer und die Azteken nannten einen „Schmetterling" *papilio* bzw. *papalotl*, und schließlich ist auch die fast völlige lautliche Übereinstimmung mexikanisch-indianischer *teocalli* („Gotteshäuser") mit dem „Haus Gottes" der Griechen – ϑεοῦ καλιά *(theoû kaliá)* – geeignet, eine gewisse Verwunderung hervorzurufen.

Namen gleichen sich bisweilen wie ein Ei dem anderen, dabei handelt es sich häufig nur um eine S c h e i n i d e n t i t ä t, also um Wörter mit zufällig derselben Schreibweise (vgl. die *Essener*, d.h. die Einwohner der Ruhrgebietsstadt *Essen*, und die *Esséner*, d.h. die Anhänger einer jüdischen Sekte im 2. vorchristlichen Jahrhundert) oder mit übereinstimmender Aussprache (vgl. die *Balten*, d.h. die „Weißen", also die nichtslawischen Anrainer der Ostseeküste, und das westgotische Königsgeschlecht der *Balthen*, d.h. der „Kühnen", zu denen auch Alarich, der Eroberer Roms gehörte).

In den meisten Fällen, in denen Namen ein und desselben Kulturkreises sich stark ähneln, wird recht bald ihre g e m e i n s a m e H e r k u n f t offenbar (vgl. etwa *Hagen* im nördlichen Sauerland, *Hagenau* im Elsass, *Hagenbach* in Rheinland-Pfalz oder *Hagendingen* in Lothringen – alle von althochd. *hagan*, „umhegtes Grundstück").

Ständige Quelle der Irritation sind dagegen jene Namenspärchen, bei denen stets die Gefahr einer peinlichen V e r w e c h s l u n g besteht, obschon sie weder ihres Ursprungs noch ihrer Bedeutung nach irgendwelche Gemeinsamkeiten haben; wer hätte nicht schon mal gezögert, bevor er sich für *Budapest* oder *Bukarest*, *Trient* oder *Triest*, *Gent* oder *Genf* entschied?

Schließlich ist jene Gruppe von Namen zu nennen, die auf den ersten Blick überhaupt keine Gemeinsamkeiten zu haben scheinen, die jedoch, sobald man sie aus der jeweiligen Sprache übersetzt, eine absolute B e d e u t u n g s g l e i c h h e i t zeigen: ein Beweis dafür, dass die Menschen aller Völker und Länder sich bei der geographischen Benennung von den gleichen Ideen und Grundsätzen haben leiten lassen – sei es, dass sie Formen, Farben und Größe betonten oder den besonderen Standort erwähnten, sei es, dass sie stolz die ökonomische oder politische Bedeutung ihrer „Stadt" hervorhoben, indem sie ihr den Namenszusatz *town* oder *ville* (engl. bzw. franz.), *polis* oder *civitas* (griech. bzw. latein.), *abad* oder *grad* (tadschik.-iran. bzw. russ.) verliehen.

Z u f ä l l i g   d e c k u n g s g l e i c h e   N a m e n

Aba – hoch gelegener chinesischer Ort im Min Shan-Gebirge
Aba – ostnigerianisches Handelszentrum bei Port Harcourt

Brest – Hafenstadt in der Bretagne; französischer Kriegshafen
Brest – weißruss. Gebietshauptstadt am Bug (Aussprache: *Brjést*)

Iberia – latein. Bezeichnung für die spanische Mittelmeerküste
Iberia – antikes Königreiches in Kaukasien (heute Ost-Georgien)

Jura – franz.-schweizer. Gebirgszug der Jura- und Kreidezeit
Jura – Insel der Inneren Hebriden vor der Westküste Schottlands

Kabul – afghan. Hauptstadt, nach einem Nebenfluss des Indus
Kabul – biblisches Gebiet südöstlich der Stadt Akko in Israel

Kaffer – „Ungläubiger"; arab. Benennung eines Schwarzafrikaners
Kaffer – rotwelsch für einen „Dörfler" (hebr. *kaphri*; vgl. *Kaff*)

Kuba – westindische, zu den Großen Antillen gehörende Insel
Kuba – Volk im Kongogebiet (von bant. *kuba*, „Wurfmesser")

Mafia – Insel im Indischen Ozean, vor der ostafrikanischen Küste
Mafia – geheime Terrororganisation in Sizilien

Malta – felsige Inselrepublik im Mittelmeer (voridg. *mel*, „hoch")
Malta – Alpenfluss und Ort in Österr. (ahd. *malz*, „sanft, mild")

Minho – Fluss in Nordwestspanien (z. T. Grenzfluss zu Portugal)
Minho – Nebenfluss des Jangtsekiang

Tanger – Provinzhauptstadt in Marokko; alter pun. Name *Tingis*
Tanger – Nebenfluss der Elbe in Sachsen-Anhalt (s. *Tangermünde*)

Verwirrende Namensähnlichkeiten

Adama	–	äthiopische Stadt bei Addis Abeba (wohl nach *Adam*)
Adana	–	türkische Stadt in Südostanatolien (von *ada*, „Insel")
Accra	–	Hauptstadt von Ghana an der Goldküste Westafrikas
Agra	–	indische Großstadt zwischen Neu Delhi und Kanpur
Akadien	–	Ostprovinzen Kanadas (ind. *akadi*, „üppiges Land")
Arkadien	–	griech. Landschaft (nach *Arkas*, einem Sohn d. Zeus)
Altena	–	sauerl. Stadt an der Lenne (mit ahd. *aha*, „Wasser")
Altona	–	Stadtteil Hamburgs (nach einem Dorfkrug; s. *Altona*)
Ancona	–	ital. Stadt an einer Adriabucht (grch. *ankón*, „Kurve")
Ascona	–	schweiz. Stadt am Lago Maggiore (ahd. *asc*, "Esche")
Angara	–	(ewenk. „Abfluss") sibir. Strom aus dem Baikalsee
Ankara	–	Hauptstadt der Türkei (von grch. *ánkyra*, „Anker")
Australia	–	engl. für *Australien* (von lat. *australis*, „südlich")
Austria	–	engl. für *Österreich* (von germ. *austro-*, „ostwärts")
Bali	–	eine der Sundainseln (nach dem Volk der *Bali Aga*)
Bari	–	südital. Hafenstadt an der Adria (grch. *bâris*, „Barke")
Bergama	–	Stadt an der Ägäisküste der Türkei (ehem. *Pergamon*)
Bergamo	–	norditalien. Stadt am Fuß der Alpen (röm. *Bergomum*)
Bodensee	–	See in der früheren karolingischen Pfalz *Bodman*
Seeboden	–	österr. Gemeinde am Westende des Millstätter Sees
Dakar	–	Hauptst. des Senegal (von *n'dakar*, „die Tamarinde")
Dhaka	–	Hauptst. v. Bangladesh (nach d. einh. Baumart *Dhak*)
Elbrus	–	höchster Gipfel des Kaukasus, 5633 m hoch
Elburs	–	Gebirgsmassiv am Südufer des Kaspischen Meeres
Eretria	–	bedeutende antike Stadt der griechischen Insel Euböa
Eritrea	–	afrikan. Staat am Roten Meer (grch. *erythrós*, „rot")
Exeter	–	engl. Stadt am Fluss *Exe* (kelt. *Isca*, „Sumpfwasser")
Exter	–	Nebenfluss der Weser (von ahd. *agastra*, „Elster")
Galicien	–	„Keltenland" (s. *Gallien*); nordwestspan. Landschaft
Galizien	–	histor. Karpaten-Landsch. (aus *Halitsch*; lat. *Galicia*)

Gallien	–	„Land der Kelten" (der *Gallier*), insbes. Frankreich
Gallipoli	–	grch. *Kallípolis*, „Schönstadt"; Ort a.d. Dardanellen
Gerona	–	Stadt in Nordostspanien (in der Römerzeit *Gerunda*)
Verona	–	nordital. Stadt (von kelt. *Vernomago*, „Holunderfeld")
Haiti	–	Staat auf der Antilleninsel Hispaniola (*ahiti*, „bergig")
Tahiti	–	eine der Südseeinseln (von *otahiti*, „kleine Insel")
Hollywood	–	(„Stechpalmenwald"), Zentrum der amerik. Film-Ind.
Holywood	–	(„heiliger Wald"), Wohnsiedlung am Belfast Lough
Hamburg	–	Stadt an einer Elbbiegung (v. ahd. *hamma*, „Winkel")
Homberg	–	(„Hohenberg"), Stadt auf der Terrasse d. Niederrheins
Juist	–	ostfriesische Insel vor der Nordseeküste (von *Geest*)
Uist	–	zwei Hebriden-Inseln (von altnorw. *vist*, „Wohnung")
Kırıkkale	–	(„zerstörte Burg") türkische Stadt östlich von Ankara
Kırklareli	–	„Ort der vierzig" Kirchen, Stadt in der europ. Türkei
Kennet	–	mehrere brit. Flüsse (v. kelt. *cunetio*, „nobel, heilig")
Kent	–	südöstlichstes engl. County (aus kelt. *can*, „Rand")
Kehl	–	Stadt am Oberrhein (von ahd. *kanali*, „Rinne")
Kiel	–	Hafenstadt an der Kieler Förde (von mnd. *kil*, „Keil")
Lienz	–	Stadt in Osttirol, an der Mündung der Isel in die Drau
Linz	–	Hauptstadt von Oberösterreich (kelt.-röm. *Lentia*)
Loir	–	linker Nebenfluss der Sarthe im Westen Frankreichs
Loire	–	größter frz. Fluss (röm. *Liger*, von kelt. *lig*, „Sumpf")
Meran(o)	–	ital. Stadt in Südtirol (aus röm. *Castrum Maiense*)
Meranum	–	„Meer-Land", alte Bezeichnung der dalmatin. Küste
Moskau	–	russ. Hauptstadt a.d. *Moskwa* (altslaw. für „sumpfig")
Muskau	–	Neiße-Stadt bei Cottbus (mit Fürst Pückler-Park)
Palermo	–	„sicherer Ankerplatz" (grch.), Hauptstadt Siziliens
Salerno	–	Stadt bei Neapel (mit idg. Wurzel *sala*, „Strömung")
Picafort	–	„Hütte des Picafort" (katal.), Badeort auf Mallorca
Pickford	–	„Schweinefurt", engl. Stadt in der Nähe von Coventry
Riga	–	lettische Hauptstadt a.d. Düna (lett. *ringa*, „Biegung")
Riva	–	„Ufer" (ital.), Kurort am Nordrand des Gardasees

Tanga	–	Region und deren Hauptstadt in *Tanganjika* (s. dort)[1]
Tonga	–	Freundschaftsinseln i. d. Südsee (polyn. für „Süden")
Tarento	–	südital. Stadt, 750 v. Chr. als spartan. *Taras* gegründet
Toronto	–	kanadische Stadt (von indian. *deondo*, „Treffpunkt")
Trent	–	Fluss in den engl. Midlands (von kelt. *sento*, „Pfad")
Trient	–	nordital. Stadt (röm. *Tridentum*, „dreizackiger" Berg)
Jork	–	Ort im Alten Land a. d. Elbe (v. fries. *Jörck*, „Georg")
York	–	englische Stadt nordöstl. von Leeds (röm. *Eburacum*)

N a m e n s v a r i a t i o n e n   g l e i c h e r   H e r k u n f t

Adria – Edirne – Hadrianopolis

Die italienische Stadt *Adria* an der Po-Mündung gab dem *Adriatischen Meer* den Namen; sie wurde ebenso nach Kaiser *Hadrian* benannt wie die Stadt *Edirne* im europäischen Teil der Türkei, die in der Antike *Hadrianopolis*, „Hadrian-Stadt", hieß (wie übrigens auch die Stadt Palmyra in Syrien).

Aichach – Eeklo – Itzehoe

Die beiden deutschen Städte *Aichach* (bei Augsburg) und *Itzehoe* (in Schleswig-Holstein; im 12. Jh. *Ekeho*) verweisen, wie *Eeklo* in Flandern (althochd. *loh*, „Hain"), mit ihrem Namen auf den gleichen Entstehungsort: einen „Eichenwald" (althochd. *eihhahi*).

Archangelsk – Los Angeles – Port Angeles

Zu Grunde liegt diesen Namen das griech. Wort ἄγγελος *(ángelos)*, „Bote, Engel"; davon abgeleitet sind latein. *angelus*, italien. *angelo*, span. *ángel* (Mehrz. *los ángeles*) und engl. *angel*. Die nordwestrussische Hafenstadt am Weißen Meer bekam ihren Namen nach einem alten Kloster, das dem heiligen Michael geweiht war; griech. ἀρχάγγελος *(archángelos)* bedeutet „Erzengel". Die spanische „Engel"-Variante findet sich bei den amerikanischen Städten *Los Angeles* und *Port Angeles* in Kalifornien bzw. im Staat Washington. (Der pazifische Küstenstreifen war zunächst von Spaniern besiedelt und missioniert worden.)

Beaulieu – Beauly

Beaulieu in Hampshire und das schottische *Beauly* erinnern mit ihren französisch-normannischen Namen daran, dass sie einst an

---

[1] *Tanga*, die Bezeichnung des Minibikinis, ist jedoch dem Wort *tangga* der südamerikanischen Tupi-Indianer für „Schurz" entlehnt.

einer „herrlichen Stelle" entstanden (von franz. *beau*, „schön",
und *lieu*, „Ort, Platz").

Bochum – Bockum – Buchen

Orte des Namens „Buchenheim" sind offenkundig aus einer
Siedlung in einem Buchenwald hervorgegangen. Das gilt für die
Großstadt im Herzen des Ruhrgebiets ebenso wie für *Bockum*
bei Lüdinghausen und *Buchen* im Odenwald (von althochd.
buohha, „Buche", und *-heim*, „Wohnung"; s. auch *Bocholt*).

Boizenburg – Bückeburg

Die Stadt *Boizenburg* bei Hamburg entwickelte sich bei einer
mittelalterlichen Burg oberhalb der *Boize*, die hier in die Elbe
mündet (von altsächs. *boke*, „Buche", mit Wechsel von *k* zu *z*).
Hinter dem Namen der Stadt *Bückeburg* am Nordrand des
Wesergebirges verbirgt sich ebenfalls die Bedeutung „Buchen-
burg" (vgl. die dort liegenden *Bückeberge*).

Bologna – Boulogne

Sowohl die italienische als auch die französische Stadt hießen
bei den Römern *Bononia* (aus *Boiohaemum*), nach dem keltischen Volksstamm der *Boier* (von indogerm. *bhoi*, „Kampf"),
die im ersten vorchristlichen Jahrtausend ihre *böhmische* Heimat
verließen und sich an diesen Orten niederließen (s. *Böhmen*).

Belaria – Bonaire – Buenos Aires

Alle drei geographischen Namen – *Belaria* ist ein italienischer
Badeort an der Adria, *Bonaire* eine Insel der Niederländischen
Antillen und *Buenos Aires* die Hauptstadt Argentiniens –
bedeuten „schöne Luft" bzw. „gute Lüfte".[1]

Britannien und *Bretagne*

Da viele *Briten* bei der Invasion der Angelsachsen an die Küste
des gegenüberliegenden Festlands flohen, wird die *Bretagne*
noch heute von den Engländern *Brittany* genannt. Im Mittelalter
hieß dieser Teil Frankreichs lateinisch *Britannia Minor*, „das
kleinere Britannien", während die *britische* Hauptinsel selbst als
Britannia Maior, also „größeres Britannien", bezeichnet wurde –
eine Interpretation, der das Inselreich seinen offiziellen Namen
verdankt: *Großbritannien*.

---

[1] Im Gegensatz hierzu steht übrigens die Bezeichnung des Tropenfiebers *Malaria*, als
dessen Ursache man früher die „böse Luft" – italien. *mala aria* – ansah, die aus Sumpfgebieten heranwehte und gegen die man sich am besten mit geschlossenen Fenstern
wehrte (die Maßnahme hat tatsächlich geholfen, da auf diese Weise die Stechmücken
als Überträger der Infektionskrankheit ausgeschlossen wurden).

Bruchsal – Brüssel

Wie verwandt die baden-württembergische und die belgische Stadt sind, zeigen die Gründungsnamen *Bruocsella* bzw. *Broekzelle*; sie bedeuten „Wohnstätte auf sumpfigem Boden" (vgl. *Bruch*).

Colón – Columbus

Der bedeutende Hafen am Atlantikende des Panamakanals und die amerikanische Stadt im Bundesstaat Ohio sind natürlich nach dem großen Entdecker benannt. (Die span. Form seines Namens ist *Colón*.) Für die Benennung der Hauptstadt Sri Lankas war dieser dagegen nicht verantwortlich (s. *Colombo*).

Cornwall – Cornouailles

Nur die Engländer nennen die gebirgige Halbinsel im Südwesten ihres Landes *Cornwall*, die Einheimischen benutzen das Wort *Kernóu*, das mit latein. *cornu*, „Horn", verwandt ist – eine äußerst zutreffende Assoziation zu der schmalen, gebogenen Landzunge (röm. *Cornubia*). Mit der Endung *-walh*, „Fremdling", bezeichneten die Angelsachsen die keltischen Bewohner dieses Landstrichs. Entsprechend nennen die Menschen in der gegenüberliegenden Bretagne einen Landstrich ihrer Halbinsel *Kernéo*, besser bekannt unter dem französischen Namen *Cornouailles*.

Costa Dorada – Costa de Ouro – Côte d'Or

Wenngleich sie verschiedenen romanischen Sprachen entstammen, bezeichnen diese Landschaftsnamen eine „Goldküste" (aus latein. *costa aurea*, „goldene Rippe"). Während es sich bei der spanischen *Costa Dorada* und der portugiesischen *Costa de Ouro* um goldschimmernde Strände am Mittelmeer bzw. an der Algarve handelt, liegt die *Côte d'Or*, ein schmaler Gebirgszug entlang der Saône, mitten in Frankreich. An seinen steilküstenartigen Hängen gedeiht ein berühmter „goldener" Burgunder.

Doubs – Douvre – Tauber

Die zwei französischen Gewässernamen sind praktisch Varianten unserer deutschen *Tauber*, die bei den Römern *Dubra* hieß. Sie alle gehen auf kelt. *dub*, „Wasser", zurück (s. auch *Dover*).

Dubrovnik – Potsdam

Die dalmatinische „Eichen-Stadt" *Dubrovnik* (von serbokroat. *dub*, „Eiche") entspricht dem Namen nach der brandenburgischen Stadt *Potsdam* („unter den Eichen", von polab. *domb*, „Eiche", und dem Präfix *pot*, „unter").

El Kantara – Alcántara – Alcantarilha

Ortsnamen mit vorangestelltem Artikel *el* oder *al* sind in der Regel arabischer Herkunft. In Tunesien begegnet uns *El Kantara* („die Brücke") gleich zweimal, und zwar an beiden Enden des alten Römerdamms, der die Insel Djerba mit dem Festland verbindet. *Alcántara* heißen eine altertümliche spanische Stadt an der Grenze zu Portugal – mit einer römischen Granitbogenbrücke über den Tajo – sowie ein im gleichnamigen Flusstal gelegener Stadtteil von Lissabon, während ein hübsches portugiesisches Dorf an der Algarve von den Mauren *Alcantarilha*, „kleine Brücke", getauft wurde, da hier die küstennahe Straße einen Flusslauf überquerte.

Flores – Florenz (Firenze) – Florida

Die romanische Wurzel *flor-* in geographischen Namen hat stets die Bedeutung „Blume" oder „Blüte" (latein. *flos, floris*; portug. und span. *flor*, italien. *fiore*, rumän. *floare*; vgl. *Florian* und *Florist*). *Flores*, „Blüten", heißen sowohl eine portugiesische Azoreninsel und eine der Kleinen Sunda-Inseln als auch eine Stadt in Guatemala und ein Departement in Uruguay. *Florenz* in Italien wurde von den Römern als *Florentia* der Blumengöttin *Flora* gewidmet (danach *Florence* in Alabama und *Florencia* in Kolumbien). Die von der Sonne verwöhnte Halbinsel *Florida* im äußersten Südosten der USA hat ihren Namen „die Blühende" wegen ihrer subtropischen Vegetation wahrlich verdient.

Gallien – Galatien

Nicht nur das heutige Frankreich (einschließlich Norditalien und Südbelgien) war von Kelten besiedelt, sondern auch das antike Reich *Galatien* in Kleinasien (vgl. den Brief des heiligen Paulus an die *Galater*). Die *Gallier* selbst führen, wie die *Gälen* Irlands und Schottlands, ihren Namen entweder auf das Adjektiv *gala*, „tapfer" (verwandt mit altir. *goidel*, „Mann, Mensch") oder auf eine keltische Wurzel *gal-* in der Bedeutung „weiß" zurück, während die Römer behaupteten, die Bezeichnung *Gallus* leite sich von kelt. *gallos*, „Fremder, Ausländer", her (s. *Waliser*).

Gallipoli – Gelibolu

Die italienische Stadt *Gallipoli* am Golf von Tarent und die türkische Hafenstadt *Gelibolu* auf der gleichnamigen Halbinsel haben denselben etymologischen Hintergrund; bei beiden griechischen Gründungen muss es sich im Altertum um eine *Kallípolis*, d. h. eine „schöne Stadt", gehandelt haben.

Genf – Gent

Der schweizerische und der belgische Ort trugen in keltischer Zeit den identischen Namen *Genava*, „Mündung": *Genf* liegt genau an der Stelle, wo die Rhône aus dem Genfer See abfließt, *Gent* an der Vereinigung der Flüsse Schelde und Leie.

Gladbach – Gladbeck

In germanischen Bachnamen findet sich häufig das althochd. Adjektiv *glat* (niederd. *glad*; vgl. *glatt*) im Sinne von „glänzend". An einem „schimmernden Bach" entstanden Städte wie *Gladbach* bei Düren, *Bergisch Gladbach* östlich von Köln und *Gladbeck* im Ruhrgebiet (urspr. *Gladbeki*; s. auch *Mönchengladbach*).

Gradisca – Graditz – Graz

Allen drei Ortsnamen – *Gradisca d'Isonzo* (slowen. *Gradiška*) in der italienischen Provinz Görz, das berühmte Gestüt *Graditz* bei Torgau und *Graz* in der Steiermark – liegt slaw. *gradec*, „kleine Burg", zu Grunde (s. auch *Belgrad*).

Grafenwald – s'Gravenhage

Die Namen des Kirchhellener Ortsteils *Grafenwald* und der niederländischen Stadt *s'Gravenhage* (Den Haag) sind in der Aussage identisch.

Hannover – Hever

Genau wie die niedersächsische Hauptstadt an der Leine liegt der Ort im englischen Kent an einem „hohen Ufer", in diesem Fall oberhalb des Flusses Eden; im Mittelalter wurde die Lage des Dorfes beschrieben als *æt thæm hean yfre*.

Helgoland – Holy Island

Sowohl bei *Helgoland* in der deutschen Bucht als auch bei der englischen Insel *Holy Island* vor der Küste von Northumberland (im 12. Jahrhundert *Heligoland* bzw. *Healand*) handelt es sich um ein „heiliges Land", im ersteren Fall wegen eines alten germanischen Heiligtums, im letzteren wegen eines bedeutenden mittelalterlichen Klosters, zu dem vor allem die Bewohner von *Lindsey* regelmäßig pilgerten, weswegen die Insel auch *Lindisfarne* genannt wurde (mit altengl. *faran*, „Wallfahrer"; vgl. auch das *Heilige Land* in Palästina).

Ismail – Ismailija

Die ukrainische Stadt *Ismail* war im 16. Jahrhundert eine türkische Festung, benannt nach Abrahams Sohn *Ismael* („Gott möge hören"), der mit seiner Mutter, der ägyptischen Sklavin

Hagar, in die Wüste verbannt wurde und dort zum legendären Ahnherren der *Ismaeliten*, d.h. der arabischen Nomadenstämme im Süden Palästinas, aufstieg. Den gleichen Namensursprung hat die ägyptische Stadt *Ismailija* am Suezkanal.

Karagol – Karakul

Die Namen zweier unergründlich tiefer Seen – auf der Krim und im Pamir – bedeuten übereinstimmend „schwarzer See" (türk. *Karagöl*; s. auch *Karadeniz*, *Kara Dağ* und *Karakorum*).

Katwijk – Kettwig

Der „Katzenplatz" *Katwijk* an der niederländischen Küste hat in Deutschland den Namensvetter *Kettwig*; die Endung enthält in beiden Fällen althochd. *wih*, „Ort". (Der erste Teil der Namen könnte allerdings auch von indogerm. *kat*, „Schmutz, Sumpf", herzuleiten sein, wozu die Lage der beiden Städte passen würde: *Katwijk* liegt an der Mündung des Alten Rheins, *Kettwig* an einer alten Furt über die Ruhr.)

Konstanz – Constanţa

Die Familie *Konstantins d.Gr.* lieh ihren Namen sowohl der deutschen als auch der rumänischen Stadt; bei *Konstanz* am Bodensee war es *Constantius Chlorus*, der Vater des berühmten römischen Kaisers, bei *Constanţa* am Schwarzen Meer war es dessen Schwester *Constantiana*.

Korčula – Korfu

Vor der mitteldalmatinischen Küste liegt die gebirgige Insel *Korčula*, die bei den Römern *Corcyra* und bei den alten Griechen *Kérkyra melaína*, „schwarzes Kerkyra", hieß, um sie von der griechischen Insel *Korfu*, dem eigentlichen *Kérkyra* zu unterscheiden. Beide Namen sind aus griech. κορυφή *(koryphé)*, „Gipfel", entstanden (vgl. *Koryphäe*, „Genie").

Leipnik – Leipzig – Liepz

Alle drei Ortsnamen gehen auf das slawische Wort *lipa*, „Linde", zurück. Die Tschechen nennen die nordmährische Stadt *Leipnik* in ihrer Sprache *Lipník*, so wie sie das deutsche *Leipzig* als *Lipsko* bezeichnen. Die Stadt *Liepz* im polnischen Pommern ist ein weiterer „Linden-Ort".

Lugo – Laon – Lyon

Lugo im spanischen Galicien und das italienische *Lugo* bei Ravenna sind etymologisch mit den französischen Städten *Laon* und *Lyon* verwandt (früher *Lugdunum*). Sie alle wurden bei ihrer Gründung dem keltischen Gott *Lug* geweiht.

Monastir – Moutier – Müstair – Münster

Das lateinische Wort *monasterium*, „Kloster", stand Pate für Städte, die im germanischen Sprachraum *Münster* oder *Minster* heißen und im Romanischen die Form *Montreux* (am Ostende des Genfer Sees), *Moutier* (im Kanton Bern; vgl. auch *Noirmoutier*, „schwarzes Kloster", vor der französischen Atlantikküste) und *Müstair* (in der rätoromanischen Schweiz) annahmen; selbst das tunesische *Monastir* enthält das französische Wort *monastère* – nach der europäischen Benennung eines alten arabischen Wehrklosters in der Nähe der Hafenstadt am Mittelmeer. (Übrigens gehört die irische Provinz *Munster* nicht in diese Gruppe; s. dort.)

Normanby – Normanton

Ansiedlungen dänischer und norwegischer Wikinger wurden im alten England nicht selten *Normanton* oder *Normanby* – „Nordmännerfarm" – benannt, also mit altengl. *tun* oder altnorweg. *bý* (beide Endungen haben die Bedeutung „Farm"), je nachdem, ob die Alteingesessenen oder die skandinavischen Neuankömmlinge den Namen prägten.

Palermo – Panormos

Die sizilianische Hauptstadt *Palermo* wurde zwar von den Phöniziern gegründet, trug aber dennoch ursprünglich den griechischen Namen *Panormos*, „All-Hafen", von $\pi\alpha\nu$- *(pan-)*, „ganz-", und $\acute{o}\rho\mu o\varsigma$ *(hórmos)*, „Ankerplatz, Bootreihe"; noch heute heißt eine Stadt auf der griechischen Insel Samos *Panormos*.

Palma de Mallorca – Las Palmas – Palmyra

Der spanische Name der Hauptstadt Mallorcas, *Palma*, bedeutet erwartungsgemäß „Palme" (von latein. *palma*, „die Handfläche", die mit abgespreizten Fingern der fächerförmigen Palmkrone gleicht); er ist nichts weiter als die wörtliche Übersetzung des Namens *Tamar*, den die phönizischen Gründerväter der Baleareninsel gegeben hatten. (Noch heute heißt die Palme bei den Portugiesen *tamareira*; vgl. auch den russischen Vornamen *Tamara*, aus hebr. *tamar*, „Dattelpalme".) Das Urlaubsziel *Las Palmas* auf Gran Canaria sowie die nordwestlichste der Kanarischen Inseln, *La Palma*, haben wie die syrische Oasenstadt *Palmyra* (arab. *Tudmur*) natürlich den gleichen Namensursprung (vgl. auch *Palm Beach* in Florida und *Palmanova* in Norditalien).

Pforzheim – Portimão – Portofino – Portobello – Porto Alegre
Allen Namen mit *Port-* liegt latein. *portus*, „Hafen", zu Grunde
– im Fall von *Pforzheim* allerdings in arg verballhornter Form:
In römischer Zeit hieß die Schwarzwaldstadt am Zusammenfluss
von Enz und Nagold schlicht *Portus*. Die Stadt *Portimão* an der
portugiesischen Algarveküste wurde als *Portus magnus*, „großer
Hafen", gegründet. Fast identische Namen haben das italienische
Städtchen *Portofino*, „feiner Hafen", bei Genua und die panama-
ische Stadt *Portobello* an einer idyllischen Bucht, die bereits
Kolumbus 1502 als ein „wunderschöner Hafen" erschien. Die
Städte *Porto Alegre* in Brasilien und *Portalegre* in Portugal heißen übereinstimmend „heiterer Hafen" (vgl. *allegro* als musikalische Tempobezeichnung „lebhaft").

Remagen – Riom
Die deutsche Stadt *Remagen* und *Riom* in Frankreich (einst die
Hauptstadt des Herzogtums Auvergne) haben den gleichen
etymologischen Ursprung; beide Orte trugen einst den keltischen
Namen *Rigomagus*, „Königsfeld".

Roermond – Ruhrort
Bei der niederländischen Stadt ist die Mündung (ndl. *mond*) des
Maasnebenflusses *Rur* (ndl. *Roer*) gemeint, während *Ruhrort*
den Zipfel zwischen Rhein und Mündung der *Ruhr* bezeichnet
(von althochd. *ort*, „Spitze, Ende, Ecke"; vgl. unseren bergmännischen Ausdruck *vor Ort*; s. auch *Ruhr*).

Santander – Santarém
Dass es sich wohl um Heiligennamen handelt, lässt der erste
Wortteil *Sant-* vermuten; dass die nordspanische Stadt *Santander*
und ihr portugiesisches Gegenstück *Santarém* jedoch der *Santa
Irena*, also der heiligen *Irene* (griech. für „Frieden") geweiht
waren, ist nicht so offensichtlich.

Santiago – San Diego
Die spanischen Stadtgründungen unter dem Namen *Santiago* im
iberischen Mutterland sowie in der Neuen Welt (z. B. *Santiago
de Cuba, Santiago de Chile* und *Santiago del Estero* in Argentinien) wurden dem heiligen *Jakob* (span. *Santo Iago*) gewidmet.
San Diego, der Name einer Hafenstadt in Kalifornien, ist eine
Abart der Schreibweise *Santiago* (s. *Santiago de Compostela*).

São Francisco – San Francisco
Der heilige *Franz von Assisi* war der Namensgeber eines Flusses
in Ostbrasilien und der berühmten Stadt in Kalifornien. (*São* ist

die portug. Variante von span. *San*; s. auch *São Luís* in Brasilien und *St. Louis* in den USA.)

Schwarzes Meer – Zwarte Meer

Das wohl bekannte *Schwarze Meer* an der südöstlichen Grenze Europas hat einen Namensvetter im Westen unseres Kontinents: das *Zwarte Meer* (niederl. für „schwarzes Meer") zwischen dem Nordostpolder und dem Festland der Provinz Overijssel; es bildet einen Teil des Ijsselmeers.

Sens – Senigallia

Das französische *Sens* und das italienische *Senigallia* (ursprünglich *Sena Gallica*) enthalten beide den Volksnamen der aus Gallien stammenden *Senonen*.

Skokholm – Stockholm

Nur auf den ersten flüchtigen Blick erscheinen die Namen der lang gestreckten Insel vor der walisischen Küste und der schwedischen Hauptstadt identisch (und in der Tat liegen beiden die altnorwegischen Wörter *stokkr*, „Baumstamm", und *holmr*, „Insel", zu Grunde), im ersten Fall hat aber wohl die Nachbarinsel *Skomer* auf den Namensbeginn abgefärbt (s. *Stockholm*).

Sokol – Sokolov

In Russland gibt es nördlich von Moskau eine Stadt namens *Sokol*, was im Slawischen „der Falke" bedeutet; das gleiche Wort ist im Namen der tschechischen Stadt *Sokolov* an der Eger enthalten, der im Deutschen folgerichtig die Form „Falkenau" annahm.

Southwick – Suderwich

Der Name des englischen Ortes *Southwick* in West Sussex (1073 als *Sudewic* erwähnt) verweist, wie der des Recklinghausener Stadtteils *Suderwich*, auf eine ehemals „südliche Siedlung" (s. *Katwijk* und *Kettwig*).

Toledo – Toul – Toulouse

Sowohl die spanische als auch die beiden französischen Städte führen ihren Namen auf das gallische Substantiv *tol*, „Erhebung" zurück, und in der Tat liegen sie alle in oder nahe bei einem Bergland.

Wales – Walachei – Wallonen

In Britannien nannten die angelsächsischen Eindringlinge hochnäsig jeden keltischen Ureinwohner *walh*, „Fremdling", und für den gesamten Westteil der britischen Insel, in den sich die Kelten zurückgezogen hatten, bürgerte sich bald der Name

Wales ein. Auf dem Festland wurde alles Nicht-Germanische ebenfalls als *welsch*, also als „romanisch, italienisch, französisch" oder schlichtweg „unverständlich" abgetan (vgl. *Kauderwelsch* und das rätselhafte *Rotwelsch* der Gauner). So erklären sich Bezeichnungen wie *Wallone* für einen französisch sprechenden Belgier, oder die aus Italien stammende *Walnuss* und die rumänische (d. h. romanische) *Walachei*, in der sich Nachfahren der alten Römer niederließen (vgl. auch die geographischen Namen *Waadt*, *Walheim* und *Walchensee*).

Washington – Wasungen

Die amerikanische Hauptstadt und der Ort *Wasungen* an der Werra sind in der Tat auf sehr weichem Grund gebaut; so verwundert es nicht, dass ihren Namen das althochdeutsche Wort *waso*, „Sumpfboden", zu Grunde liegt.

Worms – Bormio

Wie die deutsche Stadt am Rhein hieß auch das italienische Alpenstädtchen am Oberlauf der Adda mit keltischem Namen *Borbetomagus*, „Wasserwiese".

A n d e r e   S p r a c h e n   –   g l e i c h e   B e d e u t u n g
„Adler"[1] / „Adlersohn"[2] / „Adlerhorst"[3]

Aquileia[1] (hist., I); *Arnheim*[3] (NL); *L'Áquila*[1] (I); *Skipetar*[2] (AL); *Tscherkesse*[2] (RUS); *Unst*[3] (GB)

„alte Stadt (Burg)"

Eskişehir (TR); *Oldenburg* (D); *Orvieto* (I); *Stargard* (PL); *Tallahassee* (USA); *Utica* (TN)

„Berg (land)" / „Hügel (-land)"

Alcúdia (E); *Allgäu* (D); *Bergen* (N); *Beuel* (D); *Burgund* (F); *Dagestan* (RUS); *Delitzsch* (D); *Downs* (GB); *Görlitz* (D); *Haiti* (RH); *Malaya* (MAL); *Massachusetts* (USA); *Mons* (B); *Kongo* (RCB); *Toledo* (E); *Utah* (USA)

„Buschland (-wald)"

Andorra (AND); *Horst* (D); *Mato Grosso* (BR); *Perth* (AUS, GB); *Šibenik* (HR); *Stettin* (D)

„Dunkelhäutiger" / „Schwarzer"

Guineer (GN); *Hunne* (hist., MNG); *Maure* (hist., RIM); *Neger* (veraltet); *Sotho* (LS); *Sudanese* (SUD)

„Eichenwald"

Aichach (D); *Derry* (Northern Ireland); *Eeklo* (B); *Itzehoe* (D); *Oakland* (USA); *Rovereto* (I)

„Ende des Landes" / „Ende der Welt"
> *Chile* (RCH); *Finistère* (F); *Finisterre* (P); *Fisterra* (E); *Jamal* (RUS); *Kintyre* (GB); *Land's End* (GB); *Pembroke* (GB); *Trafalgar* (E)

„Engstelle" / „Durchlass"
> *Angostura* (YV); *Detroit* (USA); *Föhr* (D); *Förde* (D); *Kattegat* (DK, S); *Narvik* (N); *Quebec* (CDN)

„Farbfluss (gefärbter^1, gelber^2, roter^3, grüner^4, blauer^5 Fluss)"
> *Bahr el-Asraq^5* (ETH); *Bojana^1* (YU); *Colorado^1* (USA); *Green River^4* (USA); *Huang He^2* (VRC); *Kızılırmak^3* (TR); *Minho^3* (E, P); *Nahr es-Zarka^5* (JOR); *Red River^3* (USA); *Río Bermejo^3* (RA); *Río Tinto^1* (E); *Rubikon^3* (I); *Song Ka^3* (VRC, VN); *Xantos^2* (hist., TR); *Yeşilırmak^4* (TR)

„Feld" / „Ebene"
> *Alanya* (TR); *Champagne* (F); *Kampanien* (I); *Las Vegas* (USA); *Padang* (RI); *Plains* (USA); *Pjöngjang* (ROK); *Polen* (PL); *Taiyuan* (VRC)

„Fels" / „kleiner Fels"
> *Chartres* (F); *Dougga* (TN); *El Kef* (TN); *Hammerfest* (N); *Lillehammer* (N); *Little Rock* (USA); *Petra* (JOR); *Schäre* (S)

„Felsengebirge"
> *Kärnten* (A); *Rocky Mountains* (CDN, USA); *Pico de Peñalara* (E); *Taiga* (RUS)

„Fischreichtum"
> *Baikal* (RUS); *Klondike* (CDN); *Panama* (PA); *Piauí* (BR); *Tajo* (E); *Tejo* (P)

„flacher Fluss"^{1} / „ flacher See"^{2} / „seichtes Meer"^{3}
> *Bahamas^3* (BS); *Lek^1* (NL); *Nebraska^1* (USA); *Plattensee^2* (H); *Platte River^1* (USA); *Plön^2* (D)

„Freistadt (-burg)"^{1} / „Freiberg"^{2} / „freies Land"^{3}
> *Capoliveri^2* (I); *Freetown^1* (WAL); *Liberia^3* (LB); *Libreville^1* (G); *Freiburg^1* (D); *Fribourg^1* (CH); *Thailand^3* (THA)

„Fremdling"
> *Allobroger* (hist., F); *Elsässer* (F); *Jakute* (RUS); *Waliser* (GB); *Wallone* (B)

„Friedensort"
> *Békéscsaba* (H); *Bukarest* (RO); *Daressalam* (EAT); *Jerusalem* (IL); *Sambre* (F)

„Frühling"^{1} / „Frühlingshügel"^{2}
> *Changchun^1* (VRC); *Marseille^1* (F); *Tel Aviv^2* (IL)

„Fußfläche des Gebirges"
> *Beira* (P); *Füssen* (D); *Piedmont* (USA); *Piemont* (I); *Tucson* (USA)

„Granatapfel"[1] / „Apfelbaum"[2]
> *Abella*[2] (I); *Affoltern*[2] (CH); *Apeldoorn*[2] (NL); *Apolda*[2] (D); *Granada*[1] (E); *Jablonowyj*[2] (RUS); *Side*[1] (TR)

„Grenzland"[1] / „Grenzburg"[2]
> *Frontera*[1] (E); *Kent*[1] (GB); *Krain*[1] (SLO); *Krainburg*[2] (SLO); *Marburg*[2] (D); *Marche*[1] (I); *Maribor*[2] (SLO); *Mersey*[1] (GB); *Uckermark*[1] (D); *Ukraine*[1] (UA)

„großer See"
> *Lago Maggiore* (CH, I); *Michigan* (USA); *Taihu* (VRC); *Tegernsee* (D)

„grüner Berg" / „grüne Berge"
> *Djebel el-Akhdar* (LAR); *Green Mountains* (USA); *Vermont* (USA); *Zielona Góra* (PL)

„grüne Insel" / „grünes Land"
> *Groningen* (NL); *Grönland* (DK, D); *Guernsey* (GB); *Lu-dao* (RC); *Pemba* (EAT); *Qingdao* (VRC)

„gute Luft"
> *Buenos Aires* (RA); *Kalabrien* (I)

„heiliger Hafen"
> *Heiligenhafen* (D); *Porto Santo* (P)

„heiliges Kap"[1] / „heilige Insel"[2]
> *Helgoland*[2] (D); *Holyhead*[1] (GB); *Holy Island*[2] (GB); *Penzance*[1] (GB); *Promontorium Sacrum*[1] (P)

„Hellhäutiger" / „Weißer"
> *Galater* (hist., TR); *Gäle* (GB, IRL); *Gallier* (hist., F); *Kelten* (hist., Westeuropa bis Kleinasien)

„hoch gelegener Wohnsitz"
> *Eltville* (D); *Hahnenklee* (D); *Hannover* (D); *Hever* (GB); *Höchst* (D); *Oberhausen* (D); *Obernburg* (D); *Oberstdorf* (D); *Pickering* (GB); *Rialto* (I)

„Holzland"
> *Lesbos* (GR); *Holland* (NL); *Ida* (GR); *Madeira* (P)

„Hunderücken" / „Hundeköpfe"
> *Hunsrück* (D); *Kynoskephalai* (GR)

„Kiefern"[1] / „Kieferninsel(n)"[2]
> *Île des Pins*[2] (F); *Isla de Pinos*[2] (C); *Pitsunda*[1] (GE); *Pityusen*[2] (E); *Zossen*[1] (D)

„Kirchhügel"
  Churchill (CDN); *Kilchberg* (CH); *Kirchhellen* (D)
„König" / „Königin"
  Angola (ANC); *Ghana* (GH); *Inka* (PE); *Málaga* (E); *Queens* (USA); *Regina* (CDN)
„königlicher Berg"
  Königsberg (RUS); *Monreale* (I); *Montreal* (CDN); *Mont Royal* (CDN)
„Kuhhirte" / „Hirte"
  Cowboy (USA); *Gurkha* (NEP); *Numidier* (hist., DZ)
„Küstenland"[1] / „Küstenlandbewohner"[2]
  Esten[2] (EST); *Jalta*[1] (UA); *Litauen*[1] (LT); *Pommern*[2] (PL); *Sahel*[1] (Nordafrika); *Suaheli*[2] (Ostafrika); *Wagrier*[2] (D)
„Land (Stadt) der Burgen"
  Burgenland (A); *Burgos* (E); *Kastilien* (E); *Luxor* (hist., ET)
„Land der Roten"
  Kanaan (hist., RL); *Phönizien* (hist., RL); *Punien* (hist., TN); *Russland* (RUS)
„Land der Schwarzen"
  Lesotho (LS); *Sansibar* (EAT); *Sudan* (Landschaft südlich der Sahara)
„Land der Starken" / „Land der Überlegenen"
  Caledonia (röm. Name für Schottland); *Illinois* (USA); *Myanmar* (MYA); *Reims* (F); *Türkei* (TR)
„Land im Inneren"
  Iberien (E, P); *Madhya Pradesh* (IND); *Tierradentro* (CO)
„Land (Stadt) im Norden"[1] / „Land (Stadt) im Süden"[2]
  Australien[2] (AUS); *Beijing*[1] (VRC); *Dekkan*[2] (IND); *Lappland*[1] (FIN, N, RUS, S); *Nanjing*[2] (VRC); *Negev*[2] (IL); *Nordhausen*[1] (D); *Norwich*[1] (GB); *Nuku'alofa*[2] (Tonga); *Sauerland*[2] (D); *Suderwich*[2] (D); *Sundgau*[2] (F); *Surrey*[2] (GB); *Sutherland*[2] (GB); *Taibei*[1] (RC); *Tainan*[2] (RC); *Tonga*[2]; *Uttar Pradesh*[1] (IND); *Vietnam*[2] (VN)
„Land (Stadt) im Osten"[1] / „Land (Stadt) im Westen"[2]
  Anatolien[1] (TR); *Arunachal Pradesh*[1] (IND); *Asien*[1]; *Chorassan*[1] (IR); *Guandong*[1] (VRC); *Irland*[2] (Eire); *Japan*[1] (J); *Maghreb*[2] (DZ, MA, TN); *Nuristan*[1] (AFG); *Okzident*[2]; *Orient*[1]; *Sharqiya*[1] (ET); *Tonking*[1] (VN)
„Land jenseits der Berge"
  Transsilvanien (RO); *Trás-os-Montes* (P)

„Land zwischen den Flüssen"

> *Des Moines* (USA); *Entre Ríos* (RA); *Mesopotamien* (hist., IRQ); *Bad Zwischenahn* (D)

„lange Insel"

> *Langeoog* (D); *Long Island* (USA); *Makronisos* (GR)

„Lanze" / „Speer" / „Spieß"

> *Picardie* (F); *Pilatus* (CH); *Sulawesi* (RI); *Hasta Regia* (E)

„Magnetstadt"

> *Calamita* (I); *Magnitogorsk* (RUS); *Manisa* (TR)

„Marktort"

> *Adapazarı* (TR); *Bourges* (F); *Forlì* (I); *Fréjus* (F); *Klagenfurt* (A); *Kopenhagen* (DK); *Langport* (GB); *Norrköping* (S); *Novi Pazar* (YU); *Nowy Targ* (PL); *Tirgu Neamţ* (RO); *Söderköping* (S); *Torgau* (D); *Triest* (I, HR); *Turku* (FIN)

„Mensch"

> *Bantu* (südl. Afrika); *Guanche* (Kanaren); *Inuit* (CDN, Grönland); *Kanake* (Hawaii); *Khoi-Khoin* (RSA); *Kurile* (RUS); *Muisca* (CO); *Roma* (bes. Ost- und Südosteuropa); *Tschuktsche* (RUS)

„Mischling"

> *Abessinier* (ETH); *Bulgare* (BG); *Mestize* (Lateinamerika)

„Mitte" / „Zentrum"

> *Mailand* (I); *Medina* (Isle of Man); *Midlands* (GB); *Meath* (IRL); *Middlesex* (GB)

„Mutiger" / „Tapferer"

> *Franke* (D); *Karibe* (Westindien); *Mongole* (MNG)

„Neustadt"[1] / „Neuburg"[2]

> *Bad Nauheim*[1] (D); *Cartago*[1] (CR); *Cartagena*[1] (E, CO); *Elne*[1] (F); *Karthago*[1] (antik, TN); *Nabeul*[1] (TN); *Nablus*[1] (IL); *Naumburg*[2] (D); *Neapel*[1] (I); *Neuenburg*[2] (D); *Neuchâtel*[2] (CH); *Nevers*[2] (F); *Newcastle*[2] (GB, AUS); *Newton*[1] (GB); *Newtownabbey*[1] (N-IRL); *Niebüll*[1] (D); *Nienburg*[2] (D); *Nowgorod*[1] (RUS); *Nowogard*[1] (PL)

„nördlich des Flusses (Sees)"[1] / „südlich des Flusses (Sees)"[2]

> *Hebei*[1] (VRC); *Henan*[2] (VRC); *Hubei*[1] (VRC); *Hunan*[2] (VRC); *Northumbria*[1] (GB)

„Nordmeerstraße"

> *Hokkaido* (J); *Norwegen* (N)

„Ofen" / „heißer Ofen"

> *Ätna* (I); *Buda* (H); *California* (USA)

„Ölkelter"
  Córdoba (E); *Gethsemane* (IL)
„Petersberg (-burg)"
  Peterborough (GB); *Petrópolis* (BR); *Pyrmont* (D); *Sankt Petersburg* (RUS); *Petrohrad* (CZ)
„Rinderfurt"[1] / "Rinderbrücke"[2]
  Bosporus[1] (TR); *Coevorden*[1] (NL); *Cowbridge*[2] (GB); *Ochsenfurt*[1] (D); *Oxford*[1] (GB)
„Sand[1] (schwarzer[2], roter[3])" / „Sandort (-land)"[4]
  Cap Sable[1] (CDN, USA); *Charente*[1] (F); *Flensburg*[4] (D); *Karakum*[2] (TMN); *Kızıl-kum*[3] (USB, KZ); *Nefud*[1] (KSA); *Písek*[1] (CZ); *Punta Arenas*[4] (RCH); *Ramla*[1] (IL); *Registan*[4] (AFG); *Sandwich*[4] (GB); *Schamo*[4] (MNG)
„Schafinsel(n)"
  Fair Isle (GB); *Färöer-Inseln* (DK); *Isle of Sheppey* (GB)
„schläfriges Land"
  Iowa (USA); *Sibirien* (RUS)
„Schneeberg (-gebirge)"
  Snowdon (GB); *Sierra Nevada* (E, USA); *Snöhetta* (N); *Tacoma* (USA)
„schwarzer Berg" / „schwarze Berge"
  Black Mountains (GB); *Černá Hora* (CZ); *Kara Dağ* (TR); *Montenegro* (YU); *Morvan* (F); *Schwarzwald* (D); *Sierra Morena* (E)
„Schwarzwasser (-teich)"[1] / „schwarzer Fluss"[2]
  Amur[2] (RUS); *Bafing*[2] (SN); *Blackpool*[1] (GB); *Blackwater*[1] (GB); *Dublin*[1] (IRL); *Douglas*[2] (IRL, GB); *Kidron*[2] (IL); *Moldau*[2] (CZ); *Río Negro*[2] (RA, BR, ROU); *Ribeirão Preto*[2] (BR)
„Seeland"
  El-Fayum (ET); *New Zealand* (NZ); *Sjælland* (DK)
„Siegstadt (-burg)"
  Bengasi (LAR); *Jakarta* (RI); *İznik* (TR); *Kairo* (ET); *Mansura* (ET); *Nicopol* (RUS); *Nicosia* (I); *Nikosia* (CY); *Nikopol* (BG); *Nizza* (F); *Siegburg* (D); *Victoria* (AUS, CDN)
„Silberfluss"[1] / „Silberland"[2]
  Argens[1] (F); *Argentinien*[2] (RA); *Côte d'Argent*[2] (F); *Gumista*[1] (GE); *Perak*[2] (MAL); *Rio de la Plata*[1] (RA, ROU)
„Sprecher einer unverständlichen Sprache" (vgl. *bla-bla*)
  Barbar (in der Antike jeder Nichtgrieche oder -römer); *Cheyenne* (USA); *Hottentotte* (RSA); *Tatar* (MNG)

„Steinplatte" / „Schieferplatte"
Lausanne (CH); *Loreley* (D)
„Sterngebirge"
Citlaltépetl (MEX); *Serra de Estrêla* (P)
„Sumpfland (-ort)"
Brooklyn (USA); *Bruchsal* (D); *Brüssel* (B); *Dresden* (D); *Lausitz* (D); *Lewis* (GB); *Lincoln* (GB); *London* (GB); *Moskau* (RUS); *Nairobi* (EAK); *Suomi* (FIN); *Washington* (USA); *Venlo* (NL)
„Sumpfwasser"
Balaton (H); *Dümmer* (D); *Emscher* (D); *Fertő-tó* (H); *Mähren* (CZ); *Weser* (D)
„totes Meer"
Ölü Deniz (TR); *Totes Meer* (IL, JOR)
„Tiefland"
Alföld (H); *Dänemark* (DK); *Honduras* (HD); *Niederlande* (NL); *Niesky* (D); *Sevilla* (E); *Shefela* (IL); *Teheran* (IR)
„Treffpunkt" / „Versammlungsplatz"
Canberra (AUS); *Detmold* (D); *Mechelen* (B); *Milwaukee* (USA); *Toronto* (CDN); *Oahu* (Hawaii)
„Vogelinsel"
Foula (GB); *Foulness* (GB); *Kuşadası* (TR)
„Waldbewohner"[1] / „Waldsiedlung"[2]
Holländer[1] (NL); *Holsteiner*[1] (D); *Orang Melaju*[1] (MAL); *Walldorf*[2] (D); *Waltrop*[2] (D)
„Wassersiedlung"
Achim (D); *Connecticut* (USA); *Otranto* (I); *Minneapolis* (USA); *Warendorf* (D); *Waterloo* (B)
„weißer Bach" / „weißer Fluss"
Akçay (TR); *Bahr el-Abiad* (SUD); *Bakoy* (SN); *Białystok* (PL); *Elbe* (CZ, D); *Rio Branco* (BR); *Safid-Rud* (IR); *Waal* (NL); *White River* (USA)
„weißer Berg" / „weißes Gebirge"
Akdağ (TR); *Alpen* (D, CH, A, F, I, SLO); *Bílá Hora* (CZ); *Changbai Shan* (VRC); *Libanon* (RL); *Mauna Kea* (Hawaii); *Mont Blanc* (F, I); *Monte Albán* (MEX); *Mount Kenia* (EAK); *Sefid Kuh* (AFG)
„weiße Stadt" / „weiße Burg"
Belgorod (RUS); *Belgrad* (SR); *Lisbane* (IRL); *Székesfehérvár* (H); *Weißenburg* (D); *Wissembourg* (F)

„Wiese" / „Weide"
  Calgary (CDN; *Kentucky* (USA); *Livadija* (UA); *Lugau* (D);
  Lützen (D); *Madrid* (E); *Prärie* (USA); *Prater* (A); *Prato* (I);
  Wesel (D); *Wicklow* (IRL); *Worms* (D)
„Winterland" / „eisiges Land"
  Irland (IR); *Island* (IS); *Kischinew* (MD); *Tierra fría* (Anden);
  Tierra helada (Anden)
„Wüste" / "Ödland"
  Arabien (KSA); *Gobi* (MNG, VRC); *Kalahari* (RSA); *Karroo*
  (RSA)
„zerstörte Stadt" / „zerstörte Burg"
  Acapulco (MEX); *Castelrotto*, dt. *Kastelruth* (I); *Kırıkkale* (TR)
„Zusammenfluss" / „Einmündung"
  Conflans (F); *Corrientes* (RA); *Genf* (CH); *Gent* (B); *Gießen*
  (D); *Koblenz* (D); *Quimper* (F)

Neben der Bedeutungsgleichheit vieler topographischer Namen gibt es
natürlich eine ebenso große Zahl von Benennungen gegensätzlichen
Inhalts, worauf bisher ja immer wieder verwiesen worden ist – sei es,
dass es sich um die Angabe von Größenverhältnissen (z. B. *Mallorca*
gegenüber *Menorca*, *Mecklenburg* gegenüber *Luxemburg*) oder um
Entfernungsvergleiche handelt (vgl. *Dnjepr* und *Dnjestr*, beide von
awest. *danu*, „Fluss", unterschieden jedoch durch die Endung *apara*,
„fern", bzw. *nazdyo*, „nah"), sei es, dass der Farbkontrast Erwähnung
findet (wie beim *Rio Branco* und *Rio Negro*) oder innerhalb des Landes
eine topographische Differenzierung nach der Windrose erfolgt, wie im
Fall von *Beijing* und *Nanjing* („nördliche" bzw. „südliche Hauptstadt")
oder von *Shanxi* und *Shandong* („westliches" bzw. „östliches Gebirge"). Auch zufällige Gegensatzpaare an weit entfernten Orten der Erde
sind keine Seltenheit, schließlich haben die Menschen überall und zu
allen Zeiten ihre Siedlungsräume nach ähnlichen Maßstäben benannt;
so verwundert es nicht, dass es außer Orten, „wo sich der Fluss
verengt" (s. *Québec*), auch Stellen gibt, „wo der Wasserstrom sich
weitet" (s. *Rostock*), und ein chinesischer Städtename *Wuhan* („ohne
hohes Ufer", da im breiten Tal des Jangtsekiang gelegen) der deutschen
Siedlungsbeschreibung „am hohen Ufer" (s. *Hannover*) widerspricht –
ganz zu schweigen von der generellen Einteilung in Hauptwelt-
gegenden wie „Morgenland" und „Abendland" (z. B. *Japan* und
Anatolien bzw. *Spanien* und *Maghreb*) oder „Nordland" und „Südland"
(etwa *Lappland* und *Uttar Pradesh* bzw. *Australien* und *Vietnam*).

2. Entwicklung zum Terminus

Eine einzelne topographische Erscheinungen kann so typisch sein, dass ihr individuell verliehener Name zum F a c h t e r m i n u s generalisiert wird. Die zaristischen Noblen zeigten sich einst so überwältigt vom therapeutischen Angebot der mondänen deutschen Heilbäder, dass sie jedes Bad in ihrem eigenen Land bald nur noch mit dem deutschen Wort „Kurort" benannten, russ. *куро́рт (kurórt)*.

Schon vor Jahrhunderten war das ostbelgische Städtchen *Spa* in der Provinz Liège zu besonderer Bekanntheit gelangt, da seine Bäder und Mineralquellen von den gekrönten Häuptern Europas, unter ihnen Zar Peter d. Gr. und Königin Victoria von England, frequentiert wurden; seitdem ist ein Kur- und Badeort für die Briten generell ein *Spa*. Ähnliche Berühmtheit erlangte *Tivoli* in Italien; schon in römischen Zeiten war die Stadt (damals als *Tibur* bekannt) eine beliebte Sommerfrische mit Theatern, Kaiservillen und Tempeln in reizvollen Gartenanlagen, malerisch umschlossen von Felsengrotten und künstlich angelegten Wasserfällen; der Name *Tivoli* wird heute allerdings eher mit einem Vergnügungspark im Herzen von Kopenhagen (oder sonstwo auf der Welt) assoziiert. Ein weiteres interessantes Beispiel für die Verallgemeinerung eines Ortsnamens ist ein Herrensitz des 13. Jahrhunderts, den sich der Normanne *Vaux de Bréauté* in der Nähe von London errichten ließ und entsprechend *Vauxhall*, also „Vaux' Residenz", nannte; in der Neuzeit umgab man das Anwesen mit prachtvollen Lustgärten, die rasch überall in Europa begeisterte Nachahmer fanden. Ein vorbildlicher *Vauxhall*-Garten bei St. Petersburg in der Nähe der Bahnstation Pawlowsk wurde den Russen so vertraut, dass sie das Wort *вокза́л (waksál)* als „Bahnhof" in ihren Alltagswortschatz aufnahmen.

Weltweit haben wir uns angewöhnt, die Bezeichnung *Karst* nicht nur auf das slowenisch-kroatische Gebirge anzuwenden, das die Halbinsel Istrien vom Festland isoliert, sondern die hier anzutreffenden, durch die Löslichkeit des Kalkgesteins bedingten Oberflächenzerstörungen auf alle ähnlichen Erscheinungen anzuwenden. Ebenso selbstverständlich benutzen die meisten Menschen den Begriff *Mäander* für einen kurvenreichen Wasserlauf oder jedes dekorative Schlangenmuster, ohne ihn dem antiken kleinasiatischen Fluss zuzuordnen, den die Türken heute *Menderes* nennen. Weitere internationale Fachtermini wären die geologischen Erdzeitalter *Devon* (nach der gleichnamigen südenglischen Grafschaft) und *Jura* (nach dem französisch-schweizerisch-deutschen Kalkgebirgszug) sowie das tödliche Virus *Ebola*, das an eben diesem Fluss im tropischen Afrika seit 1976 wiederholt zu bedrohlichen Epidemien führte. In der Finanzwelt schließlich kennen wir den *Lombardsatz* – einen Fachbegriff, der sich von der reichsten Landschaft Italiens, der *Lombardei*, herleitet und einen von der Notenbank festgesetzten Zinsfuß für Kreditgeschäfte bezeichnet; die privilegierten, meist aus der *Lombardei* stammenden Geldwechsler nannte man schon im Mittelalter *Lombarden*, denen es – wie den Juden – erlaubt war, Geld gegen Zins zu verleihen, woran die *Lombard Street* in der Londoner City und die *Lombardsbrücke* in Hamburg erinnern (s. *Langobarden*).

Wenn wir es mit gängigen Gebrauchsgütern zu tun haben, gehen uns geographische und ethnische H e r k u n f t s b e z e i c h n u n g e n leicht über die Lippen, z.B. *Berber* oder *Perser* als Bezeichnung für eine bestimmte Teppichart; wer dagegen einen echten *Buchara* erwirbt, dürfte zwar schon den Namen gehört haben (Aussprache *Buchára*), ihn jedoch kaum mit jener usbekischen Stadt verbinden, in der er geknüpft wurde (vgl. auch *Amerikaner*, *Berliner*, *Frankfurter*, *Hamburger*, *Kasseler*, *Pariser*, *Steinhäger*, *Thüringer*, *Wiener* etc.).

Umgekehrt können Orte nach den handelsüblichen Erzeugnissen einer Gegend benannt sein, wie im Fall des *Cayenne*-Pfeffers; die Franzosen benutzten das Indiowort *kian*, „scharfes Gewürz", kurzerhand zur Bezeichnung der Hauptstadt ihrer Überseeprovinz Guiana an der Nordküste Südamerikas und verbannten fortan Straftäter dorthin, „wo der Pfeffer wächst".

Manche Produktbezeichnung mit „offenkundig" geographischem Hintergrund hat bisweilen eine völlig andere Herkunft. Der Name *Römer* für ein kelchförmiges Weinglas hat z.B. nichts mit der südeuropäischen Stadt zu tun, sondern ist aus dem Niederländischen entlehnt, wo das Verb *roemen* „rühmen, prahlen" bedeutet; ein *Römer* ist also ein „Prunkglas" für besondere Gelegenheiten. Wenn wir im Fall einer Birnensorte sowie einer Pomeranzenart mit länglichen, blassgelben, glattschaligen Früchten von *Bergamotte* sprechen, denken wir möglicherweise an die italienische Stadt *Bergamo*; woher sollten wir auch ahnen, dass dieser Bezeichnung der türkische Ausdruck *beg armudı*, „Herrenbirne" (aus *beg*, „Fürst, Herr", heute *bey*, und *armut*, „Birne") zu Grunde liegt.

Identität von Produkt- und Ortsnamen

Airedale ist der allen Hundeliebhabern bekannte Name einer recht drahtigen, aus dem Tal der *Aire* in Mittelengland stammenden Terrierrasse (s. *Aire*).

Armagnac, ein aromatisch-herber Weinbrand, stammt natürlich aus der südfranzösischen Landschaft *Armagnac* (benannt nach einer alten Familie, deren Name auf *Armenien* im Kaukasus verweisen könnte; s. auch *Cognac*).

Assam heißt eine Teesorte, die im gleichnamigen nordostindischen Bundesstaat an den Hängen des Himalaja angebaut wird.

Asti ist die geläufige Kurzform des korrekt als *Asti spumante* bezeichneten Schaumweins aus *Asti*, einer Provinzhauptstadt im norditalienischen Piemont (von den Römern als *Hasta Pompeia* gegründet; mit latein. *hasta*, „Lanze").

Atlas, nach dem *Atlas*-Gebirge in Nordafrika (s. dort), hat sich als Bezeichnung für ein geographisches Kartenwerk eingebürgert.

Beaujolais heißt ein berühmter Rotwein aus dem gleichnamigen französischen Bergland zwischen Loire und Saône mit dem Zentrum *Beaujeu* (röm. *Belloiocum*, aus latein. *bellus*, „schön", und *iugum*, „Joch, Bergrücken" – nicht aus *iocus*, „Scherz", wie die franz. Endung *-jeu*, „Spiel", nahe legen möchte).

Bermudas ist die saloppe Bezeichnung enger, knielanger Shorts oder Badehosen (nach der Inselgruppe im Atlantik; s. dort).

Bordeaux nennt man jene schon von den Römern geschätzten Weiß- und Rotweine, die der südfranzösischen Handelsstadt an der Atlantikküste (urspr. *Burdigala*) Weltberühmtheit eintrugen.

Bourbon, ein aus Mais und Roggen hergestellter amerikanischer Whiskey, wird natürlich im *Bourbon*-County im US-Staat Kentucky gebrannt (nach dem franz. Königshaus der *Bourbonen*).

Brasil ist nicht nur die Bezeichnung einer Zigarrensorte aus *brasilianischen* Tabaken, sondern auch der offizielle Landesname des südamerikanischen Staates *Brasilien* (s. dort).

Brie, ein französischer Weichkäse, wurde benannt nach der Agrarlandschaft östlich von Paris (aus kelt. *Brigia*, „Wasserland"), die vor allem die Hauptstadt mit Milchprodukten versorgte.

Calvados hat als Markenname eines hochprozentigen französischen Apfelbranntweins gewiss einen höheren Bekanntheitsgrad als die gleichnamige Landschaft der Normandie, aus der man ihn importiert.

Camembert, ein französischer Schimmelkäse, stammt aus der normannischen Stadt gleichen Namens (aus lat. *campus*, „Feld", und dem Besitzernamen *Manbert*, von ahd. *beraht*, „prächtig").

Carrara, von etrusk. *kar*, „Stein", ist sowohl der Mittelpunkt einer berühmten Marmorindustrie in der norditalienischen Toskana, als auch die Bezeichnung des dort gebrochenen weißen Marmors, der seit Urzeiten zum Bau von Statuen, Tempeln und Kirchen verwendet wird (z.B. am Dom zu Mailand) und den auch Michelangelo für seine berühmten Werke bevorzugte.

Chablis heißt ein weißer Burgunder, der seinem Herstellungsort in Zentralfrankreich – nahe der Vereinigung der Seine-Nebenflüsse Yonne und Armançon (daher wahrscheinlich von latein. *caput*, „Haupt, Spitze") – einen großen Bekanntheitsgrad bescherte. Etymologischer Ursprung könnte jedoch auch das latein. Wort *capulus*, „Griff", sein (von *capere*, „nehmen, greifen"; vgl. *kapieren*); der Name würde sich dann wohl auf Seilwinden, also *capuli*, beziehen, mit deren Hilfe an dieser Stelle Holzflöße aus dem Flüsschen Serein ans Ufer gehievt wurden.

Cheddar, der Name einer Käsestadt in der englischen Grafschaft Somerset, ist gleichzeitig die Bezeichnung ihres berühmtesten Produkts, des *Cheddar cheese* (von altengl. *ceod*, „Tasche, Beutel", wohl eine Anspielung auf die Tropfsteinhöhlen der Umgebung).

Chianti, eine toskanische Hügellandschaft, ist weltbekannt wegen ihrer Weingüter und des gleichnamigen dunkelroten Tafelweins.

Curaçao ist der wohlklingende Name einer Karibikinsel sowie eines dort produzierten Pomeranzenlikörs (von portug. *coração*, „Herz", oder von *curar*, „heilen").

Darjeeling, hind. „Ort des Blitzes", liegt auf einer Vorkette des Himalaja (2185 m ü.M.). Aus der Umgebung dieser Stadt im Nordosten Indiens stammt die weltberühmte Teesorte.

Fes (auch *Fez*) nannte man die nach der marokkanischen Stadt *Fès* bezeichnete rote Filzkappe, die früher vor allem von den Türken getragen wurde (1925 von Atatürk untersagt).

Gorgonzola, ein italienischer vollfetter Edelschimmelkäse, trägt den Namen seines Ursprungsorts bei Mailand.

Gouda ist eine südholländische Stadt mit berühmter Käsefabrikation (von niederl. *goud*, „Gold").

Havanna nennen wir die Hauptstadt Kubas (span. *La Habana*, „der Hafen") und die von dort stammende Zigarre aus einheimischem Tabak.

Hitachi, ein wohl bekannter japanischer Hersteller elektronischer Produkte, hat seinen Firmensitz seit 1904 in der gleichnamigen Küstenstadt nordöstlich von Tokio (von japan. *hi*, „Tageslicht", und *-tachi*, „beendet").

Homburg war der Name eines steifen Herrenhuts, der um 1900 zuerst vom erlauchten Kurgast Edward Prince of Wales in *Bad Homburg* (d. h. „Hohenburg") getragen wurde; die hessische Stadt am Fuß des Taunus war in der zweiten Hälfte des 19. Jahrhunderts Treffpunkt der europäischen Aristokratie.

Jersey ist nicht nur die größte britische Kanalinsel, sondern auch die allgemeine Bezeichnung für eine Wirk- oder Strickware, der die Wollproduzenten der Insel durch Walken einen tuchähnlichen Charakter geben (vgl. *Jersey*, „Fußballertrikot"; s. *Tricot*).

Kaschmir nennt man die feine Wolle aus dem glänzenden Flaumhaar einer Ziegenart im *Kaschmirgebirge* sowie den daraus hergestellten Kammgarnstoff (von altind. *kashyapamara*, „Land des Kashyapa", eines hinduistischen Gottes).

Kawasaki bei Tokio ist die Heimatstadt der bekannten japanischen Motorradmarke (von *kawa*, „Fluss", und *saki*, „Kap").

Lambretta, eigentl. *Lambrate*, nach dem *Lambro*, einem Nebenfluss des Po, dürfte nur wenigen als ein Stadtteil von Mailand in Norditalien bekannt sein, wohl dagegen als Bezeichnung des in der Nachkriegszeit dort produzierten legendären Motorrollers.

Lipizzaner haben dem Namen des alten österreichischen Hofgestüts im slowenischen Karstgebirge bei Triest, *Lipizza* (von slaw. *lipa*, „Linde"), zu Weltruhm verholfen. Seit 1918 stammen die Warmblut-Schimmel der Spanischen Hofreitschule allerdings aus dem Gestüt Piber in der Steiermark. Staatliche Pferdezucht auf der Grundlage der originalen *Lipizzaner* wird nach wie vor in Slowenien und Kroatien, aber auch in Ungarn, Rumänien und Tschechien betrieben (s. *Leipzig*).

Mokka (arab. *Al Mukha*, „der Friedhof"[1]) war bis zum 19. Jahrhundert der Hauptumschlaghafen für die ergiebige jemenitische Kaffeesorte gleichen Namens.

Murano ist der Fachbegriff für das berühmte Glas aus den Manufakturen der Inselstadt *Murano* in der Lagune nördlich von Venedig (aus italien. *murare*, „mauern"); Ende des 13. Jahrhun-

---

[1] Im einst arabischen Portugal bedeutet *almocávar* noch immer „maurischer Friedhof" – aus arab. *maqabir*, „die Gräber", woher unser Adjektiv *makaber* stammen dürfte.

derts wurden alle Glasbläsereien Venedigs wegen Brandgefahr stillgelegt und in neue, feuersichere Werkstätten nach *Murano* verlagert.

Rugby, nach der altehrwürdigen englischen Schulstadt *Rugby* bei Birmingham (ursprünglicher Name *Rockbury*, „Hrocas Burg"), gilt vor allem in der britischen Welt als ein beliebtes Mannschaftsspiel mit einem eiförmigen Lederball, der mit Händen und Füßen bewegt werden darf.

Samos, „Küstenhügel", eine griechische Insel zwischen Chios und Rhodos, wurde durch den Anbau und Export eines kräftigen Weines weltbekannt.

Selters, von lat. *sal*, „Salz", im Kreis Limburg hat dem hier abgefüllten Mineralwasser seinen Namen gegeben. Inzwischen ist es auch als allgemeine Bezeichnung für Tafelwasser gebräuchlich.

Sisal kennen wir als eine Faser aus Agaveblättern, die zu Seilen und Säcken verarbeitet wird; kaum jemand wird jedoch die mexikanische Hafenstadt dieses Namens kennen, von der aus die entsprechenden Produkte früher nach Europa verschifft wurden.

Tabasco ist ein Bundesstaat Mexikos, aber auch ein typisches, scharfes Gewürzpigment dieser Gegend.

Tequila heißt – wie sein mexikanischer Ursprungsort – ein aus Pulque, d. h. gegorenem Agavensaft, destillierter Branntwein.

Tricot liegt im nordfranzösischen Textilindustriegebiet. Von hier stammt jener feinmaschige Stoff, der zur Herstellung von hautenger Unterwäsche oder Sportbekleidung verwendet wird (von franz. *tricoter*, „stricken, klöppeln"; s. *Jersey*).

Tüll, ein netzartiges Gewebe, stellt man seit dem 19. Jahrhundert in der südfranzösischen Stadt *Tulle* in der Landschaft Limoge her.

Ulster heißt ein weiter Herrenmantel aus grobem Streichgarn, wie er früher vor allem in der gleichnamigen nordirischen Provinz getragen wurde (aus ir. *Ulaids tír*, „Territorium der Ulaid-Leute").

Usambara ist der Name etlicher Veilchenarten, die im *Usambara*-Gebirge Tansanias heimisch sind.

Unvermutete Herkunft von Waren

Ammoniak, ursprünglich *sal Ammoniacum*, „Salz des Ammon", ist eine stechend riechende Stickstoff-Wasserstoff-Verbindung, die nach ihrem Fundort *Ammonium* (identisch mit der Oase Siwa) in der Libyschen Wüste benannt wurde, den die Griechen und

Römer als *Ammonium*, als „Orakelstätte des Gottes Ammon", kannten. Der ältere ägyptische Name dieses Windgottes lautete *Amun*, „der Unsichtbare"; er wurde später mit dem Sonnengott *Re* zu *Amun-Re* vereinigt (s. auch *Salmiak*).

Apfelsinen hießen bis zum 18. Jahrhundert noch *Chinaäpfel*, und in den Niederlanden spricht man noch heute von *sinaasappels*, also von „Äpfeln aus China". (*Sina* war die alte Form des Namens *China*; vgl. *Sinologie*.)

Bajonett nennen wir eine am Gewehrlauf aufsetzbare Stoß- und Stichwaffe, die Mitte des 17. Jahrhunderts in der französischen Stadt *Bayonne* (aus vulgärlatein. *baia*, „Bucht", und bask. *on*, „gut") entwickelt wurde und dort alsbald in Massenproduktion ging (s. *Cala Bona*).

Baldachin als Bezeichnung für einen prunkvollen Stoffhimmel über dem Thron eines Herrschers oder dem Bett einer orientalischen Prinzessin ist abgeleitet von *Baldacco*, dem früheren italienischen Namen der irakischen Hauptstadt *Bagdad*.

Biber hat sich als Kurzwort für weiche, flanellartige *Biberbettwäsche* aus Leinen und italienischer Baumwolle durchgesetzt, mit deren Anfertigung die oberschwäbische Stadt *Biberach* schon im 14. Jahrhundert ihren guten Ruf in allen europäischen Ländern begründete.

Bluejeans oder *Jeans* – zunächst geplant als unverwüstliche Arbeitshosen für Landarbeiter, inzwischen jedoch zu universeller Hoffähigkeit aufgestiegen – erinnern daran, dass Baumwolle früher hauptsächlich über *Genua*, franz. *Gênes*, nach Europa gelangte (s. auch *Denim*).

Boskop, eine bekannte Apfelsorte, hat dem niederländischen Örtchen *Boskoop* (aus niederl. *bos*, „Wald", und *koop*, „Kauf") im Gartenbauland um Zoetermeer zu gerechtem Ruhm verholfen.

Damast, von italien. *damasto*, „Stoff aus Damaskus", ist seit Jahrhunderten die Fachbezeichnung für einen Seiden-, Leinen- oder Wollstoff mit eingewebten Bildern. Die Hauptstadt Syriens war gleichfalls renommiert für ihre biegsamen Säbelklingen aus *Damaszenerstahl* mit feinen eingeätzten Flammenverzierungen.

Denim, der Baumwollstoff für die Herstellung von Bluejeans, durfte auf Anordnung König Ludwigs XI. von Frankreich seit dem ausgehenden 15. Jahrhundert nur noch im eigenen Land produziert werden, und zwar in *Nîmes*, weswegen er bald als *serge de Nîmes* – kurz *Denim* – bekannt war (s. *Bluejeans* und *Serge*).

Emser Salz nennen wir das natürliche Sprudelsalz aus den Heilquellen von *Bad Ems* an der Lahn (urspr. *Aviomonte*, aus althochd. *ouwa*, „Wasserland", und latein. *mons*, „Berg"; s. dagegen den Flussnamen *Ems*).

Fachinger, ein bekanntes Tafelwasser, wird an einer kohlensäurehaltigen Quelle der Stadt *Fachingen* im Unterlahnkreis abgefüllt (s. dort).

Fayencen sind bunt glasierte Gefäße und Schmuckstücke aus Ton, die anfangs in Mesopotamien und Ägypten gebrannt wurden, dann aber mit den Arabern nach Spanien gelangten. Im 15. Jahrhundert war die norditalienische Stadt *Faenza* (röm. *Faventia*) bei Ravenna die berühmteste Fabrikationsstätte solcher Töpferwaren mit zinnhaltiger Emaillierung, die als *Fayencen* in ganz Europa bis zur Erfindung des Hartporzellans regen Absatz fanden. Konkurrenz bekam *Faenza* durch die holländische Stadt *Delft*, die mit ihrer Keramikmanufaktur – besonders ihren Kacheln – ebenfalls Weltruhm erlangte (von altniederl. *delf*, „Graben, Kanal"; s. auch *Majolika*).

Firnis wird die abschließende Lackschicht zum Schutz von Ölgemälden genannt. Diesen harzigen Überzug erfand man bereits in einer antiken nordafrikanischen Stadt, die den Namen der ägyptischen Königin *Berenike* trug und heute dem libyschen *Bengasi* entspricht. Über die Variante *Bernice* entstand schließlich die Fachbezeichnung *Firnis* (s. *Bengasi*).

Galosche, von franz. *galoche*, „Überschuh", ist wohl aus spätlatein. *gallicula* für *solea Gallica*, „Gallische Sandale", entstanden – wahrscheinlich eine Anlehnung an latein. *caligula*, „Stiefelchen" (vgl. den römischen Kaiser dieses Namens, von dem man sagt, dass er schon als Kind kleine Soldatenstiefel trug).

Gamasche bezeichnete ursprünglich einen ledernen Überstrumpf, der zuerst bei spanischen Soldaten in Mode kam. Zu Grunde liegt das Wort *guadamací*, „Leder aus Ghadames", welches die Franzosen in der Form *gamache* übernahmen. *Ghadames* ist eine Oasenstadt in Libyen.

Grünspan, anfangs auch *Spangrün*, war in der Tat „etwas Grünes aus Spanien", denn künstlich hergestelltes, stark färbendes Kupferoxid war im mittelalterlichen Europa ein begehrter Handelsartikel von der Iberischen Halbinsel. Heute verstehen wir unter *Grünspan* nur noch den natürlichen Oxidationsbelag auf alten Kupfer- und Messingoberflächen.

Guttapercha wird aus dem milchigen Saft ostasiatischer Bäume gewonnen. Zu Grunde liegt der malaiische Ausdruck *getah pertja*, „klebriger Saft aus Pertja", womit man früher die Insel Sumatra meinte, die diesen gummiähnlichen Stoff exportierte.

Indigo, den „Farbstoff aus Indien", kannten schon die alten Griechen, die ihn *ινδικόν (indikón)*, „das Indische", nannten; über latein. *indicum* fand das oberitalien. Wort *indigo* Eingang in den mitteleuropäischen Sprachraum. Die Inder selbst nannten dieses Färbemittel übrigens *nilah* – ein Wort, das sich über arab. *an-nil*, „das Blaue", in unserer Sprache zu *Anilin* wandelte.

Kaffee ist nach der äthiopischen Gebirgslandschaft *Kaffa*, der Urheimat des *Kaffeebaums*, benannt, wo er heute noch wild gedeiht. In Arabien bevorzugte man seit der Zeit der Kreuzzüge den kräftigen *Mokka*, der über den gleichnamigen Ausfuhrhafen am Roten Meer als erlesenes Genussmittel auch europäische Liebhaber erreichte.

Kalabreser heißt ein breitkrempiger Filzhut, der zunächst nur in der italienischen Landschaft *Kalabrien* getragen wurde, im 19. Jahrhundert aber auch unter deutschen Modegecken als schick galt (s. *Kalabrien*).

Kammertuch wurde schon im Mittelalter als „Tuch aus Cambrai" (fläm. *Kamerijk*, beide aus röm. *Cameracum*) gehandelt. Das leichte, feinfädige Gewebe soll hier zuerst von einem gewissen Leinweber *Jean Baptiste* verfertigt worden sein, weshalb es bei uns auch unter dem Namen *Batist* bekannt ist.

Korinthen stammen natürlich aus *Korinth*, einer der bedeutendsten Handelsstädte des Altertums, über deren Hafen an der schmalen Nahtstelle (Isthmus) zwischen Mittelgriechenland und der Peloponnes diese getrockneten, steinlosen Weinbeeren verschifft wurden. *Korinthen*, seit dem 16. Jahrhundert unter dem französischen Namen *raisins de Corinthe* bekannt (vgl. *Rosinen*), sind nach wie vor ein Hauptausfuhrprodukt Griechenlands (s. auch *Korinth*).

Krawatte als Bezeichnung für einen Schlips stammt von dem typischen Halstuch *kroatischer Söldner* (so genannter *cravates*) in der französischen Kavallerie, das modebewusste Männer seit dem Dreißigjährigen Krieg in verschiedensten Varianten unter ihrem Hemdkragen verknoteten.

Kutsche, aus ungar. *kocsi szekér*, „Fuhrwerk aus Kocs", hießen bereits im 15. Jahrhundert die Reisewagen der Postlinie Wien–

Budapest, da etwa auf halber Strecke – bei dem ungarischen Städtchen *Kocs* – die Pferde gewechselt wurden.

Limousine nennen wir einen allseits geschlossenen PKW, obschon kaum jemandem bewusst sein dürfte, dass dieser Ausdruck sich auf die französische Stadt *Limoges* und die sie umgebende Landschaft *Limousin* bezieht (aus kelt. *lemo*, „Ulme", und latein. *vicus*, „Dorf"). Hier am Rand des rauen Zentralmassivs hatten die Fuhrleute von alters her Wind und Wasser abweisende Umhänge getragen; der Name ihrer Heimat ging später auf jedes Kraftfahrzeug mit regendichtem Dach über.

Litewka, „Litauerin", hieß im 19. Jahrhundert ein weicher blusenartiger Waffenrock aus *Litauen* (vermutlich verwandt mit latein. *litus*, „Küste").

Majolika – unter diesem Namen wurden im 12. Jahrhundert poröse Tonwaren von der spanischen Insel *Mallorca* bekannt, wo man die alte islamische Kunst der farbigen Keramikglasur von den Mauren übernommen hatte. Diese Fertigkeit wurde schließlich in Italien und den Niederlanden zur Vollendung weiterentwickelt (s. auch *Faenza*, *Delft* und *Mallorca*).

Mayonnaise ist etymologisch von *Mahón*, dem Namen der Hauptstadt Menorcas, abgeleitet. Als die Franzosen diese 1756 erobert hatten, erntete ein Koch beim Siegesbankett in Paris viel Beifall für seine neuartige Sauce aus Eidotter, Öl und Zitronensaft, die er – zur steten Erinnerung an den Sieg über die spanische Stadt – *Mahonaise* nannte und die später, ohne den unfranzösischen Buchstaben *h*, als *Mayonnaise* in die Geschichte einging (s. *Mahón*).

Mennige wird als Rostschutzgrundierung beim Anstrich von Eisen- und Stahlkonstruktionen verwendet. Das rote Bleioxid verdankt seine Bezeichnung dem spanischen Fluss *Miño* (röm. *Mineus*), der wiederum wegen des roten Pigments, das er mitführt, so genannt wird (aus latein. *minium*, „Bergzinnober").

Musselin fertigte man zuerst in *Mosul*, einer Stadt am Tigris. In der Folge haben wir dieses feine Nesseltuch, das im Osmanischen Reich als *muslin* gehandelt wurde, über italienische und französische Importeure als *mussolino* bzw. *mousseline* kennen gelernt (s. *Mosul*).

Nappaleder entsteht aus Schaf- und Ziegenfellen, die man durch Nachbearbeitung mit Chromsalz waschbar gemacht hat – ein Verfahren, dessen Erfindung man Gerbern der kalifornischen

Stadt *Napa* zuschreibt. Das durchgefärbte Glacéleder findet besonders für Handtaschen, Handschuhe und Bekleidungstücke Verwendung.

Paranüsse wachsen im Urwaldgebiet des brasilianischen Staates *Pará* an der Amazonasmündung, über dessen Hauptstadt und -hafen Belém die dreikantigen, hartschaligen Nüsse in alle Welt verschifft werden (indian. *pará*, „Wasser").

Parmaschinken und *Parmesankäse* sind typische Produkte der italienischen Stadt und Provinz *Parma* am Nordfuß des Apennins. Die Bedeutung des alten etruskischen Namens ist ungewiss. Unter Kaiser Augustus wurde die Stadt als *Colonia Julia Augusta Parma* neu errichtet.

Pergament war eines der wichtigsten Handelsgüter der antiken kleinasiatischen Stadt *Pergamon* – aus griech. πύργος *(pýrgos)*, „Mauer, Burg" (die Türken nennen die Stadt heute *Bergama*). Hier wurden fein bearbeitete Schreibbogen aus geglätteten, enthaarten und gebleichten (jedoch ungegerbten) Schaf- oder Ziegenhäuten hergestellt, die als *charta Pergamena*, „Papier aus Pergamon", im 4. Jahrhundert n.Chr. die alten Papyrusrollen ablösten und die Entwicklung des Buches mit gehefteten Seiten ermöglichten (vgl. unser Wasser und Fett abstoßendes *Pergamentpapier*).

Pfirsich, von griech. περσέα *(perséa)*, bedeutet wörtlich übersetzt „der Persische" (niederl. *perzik*, schwed. *persika*; vgl. auch *Persiko*, „Likör aus Pfirsichsaft"). Die Römer waren ein wenig genauer und nannten die orientalische Steinfrucht *malum Persicum*, „persischer Apfel", oder *prunum Persicum*, „persische Pflaume". Mit dem *Pfirsich* verwandt ist übrigens die *Aprikose*, deren Bezeichnung aus vulgärlatein. *praecocia Persica*, d.h. „frühreifer Pfirsich", entstanden ist (s. *Iran*).

Pils, das Lieblingsgetränk der Deutschen, ist nach der tschechischen Stadt *Plzeň* (dt. *Pilsen*) benannt, wo ursprünglich das herbe, untergährige *Pilsner Bier* in vier großen Brauereien gebraut wurde, um später seinen Siegeszug um die ganze Welt anzutreten. (Recht passend basiert der Städtename auf dem alttschech. Adjektiv *plz*, „feucht".)

Portwein ist Wein aus der portugiesischen Stadt *Porto*, die sich im 17. Jahrhundert als Exportzentrum für den starken, in Holzfässern gereiften und bei den Briten besonders beliebten Dessertwein entwickelte (s. *Porto* und *Portugal*).

Rasch nennen wir einen groben Kammgarnstoff, der seinen Namen von *Arras* im Nordwesten Frankreichs herleitet. Die seit dem 11. Jahrhundert blühende Tuchproduktion machte *Arras* (s. dort) zur reichsten Stadt des französischen Mittelalters.

Salmiak, landläufig für Ammoniumchlorid, verweist nur noch verschwommen auf das ursprüngliche Herkunftsland *Armenien*; im Mittelalter war es als *salarmaniak* bekannt, aus latein. *sal armeniacum*, „armenisches Salz", das leicht mit *sal ammoniacum*, also *Ammoniak* (s. dort), verwechselt wurde.

Satin ist die französische Bezeichnung für ein seidiges Gewebe, die aus dem arabischen Begriff *zaituni*, „Seide aus Zaitun", hervorging, womit die Mauren den chinesischen Seidenexporthafen *Tseutung* meinten.

Schalotte, der Fachausdruck für eine kleine Zwiebelart, verbirgt hinter vertrautem französischen Klang seine wahre Herkunft, nämlich die Hafenstadt *Askalon* in Palästina (aus latein. *caepa ascalonia*, über altfranz. *eschaloigne* und franz. *échalotte*).

Serge, vornehmlich als Futterstoff verwendet, wurde nach dem alten asiatischen Turkvolk der *Serer* benannt, das als Zwischenhändler für chinesische Seide (latein. *sericum*) auftrat, weswegen man China früher auch als *terra serica*, „Seidenland", bezeichnete.

Sherry ist eine britische Verballhornung des spanischen Ortsnamens *Jerez de la Frontera*, der mit seinem gutturalen Anfangs-*J* (wie in Ba*ch*) die Artikulationsmöglichkeiten eines Durchschnittsengländers überfordert – was die Spanier den Angelsachsen kaum verübeln werden, denn diese haben mit ihrer Vorliebe für schwere Dessertweine den *Sherry* aus der Umgebung von *Jerez* weltberühmt gemacht (s. *Jerez de la Frontera*).

Tabak stammt als Handelsware und auch etymologisch von der westindischen Insel *Tobago*, der Kolumbus diesen Namen gab, weil er erstaunt war über die Unsitte der Insulaner, getrocknete und geschnittene Blätter der *Tobacco*-Pflanze in einer *tambaku*, d.h. einer „Pfeife", zu schmauchen (vgl. span. *tabaco*, engl. *tobacco* und unsere Redewendung vom *harten Tobak*).

Tokajer nennt man einen ungarischen Wein aus überreifen Trauben vom Anbaugebiet um die Stadt *Tokaj* an der Theiß.

Traminer oder *Gewürztraminer*, eine kleinbeerige Rebsorte mit geringem Säuregehalt, die eigentlich im südtirolerischen *Tramin* (italien. *Termeno*) beheimatet ist, wird seit der Römerzeit auch bei uns am Oberrhein angebaut.

Turkey bezeichnet im Englischen sowohl das kleinasiatische Land als auch den „Truthahn". Möglicherweise ist der an der afrikanischen Guineaküste beheimatete große Hühnervogel durch Handelsbeziehungen der portugiesischen Kolonialherren mit dem Osmanischen Reich nach England und Amerika gelangt, wo man ihn folglich mit den *Türken* assoziierte.

Türkis, „türkischer Stein", heißt jener blaugrüne Edelstein, dessen erste Exemplare wahrscheinlich in der *Türkei* gefunden wurden.

Veronal, bekannt als starkes Schlafmittel, soll 1903 auf folgende Weise zu seinem Namen gekommen sein: Prof. Emil Fischer, der Erfinder des Barbiturats, hatte bei einem Gespräch mit dem Pharmahersteller ausgiebig und ergebnislos um eine angemessene Benennung des neuen Mittels verhandelt. Da er dringend einen Zug nach *Verona*, seinem nächsten Reiseziel, erreichen musste, einigte man sich schließlich – sozusagen zwischen Tür und Angel – auf *Veronal*.

Zwetsche ist eine kaum mehr zu erkennende Verhunzung des vulgärlatein. Wortes *davascena*, das über latein. *damascena* auf griech. δαμάσκηνον *(damáskenon)*, „Pflaume", zurückgeht. Im Altertum galt die syrische Stadt *Damaskus* als Urheimat der Pflaume (s. auch *Damaszenerstahl* und *Damast*).

Wenn man unsere Alltagssprache ein wenig genauer unter die Lupe nimmt, ist man erstaunt, wie viele Namen von Ländern und Orten, aber auch von Völkern und Einzelpersonen zu Bestandteilen fest gefügter R e d e w e n d u n g e n geworden sind, die sich – sozusagen als Fertigteile – in einen Satz einbauen lassen.

Ohne wirkliche Kenntnis des etymologischen Hintergrunds akzeptiert man nationale Symbolfiguren wie den tapsigen *russischen Bären*, den zipfelmützigen *deutschen Michel* (im 19. Jahrhundert die Karikatur des verschlafenen deutschen Bauern, den es politisch wachzurütteln galt) und die ebenso freizügige wie heldenhafte *französische Marianne* als Verkörperung des republikanischen Kampfes gegen die Monarchisten sowie die Redensart vom *gallischen Hahn*, die auf der irrigen Gleichsetzung von latein. *gallus*, „der Gallier", und *gallus*, „der Hahn", beruht (s. *Frankreich*).

Bisweilen wissen wir sogar ohne Namennennung, welches Land, welche Stadt, welches Volk gemeint ist und bedienen uns geflügelter Worte wie „das Land der unbegrenzten Möglichkeiten" (gemeint sind natürlich die *USA*), „das Land wo die Zitronen blühn" (Goethes

Umschreibung für *Italien*), „das Gelobte/Heilige Land" (biblisches Synonym für *Palästina*), „das Reich der Mitte" (für *China*), „die Ewige Stadt" (aus *Roma aeterna*), „die Grüne Insel" (für *Irland*), „das Volk der Dichter und Denker" (für *die Deutschen*) etc.

Obschon Ortsnamen in Redewendungen durchaus auch schmeichelhafte Erwähnung finden können (vgl. die berühmte „Berliner Luft" oder die Fügungen „Neapel sehen und sterben", „leben wie Gott in Frankreich" und „stolz wie ein Spanier"), überwiegen doch eher die Vorurteile gegenüber ganzen Völkern und Ländern, denn – wie Joseph Conrad, ein englischer Schriftsteller polnischer Herkunft, am eigenen Leib erfahren konnte – „jede Nation ist im Ausland hauptsächlich durch ihre Untugenden bekannt". So gelten uns fremdklingende und daher unverständliche Dinge (wie die zungenbrecherischen tschechischen Ortsnamen) als „böhmische Dörfer", wofür sich die Böhmen mit der Redensart von den „spanischen Dörfern" rächen (vgl. auch die seit der Reformation gängige Wertung „das kommt mir spanisch vor", mit der alles, was im Gefolge Kaiser Karls V. an fremder Mode und Sitte aus dem katholischen Spanien ins protestantische Deutschland kam, verunglimpft wurde); in Spanien kennt man entsprechend die Wendung „das ist Griechisch für mich", und jeder nichtromanische Ausländer, insbesondere der Nordamerikaner, muss in Lateinamerika damit rechnen, als *Gringo* (von span. *griego*, „Grieche") tituliert zu werden.[1]

Im Orient hält sich beharrlich das üble Sprichwort „Ein Grieche betrügt zehn Juden, ein Armenier zehn Griechen", so wie hierzulande eine generelle Schlamperei gern als „polnische Wirtschaft" gebrandmarkt wird. Den ostgermanischen *Wandalen*, die während der Völkerwanderungszeit plündernd und brandschatzend durch ganz Europa und Nordafrika zogen und sich sogar mit Rom und Karthago anlegten, haftet wohl auf ewig ihr negatives Image an; noch heute kommentieren wir die chaotische Hinterlassenschaft großer Menschenansammlungen mit dem Spruch, „die haben ja gehaust wie die Wandalen" (vgl. *Wandalismus*). Als ähnlich langlebig hat sich die Geringschätzung der kleinasiatischen Stadt *Soloi* in Kilikien erwiesen, deren Bewohner für ihr kümmerliches Griechisch bekannt waren (so wurde das Wort *Solözismus* zum festen Begriff für einen fehlerhaften Satzbau), und den genügsamen Spartanern – deren Heimat bei den Griechen *Lakoniké*,

---

[1] Die Bezeichnung *Gringo* könnte auch auf das Marschlied *Green grow the Lilacs* („Es grünen die Fliederbüsche") zurückgehen, das die amerikanischen Truppen 1848 bei der Invasion Mexikos sangen und dessen zwei Anfangswörter die Einheimischen möglicherweise zu *Gringo* zusammenzogen.

also „Lakonien" hieß – sagte man eine besondere Sprachfaulheit nach, daher bezeichnen wir eine kurze und bündige Mitteilung noch heute als *lakonisch*.

Stellvertretend für die Angeber und Besserwisser dieser Welt werden immer wieder die so genannte „Berliner Großschnauze" und die *Basken* oder *Gascogner* zitiert, deren Heimat die Franzosen *Basque* und *Gascon* nennen (vgl. *Gascogne*); im Französischen bedeutet das Verb *gasconner* „prahlen wie ein Baske", wovon wir das Fremdwort *Gaskonade* in Sinn von „Wichtigtuerei" entlehnt haben; das vorindogermanische Volk der *Basken* im westlichen Pyrenäenvorland ist kaum von anderen Kulturen beeinflusst und besitzt eine reiche eigenständige Tradition (s. *Baskenmütze*), die den benachbarten Franzosen und Spaniern natürlich äußerst suspekt erscheint und leicht zu einer pauschalen Ablehnung führt.

Solchen gezielten Verunglimpfungen stehen viele sprichwörtliche Fügungen gegenüber, in denen der Name eines Ortes wie selbstverständlich zitiert wird, obschon mancher ihn weder topographisch noch historisch eindeutig zuordnen kann. Hierzu gehören bedeutende kriegerische Ereignisse – z.B. der abendländische *Sieg auf den Katalaunischen Feldern* über die Hunnen (F), der Triumph der Protestanten über die Katholiken in der *Battle of the Boyne* (IRL), Napoleons Erfolg in der *Dreikaiserschlacht von Austerlitz* (CZ), seine vernichtende Niederlage bei *Waterloo* (B), das Versagen von Rommels Panzerarmee bei *El-Alamein* (ET) und die kriegsentscheidende *Schlacht von Stalingrad* (RUS) – ebenso wie eine Reihe wichtiger politischer Vereinbarungen – etwa nach dem Ersten Weltkrieg die deutsch-sowjetische Annäherung durch den *Rapallovertrag* (I), die Aufhebung der europäischen Grenzen im *Schengener Abkommen* (L), die Einigung über eine gemeinsame europäische Währung in den *Maastrichter Verträgen* (NL), der viel beschworene *Geist von Helsinki* bei den Abrüstungsgesprächen zwischen den USA und der Sowjetunion (FIN) – und gängige literarische und musikalische Titel wie *Ariadne auf Naxos* (GR), die *Braut von Messina* (I), das *Bergwerk zu Falun* (S) –, ganz zu schweigen von großen Persönlichkeiten der Geschichte, deren Einzigartigkeit durch die Anfügung ihres Geburts- oder Wirkungsorts hervorgehoben wird; als Beispiele seien genannt: *Dietrich von Bern* (gemeint ist *Verona*!) sowie die ebenfalls aus Italien stammenden Berühmtheiten *Thomas von Aquin*, *Franz von Assisi* und *Leonardo da Vinci*, aber auch feste Wortgruppen wie die *Jungfrau von Orléans*, der *Prince of Wales* oder der *Erzbischof von Canterbury*.

Sprichwörtliche Ortsnamen

Ägypten – Unsere Redensarten, in denen Ägypten erwähnt wird, beziehen sich in der Regel auf Sprüche der Bibel; das zweite Buch Moses (Exodus 16,3) berichtet vom Zug der halb verhungerten Israeliten durch die Sinai-Wüste und ihre sehnsuchtsvolle Erinnerung an die „Fleischtöpfe Ägyptens", also das gute Leben im Land des Pharao, das sie aufgeben hatten, um ihrem Anführer Moses ins Gelobte Land zu folgen. Unser Spruch von einer „ägyptischen Finsternis" geht auf die gleiche Begebenheit zurück, denn als der Pharao die Kinder Israels nicht ziehen lassen wollte, strafte Jahwe das Land mit den berühmten zehn Plagen, unter anderem mit einer dreitägigen tiefen Finsternis.

Athen – Wenn wir „Eulen nach Athen tragen", tun wir etwas absolut Überflüssiges. Die Eule, die den alten Griechen als ein Sinnbild der Weisheit galt, war in Athen und Umgebung besonders zahlreich anzutreffen und als Attribut der weisen Schutzgöttin Athena in der Hauptstadt gern gesehen (vgl. unser Sprichwort „Holz in den Wald tragen").

Azoren – Die Lage der portugiesischen Inselgruppe zwischen Europa und Amerika wird nicht jedermann vertraut sein, wohl aber das so genannte „Azorenhoch", das uns im Sommer bisweilen eine stabile Schönwetterlage beschert.

Babylon – Die „babylonische Sprachverwirrung", von der wir reden, wenn viele Sprachen gleichzeitig gesprochen werden und daher jeder einzelne Redner unverständlich wird, geht auf das Alte Testament zurück; Gott strafte nach dem „Turmbau von Babel" die Einwohner für ihre Vermessenheit, ein Gebäude bis in den Himmel wachsen zu lassen, indem er ihre Sprache völlig durcheinander brachte und sie über die ganze Welt zerstreute (Genesis 11, 7-11; vgl. auch die Fügung „Sündenbabel").

Bentheim – Der beim Fluchen oft bemühte „Herrgott von Bentheim" ist eigentlich ein romanisches Steinkruzifix aus dem 11. Jahrhundert im Hof des Schlosses zu Bentheim an der Ems.

Bodensee – Als einen „Ritt über den Bodensee" bezeichnen wir manchmal ein etwas riskantes Unterfangen. Der Ausspruch ist der Ballade *Der Reiter und der Bodensee* von Gustav Schwab entnommen, in der ein Mann nach seinem Ritt über den vermeintlich zugefrorenen See entdeckte, dass das Eis bereits angetaut und brüchig war.

Bosporus – „Der kranke Mann am Bosporus" war bis zur Mitte des 19. Jahrhunderts eine gängige ironische Umschreibung der Türkei, vor allem in Diplomatenkreisen, die damit auf die vielfältigen Probleme des Osmanischen Reiches und seines Sultans in Istanbul anspielten.

Canossa – Als „Gang nach Canossa" wird ein demütigendes Bittgesuch empfunden, so wie im Jahr 1077 der demütigende Bußgang Heinrichs IV. zur Burg Canossa in Norditalien, wo Papst Gregor VII. ihn empfing und vom Bann löste, nachdem der deutsche Kaiser die überlegene Rolle der römischen Kirche akzeptiert hatte.

China – Der fernöstliche Staat wird nicht selten zitiert, wenn wir etwas völlig Belangloses kommentieren; wir beginnen unser Statement dann etwa folgendermaßen: „Ob in China ein Sack Reis (oder: in Peking ein Fahrrad) umfällt, …".

Damaskus – „Sein Damaskus erleben" bedeutet, sich von Grund auf gewandelt zu haben. Diese Redewendung nimmt Bezug auf die in der Apostelgeschichte beschriebene Spontanbekehrung des Christenverfolgers Saulus, nachdem ihm vor den Toren von Damaskus Jesus erschienen war. Als begeisterter Jünger nannte er sich fortan Paulus (latein. *paulus*, „der Kleine"; vgl. auch unsere Formulierung „von einem Saulus zum Paulus werden").

Dänemark – Wir sagen: „Etwas ist faul im Staate Dänemark", wenn ein Vorgang uns nicht ganz geheuer ist; in Shakespeares Trauerspiel Hamlet macht der Offizier Marcellus die Bemerkung: *'There is something rotten in the state of Denmark'*. (Sie bezieht sich auf die Ermordung des dänischen Königs durch seinen eigenen Bruder und dessen Verbindung mit der Witwe.)

England – Mit der Feststellung, eine Handlungsweise sei „nicht die feine englische Art", meinen wir, dass etwas nicht so ehrenhaft abläuft, wie es einem britischen Sportsmann mit seinem typischen Gefühl für Fairness gefallen würde. Als Gegengewicht zu diesem positiven Vorurteil kennt die Historie den verbitterten Ausspruch vom „perfiden Albion" (also vom „niederträchtigen England", aus franz. *la perfide Albion*), den die Franzosen 1793 prägten, als England nicht die Partei des revolutionären Frankreich ergriff.

Frankreich – Unsere Nachbarn im Südwesten kommen in geflügelten Worten ebenfalls nicht nur gut weg, schließlich gibt es in unserer Sprache die Redensart „sich auf französisch verabschieden", wenn wir ausdrücken wollen, dass jemand sang- und klanglos eine Gesellschaft verlässt (vgl. entsprechend engl. *to take French leave*, was die Franzosen prompt umkehren zu *filer à l'anglaise*). Anerkennend klingt dagegen unsere Wendung „leben wie Gott in Frankreich", meinen wir doch damit ein Leben in Saus und Braus. Ursprünglich dürfte der Spruch einen etwas anderen Sinn gehabt haben: Als die Französische Revolution das Christentum zeitweilig durch eine Kult der Vernunft ersetzte, war Gott jeglicher Verantwortung entbunden; er führte sozusagen das sorgenfreie Leben eines Rentners.

Gelsenkirchen – Die Ruhrgebietsstadt hat weit über ihre Grenzen hinaus Berühmtheit erlangt durch einen überladenen, billig wirkenden Möbelstil, den wir landläufig als „Gelsenkirchener Barock" bezeichnen.

Gizeh – Die „Pyramiden von Gizeh" sind zu einem international gebräuchlichen Terminus geworden; die rätselhaften Bauwerke der ägyptischen Pharaonen bilden sprachlich auf ewig eine Einheit mit diesem Ort am linken Nilufer gegenüber der Hauptstadt Kairo – ein Bezug, den der Siedlungsname selbst ebenfalls zum Ausdruck bringt (aus arab. *er-ges-her*, „neben den Hohen").

Griechenland – Die alten Römer, in ständiger politischer und kultureller Konkurrenz zu Griechenland, benutzten gern die abfällige Formulierung *ad Calendas Graecas*, „an den griechischen Kalenden"; da die Griechen in ihrer Zeitrechnung keine Kalenden (öffentlich zu verkündendender Monatsbeginn und wichtigster Zahlungstermin der Römer) kannten, wollte man damit ausdrücken, dass etwas wahrscheinlich niemals geschehen würde (vgl. unseren Sankt Nimmerleinstag). Ironischerweise dürfte den meisten Römern kaum bewusst gewesen sein, dass ihre *Calendae* etymologisch auf einem griechischen Wort basierten, nämlich auf dem Verb καλεῖν *(kaleîn)*, „aufrufen, genannt werden".

Holland – „Da ist Holland in Not", heißt es bisweilen, wenn jemand in große Bedrängnis geraten ist. Für diese Redensart könnte es die unterschiedlichsten Begründungen geben: Entweder meint sie die zahlreichen Sturmfluten, die das tief gelegene Land immer wieder bedrängten, oder die verzweifelte Situation der Niederländer im Holländischen Krieg Ludwigs XIV., die schließlich mithilfe Wilhelms von Oranien und einem antifranzösischen europäischen Bündnis ihre politische und religiöse Unabhängigkeit bewahren konnten.

Hornberg – Die Schwarzwaldstadt im Gutachtal verdankt ihren hohen Bekanntheitsgrad einer Jahrhunderte zurückliegenden Begebenheit. Als sich einst der Landesherzog zu einer Visite des Ortes angesagt hatte, übten die eifrigen Einwohner so ausgiebig das Abschießen von Böllern, dass am Ende alles Pulver verschossen war. Beim Einzug des Fürsten ersetzten daher einige stimmgewaltige Bürger die geplanten Begrüßungssalven kurzerhand durch lautes Brüllen, und fortan beschreiben wir ein Geschehnis, das trotz großer Ankündigung ergebnislos endet, mit den Worten: „Das ging aus wie das Hornberger Schießen".

Jordan – „Über den Jordan gehen" wird im Sinne von „sterben" gebraucht. Die Redensart stammt aus der religiösen Literatur des Pietismus, die das Gelobte Land mit dem Himmelreich gleichsetzte. Die Israeliten erreichten nach langer Wanderschaft dieses ihnen verheißene Land, als sie den Jordan überschritten hatten, was später als „in den Himmel kommen" oder – nüchterner ausgedrückt – als „sterben" interpretiert wurde (vgl. daran angelehnt unsere Variante „über die Wupper gehen").

Kassel – „Ab nach Kassel!" ist in der Umgangssprache gleichbedeutend mit „Pack deine Sachen, und dann schnell fort!"; angeblich steht die Wendung in Zusammenhang mit dem Amerikanischen Unabhängigkeitskrieg, in dem auf englischer Seite auch hessische Hilfstruppen kämpften; die meist gegen ihren Willen eingezogenen deutschen Rekruten wurden vor ihrem Abtransport nach Nordamerika zur zentralen Sammelstelle in *Kassel* gebracht.

Kreta – Mit dem geringschätzigen Ausdruck „Krethi und Plethi" bezeichnen wir gern eine recht gemischte Gesellschaft. Im Alten Testament berichtet das zweite Buch Samuel von der bunt zusammengewürfelten Leibwache König Davids, die vor allem aus *Kretern* und *Plethern* bestand; damit dürften Männer von der Mittelmeerinsel *Kreta* und *Philister* – also Bewohner Palästinas – gemeint sein.

Lesbos – Der Name der griechischen Insel vor der kleinasiatischen Ägäisküste löst automatisch eine Assoziation mit der „lesbischen Liebe" aus, die von der hier lebenden altgriechischen Dichterin Sappho besungen wurde.

Nürnberg – Unter einem „Nürnberger Trichter" versteht man seit Jahrhunderten die erzwungene Vermittlung von Kenntnissen (vgl. „Wissen eintrichtern"). Der Ausdruck dürfte sich auf ein

Lehrbuch der Dichtkunst beziehen, das 1647 in Nürnberg unter dem Titel „Poetischer Trichter" erschien.

Pampa – Die dünn besiedelte Grassteppe Argentiniens kann sprichwörtlich für eine Ansiedlung weit außerhalb jeder Zivilisation stehen; wir sagen dann etwa: „Er wohnt in der Pampa".

Paris – Bevor der Hugenotte Heinrich von Navarra, der spätere Heinrich IV., zum König von Frankreich gekrönt werden konnte, musste er natürlich zum Katholizismus übertreten; er soll seine überraschende Konversion mit den Worten, „Paris ist eine Messe wert", gerechtfertigt haben, ein Zitat, das im Zeitalter des Städtetourismus zu der Wendung „Paris ist eine Reise wert" verflachte.

Philippi – Mit dem abgewandelten Shakespeare-Zitat „Bei Philippi sehen wir uns wieder!" drohen wir jemandem an, dass wir eine Sache nicht auf sich beruhen lassen werden; in der Nähe der makedonischen Stadt *Philippi* rächten Antonius und Octavian den Tod Cäsars, indem sie den Kaisermörder Brutus töteten und seine republikanische Armee besiegten (latein. *brutus*, „roh, dumm", vgl. *brutal* und *Brutto*).

Pisa – Der „Schiefe Turm von Pisa" ist schon früh zum feststehenden Begriff geworden, denn bereits während der Bauzeit begann aufgrund einer Bodensenkung die Neigung des frei stehenden Campanile. Inzwischen ist der runde Glockenturm (ca. 55 m hoch) mit seinen sechs Säulengalerien um mehr als vier Meter aus dem Lot geraten.

Polen – „Noch ist Polen nicht verloren", sagt man tröstend, wenn ein letzter kleiner Hoffnungsschimmer zu erkennen ist. Diese Worte sollen die polnischen Soldaten ihrem Feldherrn Thadeusz Kościuszko zugerufen haben, als dieser 1794 nach der Niederlage durch ein Kosakenheer in russische Gefangenschaft geriet und das Ende Polens verkündete. Mit dem gleichen Optimismus beginnen die Polen noch heute ihre Nationalhymne: *Jeszcze Polska nie zginęła!*

Rhodos – Dem einen oder anderen ist vielleicht das lateinische Zitat „Hic Rhodus, hic salta!" bekannt; es ist einer Fabel des Dichters Äsop entnommen, in der ein Passagier während einer Seereise damit prahlte, auf Rhodos einmal einen unübertroffen weiten Sprung getan zu haben. Als man in voller Fahrt an der Mittelmeerinsel vorbeisegelte, forderte man ihn daher auf, seine herausragende Fähigkeit augenblicklich unter Beweis zu stellen: „Hier ist Rhodos, hier springe!"

Rom – Das Zentrum des alten Römischen Reiches, der katholischen Kirche und des modernen Staates Italien hat für nicht wenige Redensarten Pate gestanden, von denen nur einige erwähnt werden sollen: Die Feststellung „Rom ist (auch) nicht an einem Tag erbaut worden" (d.h. die Durchführung eines großen Projektes braucht halt eine gewisse Zeit) dürfte ebenso geläufig sein wie der Ausspruch „Viele Wege führen nach Rom" (also dem spätantiken Zentrum der Wissenschaft), der zu bedenken gibt, dass man sich nicht unbedingt auf einen einzigen Lösungsansatz versteifen sollte; die Variante „Alle Wege führen nach Rom" bedeutet dagegen wohl eher den Anspruch der katholischen Kirche, das endgültige Ziel aller Bestrebungen zu sein. Für die abtrünnige Sekte der Katharer im 12. und 13. Jahrhundert symbolisierte die Hauptstadt des Abendlandes allerdings den Hass, denn im lateinischen Namen *Roma* offenbarte sich – wenn man ihn falsch herum las – die Verneinung von *Amor*, also der Personifizierung der Liebe.

Rosette – Die ägyptische Hafenstadt im Nildelta wurde durch den 1799 entdeckten „Stein von Rosette" weltberühmt, dessen dreisprachige Inschrift (unter anderem in Griechisch) die Entzifferung der Hieroglyphen ermöglichte. Die in Europa gebräuchliche Form des Städtenamens ist übrigens eine französische Verballhornung („Röschen") des arabischen Namens *Rashîd*, „der Rechtgeleitete".

Rubikon – Wenn wir eine wichtige, unumkehrbare Entscheidung treffen, geben wir bekannt, dass wir „den Rubikon überschritten haben". Als der ehrgeizige Konsul Cäsar 49 v.Chr. von Gallien kommend den norditalienischen Grenzfluss überquerte und mit seinem Heer nach Italien eindrang, um die Macht an sich zu reißen, hatte er sich unwiderruflich für einen blutigen Bürgerkrieg entschieden.[1]

Russland – „Jemandem einen Russen aufbinden", d.h. jemanden nach Strich und Faden belügen, ist eine Spielart der Redewendung „jemandem einen Bären aufbinden"; der Bär ist das Symbol Russlands.

---

[1] Eine ähnliche Bedeutung hat das Cäsar bei gleichem Anlass zugeschriebene Zitat „Die Würfel sind gefallen!" (von latein. *alea iacta est*, also eigentlich „*Der* Würfel ist gefallen"). Möglicherweise hat er damit lediglich das alte griechische Sprichwort – ἀνερρίφϑω κύβος *(anerríphtho kýbos)*, „hochgeworfen sei der Würfel" – variiert und folglich eher auf eine zukünftige als eine schon gefallene Entscheidung verwiesen.

Samaria – Aus *Samaria* in Palästina stammte der in einem biblischen Gleichnis erwähnte Mann, der einem brutal überfallenen Reisenden erste Hilfe leistete; seitdem kennen wir die Redensart vom „barmherzigen Samariter".

Schweden – „Alter Schwede" ist eine kumpelhafte Begrüßungsformel, die auf den Großen Kurfürsten zurückgeht, denn dieser hatte nach dem Dreißigjährigen Krieg altgediente schwedische Soldaten als Ausbilder für das preußische Heer angeworben, deren Verdienste das Volk schon bald zu schätzen wusste. Weniger angenehm klingt die Ortsangabe „hinter schwedischen Gardinen", womit ein Gefängnis gemeint ist. Der Ausdruck stammt aus der Gaunersprache: Hier werden Gardinen mit den Eisenstangen des Gefängnisfensters gleichgesetzt, die vorzugsweise aus schwedischem – d.h. besonders widerstandsfähigem – Stahl bestanden.

Sibirien – Die sprichwörtliche „sibirische Kälte" wird häufig zu leichtgläubig zitiert, denn im weiten Waldgebiet jenseits des Urals sinken zwar die Wintertemperaturen unter -50°C, im zugestanden recht kurzen Sommer zeigt das Thermometer dagegen mit 30 bis 40°C durchweg höhere Werte, als in West- und Mitteleuropa erreicht werden.

Sodom und *Gomorrha* – Die beiden biblischen Städte am Südufer des Toten Meeres stehen seit Menschengedenken für einen verwerflichen Lebenswandel. Meist werden sie wie lasterhafte Zwillinge erwähnt, indem man z.B. pauschal von „einem einzigen Sodom und Gomorrha" spricht. Das üble Ansehen der Stadt *Sodom* (hebr. *Sedóm*) ist darüber hinaus in dem Begriff „Sodomie" (für Geschlechtsverkehr mit Tieren) verewigt, denn ihre Bewohner hatten sich einem besonders frivolen Lebensstil verschrieben, weswegen Gott sie – mit Ausnahme des Lot, eines Neffen Abrahams – durch einen Feuer- und Schwefelregen vernichtete.

Sporaden – Die punktuelle Verteilung der Ägäisinseln (ihr griechischer Name bedeutet „die Ausgesäten") wird oft auf eine zufällige Streulage von Orten oder ein unregelmäßiges Zeitgeschehen übertragen, was man gleichermaßen als „sporadisch" bezeichnet (vgl. *Diaspora*).

Türken – Als bekannteste Anhänger des Islam wurden die Türken lange Zeit für alle Untaten östlicher Völker, besonders ihrer arabischen Glaubensbrüder, verantwortlich gemacht, die die Küsten

Südeuropas unsicher machten; daher kann man noch heute den Schreckensschrei *Mamma, i Turchi!*, „Mami, die Türken!" von verängstigten italienischen Kindern hören. Seit dem Vorstoß der Türken bis nach Wien haben sie für Jahrhunderte das Feindbild der europäischen Armeen geprägt; eine der üblichen Gefechtsübungen gegen einen angenommenen Gegner hieß dann auch schlicht „Türke". Den Redensarten „einen Türken bauen" und „etwas türken" liegt vermutlich eine historische Begebenheit zu Grunde: Da an der Einweihung des Nord-Ostseekanals auch türkische Offiziere als Vertreter ihres Landes teilnahmen, sollte deren Nationalhymne ebenfalls gespielt werden. Der deutschen Blaskapelle fehlten jedoch die entsprechenden Noten, sodass ihr Leiter spontan und ohne Rücksicht auf die fremden Gäste das Volkslied *Guter Mond, du gehst so stille* intonieren ließ; damit war eine neue sprachliche Wendung im Sinne von „etwas vorspielen", „etwas vortäuschen" geboren.

Wallstreet – Der Name dieser New Yorker Straße wurde zum Synonym für das wichtigste amerikanische Finanzzentrum, das genau an der Stelle entstand, wo einst die Holländer im damaligen Neu-Amsterdam zum Schutz gegen die englische Minderheit auf Manhattan eine Mauer (engl. *wall*) errichtet hatten. Als die Niederländer sich 1667 im Tausch gegen einen Teil von Britisch Guyana vollständig aus ihren nordamerikanischen Besitzungen zurückzogen, hatte die Mauer ausgedient; sie wurde niedergerissen und schuf Platz für die „Wallstreet", also die Mauerstraße (vgl. *Berlin*), und für den Bau der New Yorker Börse.

Um ihr Image aufzuwerten waren viele Städte der Welt darauf bedacht, sich mit einem werbewirksamen B e i n a m e n zu schmücken, der in etlichen Fällen durch langen Gebrauch mit dem Namen verschmolzen ist – nicht selten diesen sogar ersetzt. Voraussetzung war die einzigartige historische oder religiöse Relevanz einer Stadt (s. *Lübeck*, „die Königin der Hanse", *Meißen*, „die Wiege Sachsens", sowie die „Lutherstadt Wittenberg"), eine besondere politische Funktion (s. die ehemalige „Bundeshauptstadt Bonn"), die wirtschaftliche oder kulturelle Bedeutung für eine ganze Region (z.B. *Hamburg*, „das Tor zur Welt", etwas bescheidener: *Leer*, „das Tor Ostfrieslands", und *Nürnberg*, „des Deutschen Reiches Schatzkästlein", da hier die kaiserlichen Kleinodien aufbewahrt wurden), häufig auch der außergewöhnliche landschaftliche oder städtebauliche Charme eines Ortes (etwa *Prag*, „die Goldene Stadt", *Schwarzenberg*, „die Perle des Erzgebirges", oder *Sri Lanka*, „das Juwel des Indischen Ozeans").

Noch hochtrabender klingt es, wenn Städte – sozusagen als etymologische Trittbrettfahrer – sich im Ruhm unvergleichlich größerer oder bedeutenderer Vorbilder sonnen und zusätzlich mit deren Namen brüsten; so nennen die Bewohner von *Usedom* ihre attraktive Insel gern „die Badewanne Berlins" oder „die Verlängerung des Ku'damms".

Geradezu E t i k e t t e n s c h w i n d e l betreibt schließlich die beachtliche Anzahl jener meist recht kleinen Gemeinden, die ihre relative Belanglosigkeit mit einem hehren Namen kaschieren, den sie bedenkenlos abgekupfert haben (z.B. verteilt sich die Bevölkerung der Südseeinsel Kiritimati auf die beiden winzigen Örtchen *Paris* und *London*, die in diesem Fall allerdings nur 6 km auseinander liegen!).

A u f w e r t u n g   d u r c h   N a m e n s a t t r i b u t e

Amsterdam wird von seinen Einwohnern gern „Venedig des Nordens" genannt; es liegt zwar nur an einem einzigen Flüsschen, der *Amstel*, ist aber von insgesamt fast 100 km langen Kanälen durchzogen, die den sumpfigen Boden der Stadt entwässern. Jeder Teilnehmer einer Grachtenrundfahrt wird die Angemessenheit dieses Beinamens bestätigen (s. auch *Stralsund*).

Beirut, „das Paris des Ostens", ist die Hauptstadt des Libanon. Nach dem Ersten Weltkrieg gehörte der Mittelmeerhafen zum französischen Mandatsgebiet und galt mit seiner reizvollen Mischung aus orientalischem und abendländischem Flair bis zum Bürgerkrieg im Jahr 1981 als Kultur- und Wirtschaftsmetropole des Nahen Ostens.

Berlin heißt im Volksmund nicht ganz zu Unrecht „Spree-Athen", denn auf der so genannten Museumsinsel zwischen dem Spreekanal und dem Kupfergraben war 1841 durch königliche Order ein „der Kunst und der Altertumswissenschaft geweihter Bezirk" entstanden, dessen Museen wegen ihrer archäologischen und antiken Sammlungen Weltruhm genießen.

Byzanz war von Kaiser Konstantin d. Gr. im Jahr 330 n.Chr. als *Roma secunda*, d.h. als „Zweites Rom", neu gegründet worden (seine Untertanen gaben der kaiserlichen Residenz später den inoffiziellen Namen: *Konstantinopel*, „Stadt Konstantins"). Diese östliche Metropole des Römischen Reiches war – wie ihr westliches Vorbild – ebenfalls auf sieben Hügeln erbaut, hatte das alte Hoheitszeichen jedoch zu einem doppelköpfigen Adler variiert. Nach der Eroberung Konstantinopels im Jahre 1453 durch die Türken machten sich die russischen Zaren zu Erben Ostroms und bezeichneten ihre Hauptstadt Moskau folglich als „Drittes Rom"; der Doppeladler Konstantinopels ziert bis heute die russische Fahne (s. auch *Istanbul*).

Chemnitz war zwar schon zur Zeit der Reformation ein Standort der sächsischen Textilherstellung, verdiente sich aber erst im 19. Jahrhundert den Beinamen „Sächsisches Manchester", denn wie ihr englisches Vorbild entwickelte sich die Stadt dank Baumwollverarbeitung und Maschinenbau zu einem bedeutenden Industriezentrum des Landes.

Dresden, von der Elbe durchflossen, schmückt sich gern mit den Zusätzen „Elbflorenz" und „Venedig des Ostens". Eindrucksvolle Baudenkmäler (wie der Zwinger, das Schloss oder die Semperoper) und phantastische Gemäldegalerien haben die Stadt weltbekannt gemacht.

Eutin in Schleswig-Holstein avancierte als Vaterstadt einiger berühmter Künstler zum „Weimar des Nordens"; immerhin lebten hier der Goethe-Freund Graf Stolberg und der Homer-Übersetzer Voß sowie der Komponist Carl Maria von Weber.

Frankfurt verdankt die Spitznamen „Mainhattan" und „Chicago am Main" seinen modernen Wolkenkratzern; die Commerzbank etwa ist hier mit einem 258 m hohen Bürogebäude vertreten, dem höchsten in Europa.

Fränkische Schweiz nennt man den nördlichsten Teil des Karstgebirges der Fränkischen Alb. Dieser Naturpark zwischen Bayreuth, Bamberg und Nürnberg gehört zu den schönsten deutschen Mittelgebirgslandschaften. Ebenso bezaubernd sind die *Mecklenburgische Schweiz*, eine hügelige Seenlandschaft östlich von Güstrow (die höchsten Erhebungen erreichen im Gegensatz zum alpinen Vorbild allerdings nur 100 m), und die *Sächsische Schweiz*, womit der deutsche Anteil des zerklüfteten Elbsandsteingebirges mit dem tief eingeschnittenem Elbtal gemeint ist.

Goslar, Kaiserpfalz und Heimat vieler Kirchen und Klöster, ist das „Nordische Rom", dessen historische Altstadt die UNESCO zum Weltkulturerbe erklärt hat. Die reichen Silbererzvorkommen der Umgebung sicherten dem mittelalterlichen Ort am Rande des Harzes die Mitgliedschaft in der Hanse und machten ihn als Reichsstadt zur „Schatzkammer der Deutschen Kaiser".

Holsteinische Schweiz heißt das liebliche Hügelland zwischen der Kieler und der Lübecker Bucht, das mit seinen Wäldern und verträumten Seen im 19. Jahrhundert Scharen von Urlaubern anzog, als eine Reise in die Schweiz nur für wenige erschwinglich war (s. *Fränkische Schweiz*).

Koblenz erlebte unter napoleonischer Herrschaft eine kulturelle Blüte, die ihr den Namen „Klein-Paris" einbrachte; nach dem Wiener Kongress musste Frankreich die Stadt am Zusammenfluss von Rhein und Mosel allerdings an Preußen abtreten.

Leipzig erwarb den Spitznamen „Kleines Paris", als die auf Fortschritt bedachte Messestadt im Jahr 1701 eine Straßenbeleuchtung bekam und sich fortan mit der mondänen Seine-Metropole vergleichen konnte. Aber auch als Stätte der Gelehrsamkeit und Kultur stand sie der französischen Hauptstadt kaum nach: An der bereits 1409 gegründeten Universität studierten berühmte Deutsche, z.B. der Philosoph Johann Gottlieb Fichte, der Dichter Johann Wolfgang von Goethe sowie die Komponisten Robert Schumann und Johann Sebastian Bach (s. auch *Lemgo*).

Lemgo wird bisweilen noch immer als „Westfälisches Leipzig" bezeichnet – eine im 18. Jahrhundert aufkommende Anspielung des reizenden Druckereistädtchens auf die sächsische Metropole mit der großen internationalen Buchmesse (s. auch *Leipzig*).

Lippstadt, das „Venedig Westfalens" mit sehenswerten Gebäuden aus der Romanik, Gotik und Renaissance, wurde 1185 nördlich von Soest an der Lippe gegründet; die attraktive Altstadt ist von drei Wasserschlössern umgeben.

Ludwigsburg in Baden-Württemberg lässt sich wegen seiner drei Barockschlösser gern als „Schwäbisches Versailles" umschreiben, vor allem aber wegen der 1704 planmäßig angelegten Fürstenresidenz Eberhard Ludwigs von Württemberg. Als der Herzogssitz einige Jahrzehnte später nach Stuttgart verlegt wurde und *Ludwigsburg* damit zu einer reinen Garnisons- und Beamtenstadt degradiert war, sprach man ein wenig bescheidener nur noch vom „Schwäbischen Potsdam".

München – schon lange als „heimliche Hauptstadt Deutschlands" und als „Weltstadt mit Herz" apostrophiert – ließ sich im 19. Jahrhundert, als Klassik und Klassizismus die Baukunst bestimmten, mit Vorliebe „Isar-Athen" nennen, sicherlich wohl auch, um mit dem preußischen „Spree-Athen" gleichzuziehen (s. *Berlin*).

Münster als „Niederdeutsches Rom" zu bezeichnen, klingt gewiss ein wenig übertrieben, wenngleich die westfälische Bischofsstadt stets eine starke Bindung an die katholische Kirche gezeigt hat: Sie ist geprägt von zahlreichen Gotteshäusern (ihr lateinischer Name *Monasterium* bedeutet „Kloster" und bezieht sich auf eine vom heiligen Liudger 804 als Missionszentrum gegründete Abtei), hier siegte die römische Kirche 1535 über die radikale Sekte der Wiedertäufer, und in ihren Mauern fand der Dreißigjährige Krieg, der die Staaten Europas religiös polarisiert hatte, sein friedliches Ende.

Nordkirchen mit seiner Wasserburg – der größten und bedeutendsten Westfalens – ist auch unter dem Namen „Westfälisches Versailles" bekannt, denn das prachtvolle Schloss liegt inmitten eines großen, von französischen Gartenarchitekten gestalteten Parks.

Potsdam macht seinem Beinamen „Versailles des Nordens" alle Ehre, immerhin beherbergt die Havelstadt in der Nähe Berlins die Sommerresidenz der preußischen Könige und deutschen Kaiser. Der von Friedrich d. Gr. angelegte Park von Sanssouci mit seinen Schlössern und Gärten ist als Teil des Weltkulturerbes eingestuft.

Stralsund, die alte Hansestadt unmittelbar gegenüber der Ostseeinsel Rügen, darf sich wegen der von reizvollen Teichen und etlichen Kanälen umschlossenen historischen Altstadt, aber auch wegen ihrer zahlreichen Brücken zu Recht als „Venedig des Nordens" empfinden (s. auch *Amsterdam*).

Offensichtlicher Namenklau

Alte Piccardie nannte sich eine Gemeinde bei Lingen an der Ems, offensichtlich nach der französischen Landschaft *Picardie*, die im Mittelalter üblicherweise die mit *Piken* bewaffneten Fußsoldaten stellte.

America heißt ein Ort westlich der niederländischen Stadt Venlo. Ein zweites *Amerika* auf unserem Kontinent findet sich südwestlich der Stadt Oldenburg, das im 19. Jahrhundert zur Zeit einer starken Auswanderungswelle nach Nordamerika gegründet wurde. Letztlich war den Siedlern die Weite der Norddeutschen Tiefebene wohl eine preisgünstige Alternative für den wilden Westen der USA. Ein weiteres, diesmal sächsisches *Amerika* gibt es in der Nähe von Chemnitz, das 1835 als Siedlung für eine

Baumwollspinnerei entstand; allerdings lag diese so weit vom Wohnort entfernt, dass man den beschwerlichen Talweg dorthin mit einer „Fahrt nach Amerika" verglich.

England in unserem eigenen Land einen Besuch abstatten zu wollen, dürfte manchem recht widersinnig erscheinen; dennoch gibt es einen Ort dieses Namens, den man ohne Zollkontrollen und britische Quarantänevorschriften auf der Marscheninsel Nordstrand vor Husum erreichen kann. (Immerhin stammte ja ein Teil der Angelsachsen aus dieser Gegend!)

Grönland findet sich als Flurname in der Elbniederung zwischen Elmshorn und Glückstadt. Wenngleich sich eine klimatische Assoziation aufdrängt, bedeutet der Name dieser norddeutschen Landschaft wohl nichts anderes als im Fall des arktischen Originals, nämlich „grünes Land".

Kalifornien an der Kieler Bucht hat mit der amerikanischen Vorlage wenig gemeinsam; die touristische Werbewirksamkeit für den norddeutschen Badeort bei Schönberg lässt sich jedoch nicht von der Hand weisen.

Krim, genau genommen *De Krim*, haben die Niederländer einen kleinen Ort bei Coevorden in der Provinz Drente genannt, der – wie auf einer Insel mit relativ festem Grund – innerhalb eines abgetorften Gebiets in unmittelbarer Nähe der deutschen Grenze liegt. (Nur wenige Kilometer weiter nördlich entstand eine ähnliche Moorsiedlung, die *Nieuwe Krim*.) In der Bundesrepublik findet sich ebenfalls eine Ortschaft *Krim*, und zwar auf einer Geestinsel inmitten der sumpfigen Landschaft Dithmarschen in Schleswig-Holstein.

Neue Welt lautet der Name eines Poldergebiets an der Leybucht; die Gewinnung von Neuland nahe der Emsmündung wurde also hochtrabend mit der Landnahme nach der Entdeckung Amerikas verglichen.

Philadelphia ist entgegen der Überzeugung topographischer Besserwisser nicht nur in Nordamerika, sondern auch südwestlich von Fürstenwalde in Brandenburg zu finden.

Prag kann man auf dem Weg in die „Goldene Stadt" bereits auf deutscher Seite (nördlich von Passau) durchfahren; vielleicht hat die unmittelbare Nähe der tschechischen Grenze auf den Namen abgefärbt.

Rom liegt nicht unbedingt in Italien, es könnte uns auch in Frankreich südlich von Poitiers sowie in der Mecklenburgischen

Seenplatte begegnen (darüber hinaus etliche Male in den USA, wo der Name allerdings *Rome* geschrieben wird).

Sibirien haben die Norweger eine Stadt in ihrer Provinz Nord-Trøndelag genannt. Das Namen-Plagiat ist verzeihbar, denn die Wälder und die steppenartige Tundra der Hochgebirgslandschaft unweit des Polarkreises erinnern durchaus an das bekannte russische Vorbild.

Transvaal ist eine kleine westfälische Ortschaft bei Polsum; die Beziehung zur gleichnamigen südafrikanischen Provinz bleibt leider im Dunkeln.

Troy im US-Staat New York ist ein Namensvetter der antiken Stadt *Troja* in Kleinasien. Die 1786 gegründete Hafenstadt am Ostufer des Hudson River war übrigens die Heimat jenes Samuel Wilson, der während des Kriegs 1812-1814 gegen England („Zweiter Unabhängigkeitskrieg") Rindfleisch an die amerikanische Armee lieferte; die Markierung *US* (für *United States*) auf den Holzkisten wurde von seinen Arbeitern gern mit ihrem Boss assoziiert, den sie scherzhaft *Uncle Sam* nannten.

Utica, eine amerikanische Hafenstadt am Mohawk River, entstand an der Stelle eines alten Irokesen-Zentrums zunächst als Fort *Schuyler*, das 1776 durch die Briten und verbündete Indianer zerstört, nach der Amerikanischen Revolution aber wieder aufgebaut wurde. Den jetzigen Namen erhielt die Ansiedlung nach der antiken Stadt *Utica*, der ältesten phönizischen Handelsniederlassung in Nordafrika.

3. Makabre und amüsante Namen

Es gibt so düstere oder gar gruselige Namen, dass man sich wundert, wie sie überleben konnten. Neben vielen Verweisen auf Hinrichtungsstätten – z.B. *Galgenberg* in Bayern, *Galgenheide* und *Galgenkamp* in Nordrhein-Westfalen oder der ungarische *Bakonywald*, d.h. „Henkerswald" (von ungar. *bakó*, „der Scharfrichter"), nördlich des Plattensees – begegnen uns so unbehagliche Ortsnamen wie *Krankenhagen* bei Rinteln, *Sargleben* südlich von Schwerin, *Leichendorf* bei Fürth oder *Leichlingen* an der Wupper. Den beiden letzten Beispielen liegt allerdings wohl der alte Personenname *Laico*, oder besser dessen Koseform *Leichilo* zu Grunde (s. auch *Todesfelde*).

Andere Orte stehen offensichtlich seit ihrer Gründung unter einem Unstern, wie die ukrainische Stadt *Tschernobyl*, deren Name in etwa „finstere Begebenheit" bedeutet, von russ. чёрны *(tschórny)*, „dunkel schwarz", und быль *(byl)*, „wahre Geschichte", und somit die verheerende Atomkatastrophe von 1986 bereits anzukündigen schien. Ähnliches gilt für die tschetschenische Hauptstadt *Grosny*, die 1818 als Festung *Grosnaja*, „die Schreckliche", entstand – von russ. грозны *(grósny)*, „furchtbar" (vgl. *Ivan Grosny*, „Iwan der Schreckliche") – und deren launisches Schicksal die Welt bis in unsere Tage in Atem hält.[1] Auch für die indonesische Insel *Krakatau* in der Sundastraße zwischen Sumatra und Java scheint ihr Name (von malai.-javanes. *kerekatak*, „die Zerrissene") ein böses Omen gewesen zu sein: Sie sprengte sich bei einem verheerenden Vulkanausbruch im Jahr 1883 sozusagen selbst in die Luft, wobei 40 000 Menschen den Tod fanden und eine riesige Flutwelle die Küsten der indonesischen Inseln verwüstete; der Explosionsknall war fast 5000 km weit zu hören.

Begreiflicherweise sind sympathische, ja sogar l u s t i g e N a m e n bei weitem in der Überzahl. Manche wirken einfach nur freundlich und harmlos, wie *Liebeseele* (poln. *Lubiewo*) auf der Insel Wollin, *Himmelpfort* in Brandenburg (wegen der Ruine eines alten Zisterzienserklosters) oder *Mousehole*, also „Mauseloch", in Cornwall (ein gemütliches Nest bei Penzance). Andere bringen uns zum Schmunzeln, da sie doch recht ungewöhnlich klingen, z.B. *Pitschen-Pickel* südlich von Berlin, *Kneifzange* in der Nähe der niedersächsischen Gemeinde Hude oder die Insel *Pellworm* im nordfriesischen Wattenmeer, die im 15. Jahrhundert tatsächlich noch *Pilleworm* hieß (aus nordfries. *piel*, „Riedgras", und *werum*, „Schutz", vgl. *Wehr*). Seit vielen Schülergenerationen werden zudem Witze über die norditalienische *Po-Ebene* (s. dort), den südamerikanischen *Titicacasee* an der Grenze zwischen Peru und Bolivien (die Aymara-Indianer bezeichneten die ihn umgebenden Berge wegen ihrer Silhouette als *titi kaka*, d.h. „Gebirge des Jaguar") und natürlich Wilhelm Tells *Küssnacht* am Vierwaldstätter See gerissen (aus urspr. *Kussenach*, „Sumpfwasser"). Nicht viel besser ergeht es solchen Orten, deren scheinbar unanständige Namen gern belächelt werden, wie *Pforzheim* (Schande dem, der dabei Böses denkt,

---

[1] Anfang 1997 wurde *Grosny* umbenannt in *Dschochar-Gala*, „Dschochar-Stadt", nach dem tschetschenischen Präsidenten *Dschochar Dudajew*, der das Land von Moskau lossagte und 1996 bei einem russischen Raketenangriff getötet wurde.

denn die Schwarzwaldstadt am Zusammenfluss der Neckar-Neben-
flüsse Nagold, Würm und Enz entstand an der Stelle der röm. Siedlung
Portus, „Hafen"), *Condom* in Südwestfrankreich (röm. *Condomum*, aus
dem gallischen Personennamen *Condus* und dem Wort *magus* für
„Feld"), *Penistone* im englischen Yorkshire (der Name basiert auf kelt.
pen, „Hügel", und altengl. *tun*, „Anwesen") oder *Kızlar Sivrisi* (von
türk. *kızlar*, „Jungfrauen", und *sivri*, „Spitze", mit der Genitivendung
-si, „der"), die über 3000 m hohe „Jungfrauenspitze" im Taurusgebirge
an der lykischen Küste.

Auch die folgenden, oft geradezu anstößig wirkenden Ortsnamen
sind dazu angetan, erheiternde Assoziationen auszulösen (auch wenn
ihre Herkunft in den meisten Fällen eher harmlos ist):

A l k o h o l g e n u s s   u n d   s e i n e   F o l g e n
Alkersleben beim thüringischen Arnstadt, nicht weit von *Bösleben*
Altbierlingen (mit *Einsingen* und *Wippingen*) bei *Blaubeuren*
Asbach in Bayern (aber auch in Hessen und anderen Bundesländern)
Ballersdorf bei Neuburg/Donau (Vorsicht: dicht bei *Ehekirchen*)
Becherbach im Pfälzer Bergland, gefährlich nahe bei *Lauterecken*
Bierdorf am Ammersee (zügig erreichbar: *Rausch* am *Pilsensee*)
Bleiche am Rand des Berliner Urstromtals
Branntweinhäuser im Böhmerwald (bei *Neureichenau*)
Brauersdorf und *Rauschenberg* im Frankenwald
Brechen bei Limburg, erwartungsgemäß nicht weit von *Würges*
Dudeldorf in bequemer Nachbarschaft der Brauereistadt *Bitburg*
Durstel in Lothringen, östlich der Saar
Göbeln im Bautzener Teichland
Großweingarten in Bayern, jedoch bedauerlich nahe bei *Wasserzell*
Großzecher am Schaalsee in Schleswig-Holstein
Kimmelsbach in den Haßbergen, unweit *Schweinshaupten*
Kornhochheim bei Erfurt in Thüringen
Kotzen im Havelland (vgl. *Kotzenbüll* nahe der Eidermündung)
Kötzlin (und *Kümmernitz*) bei Havelberg in Brandenburg
Kuhbier westlich von Pritzwalk in Brandenburg, nahe *Kuhsdorf*
Pichelsdorf zwischen Potsdam und Berlin
Prostiboř in Tschechien, westlich von *Pilsen* (vgl. *Prostki* in Polen)
Rauschwitz zwischen Jena und Eisenberg (nahe liegend: *Kindisch*)
Sausenhofen bei *Unterasbach*, erwartungsgemäß in Bayern
Schallerbach, ein Kurbad im Innviertel (natürlich bei *Pichel*)
Schlückingen (über *Volbringen* und *Paradiese*) in Richtung Soest

Schoppendorf bei Weimar, in gefährlicher Nähe von *Tiefengruben*
Suffersheim i. d. Fränk. Alb, leicht erreichbar für alle *Pappenheimer*
Süpplingen im Dunstkreis der niedersächsischen Stadt Helmstedt
Wankendorf am *Stolper See* (wo auch sonst?) in Schleswig-Holstein
Wermutshausen bei Niederstetten, westlich von Rothenburg ob d. T.
Wimmer (fast in Sichtweite von *Bad Essen*) nördl. des Wiehengeb.
Würgendorf südlich der Orte Siegen und *Unter Wilden*
Wüstenbrand an der AB Gera–Chemnitz (leider ohne Rasthaus)
Zecherin (und zwar gleich doppelt zu sehen) auf der Insel Usedom
Zittersheim in begreiflicher Nähe von *Soucht*, nördlich der Vogesen

U n f ä l l e   u n d   a n d e r e   W i d r i g k e i t e n
Altenbruch, Faulenhofe sowie *Krummendeich* an der Elbmündung
Anschlag mit *Sticht* (und knapp jenseits der Wupper: *Niedergaul*)
Ansprung an der tschechischen Grenze, im Naturpark Erzgebirge
Brand und *Neusorg* in den Wäldern des Fichtelgebirges
Bruch (trotz *Hohenplanken*) bei *Hückeswagen*
Drama in der griechischen Landschaft Makedonien
Eulenbis im Pfälzer Bergland, an der Straße nach *Mackenbach*
Fall und *Hinterriß* an der Isar (überragt vom 1765 m hohen *Kotzen*)
Falscheid im Saarland, folgerichtig im Umfeld von *Eidenborn*
Filzen an der Mosel, nahe *Trittenheim* (vgl. *Filzmoos* i. d. Ramsau)
Flinten unweit *Schosdorf* bei Uelzen (nahe liegend: *Schadewohl*)
Frauentödling bei *Beutelsbach*, südlich von Vilshofen
Fusch an der Großglocknerstraße (direkt zu erreichen über *Pichel*)
Groß Hehlen (über *Klein Hehlen* landet man direkt in *Celle*)
Hagel bei *Großenkneten*, nordöstlich von *Cloppenburg*
Holperdorp im Teutoburger Wald, passend an der *Oldtimer-Route*
Hungriger Wolf bei Itzehoe, in beängstigender Nähe von *Winseldorf*
Kleinholzleute nahe *Haubach*, in der Umgebung von Isny in Bayern
Kloppenheim bei Wiesbaden (verständlicherweise unweit *Bierstadt*)
Knallhütte, südl. von Kassel, fast in Hörweite von *Obervorschütz*
Krückeberg bei Hessisch Oldendorf (ca. 4 km von *Hamelspringe*)
Langenbrand, Au und *Streitmannsköpfe* (980 m) im Schwarzwald
Morschheim bei Alzey, westlich von *Worms*
Niederschlag und *Hammerunterwiesenthal* im Erzgebirge
Oberglatt, ausgerechnet im Bereich des Flughafens Zürich-Kloten
Paulinzella in Thüringen (jedoch nicht weit von *Singen* entfernt)
Pech bei Bonn (zum Glück in der Nachbarschaft von *Arzdorf*)
Pillenbruch bei Lemgo (keine Sorge: *Papstdorf* liegt in Sachsen)

Platten in den Moselbergen, und das etliche Kilometer vor Wittlich
Radbruch an der Straße zwischen Lüneburg und Winsen
Rast, *Wippenhausen*, *Oberhummel* und *Flitzing* bei Freising a.d. Isar
Rutschwil und *Aesch* nördlich von Winterthur (s. *Oberglatt*)
Schiefbahn auf halbem Weg zwischen Willich und Kaarst
Schießhaus bei der *Großen Blöße* im Solling (aber auch bei *Dassel*)
Schlacht in der Region von *Wildenholzen* vor den Toren Münchens
Schlag an der Bier- und Burgenstraße (Richtung *Mitternach*)
Strahlungen (bei *Unsleben*) im Umkreis von Bad Neustadt/Saale
Streitheim (samt *Au* und *Dinkelscherben*) westlich von Augsburg
Strompedalen in der norwegischen Provinz Nord-Trøndelag
Stürzenhardt nahe *Rumpfen* im Odenwald
Untergeiersnest in der Rhön, tiefer gelegen: *Morlesau* und *Hetzlos*
Unterwasser in der Talschaft Toggenburg im Kanton St. Gallen
Vettelschoß im Westerwald (ostwärts daher: *Krankel* und *Oberplag*)
Wehen unmittelbar vor dem Wiesbadener Stadtteil *Dotzheim*
Zwickgabel im Schwarzwald (unverständlicherweise bei *Ruhestein*)

Lebensstil und Befindlichkeit

Adamshoffnung am Plauer See, gegenüber *Appelburg* (s. *Eva*)
Altenklitsche in Brandenburg, unweit *Knoblauch* und *Kaltenhausen*
Bärenklau an der polnischen Grenze und westlich von Oranienburg
Bartmannshagen bei *Ungnade* und *Grimmen* in Vorpommern
Bauland mit *Billigheim* östlich von Heidelberg (unweit *Mosbach*)
Betteldorf nahe *Daun* in der Hohen Eifel
Bubenheim bei Düren (Nachbarn u.a.: *Jakob*- und *Frauwüllesheim*)
Bullenkuhlen und *Voßloch* bei Elmshorn
Drögenbostel (samt *Grauen* und *Bellen*) bei Soltau in Niedersachsen
Ebergötzen, natürlich außerhalb der Mauern von *Göttingen*
Eisenspalterei bei Eberswalde nahe der polnischen Grenze
Elend und *Sorge* im Oberharz, westlich von Braunlage
Eva im paradiesischen Süden der Peloponnes (s. *Adamshoffnung*)
Ewighausen mit *Selters* und *Krümmel* im Westerwald
Flöha östlich von Chemnitz (nicht weit vom *Katzenberg*)
Frauenzimmern am *Heuchelberg* bei Heilbronn
Frechenhausen nordöstlich von Dillenburg
Gammelsdorf in der Hallertau (vgl. *Gammelshausen* bei Göppingen)
Hammelstall in der Nähe von Brüssow in Ostbrandenburg
Herrenzimmern in Schwaben, unweit *Lustbronn* und *Rüsselhausen*
Hundeluft am Fläming, nordwestlich von Wittenberg

Jux in den Löwensteiner Bergen bei Heilbronn
Kaltenholzhausen und *Eisighofen* bei Limburg an der Lahn
Kaifenheim in der Eifel (außer Hörweite des Schlosses Monreal)
Kitschendorf in der Nähe von Schwabach in Bayern
Klein Krams in der thüringischen *Griesen Gegend* bei Ludwigslust
Kleinkummerfeld, wenige Kilometer außerhalb von Neumünster
Lachen in Schwaben (aber auch am Ammer- und am Zürichsee)
Lämmerspiel zwischen Hanau und Offenbach
Langeleben in der Umgebung von Königslutter
Ludenhausen bei Landsberg in der Nähe des Lech
Machtlos im Bereich von Bad Hersfeld
Memmenhausen bei *Muttershofen*, südwestlich von Augsburg
Miesenheim unweit *Fressenhof* bei Koblenz
Motzen über *Zossen*, am Ostufer des *Motzensees*
Mönkebude bei Usedom (in Ermangelung eines richtigen Klosters)
Mückenloch im Neckartal, östlich von Heidelberg
Neuärgerniß westlich von Zwickau, in Richtung *Pahren*
Niederkam in Bayern, umgeben von *Altfraunhofen* und *Vatersdorf*
Niederpöbel im östlichen Erzgebirge
Patzig nördlich von Bergen auf Rügen
Protzen in der Nähe der brandenburgischen Stadt Neuruppin
Radau im Salzkammergut, zwischen Mond- und Attersee
Ranzig am Glower See in Brandenburg
Rattengasse an der sächsisch-tschechischen Grenze
Rostig im Raum Großenhain, nördlich von Meißen
Sauland in der südnorwegischen Landschaft Telemark
Schabernack am Inselsee in Mecklenburg-Vorpommern
Schnellmark (mit *Krummwisch*, *Gammelby* und *Fleckeby*) bei Kiel
Sitzambuch in der Oberpfalz (leider allzu nahe bei *Holzhammer*)
Schlunzig bei Zwickau (allerdings auch in der Nähe von *Reinsdorf*)
Sorgenlos bei Waren, zwischen *Schmachthagen* und *Hungerstorf*
Stemmen in der Nachbarschaft von *Langenholzhausen* bei Rinteln
Tanzfleck in Bayern (riskante Nähe zu *Freihung* und *Ehenfeld*)
Träne bei Kristianstad, Gott sei Dank ein Einzelfall in Südschweden
Tuntenhausen (nahe *Aschhofen*) zwischen München und Rosenheim
Twenhusen bei Ibbenbüren (ca. 200 km nordöstlich von *Teendorf*)
Unfriedshausen am Lech, zwischen *Petzenhausen* und *Pestenacker*
Ungnade in der Nähe von *Grimmen*, in Mecklenburg-Vorpommern
Unterstinkenbrunn im österreichischen Weinviertel
Wanzleben inmitten der Magdeburger Börde

Weibersbrunn am Naturpark Bayerischer Spessart
Wetzlos in Hessen (direkt bei *Wehrda* und *Oberstoppel*)
Witzighausen bei Ulm (vgl. *Witzwort* südlich von Husum)
Zweifelsheim (aber auch *Großweismannsdorf*) im Bereich Nürnberg

Mode und Bekleidung
Fetzenbach bei Todtmoos im Südschwarzwald
Hemden bei Bocholt, nahe der niederländischen Grenze
Hösel bei Breitscheid (vgl. *Hosenfeld* in Hessen)
Hosenruck im schweizerischen Kanton Thurgau (nahe *Wuppenau*)
Jackerath zwischen Erkelenz und Köln
Klotzsche in der Nähe von Dresden
Kragen bei Scharnhorst in der Südheide
Krempel im Land Hadeln, zwischen Cuxhaven und Bremerhaven
Maukendorf am Knappensee in der Oberlausitz
Mützel bei Genthin in Brandenburg
Ober- und *Niederhosenbach* im Hunsrück (dazwischen *Sonnschied*)
Regenmantel im Land Lebus, westlich von Frankfurt a. d. Oder
Röcken (samt *Niederwünsch* und *Schlechtewitz*) bei Merseburg
Schlipps (und wenig passend: *Eisenhut*) nördlich von München
Strümpfelbach in Bayern (nicht fern von *Beinstein* und *Hebsack*)
Unterhöslwang und *Oberhöslwang* westlich des Chiemsees
Wäschenbeuren nördlich von Göppingen (leider neben *Rattenharz*)
Westenhausen in der Nähe von *Rockolding* (bei Ingolstadt)

Nahrungsmittel und Essgewohnheiten
Birken-Honigsessen im Oberbergischen Land, westlich von Siegen
Dickenreishausen bei *Memmingen* an der Iller (typisch!)
Erbsen bei Göttingen, *Möhren* weiter südlich bei Pappenheim
Faulebutter am Lennegebirge im Sauerland
Fresdorf am Seddiner See, südlich von Potsdam
Groß Kelle an der Müritz (mit dem Nachbarort *Gotthun*)
Hungerburg im Norden von Innsbruck
Kalteschale (ausgerechnet neben *Warmsen*) bei *Essern* nahe Minden
Klein- und *Großheringen* an der Einmündung der Ilm in die Saale
Klöse, nicht etwa in Bayern, sondern im schwed. Angermanland
Knoblauch nordwestlich von Braunschweig, nahe Kleinwusterwitz
Kochstedt (samt *Fraß-* und *Pißdorf*) zwischen Dessau und Köthen
Kostgefäll im Schwarzwald, südlich von *Vorderzinken*
Krautheim (aber auch *Erbshausen* und *Eßleben*) bei Würzburg

Kuchen in der Schwäbischen Alb bei Geislingen
Kuhfraß südwestlich von Jena (Nähe *Klein-* und *Großeutersdorf*)
Kürbitz im Vogtland, südlich von Plauen
Linsengericht bei Gelnhausen, östlich von Hanau
Naschendorf westlich von Wismar, verlockend nahe bei *Käselow*
Ostereistedt im Umland von Zeven, nordöstlich von Bremen
Ragou (nebst *Hannemannei*) an der Spree
Runkel östlich von Limburg an der Lahn
Schmatzhausen in der Nähe von Hohenthann
Sülze mit *Altensalzkoth* in der Südheide
Wassersuppe am Ufer des Hohennauener Sees, östlich der Havel

K ö r p e r t e i l e   u n d   b e s o n d e r e   M e r k m a l e
Aftersteg bei Todtnau im Schwarzwald
Aschheim vor den Toren Münchens
Batzenhofen nordwestlich von Augsburg
Beckendorf bei *Ausleben* in Sachsen-Anhalt
Beinhausen in der Eifel, zwischen Gerolstein und Mayen
Blasewitz, ein Stadtteil von Dresden
Bollendorf bei Bitburg, nahe der luxemburgischen Grenze
Busenberg im Wasgau, nordwestlich von Bad Bergzabern
Darmsheim südlich von *Pforzheim* (vgl. *Darmstadt*)
Drüsewitz südöstlich von Rostock
Fontanella im österreichischen Vorarlberg
Fresse im Osten Frankreichs, nahe Belfort
Gallenweiler bei Heitersheim im Oberrheingraben
Großaschen an der *Else*, unweit des Örtchens *Ahle* bei Bünde
Hackenberg vor den Toren von Gummersbach
Herzfeld nahe der luxemburgischen Grenze
Hinternfelde i. Naturpark Dümmer (vgl. *Hinterzarten* i. Schwarzw.)
Hirnstetten (selbstverständlich bei *Denkendorf*) im Altmühltal
Hodenhagen bei *Eickeloh* an der Aller
Hüttengesäß westlich der hessischen Stadt Gelnhausen
Kinnbackenhagen an der vorpommerischen Küste, nahe Stralsund
Lippe bei *Breitscheid* im Westerwald (vgl. den Fluss *Lippe*)
Mandeln westlich von *Biedenkopf* an der Lahn
Milz in der Nähe von Römhild in Thüringen
Nackenheim südöstlich von Mainz
Niederorschel zwischen Eichsfeld und Hainleite
Obergurgl in den Ötztaler Alpen (makabre Steigerung: *Hochgurgl*)

Ohrdruf südlich von Gotha in Thüringen
Popovača in Kroatien, südöstlich von Zagreb
Schenkelberg bei *Rückeroth* im Westerwald
Steißlingen im baden-württembergischen Hegau
Sterzhausen mit *Warzenbach* im Lahntal
Stirn am Großen Bombachsee in Schwaben
Venusberg am Fuß des Erzgebirges (ebenso in Bonn)
Vossnacken südlich von *Essen*
Wadendorf bei Bitterfeld (nicht fern von *Zehbitz*)
Wampen und *Vorbein* im Umfeld von Greifswald
Zinken oberhalb von *Mundingen* im Schwarzwald.

Grundlegende körperliche Bedürfnisse

Abtswind östlich von Würzburg (Luftlinie 15 km von *Aschbach*)
Aebtissinwisch bei Brunsbüttel (skandalös dicht an *Nutteln*)
Bachl (aber auch *Großmuß*) südwestlich von Regensburg
Bollersdorf nahe der polnischen Grenze in der Märkischen Schweiz
Dickenschied im Soonwald, unweit des Ortes *Bollenbach*
Groß Köthel bei Teterow in der Mecklenburgischen Schweiz
Jucken in der Eifel (erwartungsgemäß mit *Scheuern* als Nachbarort)
Kakma in Kroatien (vgl. *Kakenstorf* und *Kakerbeck* bei Buxtehude)
Klopot an der Oder (polnische Stadt an der deutschen Grenze)
Köttel in der Fränkischen Schweiz (vgl. den Eifelort *Köttelbach*)
Lausen am Kulkwitzer See bei Leipzig
Meinkot (Fundort: zwischen *Neindorf* und *Keindorf*) bei Wolfsburg
Nahwinden in Thüringen (bis *Riechheim* nur etwa 20 km)
Niesen am Rand des Eggegebirges, südlich von *Riesel*
Oberkaka in Sachsen-Anhalt, bei *Meineweh*
Pforzen an der Straße nach Kaufbeuren, direkt nach *Schlingen*
Pissen unweit *Kötschlitz*, südöstlich von Halle
Pressen nahe *Wurzen* an der Mulde in Sachsen
Schietingen im Schwarzwald, westlich von Nagold
Schiffrain bei Sulzbach (günstig gelegen an der Murr)
Strullendorf am Main-Donau-Kanal, südlich von Bamberg
Wasserlos zwischen *Offenbach* und *Hösbach* (nahe bei Seligenstadt)

Krankheiten und Gebrechen

Basedow am Malchiner See in Mecklenburg
Blindheim im Donauried bei Dillingen
Bösgesäß südlich des Vogelsbergs (in der Nähe von *Hitzkirchen*)

Deppenhausen in Schwaben (vgl. *Deppendorf* bei Bielefeld)
Döfering (mit *Albernhof* und *Öd*) im Böhmerwald
Drogen bei Schmölln in Thüringen, nicht weit von *Kummer*
Dummerstorf südlich von Rostock (vgl. *Dumstorf* in Niedersachsen)
Dürrwangen nahe Dinkelsbühl (dennoch bei *Dickersbronn*)
Eiterfeld in der Kuppenrhön (unweit *Meisenbach*)
Fieberbrunn in Tirol (konsequenterweise bei *Oberwarming*)
Harndrip auf der dänischen Insel Fünen
Husten zwischen Gummersbach und Olpe
Irrhausen an der luxemburgischen Grenze, westlich von Prüm
Jeckenbach bei *Meisenheim* in der Nordpfalz
Katzenbuckel im Odenwald (mit 626 m dessen höchste Erhebung)
Krankel in unmittelbarer Nachbarschaft von *Asbach* (Westerwald)
Krätze zwischen Uetze und Burgdorf, östlich von Hannover
Löffelstelzen bei Bad Mergentheim (a. d. Schwäbischen Weinstraße)
Mackenheim und *Falkengesäß* um Wald-Michelbach im Odenwald
Meiserich bei Mayen in der Eifel (zwischen *Daun* und *Alzheim*)
Motten an der Großen Haube in Hessen
Nierstein und *Griesheim* (nahe *Philipps-Hospital* bei Darmstadt)
Oberhäslich in Sachsen, südwestlich von Dresden
Rappelsdorf bei *Poppenwind* und *Hinternah* in Thüringen
Rotzendorf im Oberpfälzer Wald, nahe der tschechischen Grenze
Schadenbirndorf und *Grippingen* östlich von *Laufenburg*
Scheel und *Stüttern* (obendrein: *Lamsfuß*) im Bergischen Land
Schielberg bei Bad Herrenalb (zwischen *Busenbach* und *Rotensohl*)
Schmerz nördlich der Mulde (zwischen *Sackwitz* und Bitterfeld)
Schnarchenreuth nahe Hirschberg an der Saale
Stotternheim bei Erfurt in Thüringen (vgl. *Stammeln* bei Aachen)
Tauberbischofsheim in Bayern (nahe *Impfingen* und *Eiersheim*)
Tollhausen (samt *Spiel* und *Höllen*) östlich von Jülich
Untermagerbein zwischen Nördlingen und Donauwörth
Wahnhausen an der Fulda, unweit Kassel
Warzenried bei Furth im Wald (vgl. auch *Warzen* an der Leine)
Weitengesäß im Odenwald (nördlich des Ortes *Eutergrund*)
Würmersheim bei *Au* und Karlsruhe (aber auch nahe *Silberstreifen*)

Sexuelle Anklänge
Antonslust im Odenwald (in greifbarer Nähe von *Scheidental*)
Breitscheid nördlich von Düsseldorf
Brunst und *Eyerlohe* zwischen *Feuchtwangen* und Ansbach

Dicken bei Sankt Gallen, südlich von *Schwellbrunn* und *Nassen*
Eichelhardt im Westerwald, bei *Busenhausen* und *Breitscheidt*
Eiershausen nördlich von *Sechshelden* bei Siegen
Fickmühlen bei Bremerhaven, südlich von *Flögeln*
Fucking an der Salzach in Österreich, unweit der deutschen Grenze
Gaildorf in Schwaben, umgeben von *Mittelrot* und *Schönhardt*
Geilenkirchen nahe Aachen (vgl. *Geilsdorf* und *Juchhöh* bei Hof)
Groß-Flöthe (in deutlichem Abstand von *Beinum*) bei Salzgitter
Gutvik am Eingang zum norwegischen *Tosenfjord*
Hinterm Busch, aber noch diesseits der niederländischen Grenze
Hymendorf westlich von *Fickmühlen*, nahe Bremerhaven
Langscheid i. d. Eifel (bei *Acht*, *Weibern* und *Engeln*)
Liebegast in Sachsen (nahe Alternative: *Straßgräbchen* oder *Kotten*)
Lustdorf zwischen *Langenhart* und *Zuckenriet* im Kanton Thurgau
Mesenkamp am Wiehengebirge (dicht dabei: *Lohbusch*)
Moese nördlich von Lippstadt (vgl. *Mösendorf* am Attersee)
Nuttel unweit *Aschhausen* am Zwischenahner Meer
Onani auf der Insel Sardinien (vgl. *Onano* am Bolsenasee in Italien)
Paaren (… und das gleich zweimal) am Havelkanal bei Berlin
Petting am Waginger See, nordwestlich von Salzburg
Pflaumloch vor Nördlingen, bequem zu erreichen von *Schweindorf*
Poppenhausen (sowie *Rückerswind* und *Großheirath*) um Coburg
Poppenrod bei *Hosenfeld*, westlich von Fulda
Puffendorf und *Loverich* bei Jülich
Rammelburg im Ostharz, bei *Ritzgerode* und *Popperode*
Ritze bei *Salzwedel* an der Ohre (unweit *Ritzleben* und *Binde*)
Rundvik am Bottnischen Meerbusen (in Ostschweden)
Sack, *Poppenreuth* und *Feucht* vor den Toren von Nürnberg
Schlitz (nahe *Fraurombach* und *Hechelmannskirchen*) bei Fulda
Schoos (samt *Pettingen* und *Nommern*) nördlich von Luxemburg
Sexfontaines in Frankreich zwischen Nancy und Troyes
Spalt in Schwaben (über Roth nach *Eicheldorf* und *Seligenporten*)
St. Blasien (wie unheilig) am Albsee, fast beim *Hochkopf* (1263)
Tittenkofen (und *Niederding*) nordöstlich von München
Triebendorf mit *Großensterz* und *Langentheilen* im Steinwald
Unter-Allen (verbunden mit *Opsen* und *Scheidingen*) bei Werl
Ursulapoppenricht (samt *Hackern*, *Schönlind* und *Süß*) um Amberg
Vögelsen zwischen Lüneburg und Winsen an der Luhe
Wichsenstein nahe *Schweinthal* in der Fränkischen Schweiz
Zizenhausen (nahe liegend: *Mahlspüren* und *Hecheln*) am Bodensee

Beleidigungen und Anwürfe
Affing nahe Augsburg (vorsichtshalber bei *Anwalting*)
Altendettelsau (bei *Ziegendorf*) südlich von Heilsbronn
Åsbacka im ostschwedischen Hälsingland
Bengel an der Mosel, in kritischer Lage zwischen *Hetzhof* und *Zell*
Bösen im Wendland, nahe der Quelle des Flüsschens *Dumme*
Breitasch bei *Maierklopfen* und Erding in Bayern
Bulle nordöstlich des Genfer Sees
Damelack in Brandenburg, zwischen Havelberg und Kyritz
Döfering bei Furth, nahe der tschechischen Grenze
Ebersau (wie unlogisch!) im österreichischen Innviertel
Ekel westlich von Rendsburg (auch Ortsteil von Bottrop)
Faulenfürst am Schluchsee im Breisgau (bei *Lenzkirch*)
Frechas in Nordostportugal (vgl. *Frechen* westlich von Köln)
Großkötz in Bayern bei Günzburg (obschon nahe *Kleinkissendorf*)
Hackensack im Nordosten von New Jersey am gleichnamigen Fluss
Hammel bei Cloppenburg im Oldenburger Münsterland
Heuchling i. d. Fränkischen Alb (im Umfeld von *Kirchensittenbach*)
Kauz und *Oberstork* südwestlich von Fulda
Killer an der Schwäbischen Albstraße in Baden-Württemberg
Macker östlich von Metz (Lothringen)
Metze (veraltet für Hure) unweit *Großenritte*, südlich von Kassel
Niedergottsau in Bayern (ausgerechnet in der Nähe von *Kirchdorf*)
Oberbösa (bei *Holzengel*) an der Wipper in Thüringen
Oberei zwischen Bern und *Zweilütschinen* am Thuner See
Oberholzklau bei Freudenberg, nördlich von Siegen
Ochsenkopf in Bayern (höchste Erhebung des Fichtelgebirges)
Pack in der Steiermark, überragt von der *Sau-* und *Packalpe*
Petze am Griesberg im Hildesheimer Wald
Pisser in Niedersachsen (ein Zufluss der Fuhse)
Rotzel nahe *Laufenburg* an der schweizerischen Grenze
Rüde bei Flensburg (zusätzlich differenziert: *Groß-* und *Kleinrüde*)
Sackpfeife nahe der Lahn, bei Bad Laasphe (674 m hoch)
Sau an der Grenze zwischen Kroatien und Bosnien (heute: *Save*)
Saurier in der Auvergne, südlich von Clermont-Ferrand
Silbersau und *Finsterlingen* (mit *Vorderholz*) im Südschwarzwald
Witzling in der Nähe des Attersees in Österreich
Ziegenhals am Ufer des Seddinsees, südöstlich von Berlin

Die angenehmsten Empfindungen rufen in der Regel solche geographischen Namen hervor, die sich mit der Erinnerung an einen unbeschwerten Urlaub oder mit der Verheißung außergewöhnlicher Erlebnisse verbinden. Von den Fjorden Skandinaviens bis zu den Bade- und Tauchparadiesen der Südsee assoziieren wir bestimmte Orte mit atemberaubenden Sonnenuntergängen und ungewohnter Lebensfreude, mit palmengesäumten Sandstränden und ewig blauem Meer, vor allem aber mit einem Optimum an Sonnenschein und traumhaft milden Nächten. Wohl niemand kann sich der Wirkung klangvoller Namen wie *Malaga* oder *Torremolinos*, *Praia a Mare* oder *Amalfi* entziehen, und die meisten von uns wird bei der Erwähnung von Reisezielen auf *Bali*, *Tahiti* oder *Hawaii* das Fernweh packen. Selbst beim Gedanken an *Mallorca*, diese überstrapazierte „Insel der Deutschen", geraten wir ins Schwärmen, und kaum jemand würde lange zögern, seinen grauen Alltag gegen einen Wochenaufenthalt in *Arenal* oder *Cala Ratjada* einzutauschen.

Dank billiger Pauschalangebote sind diese Reiseträume immerhin realisierbar – ganz im Gegensatz zu den fiktiven Idealbildern, die der Mensch seit alten Zeiten mit bestimmten Orten und Ländern verbindet, die es in Wirklichkeit nie gegeben hat, deren Namen dennoch in unserem Sprachschatz fest verankert sind. Wer kennt nicht das sagenhafte Land *Utopia* – aus griech. *οὐ (ou)*, „nicht", und *τόπος (tópos)*, „Ort, Platz" – nach einem Roman von Thomas Morus, in dem er 1516 seine Vorstellung von einer idealen Gesellschaft beschrieb, also ein „Nirgendland", wie es auch im Beatles-Song vom *Nowhere Land* besungen wird, vergleichbar etwa mit dem sprichwörtlichen *Wolkenkuckucksheim* des klassischen Schriftstellers Aristophanes, der in einer seiner Komödien die Vögel einen Phantasiestaat dieses Namens in der Luft errichten ließ, oder mit dem märchenhaften, 1494 von Sebastian Brant im „Narrenschiff" erträumten *Schlaraffenland*, wo niemand arbeiten musste und jedem alles in den Schoß fiel (von mittelhochd. *sluraffe*, „Faulpelz, Schlemmer"), kurz, mit den Worten der Bibel, ein „Land, das von Milch und Honig fließt" (2. Buch Moses 3,8).

Schon im Altertum berichtete Platon von der sagenhaften Insel *Atlantis* westlich der iberischen Halbinsel, die lange vor seiner Zeit im Meer versunken sein soll (was zumindest geologisch gesehen nicht auszuschließen ist), und bis in unsere Tage halten sich hartnäckige Gerüchte von der einstigen Existenz dieses mächtigen Reiches, das seiner Zeit an technologischer Blüte und gesellschaftlicher Entwicklung angeblich weit voraus gewesen ist. Ähnlich verschwommene Erzählungen waren im Umlauf über ein Land weit im Norden der Erde, dem die antiken Geographen den Namen *Ultima Thule*, das „äußerste Thule", gegeben hatten, womit sie möglicherweise Island oder eine der Shetlandinseln meinten; die Bezeichnung *Thule* (1910 errichteten die Dänen einen Handelsposten dieses Namens in Nordgrönland) könnte auf griech. *τῆλε (tête)*, „fern" (vgl. *Telefon* und *Television*), oder auf kelt. *thuai*, „Norden", basieren.

Spätestens seit der Lektüre von Marion Zimmer Bradleys Roman-Epos ist uns auch jenes nebulöse keltische Inselparadies *Avalon* vertraut (entweder von kelt. *afal*, „Apfel", oder nach einem sagenhaften Herrscher *Avalloc*), in das der sterbende König Artus in einer Art Himmelfahrt entrückt wurde. In der griechischen Mythologie gab es jenseits des Ozeans, westlich der bekannten Welt, einen vergleichbaren Göttergarten mit goldenen Äpfeln, die von einem Drachen und den *Hesperiden* (den Töchtern des *Hesperos*, also des Abendsterns) gehütet und dennoch von Herkules geraubt wurden. Wie ähnlich mutet die biblische Geschichte vom Garten Eden an, mit dem Apfelbaum der Erkenntnis und der listigen Schlange (s. auch *Hesperien*).

Auch die Neuzeit hat solche geographischen Phantasiegebilde hervorgebracht: 1933 beschrieb James Hilton in seinem Roman „Lost Horizon" einen imaginären Himalaja-Pass, den er *Shangri-La* nannte – im Hippie-Zeitalter das Synonym für ein Paradies auf Erden (von chines. *shang*, „oben", und *ri*, „Sonne", sowie tibet. *la*, „Gebirgspass"). Ein anderes *Shangri-La* (so hatte Franklin D. Roosevelt den offiziellen Landsitz der amerikanischen Präsidenten in den Appalachen von Maryland getauft, den Dwight D. Eisenhower später nach seinem kleinen Enkelsohn David umbenannte) hat allerdings einen kühnen Traum wahr werden lassen, denn hier im Camp David begann der langwierige Aussöhnungsprozess zwischen Israel und seinen arabischen Nachbarn – eine Bestätigung für die These, dass das wirklich Mögliche nur dann möglich wird, wenn man das schier Unmögliche in Angriff nimmt und nicht als *Sciencefiction* abtut; heute belächelt niemand mehr die abenteuerlichen „Hirngespinste" eines Jules Verne, dessen verwegener Griff nach den Sternen längst von der Realität übertroffen worden ist. Leider haben die meisten *Utopien* unserer Tage kaum noch Ähnlichkeit mit den optimistischen Wunschvorstellungen früherer Zeiten.

* * *

ANHANG

GLOSSAR

Akribie – Gewissenhaftigkeit, peinlichste Genauigkeit; von griech. *ἀκριβής (akribés)*, „gründlich, streng, knapp"; aus *ἄκρος (ákros)*, „spitz, höchst"; vgl. *Akropolis*, „Stadt auf dem Gipfel", Burg auf einem Berg, und *Akrobat*, „auf den Zehenspitzen Gehender", Seiltänzer (s. auch *Akronym*)

Akronym – „Spitzname", Kurzwort aus den Anfangsbuchstaben mehrerer Wörter (z. B. *USA*); aus griech. *ἄκρος (ákros)*, „spitz, äußerst", und *ὄνομα (ónoma)*, „Name"; vgl. *anonym*, „ohne Namen", und *synonym*, sinnverwandt

Alliierter – „Verbundener", Verbündeter; von latein. *ligare* und *alligare*, „anbinden, verbinden"; vgl. *Allianz, Liga, Legierung*, „Zusammenschmelzen mehrerer Metalle", *obligatorisch*, „verbindlich"

Alternative – zweite Möglichkeit neben „einer anderen"; von latein. *alius*, „ein anderer", und *alter*, „der andere von zweien"; vgl. *alias*, „mit anderem Namen", *Alibi*, „das Anderswosein", und *subaltern*, „unter anderen stehend"

Amphitheater – ellipsenförmiges antikes Theater, in dem die Zuschauer „auf beiden Seiten" um die Arena (Bühne) herum sitzen (im Gegensatz zum griechischen Theater, in dem die Zuschauerränge halbkreisförmig vor der Bühnenwand angeordnet sind); von griech. *ἀμφί- (amphí-)*, „von beiden Seiten"; vgl. *Amphibien*, „in beiden Lebensräumen (d. h. im Wasser und auf dem Land) lebende Tiere", und *Amphore*, antiker „Krug mit zwei Henkeln" (s. auch *Theater*)

animalisch – „tierisch", belebt; von latein. *animal*, „Tier" (eigentl.: „beseeltes Lebewesen"), aus *anima*, „Seele"; vgl. engl. *animal* sowie *animieren*, „etwas anregen", und *Animation*, „Einhauchen von Leben", z. B. Bewegungsabläufe bei Trickfilmen mit Puppen oder gezeichneten Figuren

Antike – das klassische Altertum; von latein. *antiquus*, „alt"; vgl. *antik, Antiquariat* und *Antiquitäten*

Apostel – „Ausgesandter"; von griech. *ἀποστέλλειν (apostéllein)*, „wegschicken", aus *στέλλειν (stéllein)*, „ausrüsten, beauftragen, schicken"; vgl. *Epistel*, „Brief"

Äquator – „Gleichmacher", d. h. der von beiden Polen gleich weit entfernte Breitenkreis, der den Globus in zwei Halbkugeln teilt; von latein. *aequare*, „gleichmachen"; vgl. engl. *equal*, „gleich", und dt. *egal*

Äquinoktien – wörtl.: „Nachtgleiche", gemeint ist allerdings die „Tag- und Nachtgleiche", wenn die Sonne über dem *Äquator* senkrecht steht, sodass Tag und Nacht exakt die gleiche Länge haben; von latein. *aequalis*, „gleichartig", und *nox, noctis*, „Nacht"; vgl. *nüchtern*, d. h. noch im „nächtlichen" Zustand

Aridität – „Trockenheit"; von latein. *aridus*, „dürr, wüstenhaft", *arid*; vgl. *Arizona*, „Trockenzone"

Aristokratie – „Herrschaft der Besten", d. h. des Adels; aus griech. *ἄριστος (áristos)*, „der Beste", und *κράτος (krátos)*, „Stärke, Macht"; vgl. *Oligarchie*, „Herrschaft der Wenigen", d. h. einer Minderheit (s. *Demokratie*)

Atom – „Unteilbares", in der Antike angenommener kleinster Teil eines Elements; aus griech. *ἀ-*, „un-, ohne", und *τομή (tomé)*, „Schnitt, Einschnitt"; vgl. *Anatomie*, „Aufschneiden", d. h. Sezieren des menschlichen Körpers, *Tomographie*, „Abschnitt-Darstellung" des menschlichen Körpers in verschiedenen Schnittebenen

Attribut – „Beifügung", Kennzeichen; von latein. *tribuere*, „zuteilen" (s. *Tribut*)

Autorität – Ansehen, auch: maßgebende Persönlichkeit; von latein. *auctor*, „Anstifter, Urheber"; vgl. *Autor*

Barometer – „Schwere-Messer", Luftdruckmessgerät; von griech. *βαρύς (barýs)*, „schwer"; vgl. die alten Luftdruckeinheiten *Bar* und *Millibar* sowie *Bariton*, „schwertönende", d. h. tiefe Stimme (im Vergleich zum Tenor)

Bernstein – „Brennstein"; tertiäres Baumharz (daher brennbar); aus mhd. *bernen*, „brennen"; wegen der magnetischen Aufladbarkeit durch Reibung bei den Griechen als *ἤλεκτρον (élektron)* bekannt (vgl. *elektrisch*)

Biologie – „Lehre vom Leben"; aus griech. *βίος (bíos)*, „Leben, Lebenszeit"; vgl. *Biographie*, „Lebensbeschreibung", *Biosphäre*, „Lebensraum" aller Organismen in der Atmosphäre, *Biotop*, natürlicher „Lebensort", *Symbiose*, „Zusammenleben" unterschiedlicher Organismen

Bischof – „Kontrolleur", kirchlicher Würdenträger; von griech. *ἐπίσκοπος (epískopos)*, „Aufseher", aus *ἐπί (epi)*, „auf, darauf", und *σκοπεῖν (skopeín)*, „betrachten, prüfen"; vgl. *Demoskopie*, „Volksbetrachtung", also Meinungsforschung, und *Stethoskop*, „Brustprüfer", d. h. Hörrohr zum Abhorchen von Herz und Lunge (s. *Inspektor*)

Bollwerk – „Schutzbau aus starken Bohlen", mit mittelniederd. *bolle*, „dickes Brett, Balken"; vgl. *Stauwerk* für „Talsperre", und die französischen *Boulevards* (die an der Stelle ehemaliger Befestigungsanlagen rings um den alten Stadtkern entstanden)

Business – „Geschäft, Geschäftigkeit"; aus engl. *to be busy*, „beschäftigt, fleißig sein". Als Verballhornung von *Business English* entstand im 18. Jahrhundert die Bezeichnung *Pidgin English* für die Geschäftssprache zwischen chinesischen und europäischen Händlern (*Pidgin* besteht zwar hauptsächlich aus englischen Wörtern, folgt jedoch dem chinesischen Satzbau)

Cañon / Canyon – (span./engl.) tief eingeschnittenes Flusstal; aus griech. *κάννα (kánna)*, „Rohr"; vgl. *Kanalisation, Kanne* (wohl wegen des rohrartigen Ausgusses), *Kanüle, Kanone* und *Kanonenofen*, des Weiteren *Kannelüre*, „senkrechte Rille an einer Säule", *Kannabis*, „Hanf(-stengel)", und verballhornt *Knaster*, womit „billiger (stinkender) Tabak", gemeint ist, der früher unverpackt in geflochtenen Rohrkörben gehandelt wurde

Chemie – Stoffkunde; aus arab. *al-kimiya* (vgl. die *Alchimisten* des Mittelalters, die versuchten, unedle Stoffe in edle zu verwandeln, z. B. Blei in Gold); möglicherweise basierend auf griech. *χεῦμα (cheûma)*, „Guss", und *χεῖν (cheín)*, „gießen"

Christus – „Gesalbter", Bezeichnung für Jesus im Neuen Testament; aus griech. *χρίειν (chríein)*, „salben", und *χρῖσις (chrísis)*, „Salbung"; vgl. *Christophorus*, „Christusträger", verballhornt zu *Stoffel* (s. *Messias*)

Demokratie – „Herrschaft des Volkes"; aus griech. *δῆμος (dêmos)*, „Volk, Gemeinde", und *κράτος (krátos)*, „Stärke, Macht"; vgl. *Demagoge*, „Volks(ver)führer", *Epidemie*, „eine das Volk befallende Seuche" (s. *Aristokratie*)

Demonstration – „das Hinzeigen", die Kundgebung; von latein. *de*, „von oben herab", und *monstrare*, „zeigen, beweisen"; vgl. *Monster* und *Monstrum* (die Missgeburt als „Warnzeichen" der Götter), *Monstranz* (liturgisches Gerät zur Ausstellung der Hostie in einer katholischen Kirche), *Muster*, „Vorzeigestück"

Depression – Senke, unter Meeresspiegelniveau liegendes Gebiet; von latein. *de*, „hinab", und *premere*, „drücken, pressen" (Partiz. Perf. *pressus*); vgl. *Presse, Kompresse*, „Druckverband", *Expressionismus*, „Ausdruck innerer Empfindungen", *Impression*, „Eindruck", und *Kompressor*, „Luftverdichter" (s. *Niveau*)

Diaspora – „Zerstreuung", konfessionelle Minderheit unter Andersgläubigen; von griech. *διά (diá)*, „durch", und *σπείρειν (speírein)*, „säen"; vgl. *Sperma*, „Samen", *Spore*, „Fortpflanzungszelle", sowie *Spreu* und *sprühen* (engl. *to spray*)

Diplom – „doppelt gefaltetes Schreiben", Prüfungs- und Ernennungsurkunde; von griech. *διπλοῦς (diploûs)*, „doppelt, zweifach"; vgl. *Diplomat* und *Diplomatie*

Dynastie – Herrschergeschlecht, Herrscherhaus; von griech. *δύνασθαι (dýnasthai)*, „Einfluss haben", basierend auf *δύναμις (dýnamis)*, „Kraft, Stärke"; vgl. *Dynamik, dynamisch, Dynamit* und *Dynamo*

Emigrant – „Auswanderer" (Gegenteil: *Immigrant*); von latein. *ex*, „heraus", und *migrare*, „wandern"; vgl. *Migration*, „Wanderung"

Erosion – Abtragung an Gebirgshängen durch Wind und Wasser; von latein. *rodere*, „nagen" (Partiz. Perf. *rosus*, „genagt"); vgl. *Korrosion* (eigentl.: „Zernagung" durch chemische Einwirkungen)

Eruption – „Ausbruch", z.B. eines Vulkans; aus latein. *ex*, „heraus", und *rumpere*, „brechen" (Partiz. Perf. *ruptus*, „gebrochen"); vgl. franz. *Route*, „(durch den Wald) gebrochener (Weg)", *Routine*, eigentl. „Kenntnis des Weges", *Bankrott*, aus italien. *banca rotta*, „der Zahltisch wurde (wegen Zahlungsunfähigkeit) zerbrochen"; auch *abrupt*, „abgebrochen", und *Korruption*, von latein. *corrumpere*, „zerbrechen, verderben, bestechen"

Essener – (Ausspr.: *Esséner*) aram. „die Frommen"; eine (auch *Essäer* genannte) jüdische Gemeinschaft zwischen 150 v.Chr. und 70 n.Chr. mit strenger, ordensähnlicher Verfassung; Teile ihres Schrifttums wurden in Qumran am Toten Meer entdeckt

Etymologie – Wissenschaft von der „wahren" Bedeutung, Herkunft und Entwicklung der Wörter; von griech. *ἔτυμος (étymos)*, „wahr", und *λόγος (lógos)*, „Wort, Rede, Darlegung"; vgl. *Logik*

Exarchat – Verwaltungsgebiet eines byzantinischen *Exarchen*, d.h. Statthalters; aus griech. *ἔξω (éxo)*, „außen, außerhalb", und *ἀρχή (arché)*, „Herrschaft"

Fauna – Tierwelt eines Gebietes; nach *Fauna*, der römischen Schutzgöttin der Tiere und deren Fruchtbarkeit; ihr Gemahl war der bocksfüßige und geile Feld- und Waldgott *Faunus*; vgl. *Faun*, „lüsterner Mensch"

favorisieren – „begünstigen", vorziehen; von latein. *favere*, „günstig sein, geneigt sein" (vgl. *Favorit*, „Günstling, Hoffnungsträger", engl. *in favour of*, „zu Gunsten von"), und *faustus*, „beglückt, gesegnet" (vgl. *Dr. Faust*, „der vom Glück Begünstigte")

fiktiv – „erdacht"; von latein. *fingere*, „formen, bilden, erdichten" (Partiz. Perf. *fictus*), und *figura*, „Form, Gestalt, Aussehen"; vgl. *fingieren*, „erdichten, vorgeben", *Fiktion*, „Dichtung", *Figur* und *Finte*, „ausgedachte List, Verstellung"

Filiale – „Tochtergeschäft", Zweigstelle; von latein. *filia*, „Tochter"; vgl. latein. *filius*, „Sohn" (daraus irisch *Fitz*, z.B. im Namen *Fitzpatrick*, „Sohn des Patrick")

Filigran – Schmuck aus Gold- und Silberfäden oder -körnchen; aus latein. *filum*, „Faden" (vgl. *Filet*, „feines Faserfleisch"), und *granum*, „Kügelchen" (vgl. *Granit*, „körniges Gestein", *Granat*, „körniger roter Halbedelstein", und *Granatapfel*, „apfelähnliche Frucht voller Kerne", davon: *Granate*, „mit Körnern gefülltes Geschoss")

Filibuster – (auch *Finibuster*) im 17. Jahrhundert dreiste Freibeuter in Westindien, d.h. an der Westgrenze der damals bekannten Welt; von span. *finibustero*, aus latein. *(in) finibus terrae*, „(an) den Enden der Erde"

Firmament – „Himmelsfeste", Himmelsgewölbe (ursprüngl. als fest über der Erde ruhende Halbkugel gedacht); von latein. *firmamentum*, „Stütze", aus *firmus*, „stark"; vgl. *firm*, „sicher, sattelfest", *Firma*, „gewerbliches Unternehmen" (zunächst: verpflichtende Unterschrift des Unternehmers), *Firmung* und *Konfirmation*, „Festigung im Glauben", *Farm*, „Landgut" (durch festen Vertrag übernommen), und *Fermate*, „Halt, Aufenthalt über einer Musiknote" (Anweisung, den Ton anzuhalten)

Flora – Pflanzenwelt eines Gebietes; nach der altröm. Frühlingsgöttin *Flora*; von latein. *flos, floris*, „Blume, Knospe"; vgl. *Floristik*, „Blumenbinderei", *florieren*, „blühen", *Florida*, „die Blühende", und *Floskel*, „blumige Redewendung" (s. auch *Vegetation*)

Föderation – „Bündnis", Staatenbund (auch: *Konföderation*); von latein. *foedus, foederis,* „Vertrag, Übereinkunft"; vgl. *Föderalismus,* „lose Staatenverbindung", *Föderativstaat,* „Bundesstaat", und engl. *federal,* „Bundes-"

Fort – Verteidigungswerk, kleine Festung; von latein. *fortis,* „stark, tapfer"; vgl. *forsch* und engl. *force,* „Kraft, Gewalt"

Genitiv – „Abstammungsfall", Besitzfall oder zweiter Fall (Frage: *wessen?*); von latein. *genus,* „Geschlecht"; vgl. *Genitalien,* „Geschlechtsorgane", *Generation,* „die im gleichen Zeitraum Geborenen", *Generator,* „Stromerzeuger", und *generell,* „die ganze Art betreffend" (allgemein)

Geographie – Erdkunde, eigentl.: „Erdbeschreibung"; von griech. *γῆ (gê),* „Erde, Land", und *γράφειν (gráphein),* „beschreiben, schreiben"; vgl. *Graphit, Graphologe, Telegraphie* etc.

Geologie – „Lehre von der Erde", d. h. vom Bau und der Geschichte der Erde; aus griech. *γῆ (gê),* „Erde", und *λόγος (lógos),* „Wort, Rede, Darlegung"; vgl. auch *Geometrie,* in der Antike „Landvermessung", heute die Formenlehre von allen auf der Erde vorkommenden Gebilden

Gigant – „Riese", Titan; aus griech. *γιγάντειος (gigánteios),* „riesenhaft"; vgl. *Giga-,* das Milliardenfache

Gouverneur – Stadthalter (z. B. einer Kolonie); aus griech. *κυβερνήτης (kybernétes),* „Lenker, Steuermann", über latein. *gubernator,* „Leiter"; vgl. *Kybernetik,* „Lehre von sich selbst steuernden und regulierenden Systemen"

Hagestolz – früher: älterer Junggeselle; von althochd. *hagustalt,* „Besitzer eines Hags" (der lediglich ein kleines umfriedetes Nebengut bewirtschaftete und, im Gegensatz zum Eigentümer eines Hofes, sich keine eigene Familie leisten konnte)

Hemisphäre – „Halbkugel"; aus griech. *ἥμισυς (hémisys),* „halb, zur Hälfte", und *σφαῖρα (sphâira),* „Kugel, Ball"

Historie – Geschichte; aus griech. *ἱστορία (historía),* „Forschung, Geschichtsschreibung" (vgl. engl. *history* und, verkürzt, *story,* „Geschichte, Erzählung")

Horizont – Gesichtskreis, „Begrenzungslinie"; von griech. *ὁρίζειν (horízein),* „begrenzen"; vgl. *horizontal,* „waagerecht", und *Aphorismus,* „scharf begrenzte (d. h. kurze und treffende) Äußerung"

Humidität – „Feuchtigkeit"; von latein. *(h)umidus,* „feucht, nass", *humid* (Vorsicht: *Humus,* „Erde", ist mit latein. *homo,* „Mensch", d. h. „der aus Erde Geschaffene", verwandt; vgl. *human,* „menschlich, zugänglich")

Identität – Übereinstimmung, Wesensgleichheit; von latein. *idem,* „der-, dasselbe"; vgl. *identisch, identifizieren, Identifikation* und die altröm. Redensart *semper idem,* „immer derselbe"

Idyll – beschaulich-friedliche Bilderbuchlandschaft; von griech. *εἴδωλον (eídolon),* „Bild" (vgl. *Eidetiker,* jmd. mit der Fähigkeit, sich etwas anschaulich vorzustellen)

imaginär – „bildhaft", nur in der Vorstellung vorhanden; von latein. *imago,* „Bild", und *imitari,* „nachbilden", nachahmen; vgl. engl. *image* bzw. *imitieren* und *Imitation*

Immigrant – „Einwanderer" (Gegenteil: *Emigrant*), von latein. *in,* „hinein", und *migrare,* „wandern"

Industrie – maschinelle Herstellung von Konsum- und Produktionsgütern; von latein. *industria,* „Betriebsamkeit, Unternehmungsgeist"; vgl. engl. *industrious,* „rege, fleißig" (engl. *industry* und *business* haben damit die gleiche Grundbedeutung)

Inflation – Geldentwertung durch „Aufblähen" von Preisen und Geldumlauf; von latein. *inflare* (Partiz. Perf. *inflatus*), „aufblasen" (Gegensatz: *Deflation,* „Verminderung des Geldumlaufs mit Steigerung der Kaufkraft", auch: „Wegblasen von Sand und Staub durch den Wind"); vgl. auch *soufflieren,* „von unten zuflüstern", und *Flöte*

Inspektor – „Aufseher", Prüfer; von latein. *in*, „hinein", und *spectare*, „schauen, sehen"; vgl. *Spektakel*, eigentl. „Schauspiel" (heute auch „Lärm"), *spekulieren*, „Ausschau halten nach lohnenden Geschäften", *spähen* und *Spiegel* (s. auch *Bischof*)

Integration – „Eingliederung in ein größeres Ganzes"; von latein. *integer*, „unberührt, ganz", aus *tangere*, „berühren" (Partiz. Perf. *tactus*); vgl. *Tangente*, „Berührungslinie", *intakt*, „unversehrt, heil", *Kontakt*, „Berührung", und *Kontingent*, „der jemanden berührende (d. h. ihm zustehende) Anteil"

Interpretation – Erläuterung; von latein. *interpres*, *interpretis*, „Vermittler, Dolmetscher"; vgl. *Interpret*

Invasion – „Eindringen", Einmarsch von feindlichen Truppen; von *invadere*, „einfallen, überfallen"; vgl. *Invasor*, „Eindringling", und *Quo vadis?*, „Wohin gehst du?"

Isthmus – „Landenge", insbesondere der *Isthmus von Korinth*; griech. ἰσϑμός *(isthmós)*, „schmaler Landstreifen, Landzunge"

Jade – blassgrüner Schmuckstein; span. *piedra de la ijada*, „Lendenstein"; aus *ijada*, „die Flanke" (die Konquistadoren übernahmen von den mittelamerikanischen Indianern die Gewohnheit, den Stein oberhalb der Hüfte als vorbeugendes Mittel gegen Nierenkoliken zu tragen)

Kabinett – Gesamtheit der Minister, eigentl.: „kleine Kabine" (an den Fürstenhöfen dienten einzelne Nebenzimmerchen zur Aufbewahrung von Sammlungen oder zur Beratungen mit den Ministern); aus spätlatein. *capanna*, „Hütte"; vgl. auch *Kabinettstück* und *Wachsfigurenkabinett*

Kaiser – Herrscher, eigentl.: „der (aus dem Mutterleib) Herausgeschnittene"; Beiname der alten römischen Familie der Julier, so auch des Feldherrn und Staatsmanns Gajus Julius *Cäsar*; von latein. *caedere*, „fällen, herausschneiden" (Partiz. Perf. *caesus*); vgl. *Kaiserschnitt* (eine unnötige Sinnverdopplung!), *Zäsur*, „Einschnitt", und *Zar*

Kapitulation – erzwungene Unterwerfung, militärische Übergabeverhandlung (auf Grund einer Liste mit den Hauptbedingungen); von latein. *caput*, „Haupt, Kopf"; vgl. *Kapitol*, der Haupthügel Roms, *Kapital*, eigentl.: „Kopfsumme", *Kapitän*, „Kommandant eines Schiffes", *Kapitel*, „Hauptabschnitt", *Kap*, vorspringender „Kopf" der Küste, *Kappe* und *Kapuze*, beides „Kopfbedeckung"

Kardinal – in der katholischen Kirche höchster geistlicher Würdenträger (nach dem Papst), „um den sich alles dreht"; von latein. *cardo*, *cardinis*, „Türangel, Angelpunkt"; vgl. *Scharnier*, „Drehgelenk an Türen"

Kathedrale – Hauptkirche am „Sitz" eines Bischofs; aus griech. κατά *(katá)*, „nieder", und ἕδρα *(hédra)*, „Stuhl, Sitz"; vgl. *Katheder*, „Lehrerpult, Lehrstuhl"

Keramik – Töpferware; aus griech. κέραμος *(kéramos)*, „Tonerde, irdener Krug", und κεραμίς *(keramís)*, „Dachziegel"

Klerus – Gesamtheit der katholischen Geistlichen; von griech. κλῆρος *(kléros)*, „durch Los zugeteiltes Grundstück"; in der Antike wurde den Bürgern Athens vom Staat eine Parzelle Land zugewiesen; bereits in den ersten Jahrhunderten des Christentums erhielt auch die Kirche dieses Privileg; vgl. *Kleriker* und engl. *clerk*, „Angestellter, Schreiber" (im Mittelalter lernten nur die in Klosterschulen von Geistlichen ausgebildeten Jungen lesen und schreiben)

Klima – Ablauf der Witterung in einem bestimmten geographischen Gebiet; griech. κλίμα *(klíma)* bedeutet „Himmelsgegend, Neigung" (vgl. *Klimax*, „Höhepunkt", eigentl.: „schräg angelegte Leiter, auf der man hochsteigt"); von κλίνειν *(klínein)*, „neigen, lehnen", und κλίνη *(klíne)*, „Ruhebett", das wegen seines angewinkelten Rückenteils auch als Speisesofa genutzt werden konnte (vgl. *Klinik*)

Kloster – „abgeschlossenes Gebäude"; von latein. *claudere*, „schließen" (Partiz. Perf. *clausus*); vgl. *Klausur*, „geschlossene Tagung" oder „im verschlossenen Raum angefertigte Prüfungsarbeit", *Klausel*, „Schlussbestimmung eines Vertrages" (oder zusätzliche Vereinbarung), *Klosett*, „abgeschlossener Raum", *inklusive*, „einschließlich", *exklusiv*, „ausschließlich", sowie *Schleuse* (aus *aqua exclusa*, „ausgeschlossenes Wasser")

Komet – „Haarstern", Schweifstern mit elliptischer Bahn in unserem Sonnensystem; von griech. κομήτης *(kométes)*, „langhaariger Komet", von κόμη *(kóme)*, „Haar, Mähne"

König – „der aus edlem Geschlecht Stammende" (althochd. *kuning*, altengl. *cyning*, daraus modern: *king*); ebenso wie *Kind* anscheinend urverwandt mit latein. *genus*, „Geschlecht, Abstammung"; vgl. *Generation* und *Genetik*

Konkurrent – „mitlaufender Gegner", Mitbewerber; aus latein. *con*, „zusammen, mit", und *currere*, „laufen" (Partiz. Perf. *cursus*); vgl. *Kurier*, „Laufbote", Kurs, „(laufender) Wert einer Währung", *Kursbuch*, „Fahrplanbuch", *kursiv*, „schräg laufend", *Konkurs*, „Zahlungsunfähigkeit" (eigentl. „Zusammenlaufen der Gläubiger"), *Exkursion*, „Ausflug", aber auch *Korridor*, „Laufgang", und *Korsar*, „Seeräuber (mit einem schnellen Schiff)"

Konquistadoren – die spanischen „Eroberer" Mittel- und Südamerikas; aus span. *conquistar*, „erobern, abringen"; vgl. engl. *conquerer*, „Eroberer", z. B. *William the Conquerer* (s. *Reconquista*)

Konsistenz – Beschaffenheit eines Stoffes, Zusammenhang, Beständigkeit; aus latein. *con*, „zusammen", und *sistere*, „sich stellen, stehen"; vgl. *Konsistorium*, „Vollversammlung der Kardinäle" oder „kirchlicher Gerichtshof", engl. *to consist of*, „bestehen aus", *assistieren*, „mitarbeiten" (wörtl.: „daneben stehen"), *existieren*, „bestehen" (eigentl.: „entstehen"), *insistieren*, „auf etwas bestehen", *Resistance*, „Widerstand", und *resistent*, „widerstandsfähig"

Konsum – „Verbrauch" (engl. *consumption*); von latein. *sumere*, „nehmen" (Partiz. Perf. *sumptus*); vgl. *Konsument*, „Verbraucher", *resümieren*, „zusammenfassen" (eigentl.: „wieder vornehmen")

Konversion – „Abwendung", Übertritt in eine andere Kirche; von latein. *vertere*, „wenden, drehen" (Partiz. Perf. *versus*); vgl. *Vers*, „Gedichtszeile" (an deren Ende man umkehrt), *Konverter*, „Umwandler", *pervers*, „verdreht, verkehrt", *Kontroverse*, „Streitgespräch" (bei dem man sich gegeneinander wendet), und *Konversation*, „Gespräch" (wobei man sich zuwendet)

Konvoi – Geleitzug (wörtl.: „das mit auf dem Weg Befindliche"); von latein. *con*, „mit", und *via*, „Weg, Straße"; vgl. *Viadukt*, „Talbrücke", den als *Via dolorosa* bekannten „Leidensweg" Jesu in Jerusalem sowie engl. *way*, „Weg", und *obvious*, „auf dem Weg liegend", offensichtlich

Koralle – „Tochter des Meeres", Hohltier mit Kalkskelett in tropischen Meeren; aus griech. κόρη *(kóre)*, „Mädchen, Jungfrau", und ἅλς *(háls)*, „Salz, Meer" (vgl. *Halogene*, „Salzbildner")

kreativ – „schöpferisch"; von latein. *creare*, „erschaffen"; vgl. *Kreation, Kreatur* und *kreieren* (engl. *to create*)

Kristall – regelmäßig geformter, von ebenen Flächen begrenzter Körper (z. B. *Eiskristall*); über griech. κρύος *(krýos)*, „Kälte, Frost", und κρύσταλλος *(krýstallos)*, „Eis", aus der indogerman. Wurzel *kreu-*, „gerinnen"; vgl. *roh* und *Rohstoff* (da der äußere Mantel unserer einst flüssigen Erde inzwischen erstarrt ist) sowie latein. *crudus*, „rau, blutig, hart", und *crusta*, „die Rinde" (davon *Kruste*)

Kultur – „Pflege (des Körpers und Geistes)"; von latein. *colere*, „bebauen, pflegen, verehren" (Partiz. Perf. *cultus*); die *Kultur* der Menschheit begann in der Tat mit dem Sesshaftwerden von Ackerbauern; vgl. *Kolonie*, „Niederlassung", *kultivieren*, „urbar machen, anbauen", und engl. *agriculture*, „Landwirtschaft"

kurios – sonderbar, „Sorge erregend"; von latein. *curare*, „sorgen, besorgen"; vgl. *Kur*, „Krankenfürsorge", *Kuratel*, „Vormundschaft, Pflegschaft", *akkurat*, „sorgfältig", engl. *care*, „Sorge", und *Karfreitag*, „Sorgen-Freitag"

Legion – wörtl.: „Auslese" kriegstauglicher Berufssoldaten; von latein. *legere*, „lesen, sammeln, auswählen" (vgl. *Legende*, „im Gottesdienst zu lesende fromme Erzählung", aber auch *Lektüre, Lektion, Kollekte, Kollege* etc.); antike römische Heereseinheit mit einer Sollstärke von 6000 Mann (gegliedert in 60 *Zenturien*, d. h. „Hundertschaften"; vgl. *Zentimeter, Zentner* etc.)

loyal – „gesetzestreu", regierungstreu; aus latein. *legalis*, „gesetzlich", von *lex, legis*, „Gesetz"; vgl. *Legislative*, „gesetzgebende Gewalt", *delegieren*, „(gesetzlich) beauftragen, abordnen", und *Kollege*, „mit der gleichen Tätigkeit Beauftragter"

Maschine – technisches Gerät zur Einsparung menschlicher oder tierischer Arbeitskraft; über latein. *machina*, „Werkzeug, Hebel, Winde", aus griech. μηχανή *(mechané)*, „Vorrichtung, Erfindung, Möglichkeit"; vgl. *Mechanik*, „Lehre von der Bewegung von Körpern", und *Mechanismus*, „Getriebe" und „selbstständiger Ablauf"

Megalith – „großer Stein"; hoher, roh behauener Felsblock vorgeschichtlicher Grabbauten; aus griech. μέγας *(mégas)*, „groß, gewaltig", und λίθος *(lithos)*, „Stein, Fels"; vgl. *Megaphon*, „Tonverstärker" (Sprachrohr), *Megalopolis*, „Riesenstadt" (Städtezusammenballung), und *Megahertz* (1 Million Hertz, Abk.: MHz) bzw. *Lithographie*, „Steindruck", *Monolith*, „einzeln stehender Stein", *Neolithikum*, „Jungsteinzeit", und *Lithosphäre*, die bis in 1200 km Tiefe reichende „Gesteinshülle" der Erde

memorieren – „auswendig lernen"; von latein. *memorare*, „erinnern, erwähnen", und *memoria*, „Gedächtnis" (vgl. *Memoiren*, „Lebenserinnerungen", *Memorandum*, „Denkschrift", und engl. *memorial*, „Denkmal, Grabmal")

Meridian – „Mittagslinie", halber Längenkreis (von Pol zu Pol); von latein. *meridies*, „Mittag", aus *medi-dies*, „Mitte des Tages" (alle Orte auf demselben *Meridian* haben zur selben Zeit 12 Uhr Mittag, gleich, ob auf der Nord- oder Südhalbkugel); vgl. die engl. Abkürzungen *a.m.* (aus latein. *ante meridiem*, „vormittags") und *p.m.* (aus latein. *post meridiem*, „nachmittags")

Messias – den Juden im Alten Testament verheißener Erlöser; griech. Umformung von aram. *meshiha*, aus hebr. *hammashiah*, „Gesalbter" (s. *Christus*)

Meteorologie – Lehre von Wetter und Klima; von griech. μετέωρος *(metéoros)*, „in der Luft schwebend", aus μετά *(metá)*, „inmitten", und ἀήρ *(aér)*, „Luft"; vgl. *Meteor* sowie engl. *air*, „Luft"

Metropole – Hauptstadt, eigentl.: „Mutterstadt", von der aus in der Antike Niederlassungen in anderen Ländern gegründet wurden; von griech. μήτερ *(méter)*, „Mutter"; daraus latein.: *mater*; vgl. *Materie, Matrize, Matrone* etc.

Minister – Regierungsmitglied mit bestimmtem Geschäftsbereich, wörtlich: „Diener (eines Fürsten)"; von latein. *ministrare*, „dienen", aus *minor*, „kleiner, geringer"; vgl. *Ministrant*, „Messdiener", *Minorität*, „Minderheit", *minus*, „weniger", *Menuett*, „Tanz mit kleinen Schritten", *Administration*, „Verwaltung"

Monopol – „Alleinverkaufsrecht"; aus griech. μόνος *(mónos)*, „allein", und πολεῖν *(poleîn)*, „verkaufen"; vgl. *Monolith*, „einzeln stehender Stein", und *Mönch*, „der Alleinlebende"

Mosaik – aus bunten Steinchen kunstvoll zusammengesetztes Bild; von griech. μοῦσα *(moûsa)*, „Muse, Göttin der Künste"; vgl. *Museum* und *Musik* sowie *musisch* veranlagt

mutieren – sich verändern; von latein. *mutare*, „tauschen, verändern"; vgl. *Mutation*

mysteriös – rätselhaft; von griech. μύειν *(mýein)*, „(den Mund oder die Augen) schließen"; vgl. *Mysterium*, „Geheimnis", und *Mystik*, „Geheimlehre"

Mythologie – „Lehre von den Sagen", Dichtung von Göttern und Helden aus der Urzeit eines Volkes; aus griech. μύϑος *(mythos)*, „Geschichte, Sage", und λόγος *(lógos)*, „Darlegung, Beschreibung"

Narzissmus – krankhafte Verliebtheit in die eigene Person; nach dem schönen Jüngling *Narziss* in der griechischen Sage, der völlig auf sich selbst bezogen war und Gefallen darin fand, stundenlang sein eigenes Spiegelbild im Wasser zu betrachten; er hatte die Liebe der Nymphe Echo verschmäht und war dafür in die nach ihm benannte Zierblume verwandelt worden; vgl. griech. νάρκισσος *(nárkissos)*, „Narzisse", aus νάρκη *(nárke)*, „Erstarrung" (vielleicht weil die Pflanze einen betäubenden Duft verströmt)

Natur – „das Hervorgebrachte"; von latein. *natus*, „geboren, gebürtig"; vgl. *Nation*, d. h. „alle in einem Land Geborenen", *international*, „zwischenstaatlich", franz. *naïv* (aus latein. *nativus*, „natürlich, unbefangen"), *Renate*, „die Wiedergeborene", und *Renaissance*, „die Wiedergeburt (der klassischen Antike)"

Nikotin – in den Tabakblättern abgelagertes Alkaloid, das als anregendes Genussmittel dient; nach Monsieur *J. Nicot*, einen französischen Gesandten in Lissabon, der im 16. Jahrhundert dafür Sorge trug, dass der Tabak in sein Heimatland gelangte

Niveau – waagerechte Ebene, Höhenstufe (davon: *nivellieren*, „ausgleichen, einebnen"); aus latein. *libra*, „Waage" und das Gewogene" (die Buchstaben *n* und *l* sowie *v* und *b* wurden ausgetauscht); vgl. *Libelle*, „kleine Waage", engl. *level*, „Ebene", *Äquilibrist*, „Gleichgewichtskünstler, Seiltänzer", und das Pound-Sterling-Symbol: £ für *Libra*, „Pfund" (ebenfalls für die ehemalige italien. *Lira*)

Nymphe – Naturgöttin in Quellen, Bäumen und Wäldern; aus griech. νύμφη *(nýmphe)*, „Braut, junge Frau", urverwandt mit latein. *nubere*, „den Brautschleier anlegen, heiraten"; vgl. *Nymphomanie*, „Mannstollheit"

Ocker – gelbbraune Malerfarbe aus eisenoxidhaltigen Mineralien; aus griech. ὠχρός *(ochrós)*, „blassgelb, bleich"

Ökologie – Lehre von der Beziehung zwischen den Lebewesen und ihrer Umwelt; von griech. οἶκος *(oîkos)*, „Haus, Wohnbereich"; vgl. *Ökumene*, ganze „bewohnte Erde", auch: Weltgemeinschaft christlicher Kirchen (s. *Ökonomie*)

Ökonomie – „Haushaltung", Wirtschaftswissenschaft (auch: Sparsamkeit); aus griech. οἶκος *(oîkos)*, „Haus, Haushalt", und νόμος *(nómos)*, „Regel, Gesetz, Satzung"; vgl. *autonom*, „nach eigenen Gesetzen lebend", *Nomade*, „jemand, dem Weideland zugeteilt worden ist", und *Numismatik*, „Münzkunde" (eigentl.: „Beschäftigung mit gesetzlich eingeführten Münzen"; s. auch *Ökologie*)

Okzident – „(Sonnen)Untergangsland", Abendland, Westen; von latein. *occidere*, „fallen, untergehen"; vgl. latein. *cadere*, „zu Boden fallen"; davon: *Kadaver*, wörtl. „gefallenes Tier", *Kaskade*, „Wasserfall", *Dekadenz*, „Verfall, Niedergang", und *Koinzidenz*, „Zusammenfallen"

Optik – „Lehre vom Sehen", Lehre vom Licht; aus griech. ὄψις *(ópsis)*, „das Sehen"; vgl. *Optiker* und *optisch* sowie *Autopsie*, „eigenes Nachschauen" (Leichenschau), *Dioptrie*, „Einheit der Brechkraft einer Linse", *Panoptikum*, „Sammlung von Sehenswürdigkeiten" (Kuriositätenkabinett), *Synopse*, „Zusammenschau", sowie die *Synoptiker* Matthäus, Markus und Lukas, deren Evangelien weitgehend übereinstimmen

Orient – „(Sonnen)Aufgangsland", Morgenland, Osten; eigentl.: *oriens (sol)*, „aufgehende (Sonne)", von latein. *oriri*, „sich erheben, entstehen"; vgl. sich *orientieren*, d. h. wissen, wo der Osten liegt, sowie *Original* (Gegenteil: *Okzident*, s. dort)

Orogenese – „Gebirgsbildung"; von griech. ὄρος *(óros)*, „Berg, Gebirge", und γένεσις *(génesis)*, „Entstehung, Schöpfung" (das Buch *Genesis* im Alten Testament ist die „Schöpfungsgeschichte"; vgl. *Generator, Generation, Genetik* etc.)

orthodox – „rechtgläubig"; von griech. *ὀρθός (orthós)*, „gerade, richtig", und *δόξα (dóxa)*, „Meinung, Ruf", aus *δοκεῖν (dokeîn)*, „meinen, scheinen"; vgl. *Dogma*, „religiöser Glaubenssatz", und *paradox*, „widersinnig"

Oxid – „Sauerstoff-Verbindung"; von griech. *ὀξύς (oxýs)*, „sauer, scharf, brennend"; vgl. *Oxidation*, „Reaktion eines Stoffes mit Sauerstoff", und engl. *oxygen*, „Sauerstoff" (daher die chem. Zeichen O_2 für den zweiatomigen Luftsauerstoff und O_3 für den stark riechenden dreiatomigen Sauerstoff, den wir als Ozon kennen)

Ozean – Weltmeer; nach dem Gott *Ὠκεανός (Okeanós)*, in antiker Vorstellung ein breiter, die Erdscheibe begrenzender Fluss

Papyrus – im Altertum eine im gesamten Mittelmeerraum heimische Schilfart (zur Produktion von Schreibmaterial, Schuhwerk und Schilfbooten); von griech. *πάπυρος (pápyros)*, „Papier", aus altägypt. *pa per᾽o*, „das (Monopol) des Pharao".

Parlament – Volksvertretung (wörtl.: „Unterhaltung, Erörterung"); von mittellatein. *parlamentum*, „Besprechung"; vgl. *parlieren*, „plaudern", über franz. *parler*, „reden", davon: *Polier*, „Sprecher" der Maurer oder Zimmerleute, und *Parole*, „verabredetes Erkennungswort"

Partizip – Mittelwort, „Teilhaber" (das Mittelwort kann variable Endungen besitzen und damit „teilhaben" an den Formen des Hauptworts, auf das es sich bezieht): *Partiz. Präs.*, „Mittelwort der Gegenwart (z.B. *laufend*) und *Partiz. Perf.*, „Mittelwort der Vergangenheit" (z.B. *gelaufen*); von latein. *pars, partis*, „der Teil"; vgl. *partizipieren*, „teilnehmen, -haben", *Partikel*, „Teilchen", *Partisan*, „Widerstandskämpfer" (eigentl.: „Parteigänger"), *Partner*, „Teilhaber", und *Parzelle*, „Teil eines Grundstücks"

Patriot – Mensch, der sich für sein Vaterland einsetzt; aus griech. *πατήρ (patér)*, Gen. *πατρός (patrós)*, „Vater", und entsprechend latein. *pater, patris*, davon: *patria*, „Vaterland"; vgl. *Patriarch*, „Stammvater", *Patron*, sozusagen „Schutzvater", *Patrizier*, „Sohn eines vornehmen Vaters", *Pate*, aus *Gevatter*, „Mitvater", etc.

permanent – „bleibend, dauernd"; von latein. *(per)manere*, „bleiben, übernachten"; vgl. *immanent*, „darin (dauerhaft) enthalten, innewohnend", und franz. *maison*, „Bleibe, Wohnung, Haus"

Phänomen – ungewöhnliche „Erscheinung"; von griech. *φαίνεσθαι (phaínesthai)*, „erscheinen"; vgl. auch *Epiphanie*, „Erscheinung des Herrn", *Phantom*, *Phantasie* und *Phase*, „wechselnde Erscheinungsform"

phonetisch – „klanglich"; von griech. *φωνεῖν (phoneîn)*, „klingen, tönen, sprechen"; vgl. *Diktaphon*, „Diktiergerät", *Grammophon*, „Schallplattenapparat", *Saxophon* (nach dem Erfinder *Sax* benanntes Blasinstrument), *Telephon*, „Fernsprecher", und *Symphonie*, „Zusammenklang (vieler Instrumente eines Orchesters)"

Phrase – „Redensart"; von griech. *φράζειν (phrázein)*, „anzeigen, deutlich machen"; vgl. *Paraphrase*, „Umschreibung mit anderen Worten"

Physik – Lehre von der (unbelebten) Natur; von griech. *φύσις (phýsis)*, „Natur, Geburt, Herkunft", aus *φύειν (phýein)*, „erzeugen, hervorbringen"; vgl. *physisch*, „natürlich, körperlich", und *impfen*, aus *ἐμφύειν (emphýein)*, „einpflanzen"

Pietismus – „Frömmlerei", Gefühlsglaube; evangelische Bewegung des 17. und 18. Jahrhunderts, in der tätige Nächstenliebe an die Stelle eines Vernunftglaubens trat; von latein. *pietas*, „Frömmigkeit"; vgl. *Pietät*, „Ehrfurcht vor Höherem", *(Papst) Pius*, „der Gottgefällige, Fromme", und der Vorname *Pia* in der gleichen Bedeutung

Plagiat – Diebstahl geistigen Eigentums; von latein. *plagium*, „Menschendiebstahl, Seelenverkauf", vgl. *Plagiator*, „Abschreiber" (eigentlich „Menschenräuber")

Plankton – Gesamtheit der im Wasser frei schwebenden Pflanzen und Tiere ohne Eigenbewegung; aus griech. *πλαγκτός (planktós)*, „irre, umhergetrieben"; vgl. das zugehörige Substantiv πλανήτης *(planétes)*, „der Herumtreiber", der *Plantet*; zu πλάνη *(pláne)*, „Wanderung, Irrfahrt"

Platin – silbrig glänzendes Edelmetall (im 18. Jahrh. in Südamerika entdeckt); aus span. *platina*, „Silberplättchen" (heute *platino*), Verkleinerung von span. *plata (de ariento)*, „(Silber-)Platte", und vulg.-lat. *platta*, „die Metallplatte" (vgl. *platt* und *Platine*)

Pleonasmus – „Übermaß", unnötige Häufung sinngleicher oder -ähnlicher Ausdrücke (etwa „ein schneeweißer Schimmel", „schlussendlich", „einen schönen guten Tag wünschen" etc.); entlehnt aus griech. πλεονάζειν *(pleonázein)*, „überflüssig sein" (s. auch *Tautologie*)

Plural – „Mehrzahl"; von latein. *plus, pluris*, „ein größeres Stück, mehr"; vgl. *plus* und *minus* sowie *Pluralismus*, „Vielgestaltigkeit"

Politik – Gestaltung des öffentlichen Lebens; von griech. πόλις *(pólis)*, „Stadt, Stadtstaat"; vgl. *Polizei* und engl. *polite*, „städtisch, höflich" (eigentl.: „höfisch", denn in der antiken Stadt befand sich auf der *Akropolis* der Königshof, an dem man sich entsprechend zu benehmen hatte)

Präfix – „Vorgeheftetes", Vorsilbe; aus latein. *prae*, „vor", und *figere*, „anheften, befestigen" (Partiz. Perf. *fixus*); vgl. *fixe Idee*, „Wahnvorstellung (die man nicht mehr los wird)", und *Fixativ*, „Fixier-, Befestigungsmittel" (s. *Suffix*)

Präsident – „Vorsitzender"; aus latein. *prae*, „vor, voran", und *sedere*, „sitzen" (Partiz. Perf. *sessus*, davon: *Sessel*); vgl. *Präses, Präsidium, Residenz*, „bleibender Wohnsitz", und *Sediment*, „Bodensatz"

Presbyter – „Älterer", Amtsbezeichnung und Anrede des Gemeindeältesten in der Urkirche, heute Vorstandsmitglied in einer evangelischen Kirchengemeinde; aus griech. πρέσβυς *(prébys)*, „alt, ehrwürdig" (vgl. *Priester*)

Prinz – „Erster", Sohn eines Fürsten; von latein. *primus*, „der Erste"; vgl. *Prinzip*, „Anfang, erster Grund", das *Primat* des Papstes und die *Primaten* genannten Menschenaffen (d. h. Tiere der „höchsten Stufe")

Prior – latein. „der Erstere, der Vordere"; Klostervorsteher, Stellvertreter eines Abts; vgl. *Priorität*, „Vorrang" (s. auch *Prinz*)

Produktion – „Hervorbringung", Herstellung von Waren und Gütern; aus latein. *pro*, „vor, vorwärts", und *ducere*, „führen, leiten"; vgl. italien. *duce*, „Führer", engl. *duke*, „Herzog", *Edukation*, „Erziehung", *Aquädukt*, „Wasserleitung", *reduzieren*, „auf ein kleineres Maß zurückführen", etc.

Pylon – Torturm, hohes freistehendes Tor; von griech. πύλη *(pyle)*, „Pforte, Engpass"; vgl. *Pylorus* (med. für „Magenausgang", *Pförtner*) und die *Propyläen* (ein prachtvoller Säuleneingang vor einem antiken Tempel, etwa der hallenartige Zugang zum Tempelbezirk der Akropolis in Athen)

Quartär – „viertes Erdzeitalter"; in der Geologie die Periode von der Eiszeit bis zur Gegenwart; von latein. *quartus*, „der Vierte"; vgl. *Quartier* und *Quartett* (s. auch *Tertiär*)

Quartier – „(Stadt-)Viertel", von lat. *quattuor*, „vier", und *quartus*, „der vierte (Teil)"; vgl. *Quartal* sowie unser Lehnwort *Kaserne*, aus latein. *quaterni*, „je vier" – ursprüngl. das Wachhäuschen für vier Soldaten am Eingang der Unterkunft, später die Gebäude, in denen alle Soldaten *einquartiert* waren (s. *Quartär*)

Radius – halber Kreisdurchmesser, sozusagen eine Speiche des *Rades* (latein. *radius*, „Strahl"); vgl. engl. *radiation*, „Strahlung", und *Radio*, „Rundfunk", *Ausstrahlung* elektromagnetischer Wellen, sowie die engl. Abkürzung *Radar* für **R**adio **D**etection **a**nd **R**anging

raffiniert – „vollendet" (*Raffinerie*, „Verfeinerungsanlage"); von latein. *finis*, „Grenze, Ende"; vgl. engl. *to finish*, „beenden", *Finale*, „Schluss(teil)", *Finanzen*, „Staatshaushalt" (eigentl.: „bis zu einem letzten Termin" einzuzahlende Steuern), und *fein*, „vollkommen" (s. auch *Filibuster*)

Randale – mutwilliges Gejohle einer meist alkoholisierten Clique; Zusammenziehung von mundartl. *Rand*, „Possen", und *Skandal*

Reconquista – „Wieder-Einnahme" des von den Mauren eingenommenen Südens der Iberischen Halbinsel, die bis 1492 – dem Jahr der Entdeckung Amerikas – endgültig abgeschlossen war; aus latein. *re-*, „wieder, zurück", und span. *conquista*, „Eroberung", aus latein. *conquirere*, „sich zu verschaffen suchen"; vgl. engl. *conquest*, „Unterwerfung", und *question*, „Frage, Untersuchung" (s. *Konquistadoren*)

Regent – „Lenker", *regierender* Monarch; von latein. *regere*, „ausrichten, lenken" (davon: *rex*, „König", *regina*, „Königin"; vgl. *Regel, Regime, Dirigent*), und *rectus*, „richtig, gerade" (verwandt mit unseren Wörtern *recht* und *recken*, „gerade richten"); vgl. *Rektor* und *Rektum* (das ungekrümmte Ende des Mastdarms)

Rekrut – „Nachwuchs", neuer Soldat; aus franz. *recroître*, „nachwachsen", von latein. *crescere*, „wachsen"; vgl. italien. *crescendo*, „anschwellende Tonstärke" in der Musik, und engl. *crescent*, „zunehmender Mond", Halbmond

Republik – „Gemeinwesen, Staatsverwaltung, Staatsgewalt"; aus latein. *res publica*, „öffentliche Sache"; vgl. *publik*, „öffentlich, bekannt", *Publikum*, „Öffentlichkeit", und *publizieren*, „veröffentlichen"; verwandt mit *populus*, „Volk"; vgl. *Popularität*, engl. *people* und *Pöbel*

Resonanz – „Widerhall", Anklang; aus latein. *re-*, „zurück", und *sonare*, „schallen, tönen"; vgl. *sonor*, „klangvoll", *Sonographie*, „Ultraschallaufzeichnung", engl. *sound*, „Klang, Ton", *Sonett*, „Klang-Gedicht", und *Konsonant*, „Mitlaut"

Saison – Hauptbetriebszeit (eigentl.: „Saatzeit"); von latein. *serere*, „säen" (Partiz. Perf. *satus*, davon: *Saturn*, der Name des altröm. Gottes der Saaten), und *semen*, „der Samen"; vgl. *Seminar*, wörtl. „Pflanzschule (der Ideen)"

Sakrament – „heilige Handlung"; von lat. *sacer*, „heilig", und *sacramentum*, „Weihe"; vgl. *sakral*, „geweiht", *Sakristei*, „geheiligter Raum (für die liturgischen Geräte)", und *Sakrileg*, „Vergehen gegen Heiliges" (Gotteslästerung, Kirchenraub etc.)

Salpeter – Leichtmetallsalze der Salpetersäure, von latein. *sal petrae*, „Steinsalz"; aus latein. *sal, salis* und griech. *ἅλς (háls)*, „Salz", sowie *petra*, „Fels" (davon *Petrus* und *Petroleum*); vgl. auch unsere Ableitungen *Saline* („Salzgrube"), *Salat* („eingesalzene Speise"), *Salami* („Salzwurst"), *Salär* („Salzgeld"; die römischen Legionäre wurden früher häufig mit einer Ration *Salz* bezahlt; vgl. engl. *salary*), *Salmiak* (aus latein. *sal Ammoniacum*, „Salz des Ammon", das zuerst neben dem Tempel jenes Gottes in der ägyptischen Oase Siwa gefunden wurde), *Sülze* (eigentl. „Salzwasser"), *Sauce* (aus latein. *salsa*, „Salzbrühe") und *Sole* („Salzquelle")

Sarkophag – „Fleisch fressender (Stein)"; von griech. *σάρξ, σαρκός (sárx, sarkós)*, „Fleisch, Körper", und *φάγος (phágos)*, „Fresser, Verzehrer"; da *Sarkophage* in der Regel aus porösem Kalkstein bestanden und damit eine geruchlose Verwesung gewährleisteten, ermöglichten sie eine oberirdische Bestattung in einem Tempel oder einer Kirche; vgl. *Sarg*, aber auch *Sarkasmus*, „beißender Spott", und *Sarkom* für eine bösartige Geschwulst

Scheich – „Ältester"; Stammeshäuptling, Dorfältester, Geistlicher; arab. Ehrentitel für eine Persönlichkeit der traditionellen islamischen Gesellschaft

Sediment – Ablagerung, „Bodensatz"; von latein. *sedere*, „sitzen"; vgl. *Session*, „Sitzung, Sitzungsdauer", *Präsidium*, „Vorsitz", *Residenz*, „Amtssitz", *Sedativum*, „Beruhigungsmittel", etc.

Senat – „Ältestenrat"; von latein. *senex*, „Alter, Greis"; vgl. *senil*, „greisenhaft", *Senior*, „der Ältere", span. *Señor*, franz. *Monsieur*, „mein Herr", verkürzt zu engl. *Sir*

Skelett – Knochengerüst, Gerippe; aus griech. σκελετόν *(skeletón)*, „Mumie", von σκέλλειν *(skéllein)*, „austrocknen, verdorren"; vgl. die Lehnwörter *schal*, „abgestanden" (eigentl.: „fast trocken"), und engl. *shallow*, „seicht, flach" (besonders von Gewässern)

Solidarität – Zusammengehörigkeitsgefühl, „feste Gemeinschaft"; von latein. *solidus*, „dicht, fest"; vgl. *solide* sowie *Sold*, „feste Lohnzahlung", *Soldat*, *konsolidieren*, „sichern, festigen", *Konsole*, „feste Wandstütze, Wandbrett"

Sozialismus – Gesellschaftslehre; von latein. *socius*, „Bundesgenosse, Gefährte" (daher in der SPD die Anrede „Genosse"), und *societas*, „Gesellschaft, Bündnis" (zu engl. *city*); vgl. *Soziussitz*, „Mitfahrersattel (auf dem Motorrad)", und *Assoziation*, „(Gedanken)Verbindung"

Sponsor – Förderer, finanzieller Unterstützer; von latein. *spondere*, „feierlich versprechen, sich verbürgen" (Partiz. Perf. *sponsus*); vgl. *sponsern* und *Gespons*, „Ehepartner", mundartl. *Gspusi* für „Braut" und „Bräutigam" (von latein. *sponsa* bzw. *sponsus*)

Staat – „Zustand (der Machtverhältnisse)"; von latein. *status*, „Stand, Zustand", letztlich aus *stare*, „stehen"; vgl. *stagnieren, stationär, konstant* und *kosten* (beide aus latein. *constare*, „feststehen")

Strategie – langfristige Planung und exakte Kalkulation großer (bes. militärischer) Vorhaben; von griech. στρατός *(stratós)*, „Heer"; vgl. *Stratege*, „Heerführer"

Suffix – „unten Angeheftetes", Nachsilbe; aus latein. *sub*, „unterhalb, unten", und *figere*, „anheften, befestigen" (Partiz. Perf. *fixus*); vgl. *fixieren*, „fest ins Auge fassen", *Fixstern*, „fest stehender Stern", *Kruzifix*, „der dem Kreuz Angeheftete, der Gekreuzigte", *Fixum*, „festes Einkommen" (s. *Präfix*)

suspekt – verdächtig, fragwürdig; von latein. *suspicere*, „argwöhnen, verdächtigen" (wörtl.: „emporblicken"; Partiz. Perf. *suspectus*); vgl. engl. *suspicion*, „Argwohn"

Symbol – Sinnbild, Zeichen, Kennzeichen; von griech. συμβάλλειν *(symbállein)*, „zusammenwerfen, -fügen"; Freunde und Verwandte pflegten in der Antike ein σύμβολον *(sýmbolon)* – z. B. Teile eines Fingerrings oder die Bruchstücke eines Amuletts – aufzubewahren, die als „zusammengefügtes" Ganzes selbst nach vielen Jahren ein sicheres Erkennungszeichen waren; vgl. *Ball* sowie *Ballistik*, „Lehre von der Bahn eines Geschosses", und *Embolie*, „Verstopfung eines Blutgefäßes"

Synode – christliche Kirchenversammlung; aus griech. σύνοδος *(sýnodos)*, „Vereinigung, Zusammenkunft" (vgl. *Synagoge*)

Synonym – Wort gleicher oder ähnlicher Bedeutung; von griech. σύν *(sýn)*, „zugleich, zusammen mit", und ὄνομα *(ónoma)*, „Name, Wort, Ausdruck" (vgl. *anonym*, „ohne Namen", und *Pseudonym*, „Deckname", eigentl.: „falscher, erlogener Name")

Taktik – Kunst der klugen Berechnung (z. B. eine geschickte Truppenaufstellung) und Durchführung kleinerer (militärischer) Operationen; von griech. τάττειν *(táttein)* und τάσσειν *(tássein)*, „ordnen, festsetzen"; vgl. *Syntax*, „Satzbau", und *Taxe*, „Kalkulation, Abschätzung" (davon: *Taxi*); verwandt mit unserem Verb *tasten*

Tautologie – Bezeichnung ein und derselben Sache durch mehrere Ausdrücke (z. B. „ein alter Greis", „in hastiger Eile", „schon bereits" etc.); aus griech. τὸ αὐτό *(tò autó)*, „dasselbe" – zu αὐτός *(autós)*, „selbst" – und λέγειν *(légein)*, „sprechen, sagen"; vgl. *Automobil* und *Automat*, beide „das Selbstbewegliche", *Autismus*, eine psychische Störung bei Menschen, die sich auf „sich selbst" zurückziehen, und *autonom*, „nach eigenen Gesetzen lebend"

Technik – Nutzbarmachung naturwissenschaftlicher Erkenntnisse; von griech. τέχνη *(téchne)*, „Kunst, Handwerk"; urverwandt mit latein. *texere*, „miteinander verweben"; vgl. *Text* (s. *Textilien*)

Tektonik – Lehre vom Aufbau und den inneren Bewegungen der Erdkruste; von griech. τέκτων *(tékton)*, „Handwerker, Baumeister"; vgl. *Architekt*, von ἀρχιτέκτων *(architékton)*, „Urheber, Anstifter"; verwandt mit latein. *tectum*, „Dach"; vgl. *Protektion*, „Vordach, Schutz", und *Detektiv*, „Ermittler" (eigentl.: „Aufdecker")

Terminus – Fachausdruck, genau begrenzter Begriff; aus latein. *terminus*, „Grenzstein, Ende, Schluss", oder griech. τέρμα *(térma)*, „Grenze, Ende, Ziel"; vgl. *Term*, „klar definiertes Glied (einer mathematischen Formel)", *Termin*, „begrenzter Zeitpunkt", *Terminal*, „Endpunkt (einer Fluglinie)", Abfertigungshalle auf einem Flughafen

Tertiär – „drittes Erdzeitalter", nach Erdaltertum und -mittelalter die dritte geologische Periode (Braunkohlezeit); von latein. *tertius*, „der dritte (Teil)"; vgl. *Terz* und *Terzett*

Textilien – „Webwaren"; von latein. *texere*, „weben" (Partiz. Perf. *textus*); vgl. *Text*, „Gefüge von Wörtern und Sätzen" (s. *Technik*)

Theater – Schauspielhaus; Aufführung eines Stückes; von griech. ϑέατρον *(théatron)*, „Zuschauerraum, Publikum", aus ϑεᾶσϑαι *(theâsthai)*, „anschauen, bewundern"; vgl. *Theorie*, „Betrachtung, Ansicht, Lehre", und *Theorem*, „(durch Betrachtung gefundener) Lehrsatz"

Theologie – „Lehre von Gott" (auch vom Glauben und der Kirche); aus griech. ϑεός *(theós)*, „Gott" (daraus latein. *deus*), und λόγος *(lógos)*, „Wort, Darlegung, Lehrsatz"; vgl. *Theodor*, „Gottesgeschenk", *Atheismus*, „Gottesleugnung", und *Enthusiasmus*, „(göttliche) Begeisterung"

These – „aufgestellter (Lehrsatz)"; von ϑέσις *(thésis)*, „Aufstellung, Behauptung", aus τιϑέναι *(tithénai)*, „legen, stellen, setzen"; vgl. *Antithese, Hypothese, Synthese*; verwandt mit ϑήκη *(théke)*, „aufgestellter Behälter"; vgl. *Theke*, „zum Ausschank errichteter Tisch", *Apotheke*, „Aufbewahrungsort", *Boutique*, „Warenlager", *Bibliothek*, „Büchergestell, Bücherei", *Hypothek*, „das in die Hand gegebene Unterpfand", und *Thema*, „zur Diskussion Vorgelegtes"

Topographie – „Lagebeschreibung" geographischer Örtlichkeiten; von griech. τόπος *(tópos)*, „Ort, Gebiet", und γράφειν *(gráphein)*, „schreiben, beschreiben"; vgl. *Graffiti, Grafik, Fotograf* etc.

Tradition – „Übergabe" an die nächste Generation, Überlieferung; aus latein. *trans*, „hinüber", und *dare*, „geben" (Partiz. Perf. *datus*); vgl. *Dativ*, „Gebefall", *Edition*, „Herausgabe" eines Buches, *Rendite* und *Rente*, beides aus *red-dita*, „zurückgezahlte Summe", sowie *Datum* (von der alten Formel *datum ...*, „gegeben am ...") und *Mandat*, „Auftrag, Vollmacht", von latein. *mandare*, „übergeben, anvertrauen"

Tribut – Abgabe, Steuer; von latein. *tribuere*, „dritteln, teilen, zuteilen" (mit der Vorsilbe *tri-*, „drei"); vgl. *Tribun* als Vorsteher eines *Tribus*, d. h. eines „Bezirks" (womit ursprüngl. einer der drei altröm. Stämme gemeint war), und die erhöhte *Tribüne*, auf der die höchsten Staatsbeamten und Richter Platz nahmen, z. B. bei einem *Tribunal*, also einem Gerichtsverfahren (s. *Attribut*)

Trinität – „Dreifaltigkeit" (d. h. Gottvater, Sohn und Heiliger Geist); von griech. τρεῖς *(treîs)*, „drei"; davon latein. *tres, tria, trium*, „drei"; vgl. *Trio*, „Musikstück für drei Instrumente (oder drei Ausführende)", *Triangel*, „Dreieck", *Trikolore*, „dreifarbige Fahne", und *Trilogie* (drei zusammengehörende Bände eines Werkes)

Vaganten – „Umherstreifer", Scholaren des Mittelalters; vgl. *Vagabund* und *extravagant*, „ausschweifend"

Variante – „Abart, Spielart"; von latein. *varius*, „verschieden, abwechselnd, bunt"; vgl. *variieren*, „verändern, abwandeln", *Variable*, „Veränderliche", *Variation*, „Abwandlung eines Themas oder einer Melodie", und *Varieté*, „Theater mit bunt wechselndem Programm" (Gesang, Tanz, Artistik etc.)

Vegetation – Gesamtheit des Pflanzenbestandes eines Gebietes; vgl. *Vegetarier, vegetativ*, „pflanzlich" und „unwillkürlich", sowie engl. *vegetable*, „Gemüse" (s. auch *Flora*)

Vokal – „klangvoller" Selbstlaut (a, e, i, o, u); von latein. *vocare*, „rufen", und *vox*, „Stimme"; vgl. *Vokabel*, „Bezeichnung, Benennung", *Advokat*, „der herbeigerufene (Anwalt)", *Provokation*, „das Auf-den-Plan-Rufen", und engl. *voice*, „Stimme"

Zelot – „Eiferer", Anhänger einer jüdischen fundamentalistischen Partei zur Zeit Jesu; von griech. ζῆλος *(zêlos)*, „Eifer"; vgl. engl. *jealousy*, „Missgunst, Eifersüchtelei", und *Jalousie* (d. h. Fensterladen, mit dem die eifersüchtige Franzosen früher ihre Privatsphäre abschirmten)

Zigarre – gerollte, von einem Deckblatt umhüllte Tabakblätter; Übernahme des Maya-Ausdrucks *siqar*, „gerollten Tabak rauchen", durch die spanischen Eroberer Mittelamerikas, jedoch Anlehnung an das ähnlich klingende span. Wort *cigarra*, „Baumgrille" (wegen vergleichbarer Form und Farbe)

Zone – Bereich, Gebietsstreifen; von griech. ζώνη *(zóne)*, „Gürtel, Taille"; vgl. die *Bizone*, also die „Doppelzone", die nach dem Zweiten Weltkrieg durch die Zusammenlegung der britischen und amerikanischen Besatzungszonen entstand, 1948 durch Einbeziehung des französischen Besatzungsgebiets zur *Trizone*, d. h. „Dreierzone", erweitert

Zoologie – „Tierkunde"; von griech. ζῷον *(zôon)*, „Lebewesen"; vgl. *Zoo* und engl. *zodiak*, „Tierkreiszeichen", Sternbilder

Zyklus – „Kreislauf"; von griech. κύκλος *(kýklos)*, „Kreis, Ring"; vgl. *Kykladen*, „Insel-Ring", *Zyklon*, „Wirbelwind", *Enzyklika*, päpstliches „Rundschreiben", *Enzyklopädie*, „allumfassende Bildung" (Gesamtdarstellung des Wissens in einer Buchreihe), und engl. *bicycle*, „Zweirad"

* * *

ANTIKE UND MODERNE NAMEN

Abbatis Villa *(röm.)*	Abbeville [F]	Aemona *(röm.)*	Ljubljana [SLO]
Abella *(röm.)*	Avellavecchia [I]	Aenaria *(röm.)*	Ischia [I]
Abnoba Mons *(ke.-rö.)*	Schwarzwald [D]	Aenus *(röm.)*	Inn [A]
Abrittus *(röm.)*	Razgrad [BG]	Aethalia *(griech.)*	Elba [I]
Abus *(röm.)*	Humber [GB]	Agathyrna *(röm.)*	Sant Agata [I]
Abusina *(röm.)*	Abensberg [D]	Agaunum *(röm.)*	Saint Maurice [CH]
Abydos *(griech.)*	Çanakkale [TR]	Agedincum *(röm.)*	Sens [F]
Acunum *(röm.)*	Montélimar [F]	Aginnum *(röm.)*	Agen [F]
Addua *(röm.)*	Adda [I]	Agram *(idg.)*	Zagreb [HR]
Adramytteion *(griech.)*	Edremit [TR]	Aigilion Mikros *(griech.)*	Giglio [I]
Adrana *(kelto-ligur.)*	Eder [D]	Aigyptos *(griech.)*	Nil [ET]
Aebura *(röm.)*	Cuerva [E]	Ainos *(kelt.)*	Inn [A]
Aegilion *(griech.)*	Capraia [I]	Akka *(phönik.)*	Akko [IL]
Aelium Cetium *(röm.)*	Sankt Pölten [A]	Akragas *(griech.)*	Agrigento [I]
Aeminium *(röm.)*	Coimbra [P]	Alara *(idg.)*	Aller [D]

Assur *(akkad.)* .... Asch Scharkat [IRQ]

Asta *(röm.)* .... Asti [I]

Atax *(röm.)* .... Aude [F]

Aternum *(röm.)* .... Pescara [I]

Atesis *(röm.)* .... Adige (Etsch) [I]

Ateste *(venet.-röm.)* .... Este [I]

Atrebatum *(röm.)* .... Arras [F]

Atria (Hadria) *(röm.)* .... Adria [I]

Attaleia *(griech.)* .... Antalya [TR]

Aufidus *(röm.)* .... Ofanto [I]

Augusta *(röm.)* .... Auch [F]

Aug. Nemetum *(röm.)* .... Speyer [D]

Aug. Perusia *(röm.)* .... Perugia [I]

Aug. Praetoria *(röm.)* .... Aosta [I]

Aug. Rauracorum *(röm.)* ... Augst b. Basel [CH]

Aug. Suessionum *(röm.)* .... Soissons [F]

Aug. Taurinorum *(röm.)* .... Turin [I]

Aug. Traiana *(röm.)* .... Stara Zaroga [BG]

Aug. Treverorum *(röm.)* .... Trier [D]

Aug. Tricassium *(k.-röm.)*... Troyes [F]

Aug. Vangionum *(röm.)* .... Worms [D]

Aug. Vindelicor. *(röm.)* ..... Augsburg [D]

Aug. Viromandior. *(r.)*....... Saint-Quentin [F]

Augustodunum *(kt.-röm.)* ... Autun [F]

Augustodurum *(kelt.-röm.)* Bayeux [F]

Augustomagus *(kelt.-röm.)* Senlis [F]

Augustonemetum *(kelt.)* .... Clermont-Ferr. [F]

Aulon *(griech.)* .... Vlorë [AL]

Aurariola *(röm.)* .... Orihuela [E]

Aurelia Aquensis *(röm.)* ..... Baden-Baden [D]

Aurelianum *(röm.)* .... Orléans [F]

Ausculum *(röm.)* .... Ascoli Satriano [I]

Autissiodorum *(röm.)* .... Auxerre [F]

Autricum *(kelt.-röm.)* .... Chartres [F]

Auximum *(röm.)* .... Osimo [I]

Avaricum *(kelt.-röm.)* .... Bourges [F]

Avenio *(röm.)* .... Avignon [F]

Aventicum *(röm.)* .... Avenches [CH]

Axona *(röm.)* .... Aisne [F]

Babenbergh *(dt.)* .... Bamberg [D]

Bacenis *(röm.)* .... Harz [D]

Baeterrae *(röm.)* .... Béziers [F]

Baëtica *(röm.)* .... Andalusien [E]

Baëtis *(röm.)* .... Guadalquivir [E]

Balerm *(arab.)* .... Palermo [I]

Baltum *(röm.)* .... Albufeira [P]

Bannovalium *(röm.)* .... Horncastle [GB]

Barcino *(röm.)* .... Barcelona [E]

Barium *(röm.)* .... Bari [I]

Barsa *(kelt.-röm.)* .... Jethou [UK]

Basilia *(röm.)* .... Basel [CH]

Bata *(griech.)* .... Noworossijsk [RUS]

Batava Castra *(röm.)* .... Passau [D]

Batavia *(kelt.)* .... Betuwe [NL]

Batavia *(kelt.)* .... Djakarta [RI]

Batavis *(röm.)* .... Passau [D]

Batavodurum *(kelt.-röm.)* .... Nimwegen [NL]

Batus *(röm.)* .... Batumi [GE]

Baucanum *(kelt.-röm.)* .... Bozen [I]

Baxu *(arab.)* .... Beja [P]

Bellum Vadum *(röm.)* .... Bilbao [E]

Bellunum *(venet.-röm.)* .... Belluno [I]

Belna Castrum *(röm.)* .... Beaune [F]

Benacus *(röm.)* .... Gardasee [I]

Berenike *(griech.-röm.)* .... Bengasi [LAR]

Bergomum *(kelt.-röm.)* .... Bergamo [I]

Beroia *(röm.)* .... Aleppo [SYR]

Berrhoea *(thrak.-griech.)* .... Stara Zaroga [BG]

Bertha *(kelt.)* .... Perth [GB]

Bertriacum *(kelt.)* .... Bad Bertrich [D]

Berytus *(röm.)* .... Beirut [RL]

Bilachinium *(röm.)* .... Villach [A]

Bingium *(kelt.)* .... Bingen [D]

Biriciana *(röm.)* .... Weißenburg [D]

Boconia *(röm.)* .... Rhön [D]

Bod *(tibet.)* .... Tibet

Bodincus *(ligur.)* .... Po [I]

Bodotria *(röm.)* .... Firth of Forth [GB]

Boiohaemum *(röm.)* .... Böhmen [CZ]

Bojodurum *(kelt.)* .... Passau [D]

Bonna *(röm.)* .... Bonn [D]

Bononia *(kelt.-röm.)* .... Boulogne [F]

Bononia *(kelt.-röm.)* .... Bologna [I]

Borbetomagus *(kelt.)* .... Worms [D]

Borysthenes *(griech.)* .... Dnjepr [RS, BY, UA]

Boudobriga *(kelt.-röm.)* .... Boppard [D]

Bracara Augusta *(röm.)* ...... Braga [P]

Brennaburg *(idg.)* .... Brandenburg [D]

Brentesion *(griech.)* .... Brindisi [I]

Brigantinus *(kelt.)* .... Bodensee [A, CH, D]

Brigantium *(kelt.)* .... Bregenz [A]

Brigantium *(kelt.)* .... La Coruña [E]

Brigia *(kelt.)* .... Brie [F]

Brigtune *(kelt.)* .... Brighton [GB]

Brisiacum *(kelt.-röm.)* .... Breisach [D]

Brixellum *(röm.)* .... Brescello [I]

Brixia *(kelt.-röm.)* .... Brescia [I]

Brocavum *(kelt.-röm.)* .... Penrith [GB]

Brundisium *(röm.)* .... Brindisi [I]

Brusa *(röm.)* .... Bursa [TR]

Bruttium *(röm.)* .... Kalabrien [I]
Buconica *(röm.)* .... Nierstein [D]
Burdigala *(röm.)* .... Bordeaux [F]
Burrium *(kelt.-röm.)* .... Usk [GB]
Bustrissa *(kelt.)* .... Pustertal [I]
Byblos *(griech.)* .... Djebeil [RL]
Byzantion *(griech.)* .... Konstantinopel [TR]
Byzantion *(griech.)* .... Istanbul [TR]
Cabillonum *(röm.)* .... Chalons/Saône [F]
Caere *(etrusk.)* .... Cerveteri [I]
Caesaraugusta *(röm.)* .... Zaragoza [E]
Caesarea *(röm.)* .... Sark [UK]
Caesar. Cappadociae *(r.)* .. Kayseri [TR]
Caesar. Mauretaniae *(r.)* .. Cherchell [DZ]
Caesar. Philippi *(röm.)* ...... Banias [IL]
Caesarodunum *(kelt.-rö.)* .... Tours [F]
Caesaromagus *(kelt.-rö.)* ..... Chelmsford [GB]
Caesaromagus *(kelt.-rö.)* ..... Beauvais [F]
Caieta *(röm.)* .... Gaëta [I]
Calcaria *(röm.)* .... Tadcaster [GB]
Caledonia *(röm.)* .... Schottland [GB]
Cales *(röm.)* .... Calvi [I]
Calleva Atrebatum *(kelt.)* .. Silchester [GB]
Callipolis *(griech.)* .... Gelibolu [TR]
Calpe *(kelt.)* .... Gibraltar [GB]
Camaracum *(kelt.-röm.)* .... Cambrai [F]
Camberiacum *(kelt.-röm.)* ... Chambéry [F]
Cambodunum *(kelt.)* .... Kempten [D]
Cambria *(kelt.-röm.)* .... Wales [GB]
Camulodunum *(kelt.)* .... Colchester [GB]
Cantara *(röm.)* .... Kandern [D]
Cantium (Cantia) *(k.-rö.)* ... Kent [GB]
Canusium *(röm.)* .... Canossa [I]
Capraria *(röm.)* .... Capraia [I]
Capreae *(röm.)* .... Capri [I]
Capsa *(numid.-röm.)* .... Gafsa [TN]
Caput Liberum *(röm.)* .... Capoliveri [I]
Carales *(röm.)* .... Cagliari [I]
Carnuntum *(röm.)* .... Dt. Altenburg [A]
Carnutum *(röm.)* .... Chartres [F]
Carpi *(röm.)* .... Sidi Raïs [TN]
Cartennae *(röm.)* .... Ténès [DZ]
Carthago nova *(phönik.)* ...... Cartagena [E]
Casa Branca *(portug.)* .... Casablanca [MA]
Casilinum *(röm.)* .... Capua [I]
Casinum *(röm.)* .... Monte Casino [I]
Caspium Mare *(röm.)* .... Kasp. Meer [GUS, IR]
Castellum Boiodurum *(r.)* .. Passau [D]
Castell. Mattiacorum *(r.)* . Kastel [D]
Castell. Moguntiacum *(r.)* Mainz [D]

Castell. Theoderici *(röm.)* .. Château-Thierry [F]
Castra Aelia *(röm.)* .... Morella [E]
Castra Bannovalium *(rö.)* . Caistor [GB]
Castra Batava *(röm.)* .... Passau [D]
Castra Bonnensia *(röm.)* .... Bonn [D]
Castra Caesaraugusta *(r.)* . Saragossa [E]
Castra Devana *(röm.)* .... Chester [GB]
Castra Regina *(röm.)* .... Regensburg [D]
Castra Vetera *(röm.)* .... Xanten [D]
Castrum Deutonis *(rö.)* ...... Duisburg [D]
Castrum Divionense *(r.)* ... Dijon [F]
Castrum Frigisinga *(rö.)* .... Freising [D]
Castrum Maiense *(rö.)* .... Meran [I]
Castrum Marinum *(rö.)* ..... Castro Marim [P]
Castrum Radulfi *(röm.)* ...... Châteauroux [F]
Castrum Rauracense *(rö.)* . Kaiseraugst [CH]
Castrum Viaregii *(röm.)* ..... Viareggio [I]
Cataractonium *(röm.)* .... Catterick [GB]
Cathay *(europ.)* .... China [VRC]
Catomagus *(kelt.)* .... Caën [F]
Cattarum *(röm.)* .... Kotor [SR]
Cebenna *(röm.)* .... Cevennen [F]
Celeia *(röm.)* .... Cilli [SLO]
Celeusum *(röm.)* .... Pförring [D]
Cenabum *(kelt.)* .... Orléans [F]
Centumcellae *(etrusk.)* .... Civitavecchia [I]
Cetium *(röm.)* .... St. Pölten [A]
Cetobriga *(kelt.-röm.)* .... Setúbal [P]
Ceylon *(tamil.)* .... Sri Lanka [CL]
Chaisre *(etrusk.)* .... Cerveteri [I]
Chalcedon *(griech.)* .... Kadiköy [TR]
Chamars *(etrusk.)* .... Chiusi [I]
Chang'an *(chines.)* .... Xi'an [VRC]
Chelb *(arab.)* .... Silves [P]
Chersonesos *(griech.)* .... Sewastopol [UA]
Chersonesos Taurica *(gr.)* . Halbinsel Krim [UA]
Chersonesos Thracia *(gr.)* . H.-I. Gelibolu [TR]
Chrysokeras *(griech.)* .... Goldenes Horn [TR]
Chrysopolis *(griech.)* .... Üsküdar [TR]
Chrysopolis *(griech.)* .... Parma [I]
Cibinium *(röm.)* .... Sibiu [AL]
Cirta *(röm.)* .... Constantine [DZ]
Citharista *(griech.)* .... La Ciotat [F]
Civitas Adiacensis *(röm.)* .. Ajaccio [F]
Civit. Andecavorum *(rö.)* .. Angers [F]
Civit. Auderiensium *(rö.)* .. Dieburg [D]
Civit. Aurelia Aquensis .. Baden-Baden [D]
Civit. Aureliani *(röm.)* .... Orléans [F]
Civit. Baiocassium *(k.-r.)* .. Bayeux [F]
Civit. Carnutum *(kelt.-röm.)* Chartres [F]

Durobrivae *(kelt.-röm.)* .... Chestertown [GB]
Durobrivae *(kelt.-röm.)* .... Rochester [GB]
Durocatalaunum *(k.-röm.)* .. Châlons/Marne
Durocobrivis *(kelt.-röm.)* ..... Dunstable [GB]
Durocortorum *(kelt.)* .... Reims [F]
Durolipons *(kelt.-röm.)* .... Cambridge [GB]
Duromagus *(kelt.-röm.)* .... Dormagen [D]
Durostorum *(kelt.-röm.)* .... Silistra [BG]
Durovern. Cantiacorum .. Canterbury [GB]
Durovigutum *(kelt.-röm.)* ..... Godmanchest. [GB]
Dyrrachium *(röm.)* .... Durrës [AL]
Eblana *(kelt.)* .... Dublin [IRL]
Ebora *(lusitan.-röm.)* .... Évora [P]
Ebudes *(röm.)* .... Hebriden [UK]
Eburacum *(kelt.-röm.)* .... York [GB]
Eburodunum *(kelt.-röm.)* ..... Yverdon [CH]
Ebusos *(phönik.)* .... Ibiza [E]
Edessa *(griech.)* .... Urfa [TR]
Ekbatana *(med.-griech.)* .... Hamadan [IR]
Elam *(babylon.)* .... Chusistan [IR]
Elantia *(kelt.-röm.)* .... Elz [D]
Emerita Augusta *(röm.)* .... Mérida [E]
Emesa *(röm.)* .... Homs [SYR]
Emona *(röm.)* .... Ljubljana [SLO]
Ephesos *(griech.)* .... Efes [TR]
Epidamnos *(griech.)* .... Durrës [AL]
Epidauros *(griech.)* .... Dubrovnik [HR]
Epiphaneia *(griech.)* .... Hama [SYR]
Eporedia *(röm.)* .... Ivrea [I]
Epternacum *(kelt.-röm.)* .... Echternach [L]
Erebuni *(alt-armen.)* .... Jerewan/Eriw. [ARM]
Erubis *(röm.)* .... Ruwer [D]
Etruria *(röm.)* .... Toskana [I]
Eumolpias *(griech.)* .... Plovdiv [BG]
Eurymedon *(griech.)* .... Köprüçay [TR]
Eurymedon *(griech.)* .... Aspendos [TR]
Fabricia *(röm.)* .... Portoferraio [I]
Faesulae *(etrusk.)* .... Fiesole [I]
Falerii *(etrusk.)* .... Città Castellana [I]
Fanum *(röm.)* .... Fano [I]
Faventia *(röm.)* .... Faenza [I]
Felicitas Iulia *(röm.)* .... Lissabon [P]
Felsina *(etrusk.)* .... Bologna [I]
Ferraia *(röm.)* .... Portoferraio [I]
Fidentia *(röm.)* .... Fidenza [I]
Firmum *(röm.)* .... Fermo [I]
Fiume *(ital.)* .... Rijeka [HR]
Flavia Neapolis *(röm.)* .... Nablus [JOR]
Flevo Lacus *(röm.)* .... Ijsselmeer [NL]
Florentia *(röm.)* .... Florenz [I]

Foetibus *(röm.)* .... Füssen [D]
Forum Cornelii *(röm.)* .... Imola [I]
Forum Iulii *(röm.)* .... Civid. del Friuli [I]
Forum Iulii *(röm.)* .... Fréjus [F]
Forum Livii *(röm.)* .... Forlì [I]
Forum Popilii .... Forlimpopoli [I]
Forum Sempronii .... Fossombrone [I]
Fositesland *(fries.)* .... Helgoland [D]
Francofurtum a. Moenum Frankfurt/Main [D]
Francofurtum a. Viadrum Frankfurt/Oder [D]
Fraxinetum *(röm.)* .... Fréjus [F]
Fulginium *(röm.)* .... Foligno [I]
Gabreta *(röm.)* .... Böhmerwald [D, CZ]
Gádeira *(griech.)* .... Cádiz [E]
Gades *(röm.)* .... Cádiz [E]
Gadir *(phönik.)* .... Cádiz [E]
Galaecia *(röm.)* .... Galicien [E]
Gariannum *(kelt.-röm.)* .... Gr. Yarmouth [GB]
Gariennus *(kelt.-röm.)* .... Yare [GB]
Garumna *(röm.)* .... Garonne [F]
Gebal *(phönik.-hebrä.)* .... Djebeil [RL]
Gedanum *(röm.)* .... Danzig; Gdansk [PL]
Gelduba *(röm.)* .... Gelb b. Neuss [D]
Genava *(kelt.-röm.)* .... Genf [CH]
Gergovia *(kelt.)* .... Gergovie [F]
Germanicum *(röm.)* .... Kösching [D]
Gerunda *(röm.)* .... Gerona [E]
Gesoriacum *(kelt.-röm.)* .... Boulogne-s/Mer [F]
Gilium *(röm.)* .... Giglio [I]
Girba *(röm.)* .... Djerba [TN]
Glannoventa *(kelt.-röm.)* ..... Ravenglass [GB]
Glanum *(röm.)* .... St.-Rémy/-Prov. [F]
Gleva *(röm.)* .... Gloucester [GB]
Gontia *(kelt.-röm.)* .... Günzburg [D]
Granikos *(griech.)* .... Kocabaş Çay [TR]
Gratianopolis *(gr.-röm.)* .... Grenoble [F]
Gymnesiai *(phönik.-griech.)* .. Balearen [E]
Hadranon *(griech.)* .... Adrano [I]
Hadrianopolis *(griech.)* .... Edirne [TR]
Hadrumetum *(phönik.)* .... Sousse [TN]
Haemus *(röm.)* .... Balkan (-geb.) [BG]
Haithabu *(altnord.)* .... Schleswig [D]
Halikarnassos *(griech.)* .... Bodrum [TR]
Halys *(griech.)* .... Kısılırmak [TR]
Hàrune *(arab.)* .... Faro [P]
Hasta *(röm.)* .... Asti [I]
Hattusa *(hethit.)* .... Boğazköy [TR]
Haustaths *(got.)* .... Hallstatt [A]
Heba *(etrusk.)* .... Magliano [I]
Hebron *(hebr.)* .... El-Khalil [JOR]

Kilikia *(griech.)*	Çukurova	[TR]
Kition *(griech.)*	Larnaka	[CY]
Komplos *(griech.)*	Prokuplje	[SR]
Konstantinopel *(griech.)*	Istanbul	[TR]
Korakesion *(griech.)*	Alanya	[TR]
Korama *(griech.)*	Göreme	[TR]
Kroton *(griech.)*	Crotone	[I]
Kusch *(althebr.)*	Nubien	[SUD]
Kydnos *(griech.)*	Tarsos	[TR]
Kydonia *(griech.)*	Chania	[GR]
Kypros *(griech.)*	Zypern	[GR, TR]
Kyrnos *(griech.)*	Korsika	[F]
Kyros *(griech.)*	Kura	[ARM, AJ, GE]
Lacóbriga *(kelt.-röm.)*	Lagos	[P]
Lactodurum *(kelt.-röm.)*	Towcester	[GB]
Lacus Benacus *(röm.)*	Gardasee	[I]
Lacus Comacenus *(röm.)*	Comer See	[I]
Lacus Eburodunensis	Neuenbur. See	[CH]
Lacus Larius *(röm.)*	Comer See	[I]
Lacus Sebinus *(röm.)*	Iseo-See	[I]
Lacus Venetus *(röm.)*	Bodensee	[A, CH, D]
Lacus Verbanus *(röm.)*	L. Maggiore	[CH, I]
Lagasch *(sumer.)*	Tello	[IRQ]
Lagentium *(röm.)*	Castleford	[GB]
Lagona *(röm.)*	Lahn	[D]
Lambaesis *(röm.)*	Lambèse	[DZ]
Laodikeia *(griech.)*	Beirut	[RL]
Laodikeia ad Mare *(gr.)*	Latakia	[SYR]
Lapurdum *(kelt.-röm.)*	Bayonne	[F]
Latopolis *(griech.)*	Esna	[ET]
Lauriacum *(kelt.-röm.)*	Lorch	[D]
Laus Pompeia *(röm.)*	Lodi	[I]
Lavatris *(röm.)*	Bowes	[GB]
Ledra *(griech.)*	Nikosia	[CY]
Lemana *(kelt.-röm.)*	Lympne	[GB]
Lemannus Lacus *(röm.)*	Genfer See	[CH]
Lemovica *(kelt.)*	Limoges	[F]
Lentia *(kelt.)*	Linz	[D, A]
Leontes *(griech.)*	Litani	[RL]
Leontinoi *(griech.)*	Lentini	[I]
Letavia *(röm.)*	Bretagne	[F]
Leuca *(kelt.-röm.)*	Loughor	[GB]
Leukas *(griech.)*	Lefkas	[GR]
Liberalitas Iulia *(röm.)*	Évora	[P]
Liger *(kelt.-röm.)*	Loire	[F]
Lilybaion *(griech.)*	Marsala	[I]
Limonum *(kelt.-röm.)*	Poitiers	[F]
Lindum Colonia *(k.-röm.)*	Lincoln	[GB]
Lipara *(griech.)*	Lipari	[I]
Lissos *(griech.)*	Leshë	[AL]

Liupina *(röm.)*	Leoben	[A]
Logana *(kelto-ligur.)*	Lahn	[D]
Londinium *(alteurop.-kelt.)*	London	[GB]
Longovicium *(kelt.-röm.)*	Lanchester	[GB]
Lopodunum *(kelt.)*	Ladenburg	[D]
Losodica *(röm.)*	Munningen	[D]
Lousonna *(kelt.)*	Lausanne	[CH]
Luca *(röm.)*	Lucca	[I]
Lucania *(röm.)*	Basilicata	[I]
Lucus Augusti *(röm.)*	Lugo	[E]
Lugdunum Batavorum	Leiden	[NL]
Lugubalium *(kelt.)*	Carlisle	[GB]
Lugdunum *(kelt.)*	Lyon	[F]
Luguvalium *(kelt.)*	Carlisle	[GB]
Luna *(röm.)*	Spezia	[I]
Lune Castra *(kelt.-röm.)*	Lancaster	[GB]
Lupia *(kelto-ligur.)*	Lippe	[D]
Lusitania *(röm.)*	Portugal	[P]
Lutetia Parisiorum *(k.-rö.)*	Paris	[F]
Lydda *(antik)*	Lod	[IL]
Lykopolis *(griech.)*	Assiut	[ET]
Mactaris *(röm.)*	Maktar	[TN]
Magetobriga *(kelt.)*	Moigte de Broie	[F]
Maginowe *(mhd.)*	Mainau	[D]
Maglona *(kelt.-röm.)*	Machynlleth	[GB]
Magna Graecia *(röm.)*	Süditalien	[I]
Magnesia *(griech.)*	Manisa	[TR]
Magnus Portus *(röm.)*	Solent	[GB]
Magnus Portus *(röm.)*	Portimão	[P]
Maiandros *(griech.)*	Menderes	[TR]
Mainake *(griech.)*	Málaga	[E]
Malaka *(phönik.)*	Málaga	[E]
Mancunium *(röm.)*	Manchester	[GB]
Maracanda *(röm.)*	Samarkand	[KAS]
Marcianopolis *(gr.-röm.)*	Preslaw	[BG]
Marcius *(röm.)*	Marciana (Elba)	[I]
Marcodurum *(kelt.)*	Düren	[D]
Marcomagus *(kelt.)*	Marmagen	[D]
Mare Adriaticum *(röm.)*	Adria	[I, YU, AL]
Mare Balticum *(röm.)*	Ostsee	[GUS, PL, SF, S, D]
Mare Britannicum *(röm.)*	Ärmelkanal	[GB, F]
Mare Caspium *(röm.)*	Kasp. Meer	[GUS, IR]
Mare Externum *(röm.)*	Atlantik	[P, F, USA etc.]
Mare Germanicum *(röm.)*	Nordsee	
Mare Hyrcanium *(röm.)*	Kasp. Meer	[GUS, IR]
Mare Inferum *(röm.)*	Tyrrhen. Meer	[I]
Mare Internum *(röm.)*	Mittelmeer	
Mare Mediterraneum *(r.)*	Mittelmeer	
Mare Suevicum *(röm.)*	Ostsee	[GUS, PL, SF, S, D]
Mare Superum *(röm.)*	Adria	[I, YU, AL]

Mare Tyrrhenum *(röm.)* ..... Tyrrhen. Meer [I]
Margidunum *(kelt.-röm.)* ..... Newark/Trent [GB]
Maridunum *(kelt.)* .... Carmarthen [GB]
Marisus *(röm.)* .... Maros/Mureş [H, RO]
Marus *(röm.)* .... Morava [A, CZ]
Mascula *(röm.)* .... Khenchela [DZ]
Masr el Kahira *(arab.)* .... Kairo [ET]
Massalia *(griech.)* .... Marseille [F]
Massilia *(röm.)* .... Marseille [F]
Matianos *(griech.)* .... Urmia-See [IR]
Matisco *(röm.)* .... Mâcon [F]
Mauretania Tingitana *(r.)* Marokko [MA]
Mediana *(röm.)* .... Gnotzheim [D]
Mediolanum *(kelt.-röm.)* ...... Mailand [I]
Mediolanum Santonum . Saintes [F]
Mediomatricum *(k.-röm.)* ... Metz [F]
Melas *(griech.)* .... Manavgat [TR]
Melita *(phönik.)* .... Malta [M]
Melodunum *(kelt.)* .... Melun [F]
Melpium *(etrusk.)* .... Mailand [I]
Meni(n)x *(röm.)* .... Djerba [TN]
Menosgada *(kelt.)* .... Main [D]
Messambria *(griech.)* .... Nessebăr [BG]
Messana *(griech.)* .... Messina [I]
Messogis *(griech.)* .... Aydın-Gebirge [TR]
Metapontion *(griech.)* .... Metaponto [I]
Miletos *(griech.)* .... Milet [TR]
Minius *(röm.)* .... Minho [P]
Moenus *(kelt.-röm.)* .... Main [D]
Mogontia(cum) *(kelt.)* .... Mainz [D]
Mona *(kelt.-röm.)* .... Anglesey [GB]
Monapia *(kelt.-röm.)* .... Isle of Man [GB]
Monoeci Herculis Portus Monaco [MC]
Monoikos *(griech.)* .... Monaco [MC]
Mons Albanus *(röm.)* .... Monte Cavo [I]
Mons Cebenna *(röm.)* .... Cevennen [F]
Mons Cetius *(röm.)* .... Wiener Wald [A]
Mons Iovis *(röm.)* .... Montecristo [I]
Mons Pessulanus *(röm.)* .... Montpellier [F]
Mons Tabor *(röm.)* .... Montabaur [D]
Moridunum *(kelt.-röm.)* .... Murten [CH]
Moridunum *(kelt.-röm.)* .... Carmarthen [GB]
Mosa *(kelto-ligur.)* .... Maas [F, B, L, NL]
Mosella *(kelt.-röm.)* .... Mosel [D, F]
Municipium Tarsatica *(r.)* Rijeka (Fiume) [HR]
Muridunum *(kelt.)* .... Carmarthen [GB]
Murus *(röm.)* .... Mur [A, SLO, HR]
Mutina *(röm.)* .... Modena [I]
Mykale *(griech.)* .... Samsun Dağı [TR]
Mylae *(röm.)* .... Milazzo [I]

Mylasa *(griech.)* .... Milâs [TR]
Myra *(griech.-lyk.)* .... Demre [TR]
Myrtilis *(röm.)* .... Mértola [P]
Mytilene *(griech.)* .... Mitilini (Lesb.) [GR]
Naïssus *(röm.)* .... Niš [SR]
Narbo Martius *(röm.)* .... Narbonne [F]
Narnia *(röm.)* .... Narni [I]
Naro *(röm.)* .... Hammam Lif [TN]
Nava *(röm.)* .... Nahe [D]
Nea Ephesos *(griech.)* .... Kuşadası [TR]
Neapolis *(griech.)* .... Neapel [I]
Neapolis *(griech.)* .... Nablus [JOR]
Negropont *(griech.)* .... Euböa [GR]
Neilos *(griech.)* .... Nil [ET]
Nemausus *(kelt.)* .... Nîmes [F]
Nemetacum *(kelt.-röm.)* .... Arras [F]
Nemossus *(kelt.)* .... Clermt.-Ferrand [F]
Neocaesarea *(griech.)* .... Alaşehir [TR]
Nequinum *(umbr.)* .... Narni [I]
Nevirnum *(röm.)* .... Nevers [F]
Nicaea *(röm.)* .... İznik [TR]; Nizza [F]
Nicer *(kelt.)* .... Neckar [D]
Nicomedeia *(griech.)* .... İzmit [TR]
Nicopolis a. Istrum *(gr.-rö.)* Nikiup [BG]
Nidara *(kelt.)* .... Nidda [D]
Nidum *(kelt.-röm.)* .... Neath [GB]
Nikaia *(griech.)* .... İznik [TR]; Nizza [F]
Nikopolis *(griech.)* .... 'Amwas [JOR]
Nithika *(röm.)* .... Gagra [GE]
Nomentum *(röm.)* .... Mentana [I]
Novesium *(kelt.-röm.)* .... Neuß [D]
Noviodunum *(kelt.-röm.)* ..... Nevers; Nouan [F]
Noviodunum *(kelt.-röm.)* ..... Soissons [F]
Noviomagus *(kelt.-röm.)* ...... Chichester [GB]
Noviomagus *(kelt.-röm.)* ...... Nimwegen [NL]
Noviomagus Nemetum .... Speyer [D]
Numidia *(röm.)* .... Algerien [DZ]
Nyssa *(hethit.)* .... Nevşehir [TR]
Obesequens Iulia Pisana . Pisa [I]
Obringa *(kelt.-röm.)* .... Aare [CH]
Oceanus Germanic. *(lat.)* .. Nordsee
Oceanus Suebicum *(lat.)* ... Ostsee
Ocriculum *(röm.)* .... Otricoli [I]
Odessos *(griech.)* .... Varna [BG]
Oea *(röm.)* .... Tripolis [LAR]
Oenus *(röm.)* .... Inn [A]
Oescus *(röm.)* .... Gigen [BG]
Oglasa *(röm.)* .... Montecristo [I]
Olenacum *(kelt.)* .... Lancaster [GB]
Olisipo *(lusitan.)* .... Lissabon [P]

Ollius *(röm.)* .... Oglio [I]
Opia *(röm.)* .... Oberdorf [D]
Oppidum Aduaticor. *(r.)* .. Namur [B]
Oppidum Matutian. *(rö.)* .. San Remo [I]
Orcades *(kelt.-röm.)* .... Orkney Inseln [GB]
Orestia *(griech.)* .... Edirne [TR]
Orontes *(griech.)* .... Asi [TR]
Orrhoe *(griech.)* .... Urfa [TR]
Osca *(röm.)* .... Huesca [E]
Ossonoba *(röm.)* .... Faro [P]
Ostia Aterni *(röm.)* .... Pescara [I]
Ovetum *(röm.)* .... Oviedo [E]
Ovilava *(röm.)* .... Wels [A]
Oxus *(griech.)* .... Amudarja [TX, UZ]
Paca *(got.)* .... Beja [P]
Padus *(kelto-ligur.)* .... Po [I]
Pallantia *(röm.)* .... Palencia [E]
Palus Meotis *(röm.)* .... Asowsch. Meer [UA]
Panormos *(griech.)* .... Palermo [I]
Pantikapaion *(griech.)* .... Kertsch (Krim) [UA]
Paphos *(griech.)* .... Kouklia [CY]
Papia *(langobard.)* .... Pavia [I]
Parapamisos *(griech.)* .... Hindukusch [AFG]
Parentium *(röm.)* .... Poreč [HR]
Parrodunum *(kelt.)* .... Burgheim [D]
Parthanum *(röm.)* .... Garm.-Partenk. [D]
Parthenope *(griech.)* .... Neapel [I]
Patavium *(venet.-röm.)* .... Padua [I]
Patrai *(griech.)* .... Patras [GR]
Pax Iulia *(röm.)* .... Beja [P]
Peparethos *(griech.)* .... Skopelos [GR]
Pergamon *(griech.)* .... Bergama [TR]
Persepolis *(griech.)* .... Marv Dasht [IR]
Perusia *(etrusk.)* .... Perugia [I]
Petra *(griech.)* .... Batra [JOR]
Petrona *(röm.)* .... Péronne [F]
Pharos *(griech.)* .... Stari Grad/Hvar [HR]
Pharsalos *(griech.)* .... Fersala [GR]
Phaselis *(griech.)* .... Kemer [TR]
Phasis *(griech.)* .... Poti [GE]
Philadelphia *(griech.)* .... Alaşehir [TR]
Philadelphia *(griech.)* .... Amman [JOR]
Philippopolis *(griech.)* .... Plovdiv [BG]
Phokaia *(griech.)* .... Foça [TR]
Pictavia *(röm.)* .... Schottland [GB]
Pictavium *(kelt.-röm.)* .... Poitiers [F]
Pictavum *(kelto-ligur.)* .... Poitou [F]
Pietas Iulia *(röm.)* .... Pula [HR]
Pipuaria *(röm.)* .... Nd.-Lothringen [F]
Pisaurum *(röm.)* .... Pesaro [I]

Pistoria *(röm.)* .... Pistoia [I]
Pithekussai *(griech.)* .... Ischia [I]
Pityus *(griech.)* .... Pitsunda [GE]
Pityusai *(phönik.-griech.)* .... Ibiza, Forment. [E]
Pityussa *(griech.)* .... Spetsai [GR]
Placentia *(röm.)* .... Piacenza [I]
Plavis *(röm.)* .... Piave [I]
Poetovio *(röm.)* .... Ptuj (Pettau) [SLO]
Pola *(röm.)* .... Pula [HR]
Pompaelo *(röm.)* .... Pamplona [E]
Pompeiopolis *(griech.)* .... Viranşehir [TR]
Pons Aelii *(röm.)* .... Newcastle [GB]
Pontes *(röm.)* .... Staines [GB]
Pontiae insulae *(röm.)* .... Pontinische Ins. [I]
Pontos Euxeinos *(griech.)* ... Schw. Meer [GUS, TR]
Populonia *(etrusk.)* .... Piombino [I]
Portus *(röm.)* .... Pforzheim [D]
Portus Ardaoni *(k.-röm.)* ..... Portchester [GB]
Portus Cale *(röm.)* .... Porto [P]
Portus Delphini *(gr.-röm.)* ... Portofino [I]
Portus Gesoriacus *(röm.)* .... Boulogne [F]
Portus Lemanis *(k.-röm.)* ..... Lympne [GB]
Portus Magnus *(röm.)* .... Portimão [P]
Portus Sancti Emetherii ... Santander [E]
Portus Traiani *(röm.)* .... Civitavecchia [I]
Poseidonia *(griech.)* .... Paestum [I]
Post Montem *(röm.)* .... Pomonte (Elba) [I]
Praeneste *(röm.)* .... Palestrina [I]
Praevalitana *(röm.)* .... Kotor [SR]
Priene *(griech.)* .... Güllübahçe [TR]
Primopolis *(griech.)* .... Aspendos [TR]
Proasteia Hebdomon *(gr.)*.. Bakırköy [TR]
Propontis *(röm.)* .... Marmarameer [TR]
Provincia Cartana *(röm.)* .... Kärnten [A]
Prusa *(bithyn.)* .... Bursa [TR]
Pruvinum *(röm.)* .... Provins [F]
Punt *(ant.)* .... Somalia
Puplana *(etrusk.)* .... Populonia [I]
Puruschapura *(urdu)* .... Peschawar [PAK]
Puteoli *(röm.)* .... Pozzuoli [I]
Pyretos *(griech.)* .... Pruth [RO]
Pyrgoi *(etrusk.)* .... Santa Severa [I]
Qart Hadasht *(phönik.)* .... Karthago [TN]
Radasbona *(kelt.)* .... Regensburg [D]
Raetia *(röm.)* .... Rätikon [CH]
Ragusa *(ital.)* .... Dubrovnik [HR]
Rasenna *(etrusk.)* .... Toskana [I]
Ratae Coritanorum *(k.-r.)* .. Leicester [GB]
Ratisbona *(röm.)* .... Regensburg [D]
Regium *(röm.)* .... Reggio/Calabria [I]

Regium Lepidi *(röm.)* .... Reg. nell'Emilia [I]
Regulbium *(kelt.-röm.)* .... Reculver [GB]
Rerigonium *(röm.)* .... Stranraer [GB]
Rha *(griech.)* .... Wolga [RUS]
Rhegion *(griech.)* .... Reg. di Calabria [I]
Rhenos *(kelt.)* .... Rhein [CH, D, F]
Rhenus *(röm.)* .... Rhein [CH, D, F]
Rhodanus *(röm.)* .... Rhône [F]
Riduna *(röm.)* .... Alderney [GB]
Rigomagus *(kelt.)* .... Remagen [D]
Rigomagus *(kelt.)* .... Riom [F]
Rivus *(röm.)* .... Rio (Elba) [I]
Robur *(kelt.)* .... Basel [CH]
Romania *(röm.)* .... Oström. Reich
Rotomagus *(kelt.)* .... Rouen [F]
Rubi *(röm.)* .... Ruvo di Puglia [I]
Rubico *(röm.)* .... Rubikon [I]
Rura *(alteurop.)* .... Ruhr [D]
Rusellae *(etrusk.)* .... Roselle [I]
Rusicada *(phönik.)* .... Skikda [DZ]
Ruspina *(phönik.)* .... Monastir [TN]
Rutupiae *(kelt.-röm.)* .... Richborough [GB]
Sabaria *(röm.)* .... Steinamanger [H]
Sabrina *(kelt.)* .... Severn [GB]
Sabta *(arab.)* .... Ceuta [E]
Saena Iulia *(röm.)* .... Siena [I]
Sagalassos *(griech.)* .... Ağlasun [TR]
Saguntum *(röm.)* .... Sagunto [E]
Sala Colonia *(röm.)* .... Rabat [MA]
Salmantica *(röm.)* .... Salamanca [E]
Salamis *(griech.)* .... Famagusta [CY]
Salduba *(kelt.)* .... Zaragoza [E]
Saletio *(kelt.)* .... Selz [F]
Salinae *(röm.)* .... Droitwich [GB]
Salinae *(röm.)* .... Middlewich [GB]
Salodurum *(kelt.-röm.)* .... Solothurn [CH]
Salona *(röm.)* .... Solin [HR]
Salos *(kelt.)* .... Saale [D]
Saltus Castulonens. *(rö.)* ... Sierra Morena [E]
Saltus Teutoburgiens. *(r.)* Teutob. Wald [D]
Samara *(kelt.)* .... Sambre [B, F]
Samarobriva Ambionor. . Amiens [F]
Sangarius *(röm.)* .... Sakarya [TR]
Santicum *(röm.)* .... Villach [A]
Sapaudia *(röm.)* .... Savoyen [F]
Saravus *(röm.)* .... Saar [D, F]
Sardes *(griech.-röm.)* .... Sart [TR]
Sardica *(griech.)* .... Sofia [BG]
Sardo *(phönik.)* .... Sardinien [I]
Sarmia *(röm.)* .... Herm [GB]

Sarum *(alteurop.)* .... Salisbury [GB]
Sarus *(röm.)* .... Seyhan [TR]
Savaria *(röm.)* .... Steinamanger [H]
Saviniacum *(kelt.)* .... Savigny [F]
Savo *(röm.)* .... Savona [I]
Savus *(röm.)* .... Save [SI, HR, SR]
Scalabis *(röm.)* .... Santarém [P]
Scaldis *(röm.)* .... Schelde [F, B, NL]
Scandia *(röm.)* .... Skandinavien
Scarabantia *(röm.)* .... Ödenburg [H]
Scodra *(illyr.-röm.)* .... Skutari [AL]
Scupi *(röm.)* .... Skopje [MK]
Sebaste *(griech.)* .... Sebastiyah [IL]
Sebaste *(griech.)* .... Sivas [TR]
Sebastopolis *(griech.)* .... Suchumi [GE]
Sebastopolis *(griech.)* .... Sewastopol [UA]
Sedes Auriensis *(röm.)* .... Orense [E]
Sedunum *(kelt.-röm.)* .... Sitten [CH]
Segedunum *(kelt.-röm.)* .... Wallsend [GB]
Segodunum *(kelt.-röm.)* .... Rodez [F]
Segontium *(kelt.-röm.)* .... Caernarvon [GB]
Segusio *(röm.)* .... Susa [I]
Sekhetam *(altägypt.)* .... Siwa [ET]
Seleukia *(griech.)* .... Silifke [TR]
Selymbria *(thrak.-griech.)* ..... Silivri [TR]
Sena Gallica *(röm.)* .... Senigallia [I]
Sena Iulia *(röm.)* .... Siena [I]
Senos *(kelt.-röm.)* .... Shannon [EIRE]
Sentinum *(röm.)* .... Sassoferrato [I]
Septa (Septem Fratres, *r.)* Ceuta [E]
Septemiacum *(kelt.-röm.)* .... Zipplingen [D]
Septimanca *(röm.)* .... Simancas [E]
Sequana *(kelt.-röm.)* .... Seine [F]
Serdica *(röm.)* .... Sofia [BG]
Setine *(osman-türk.)* .... Athen [GR]
Sicca Veneria *(phön.-röm.)* .. Le Kef [TN]
Side *(vorröm.)* .... Selimiye [TR]
Sidon *(phönik.)* .... Saida [RL]
Sigana *(kelto-ligur.)* .... Sieg [D]
Sikelia *(phönik.-griech.)* .... Sizilien [I]
Silarus *(röm.)* .... Sele [I]
Silina *(röm.)* .... Scilly Isles [GB]
Silva Bacenis *(röm.)* .... Buchenwald [D]
Simbolon *(griech.)* .... Balaklawa [UA]
Simena *(griech.-lyk.)* .... Kekova [TR]
Sindhu *(altind.)* .... Indus [IND]
Singidunum *(kelt.)* .... Belgrad [SR]
Sinope *(griech.)* .... Sinop [TR]
Sintiacum *(kelt.-röm.)* .... Sinzig [D]
Sinus Arabicus *(röm.)* .... Rotes Meer [ET, ETH]

Sinus Ligusticus *(röm.)*	Ligur. Meer [I]
Sippar *(altbabylon.)*	Abu Habba [IRQ]
Sirmio *(röm.)*	Sirmione [I]
Siscia *(röm.)*	Sisak [HR]
Sitifis *(röm.)*	Sétif [DZ]
Skamandros *(griech.)*	Menderes [TR]
Skythopolis *(griech.)*	Beth Shean [IL]
Smyrna *(griech.)*	İzmir [TR]
Solenta *(röm.)*	Šolta [HR]
Solodurum *(kelt.)*	Solothurn [CH]
Soloi *(griech.)*	Viranşehir [TR]
Solymos *(griech.)*	Güllük Dağ [TR]
Sontius *(röm.)*	Isonzo [I, SLO]
Sopianae *(röm.)*	Pécs [H]
Sor *(phönik.)*	Sur [RL]
Sorbiodunum *(kelt.)*	Salisbury [GB]
Sorviodurum *(kelt.)*	Straubing [D]
Spalatum *(röm.)*	Split [HR]
Spinis *(kelt.-röm.)*	Speen/Newb. [GB]
Spira *(kelt.)*	Speyer [D]
Spoletium *(röm.)*	Spoleto [I]
Stabiae *(röm.)*	Castell. di Stabia [I]
Sublaqueum *(röm.)*	Subiaco [I]
Suchum-Kale *(türk.)*	Suchumi [GE]
Sucro *(röm.)*	Jucar [E]
Sudeti Montes *(röm.)*	Erzgebirge [D, CZ]
Suessa Aurunca *(röm.)*	Sessa [I]
Suessiona *(röm.)*	Soissons [F]
Sufetula *(röm.)*	Sbeïtla [TN]
Suindunum *(kelt.)*	Le Mans [F]
Sulci *(karthag.)*	Sant'Antonio [I]
Sulmo *(röm.)*	Sulmona [I]
Sumelocenna *(röm.)*	Rottenburg [D]
Summus Portus *(röm.)*	Col du Somport [F/E]
Surrentum *(röm.)*	Sorrento [I]
Susa *(karthag.)*	Sousse [TN]
Susiana *(antik)*	Chusistan [IR]
Sybaris *(griech.)*	Sibari [I]
Syene *(griech.)*	Assuan [ET]
Tabernae Rhenanae *(rö.)* ...	Rheinzabern [D]
Tabira *(arab.)*	Tavira [P]
Tacapae *(röm.)*	Gabès [TN]
Tadmor *(aram.)*	Palmyra [SYR]
Tagaste *(antik)*	Souk-Ahras [DZ]
Tagus *(röm.)*	Tajo [E]; Tejo [P]
Tamaga *(röm.)*	Tetuán [MA]
Tamara *(kelt.-röm.)*	Launceston [GB]
Tamarus *(kelt.-röm.)*	Tamar [GB]
Tamesa, Tamesis *(k.-röm.)* ..	Themse [GB]
Tamus *(kelt.-röm.)*	Tame [GB]
Tanaïs *(griech.)*	Don; Asow [RUS]
Taphros *(griech.)*	Perekop [UA]
Taras *(griech.)*	Tarent [I]
Tarchuna *(etrusk.)*	Tarquinia [I]
Tarodunum *(kelt.)*	Kirchzarten [D]
Tarquinii *(etrusk.)*	Tarquinia [I]
Tarracina *(röm.)*	Terracina [I]
Tarraco *(iber.-röm.)*	Tarragona [E]
Tarsatica *(röm.)*	Rijeka [HR]
Tarsis *(phönik.)*	Guadalquivir [E]
Tarvisium *(venet.-röm.)*	Treviso [I]
Tauris *(griech.)*	Täbris [IR]
Taurasia *(röm.)*	Turin [I]
Tauromenion *(griech.)*	Taormina [I]
Telmessos *(griech.)*	Fethiye [TR]
Telo Martius *(röm.)*	Toulon [F]
Tergeste *(röm.)*	Triest [I]
Thaenae *(röm.)*	Thyna [TN]
Thamugadi *(phönik.)*	Timgad [DZ]
Tharros *(phönik.)*	Oristano [I]
Theben *(ägypt.)*	Karnak; Luxor [ET]
Theodosia *(griech.)*	Feodosija [UA]
Theodosiopolis *(griech.)*	Erzurum [TR]
Theotmalli *(germ.)*	Detmold [D]
Thermae Himerenses *(r.)* ..	Termini Imerese [I]
Thessalonike *(griech.)*	Saloniki [GR]
Theveste *(phönik.)*	Tébessa [DZ]
Thospitis *(griech.)*	Van-See [TR]
Thuburbo Maius *(röm.)*	El Fahs [TN]
Thugga *(phönik.)*	Dougga [TN]
Thysdrus *(röm.)*	El Djem [TN]
Tiberis *(röm.)*	Tiber [I]
Tibur *(röm.)*	Tivoli [I]
Ticinum *(röm.)*	Pavia [I]
Ticinus *(röm.)*	Ticino (Tessin) [I]
Tingartia *(röm.)*	Tagdemt [DZ]
Tingis *(phönik.)*	Tanger [MA]
Tisia *(röm.)*	Theiß [RO, H, SR]
Titius *(röm.)*	Krk [HR]
Tolbiacum *(kelt.)*	Zülpich [D]
Toletum *(röm.)*	Toledo [E]
Tollan *(toltek.)*	Tula [MEX]
Tolosa *(röm.)*	Toulouse [F]
Tomoi *(griech.)*	Constanţa [RO]
Tragurion *(griech.)*	Trogir [HR]
Traiectum ad Mosam *(r.)* ..	Maastricht [NL]
Traiectum ad Rhenum *(r.)*	Utrecht [NL]
Trapezus *(griech.)*	Trabzon [TR]
Trebia *(röm.)*	Trebbia [I]
Treisama *(kelt.)*	Dreisam [D]

Tridentum *(kelt.-röm.)* .... Trient [I]
Triglyph *(griech.)* .... Gagra [GE]
Trimontium *(röm.)* .... Plovdiv [BG]
Trinacria *(griech.)* .... Sizilien [I]
Trisantona *(kelt.-röm.)* .... Arun [GB]; Trent [GB]
Troja *(griech.)* .... Truva [TR]
Trysa *(griech.)* .... Gölbaşi [TR]
Tubursicum Bure *(röm.)* .... Téboursouk [TN]
Tude *(röm.)* .... Túy [E]
Tulaitola *(arab.)* .... Toledo [E]
Tullum Leucorum *(röm.)* ... Toul [F]
Turba *(kelt.-röm.)* .... Tarbes [F]
Turicum *(kelt.-röm.)* .... Zürich [CH]
Turnacum *(kelt.-röm.)* .... Tournai [B]
Turris Libisonis *(röm.)* ...... Porto Torres [I]
Turris Nerviorum *(k.-röm.)* Tournai [B]
Tuscia *(röm.)* .... Toskana [I]
Tusculum *(röm.)* .... Frascati [I]
Tusuros *(röm.)* .... Tozeur [TN]
Tyndaris *(griech.)* .... Tindari [I]
Tynes *(phönik.)* .... Tunis [TN]
Tyras *(griech.)* ... Dnjestr [MD, UA]
Tyros *(griech.)* .... Sur [RL]
Tyrsos *(griech.)* .... Tirso [I]
Ugarit *(phönik.)* .... Tell R. Shamra [RL]
Ulpia Noviomagus *(k.-rö.)* Nimwegen [NL]
Ulpia Serdica *(röm.)* .... Sofia [BG]
Ulpia Traiana *(röm.)* .... Xanten [D]
Urbinum Hortense *(röm.)* .. Urbino [I]
Urbs Crana *(röm.)* .... Kronach [D]
Urbs Vetus *(röm.)* .... Orvieto [I]
Urentae *(röm.)* .... Orense [E]
Uru Shalim *(aramäisch)* .... Jerusalem [IL]
Utica *(röm.)* .... Utique [TN]
Utina *(röm.)* .... Udine [I]
Vaculus *(kelt.)* .... Waal [NL]
Vadum *(röm.)* .... Slavonski Brod [HR]
Vaga *(phönik.)* .... Béja [TN]
Valentia *(röm.)* .... Valence [F]
Valentia Edetanorum *(r.)* . Valencia [E]
Vallatum *(röm.)* .... Manching [D]
Vallis Poenina *(röm.)* .... Wallis [CH]
Vasconia *(röm.)* .... Baskenland [E, F]
Vasio Vocontiorum *(rö.)* .. Vaison-la-Rom. [F]

Vectis *(kelt.-röm.)* .... Isle of Wight [GB]
Vedra *(kelt.-röm.)* .... Wear [GB]
Vedunia *(kelt.)* .... Wien [A]
Veii *(etrusk.)* .... Isola Farnese [I]
Velathri *(etrusk.)* .... Volterra [I]
Velch *(etrusk.)* .... Vulci [I]
Veldidena *(kelt.-röm.)* .... Wilten [A]
Velitrae *(röm.)* .... Velletri [I]
Venta Belgarum *(k.-röm.)* ... Winchester [GB]
Venta Icenorum *(k.-röm.)* .... Caistor/Norw. [GB]
Venta Silurum *(kelt.-röm.)* ... Caerwent [GB]
Venusia *(röm.)* .... Venosa [I]
Vercellae *(röm.)* .... Vercelli [I]
Verodunum *(kelt.-röm.)* .... Verdun [F]
Verulamium *(kelt.-röm.)* .... St. Albans [GB]
Vesontio *(kelto-ligur.)* .... Besançon [F]
Vetera Castra *(röm.)* .... Xanten [D]
Vetoniana *(röm.)* .... Pfünz [D]
Viadua *(lat.)* .... Oder [D, PL]
Vicentia *(röm.)* .... Vicenza [I]
Vicus *(röm.)* .... Vigo [E]
Vicus Elbii *(röm.)* .... Viterbo [I]
Vicus Iulius *(röm.)* .... Germersheim [D]
Vicus Saravus Iulius *(r.)* ... Saarbrücken [D]
Vienna *(röm.)* .... Vienne [F]
Vindobona *(kelt.-röm.)* .... Wien [A]
Vindonissa *(kelt.-röm.)* .... Windisch [CH]
Vipiacum *(kelt.)* .... Vichy [F]
Vipitenum *(röm.)* .... Wipptal [A, I]
Viroconium *(kelt.)* .... Wroxeter [GB]
Virodunum *(kelt.)* .... Verdun [F]
Vistula *(lat.)* .... Weichsel [PL]
Vitelliacum *(kelt.-röm.)* .... Wittlich [D]
Vitodurum *(kelt.-röm.)* .... Winterthur [CH]
Volaterrae *(röm.)* .... Volterra [I]
Volsinii *(etrusk.)* .... Bolsena [I]
Vosega *(kelt.)* .... Vogesen [F]
Wisura *(idg.)* .... Weser [D]
Xanthos *(griech.)* .... Koça Çay [TR]
Xiphonia *(griech.)* .... Augusta [I]
Zagrabia *(illyr.-röm.)* .... Zagreb [HR]
Zakynthos *(griech.)* .... Sakinthos [GR]
Zankle *(griech.)* .... Messina [I]
Zara *(ital.)* .... Zadar [HR]

* * *

ALTERNATIVE NAMEN

Abbazia *(ital.)* = Opatija
Abenrå *(dän.)* = Apenrade
Abertawe *(walis.)* = Swansea
Ádige *(ital.)* = Etsch
Al Mausil *(arab.)* = Mossul
Al Mucha *(arab.)* = Mokka
Alessio *(ital.)* = Lezhë *(alb.)*
Al-Furat *(arab.)* = Euphrat
Al-Joulân *(arab.)* = Golanhöhen
Alpe di Siusi *(ital.)* = Seiser Alm
Alpes Maritimes *(frz.)* = Seealpen
Als *(dän.)* = Alsen
Alzette *(frz.)* = Alzig
Ammochostos *(grch.)* = Famagusta
Amnokgang *(kor.)* = Jalu
An Nafud *(arab.)* = Wüste Nefud
An Nasira *(arab.)* = Nazareth
Anadolu *(türk.)* = Anatolien
Ankwehonwe *(indian.)* = Mohawk
Antananarivo *(madeg.)* = Tananarive *(eh.)*
Anvers *(frz.)* = Antwerpen
Äolische Inseln = Liparische Ins.
Aomen *(chin.)* = Macao
Aontroim *(kelt.)* = Antrim
Appennini *(ital.)* = Apennin
Aralskoje More *(russ.)* = Aralsee
Arbe *(ital.)* = Rab
Arnhem *(ndl.)* = Arnheim
Arras *(frz.)* = Atrecht
Arsia *(ital.)* = Raša *(kroat.)*
Aš *(tsch.)* = Asch
Asch Scham *(arab.)* = Damaskus
Ashinabe *(indian.)* = Algonkin
Asi *(arab., türk.)* = Orontes
Atrecht *(fläm.)* = Arras
Austria *(engl.)* = Österreich
Azovskoye More *(russ.)* = Asowsch. Meer
Bàc Bô *(vietn.)* = Tonking
Bahia *(ehem.)* = São Salvador
Bahr an Nil *(arab.)* = Nil
Bahr as-Salam *(arab.)* = Tschadsee
Bahr el-Abiad *(arab.)* = Weißer Nil
Bahr el-Ahmar *(arab.)* = Rotes Meer
Bahr el-Azraq *(arab.)* = Blauer Nil
Bahr el-Miyet *(arab.)* = Totes Meer

Bahr el-Mutawassit *(ar.)* = Mittelmeer
Bahr el-Tabariye *(arab.)* = See Genezareth
Bahr Lut *(arab.)* = Totes Meer
Baile Atha Cliath *(kelt.)* = Dublin
Baiona *(bask.)* = Bayonne
Balaton *(ung.)* = Plattensee
Bâle *(frz.)* = Basel
Ballon de Guebwiller *(fr.)* = Großer Belchen
Baltic Sea *(engl.)* = Ostsee
Baltijsk *(russ.)* = Pillau
Banská Bystrica *(slowak.)* = Neusohl
Barentsovo More *(russ.)* = Barentssee
Barka *(arab.)* = Cyrenaika
Baršć *(sorb.)* = Forst
Basutoland *(ehem.)* = Lesotho
Bathurst *(engl.)* = Banju
Bavaria *(engl.)* = Bayern
Béal Feirste *(kelt.)* = Belfast
Beidan *(arab.)* = Mauren
Beijing *(chin.)* = Peking
Beit Lahm *(arab.)* = Bethlehem
Bela Crkva *(skr.)* = Weißkirchen
Belarus *(russ.)* = Weißrussland
Běła Woda *(sorb.)* = Weißwasser
Belgique *(frz.)* = Belgien
Belize *(indian.)* = Brit. Honduras
Bellinzona *(ital.)* = Belenz
Beloye More *(russ.)* = Weißes Meer
Beograd *(serb.)* = Belgrad
Berounka *(tsch.)* = Beraun
Białogard *(poln.)* = Belgard
Bienne *(frz.)* = Biel
Bílá hora *(tsch.)* = Weißer Berg
Bischkek *(kirg.)* = Frunse
Bistriţa *(rum.)* = Bestritz
Bitolj *(serb.)* = Monastir
Bóbr *(poln.)* = Bober
Bolesławiec *(poln.)* = Bunzlau
Bolzano *(ital.)* = Bozen
Borkowy *(sorb.)* = Burg
Braniewo *(poln.)* = Braunsberg
Braşov *(rum.)* = Kronstadt
Bratislava *(slowak.)* = Pressburg
Brazza *(ital.)* = Brač *(kroat.)*
Brda *(poln.)* = Brahe

Bressanone *(ital.)*	= Brixen	Ciardes *(ital.)*	= Tschars
Brno *(tsch.)*	= Brünn	Cill Mhantáin *(kelt.)*	= Wicklow
Brodnica *(poln.)*	= Strasburg	Citlaltépetl *(azt.)*	= Orizaba
Bruges *(frz.)*	= Brügge	Ciudad Trujillo *(span.)*	= Santo Domingo
Brugge *(fläm.)*	= Brügge	Cluj Napoca *(rum.)*	= Klausenburg
Brúnico *(ital.)*	= Bruneck	Coira *(ital.)*	= Chur
Bruxelles *(frz.)*	= Brüssel	Col de Saverne *(frz.)*	= Zaberner Steige
Bucureşti *(rum.)*	= Bukarest	Cologne *(engl./frz.)*	= Köln
Budyšin *(sorb.)*	= Bautzen	Colón Archipel *(span.)*	= Galápagos-Ins.
Bur Said *(arab.)*	= Port Said	Constanţa *(rum.)*	= Konstanza
Burkina Faso	= Obervolta	Constantine *(frz.)*	= Ksantina *(arab.)*
Burma *(engl.)*	= Birma	Corcaigh *(kelt.)*	= Cork
Bydgoszcz *(poln.)*	= Bromberg	Čornoje More *(russ.)*	= Schwarz. Meer
Bytom *(poln.)*	= Beuthen	Côte d'Ivoire *(frz.)*	= Elfenbeinküste
Cambrai *(frz.)*	= Kambrijk *(fläm.)*	Cres *(kroat.)*	= Cherso *(ital.)*
Çanakkale Boğazı *(türk.)*	= Dardanellen	Crna Gora *(skr.)*	= Montenegro
Candia *(ital.)*	= Heraklion	Croda Nera *(ital.)*	= Schwarze Wand
Cape Town *(engl.)*	= Kapstadt	Csorba *(ung.)*	= Hochwald
Capodistria *(ital.)*	= Koper	Cuera *(rätor.)*	= Chur
Caporetto *(ital.)*	= Kobarid *(slowen.)*	Curzola *(ital.)*	= Korčula *(kroat.)*
Čáslav *(tsch.)*	= Tschaslau	Częstochowa *(poln.)*	= Tschenstochau
Càttaro *(ital.)*	= Kotor *(skr.)*	Człuchów *(poln.)*	= Schlochau
Ceardydd *(kelt.)*	= Cardiff	Da li mu *(chin.)*	= Tarim Darya
Čechy *(tsch.)*	= Böhmen	Da Nang *(vietn.)*	= Tourane *(frz.)*
Celje *(slowen.)*	= Cilli	Dagö *(schwed.)*	= Hiiumaa *(estn.)*
Cernay *(frz.)*	= Sennheim	Dahomey *(ehem.)*	= Benin
Češi *(tsch.)*	= Tschechen	Dakota *(indian.)*	= Sioux
České Budějovice *(tsch.)*	= Budweis	Danmark *(dän.)*	= Dänemark
Český Krumlov *(tsch.)*	= Krumau	Dâr el Beïda *(arab.)*	= Casablanca
Český Těšín *(tsch.)*	= Teschen	Dascht e Kavir *(iran.)*	= Gr. Salzwüste
Ceylon *(singh.)*	= Sri Lanka	Daugava *(lett.)*	= Düna
Chalimag *(türk.)*	= Kalmücken	Daugavpils *(lett.)*	= Dünaburg
Chandax *(arab.)*	= Heraklion	Death Valley *(engl.)*	= Tal des Todes
Chang Jiang *(offiz. chin.)*	= Yangtse	Debrecen *(ung.)*	= Debrezin
Chatten *(germ.-lat.)*	= Hessen	Děčín *(tsch.)*	= Tetschen
Cheb *(tsch.)*	= Eger	Delémont *(frz.)*	= Delsberg
Chełmno *(poln.)*	= Kulm	Denali *(indian.)*	= Mt. McKinley
Cherso *(ital.)*	= Cres *(kroat.)*	Devínska Nová Ves *(slow.)*	= Theb.-Neudorf
Chios *(grch.)*	= Sakiz *(türk.)*	Dihang *(chin.)*	= Brahmaputra
Chiuma *(russ.)*	= Dagö	Dijla *(arab.)*	= Tigris
Chiusa *(ital.)*	= Klausen	Dimaschk es-Scham *(ar.)*	= Damaskus
Chomolungma *(tib.)*	= Mount Everest	Diné *(indian.)*	= Navajos
Chomutov *(tsch.)*	= Komotau	Djebel al-Tarik *(arab.)*	= Gibraltar
Chongquing *(chin.)*	= Chungking	Djebel et-Tor *(arab.)*	= Tabor
Chorzów *(poln.)*	= Königshütte	Dobbiaco *(ital.)*	= Toblach
Chośebuz *(sorb.)*	= Cottbus	Dodekanes *(grch.)*	= südl. Sporaden
Christmas-Insel *(engl.)*	= Kiritimati	Domažlice *(tsch.)*	= Taus
Chudskoye Ozero *(russ.)*	= Peipussee	Donostia *(bask.)*	= San Sebastián
Chung-kuo *(chin.)*	= China	Doornik *(fläm.)*	= Tournai
Chuquisaca *(indian.)*	= Sucre	Douro *(port.)*	= Duero *(span.)*

Heijo *(jap.)*	≒ Pjöngjang *(kor.)*	Janšojce *(sorb.)*	= Jänschwalde
Hellás *(grch.)*	= Griechenland	Jawor *(poln.)*	= Jauer
Helsingfors *(schwed.)*	= Helsinki *(finn.)*	Jekaterinburg *(russ.)*	= Swerdlowsk
Henegouwen *(fläm.)*	= Hennegau	Jeseník *(tsch.)*	= Gräfenberg
Hiiumaa *(estn.)*	= Dagö *(schwed.)*	Jezersko *(slowen.)*	= Seeland
Hispaniola *(span.)*	= Dom.Rep./Haiti	Jezioro Mamry *(poln.)*	= Mauersee
Ho-Chi-Minh-Stadt *(vietn.)*	= Saigon	Jezioro Sniardwy *(poln.)*	= Spierdingsee
Horeb *(hebr.)*	= Sinai	Jihlava *(tsch.)*	= Iglau
Hradec Králové *(tsch.)*	= Königgrätz	Jindřichův Hradec *(tsch.)*	= Neuhaus
Hrvatska *(kroat.)*	= Kroatien	Jinsha-Jiang *(chin.)*	= Jangtsekiang
Huang Hai *(chin.)*	= Gelbes Meer	Jizera *(tsch.)*	= Iser
Huang He *(chin.)*	= Gelber Fluss	Jizerské hory *(tsch.)*	= Isergebirge
Içá *(indian.)*	= Putumayo	Julianehåb *(dän.)*	= Qaqortoq *(grönl.)*
Iceland *(engl.)*	= Island	Jylland *(dän.)*	= Jütland
Idra *(grch.)*	= Hydra	Kaapstad *(afrikaans)*	= Kapstadt
Ieper *(fläm.)*	= Ypern	Kadaň *(tsch.)*	= Kaaden
Ifrikiya *(arab.)*	= Afrika	Kalawa *(sorb.)*	= Calau
Île d'Aurigny *(frz.)*	= Alderney *(engl.)*	Kalimantan *(indon.)*	= Borneo
Îles de la Société *(frz.)*	= Gesellschafts-I.	Kaliningrad *(russ.)*	= Königsberg
Îles du Diable *(frz.)*	= Teufelsinseln	Kalisz *(poln.)*	= Kalisch
Imuschag *(berb.)*	= Tuareg	Kambrijk *(fläm.)*	= Cambrai *(frz.)*
Inari *(finn.)*	= Enare *(schwed.)*	Kamjenc *(sorb.)*	= Kamenz
Inis er Gerveur *(bret.)*	= Belle Île *(frz.)*	Kamputschea *(khmer.)*	= Kambodscha
Inowrcław *(poln.)*	= Hohensalza	Kanaanäer *(phön.)*	= Phöniker
Instrutsch *(russ.)*	= Inster	Kanaka *(polyn.)*	= Polynesier
Inuit *(eskim.)*	= Eskimos	Kara Deniz *(türk.)*	= Schwarz. Meer
İpek *(türk.)*	= Peć *(skr.)*	Karadeniz Boğazı *(türk.)*	= Bosporus
Iraklion *(grch.)*	= Heraklion	Karafuto *(jap.)*	= Sachalin
Ireland *(engl.)*	= Irland	Karkonosze *(poln.)*	= Riesengebirge
Irian *(indon.)*	= Neuguinea	Karlovac *(slowen.)*	= Karlstadt
Iruña *(bask.)*	= Pamplona *(span.)*	Karlovy Vary *(tsch.)*	= Karlsbad
Isarco *(ital.)*	= Eisack	Karskoje More *(russ.)*	= Karasee
Ischorskaja Semlja *(russ.)*	= Ingermanland	Karukera *(indian.)*	= Guadelupe
Isla de Pascua *(span.)*	= Osterinsel	Kassa *(ung.)*	= Kaschau
Islas Canarias *(span.)*	= Kanarische Ins.	Katowice *(poln.)*	= Kattowitz
Islas Malvinas *(span.)*	= Falkland-Inseln	Kaunas *(lit.)*	= Kowno *(russ.)*
Ìsole Ponziane *(ital.)*	= Pontinische Ins.	Kefar Nahúm *(hebr.)*	= Kapernaum
İstanbul Boğazi *(türk.)*	= Bosporus	Kerkyra *(grch.)*	= Korfu
Istra *(kroat.)*	= Istrien	Kętrzyn *(poln.)*	= Rastenburg
Ityopya *(amh.)*	= Äthiopien	Khalïg el-'Aqaba *(arab.)*	= Golf von Akaba
Ivory Coast *(engl.)*	= Elfenbeinküste	Kıbrıs *(türk.)*	= Zypern
Izurum *(bask.)*	= San Sebastián	Kinahni *(phön.)*	≒ Karthager
Jabal ech Cheïkh *(arab.)*	= Hermongebirge	Kinnereth *(hebr.)*	= See Genezareth
Jabal Loubnân *(arab.)*	= Libanongebirge	Kiribati *(kirib.)*	= Gilbert Islands
Jablonec *(tsch.)*	= Gablonz	Kiritimati *(kirib.)*	= Weihnachts-Ins.
Jáchymov *(tsch.)*	= Joachimsthal	Klaipéda *(lit.)*	= Memel
Jaik *(tatar.)*	= Uralfluss	Klatovy *(tsch.)*	= Klattau
Jalil *(arab.)*	= Galiläa	Klinovec *(tsch.)*	= Keilberg
Jantarnyi *(russ.)*	= Palmnicken	Kłodzko *(poln.)*	= Glatz
Jasnaja Poljana *(russ.)*	= Trakehnen	Kobarid *(slowen.)*	= Karfreit

København *(dän.)*	= Kopenhagen	Lębork *(poln.)*	= Lauenburg
Kočevje *(slowen.)*	= Gottschee	Lefkas *(grch.)*	= Leukas
Kołobrzeg *(poln.)*	= Kolberg	Legnica *(poln.)*	= Liegnitz
Kolozsvár *(ung.)*	= Klausenburg	Lemesós *(grch.)*	= Limassol
Komárno *(slowak.)*	= Komárom *(ung.)*	Lenape *(indian.)*	= Delawaren
Kongo *(kong.)*	= Zaïre	Leningrad *(russ.)*	= St. Petersburg
Korčula *(kroat.)*	= Curzola *(ital.)*	Lepanto *(ital.)*	= Naupaktos *(gr.)*
Körös *(ung.)*	= Kreisch	Leszno *(poln.)*	= Lissa
Kosice *(slowak.)*	= Kaschau	Levkoşa *(türk.)*	= Nikosia *(grch.)*
Kostrzyn *(poln.)*	= Küstrin	Lewis River *(ehem.)*	= Snake River
Koszalin *(poln.)*	= Köslin	Lezhë *(alb.)*	= Alessio *(ital.)*
Kotor *(skr.)*	= Càttaro *(ital.)*	Liberec *(tsch.)*	= Reichenberg
Kovářská *(tsch.)*	= Schmiedeberg	Liège *(frz.)*	= Lüttich
Kowno *(russ.)*	= Kaunas *(lit.)*	Lietuva *(lit.)*	= Litauen
Kraków *(poln.)*	= Krakau	Lilvinov *(tsch.)*	= Leutensdorf
Kranj *(slowen.)*	= Krainburg	Limpopo *(port.)*	= Krokodilfluss
Kras *(slowen.)*	= Karst	Liqeni i Ohrit *(alb.)*	= Ohridsee
Kraslice *(tsch.)*	= Graslitz	Lisboa *(port.)*	= Lissabon
Kristiiankaupunki *(finn.)*	= Kristinestad	Lissa *(ital.)*	= Vis *(kroat.)*
Krk *(kroat.)*	= Veglia *(ital.)*	Litoměřice *(tsch.)*	= Leitmeritz
Krkonoše *(tsch.)*	= Riesengebirge	Litomyšl *(tsch.)*	= Leitomischl
Krnov *(tsch.)*	= Jägerndorf	Ljubljana *(slowen.)*	= Laibach
Krško *(slow.)*	= Gurkfeld	Loch Garman *(kelt.)*	= Wexford
Krung Thep *(thail.)*	= Bangkok	Łódź *(poln.)*	= Lodsch
Ksantina *(arab.)*	= Constantine *(fr.)*	Lorraine *(frz.)*	= Lothringen
Kuibyschew *(russ.)*	= Samara *(kirg.)*	Loubnân *(arab.)*	= Libanon
Kurskiy Zaliv *(russ.)*	= Kurisches Haff	Lourenço Marques *(port.)*	= Maputo *(suah.)*
Kuşadası *(türk.)*	= Scala nuova *(it.)*	Lualaba *(kong.)*	= Zaïre, Kongo
Kutná Hora *(tsch.)*	= Kuttenberg	Lubin *(sorb.)*	= Lüben
Kwidzyn *(poln.)*	= Marienwerder	Lubnjow *(sorb.)*	= Lübbenau
La Habana *(span.)*	= Havanna	Luik *(fläm.)*	= Lüttich
La Manche *(frz.)*	= Engl. Kanal	Lüshun *(chin.)*	= Port Arthur
Labe *(tsch.)*	= Elbe	Lutynia *(poln.)*	= Leuthen
Labské pískovce *(tsch.)*	= Elbsandstein-G.	Lužická Nisa *(tsch.)*	= Lausitzer Neiße
Lac Blanc *(frz.)*	= Weißer See	Lwow *(poln.)*	= Lemberg
Lac de Neuchâtel *(frz.)*	=˘ Neuenburg. See	Mae Nam Khong *(thail.)*	= Mekong
Lac Léman *(frz.)*	= Genfer See	Maghreb *(arab.)*	= Atlas-Länder
Ladozhskoye Ozero *(russ.)*	= Ladogasee	Maguşa *(türk.)*	= Famagusta
Lago di Carezza *(ital.)*	= Karersee	Magyarok *(ung.)*	= Magyaren
Lago di Garda *(ital.)*	= Gardasee	Magyarország *(ung.)*	= Ungarn
Lagosta *(ital.)*	= Lastovo	Makwa *(polyn.)*	= Yaren
Laighin *(kelt.)*	= Leinster	Malbork *(poln.)*	= Marienburg
Lake Superior *(engl.)*	= Oberer See	Mali i Sharit *(alb.)*	= Šar planina *(skr.)*
Langqen *(chin.)*	= Sutlej *(ind.)*	Malines *(frz.)*	= Mecheln
Lansang Jiang *(chin.)*	= Mekong	Mandara *(ind.)*	= Mauritius
Larache *(frz.)*	= El-Araïch *(arab.)*	Màntova *(ital.)*	= Mantua
Lastovo *(kroat.)*	= Lagosta	Maputo *(suah.)*	= Lourenço Marq.
Latvija *(lett.)*	= Lettland	Maramba *(afr.)*	= Livingstone
Làzio *(ital.)*	= Latium	Mare Tirreno *(ital.)*	= Tyrrhen. Meer
Le Valais *(frz.)*	= Wallis	Marea Neagră *(rum.)*	= Schwarz. Meer

Mariánské Lázné *(tsch.)*	= Marienbad	New Brunswick *(engl.)*	= Neubraunschw.
Maribor *(slowen.)*	= Marburg	Ngwane *(swas.)*	= Swaziland
Marica *(bulgar.)*	= Maritza	Nice *(frz.)*	= Nizza
Maros *(ung.)*	= Mureş	Nijmegen *(ndl.)*	= Nimwegen
Mechelen *(fläm.)*	= Mecheln	Nikopol *(grch.)*	= Nykopil *(ukr.)*
Meriç Nehri *(türk.)*	= Maritza	Nikosia *(grch.)*	= Levkoşa *(türk.)*
Meuse *(frz.)*	= Maas	Nippon *(jap.)*	= Japan
Międzychod *(poln.)*	= Birnbaum	Nishnij Nowgorod *(russ.)*	= Gorki
Milano *(ital.)*	= Mailand	Njemen *(russ.)*	= Memel
Minho *(port.)*	= Miño *(span.)*	Norge *(norw.)*	= Norwegen
Mişr *(arab.)*	= Ägypten	Noteć *(poln.)*	= Netze
Mladá Boleslav *(tsch.)*	= Jungbunzlau	Novi Pazar *(skr.)*	= Yenipazar *(türk.)*
Mogadiscio *(ital.)*	= Mogadischu	Novi Sad *(skr.)*	= Neusatz
Mohammadia *(arab.)*	= Perrégaux *(frz.)*	Novosedlice *(skr.)*	= Weißkirchlitz
Molotow *(russ.)*	= Perm	Nowy Sącz *(poln.)*	= Neusandez
Mònaco *(ital.)*	= München	Nuuk *(grönl.)*	= Godthåb *(dän.)*
Mongibello *(ital.-arab.)*	= Ätna	Nyasasee *(bant.)*	= Malawisee
Monte Cervino *(ital.)*	= Matterhorn	Nykopil *(ukr.)*	= Nikopol *(grch.)*
Monte Sciliar *(ital.)*	= Schlern	Nýřany *(tsch.)*	= Nürschan
Morat *(frz.)*	= Murten	Nysa *(poln.)*	= Neiße
Morava *(tsch.)*	= Mähren/March	Nysa Łużycka *(poln.)*	= Lausitzer Neiße
Morhreb *(arab.)*	= Marokko	Odra *(poln.)*	= Oder
Moselle *(frz.)*	= Mosel	Ohře *(tsch.)*	= Eger
Moskwa *(russ.)*	= Moskau	Ohridsko Ezero *(skr.)*	= Ohridsee
Most *(tsch.)*	= Brüx	Olomouc *(tsch.)*	= Olmütz
Moutier *(frz.)*	= Münster	Olstyn *(poln.)*	= Allenstein
Muchu *(russ.)*	= Moon	Onezhskoye Ozero *(russ.)*	= Onegasee
Muhu *(estn.)*	= Moon	Opava *(tsch.)*	= Troppau
Muleththemin *(arab.)*	= Tuareg	Opole *(poln.)*	= Oppeln
Mulhouse *(frz.)*	= Mühlhausen	Oradea *(rum.)*	= Großwardein
Mumbai *(hind.)*	= Bombay	Orlické hory *(tsch.)*	= Adlergebirge
Munich *(engl.)*	= München	Ortisei *(ital.)*	= St. Ulrich
Mureş *(rum.)*	= Maros	Ostand *(frz.)*	= Ostende
Müstair *(rätor.)*	= Münster	Ostrava *(tsch.)*	= Ostrau
Myanmar *(birm.)*	= Birma	Ostróda *(poln.)*	= Osterode
Mže *(tsch.)*	= Mies	Oświecim *(poln.)*	= Auschwitz
N'Djaména *(sud.)*	= Fort Lamy *(frz.)*	Ouahran *(arab.)*	= Oran
Nafpaktos *(grch.)*	= Lepanto *(ital.)*	Oudenaarde *(fläm.)*	= Audenarde *(frz.)*
Nafplion *(grch.)*	= Nauplia	Oulu *(finn.)*	= Uleåborg *(schw.)*
Nahr ash Shariah *(arab.)*	= Jordan	Paamiut *(grönl.)*	= Frederikshåb
Nam Hai *(vietn.)*	= Südchin. Meer	Padova *(ital.)*	= Padua
Namen *(fläm.)*	= Namur *(frz.)*	Paltijsk *(russ.)*	= Pillau
Nanjing *(chin.)*	= Nanking	Pamplona *(span.)*	= Iruña *(bask.)*
Nanzig *(dt.)*	= Nancy *(frz.)*	Paná *(tsch.)*	= Plan
Nàpoli *(ital.)*	= Neapel	Pardubice *(tsch.)*	= Pardubitz
Narenta *(ital.)*	= Neretva	Parenzo *(ital.)*	= Poreč *(kroat.)*
Naupaktos *(grch.)*	= Lepanto *(ital.)*	Pärnu *(estn.)*	= Pernau
Nazeret *(hebr.)*	= Nazareth	Pas-de-Calais *(frz.)*	= Str. v. Dover
Nei Monggu *(chin.)*	= Inn. Mongolei	Passo dello Stelvio *(ital.)*	= Stilfser Joch
Neuchâtel *(frz.)*	= Neuenburg	Peć *(skr.)*	= İpek *(türk.)*

Pécs *(ung.)* = Fünfkirchen
Peipsi-Järv *(estn.)* = Peipussee
Pejë *(alb.)* = Peć
Penghu Liedao *(chin.)* = Pescadores
Pernambuco *(ehem.)* = Recife
Perrégaux *(frz.)* = Mohammadia
Pescadores *(port.)* = Fischerinseln
Petrovaradin *(skr.)* = Peterwardein
Philippopolis *(grch.)* = Plowdiw *(bulg.)*
Phönikien, -zien *(grch.)* = Kanaan
Picnjo *(sorb.)* = Peitz
Piła *(poln.)* = Schneidemühl
Piotrków Trybunalski *(pl.)* = Petrikau
Piräefs *(grch.)* = Piräus
Pirineos *(span.)* = Pyrenäen
Piscopi *(ital.)* = Telos *(grch.)*
Pjöngjang *(kor.)* = Heijo *(jap.)*
Plitvička Jezera *(skr.)* = Plitwitzer Seen
Plowdiw *(bulg.)* = Philippopolis
Plzeň *(tsch.)* = Pilsen
Poblacht Na h'Éireann *(ir.)* = Irland
Pola *(ital.)* = Pula
Polska *(poln.)* = Polen
Poreč *(kroat.)* = Parenzo *(ital.)*
Porrentruy *(frz.)* = Pruntrut
Port Láirge *(kelt.)* = Waterford
Postojna *(slowen.)* = Adelsberg
Poznań *(poln.)* = Posen
Pozsony *(ung.)* = Pressburg
Praděd *(tsch.)* = Altvater
Praha *(tsch.)* = Prag
Pregola *(russ.)* = Pregel
Pskow *(russ.)* = Pleskau
Ptuj *(slowen.)* = Pettau
Punier *(phön.-afr.)* = Phönizier
Pyrénées *(frz.)* = Pyrenäen
Pyrzyce *(poln.)* = Pyritz
Pyskowice *(poln.)* = Peiskretscham
Qaanaaq *(grönl.)* = Thule
Qanât es-Suweis *(arab.)* = Suezkanal
Qaqortoq *(grönl.)* = Julianehåb *(dän.)*
Qingdao *(chin.)* = Tsingtau
Rába *(ung.)* = Raab
Racibórz *(poln.)* = Ratibor
Ragusa *(ital.)* = Dubrovnik *(skr.)*
Ramallah *(arab.)* = Bethel
Rapa Nui *(polyn.)* = Osterinsel
Raša *(kroat.)* = Arsia *(ital.)*
Raschid *(arab.)* = Rosette *(frz.)*
Rasenna *(etrusk.)* = Etrusker

Renaix *(frz.)* = Ronse
Reval *(ehem.)* = Tallinn
Rhin *(frz.)* = Rhein
Rhodos *(grch.)* = Rodi *(ital.)*
Ribat el-Fath *(arab.)* = Rabat
Ribe *(dän.)* = Ripen
Ribeauvillé *(frz.)* = Rappoltsweiler
Rienza *(ital.)* = Rienz
Rijeka *(kroat.)* = Fiume *(ital.)*
Rijn *(ndl.)* = Rhein
Río Grande *(span.)* = Río Bravo
Riquewihr *(frz.)* = Reichenweier
Risano *(ital.)* = Risan *(skr.)*
Rocky Mountains *(engl.)* = Felsengebirge
Rodi *(ital.)* = Rhodos *(grch.)*
Roer *(ndl.)* = Rur
Roeselare *(fläm.)* = Roulers *(frz.)*
Rogaška Slatina *(slowen.)* = Rohitsch-Sauer.
Rogožno *(poln.)* = Rogasen
Roma *(ital.)* = Rom
Romînia *(rum.)* = Rumänien
Rømø *(dän.)* = Röm
Romont *(frz.)* = Remund
Ros Comáin *(kelt.)* = Roscommon
Ros Cré *(kelt.)* = Roscrea
Rosette *(frz.)* = Raschid *(árab.)*
Rossija *(russ.)* = Russland
Rouffach *(frz.)* = Rufach
Roulers *(frz.)* = Roeselare *(fläm.)*
Rovereto *(ital.)* = Rofreit
Rovigno *(ital.)* = Rovinj *(kroat.)*
Rožňava *(slowak.)* = Rosenau
Rozvadov *(tsch.)* = Rosshaupt
Rub el-Khali *(arab.)* = Gr. Arab. Wüste
Rubicone *(ital.)* = Rubikon
Rumburk *(tsch.)* = Rumburg
Rybatschi *(russ.)* = Rossitten
Rýmařov *(tsch.)* = Römerstadt
Ryn *(poln.)* = Rhein (Ostpr.)
Saaremaa *(estn.)* = Ösel
Sacha *(türk.)* = Jakuten
Safed *(arab.)* = Zefat
Sahrâ el-Arabiya *(arab.)* = Arab. Wüste
Sahrâ el-Libiya *(arab.)* = Libysche Wüste
Sahrâ en-Nubiya *(arab.)* = Nub. Wüste
Saigon *(ehem.)* = Ho-Chi-Minh St.
Saint Louis *(frz.)* = Sankt Ludwig
Saint-Laurent *(frz.)* = St.-Lorenz-Str.
Sakartwelo *(georg.)* = Georgien
Sakiz *(türk.)* = Chios *(grch.)*

Salorno *(ital.)*	= Salurn	Silandro *(ital.)*	= Schlanders
Salto Angel *(span.)*	= Angel-Fall	Šilutė *(lit.)*	= Heydekrug
Samara *(kirg.)*	= Kuibyschew *(ru.)*	Simbabwe *(bant.)*	= Süd-Rhodesien
Sambia *(bant.)*	= No.-Rhodesien	Singine *(frz.)*	= Sense
Sameh *(sam.)*	= Lappen	Sion *(frz.)*	= Sitten
San Murezzan *(rätor.)*	= Sankt Moritz	Siracusa *(ital.)*	= Syrakus
San Sebastián *(span.)*	= Izurum *(bask.)*	Siret *(rum.)*	= Sereth
San Stefano *(ital.)*	= Yeşilköy *(türk.)*	Sisimiut *(grönl.)*	= Holsteinsborg
Sankt Helena	= Nachtigall-Insel	Sjælland *(dän.)*	= Seeland
Sansego *(ital.)*	= Susak *(kroat.)*	Šjumperk *(tsch.)*	= Mähr.-Schönbg.
Santi Quaranta *(ital.)*	= Sarandë *(alb.)*	Skadar *(skr.)*	= Skutari
Santo Domingo *(span.)*	= Haiti	Skadarsko Jezero *(skr.)*	= Skutarisee
Santorin *(ital.)*	= Thera *(grch.)*	Skåne *(schwed.)*	= Schonen
Šar planina *(skr.)*	= Mali i Sharit *(al.)*	Škocjan *(slowen.)*	= Sankt Kanzian
Sardegna *(ital.)*	= Sardinien	Skopje *(maked.)*	= Shkup *(alb.)*
Sarema *(estn.)*	= Ösel	Skoplje *(skr.)*	= Skopje
Sarentino *(ital.)*	= Sarnthein	Śląsk *(poln.)*	= Schlesien
Sarine *(frz.)*	= Saane	Slavkov u Brna *(tsch.)*	= Austerlitz
Sarre *(frz.)*	= Saar	Slavkovský les *(tsch.)*	= Kaiserwald
Sarrebourg *(frz.)*	= Saarburg	Sławno *(poln.)*	= Schlawe
Sarreguemines *(frz.)*	= Saargemünd	Slepo *(sorb.)*	= Schleife
Satu Mare *(rum.)*	= Sathmar	Sligeach *(kelt.)*	= Sligo
Saverne *(frz.)*	= Zabern	Slovensko *(slowak.)*	= Slowakei
Savinja *(slowen.)*	= Sann	Słupia *(poln.)*	= Stolpe
Savinjske Alpe *(slowen.)*	= Sanntaler Alpen	Słupsk *(poln.)*	= Stolp
Sayam *(siam.)*	= Thailand	Smederevo *(skr.)*	= Semendria
Scala nuova *(ital.)*	= Kuşadası *(türk.)*	Smolník *(slowak.)*	= Schmöllnitz
Schamo *(chin.)*	= Gobi	Sněžka *(tsch.)*	= Schneekoppe
Schis-inte *(indian.)*	= Apachen	Śniardwy *(poln.)*	= Spirdingsee
Ścinawa *(poln.)*	= Steinau/Oder	Soča *(slowen.)*	= Isonzo
Scotland *(engl.)*	= Schottland	Sokolov *(tsch.)*	= Falkenau
Sebastiyah *(arab.)*	= Shomron	Soleure *(frz.)*	= Solothurn
Sebenico *(ital.)*	= Šibenic	Somers-Islands *(engl.)*	= Bermudas
Segesvár *(ung.)*	= Schäßburg	Someş *(rum.)*	= Szamos *(ung.)*
Segl *(rätor.)*	= Sils	Sønderborg *(dän.)*	= Sonderburg
Sélestat *(frz.)*	= Schlettstadt	Song Hong *(vietn.)*	= Yuan Jiang *(chi.)*
Sempione *(ital.)*	= Simplon	Songhua *(chin.)*	= Sungari
Senales *(ital.)*	= Schnals	Sopot *(poln.)*	= Zoppot
Sercq *(frz.)*	= Sark *(engl.)*	Sopron *(ung.)*	= Ödenburg
Sewernaja Semlja *(russ.)*	= Nikolaus-II.-La.	Sorben *(slaw.)*	= Wenden
's Gravenhage *(ndl.)*	= Den Haag	Sour *(arab.)*	= Tyros
Shkodër *(alb.)*	= Skutari, -see	Soûriye *(arab.)*	= Syrien
Shkup *(alb.)*	= Skopje *(maked.)*	Spalato *(ital.)*	= Split *(kroat.)*
Shomeron *(hebr.)*	= Samaria	Spiš *(slowak.)*	= Zips
Shqipëria *(alb.)*	= Albanien	Spišské Podhradie *(slowak.)*	= Kirchdrauf
Siam *(ehem.)*	= Thailand	Split *(kroat.)*	= Spalato *(ital.)*
Sibiu *(rum.)*	= Hermannstadt	Srbija *(serb.)*	= Serbien
Sierre *(frz.)*	= Siders	Srebrna Góra *(poln.)*	= Silberberg
Sighişoara *(rum.)*	= Schäßburg	Śrem *(poln.)*	= Schrimm
Sihun *(pers.)*	= Syr Darya	Sremska Mitrovica *(skr.)*	= Mitrowitz

Sremski Karlovci *(skr.)*	= Karlowitz	Szczecin *(poln.)*	= Stettin
Sri Lanka *(singh.)*	= Ceylon	Szczecinek *(poln.)*	= Neustettin
Środa Śląska *(poln.)*	= Neumarkt	Szczodre *(poln.)*	= Sibyllenort
Stalingrad *(ehem.)*	= Wolgograd	Szczytno *(poln.)*	= Ortelsburg
Stará Boleslav *(tsch.)*	= Altbunzlau	Szeged *(ung.)*	= Szegedin
Stará Role *(tsch.)*	= Altrohlau	Szentendre *(ung.)*	= Sankt-Andrä
Stavelot *(frz.)*	= Stablo	Szepes *(ung.)*	= Zips
Stebark *(poln.)*	= Tannenberg	Szklarska Poręba *(poln.)*	= Schreiberhau
Strakonice *(tsch.)*	= Strakonitz	Szombathely *(ung.)*	= Steinamanger
Strasbourg *(frz.)*	= Straßburg	Szováta *(ung.)*	= Sovata
Štrba *(tsch.)*	= Hochwald	Szprotawa *(poln.)*	= Sprottau
Štrbské Pleso *(tsch.)*	= Tschirmersee	Sztum *(poln.)*	= Stuhm
Střela *(tsch.)*	= Schnella	Tachov *(tsch.)*	= Tachau
Stretto di Messina *(ital.)*	= Str. v. Messina	Tagalog *(malai.)*	= Philippinen
Stříbro *(tsch.)*	= Mies	Taibei *(chin.)*	= Taipeh
Subotica *(skr.)*	= M. Theresiopel	Taiwan *(chin.)*	= Formosa *(span.)*
Suisse *(frz.)*	= Schweiz	Tallinn *(estn.)*	= Reval *(ehem.)*
Sulawesi *(indon.)*	= Celebes	Tammerfors *(schwed.)*	= Tampere *(finn.)*
Sulechów *(poln.)*	= Züllichau	Tananarive *(ehem.)*	= Antananarivo
Sulęcin *(poln.)*	= Zielenzig	Tanja *(arab.)*	= Tanger
Sultanabad *(arab.)*	= Arak	Tarabulus ash-Sham *(ar.)*	= Tripoli
Sumatera *(indon.)*	= Sumatra	Tarabulus el-Gharb *(arab.)*	= Tripolis
Šumava *(tsch.)*	= Böhmerwald	Taranto *(ital.)*	= Tarent
Suomi *(finn.)*	= Finnland	Tarnowskie Góry *(poln.)*	= Tarnowitz
Sûre *(frz.)*	= Sauer	Tartu *(estn.)*	= Dorpat
Surinam	= Ndl. Guayana	Tarvisio *(ital.)*	= Tarvis
Susa *(ital.)*	= Sousse	Taurage *(lit.)*	= Tauroggen
Susak *(kroat.)*	= Sansego *(ital.)*	Tavau *(rätor.)*	= Davos
Sušice *(tsch.)*	= Schüttenhofen	Tbilisi *(georg.)*	= Tiflis
Sutlej *(ind.)*	= Langqen *(chin.)*	Tczew *(poln.)*	= Dirschau
Suwannee *(indian.)*	= Swanee River	Tejo *(port.)*	= Tajo *(span.)*
Suze *(frz.)*	= Schüss	Telč *(tsch.)*	= Teltsch
Svalbard *(norw.)*	= Spitzbergen	Telos *(grch.)*	= Piscopi *(ital.)*
Sveaborg *(schwed.)*	= Suomenlinna	Temesvár *(ung.)*	= Temeschburg
Sverige *(schwed.)*	= Schweden	Tenerife *(span.)*	= Teneriffa
Svitavy *(tsch.)*	= Zwittau	Tenojoki *(finn.)*	= Tana
Svratka *(tsch.)*	= Schwarzawa	Teplá *(tsch.)*	= Tepl
Swerdlowsk *(russ.)*	= Jekaterinburg	Teplice *(tsch.)*	= Teplitz
Świdnica *(poln.)*	= Schweidnitz	Terezín *(tsch.)*	= Theresienstadt
Świdwin *(poln.)*	= Schivelbein	Termeno *(ital.)*	= Tramin
Świebodzice *(poln.)*	= Freiburg	Tevere *(ital.)*	= Tiber
Świebodzin *(poln.)*	= Schwiebus	Tgesa da Sett *(rätor.)*	= Septimer
Świeradów Zdrój *(poln.)*	= Flinsberg	Thames *(engl.)*	= Themse
Święta Lipka *(poln.)*	= Heiligelinde	Thebai *(grch.)*	= Theben
Świnoujście *(poln.)*	= Swinemünde	Thera *(grch.)*	= Santorin *(ital.)*
Syców *(poln.)*	= Gr. Wartenberg	Thessaloniki *(grch.)*	= Saloniki
Szamos *(ung.)*	= Someş *(rum.)*	Thionville *(frz.)*	= Diedenhofen
Szatmár-Németi *(ung.)*	= Sathmar	Thrake *(grch.)*	= Thrakien
Szczawienko *(poln.)*	= Nied. Salzbrunn	Tianjin *(chin.)*	= Tientsin
Szczawno Zdrój *(poln.)*	= Bad Salzbrunn	Ticino *(ital.)*	= Tessin

Tierra del Fuego *(span.)*	= Feuerland	Uludağ *(türk.)*	= Olymp
Timiş *(rum.)*	= Temes	Úpa *(tsch.)*	= Aupa
Timişoara *(rum.)*	= Temeschburg	Urartu *(akkad.)*	= Ararat
Tiobraid Arann *(kelt.)*	= Tipperary	Urdunniya *(arab.)*	= Jordanien
Tiranë *(alb.)*	= Tirana	Üsküb *(türk.)*	= Skopje
Tîrgu Mureş *(rum.)*	= Neumarkt	Úštěk *(tsch.)*	= Auscha
Tirlemont *(frz.)*	= Tienen	Ustka *(poln.)*	= Stolpmünde
Tisa *(rum.)*	= Theiß	Váh *(slowak.)*	= Waag
Tisza *(ung.)*	= Theiß	Val d'Aosta *(ital.)*	= Aostatal
Toce *(ital.)*	= Tosa	Val d'Ultimo *(ital.)*	= Ultental
Tolkmicko *(poln.)*	= Tolkemit	Val Pusteria *(ital.)*	= Pustertal
Tombouctou *(frz.)*	= Timbuktu	Val Saint-Imier *(frz.)*	= Sankt Immertal
Tønder *(dän.)*	= Tondern	Val Venosta *(ital.)*	= Vintschgau
Tonga *(polyn.)*	= Freundsch.-Ins.	Valais *(frz.)*	= Wallis
Tongres *(frz.)*	= Tongern	Valle Sarentina *(ital.)*	= Sarntal
Torino *(ital.)*	= Turin	Valona *(ital.)*	= Vlorë *(alb.)*
Toros *(türk.)*	= Taurus	Valtellina *(ital.)*	= Veltlin
Toruń *(poln.)*	= Thorn	Van Gölü *(türk.)*	= Vansee
Tourane *(frz.)*	= Da Nang *(vietn.)*	Vanuatu *(melan.)*	= Neue Hebriden
Toužim *(tsch.)*	= Theusing	Varanasi *(ind.)*	= Benares
Transhimalaya	= Hedin-Gebirge	Vasvár *(ung.)*	= Eisenburg
Transsilvania *(rum.)*	= Siebenbürgen	Vaud *(frz.)*	= Waadt
Traù *(ital.)*	= Trogir *(kroat.)*	Veglia *(ital.)*	= Krk *(kroat.)*
Trbovlje *(slowen.)*	= Trifail	Venèzia *(ital.)*	= Venedig
Třebíč *(tsch.)*	= Trebitsch	Veszprém *(ung.)*	= Weißbrunn
Trenčin *(tsch.)*	= Trentschin	Veurne *(fläm.)*	= Furnes *(frz.)*
Trentino-Alto Adige *(ital.)*	= Trentino-Südtir.	Viborg *(schwed.)*	= Wyborg
Trento *(ital.)*	= Trient	Viège *(frz.)*	= Vispa
Tricorno *(ital.)*	= Triglav	Viipuri *(finn.)*	= Wyborg
Trieste *(ital.)*	= Triest	Vilnius *(lit.)*	= Wilna
Třinec *(tsch.)*	= Trzynietz	Vimperk *(tsch.)*	= Winterberg
Trnava *(slowak.)*	= Tyrnau	Vipiteno *(ital.)*	= Sterzing
Trogir *(kroat.)*	= Traù *(ital.)*	Vis *(kroat.)*	= Lissa *(ital.)*
Trst *(slowen.)*	= Triest	Vizcaya *(span.)*	= Biskaya
Trzcianka *(poln.)*	= Schönlanke	Vlorë *(alb.)*	= Valona *(ital.)*
Trzcińsko Zdrój *(poln.)*	= Schönfließ	Vltava *(tsch.)*	= Moldau
Trzebiatów *(poln.)*	= Treptow/Rega	Vosges *(frz.)*	= Vogesen
Trzebnica *(poln.)*	= Trebnitz	Vršac *(skr.)*	= Werschetz
Tsangpo *(chin.)*	= Brahmaputra	Vyšší Brod *(tsch.)*	= Hohenfurth
Tschernjachowsk *(russ.)*	= Insterburg	Wągrowiec *(poln.)*	= Wongrowitz
Tubre *(ital.)*	= Taufers	Wałbrzych *(poln.)*	= Waldenburg
Tulach Mór *(kelt.)*	= Tullamore	Warmia *(poln.)*	= Ermland
Turda *(rum.)*	= Thorenburg	Warszawa *(poln.)*	= Warschau
Tuvalu *(tuval.)*	= Ellice-Inseln	Warta *(poln.)*	= Warthe
Tychy *(poln.)*	= Tichau	Western Isles *(engl.)*	= Hebriden
Ujung Pandang *(ind.)*	= Makassar	Wětošów *(sorb.)*	= Vetschau
Ulaan Baatar *(mong.)*	= Ulan Bator	Wisła *(poln.)*	= Weichsel
Ulaidh *(kelt.)*	= Ulster	Wiślany Zalew *(poln.)*	= Frisches Haff
Ulcinj *(skr.)*	= Dulcigno *(ital.)*	Wissembourg *(frz.)*	= Weißenburg
Uleåborg *(schwed.)*	= Oulu *(finn.)*	Wojerecy *(sorb.)*	= Hoyerswerda

Wolgograd *(russ.)*	= Stalingrad	Žamberk *(tsch.)*	= Senftenberg
Wołów *(poln.)*	= Wohlau	Zara *(ital.)*	= Zadar *(kroat.)*
Wrocław *(poln.)*	= Breslau	Zaravecchia *(ital.)*	= Biograd
Września *(poln.)*	= Wreschen	Zary *(poln.)*	= Sorau
Würmsee	= Starnberger See	Zeebrugge *(fläm.)*	= Seebrügge
Wusuli Jiang *(chin.)*	= Ussuri	Zeeland *(ndl.)*	= Seeland
Xianggang *(chin.)*	= Hongkong	Zefat *(hebr.)*	= Safed
Xinjiang *(chin.)*	= Sinkiang	Železná Ruda *(tsch.)*	= Markt Eisenst.
Xizang *(chin.)*	= Tibet	Zgorzelec *(poln.)*	= Görlitz
Xolotlán-See *(azt.)*	= Managua-See	Zhayya *(kasach.)*	= Ural
Yafo *(hebr.)*	= Jaffa	Zidani Most *(slowen.)*	= Steinbrück
Yam Hamelah *(hebr.)*	= Totes Meer	Židlichovice *(tsch.)*	= Großseelowitz
Yam Kinneret *(hebr.)*	= See Genezareth	Ziębice *(poln.)*	= Münsterberg
Yehuda *(hebr.)*	= Judäa	Zielona Góra *(poln.)*	= Grünberg
Yerushalayim *(hebr.)*	= Jerusalem	Žilina *(slowak.)*	= Sillein
Yeşilırmak *(türk.)*	= Iris	Zimna Wódka *(poln.)*	= Kaltwasser
Yeşilköy *(türk.)*	= San Stefano *(it.)*	Zlatá Koruna *(tsch.)*	= Goldenkron
Ypres *(frz.)*	= Ypern	Zlaté Hory *(tsch.)*	= Zuckmantel
Yuan Jiang *(vietn.)*	= Roter Fluss	Złocieniec *(poln.)*	= Falkenburg
Yverdon *(frz.)*	= Iferten	Złotoryja *(poln.)*	= Goldberg
Zabkowice Śląskie *(poln.)*	= Frankenstein	Złotów *(poln.)*	= Flatow
Zabrże *(poln.)*	= Hindenburg	Znamensk *(russ.)*	= Wehlau
Zadar *(kroat.)*	= Zara *(ital.)*	Znojmo *(tsch.)*	= Znaim
Zaïre *(kong.)*	= Kongo	Zsolna *(ung.)*	= Sillein
Zákupy *(poln.)*	= Reichstadt	Zuider Zee *(ehem.)*	= Ijsselmeer

* * *

KLEINES VERGLEICHENDES WÖRTERBUCH

mit häufigen etymologischen Komponenten geographischer Namen aus 31 Sprachen

Hebräisch, Arabisch, Persisch, Griechisch, Lateinisch, Italienisch, Spanisch, Katalanisch, Portugiesisch, Französisch, Rumänisch, Irisch-Keltisch, Schottisch-Gälisch, Englisch, Niederländisch, Dänisch, Isländisch, Norwegisch, Schwedisch, Finnisch, Ungarisch, Russisch, Bulgarisch, Polnisch, Tschechisch, Slowenisch, Kroatisch, Türkisch, Chinesisch, Indonesisch und Japanisch

Deutsch	Hebräisch	Arabisch	Persisch	Griechisch
1 **a l t**	jaschán	qadím	kohne	palaiós
2 **B e r g**	har	djábal/djebel	kuh	óros
3 **b l a u**	kachól	ázraq	abi	glaukós
4 **B r ü c k e**	gésher	qántara	pol	géphyra
5 **B u r g**	mivtsár	qasr	gal'e	akrópolis
6 **D o r f**	kefár	qárja	deh	kóme
7 **E b e n e**	chof	sachl	dascht	plátos
8 **F e l d**	sadé	haql	kescht-sar	argós
9 **F l u s s**	náchar	nachr	rud-chane	potamós
10 **F r e m d e r**	zar	adjnábi	charedji	ksénos
11 **F r i e d e n**	schalóm	salám	solh	eirene
12 **F u r t**	ma'avár	machádda	obure rud	póros
13 **G a r t e n**	gan	hadíqa	barh	kêpos
14 **g e l b**	tsahóv	ásfar	sard	xanthós
15 **G e l d**	késef	nuqúd	pul	árgyros
16 **G i p f e l**	pisgá	qímma	rholle	koryphé
17 **g o l d e n**	zahuv	dáhabi	talaji	chrysoûs
18 **G r e n z e**	gevul	hadd	mars	hóros
19 **g r o ß**	gadól	kabír	bosorg	mégas
20 **g r ü n**	jarók	áchdar	sabs	chlorós
21 **H a f e n**	namél	miná	bandar	hórmos
22 **H a u s**	bájit	bait	cháne	oîkos
23 **H i m m e l**	shamájim	samá	asman	ouranós
24 **h o c h**	gavohá	chálin	boland	hypselós
25 **H ü g e l**	tel	tall/kúdia	tappe	lóphos
26 **I n s e l**	i	jazíra	djasire	nêsos
27 **k l e i n**	katán	sarír	kutschak	mikrós
28 **K ü s t e**	chof	scháti'	sahel	paralía
29 **L a n d**	jabaschá	barr	choschki	gê
30 **M a r k t**	schuk	suq	basar	agorá
31 **M e e r**	jam	bachr	darja	thálatta
32 **M ü n d u n g**	pe	sábba	kerane rud	stóma
33 **n e u**	chadásch	djadíd	nou	néos
34 **r o t**	adóm	áchmar	rhermes	erythrós
35 **s c h w a r z**	shachór	áswad	sijah	mélas
36 **S e e**	ágam	buhaíra	darja-tsche	límne
37 **s i l b e r n**	kasof	fíddi	norhre'i	argyroûs
38 **S t a d t**	ir	madína	schahr	pólis
39 **S u m p f**	bitsá	qásab	mordab	hélos
40 **T a l**	émek	wádin	darre	nápe
41 **t i e f**	amók	chamíq	amirh	bathýs
42 **U f e r**	gadá	díffa	kenare rud	óchthe
43 **V o l k**	leóm	scha'b	mellat	dêmos
44 **W a l d**	já'ar	rába	rhangal	hýle
45 **W e g**	dérech	darb	rah	hodós
46 **w e i ß**	laván	ábiad	sefid	leukós
47 **W i e s e**	kar	mardj	tschaman	leimón
48 **W i n d**	rúach	rich	bad	ánemos
49 **W ü s t e**	midbar	sachrá'	kawir/sahra	eremía

	Lateinisch	Italienisch	Spanisch	Katalanisch	Portugiesisch
1	antiquus/vetus	vecchio	viejo	vell	velho
2	mons	monte	monte	muntanya	monte
3	caeruleus	blu	azul	blau	azul
4	pons	ponte	puente	pont	ponte
5	arx/astra	castello	castillo	castell	castelo
6	vicus	villagio	aldea	poble	aldeia
7	planities	pianura	plano	plana	planície
8	campus	campo	campo	camp	campo
9	fluvius	fiume	río	riu	rio
10	peregrinus	straniero	extranjero	estranger	estrangeiro
11	pax, pacis	pace	paz	pau	paz
12	vadum	guado	vado	passatge	passagem
13	hortus	orto	huerto	jardi	horta
14	flavus	giallo	amarillo	groc	amarelo
15	pecunia	soldi	dinero/plata	diners	dinheiro
16	cacumen	vetta	cumbre	cim	pico
17	aureus	d'oro	de oro/dorado	d'or	de ouro
18	limes	frontiera	frontera	frontera	fronteira
19	magnus	grande	grande	gran	grande
20	viridis	verde	verde	verd	verde
21	portus	porto	puerto	port	porto
22	domus	casa	casa	casa	casa
23	caelum	cielo	cielo	cel	céu
24	altus	alto	alto	alt	alto
25	collis	collina	colina	puig	colina
26	insula	isola	isla	illa	ilha
27	parvus	piccolo	pequeño	petit	pequeno
28	litus/ora	costa/riviera	costa	costa	costa
29	terra	terreno	tierra	terra	terra
30	forum	mercato	mercado	mercat	mercado
31	mare	mare	mar	mar	mar
32	os/ostium	sbocco	boca	desembocadura	foz/boca
33	novus	nuovo	nuevo	nounovo	novo
34	ruber	rosso	rojo	roig	vermelho
35	niger	nero	negro	negre	preto
36	lacus	lago	lago	llac	lago
37	argenteus	d'argento	plateado	de plata	de prata
38	urbs	città	ciudad	ciutat	cidade
39	palus	fango	pantano	aiguamoll	pântano
40	vallis	valle	valle	vall	vale
41	profundus	profondo	bajo	profund	baixo
42	ripa	sponda	ribera	riba	margem
43	populus	pòpolo	pueblo	poble	povo
44	silva	bosco	selva	selva	bosque
45	via	strada/via	camino	cami	caminho
46	albus	bianco	blanco	blanc	branco
47	pratum	prato	prado	prat	prado
48	ventus	vento	viento	vent	vento
49	deserta	deserto	desierto	desert	deserto

Deutsch	Französisch	Rumänisch	Irisch-Kelt.	Schott.-Kelt.
1	alt	vieux	vechi	sean	sean
2	Berg	mont	munte	sliabh	beinn (ben)
3	blau	bleu	albastru	gorm	gorm
4	Brücke	pont	punte	droichead	drochaid
5	Burg	château	castel	caisleán	caisteal/dùn
6	Dorf	village	sat	sráidbhaile	baile-beag
7	Ebene	plaine	plan	machaire	machair
8	Feld	champ	cîmp	gort	achadh
9	Fluss	rivière	rîu	abhainn	abhainn
10	Fremder	étranger	străin	coimhthíoch	coigreach
11	Frieden	paix	pace	síocháin	sìth
12	Furt	gué	vad	áth	àth
13	Garten	jardin	grădină	gairdin	lios
14	gelb	jaune	galben	buí	buidhe
15	Geld	argent	bani	airgead	airgead
16	Gipfel	pic	vîrf	binn	binnean
17	golden	d'or	auriu	órga	òrach
18	Grenze	frontière	frontieră	críoch	crìoch
19	groß	grand	mare	mór	mòr
20	grün	vert	verde	uaine	uaine
21	Hafen	port	port	port/cuan	port/cala
22	Haus	maison	casă	teach	taigh
23	Himmel	ciel	cer	neamh/spéir	nèamh/adhar
24	hoch	haut	înalt	ard	àrd
25	Hügel	colline	deal	cnoc	cnoc
26	Insel	île	insulă	oileán/inis	eilean/innis
27	klein	petit	mic	beag/mion	beag/mion
28	Küste	côte	coastă	cósta	costa/oirthir
29	Land	terre	ţară	talamh/tir	tir
30	Markt	marché	tîrg	margadh	margadh
31	Meer	mer	mare	muir	muir
32	Mündung	bouche	gură	inbhear	inbhir (inver)
33	neu	neuf	nou	nua	nuadh
34	rot	rouge	roşu	dearg/rua	dearg/ruadh
35	schwarz	noir	negru	dubh	dubh
36	See	lac	lac	loch/linn	loch/linn
37	silbern	d'argent	argint	airgid	airgead
38	Stadt	ville	oraş	baile/cathair	baile/cathair
39	Sumpf	marais	mlaştină	corcach	boglagh/fèith
40	Tal	vallée	vale	gleann (glen)	gleann (glen)
41	tief	bas	adînc	domhain	domhainn
42	Ufer	rive	mal	bruach	bruach
43	Volk	peuple	popor	pobal	poball
44	Wald	bois	pădure	coill	coille
45	Weg	chemin	drum	slí/bealach	slighe
46	weiß	blanc	alb	bán	bàn
47	Wiese	pré/prairie	livadă	móinéar	lòn
48	Wind	vent	vînt	gaoth	gaoth
49	Wüste	désert	deşert	fásach	fàsach

	Englisch	Niederländ.	Dänisch	Isländisch	Norwegisch
1	old	oud	gammel	gamall	gammel
2	mountain	berg	bjerg	fjall	berg/fjell
3	blue	blauw	blå	blár	blå
4	bridge	brug	bro	brú	bro
5	castle	burcht	borg	kastali	borg
6	village, thorp	dorp	landsby	þorp	landsby
7	plain	vlakte	slette	slétta	slette
8	field	veld	felt	akur	jorde
9	river	rivier	flod	fljót	elv
10	stranger	vreemdeling	fremmed	útlendingur	fremmed mann
11	peace	vrede	fred	friður	fred
12	ford	voorde	vadested	vað	vadested
13	garden	tuin	have	garður	hage
14	yellow	geel	gul	gulur	gul
15	money	geld	penge	peningar	penger
16	peak	top	top	tindur	topp
17	golden	gouden	guld	gullinn	av gull
18	border	grens	grænse	landamæri	grense
19	big/large	groot	stor	stór	stor
20	green	groen	grøn	græn	grønn
21	port/harbour	haven	havn	höfn	havn
22	house	huis	hus	hús	hus
23	sky	hemel	himmel	himinn	himmel
24	high	hoog	høj	hár	høy
25	hill	heuvel	høj/bakke	hóll/hæð	haug/bakke
26	island	eiland	ø	eyja	øy
27	small/little	klein	lille	lítill	liten
28	coast	kust	kyst	strönd	kyst
29	land/country	land	land	land	land
30	market	markt	marked	markaður	torg
31	sea	zee	hav	haf	hav
32	mouth	monding	munding	mynni	munning
33	new	nieuw	ny	nýr	ny
34	red	root	rød	rauður	rød
35	black	zwart	sort	svartur	svart
36	lake	meer	sø	stöðuvatn	sjø
37	silver	zilveren	af sølv	silfur	av sølv
38	town/city	stad	by	borg	by
39	swamp	moeras	sump	mýri/fen	sump
40	valley	dal	dal	dalur	dal
41	deep	diep	dyb	djúpur	dyp
42	bank	oever	bred	bakki	bredd
43	people	volk	folk	þjóð	folk
44	wood	woud	skov	skógur	skog
45	way	weg	vej	vegur	vei
46	white	wit	hvid	hvítur	hvit
47	meadow	wei(de)	eng	engi	eng
48	wind	wind	vind	vindur	vind
49	desert	woestijn	ørken	eyðimörk	ørken

Deutsch	Schwedisch	Finnisch	Ungarisch	Russisch
1 alt	gammal	vanha	régi	stárij
2 Berg	berg	vuori	hegy	gará
3 blau	blå	sininen	kék	ßíni
4 Brücke	bro	komentosilta	hid	moßt
5 Burg	borg	linna	vár	sámak
6 Dorf	by	kylä	falu	dirjéwnja
7 Ebene	plan	tasanko	sikság	rawnína
8 Feld	fält	pelto	mező	pólje
9 Fluss	älv	joki	folyó	riká
10 Fremder	främling	vieras	idegen	ulschesémez
11 Frieden	fred	rauha	béke	mir
12 Furt	vad	kahlaamo	átmenet	pirjechód
13 Garten	trädgård	puutarha	kert	sad
14 gelb	gul	keltainen	sárga	schólty
15 Geld	pengar	raha	pénz	dénij
16 Gipfel	topp	huippu	csúcs	werschína
17 golden	av guld	kultainen	arany	salatój
18 Grenze	gräns	raja	határ	graníza
19 groß	stor	suuri	nagy	balschój
20 grün	grön	vihreä	zőld	siljóny
21 Hafen	hamn	satama	kikötő	gáwan
22 Haus	hus	talo	ház	dom
23 Himmel	himmel	taivas	ég	njéba
24 hoch	hög	korkea	magas	wysóki
25 Hügel	kulle	mäki	domb	cholm
26 Insel	ö	saari	sziget	óßtraw
27 klein	liten	pieni	kis	málinki
28 Küste	kust	rannikko	tengerpart	marskój béreg
29 Land	land	maa	szárazföld	semliá
30 Markt	torg	tori	piac	rýnak
31 Meer	hav	meri	tenger	mórje
32 Mündung	mynning	suu	torkolat	úßtje
33 neu	ny	uusi	új	nówij
34 rot	röd	punainen	piros	krásny
35 schwarz	svart	musta	fekete	tschórny
36 See	insjö	järvi	tó	ósero
37 silbern	silver	hopeinen	ezüst	serébrjannij
38 Stadt	stad	kaupunki	város	górad
39 Sumpf	kärr	suo	mocsár	balóto
40 Tal	dal	laakso	völgy	dalína
41 tief	djup	syvä	mély	glubóky
42 Ufer	strand	ranta	part	béreg
43 Volk	folk	kansa	nép	naród
44 Wald	skog	metsä	erdő	ljes
45 Weg	väg	tie	út	daróga
46 weiß	vit	valkoinen	fehér	bjély
47 Wiese	äng	niitty	rét	lug
48 Wind	vind	tuuli	szél	wjétir
49 Wüste	öken	autiomaa	sivatag	pustínja

	Polnisch	Tschechisch	Slowenisch	Kroatisch	Bulgarisch
1	stary	starý	stàr	star	star
2	góra	hora	gôra	gora	planiná
3	niebieski	modrý	móder	modar	sin
4	most	most	móst	most	most
5	zamek/gród	hrad	grád	zamak/grad	zámek
6	wies	vesnice	vás	selo	sélo
7	równina	rovina	ravnína	ravnina	ʀawniná
8	pole	póle	pólje	polje	polé
9	rzeka	řeka	réka	rijeka	reká
10	obcy	cizinec	tújec	stranac	tschuschdenéz
11	pokój	mír/pokoj	mír	mir	mir
12	bród	brod	bród	gaz	brod
13	ogród	zahrada	vŕt	vrt	gradína
14	żółty	žlutý	rumèn	žut	jelt
15	pieniądz	peníze	denár	novac	parí
16	szczyt	vrchol	vŕh	vrh	wréch
17	złoty	zlatý	zlát	zlatan	zláten
18	granica	hranice	mêja	granica	gróniza
19	wielki	veliký	vêlik	velik	goliám/welík
20	zielony	zelený	zelèn	zelen	zelén
21	port	přístav	lúka	luka	pristánischte
22	dom	dům	dóm	kuća	késchta
23	niebo	nebe	nebó	nebo	nebé
24	wysoki	vysoký	visòk	visok	wisók
25	pagórek	pahorek	gríč	brijeg	chelm
26	wyspa	ostrov/refýž	ôtok	otok	óstrow
27	mayły	malý	máli	mali	málek
28	wybrzeże	pobřeží	obála	morska obala	brjag
29	kraj/ląd	země	zêmlja	zemlja	straná
30	targ	trh	tŕg	tržnica/tržište	pazár
31	morze	moře	mórje	more	moré
32	ujście	ústí	ústje	ušće	ústie
33	nowy	nový	nòv	nov	now
34	czerwony	červený	rdèč	crven	tscherwén
35	czarny	černý	čŕn	crn	tschéren
36	jezioro	jezerní	jézero	jezero	ésero
37	srebrny	stříbrný	srebŕn	srebrn	srébren
38	miasto	město	mésto	grad	grad
39	bagno	bažina	močvírje	blato	bláto
40	dolina	údoli	dolína	dolina	doliná
41	głęboki	hluboký	globòk	dubok	delbók
42	brzeg	břeh	brég	obala	brjág
43	naród	národ	národ	narod	naród
44	las	les	gòzd	šuma	gorá
45	droga	cesta	pót	put	pet
46	biały	bílý	bél	bijel	bjal
47	łąka	louka	trávnik	livada	liwáda
48	wiatr	vitr	véter	vjetar	wjáter
49	pustynia	poušť	puščáva	pustinja	pustínja

	Deutsch	Türkisch	Chinesisch	Indonesisch	Japanisch
1	**a l t**	eski	jiùde	tua	furúi
2	**B e r g**	dağ	shan	gunung	yamá
3	**b l a u**	mavi	lán-sè	biru	aói
4	**B r ü c k e**	köprü	qiáo	jembatan	hashí
5	**B u r g**	hisar/kale	bao-lei	puri	shiró
6	**D o r f**	köy	cun-zhuang	desa/dusun	murá
7	**E b e n e**	ova	di-qu	dataran	heiyá
8	**F e l d**	tarla	hua-yuan	ladang	no
9	**F l u s s**	ırmak	hé, kiang	sungai/kali	kawá
10	**F r e m d e r**	ecnebi	wàidìrén	orang asing	gaijín
11	**F r i e d e n**	sulh	hépíng	perdamaian	heiwá
12	**F u r t**	geçit yeri	heng-dau	arung-arungan	asáse
13	**G a r t e n**	bahçe	huayuán	kebun	niwá
14	**g e l b**	sarı	huang-sè	kuning	kiiró no
15	**G e l d**	para	qián	uang	kané
16	**G i p f e l**	zirve	feng	puncak	itadáki
17	**g o l d e n**	altın	jìnde	dari emas	kin
18	**G r e n z e**	sınır	bianjiè	batas	kokkyo
19	**g r o ß**	büyük	dà	besar	okíi
20	**g r ü n**	jeşil	lü-sè	hijau	mídori no
21	**H a f e n**	liman	gang-kou	pelabuhan	minató/tsu
22	**H a u s**	ev	fáng-wu	rumah	ié
23	**H i m m e l**	cennet/gök	kao/tian	langit/surga	sóra/ten
24	**h o c h**	yüksek	gao	tinggi	takái
25	**H ü g e l**	hüyük/tepe	sha-tan	bukit	koyáma
26	**I n s e l**	ada	dao-yu	pulau	shimá
27	**k l e i n**	küçük	xiao	kecil	chíisai
28	**K ü s t e**	sahil	hai'àn	pantai	kaigán
29	**L a n d**	ülke/kara	lùdì	lahan	kuní
30	**M a r k t**	pazar	shi-chang	pasar	íchiba
31	**M e e r**	deniz	hai	laut	umi
32	**M ü n d u n g**	ağız	kou	muara sungai	kako
33	**n e u**	yeni	xinde	baru	atarashii
34	**r o t**	kızıl	hóng-sè	merah	akái
35	**s c h w a r z**	kara	hei-sè	hitam	kurói
36	**S e e**	göl	hú	danau	mizuúmi
37	**s i l b e r n**	gümüş	yínzhìde	perak	gin no
38	**S t a d t**	şehir	chéng-shì	kota	tóshi/tokái
39	**S u m p f**	bataklık	zhaozé	rawa-rawa	numá
40	**T a l**	dere, vâdi	chan-gu	lembah	taní
41	**t i e f**	derin	di	dalam	fukái
42	**U f e r**	kenar	àn	tepi	kishí
43	**V o l k**	ulus	rénmín	bangsa	kokumín
44	**W a l d**	orman	guan-yuan	hutan	morí
45	**W e g**	yol	lù	jalan	michí
46	**w e i ß**	ak	bái-sè	putih	shirói
47	**W i e s e**	çimenlık	caodì	padang rumput	bokusóchi
48	**W i n d**	rüzgâr	feng	angin	kazé
49	**W ü s t e**	čöl	shamò	gurun pasir	sabáku

LÄNDERKENNZEICHEN

Kürzel — Staaten

A	– Österreich	EST	– Estland	LT	– Litauen	RP	– Philippinen
ADN	– Aden/Jemen	ET	– Ägypten	LV	– Lettland	RSM	– San Marino
AFG	– Afghanistan	F	– Frankreich	M	– Malta	RUS	– Russ. Föderation
AJ	– Aserbaidschan	FIN	– Finnland	MA	– Marokko	RWA	– Ruanda
AL	– Albanien	FJI	– Fidschi	MAL	– Malaysia	S	– Schweden
AND	– Andorra	FL	– Liechtenstein	MC	– Monaco	SD	– Swasiland
ARM	– Armenien	FR	– Färöer	MD	– Moldawien	SGP	– Singapur
AUS	– Australien	GB	– Großbritannien	MEX	– Mexiko	SK	– Slowakei
B	– Belgien	GBA	– Alderney	MK	– Makedonien	SLO	– Slowenien
BDS	– Barbados	GBG	– Guernsey	MS	– Mauritius	SME	– Surinam
BG	– Bulgarien	GBJ	– Jersey	MW	– Malawi	SN	– Senegal
BH	– Belize	GBM	– Isle of Man	N	– Norwegen	SP	– Somalia
BIH	– Bosnien-Herzeg.	GBZ	– Gibraltar	NA	– Niederl. Antillen	SR	– Serbien/Monten.
BOL	– Bolivien	GCA	– Guatemala	NAM	– Namibia	SUD	– Sudan
BR	– Brasilien	GE	– Georgien	NIC	– Nicaragua	SY	– Seychellen
BS	– Bahamas	GH	– Ghana	NL	– Niederlande	SYR	– Syrien
BUR	– Myanmar	GR	– Griechenland	NZ	– Neuseeland	T	– Thailand
BY	– Weißrussland	GUY	– Guyana	P	– Portugal	TG	– Togo
C	– Kuba	H	– Ungarn	PA	– Panama	TI	– Tadschikistan
CDN	– Kanada	HK	– Hongkong	PE	– Peru	TM	– Turkmenistan
CH	– Schweiz	HR	– Kroatien	PK	– Pakistan	TN	– Tunesien
CI	– Elfenbeinküste	I	– Italien	PL	– Polen	TR	– Türkei
CL	– Sri Lanka	IL	– Israel	PY	– Paraguay	TT	– Trinidad/Tobago
CO	– Kolumbien	IND	– Indien	RA	– Argentinien	UA	– Ukraine
CR	– Costa Rica	IR	– Iran	RB	– Botswana	UK	– United Kingdom
CY	– Zypern	IRL	– Irland	RC	– Taiwan	UZ	– Usbekistan
CZ	– Tschechien	IRQ	– Irak	RCA	– Zentralafr. Rep.	VN	– Vietnam
D	– Deutschland	IS	– Island	RCB	– Kongo	VRC	– China (V. Rep.)
DB	– Bangladesch	J	– Japan	RCH	– Chile	VV	– Vatikanstadt
DJI	– Dschibuti	JA	– Jamaika	RH	– Haiti	WAG	– Gambia
DK	– Dänemark	JOR	– Jordanien	RI	– Indonesien	WAL	– Sierra Leone
DOM	– Dominik. Rep.	K	– Kambodscha	RIM	– Mauretanien	WAN	– Nigeria
DY	– Benin	KAS	– Kasachstan	RL	– Libanon	WD	– Dominica
DZ	– Algerien	KG	– Kirgisistan	RM	– Madagaskar	WG	– Grenada
E	– Spanien	KSA	– Saudi-Arabien	RMM	– Mali	WS	– Samoa
EAK	– Kenia	KWT	– Kuwait	RN	– Niger	YU	– Jugoslawien
EAT	– Tansania	L	– Luxemburg	RNR	– Sambia	YVA	– Venezuela
EAU	– Uganda	LAO	– Laos	RO	– Rumänien	ZA	– Südafrika
EC	– Ecuador	LAR	– Libyen	ROK	– Korea (Rep.)	ZRE	– Zaïre
ES	– El Salvador	LS	– Lesotho	ROU	– Uruguay	ZW	– Simbabwe

Staaten — Kürzel

Aden/Jemen	– ADN	Belgien	– B	Dominica	– WD	Grenada	– WG
Afghanistan	– AFG	Belize	– BH	Dschibuti	– DJI	Griechenland	– GR
Ägypten	– ET	Benin	– DY	Ecuador	– EC	Großbritannien	– GB
Albanien	– AL	Bolivien	– BOL	El Salvador	– ES	Guatemala	– GCA
Alderney	– GBA	Bosnien-Herzeg.	– BIH	Elfenbeinküste	– CI	Guernsey	– GBG
Algerien	– DZ	Botswana	– RB	Estland	– EST	Guyana	– GUY
Andorra	– AND	Brasilien	– BR	Färöer	– FR	Haiti	– RH
Argentinien	– RA	Bulgarien	– BG	Fidschi	– FJI	Hongkong	– HK
Armenien	– ARM	Chile	– RCH	Finnland	– FIN	Indien	– IND
Aserbaidschan	– AJ	China (V. Rep.)	– VRC	Frankreich	– F	Indonesien	– RI
Australien	– AUS	Costa Rica	– CR	Gambia	– WAG	Irak	– IRQ
Bahamas	– BS	Dänemark	– DK	Georgien	– GE	Iran	– IR
Bangladesch	– DB	Deutschland	– D	Ghana	– GH	Irland	– IRL
Barbados	– BDS	Dominik. Rep.	– DOM	Gibraltar	– GBZ	Island	– IS

Land	Kz.	Land	Kz.	Land	Kz.	Land	Kz.
Isle of Man	GBM	Luxemburg	L	Peru	PE	Surinam	SME
Israel	IL	Madagaskar	RM	Philippinen	RP	Swasiland	SD
Italien	I	Makedonien	MK	Polen	PL	Syrien	SYR
Jamaika	JA	Malawi	MW	Portugal	P	Tadschikistan	TI
Japan	J	Malaysia	MAL	Ruanda	RWA	Taiwan	RC
Jersey	GBJ	Mali	RMM	Rumänien	RO	Tansania	EAT
Jordanien	JOR	Malta	M	Russ. Föderation	RUS	Thailand	T
Jugoslawien	YU	Marokko	MA	Sambia	RNR	Togo	TG
Kambodscha	K	Mauretanien	RIM	Samoa	WS	Trinid./Tobago	TT
Kanada	CDN	Mauritius	MS	San Marino	RSM	Tschechien	CZ
Kasachstan	KAS	Mexiko	MEX	Saudi-Arabien	KSA	Tunesien	TN
Kenia	EAK	Moldawien	MD	Schweden	S	Türkei	TR
Kirgisistan	KG	Monaco	MC	Schweiz	CH	Turkmenistan	TM
Kolumbien	CO	Myanmar	BUR	Senegal	SN	Uganda	EAU
Kongo	RCB	Namibia	NAM	Serbien/Monten.	SR	Ukraine	UA
Korea (Rep.)	ROK	Neuseeland	NZ	Seychellen	SY	Ungarn	H
Kroatien	HR	Nicaragua	NIC	Sierra Leone	WAL	United Kingdom	UK
Kuba	C	Niederl. Antillen	NA	Simbabwe	ZW	Uruguay	ROU
Kuwait	KWT	Niederlande	NL	Singapur	SGP	Usbekistan	UZ
Laos	LAO	Niger	RN	Slowakei	SK	Vatikanstadt	VV
Lesotho	LS	Nigeria	WAN	Slowenien	SLO	Venezuela	YVA
Lettland	LV	Norwegen	N	Somalia	SP	Vietnam	VN
Libanon	RL	Österreich	A	Spanien	E	Weißrussland	BY
Libyen	LAR	Pakistan	PK	Sri Lanka	CL	Zaïre	ZRE
Liechtenstein	FL	Panama	PA	Südafrika	ZA	Zentralafr. Rep.	RCA
Litauen	LT	Paraguay	PY	Sudan	SUD	Zypern	CY

ABKÜRZUNGEN

abchas.	abchasisch	amhar./amh.	amharisch
afrikan./afr.	afrikanisch	angels.	angelsächsisch
ägypt./äg.	ägyptisch	arab./ar.	arabisch
alban./alb.	albanisch	aram.	aramäisch
altdän.	altdänisch	assyr.	assyrisch
altengl.	altenglisch	aztek./azt.	aztekisch
altfrz.	altfranzösisch	belg.	belgisch
althochd./ahd.	althochdeutch	berber.	berberisch
altind.	altindisch	bes.	besonders
altir.	altirisch	birm.	birmanisch
altisländ.	altisländisch	brasil.	brasilianisch
altniederdt.	altniederdeutsch	breton./bret.	bretonisch
altnord.	altnordisch	bulgar./bulg.	bulgarisch
altnorweg.	altnorwegisch	chines./chin.	chinesisch
altpers.	altpersisch	d. h.	das heißt
altpolab.	altpolabisch	dän.	dänisch
altpreuß.	altpreußisch	dt.	deutsch
altsächs.	altsächsisch	ehem.	ehemals
altskandin.	altskandinavisch	eskim.	eskimoisch
altsorb.	altsorbisch	estn.	estnisch
alttürk.	alttürkisch	etc.	et cetera, usw.
altturkm.	altturkmenisch	etrusk.	etruskisch
amerik./amer.	amerikanisch	ewenk.	ewenkisch

finn.	finnisch	osk.	oskisch
fläm.	flämisch	ostjak.	ostjakisch
franz./frz.	französisch	pers.	persisch
fries.	friesisch	phöniz./phön.	phönizisch
gäl.	gälisch	polab.	polabisch
georg.	georgisch	poln.	polnisch
german.	germanisch	polynes./polyn.	polynesisch
griech./grch.	griechisch	portug./port.	portugiesisch
grönländ./grönl.	grönländisch	provenzal./prov.	provenzalisch
hebr.	hebräisch	rätoroman./rätor.	rätoromanisch
hindust.	hindustanisch	rumän./rum.	rumänisch
illyr.	illyrisch	russ.	russisch
ind.	indisch	sächs.	sächsisch
indian.	indianisch	schwed./schw.	schwedisch
indogerman./idg.	indogermanisch	serbokroat./skr.	serbokroatisch
ir.	irisch	singh.	singhalesisch
isländ./isl.	isländisch	skandin.	skandinavisch
italien./ital.	italienisch	slaw.	slawisch
japan./jap.	japanisch	slowak.	slowakisch
Jh.	Jahrhundert	slowen.	slowenisch
katalan.	katalanisch	span.	spanisch
kelt.	keltisch	suah.	suaheli
keltoligur.	kelto-ligurisch	sudan./sud.	sudanesisch
kirib.	kiribatisch	sumer.	sumerisch
kongoles./kong.	kongolesisch	tadschik.	tadschikisch
kopt.	koptisch	tamil.	tamilisch
kroat.	kroatisch	tautolog.	tautologisch
langobard.	langobardisch	thailänd./thail.	thailändisch
latein./lat.	lateinisch	tibet./tib.	tibetisch
lett.	lettisch	tschech./tsch.	tschechisch
ligur.	ligurisch	tschetsch.	tschetschenisch
lit.	litauisch	tungus.	tungusisch
luxemb.	luxemburgisch	türk.	türkisch
malai.	malaiisch	tuval.	tuvaluisch
Mehrz.	Mehrzahl	udmurt.	udmurtisch
mittelengl.	mittelenglisch	ukrain./ukr.	ukrainisch
mittelhochd./mhd.	mittelhochdeutsch	ungar./ung.	ungarisch
mittelniederd./mndd.	mittelniederdeutsch	urverw.	urverwandt
mongol./mong.	mongolisch	urspr.	ursprünglich
n. Chr.	nach Christi Geburt	v. Chr.	vor Christi Geburt
niederd.	niederdeutsch	vgl.	vergleiche
niederl./ndl.	niederländisch	vietnam./vietn.	vietnamesisch
niederrh.	niederrheinisch	vorgesch.	vorgeschichtlich
norweg./norw.	norwegisch	walis.	walisisch

BIBLIOGRAPHIE

ADAC-Enzyklopädie, Das Bild unserer Welt, Afrika. ADAC-Verl. GmbH, München 1989

ADAC-Reise- und Freizeitführer, Flüsse und Seen in Deutschland. ADAC-Verlag GmbH, München 1988

Baedeker, Reiseführer Deutschland. Verlag Karl Baedeker, Ostfildern 1998

Baedeker, Reiseführer Provence/Côte d'Azur. Verlag Karl Baedeker, Ostfildern 1992

Baedeker, Reiseführer Türkische Küsten. Verlag Karl Baedeker, Ostfildern 1990

Bahlow, Hans, Deutschlands geographische Namenwelt. Vittorio Klostermann, Frankfurt am Main 1965

Bahlow, Hans, Deutsches Namenlexikon (Familien- und Vornamen nach Ursprung und Sinn erklärt). Gondrom Verlag, Bayreuth 1980

Baumann, Britta (u.a., Hrsg.), Wörterbuch Italienisch-Deutsch / Deutsch-Italienisch. Bertelsmann Lexikon Verlag, Gütersloh 1993

Beneš, Josef / Plachý, A., Německo – Český / Česko – Německý (Kapesní-Slovník), Státní pedagogické nakladatelství, Praha 1966

Berger, Dieter, Geographische Namen in Deutschland. Dudenverlag, Mannheim, Leipzig, Wien, Zürich 1993

Berlitz, Charles, Die wunderbare Welt der Sprachen. Droemersche Verlagsanstalt Th. Knaur, München 1982

Blenk, Jürgen (u.a., Hrsg.), Fischer Länderkunde, Südasien. Fischer Taschenbuch Verlag, Frankfurt/Main 1977

Bodmer, Frederick, Die Sprachen der Welt. Verl. Kiepenheuer & Witsch, Köln u. Berlin

Brockhaus Enzyklopädie, 20 Bände. 17. Auflage, F.A. Brockhaus, Wiesbaden 1966-1974

Buchanan, Dougal, Gaelic-English, English-Gaelic Dictionary, David Dale House, New Lanark, Scotland 1998

Butinyà i Jiménez, Júlia (Hrsg.), Diccionari Barcanova de la Llengua Bàsic (Katalanisch). Editorial Barcanova, S.A., Barcelona 1988

Charpentier, Louis, Das Geheimnis der Basken. Walter Verlag, Olten 1986

Comrie, Bernhard (Hrsg.), The Atlas of Languages. Quarto Publishing, London 1996

Collins Cobuild, English Language Dictionary. Harper Collins Publishers, London 1992

Cooper, J.C., Illustriertes Lexikon der traditionellen Symbole. VMA-Verlag – Drei Lilien Edition – Wiesbaden 1999

Cotterell, Arthur, Die Enzyklopädie der Mythologie. Edition XXL, Reichelsheim 1999

Dahn, Felix, Geschichte der Völkerwanderung. Ungekürzte Neuausgabe der Ausgabe Königsberg 1880. Phaidon Verlag GmbH, Essen.

Die Bibel, Die Heilige Schrift des Alten und Neuen Testamentes. Paul Pattloch Verlag, Aschaffenburg 1957

Diercke Weltatlas, 3. Auflage. Verlag Westermann, Braunschweig 1995

Döbler, Hannsferdinand, Die Germanen, 2 Bde. Wilhelm Heyne Verlag, München 1979

Dorminger, Georg, Wörterbuch Latein-Deutsch. Steffen Verlag, Limburg/Lahn 1992

Duden, Rechtschreibung der deutschen Sprache (Die neuen Regeln – Die neuen Schreibungen). Bibliographisches Institut, Mannheim 1996

Duden, Band 1, Rechtschreibung. Bibliographisches Institut, Mannheim 1973

Duden, Band 2, Stilwörterbuch der deutschen Sprache. Bibliogr. Inst., Mannheim 1963

Duden, Band 5, Das Fremdwörterbuch. Bibliograph. Institut, Mannheim 1990

Duden, Band 6, Das Aussprachewörterbuch. Bibliographisches Institut, Mannheim 1972

Duden, Band 7, Das Herkunftswörterbuch. Bibliographisches Institut, Mannheim 1963

Duden, Band 8, Die sinn- und sachverwandten Wörter. Bibliogr. Institut, Mannheim 1972

Duden, Band 9, Die Zweifelsfälle der deutschen Sprache. Bibliogr. Inst., Mannheim 1972

Duden, Band 11, Redewendungen u. sprichw. Redensarten. Bibl. Instit., Mannheim 1992

Duden, Band 12, Zitate und Aussprüche. Bibliographisches Institut, Mannheim 1993

Encarta 95 (CD), Microsoft Corporation, 1994

Fasani, Leone (Hrsg.), Illustrierte Weltgeschichte der Archäologie. Südwest Verlag, München 1983

Faulmann, Carl, Schriftzeichen und Alphabete aller Zeiten und Völker. Augustus Verlag, Augsburg 1995

Fernández-Armesto, Felipe (Hrsg.), The Peoples of Europe. Times Books, London 1994

Frischauer, Paul, Weltgeschichte in Romanen, 6 Bände. Lingen Verlag, Köln 1986

Harenberg Weltreport, Der Reiseführer durch 192 Länder. Harenberg Lexikon Verlag, Dortmund 1994

Hassenkamp, Katja, Rom. Ullstein Reisebücher, Ullstein, Frankfurt/Main u. Berlin 1992

Henning, Beate, Mittelhochdeutsches Wörterbuch. Max Niemeyer Verlag, Tübingen 1995

Herm, Gerhard, Die Phönizier, Econ Verlag GmbH, Düsseldorf, Wien 1973

Hermann, Ursula, Knaurs Etymologisches Lexikon. Droemersche Verlagsanstalt Th. Knaur Nachf., München 1992

Herrmann, Ingo, Terra-X, Und dann kam Kolumbus. Bertelsmann Verlag, München 1992

Hetzler, Armin, Wörterbuch Albanisch-Deutsch, Deutsch-Albanisch. Helmut Buske Verlag, Hamburg 1991

Hutterer, Claus Jürgen, Die Germanischen Sprachen – Ihre Geschichte in Grundzügen. Albus im VMA-Verlag, Wiesbaden 1999

Jung, Kurt M., Weltgeschichte in einem Griff. Safari Verlag, Berlin 1979

Junker, H.-J. / Alavi, Wörterbuch Persich-Deutsch (o. Angaben)

Karbstein, Andreas, Wörterbuch Spanisch-Deutsch / Deutsch-Spanisch. Isis Verlagsgesellschaft AG Chur (CH) 1997

Keller, Werner, Und die Bibel hat doch recht. Rowohlt Taschenbuch Verl. GmbH, Reinbek bei Hamburg 1981

Kluge, Etymologisches Wörterbuch der deutschen Sprache, 24. Auflage. Walter de Gruyter, Berlin und New York 2002

Knauer, K. u. E., Wörterbuch Französisch-Deutsch / Deutsch-Französisch. Bertelsmann GmbH, Gütersloh 1959

Knaurs, Kulturführer in Farbe – Deutschland. Droemersche Verlagsanstalt Th. Knaur Nachf., München 1991

Knaurs, Weltspiegel '89. Droemersche Verlagsanstalt Th. Knaur Nachf., München 1988

Krenn, Herwig / Zeuch, Wilfried, Spanisch – Grammatik. Buch und Zeit Verlagsgesellschaft mbH, Köln 1999

Kronzucker, Dieter, Abenteuer und Legenden, vom Ararat zum Amazonas. Gustav Lübbe Verlag GmbH, Bergisch Gladbach 1989

Lajta, Hans, Ostafrika (Kenya, Uganda, Tanzania, Malawi). Walter-Verlag, Olten 1980

Langenscheidt, Wörterbuch Altgriechisch. Verl. Langenscheidt, Berlin u. München 1996

Langenscheidt, Wörterbuch Arabisch. Verlag Langenscheidt, Berlin und München 1998

Langenscheidt, Wörterbuch Bulgarisch. Verlag Langenscheidt, Berlin und München 2002

Langenscheidt, Wörterbuch Chinesisch. Verlag Langenscheidt, Berlin und München 2000

Langenscheidt, Sprachführer Chinesisch. Verl. Langenscheidt, Berlin und München 1983

Langenscheidt, Wörterbuch Dänisch. Verlag Langenscheidt, Berlin und München 1999

Langenscheidt, Wörterbuch Finnisch. Verlag Langenscheidt, Berlin und München 2001

Langenscheidt, Wörterbuch Französisch. Verl. Langenscheidt, Berlin und München 1972

Langenscheidt, Wörterbuch Hebräisch. Verlag Langenscheidt, Berlin und München 1999

Langenscheidt, Sprachführer Hebräisch. Verl. Langenscheidt, Berlin und München 1992
Langenscheidt, Wörterbuch Indonesisch. Verl. Langenscheidt, Berlin und München 1997
Langenscheidt, Wörterbuch Isländisch. Verlag Langenscheidt, Berlin und München 2001
Langenscheidt, Wörterbuch Italienisch. Verlag Langenscheidt, Berlin und München 1972
Langenscheidt, Wörterbuch Japanisch. Verlag Langenscheidt, Berlin und München 1997
Langenscheidt, Wörterbuch Katalanisch. Verl. Langenscheidt, Berlin und München 2000
Langenscheidt, Wörterbuch Kroatisch. Verlag Langenscheidt, Berlin und München 2002
Langenscheidt, Wörterbuch Lateinisch. Verlag Langenscheidt, Berlin und München 1977
Langenscheidt, Wörterbuch Neugriechisch. Verl. Langenscheidt, Berlin u. München 1980
Langenscheidt, Wörterbuch Niederländisch. Langenscheidt, Berlin u. München 1981
Langenscheidt, Wörterbuch Norwegisch. Verlag Langenscheidt, Berlin u. München 1992
Langenscheidt, Wörterbuch Persisch. Verlag Langenscheidt, Berlin und München 2002
Langenscheidt, Wörterbuch Polnisch. Verlag Langenscheidt, Berlin und München 1996
Langenscheidt, Wörterbuch Portugiesisch. Verl. Langenscheidt, Berlin u. München 1972
Langenscheidt, Wörterbuch Rumänisch. Verlag Langenscheidt, Berlin u. München 1993
Langenscheidt, Wörterbuch Russisch. Verlag Langenscheidt, Berlin und München 1984
Langenscheidt, Wörterbuch Schwedisch. Verlag Langenscheidt, Berlin u. München 1997
Langenscheidt, Wörterbuch Serbokroatisch. Langenscheidt, Berlin u. München 1980
Langenscheidt, Wörterbuch Slowenisch. Verlag Langenscheidt, Berlin u. München 2001
Langenscheidt, Wörterbuch Spanisch. Verlag Langenscheidt, Berlin und München 1972
Langenscheidt, Wörterbuch Türkisch. Verlag Langenscheidt, Berlin und München 1983
Langenscheidt, Wörterbuch Ungarisch. Verlag Langenscheidt, Berlin und München 1998
Mackensen, Lutz, Großes Handbuch der Zitate u. Redensarten. Buch + Zeit Verlag, 1992
Markale, Jean, Die Druiden – Gesellschaft und Götter der Kelten. C. Bertelsmann Verlag
    GmbH, München 1987
Michele, Vincenzo de, Mineralien. Südwest Verlag, München 1977
Morris, Neil (u.a.), Der Große Xenos Atlas Altes Ägypten. Xenos Verlagsgesellschaft
    mbH, Hamburg 2000
Noelle, Hermann, Die Kelten. Gustav Lübbe Verlag GmbH, Bergisch Gladbach 1977
Norton-Taylor, Duncan, Die Frühzeit des Menschen / Die Kelten. Time-Life International
    (Nederland) B.V., 1975
Ó Cróinín (Hrsg.), Oxford Dictionary Irish-English, English-Irish. OUP, Oxford 1999
Onions, C.T. (ed.), Oxford Dictionary of Engl. Etymology. Clarendon Press, Oxford 1979
Pfeifer, Wolfgang, Etymologisches Wörterbuch des Deutschen. Deutscher Taschenb.
    Verlag, München 1999
Putzger, F.W., Historischer Weltatlas. Verl. Cornelsen-Velhagen & Klasing, Bielef. 1974
Ranft, Ferdinand (Hrsg.), 2 Wochen auf ..., Europäische Inseln laden ein. Heyne Reise-
    bücher, Heyne Verlag, München 1981
Rehork, Joachim (Hrsg.), Enzyklopädie der Archäologie. Pawlak Verlagsgesellschaft
    GmbH, Herrsching 1986
Rieple, Max, Geheimnisvolle Bretagne. Hallwag Verlag, Bern und Stuttgart 1977
Room, Adrian, Dictionary of Place Names, Place Names in the British Isles. Bloomsbury
    Publishing Ltd., London 1988
Schmitt, Eberhard (Hrsg.), Türkei – Ein Reisehandbuch. Express Edition, Berlin 1985
Schwab, Gustav, Die schönsten Sagen d. klassischen Altertums. Gondrom Verlag GmbH,
    Bindlach 1997
Shakespeare, William, The Complete Works. Collins, London & Glasgow
Shakespeare, William, Werke, 4 Bände, Sonderausgabe Europäischer Buchklub, Stuttgart,
    Zürich und Salzburg (o.J.)
Steenmans, Heinz / Metzler, Rudolf, Abenteuer Amerika. Bertelsmann Verlag, Gütersloh

Stöver, Hans-Dieter, Die Römer – Taktiker der Macht. Rowohlt Taschenbuch Verlag GmbH, Reinbek bei Hamburg 1978

Stubhann, Matthias, Die Bibel von A - Z. Karl Müller Verlag Erlangen (o.J.)

Sudhoff, Heinke, Sorry Kolumbus. Gustav Lübbe Verlag GmbH, Bergisch Gladbach 1990

The American Heritage Dictionary of the English Language, 3rd Edit. Houghton Mifflin Company, 1992

The Columbia Dictionary of Quotations. Columbia University Press, 1993

The Concise Columbia Encyclopedia. Columbia University Press, 1995

The People's Chronology. Henry Holt & Co., Inc., 1994

The World Almanac and Book of Facts. Funk and Wagnalls Corp., 1994

Thielemann, Joachim-Hans, Algerien. Atlantis Verlag, Freiburg im Breisgau 1983

Wahrig, Gerhard, Deutsches Wörterbuch. Mosaik Verlag, München 1986

Wasserzieher, Ernst, Woher? – Ableitendes Wörterbuch der deutschen Sprache. Ferdinand Dümmlers Verlag, Bonn 1974

Webster's New Encyclopedic Dictionary. Könemann Verlags GmbH, Köln 1994

Weitershaus, F.W., Das neue Vornamenbuch. Mosaik Verlag GmbH, München 1978

Wendt, Herbert, Es begann in der Bibel – Die Entdeckung der Völker. Rowohlt Taschenbuch Verlag GmbH, Hamburg 1966

Wildhagen, Karl, Wörterbuch Englisch-Deutsch / Deutsch-Englisch (2 Bde.). Brandstetter Verlag, Wiesbaden 1962 und 1972

Wodtcke, Anne, Westafrika – Reisehandbuch. Därr Reisebuch-Verlag, Hohenthann 1994

Wolff, Friedrich / Wittstock, Otto, Latein und Griechisch im deutschen Wortschatz – Lehn- und Fremdwörter. VMA-Verlag, Wiesbaden 1999

World Atlas – The Concise World. GLA Kartor AB, Stockholm 1992

Wyatt, A.J., The Threshold of Anglo-Saxon. Cambridge at the Univ. Press, Cambr. 1950

Zentner, Christian, Der Gr. Bildatlas zur Weltgeschichte. Unipart-Verlag, Stuttgart 1982

REGISTER

der behandelten geographischen Namen und Begriffe